GUDJONS
PÄDAGOGISCHES GRUNDWISSEN

PÄDAGOGISCHES GRUNDWISSEN

Überblick – Kompendium – Studienbuch

von

Herbert Gudjons

7., völlig neu bearbeitete und aktualisierte Auflage

KLINKHARDT

2001

VERLAG JULIUS KLINKHARDT • BAD HEILBRUNN / OBB.

Die Deutsche Bibliothek – CIP-Einheitsaufnahme

Ein Titelsatz für diese Publikation ist bei
Der Deutschen Bibliothek
erhältlich

55.– 70. Tausend

Druck und Bindung:
Friedrich Pustet, Regensburg
Printed in Germany 2001
Gedruckt auf chlorfrei gebleichtem alterungsbeständigem Papier
ISBN 3-7815-1162-6

INHALTSVERZEICHNIS

Kapitel 5: Das Kindes- und Jugendalter – Abriss der Entwicklungspsychologie

Kapitel 6: Sozialisation

Kapitel 7: Erziehung und Bildung

Kapitel 8: Lernen

Kapitel 9: Didaktik

Kapitel 10: Das Bildungswesen

Kapitel 11: Außerschulische pädagogische Arbeitsfelder

Kapitel 12: Immer neue Probleme – Aktuelle Herausforderungen der Pädagogik

Vorwort zur 7., völlig neu bearbeiteten und aktualisierten Auflage

Nach den Erfahrungen der letzten Jahre kann dieses Buch in zweifacher Weise hilfreich sein. Einmal ist es zur Vorbereitung von *Abschlussprüfungen* in Erziehungswissenschaft verwendbar (Vergewisserung allgemeiner Grundkenntnisse). Das war sein ursprüngliches Anliegen. Zum andern lässt es sich aber auch zur *Einführung* in das Studium lesen (Orientierung über künftig zu studierende Gebiete). In beiden Fällen ist das Bedürfnis nach einem Überblick in verständlicher Sprache, nach zusammenfassender Orientierung und nach gezielten Literaturanregungen deutlich.

Das »Pädagogische Grundwissen« ist aber keine neue systematische Pädagogik. Es fasst viel bescheidener die klassischen Gebiete, die wichtigsten gegenwärtigen Diskussionsstränge und ausgewählte Forschungsergebnisse der Erziehungswissenschaft zu einer Art »kognitiven Landkarte« zusammen. Im Bild: Wer in eine Stadt kommt, braucht zuerst einen Stadtplan. Wenn man sich genauer mit dieser Übersicht beschäftigt, stößt man auf Zusammenhänge, Abhängigkeiten und Querverbindungen.

Ich möchte mit diesem Buch nicht zur instrumentellen Wissensaneignung (Auswendiglernen, Einpauken) verleiten, sondern auf der Grundlage einschlägiger Sachkenntnisse das Weiterstudium anregen, das eigene Denken der Leser und Leserinnen herausfordern und zu begründeten Positionen verhelfen. Eine solche Vertiefung in einzelne Gebiete, Fragestellungen und Probleme ist für ein Studium der Erziehungswissenschaft unverzichtbar!

Das gesamte Buch wurde für die 7. Auflage umgearbeitet. Völlig neu formuliert wurde das 12. Kapitel über die aktuellen Herausforderungen der Pädagogik. Im Mittelpunkt dieses Kapitels stehen nicht mehr zahlreiche Einzelfragen, sondern ein konzentrierter Überblick über die Postmoderne als Herausforderung der Pädagogik, die künftige Rolle von PädagogInnen, interkulturelle Bildung, neue Medien mit ihren tief greifenden Konsequenzen, das Geschlechterverhältnis, aber auch aktuelle Bedrohungen der Menschheit z.B. durch AIDS und eine Sexualpädagogik als Hilfe, Friedenserziehung, Umweltbildung und die Frage der Zukunft. Die alten Kapitel 10 und 11 wurden zu einem einzigen Kapitel über »Das Bildungswesen« zusammengefasst. Dafür wurde – dem Wunsch vieler Diplom- und Magisterstudierender entsprechend – ein neues Kapitel (11) über »Außerschulische pädagogische Arbeitsfelder« hinzugefügt. Damit eröffnen sich auch Berufsperspektiven in der Erwachsenenbildung, der Sozialpädagogik, Freizeitpädagogik, der beruflichen Bildung und in weiteren Tätigkeitsbereichen wie

Familienbildung, Kinder- und Jugendarbeit, Kulturpädagogik, Gesundheitsbildung bis zur Behinderten- und Altenarbeit.

Die übrigen Kapitel wurden um aktualisierende Textpassagen erweitert, neuere Literatur wurde hinzugefügt, zu ausführlich geratene Erläuterungen wurden gestrafft, Namen- und Sachwortverzeichnis wurden angepasst. Weil nach dem Urteil der meisten Studierenden die *Lernkontrollfragen* entweder gar nicht bearbeitet wurden oder aber eher Angst und Versagensgefühle auslösten, habe ich sie ausnahmslos gestrichen und durch anregende *„Lese- und Arbeitsvorschläge"* ersetzt.

Wer dennoch seinen Wissenstand optimieren und anschließend überprüfen möchte, kann dies leicht nach der »**PQ4R-Methode**« tun. Das funktioniert in ganz einfachen Schritten so:

Lesehilfe PQ4R-Methode

1. *Vorausschau* (**P** wie Preview): Überfliegen Sie ein Kapitel, stellen Sie die wichtigsten Abschnitte fest, und wenden Sie dann für jeden Abschnitt die folgenden vier Schritte an.
2. *Fragen* (**Q** wie Questions) stellen. Überlegen Sie eigene Fragen oder einfacher: Formulieren Sie Abschnittsüberschriften neu in Frageform.
3. *Lesen* (**R** wie Read), am besten mit dem Bleistift in der Hand für Randnotizen.
4. *Nachdenken* (**R** wie Reflect): Machen Sie beim Lesen öfter eine Pause, und denken Sie über das Gelesene nach. Vielleicht überlegen Sie sich Beispiele. Setzen Sie den Text in jedem Fall aber zu Ihrem Vorwissen in Beziehung.
5. *Wiedergeben* (**R** wie Recite): Versuchen Sie ganz einfach, die im Textabschnitt enthaltenen Informationen mit eigenen Worten wiederzugeben. Beantworten Sie dabei die Fragen, die Sie sich zu dem Abschnitt überlegt haben. Wenn Ihnen nicht genug einfällt, lesen Sie einzelne Passagen noch mal.
6. *Rückblick* (**R** wie Review): Gehen Sie das Kapitel noch mal gedanklich durch. Rufen Sie sich die wesentlichen Punkte ins Gedächtnis. Manchmal hilft es sehr, dabei das Buch einfach zuzuklappen.

In vielen Seminaren habe ich diese Methode mit Studierenden erfolgreich erprobt. Warum sollten nicht auch Sie damit Erfolg haben?

Hamburg, im Januar 2001 — Herbert Gudjons

Einleitung: Pädagogisches Grundwissen – wozu?

1. Zwischen Examensvorbereitung und Nachdenken über Erziehung

Wer erträumt sich als Studierende/r, als Referendar/in, als Seminarleiter/in (oder auch als Lehrer/in nach etlichen Jahren Abstand von der Hochschule!) nicht einen »Überblick«, eine »Orientierung« über den Gesamtbereich dessen, was sich heute PÄDAGOGIK oder ERZIEHUNGSWISSENSCHAFT nennt?
Doch Vorsicht: Ob Sie nun ein systematisches Lehrbuch zur Hand nehmen, Ihre Seminar- und Vorlesungsmitschriften durchsehen oder dieses Buch zum »Pädagogischen Grundwissen« lesen, – eine gewisse Enttäuschung wird Ihnen nicht erspart bleiben! Die Pädagogik ist jung und doch schon über Gebühr fett: Als Wissenschaft gut 200 Jahre alt (das ist jung im Vergleich etwa zur Philosophie oder zur Rechtswissenschaft), ist sie doch in den letzten Jahrzehnten so umfangreich geworden, dass ein zusammenfassender Überblick schlechthin unmöglich geworden ist. Einerseits schade um ihre Figur, andererseits ein Zeichen für stürmische Entwicklung und beachtliche Zunahme an Erkenntnis. Zudem sprechen manche heute bereits von »Auflösungserscheinungen«. Erziehung ist heute alles und jedes – »die so formulierte Verallgemeinerung des Erziehungsbegriffs ist zugleich seine Auflösung« (Lenzen 1989, Bd. 1, 437).

2. Der praktische Zweck: Examensvorbereitung

Was tun? Zunächst pragmatisch: Jedes Jahr bereiten sich Tausende von Studierenden auf ein pädagogisches Examen vor. Eine Analyse von fast sämtlichen Prüfungsordnungen der deutschen Kultusministerien (Lehrämter) und Hochschulen (Diplom und Magister), die meine Mitarbeiter und ich vorgenommen haben, ergibt einen gewissen Kanon von pädagogischem Grundwissen, der überall erwartet wird, einen immer wieder mit ähnlichen Begriffen umschriebenen Wissensbestand, der für Lehramtsexamina sowie für Diplom- und Magisterabschlüsse vorausgesetzt wird. Die Auswahl der Themen dieses Buches ist daran inhaltlich orientiert. Insofern: Examenshilfen ganz praktisch. Diese Intention deckt sich mit der gegenwärtigen Suche nach einem formulierbaren »Kerncurriculum« in der Erziehungswissenschaft (H. 5 / 1999 Z. f. Päd.).
Allerdings möchte ich nachdrücklich darauf hinweisen, dass jeder Versuch, die

explosionsartige Vermehrung pädagogischen Wissens in Überblickstexten einzufangen, notwendigerweise an die persönliche Sicht des Autors, seine Konstruktion von Bedeutungen und seine wissenschaftliche Position gebunden ist. Die Lektüre der angegebenen einschlägigen Fachliteratur zu den einzelnen Gebieten, die in diesem Buch dargestellt werden, bleibt also unverzichtbar. Darum wird die Literatur zum jeweiligen Thema dem entsprechenden Kapitel zugeordnet. So können Sie gezielt weiterlesen. Dafür verzichte ich auf ein Gesamtliteraturverzeichnis am Ende. Mit einem * gekennzeichnete Titel werden als grundlegend empfohlen.
In der Regel verlangen die Prüfungsordnungen vertiefte Kenntnisse in einigen (meist selbst gewählten) Spezialgebieten der Erziehungswissenschaft; außerdem aber allgemeines pädagogisches Hintergrundwissen, einen Überblick über erziehungswissenschaftliche Fragestellungen, Methoden und Gegenstandsbereiche. Dieses Buch will helfen, einen solchen Überblick zu verschaffen (vgl. dazu die bereits vorliegenden Arbeiten z.B. von Kron 1991/2001, Kaiser/Kaiser 1991/1996, Dietrich 1992/1998, Lenzen 1994, Weber 1995, Krüger/Helsper 1995). Aber dieses pragmatische Ziel der Prüfungsvorbereitung wäre mir dennoch zu wenig. Das zweite Anliegen ist ein eher systematisches.

3. Das systematische Ziel: Einzelkenntnisse einordnen und kritisch reflektieren

- Für *Studierende* ist das pädagogische Studium oft leider wie ein Steinbruch. Die von ihnen disparat erworbenen Einzelkenntnisse, die Theoriebausteine, Problemaspekte und vielleicht auch Wissensbruchstücke sollten mit Hilfe dieses Buches noch mal in einen größeren Zusammenhang gestellt und im Kontext umfassender Perspektiven reflektiert werden. Einordnen und sortieren kann zur Klarheit im Kopf helfen. Wer sich z.B. mit der Waldorf-Pädagogik beschäftigt hat, muss deren Sicht der kindlichen Entwicklung vergleichen können mit andern wichtigen Entwicklungstheorien (z.B. Piaget oder Erikson). Wer sich z.B. mit Offenem Unterricht, Praktischem Lernen und Alternativschulen auseinander gesetzt hat, muss wissen, dass die hier auftretenden Fragen und Probleme in wichtigen didaktischen Theorien grundlegend reflektiert wurden. Andernfalls bleibt er/sie vor lauter Engagement letztlich »unaufgeklärt« und wird schnell betriebsblind.

  Dieses Buch will also helfen, die eigenen Einstellungen, das erworbene Wissen, das eigene Problembewusstsein und die Annahmen über erzieherische Phänomene noch einmal mit der Breite erziehungswissenschaftlicher Theoriebildung zu konfrontieren.

- *Lehrer/innen* im Beruf und *Seminarleiter/innen* bietet dies die Möglichkeit, sich zu »erinnern«, ihr Wissen zu aktualisieren und erneut zu prüfen, ob und wo die Theorie vielleicht doch einen neuen und veränderten Blick auf die Alltagsprobleme ermöglicht; Nachdenklichkeit kann zur entlastenden Distanz führen. Allerdings sollten Lehrer und Lehrerinnen nicht gläubige Funktionäre erziehungswissenschaftlicher Theorie sein, sondern pädagogisches Grundwissen zur Erforschung ihrer eigenen Situation nutzen.
- *Referendare* können angeregt werden, noch mal genauer zu prüfen, welche ihrer Reformideen für die Schule realistisch sind. Theoretisch fundierte Kenntnisse sind auch ein gutes Argument gegen den manchmal zu hörenden Satz am Anfang des Referendariats: »Nun vergessen Sie mal alles, was Sie an der Uni gelernt haben, jetzt kommt die Praxis …«
- *Hochschullehrende* werden (fast?) alles wissen. Aber möglicherweise begrüßen sie doch den Versuch, dass hier in didaktisch reflektierter Form (mit zahlreichen Verweisen auf das vertiefende Studium) ein Überblick über das versucht wird, was ihre Prüfungskandidaten und -kandidatinnen sich aneignen sollen … Übrigens bin ich für Kritik und Hinweise von allen Leserinnen und Lesern dankbar.
- Das im Studium gelernte Theoriewissen wird in diesem Buch allerdings nicht etwa noch mal »bündig zusammengefasst«, damit es Studierende dann in der folgenden Praxis »anwenden« können. Vielmehr ist ein reflexiver Umgang mit der studierten Wissenschaft das Ziel. Meist stand am Anfang des Studiums ja die große Verunsicherung der eigenen mitgebrachten Erfahrungen und Einstellungen (»wahr ist doch, was ich fühle«). Diese subjektive Erfahrung hat sich dann oft verbunden mit intersubjektiv überprüfbarer, begrifflich formulierter Erfahrung (»wahr ist, was kritischer Überprüfung im rationalen Diskurs standhält«). Subjektbezogenes Handlungswissen wird (im Idealfall) mit sozialwissenschaftlicher Reflexions- und Urteilskompetenz verbunden. Das ist immer noch eine gute Voraussetzung für die Praxis.

Und das Examen kann das alles wieder kaputtmachen …

Denn ein solches Ergebnis des Studiums darf nun gerade in der Examenssituation nicht dazu führen, dass wissenschaftliches Wissen als »gesichertes Lehrwissen« dogmatisch übernommen und geschluckt wird, um es im Prüfungsgespräch wieder »auszuspucken«. Das Bemühen um eine gute Zensur verleitet allzu leicht zu einer fleißigen Reproduktion angelernter Kenntnisse. Der Charakter erziehungswissenschaftlichen Wissens als fallibles (d.h. grundsätzlich dem Irrtum unterworfenes), hypothetisches und kritisierbares Wissen muss auch beim »Pauken« erhalten bleiben – eine unendlich schwere Aufgabe. Das Bemühen in diesem Buch um sprachliche Eindeutigkeit, um Veranschaulichungen und um Verständlichkeit hat diesen Charakter wissenschaftlichen Wissens durchaus im

Blick; Elementarisierung, Visualisierung und Zusammenfassung dürfen daher nicht verwechselt werden mit der Reduzierung auf bloßen Lernstoff und dessen häppchengerechter Präsentation.
Die Themenauswahl ist – bei aller Subjektivität – doch orientiert an den Prüfungsordnungen der Hochschulen, aber auch an einschlägigen Versuchen der »Zunft«, erziehungswissenschaftliches Wissen resümierend darzustellen (Enzyklopädie Erziehungswissenschaft 1982ff. sowie zahlreiche Werke zu Pädagogischen Grundbegriffen).

4. Zum Aufbau dieses Buches

Kapitel 1: Wer Erziehungswissenschaft studiert, sucht in der Regel zunächst nach einer orientierenden Gliederung dieses meist unübersichtlichen Gebietes, das an jeder Hochschule anders aufgebaut ist. Daher stehen im Mittelpunkt Strukturierungshilfen, wie man dieses »buntscheckige Gemisch« (Günther Bittner) ordnen kann.
Kapitel 2: Es gibt ein ganz unterschiedliches Verständnis dessen, was Erziehungswissenschaft eigentlich ist. Darum folgt ein Überblick über wissenschaftstheoretische Richtungen der Erziehungswissenschaft.
Kapitel 3: Dabei erhebt sich die Frage, wie wir eigentlich zu dem kommen, was wir wissen: Forschungsmethoden sind gefragt. Welche Entwicklungen zeigt die Forschungslandschaft der Gegenwart, welche Verfahren werden angewendet – mit welchen Möglichkeiten und Grenzen?
Kapitel 4: Während in den ersten drei Kapiteln die wissenschaftlichen Grundlagen und Arbeitsweisen der Erziehungswissenschaft im Mittelpunkt standen, geht es jetzt um historische Voraussetzungen der Pädagogik. Heutiges Denken über Erziehung und Bildung ist eingebunden in ideen- und sozialgeschichtliche Prozesse. Widersprüche und Grundfragen der Erziehung werden historisch entfaltet.
Kapitel 5: Gegenwärtig verändern sich die Bedingungen des Aufwachsens für Kinder und Jugendliche erheblich. Welche Entwicklungstheorien und -modelle gibt es, welche Probleme beschäftigen Kinder und Jugendliche der Gegenwart? Was muss ein pädagogisch engagierter Mensch wissen? Ein Überblick findet sich im Abriss der Entwicklungspsychologie des Kindes- und Jugendalters.
Kapitel 6: Wie wird eigentlich ein Heranwachsender »Mitglied« in einer bestimmten Gesellschaft, wie wird er/sie »sozial« und »gesellschaftlich handlungsfähig«?, – eine Frage, die Sozialisationstheorien beschäftigt. An den Beispielen Familie, Schule und Geschlechterverhältnis werden zentrale Ergebnisse der Sozialisationsforschung exemplarisch vorgestellt.
Kapitel 7: Der Sozialisation untergeordnet ist der Begriff der Erziehung: Was ist eigentlich Erziehung? Welche anthropologischen und gesellschaftlichen Voraus-

setzungen hat Erziehung? Was versteht man heute unter Bildung? Welche aktuellen Aspekte sind zu bedenken?
Kapitel 8: Der Mensch muss lernen – vielfältig und lebenslang. Wir lernen im Alltagsleben, in Bildungsinstitutionen – aber wie? Welche Lerntheorien gibt es, welche Reichweite haben sie, und welche Lernhilfen lassen sich möglicherweise daraus ableiten?
Kapitel 9: Lehr-/Lernprozesse verlaufen heute nicht mehr »by the way«, sondern werden wissenschaftlich analysiert und geplant. Welche Modelle zur Didaktik bestimmen die Diskussion? Die wichtigsten didaktischen Modelle und neueren Unterrichtskonzepte – für die Schule ebenso gültig wie für die Erwachsenenbildung – werden vorgestellt.
Kapitel 10: Die Frage ist dabei, wie sich gegenwärtig dieses Lehren und Lernen institutionalisiert hat. Vor allem in unserem heutigen Bildungswesen. Wie sieht seine Struktur aus? Welches sind die rechtlichen Grundlagen? Was hat die Bildungsreform erbracht? Vor allem aber wird ein Überblick über die verschiedenen Schulformen (auch der beruflichen Schulen) vermittelt. Schließlich werden die wichtigsten Schultheorien vorgestellt.
Kapitel 11: Bildung, Erziehung und Beratung vollziehen sich nicht nur in der Schule. Insbesondere für Diplom- und Magisterstudierende sind zahlreiche außerschulische pädagogische Arbeitsfelder von großer Bedeutung: Sie reichen von der Erwachsenenbildung über die Sozialpädagogik, die Freizeitpädagogik, die berufliche Bildung bis zur Familienbildung, Kinder- und Jugendarbeit, Kulturpädagogik, Gesundheitsbildung sowie Behinderten- und Altenarbeit.
Kapitel 12: Ein Ausblick auf die Herausforderungen der Pädagogik der Gegenwart bildet den Abschluss. Postmoderne, die Rolle der Pädagogen in der Zukunft, interkulturelle Bildung, die neuen Medien, das Geschlechterverhältnis, AIDS und Sexualpädagogik, Friedenserziehung und Umweltbildung sind exemplarische Problemfelder.

Übrigens meinte schon der Philosoph Johann Gottlieb Fichte (1762–1814) sehr treffend: »Man studiert ja nicht, um lebenslänglich und stets dem Examen bereit das Erlernte in Worten wieder von sich zu geben, sondern um dasselbe auf die vorkommenden Fälle des Lebens anzuwenden und es so in Werke zu verwandeln; es nicht bloß zu wiederholen, sondern etwas anderes daraus und damit zu machen, es ist demnach auch hier letzter Zweck keineswegs das Wissen, sondern vielmehr die Kunst, das Wissen zu gebrauchen.«

Literatur

Dietrich, T.: Zeit- und Grundfragen der Pädagogik. Bad Heilbrunn 1998, 8. Aufl.

Kaiser, A. u. R.: Studienbuch Pädagogik. Frankfurt 1991, 8. Aufl. 1996

* *Kron, F. W.: Grundwissen Pädagogik. München 1991, 2001, 6. Aufl.*

Krüger, H.-H./Helsper, W. (Hg.): Einführung in Grundbegriffe und Grundfragen der Erziehungswissenschaft (Einführungskurs Erziehungswissenschaft Bd. 1). Opladen 1995

Lenzen, D. (Hg.): Enzyklopädie Erziehungswissenschaft. Stuttgart 1982ff.

* *Lenzen, D. (Hg.): Pädagogische Grundbegriffe. Bd. 1 u. 2. Reinbek 1989*

* *Lenzen, D. (Hg.): Erziehungswissenschaft. Ein Grundkurs. Reinbek 1994*

Lenzen, D.: Orientierung Erziehungswissenschaft. Reinbek 1999

Weber, E.: Grundfragen und Grundbegriffe. (Pädagogik. Eine Einführung. Bd. 1, Teil 1–3). Donauwörth 1995–1997

Z. f. Päd. H. 5/1999: Thema Kerncurriculum

Kapitel 1: Gliederung der Erziehungswissenschaft

Worum es geht . . .
Erziehungswissenschaft ist ein unübersichtliches Gebiet geworden. Dafür gibt es Gründe, die genannt werden. Eine allgemein anerkannte oder verbindliche Gliederung lässt sich zwar nicht mehr feststellen, aber man findet Bereiche, Unterdisziplinen, Fachrichtungen und Praxisfelder der Forschung, die in einen Zusammenhang gebracht werden können.
Ein Strukturschema wird vorgestellt und erklärt. Damit sind ein erster Überblick und eine Orientierung über die Erziehungswissenschaft und ihre Gebiete möglich.

Ein bekannter Professor hat vor nicht sehr langer Zeit folgende Meinung über die Erziehungswissenschaft geäußert; er habe festgestellt: »Was sich heute wissenschaftliche Pädagogik nennt und auf pädagogischen Lehrstühlen gelehrt und verkündet wird ..., sei keineswegs die systematische Klärung der Wissensbestände über Erziehung; es sei eher ein buntscheckiges Gemisch von Moden, persönlichen Steckenpferden, humanitären Idealen und manchmal einem etwas blauäugigen politischen Engagement.« (Günther Bittner 1989, 215f.)

Ein niederschmetterndes Urteil – oder eine polemische Vereinfachung? Bilden Sie sich selbst ein Urteil. Doch zunächst: Gibt es überhaupt eine Gliederung, eine Ordnung – anspruchsvoller: eine »Systematik« für dieses »buntscheckige Gemisch«?

1.1 Expansion und ihre Folgen

Ein buntscheckiges Gemisch?

Stellen Sie sich vor, Sie würden durch Deutschland reisen (natürlich einschließlich der Ost- oder »neuen« Länder) und sich an den Hochschulstandorten jeweils anschauen, wie der Bereich Erziehungswissenschaft (oder Pädagogik – über den Unterschied werden Sie etwas später aufgeklärt) gegliedert ist: Ein heilloses Durcheinander würden Sie auf den ersten Blick feststellen. Nicht nur, dass an manchen Orten von »den« Erziehungswissenschaften – im Plural – die Rede ist (als gäbe es z.B. auch mehrere »Theologien« oder »Medizinen«), auch die dazugehörigen Arbeitsbereiche sind recht unterschiedlich strukturiert; das Ganze ist je nach Hochschule völlig verschieden gegliedert.
Sie würden zwar überall dieselben Begriffe finden (z. B. Sozialpädagogik, Didaktik, Schulpädagogik, Allgemeine Erziehungswissenschaft, Freizeitpädagogik,

Sonderpädagogik u.a.m.) – aber wie das alles aufeinander bezogen ist, welche *systematische Ordnung* diese Disziplin hat, würden Sie vermutlich nicht erkennen. Und hätten Sie in verschiedene Seminare und Vorlesungen hineingeschaut und sich mit den Inhalten beschäftigt, dann würden Sie den beiden folgenden Zitaten (wahrscheinlich kopfschüttelnd) zustimmen: »Die Erziehungswissenschaft gliedert sich heute in verschiedene Einzeldisziplinen, die nur mehr durch das lockere Band eines gemeinsamen Namens zusammengehalten werden.« (Lenzen 1989, Bd. 2, 1232) Und: »Es gibt gegenwärtig *keinen Konsens über die fundamentalen Begriffe und Methoden* der Erziehungswissenschaft und erst recht nicht über einen fundamentalen Kanon an Theorien und ein daraus resultierendes Kernstudium.« (Lenzen 1989, Bd. 1, 525)

Wie ist diese Unübersichtlichkeit zu erklären?
Dieser Pluralismus (um nicht das Wort Chaos zu gebrauchen) ist zum einen dadurch zu erklären, dass die Erziehungswissenschaft eine sehr junge Wissenschaft ist (verglichen z.B. mit der Philosophie oder der Medizin mit ihren klassischen Unterteilungen). Zum andern hat sie eine enorm stürmische Expansion in den 70er Jahren dieses Jahrhunderts erlebt, weil sie auf gestiegenen Ausbildungsbedarf und neue pädagogische Probleme reagieren musste. Die Studiennachfrage für Diplom- und Magisterstudiengänge hat in den letzten 25 Jahren um das Zweieinhalbfache zugenommen (Otto u.a. 2000, 17). Unter Einbeziehung der Lehramtsstudierenden ist die Erziehungswissenschaft das drittstärkste Studienfach an deutschen Hochschulen. Die Zahl der besetzten Professorenstellen allerdings ist von 1982 bis 1997 um ein Viertel zurückgegangen (ebd. 79). Frauen sind aber immer noch krass unterrepräsentiert (Krüger/Rauschenbach 1994, 76). Und schließlich spielen auch regionale historische Besonderheiten eine Rolle, z.B. bei der Integration der Pädagogischen Hochschulen in die Universitäten, die ja nicht nur Personal, sondern auch Aufgaben- und Ausbildungsbereiche zu übernehmen hatten.

> Insgesamt kann also nicht von »der« Gliederung »der« Erziehungswissenschaft gesprochen werden, weil die wissenschaftssystematischen Gliederungen unaufhebbar mit den realen institutionellen Bedingungen der Hochschulen verwoben sind. Pluralität, ja »Zersplittung« kann aber auch gelesen werden als Anzeichen dafür, dass die Erziehungswissenschaft gleichsam seismographisch auf sich ständig wandelnde gesellschaftliche Problemlagen reagiert.

Man kann die Sache also auch durchaus positiv sehen: Die Erziehungswissenschaft hat die Komplexität ihres Gegenstandes entdeckt und sich entsprechend entfaltet: Bereits »Ende der 80er Jahre ist die Pädagogik eine stabile, ausdifferenzierte Disziplin, die alle äußeren Merkmale einer normalen Wissenschaft – wie spezialisierte Subdisziplinen, Wissenschaftsvereinigungen, Fachkommissionen, Zeitschriften und Tagungen – besitzt« (Baumert/Roeder 1990, 76).

»Pädagogik« und »Erziehungswissenschaft«
Seit einigen Jahrzehnten ist es üblich, dass die beiden Begriffe *Pädagogik* und *Erziehungswissenschaft* als identische Begriffe nebeneinander verwendet werden. Das scheint sich heute mehr und mehr durchzusetzen.

Allerdings muss man wissen, dass der Begriff Erziehungswissenschaft seit dem Ersten Weltkrieg, verstärkt aber in den 60er und 70er Jahren dieses Jahrhunderts, ein »offensiver« Begriff war, der zugespitzt den Wissenschaftscharakter dieser Disziplin betonen wollte – gegenüber dem bis dahin vorwiegend gebrauchten Begriff Pädagogik, der oftmals mit der Erziehungspraxis (bzw. einer »Ausbildung« für dieselbe) gleichgesetzt wurde. Mit dem Terminus Erziehungswissenschaft sollte ferner vor allem ihre eigene erfahrungswissenschaftliche Komponente betont werden, ebenso die enge Beziehung zu den empirischen Nachbarwissenschaften und auch die Pluralität wissenschaftlicher Konzeptionen, Forschungsmethoden und Denkansätze. – Freilich sieht man bereits an dieser Stelle, dass unter dem scheinbar harmlosen Begriffsgeplänkel eine Tretmine verborgen liegt, auf die man sehr schnell stößt, sobald man etwas tiefer gräbt: die Frage nach dem Verhältnis von wissenschaftlicher Theorie und pädagogischem Handeln, von Wissenschaft und Praxis – und damit die Frage nach dem Wissenschaftscharakter dieses Faches.

1.2 Struktur der Disziplin

Eine differenzierte Strukturskizze legt Dieter Lenzen (1989, Bd. 2, 1114f., etwas erweitert 1999, 50f.) vor. Zwei Momente bestimmen das Bild: einmal die enorme Vielfalt (und Wandlung) theoretischer Ansätze der Pädagogik, zum andern die sehr unterschiedliche praktische Etablierung von Teilgebieten an erziehungswissenschaftlichen Institutionen (Abb. 1).

Erläuterung der Struktur
- Die *erste Ebene* nennt die wichtigsten Teilgebiete (»Subdisziplinen«) der Pädagogik, die an vielen Hochschulen als eigene Institute oder mit eigenen Professuren vertreten sind: Es beginnt mit der Allgemeinen/Systematischen Pädagogik (hier geht es um das »Allgemeine«, die Grundlagen jedes pädagogischen Denkens, die philosophischen und anthropologischen Voraussetzungen, also um eine generelle Theorie der Erziehung und Bildung und ihrer Institutionen). Sie wird *neben* die andern Subdisziplinen gestellt, auch wenn sie gerade den für *alle* Handlungsfelder pädagogischer Praxis geltenden und für alle Bereiche erziehungswissenschaftlicher Theorieentwicklung und Forschung anerkannten »pädagogischen Grundgedanken« (Benner 1987, 9) herausarbeitet. Damit ist

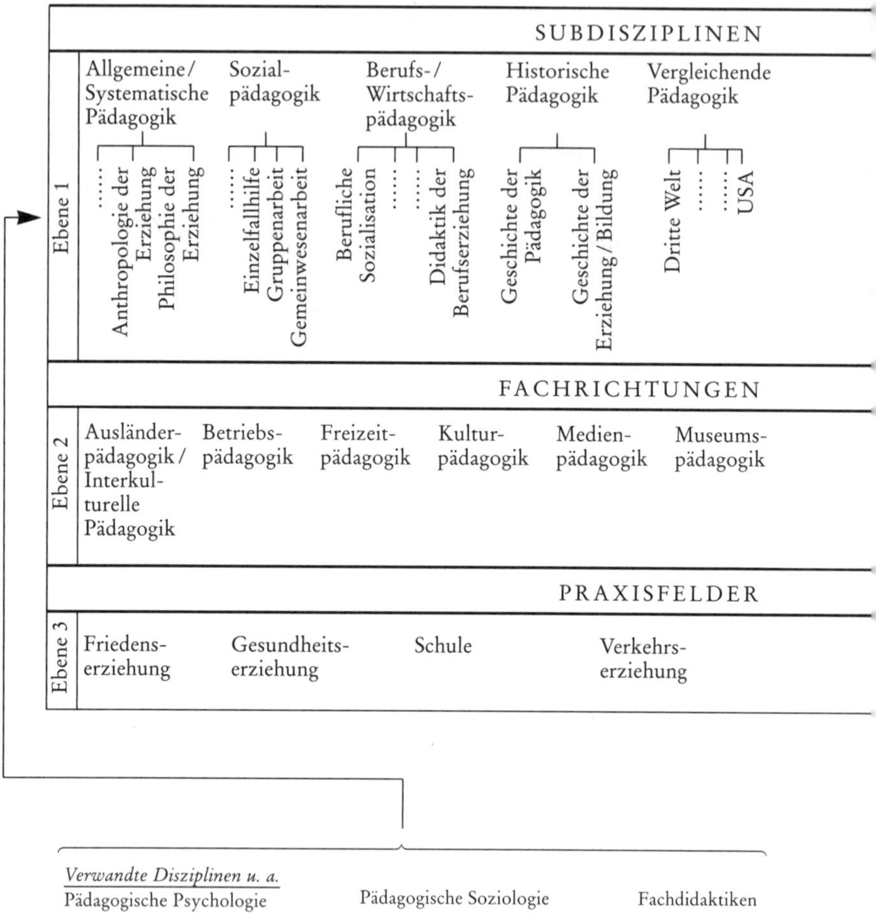

Abb. 1: Struktur der Pädagogik (aus: Lenzen 1989, 1114f.)

sie aber keine »Super«-, sondern eine (ganz bescheidene) »Sub«-Disziplin der Erziehungswissenschaft. Allerdings gibt es neuerdings eine heftige Kontroverse um den Charakter und Stellenwert einer Allgemeinen Pädagogik, die vom Verdacht eines Niedergangs bis zum Versuch einer Neubestimmung reicht (zusammenfassend Wigger 1996). Weiterhin gehört zu diesen relativ etablierten Teil-

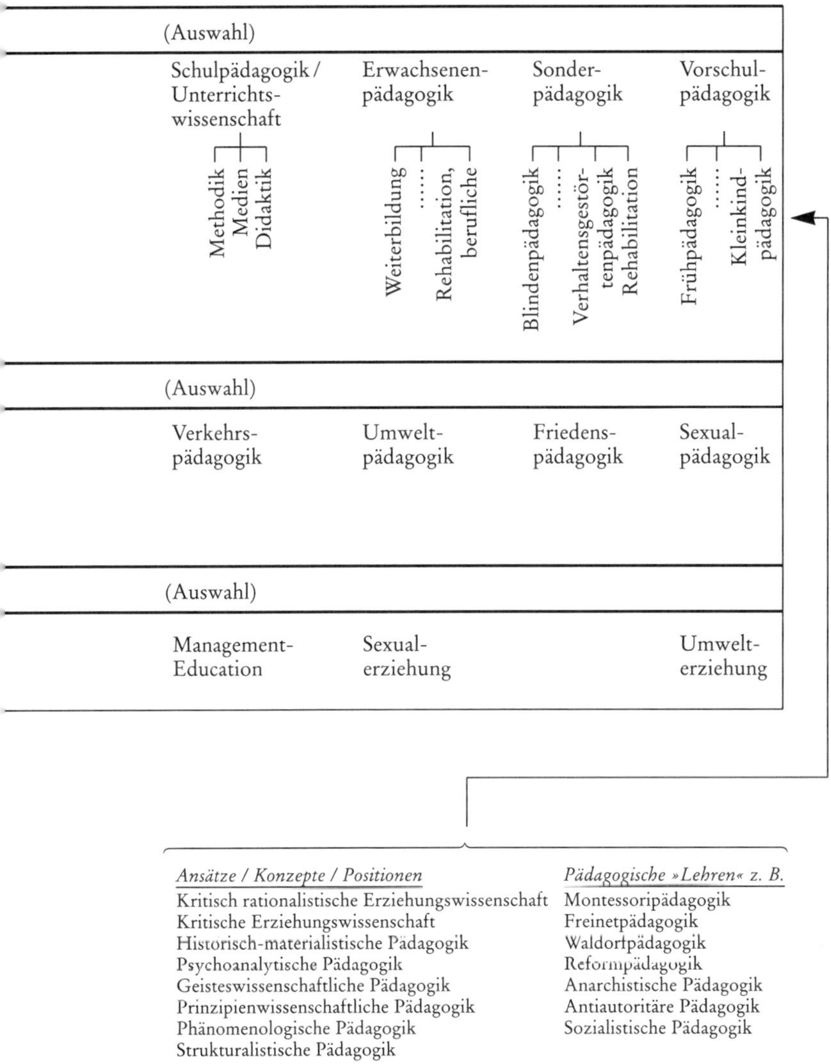

disziplinen die Sozialpädagogik, also jener Bereich, der sich mit außerfamilialer und außerschulischer Erziehung im Sinne »strukturelle(r) Gefährdung des Heranwachsens überhaupt« (Giesecke 1991, 46) und mit den entsprechenden Institutionen, Hilfen und Verfahren beschäftigt (von Beratung, Jugendarbeit,

Kinderkrippen bis zu Heimen, Jugendwohngruppen und Arrestanstalten, Einzelfallhilfe, Gruppen- und Gemeinwesenarbeit u.a.m.). Es folgen Berufs- und Wirtschaftspädagogik, Historische, Vergleichende (d.h. Länder vergleichende) und Schulpädagogik bis zu Erwachsenenpädagogik, Sonderpädagogik (früher Behindertenpädagogik genannt) und Vorschulpädagogik. Alle diese Subdisziplinen differenzieren ihre Arbeitsbereiche selbst, z.T. sind sie an den Hochschulen sehr gut ausgebaut.

- Die *zweite Ebene* benennt unterhalb der Subdisziplinen nun Fachrichtungen, die als Spezialisierungsversuche noch nicht den Charakter einer Subdisziplin erreicht haben. Besonders wichtig ist zur Zeit die Ausländerpädagogik/Interkulturelle Pädagogik; weitere sind Betriebspädagogik, Freizeitpädagogik etc. bis hin zur Sexualpädagogik. Es zeigt sich an der unterschiedlichen Bedeutung der verschiedenen Fachrichtungen, dass diese »durchaus konjunkturabhängig sein können« (Lenzen 1989, Bd. 2, 1112).
- Die *dritte Ebene* schließlich weist auf Praxisfelder hin, die als »xy-Erziehung« (Friedenserziehung, Gesundheitserziehung bis Umwelterziehung) Gegenstand erziehungswissenschaftlicher Forschung sind und nicht immer (aber manchmal doch auch) eine eigene Fachrichtung hervorgebracht haben.

Von diesen drei Ebenen zu unterscheiden sind nach Lenzen

a) die »pädagogischen Lehren« wie Montessori-Pädagogik, Waldorf-Pädagogik, Freinet-Pädagogik u. a. m., die oft nach einer Gründerfigur benannt und insofern durch eine spezifische »Doktrin« zusammengehalten werden und auf verschiedene Praxisfelder Einfluss ausüben, und
b) die wissenschaftstheoretischen Ansätze/Konzepte/Positionen der Erziehungswissenschaft (siehe Kapitel 2: Richtungen der Erziehungswissenschaft).

Nachbarwissenschaften: Schließlich gibt es noch verwandte Disziplinen wie die Pädagogische Psychologie oder Pädagogische Soziologie, die teilweise bei den ursprünglichen Fächern, teilweise in der Erziehungswissenschaft angesiedelt sind. – Worauf diese Skizze nicht ausdrücklich hinweist, ist die übliche Rede von den »Nachbarwissenschaften« der Pädagogik (also z.B. Philosophie, Soziologie und Psychologie, aber auch Biologie, Medizin u.a.m.), die früher z.T. etwas arrogant als »Hilfswissenschaften« für die Pädagogik bezeichnet wurden. Erziehungswissenschaftliche Forschung und Theoriebildung sind heute ohne diese interdisziplinären Perspektiven nicht mehr denkbar.

Wo bleiben die Fachdidaktiken?

Auffällig ist an der Skizze Lenzens, dass die Fachdidaktiken nicht klar zugeordnet sind. Für die Lehramtsstudien spielen sie neben dem Fachstudium ja eine erhebliche Rolle. Fachdidaktik ist die Wissenschaft »vom planvollen, institutionalisierten Lehren und Lernen spezieller Aufgaben-, Problem- und Sachbereiche« (Lenzen 1986, Bd. 3, 427). Würde man schlichter sagen, die einzelnen Fachdidak-

tiken beschäftigten sich mit dem Unterricht in den verschiedenen (Schul-) Fächern, so hätte man sicher Recht, was die Ausbildungspraxis an den Hochschulen betrifft.
Doch das Verhältnis von wissenschaftlichem Fach, Unterrichtsfach, Fachdidaktik und Allgemeiner Didaktik ist vielschichtig (Plöger 1999). Es stellt sich auch die Frage nach der (in den letzten Jahren äußerst umkämpften) wissenschaftssystematischen und institutionellen Zuordnung der Fachdidaktik(en): Sind sie Teil der Fachwissenschaften, dann gehört die Fachdidaktik jeweils in das entsprechende Fach und muss dort studiert werden. Ist ihre Kern-/Grundfragestellung dagegen eine pädagogische (nämlich die nach dem »Bildungsgehalt« bestimmter Inhalte und ihrer Lehr- und Lernbarkeit), dann sind die Fachdidaktiken in der Erziehungswissenschaft anzusiedeln, wobei die Fachdidaktiker die Doppelqualifikation von Fachwissenschaftler und Erziehungswissenschaftler haben müssten.

1.3 Zusammenfassung

Es gibt keine »verbindliche« Gliederung und Systematik der Erziehungswissenschaft, denn diese ist in die Heterogenität der Hochschulen als Institutionen verflochten. Gleichwohl lassen sich einige Unter-Disziplinen ausmachen, die sich durchgehend etabliert haben: z.B. Allgemeine Erziehungswissenschaft, Sozialpädagogik, Schulpädagogik, Erwachsenenpädagogik, Berufspädagogik u.a.m. – Davon zu unterscheiden sind einzelne Fachrichtungen als Spezialisierungsversuche (z.B. Interkulturelle Pädagogik, Freizeitpädagogik, Medienpädagogik). Schließlich sind diverse aktuelle Praxisfelder Gegenstand erziehungswissenschaftlicher Forschung (z.B. Umwelterziehung). Eine ungelöste Problematik liegt in der Zuordnung der Fachdidaktiken. Insgesamt wird die Erziehungswissenschaft heute als integrierende Sozialwissenschaft verstanden, die auf Interdisziplinarität angelegt ist, auch wenn die Erziehungswissenschaft die Komplexität, Kontingenz (um nicht zu sagen Beliebigkeit) und die Vielfältigkeit ihres »Gegenstandes Erziehung« in der gesellschaftlichen Entwicklung betont – ja betonen muss. (Krüger/Rauschenbach 1994).
Angesichts dieser Differenzierung und Vielfalt der Teilgebiete taucht heute verstärkt die Frage auf, was denn nun eigentlich der Gegenstand einer Wissenschaft sei, die sich »Erziehungs«wissenschaft nennt: Erziehung? Bildung? Sozialisation? Lernen? Lebensbegleitung? Unterstützung in verschiedenen Altersphasen? Das Generationenverhältnis? Oder alles zusammen?
Nimmt man dann noch die ständig steigende Zahl pädagogischer Berufe hinzu – von der Sozialpädagogin in der Altenbildung über den Diplompädagogen im betrieblichen Personalwesen bis zum Redakteur des Kinderfernsehens bei einem Sender –, dann stellt sich die Frage, ob diese Vielfalt pädagogischer Berufe noch

so etwas wie eine »pädagogische Identität« formulieren kann. Es scheint eher so, dass pädagogische Berufe sich heute »entgrenzen«, d.h. an ihren Rändern zahlreiche Überschneidungen mit anderen Berufen und Bezugswissenschaften aufweisen.

Als mögliche Konsequenz für die Erziehungswissenschaft hat darum D. Lenzen (1997) vorgeschlagen, als Gegenstand und Aufgabe der Erziehungswissenschaft die »professionelle Lebensbegleitung« zu verstehen. Sie wird damit zur »Wissenschaft des Lebenslaufs und der Humanontogenese«. Einerseits liegt in dieser umfassenden Neudefinition ihres Gegenstandsbereiches eine sinnvolle Erweiterung, die der gegenwärtigen gesellschaftlichen Entwicklung Rechnung trägt. Andererseits gilt:

Doch – wie sagte schon Jean Paul (1763–1825)? »Über Pädagogik reden heißt, über alles zugleich reden.«

Lese- und Arbeitsvorschläge

Eine erste Einführung in die Probleme einer Struktur der Erziehungswissenschaft findet sich in dem Artikel: Pädagogik – Erziehungswissenschaft von D. Lenzen. In ders.: Pädagogische Grundbegriffe. Bd. 2, Reinbek 1989, S. 1105–1117. Dieser Gliederungsvorschlag wird wieder aufgenommen und vereinfacht, aber in den Einzeldisziplinen ausführlich diskutiert von H.-H. Krüger: Erziehungswissenschaft und ihre Teildisziplinen. In: H.-H. Krüger/W. Helsper (Hg.): Einführung in Grundbegriffe und Grundfragen der Erziehungswissenschaft, Opladen 1995, S. 308 ff. In einer neuen Veröffentlichung hat Lenzen seinen Vorschlag nochmals differenziert: D. Lenzen: Orientierung Erziehungswissenschaft. Reinbek 1999, S. 50 f. Eine einfachere Gliederung der Pädagogik hat T. Dietrich in seinem Buch: Zeit- und Grundfragen der Pädagogik, Bad Heilbrunn 1998, 8. Aufl., entwickelt.

Arbeitsvorschlag: Wenn Sie sich mit der Struktur und Gliederung der Erziehungswissenschaft nach Ihren eigenen Vorstellungen beschäftigen wollen, können Sie Folgendes (allein oder in einer Arbeitsgruppe) tun: Stellen Sie sich vor, ein Kultusminister hätte Sie berufen, für einen neu zu gründenden Fachbereich für Erziehungswissenschaft (Lehrerausbildung und Diplom-/Magisterstudium) eine vernünftige Gliederung der Fachgebiete und Unterabteilungen der Erziehungswissenschaft zu entwerfen. Wie würde Ihre Strukturskizze aussehen (aufgezeichnet)?

Literatur

Baumert, J./Roeder, P. M.: Forschungsproduktivität und ihre institutionellen Bedingungen – Alltag erziehungswissenschaftlicher Forschung. In: Z. f. Päd. H. 1/1990, S. 173–196

Benner, D.: Allgemeine Pädagogik. Weinheim und München 1987, 2. Aufl. 1991

Bittner, G.: Pädagogik und Psychoanalyse. In: H. Röhrs/H. Scheuerl (Hg.): Richtungsstreit in der Erziehungswissenschaft und pädagogische Verständigung, S. 215–227. Frankfurt/M. 1989

* *Dietrich, T.: Zeit- und Grundfragen der Pädagogik. Bad Heilbrunn 1998, 8. Aufl.*

Giesecke, H.: Einführung in die Pädagogik. Weinheim und München 1991, 2. Aufl. der Neuausgabe

Kaiser, A. u. R.: Studienbuch Pädagogik. Berlin 1998, 9. Aufl.

Krüger, H.-H., Rauschenbach, T. (Hg.): Erziehungswissenschaft. Die Disziplin am Beginn einer neuen Epoche. Weinheim 1994

Lenzen, D. (Hg.): Enzyklopädie Erziehungswissenschaft, 12 Bde. Stuttgart 1982ff.

* *Lenzen, D. (Hg.): Pädagogische Grundbegriffe, Bd. 1 und 2. Reinbek 1989*

Lenzen, D.: Professionelle Lebenswissenschaft auf dem Weg zur Wissenschaft des Lebenslaufs und der Humanontogenese. In: Erziehungswissenschaft, H. 15/1997, S. 5–22

Lenzen, D.: Orientierung Erziehungswissenschaft. Reinbek 1999

Oelkers, J./Tenorth, H.-E. (Hg.): Pädagogisches Wissen. 27. Beiheft der Z. f. Päd., Weinheim und Basel 1991

Otto, H.-U. u.a.: Datenreport Erziehungswissenschaft. Opladen 2000

Plöger, W.: Allgemeine Didaktik und Fachdidaktik. München 1999

Wigger, L.: Die aktuelle Kontroverse um die Allgemeine Pädagogik. In: Z. f. Päd. H. 6/1996, S. 915–931

Kapitel 2:
Richtungen der Erziehungswissenschaft

Worum es geht . . .
Was ist eigentlich das »Wissenschaftliche« an der Erziehungswissenschaft? Über diese »metatheoretische« Frage gibt es sehr unterschiedliche Auffassungen. Wer einen Teppich von unten betrachtet, sieht ein Gewirr von Fäden. Wer ihn von oben betrachtet, sieht Muster. Es kommt auf Ausgangspunkt und Perspektive an, davon sind auch Ergebnisse wissenschaftlichen Denkens abhängig. Dazu werden drei Hauptrichtungen vorgestellt:
1. geisteswissenschaftliche, 2. empirische und 3. kritische Erziehungswissenschaft. Weitere werden kurz erklärt: transzendental-kritische, historisch-materialistische und phänomenologische Erziehungswissenschaft. Beeinflusst worden ist die Theoriebildung auch durch Psychoanalyse, Kybernetik, Systemtheorie, Ethnomethodologie, feministische Wissenschaft u.a.m. – Die Zusammenfassung des gegenwärtigen Standes der Theorieentwicklung steht unter der Frage: Zerfällt die Erziehungswissenschaft, oder nähern sich unterschiedliche Paradigmen einander an?

Objekttheorie und Metatheorie

Wer eine Wissenschaft studiert hat, kennt in seinem Fachgebiet in der Regel verschiedene »Schulen«. Nach welchen Kriterien kann man aber solche Schulen oder Richtungen unterscheiden? Selbstverständlich sind es zunächst einfach unterschiedliche inhaltliche Akzentsetzungen, der eine erforscht eben dieses, der andere jenes. Man nennt diese unterschiedlichen Theorien von den Gegenständen eines Bereiches die »*Objekttheorien*«. Aber das begründet noch keine prinzipiell unterschiedlichen Schulen, Richtungen und Positionen.
Die Geister scheiden sich nämlich an der viel grundsätzlicheren Frage nach dem Verständnis von Wissenschaft überhaupt, das heißt für unseren Zusammenhang: *Was ist eigentlich Erziehungswissenschaft?* Was kennzeichnet den Prozess ihrer Theoriebildung? Welche Forschungsmethoden sind ihr angemessen? Was ist überhaupt das Ziel dieser Wissenschaft, was ist ihr Selbstverständnis? Welche Reichweite beanspruchen ihre Aussagen? Welche Grundannahmen hat sie eigentlich zum Thema »Wissenschaftlichkeit«? – Kurz, es geht um das grundlegende »Paradigma« (also das Muster, die Grundform) des wissenschaftlichen Denkens und Forschens.
Wer über diese Fragen nachdenkt, befindet sich nicht mehr auf der Ebene der Objekttheorien, sondern auf der Ebene der *Wissenschaftstheorie*, der »*Meta-Theorie*« (also der »Theorie über die Theorien« der Erziehungswissenschaft). Die folgende Skizze veranschaulicht die beiden Begriffe nochmals (Abb. 2).

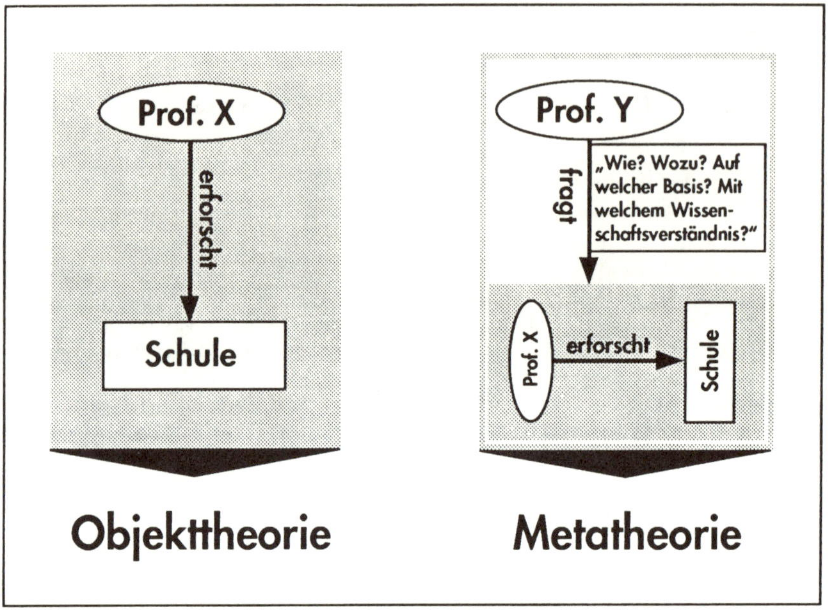

Abb. 2: Objektheorie und Metatheorie

Wissenschaftstheoretische Grundkenntnisse sind deshalb unverzichtbar, weil Forschungsergebnisse, Theorien, Modelle (z.B. auch die didaktischen Modelle – Jank/Meyer 1991) einen ganz bestimmten wissenschaftstheoretischen Hintergrund haben. (Eine allgemeine und zugleich aktuelle Einführung bieten Seiffert/Radnitzky 1994.) Will man also diesen (oft gar nicht explizit genannten) Background wissenschaftlicher Autoren verstehen und kritisch beurteilen, muss man Grundkenntnisse der wichtigsten wissenschaftstheoretischen Positionen haben. (Neuere Überblicke bei Röhrs/Scheuerl 1989, Hoffmann/Heid 1991, Borrelli 1993, Horn/Wigger 1994, Tschamler 1996, König/Zedler 1998, Brinkmann/Petersen 1999, Kron 1999, Benner/Brüggen 2000.) Im Folgenden werden die wesentlichen diskussionsbestimmenden Richtungen im Überblick dargestellt, weitere – interessante – nur knapp skizziert.

2.1 Geisteswissenschaftliche Pädagogik

Die Geisteswissenschaftliche Pädagogik hat nach dem Ersten Weltkrieg – dann unterbrochen durch den Nationalsozialismus – bis in die 60er Jahre die Pädagogik in Deutschland nachhaltig beeinflusst (Herrmann 1989, Thiersch 1989, Hoffmann/Neumann 1993, Benner/Brüggen 2000 – alle mit weiterer Literatur). Und nach einer Phase massivster Kritik kommen heute einige ihrer Zentralelemente unter aktualisierten Aspekten wieder zur Geltung.

Anfänge bei Wilhelm Dilthey (1833–1911)

Obwohl die Geisteswissenschaftliche Pädagogik in sich durchaus unterschiedliche und heterogene Strömungen vereinigte, war ihr gemeinsamer Bezugsrahmen doch vor allem die Philosophie Wilhelm Diltheys, des »Vaters« der modernen Geisteswissenschaft. Dilthey grenzte diese einerseits gegenüber *normativen Wissenschaften* ab (z.B. Ethik oder Theologie), andererseits aber auch gegenüber den *Naturwissenschaften*. Das methodologische Grundmuster der Geisteswissenschaften ist nicht das *Erklären* (im Sinne experimentell überprüfbarer und mathematisch formulierbarer Gesetzmäßigkeiten), sondern das *Verstehen* des Sinnes und der Bedeutung des menschlichen Handelns. »Die Natur erklären wir, das Seelenleben verstehen wir.« (Dilthey 1957, Bd. V, 143)

Die Erziehungswirklichkeit – vor allem in ihrer geschichtlichen Dimension – wird gleichsam zum »Text«, der auf seine Sinngehalte hin zu befragen und auf mögliche Sollensgehalte für erzieherisches Tun auszulegen ist. (Ob dies wirklich die ersehnte Vermittlung des alten Widerspruchs von empirischen und spekulativen Methoden – von »Sein« und »Sollen« – bedeutete?)

Damit sind zentrale Elemente skizziert, die auf die nachfolgende Generation großen Einfluss hatten. Zu ihren führenden Vertretern gehörten vor allem Herman Nohl (1879–1960), Theodor Litt (1880–1962), Eduard Spranger (1882–1963), Wilhelm Flitner (1889–1990) und Erich Weniger (1894–1961). Welchen Einfluss ihr wissenschaftliches Denken auf die Praxis hatte, zeigt sich im ungewöhnlichen Engagement dieser Wissenschaftler z. B. in der Volkshochschulbewegung, in der Sozialpädagogik und in der Lehrerbildung vor dem Nationalsozialismus.

Primat der Praxis vor der Theorie

Im Anschluss an Schleiermacher (1768–1834) wird davon ausgegangen, dass in der Erziehung die Praxis älter ist als die Theorie und unabhängig von der Theorie ihre eigene »Dignität« (Würde) besitzt. Der Anspruch der Pädagogik war, »Theorie einer historisch-gesellschaftlichen Praxis im Dienste dieser Praxis« zu sein, also auch zur *Verbesserung* dieser Praxis beizutragen (Wulf 1983, 16). Dieser *Primat der Praxis vor der Theorie* ist grundlegend für die Geisteswissenschaftliche Pädagogik. Allerdings kann sie keine Anweisungen geben. Sie hilft aber, die Verhältnisse besser zu verstehen und sich in ihnen pädagogisch angemessen zu verhalten. Wilhelm Flitner hat von einer »Reflexion am Standort der Verantwortung des Denkenden«, von einer »réflexion engagée« gesprochen (Flitner 1963, 18), welche die Erziehungswissenschaft kennzeichnet. – Dass aus diesen kritischen Ansätzen in der Folge so wenig geworden ist, hängt möglicherweise damit zusammen, dass sie sich noch nicht auf eine kritische Gesellschaftstheorie stützen konnten, wie dies den »Enkeln« in den 60er und 70er Jahren dann möglich war.

Geschichtlichkeit

Was aber eine solche pädagogische Verantwortung jeweils bedeutet, das unterliegt dem historischen Wandel. Was der Mensch, was Erziehung ist und sein kann (im Guten wie im Bösen), das sagt die Geschichte. »Der Mensch erkennt sich nur in der Geschichte, nie durch Introspektion.« (Dilthey 1958, Bd. V, 279) Dies erklärt die ungeheure *Fülle historischer Forschungen* in der Tradition geisteswissenschaftlicher Pädagogik: Sie sammeln nicht »pädagogische Kuriositäten« (H. Nohl), sondern sind *historisch-systematische Untersuchungen*. Das heißt: »Aus einer historischen Analyse der Erziehungswirklichkeit sollen sich … *die Strukturelemente der Erziehung* ergeben, die für die Gegenwart und die Zukunft relevant sind.« (Wulf 1983, 22)

Hermeneutik – eine verstehende Methode

Als Folge der Geschichtlichkeit der Erziehung ergaben sich zunächst als Gegenstand für die Geisteswissenschaftliche Pädagogik historische Dokumente. Aber Hermeneutik als ein verstehendes Verfahren bezieht sich nicht nur auf die Text- und Sprachanalyse, sondern auch auf die *Erziehungswirklichkeit* als das Praxisfeld »pädagogischer Akte«. Diese gilt es in ihren Sinngehalten zu verstehen und auszulegen, also z.B. zu klären, wie eine bestimmte Form von Schule entstanden ist, welches ihr ursprüngliches Ziel war, wie sie sich verändert hat, um etwa das Verhalten von Lehrern und Schülern zu verstehen, also in seinem (immanenten) Sinngehalt zu begreifen. *Das Verstehen gilt als der methodische Grundbegriff der geisteswissenschaftlichen Pädagogik.* Man spricht von hermeneutisch-pragmatischer Theoriebildung und meint damit ebenjene Sinnvergewisserung (»hermeneutisch«), die sich auf die Erziehungswirklichkeit und das Handeln in dieser (»pragmatisch«) bezieht. – Konkretere Merkmale dieser Methode sind im Kapitel 3 (Methoden der Erziehungswissenschaft) beschrieben.
Abbildung 3 fasst noch einmal den Unterschied zwischen Erklären und Verstehen zusammen.

Die »Autonomie« der Pädagogik und der »pädagogische Bezug«

Zwar hat die Pädagogik ihre hermeneutischen Verfahren durchaus mit andern Geisteswissenschaften gemein, aber ihr Gegenstandsbereich begründet zugleich eine *eigene Wissenschaft*.

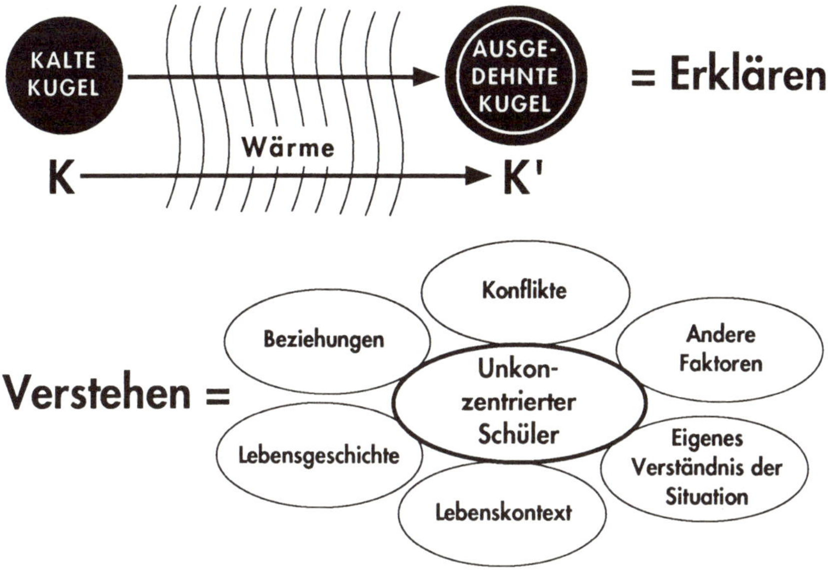

Abb. 3: Erklären und Verstehen

> Die Pädagogik soll eine *eigenständige Funktion* im Zusammenspiel mit gesellschaftlichen und kulturellen Mächten erfüllen, indem sie das Eigenrecht des Kindes gegenüber den Erwachsenen und gegenüber gesellschaftlichen Gruppen behauptet.

Grundlage für ihre eigenständigen Fragestellungen und Theoriebildung ist der »pädagogische Bezug«, der für keine andere Wissenschaft als die Pädagogik die eigentliche Mitte ist. Nohl definiert dieses besondere pädagogische Verhältnis folgendermaßen: »Die Grundlage der Erziehung ist das leidenschaftliche Verhältnis eines reifen Menschen zu einem werdenden Menschen, und zwar um seiner selbst willen, dass er zu seinem Leben und seiner Form komme.« (Nohl 1935, 169) Das lässt sich weder in der Theologie, der Soziologie, der Psychologie noch anderswo so sagen. Es ist urtypisch »pädagogisch«. Folglich muss die Pädagogik gemäß ihren spezifischen Problem- und Aufgabenstellungen auch ihre »einheimischen Begriffe« entwickeln; sie darf die Begriffssysteme »fremder« Fragestellungen (z.B. aus der Ökonomie) nicht einfach auf pädagogische Sachverhalte »übertragen«.

Kritik und Weiterentwicklungen

Nachdem die Geisteswissenschaftliche Pädagogik bis weit in die Wiederaufbauphase nach dem Zweiten Weltkrieg dominierend war, wurde sie innerhalb weniger Jahre nahezu zu einem Schimpfwort. Gründe dafür waren sowohl die »*realistische Wende*« (Heinrich Roth) in der Erziehungswissenschaft, also das Vordringen der empirischen Methoden in den 60er Jahren, als auch die allgemeine *sozialwissenschaftliche Orientierung* der Pädagogik und vor allem *ideologiekritische Einflüsse* der Frankfurter Schule (Kritische Theorie).

- Inhaltlich ist vor allem das *Autonomiepostulat* heftig kritisiert worden, vor allem weil die Geisteswissenschaftliche Pädagogik keine gesellschaftliche und politische *Kritik von Ideologien* entwickelt hatte, mit der man dem *Nationalsozialismus* hätte gegenübertreten können. Mit dem unpolitischen Modell des pädagogischen Bezuges, dem jede soziologische Dimension fehle, habe sie sich »relativ autonom« in einer reformpädagogischen Idylle isoliert, so einer der Hauptvorwürfe. Erich Weniger hat den Autonomiebegriff später durch »Eigenständigkeit« ersetzt. »Die Einheit des Pädagogischen« ist heute sehr umstritten, sie ist eine semantische Konstruktion der Realität, nicht etwas »Gegebenes« (Wimmer 1996, 421).
- Ein weiterer prinzipieller Einwand lautete, dass sie *affirmativ* sei, indem sie das Gegebene, Wirkliche, Überlieferte immer auch als das Richtige, Gültige und Vernünftige unterstelle (Herrmann 1989).
- Mit dem methodisch zentralen Element des Einfühlens und Einlebens in Sinnzusammenhänge transportiere sie *bürgerliche Innerlichkeit* und präpariere ihren Gegenstand als *Kultur des Bürgertums.*
- Weiterhin wurde kritisiert, dass den meisten ihrer historischen Arbeiten der *realgeschichtliche Bezug* völlig fehle, soziale Fakten würden ebenso wenig beachtet wie Herrschaftsverhältnisse und ökonomische Bedingungen, man habe sich weitgehend auf eine abgehobene Ideen- und Theoriegeschichte beschränkt.

Inzwischen hat sich die Geisteswissenschaftliche Pädagogik erheblich *weiterentwickelt,* so dass auch ihr Name mehr und mehr ungebräuchlich wird. Führende Vertreter, die noch bei Weniger, Nohl, Litt u. a. studiert hatten (z.B. Wolfgang Klafki, Herwig Blankertz, Klaus Mollenhauer u.a.), haben ideologiekritische Ansätze integriert, andere haben sich materialistischen Gedanken zugewandt, wieder andere die Pädagogik zu einer Sozialwissenschaft mit interdisziplinären Fragestellungen und Methoden weiterentwickelt, so dass die Erziehungswissenschaft heute eigentlich mehr eine *Integrationswissenschaft* als eine Disziplin mit »relativer Autonomie« darstellt.

Entscheidenden Anteil dabei hat der Vorwurf des Spekulativen und Irrationalen gegenüber der Geisteswissenschaftlichen Pädagogik gehabt, wie er vor allem von der empirisch orientierten »kritisch-rationalen Erziehungswissenschaft« erhoben wurde.

2.2 Kritisch-rationale (empirische) Erziehungswissenschaft

Pädagogik: Wissenschaft oder Spekulation?

Das Misstrauen gegenüber dem Spekulativen ist nicht neu: *Empirische Versuche* sind in der Erziehungswissenschaft bereits am Anfang des Jahrhunderts entstanden (z.B. bei Lay oder Meumann), auch die Bemühungen Else und Peter Petersens um die Begründung einer *pädagogischen Tatsachenforschung* in den 30er Jahren und die Arbeiten Aloys Fischers und Rudolf Lochners zu einer *deskriptiven Erziehungswissenschaft* gehören dazu.

Vor allem aber war es Heinrich Roth, der 1962 in Göttingen (der Wirkungsstätte der geisteswissenschaftlichen Pädagogen Nohl und Weniger!) die »*realistische Wendung*« in der Erziehungswissenschaft deklarierte und damit den empirischen Methoden (die Roth nicht im Gegensatz zu den geisteswissenschaftlichen Ansätzen verstand) endgültig zum Durchbruch verhalf (Wulf 1983, 66ff.). Ihre entscheidende wissenschaftstheoretische Fundierung aber gewann die empirische Erziehungswissenschaft erst durch die Rezeption des *Kritischen Rationalismus* (Popper 1971, Albert 1971), dessen »Verschwinden« aus der gegenwärtigen Erziehungswissenschaft heftig kritisiert wird (Pollak/Heid 1994, als Einführung: Lehner 1994, Abel u.a. 1998). Aber auch mit einem solchen Hintergrund handelt es sich bei dieser Richtung keineswegs um einen einheitlichen Theorietypus, was schon durch die unterschiedlichen Benennungen wie empirische, positivistische, empirisch-analytische, kritisch-rationale Erziehungswissenschaft deutlich wird.

Was soll Erziehungs»wissenschaft« sein?

Ein Meilenstein zur Entwicklung eines theoretischen Konzeptes waren die Arbeiten des Konstanzer Erziehungswissenschaftlers Wolfgang Brezinka (1971). Brezinka geht mit dem Begriff »Wissenschaft« sehr streng um: Theorie ja – aber Wissenschaft? Theorien kann jeder – unter bestimmten Qualitätsnormen wie Informationsgehalt, Klarheit, Einfachheit, intersubjektiver Prüfbarkeit, Logik u.a.m. – erstellen. Konsequent unterscheidet deshalb Brezinka drei Typen von pädagogischen Theorien: *Erziehungswissenschaft, Philosophie der Erziehung* und *Praktische Pädagogik.*

- Die Bezeichnung »*Wissenschaft*« bleibt dem ersten Typus (»Erziehungswissenschaft«) vorbehalten, weil (nur) dieser das Erkenntnisideal, den Wissenschaftsbegriff und die methodologischen Normen zur Voraussetzung habe, die in allen Erfahrungswissenschaften anerkannt würden. Brezinka geht davon aus, »dass die wertende Deutung der Welt, die Sinngebung des Lebens, die Aufstellung von Wertrangordnungen, die Festsetzung moralischer Normen und die Beeinflussung von Menschen nicht zu den Aufgaben der Wissenschaft gehören, also auch nicht zu denen der Erziehungswissenschaft« (1989, 80).
- Die *Philosophie der Erziehung* soll Ziele, metaphysische Probleme, moralische und erkenntnistheoretische Fragen sowie die allgemeinen philosophischen Grundlagen bearbeiten, auch die Geschich-

te der Pädagogik (Historiographie).

- Die *Praktische Pädagogik* ist »eine für das Handeln taugliche oder eine zum Handeln befähigende normative Theorie der Erziehung« (1971, 189). Demgegenüber hat die »*Erziehungswissenschaft Erziehungsphänomene zum Gegenstand, aber sie gibt keine Vorschriften für das Erziehen*. Sie informiert über die Wirkungszusammenhänge, die in Erziehungsfeldern bestehen« (1989, 75).

Erziehungswissenschaft zielt damit auf *nomologisches Wissen*, d.h. auf gesetzesartiges Wissen. Ihre Absicht liegt im »erziehungstechnologischen Wissen über Kausalzusammenhänge und Zweck-Mittel-Beziehungen« (ebd., 77). Ihr geht es nicht um Werturteile, Sollensvorschriften oder moralische Entscheidungen (obwohl dies alles natürlich zu ihrem Untersuchungsbereich gehören kann, indem z.B. gefragt wird, wie sich bestimmte Sollensvorschriften in bestimmten Zusammenhängen tatsächlich auswirken). Ein solches erziehungstechnologisches Wissen, solche Informationen über den Objektbereich »Erziehung« können natürlich zu »guten« wie zu »schlechten« Zwecken ge- bzw. missbraucht werden. Aber dies ist nicht mehr Verantwortungsbereich der Wissenschaft. Empirisch-analytische Wissenschaft fragt: »Was ist der Fall und warum ist etwas der Fall?« (Fend 1990, 691).

Wie kommt erziehungstechnologisches Wissen zustande?
Der naive Empirismus meinte, voraussetzungslos einfach von den »Tatsachen« ausgehen zu können. Demgegenüber betont der Kritische Rationalismus, dass alle Wirklichkeit, soweit sie sprachlich erfasst wird, dadurch bereits interpretiert ist.

Ein Beispiel: Es ist bereits eine leise Wertung darin enthalten, ob Sie eine Examensarbeit über »Notengebung« oder »Leistungsmessung« schreiben oder ob Sie »Informationsvermittlung« oder »Unterricht« untersuchen! Und in solchen sprachlichen Wendungen stecken immer auch schon Vorwissen, Erfahrungen und Theorien. Begriffe müssen darum genau definiert und für die Hypothesenbildung operationalisiert werden.

- Die Entstehung von Fragestellungen und Hypothesen (sog. *Entdeckungszusammenhang*) wurde dabei früher im kritischen Rationalismus eher als relativ belanglos betrachtet – heute wird dem Entdeckungszusammenhang als Verarbeitungsprozeß von (Vorgänger-)Theorien für (Nachfolger-)Theorien erheblich mehr Bedeutung beigemessen (Krumm 1989, 513).
- Entscheidend aber ist der *Begründungszusammenhang*, der der Überprüfung der Hypothese gilt. Dabei wird aber nicht induktiv vorgegangen (also an einer möglichst großen Zahl von Fällen die Gültigkeit überprüft), sondern nach dem Prinzip der *Falsifikation:* Als (vorläufig) wahr kann gelten, was bisherigen Widerlegungsversuchen standgehalten hat (Tschamler 1996, 59).
- Der *Verwertungszusammenhang* von wissenschaftlichen Forschungen indes ist nach dieser wissenschaftstheoretischen Position nicht mehr Verantwortungsbereich der Wissenschaft.

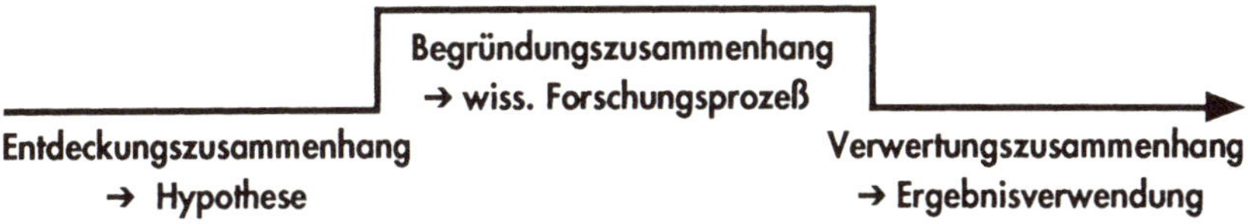

Abb. 4: Der Entdeckungs-, Begründungs- und Verwendungszusammenhang in der Forschung

> Durch das Erstellen von Hypothesen und deren Überprüfung werden Sachverhalte erklärt bzw. auch Prognosen erstellt (Wenn-dann-Hypothesen). *Erklärung und Prognose* sind damit im Unterschied zum Verstehen in den Geisteswissenschaften Zentralbegriffe des Kritischen Rationalismus.

Was heißt »Kritik« im Kritischen Rationalismus?
Kritik heißt, Theorien und Gesetze möglichst vielen Falsifikationsversuchen auszusetzen. Der Forschungsprozess zeigt dabei folgenden Verlauf (Krumm 1989, 512):

1. Problemsituation 1
2. Vorläufige Theorie (Problemlösungsvorschlag)
3. Prüfung der Theorie auf Fehler und Fehlerausmerzung
4. Problemsituation 2

Also: Ein Problem, das sich in einem bestimmten Kontext stellt und immer schon von einem bestimmten Vorverständnis her formuliert wird, führt zu einer ersten Theorie im Sinne eines Problemlösungsvorschlages. Dieser wird einer möglichst gründlichen Prüfung und Kritik unterzogen, Fehler werden beseitigt, womit die Theorie eine Neufassung erhält; Problemsituation 2 bildet dann das Ausgangsproblem nach dem ersten Versuch seiner Lösung. Diesen Prozess hat Karl Popper im Blick, wenn er formuliert: »Wissenschaft geht von offenen Problemen aus und endet mit offenen Problemen.« (1979, 190)

Was heißt »Rationalismus«?
Damit ist gemeint, dass Wirklichkeit nicht einfach nachgezeichnet wird, sondern dass die Wissenschaft rationale Konstrukte zur Erklärung dieser Wirklichkeit entwirft: möglichst einfache wahre Gesetze – *das sind nomologische Hypothesen*; oder ganze Systeme solcher Gesetze – das sind *Theorien*. Unter einer Theorie versteht man »die Gesamtheit der logisch miteinander verbundenen nomologischen Hypothesen, die zur Erklärung und Voraussage des Verhaltens der Phänomene dieses Bereichs herangezogen werden müssen« (Albert 1973, 76). Theorien müssen *intersubjektiv überprüfbar* sein und dürfen keine *Werturteile* enthal-

ten. Sie müssen logisch widerspruchsfrei sein und müssen an konkurrierenden (vielfach erfolgreich geprüften) Theorien gemessen werden. Nur so können Theorien zu »Netzen« werden, mit denen wir die Wirklichkeit erfassen, wobei der Wissenschaft das verborgen bleibt, was die Maschen des (immer enger werdenden) Netzes dennoch nicht erfassen (Popper).

Einer der bekanntesten Naturwissenschaftler, der Atomphysiker Hans Peter Dürr, hat in seinem Buch »Das Netz des Physikers« (1990) genau dieses Denken in seinen fatalen Folgen für die Lösung ökologischer Probleme scharf kritisiert. Dazu eine Parabel. Ein berühmter Ichthyologe (Fischwissenschaftler) schloss aus der Tatsache, dass in seinem Netz mit 5 cm Maschenweite nur Fische mit einer Größe von mehr als 5 cm zu finden sind, messerscharf:
»1. Alle Fische sind größer als fünf Zentimeter, 2. Alle Fische haben Kiemen.« (Dürr 1990, 29) Den Einwänden erfahrener Fischer gegenüber entgegnet er: »Für mich als Ichthyologen gilt: Was ich nicht fangen kann, ist kein Fisch« (ebd., 30). Fazit: Die Maschenweite des Netzes, mit dem die Wissenschaft nach Erkenntnissen fischt, beeinflusst das Ergebnis. Wehe aber, wenn sie – wie Dürr am Beispiel der Atomphysik zeigt – etwas übersehen hat ... Es kann die Katastrophe bedeuten.

Kritik

Folgende Hauptvorwürfe wurden erhoben:

- fehlende Theorieorientierung der Forschungspraxis (bisweilen bissig als »Fliegenbeinchen-Zählen« karikiert)
- Reduktionismus (z.B. Ausklammerung von pädagogischen Zielfragen, grobe Vereinfachung komplexer pädagogischer Probleme)
- Verantwortungslosigkeit (z.B. Gleichgültigkeit gegenüber dem Verwertungszusammenhang)
- deterministisches Erziehungsverständnis (das Kind als Objekt technischer Manipulation, Ablehnung des Kausalprinzips für die Erziehung)
- fehlender kritischer Gesellschaftsbezug (Hauptargument der Kritischen Theorie).

Diese Kritik stammte nicht nur aus erziehungswissenschaftlicher Feder, sondern wurde vor allem von der »Frankfurter Schule« (s.u.) vorgetragen, jener Gruppe von Sozialphilosophen um Max Horkheimer, Erich Fromm, Herbert Marcuse, Theodor W. Adorno und später vor allem Jürgen Habermas, die am Institut für Sozialforschung in Frankfurt bis 1933, danach im Exil und dann wieder in Frankfurt die »Kritische Theorie« als Gegensatz zur »traditionellen Theorie« entwickelten. Diese bildet auch einen wesentlichen Bezugsrahmen für die Kritische Erziehungswissenschaft.

2.3 Kritische Erziehungswissenschaft

In deutlicher Abgrenzung sowohl von der geisteswissenschaftlichen Pädagogik als auch von der empirischen Erziehungswissenschaft zeigt die Kritische Erziehungswissenschaft auf, dass beide nicht in der Lage sind/waren, sich gegenüber dem gesellschaftlich-historischen Entwicklungsstand der Erziehung kritisch zu verhalten. Die Kritische Erziehungswissenschaft gilt als die *dritte bedeutsame Richtung* der Erziehungswissenschaft. (Obwohl mir ein empirisch arbeitender Kollege sagte, dass er doch selbstverständlich auch eine »kritische Erziehungswissenschaft« betreibe …)

Gegenüber der empirischen Sozialwissenschaft werden im berühmten »*Positivismusstreit*« Mitte der 60er Jahre von der Kritischen Theorie folgende Argumente geltend gemacht (Keckeisen 1989, 491):

- Positivistisch heißt, das Gesetzte, Gegebene (lateinisch: positivum) ist Gegenstand der Wissenschaft. Aber: Wer setzt, wer entscheidet über die Gültigkeit und Legitimation des Gegebenen?
- Die empirisch-positivistische Wissenschaft betrachtet ihren Gegenstand (die soziale Wirklichkeit) als bloßes *Objekt*. Sie meint, sie stehe diesem Objekt gegenüber. Sie reflektiert aber nicht *sich selbst* als ein bestimmendes und bestimmtes Moment dieses Objektbereiches (sog. Subjekt-Objekt-Trennung). Schließlich ist doch auch Wissenschaft selbst ein soziales Phänomen!
- Bei diesem Denken wird technische Rationalität zum Wert an sich. In ihrem Schatten verbergen sich aber sehr wohl Parteinahmen. Die Rede von den berühmten »Sachzwängen« verschleiert dies aber.
- Außerdem ist das *Wirklichkeitsverständnis* des Positivismus *dogmatisch:* Nur was empirisch erforschbar ist, darf Gegenstand von Wissenschaft sein.
- Es dominiert ein konservativer »*Wirklichkeitssinn*« gegenüber einem utopisch vorgreifenden »*Möglichkeitssinn*«.
- Das Besondere, die Singularität, das Individuelle an den Menschen verfällt der Abstraktion (statt *ideographischer* nur *nomothetische* Forschungsansätze).
- Schließlich wird *Technik* zum Handlungsmodell z.B. für die Erziehung, dann aber liegt die *Fremdbestimmung* (Heteronomie) auf der Hand.

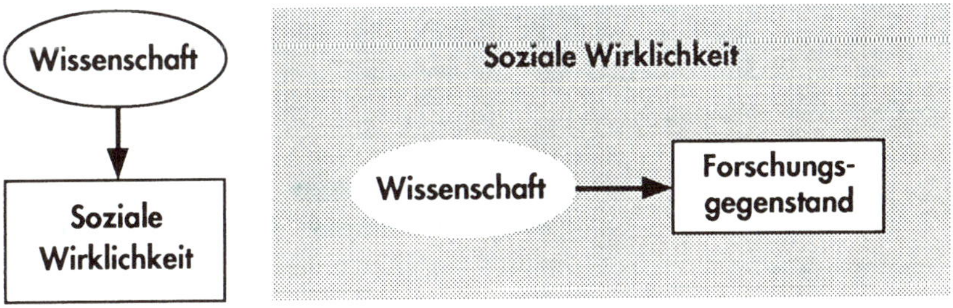

Abb. 5: Wissenschaft und soziale Wirklichkeit

Worum geht es in der Kritischen Erziehungswissenschaft?

Wendet man diese Gegenargumente nun um in Anliegen und Ziele, erhält man bereits eine Vorstellung davon, worum es in der Kritischen Erziehungswissenschaft geht. Sie hat ihre Wurzeln allerdings nicht nur in der Kritischen Theorie, sondern auch in der Selbstkritik der geisteswissenschaftlichen Pädagogik (Dahmer/Klafki 1968). Ihre wissenschaftstheoretischen Grundlagen wurden vor allem entwickelt von Herwig Blankertz, Klaus Mollenhauer, Wolfgang Lempert, Wolfgang Klafki, Klaus Schaller u.a., neuerdings von Marotzki/Sünker (1993), Sünker (1996), Euler/Pongratz (1995).

Auch wenn es keine einheitliche Kritische Erziehungswissenschaft gibt, so gibt es doch *einige zentrale Elemente*, die den unterschiedlichen Ansätzen gemeinsam sind (nach Ulich 1972, 52, ferner Bernhard/Rothermel 1997, Sünker/Krüger 1999):

1. Die gesellschaftlich-politische Bedingtheit der Erziehungspraxis und der pädagogischen Aussagen muss reflektiert werden, dabei wird ein »Autonomie-Anspruch« der Pädagogik abgelehnt.
2. Die Erkenntnisansprüche von Hermeneutik und Erfahrungswissenschaft sind zu relativieren durch Analyse der sinnhaften Voraussetzungen jeder Wissenschaftspraxis, die Wissenschaft muss samt ihren Bedingungen ebenfalls immer wieder kritisch reflektiert werden. Nicht nur Erziehung ist gesellschaftlich bedingt, sondern auch die sich ihr widmende Wissenschaft.
3. Das Erkenntnisinteresse von Hermeneutik und Erfahrungswissenschaft ist gesellschaftskritisch zu problematisieren. So muss hinterfragt werden, wie eine bestimmte Problemwahl eigentlich zustande kommt und wem die Verwertung wissenschaftlicher Ergebnisse dient (der Begriff des »erkenntnisleitenden Interesses« ist einer der Zentralbegriffe bei Habermas).
4. Theorie hat »kritische« Theorie zu sein, durch rationale Diskussion wird technokratische Verfügungsgewalt einschließlich ihrer ideologischen »Rechtfertigungen« oder »Abschirmungen« analysiert und schonungslos aufgedeckt. So wird die Erziehungspraxis über sich selbst aufgeklärt, womit z.B. Lehrern geholfen wird, die meist nicht durchschaute Abhängigkeit des Erziehungssystems von den herrschenden Gesellschaftsstrukturen zu erkennen.
5. Das leitende Erkenntnisinteresse dieser Erziehungswissenschaft ist das emanzipatorische, denn es geht darum, das pädagogische Feld so zu strukturieren, dass die Vernünftigkeit und Selbstbestimmung der Subjekte gefördert und nicht etwa verhindert wird. (Emanzipation wird in den 70er Jahren der Leitbegriff der Kritischen Erziehungswissenschaft!)

Damit erweist sich die Kritische Erziehungswissenschaft weniger als eine ausgearbeitete methodische Anleitung für die Gestaltung von Erziehung, sie ist vielmehr eine bestimmte Sichtweise, mit der Probleme lokalisiert und Hypothesen entwickelt werden können.

> Es zeigt sich aber auch ganz klar die normative Basis der Kritischen Erziehungswissenschaft: Es geht um Aufklärung, Vernunft, Emanzipation, Selbstbestimmung, ohne dass dabei auf ein übergeschichtliches Ideal oder auf eine allgemeine Ethik rekurriert wird.

Wie kommen Werte und Normen zustande?

Wie werden sie abgeleitet und begründet, auch wenn sie ihrerseits als dem historischen Wandel unterworfen begriffen werden? Die Kritische Theorie der Frankfurter Schule aktualisiert die Marx'sche Theorie, aber ohne deren orthodoxen Gehalt, dafür unter Einbeziehung sozialpsychologischer Fragen (Studien zum autoritären Charakter) und aktueller historischer Entwicklungen (Erziehung nach Auschwitz: Adorno). Sie greift grundlegend so etwas wie »ein in der Gesellschaft aufbrechendes Interesse auf, das sich am Widerspruch von Glücksverlangen und vorenthaltener Erfüllung entzündet« (Keckeisen 1989, 484). Konkret bestimmen z.B. folgende Kategorien das Selbstverständnis der aufgeklärten bürgerlichen Gesellschaft (und sind Maßstab zur Kritik bestehender Verhältnisse): ökonomische und politische Freiheit, Gerechtigkeit, Menschenwürde, Fortschritt in der Beherrschung der Natur, eine Ökonomie zum Nutzen aller, vernünftige Subjektivität (ebd., 486). Die Idee des »guten Lebens« ergibt sich aus dem Leiden der Menschen an den als ungerecht empfundenen Verhältnissen, dieses Leid drängt aber zugleich auf Aufhebung dieser Zustände.

Das dialektische Argumentationsmuster ist deutlich: Das Denken und Handeln (auch des Einzelnen) verweist letztlich auf die allgemeinen gesellschaftlich-ökonomischen Bedingungen, in denen der Mensch heranwächst (These). Aus dem Widerspruch zum möglichen »guten Leben« (Antithese) ergibt sich die Möglichkeit/Notwendigkeit einer qualitativ anderen/höheren Stufe: Verwirklichung der idealen naturrechtlichen Bedingungen (Synthese).

Ideologiekritik als Methode

Infolge der gesellschaftlichen Bedingungen sind auch in der Erziehungspraxis Fehlentwicklungen entstanden, über die aufgeklärt werden muss und die verändert werden müssen. Daher steht als Methode die *Ideologiekritik* im Mittelpunkt der Kritischen Erziehungswissenschaft. Ideologien werden dabei verstanden als von Herrschaftsinteressen gesteuerte Rechtfertigungslehren (z.B. würde die Auffassung, Mädchen seien von Natur aus unpolitisch – etwa vertreten von Bildungsministerien –, dazu führen, dass die männliche Vorherrschaft im Bildungswesen erhalten bleibt). Ideologien haben den Charakter *falschen Bewusstseins*, das gesellschaftlich bedingt ist und bestehende Machtverhältnisse stützt und rechtfertigt (Klafki 1989).

Weil aber insbesondere die Pädagogen nicht nur von der Kritik leben können, muss die Erziehungswissenschaft kritisch-*konstruktiv* sein (Klafki 1976), d.h. den Aspekt der Verbesserung der Bedingungen und damit eine Veränderung der Erziehungspraxis im Blick haben. Für den Aufbau dieses evolutionären Prozesses bedarf es des herrschaftsfreien Diskurses, also der erörternden Auseinandersetzung mit gleichen Rechten aller, ohne Herrschaft, Bevormundung etc. als der letzten Rechtfertigungs- und Legitimationsbasis (die Theorie des Diskurses hat vor allem Habermas später entwickelt). Wenn aber Menschen in Verhältnisse rational verändernd eingreifen können, müssen Kritik(fähigkeit), Aufklärung, Selbstbestimmung, Emanzipation und Vernunft Leitbegriffe der Bildung junger Menschen sein. Damit kann Bildung auch nicht mehr als ein vorwiegend individuelles »Gut« verstanden werden, sondern muss als gesellschaftlicher Prozess begriffen werden.

Kritik

- Eine erhebliche Anzahl der Pädagogen (wissenschaftlich wie praktisch) ist im Zuge der »68er«-Bewegung von der Kritischen Erziehungswissenschaft beeinflusst worden. Das hat als Gegenreaktion z.B. zu den konservativen »Bonner Thesen« des Forums »Mut zur Erziehung« 1978 geführt, die massiv eine Abkehr von kritisch-emanzipatorischen Orientierungen fordern. Andere haben die Kritische Erziehungswissenschaft schlechtweg für eine Neuauflage des Marxismus gehalten.
- Ein weiterer Vorwurf lautete, die Kritische Erziehungswissenschaft *reduziere* das Erziehungsproblem auf die Negation von Herrschaft und auf die Emanzipation aus Abhängigkeitsverhältnissen, *vernachlässige* aber andere notwendige Befähigungen zur Daseinsbewältigung. Allein aus der Negation des Bestehenden würden sich für eine »handlungsorientierende Wissenschaft von der und für die Erziehung« noch nicht die besseren Möglichkeiten ableiten lassen, so bleibe es bei einem »Zirkel folgenloser Ideologiekritik« (Benner 1973, 317).
- Ferner: Alles »gesellschaftlich« zu erklären kann auch zu einer platten Verengung der Interpretationsperspektiven führen. Sind viele ehemals so gesellschaftskritische Lehrer und Lehrerinnen heute deshalb z.B. in die Esoterik- oder Psychoszene abgedriftet, weil sie erkannten, dass man der Seele des Menschen allein gesellschaftstheoretisch nicht beikommen kann?
- Und dass die erzieherische Situation grundsätzlich ungleich angelegt ist – muss das schon Herrschaft von erwachsenen Machthabern gegenüber dem Kind bedeuten? Die *Grenzen einer Übertragbarkeit des Diskursmodells auf die pädagogische Situation* wären dabei theoretisch noch erheblich genauer zu analysieren.

Dennoch: Bildung und Vernunft – das bleibt ein Programm, das jeden aufgeklärten Pädagogen weiterhin fasziniert. Und in neueren Ansätzen zeigt sich durchaus auch ein »mehrperspektivisch-dialogisches Verständnis von Erziehungswissenschaft«, denn »unser Wissen ist Stückwerk« (Scarbath 1979, 204). Also hat das Attribut »kritisch« (schon gar nicht mit großem »K«) keine erziehungswissenschaftliche Richtung für sich gepachtet.

2.4 Weitere Richtungen

Die aus Platzgründen knappe Darstellung der folgenden Richtungen (detailliertere Informationen bei König/Zedler 1998, Hierdeis/Hug 1997) soll ihrer Einschätzung und Bewertung keineswegs vorgreifen.

a) Transzendental-kritische Erziehungswissenschaft

Bereits die unterschiedlichen Benennungen dieser ersten Richtung zeigen, dass es unterschiedliche Akzentsetzungen und Auffassungen gibt: transzendentalphilosophische bzw. prinzipienwissenschaftliche Pädagogik: Marian Heitger, personal-transzendentale Pädagogik: Karl-Heinz Dickopp, transzendentalkritische: Wolfgang Fischer. Von R. Lassahn (1982) werden sie unter normativer Pädagogik zusammengefasst.

Was bedeutet »transzendental«?
Transzendental ist diese Theorie, weil sie »ihre Kriterien im Rückbezug zur Erziehungswirklichkeit auf die Bedingungen der Möglichkeit (und nicht ihrer faktischen Wirklichkeit) ermittelt« (Dickopp 1983, 189). Das klingt kompliziert – und es erinnert an Kant. In der Tat ist diese Richtung neukantianisch geprägt, geht es ihr doch nicht um die Gegenstände selbst, sondern um das Erfassen von Bedingungen, sozusagen um die »Ausgangs- und Begründungsböden« (Fischer 1986, 60) (also die Erkenntnisart) pädagogischer Aussagen.

Was heißt »kritisch«?
Fischer betont, »dass alle unsere Behauptungen, Urteile, Theorien von Voraussetzungen und Bedingungen abhängen. Sie geben den Grund ab, dass wir etwas als pädagogisch rechtmäßig oder auch unakzeptabel ausweisen ... Diese ›Metaphysik‹, die als Basis praktischer und theoretischer Bemühungen fungiert, ist ... Gegenstand transzendentalkritisch-pädagogischer Untersuchungen ... Insofern ist transzendentalkritische Pädagogik radikale, skeptische Aufklärung, die nicht unbefragt stehen lässt, was beansprucht, mit der Sache der Pädagogik für jetzt oder für immer mehr oder weniger definitiv fertig geworden zu sein oder fertig werden zu können.« (Fischer 1986, 63)
Es muss schließlich darauf hingewiesen werden, dass sich einige Vertreter dieser pädagogischen Schule explizit auf christliche Grundlagen – genauer einen katholisch-christlichen Sinnzusammenhang – berufen (Dickopp 1983, 190).

b) Historisch-materialistische Erziehungswissenschaft

»Die materialistische Erziehungstheorie ist eine aus der materialistischen Gesellschafts- und Geschichtstheorie von Karl Marx abgeleitete radikale Kritik der bürgerlichen Erziehung.« (Schmied-Kowarzik 1983, 101) Vorbereitet durch die Rezeption des Marxismus in den Linksparteien kam es in den 20er Jahren in Deutschland erstmalig zu Ansätzen einer *»revolutionären« Pädagogik* (z.B. Rühle, Kanitz, Hoernle, Bernfeld), die aber erst im Zuge der Studentenbewegung Ende der 60er/Anfang der 70er Jahre wieder aufgenommen und auch theoretisch weiterentwickelt wurde. Materialistische Erziehungstheorie ist nicht bloß vordergründig auf die Kritik der sichtbaren Mängel des Bildungswesens (z. B. die Benachteiligung der Arbeiterkinder) gerichtet, vielmehr ist es ihr wichtig, dass sie »die wirkmächtigen, aber verborgenen Prämissen der Gesellschaft thematisiert« (Gamm 1989, 136, vgl. ferner Gamm/Konneffke 1997).

Die Menschen können sich nämlich nicht als die Produzenten ihrer Lebensverhältnisse verwirklichen, sondern werden im Kapitalismus von außen bestimmt: durch die »Sachzwänge der Produktionsverhältnisse, die politische und rechtliche Macht der Herrschaftsverhältnisse, die Verblendungsgewalt der Ideologie« (Schmied-Kowarzik 1983, 104), sie sind von ihren eigenen Lebensverhältnissen entfremdet. Erziehung dient in der kapitalistischen Gesellschaft dazu, die ständige Wiedererneuerung dieser Zustände zu garantieren. Sie kann nie abgetrennt von der gesellschaftlichen Praxis, deren Teil sie ist, begriffen werden; sie re-produziert die gesellschaftlichen Verhältnisse. Erziehung wird darum auch als Teilfunktion der Reproduktion des gesellschaftlichen Lebens verstanden. »Die hierfür erforderliche Zurichtung und Entmündigung der Produzenten findet bereits in der Schule statt.« (Ebd. 111)

Kann Bildung Befreiung bedeuten?

Es »bleibt der marxsche Gedanke, dass die Menschen sich für neue Aufgaben selbst erst umarbeiten müssen, ein Satz von pädagogischem Gewicht« (Gamm 1989, 132). Natürlich hat das Bildungssystem Klassencharakter (s.o.), aber in der Widersprüchlichkeit der Bildung liegt zugleich ein revolutionäres Potenzial, wie dies insbesondere Heydorn (1970) herausgearbeitet hat. Bildung dient nicht nur der bloßen Reproduktion der gesellschaftlichen Verhältnisse, sondern enthält auch das Potential der Befreiung des Menschen aus Naturabhängigkeit und aus Herrschaftszwängen: Die Qualifizierung von Arbeitskräften schlägt – bildungstheoretisch gesehen – um in *befreiende Bildung*.

Allgemein galt die historisch-materialistische Wissenschaft in der ehemaligen DDR auch als wissenschaftstheoretische Grundlage der Pädagogik. Aus ihr heraus sollten im Sinne einer »Staatspädagogik« alle pädagogischen Probleme gelöst werden, sie bildete den ideologischen Rahmen im Sinne eines Leitkonzeptes. Doch so einfach war das nicht: Zum einen muss man zwischen der offiziellen »Staatspädagogik« und einzelnen »Pädagogiken« in der ehemaligen DDR unterscheiden, zum andern gab es durchaus Theoriekontroversen, die sowohl in der Bundesrepublik als auch in der ehemaligen DDR nur unzureichend rezipiert worden sind (Benner/Sladek 1998, Krüger/Marotzki 1994).

c) Phänomenologische Pädagogik

Die phänomenologische Pädagogik wird heute u. a. vertreten von Martinus J. Langeveld, Werner Loch, Wolfgang Lippitz, Käte Meyer-Drawe. Vor allem hat die Phänomenologie in der sog. Lebensweltanalyse durch Alfred Schütz seit den 70er Jahren eine wichtige Weiterführung erfahren. Sie gilt als eine der entscheidenden Grundlagen für qualitative Forschungsmethoden (siehe Kapitel 3: Methoden der Erziehungswissenschaft).

Ein Beispiel: »›Warum schlägt die Zwiebel aus?‹, fragt das Kind, und wir erzählen etwas von Jahreszeiten, Stoffen, Zirkulation, kurzum: von *Vergangenheit*, während eine Antwort sinnvoll ist: *die Pflanze will blühen.* Der Sinn des Ausschlagens liegt in dem, was jeder sehen kann (wenn er will): schau, wie die Zwiebel ausschlägt, und nimm wahr, wie sie von einer Intention beherrscht ist. Die Gegenwart ist die sichtbare Zukunft.« (Van den Berg, zit. bei Lippitz 1986, 3)

Dieses Beispiel zeigt einige wichtige Merkmale des im Anschluss an den Philosophen Edmund Husserl entwickelten phänomenologischen Ansatzes:

- Durch »naive Weltansicht« (Helmut Plessner) und unmittelbare Wesensschau versucht man, ein Phänomen an und für sich zu erfassen und zu einer *Wesenseinsicht* zu gelangen.
- Dabei geht es um die Intention, den *Sinn*, von dem aus ein Gegenstand erst verstanden werden kann. »Erst die ›Intentionalität‹ des Bewusstseins führt zur Sinnkonstitution, gibt den Gegenständen ihre Bedeutung.« (Hoffmann 1980, 81) Auch den menschlichen Verhaltensweisen will der Phänomenologe »überhaupt erst den Sinn ›einlegen‹, der sie verständlich macht ... *Einlegung* (Introjektion oder Attribution) ist deshalb die konstitutive Aufgabe der phänomenologischen Beschreibung« (Loch 1989, 1198).
- Es kommt also darauf an, nicht (wie in andern Wissenschaften üblich) zu analysieren, zu erklären, zu messen o.Ä., sondern zu *beschreiben*. Angestrebt ist die Erkenntnis dessen, was eigentlich ist, nicht, was die Wissenschaft daraus gemacht hat. »›Phänomenologisch‹ nennen wir demzufolge eine Methode, die die Lebenswelt des Menschen unmittelbar durch ›ganzheitliche‹ Interpretation alltäglicher Situationen versteht.« (Seiffert 1971, 26) Entscheidend ist dabei nicht der empirische Gegenstand, sondern das durch ihn zur Anschauung gebrachte »Wesen« dieser Sache: »Wer Orange als Farbe sieht und die Farbqualität phänomenologisch beschreiben will, muss von einer einheitlichen Tatsache handeln; wer erklärt, dass Orange aus Rot und Gelb gemischt ist, analysiert, er betreibt nicht Phänomenologie, sondern Physik.« (Hoffmann 1980, 82)

Für die *Pädagogik* bedeutet dies: »Um zu erfahren, wie Kinder Welt wahrnehmen, Probleme lösen, sich entwickeln usw., kann man sich nicht ausschließlich zur Beobachtung hinter Einweg-Sichtscheiben verstecken, armiert mit vorgegebenen Kategorienrastern und standardisierten Beobachtungsbögen. Forschen heißt hier, an der Binnenperspektive des Kindes teilnehmen, genauer: es begleiten, Freund werden, Vertrauen schaffen, mitspielen und erzählen lassen. Das Material, das man so gewinnt, wird erst nachträglich reflexiv und systematisch bearbeitet; mit der ausdrücklichen Intention jedoch, die darin stehende Lebendigkeit und Ursprünglichkeit zu bewahren.« (Lippitz 1986, 7, weitere phänomenologische Studien bei Lippitz 1993)

d) Systemtheoretische Pädagogik und Konstruktivismus

Inzwischen gibt es auch Entwürfe, die Pädagogik konsequent als Systemtheorie zu entwickeln (Luhmann/Schorr 1979, Oelkers/Tenorth 1987, Huschke-Rhein 1998, Resümee bei Tenorth 1990, von Saldern 1991). Obwohl der Systemgedanke viel älter ist (z. B. bei Parsons nach dem Zweiten Weltkrieg, siehe Kap. 6: Sozialisation), wurde er in Deutschland wohl erst durch den Streit zwischen dem Frankfurter Sozialphilosophen Jürgen Habermas und dem Bielefelder Soziologen Niklas Luhmann Anfang der 70er Jahre populär.

Ein System ist ein »Satz von Objekten zusammen mit Beziehungen zwischen den Objekten und zwischen ihren Attributen« (Hall/Fagen, zitiert bei Brunkhorst 1983, 203). Damit wird die Reflexion nicht am (einzelnen) Menschen orientiert, sondern am Funktionieren von Elementen, Teilsystemen, Beziehungen zwischen Systemen etc. Die Systemtheorie fragt also nicht: »Was ist das Ding?«, sondern: »Was tut es?« in einem System. Systeme sind nämlich *autopoietisch*, d.h., sie bringen sich immer wieder selbst hervor, und sie sind *selbstreferentiell*, d.h., sie können sich auf sich selbst beziehen; sie verfügen über die Fähigkeit zur Wahrnehmung einer Differenz zwischen System (= sich selbst) und der Umwelt (= das Andere) und die Fähigkeit, hieraus für sich Konsequenzen zu ziehen (Maturana/Varela 1987).

Luhmann spricht im Hinblick auf das Erziehungssystem hier von einem »Technologiedefizit«, d.h., man könne pädagogische Effekte nicht gesetzmäßig bewirken. Pädagogen sollten sich also davor hüten zu glauben, sie könnten – etwa in der Theorie des pädagogischen Bezuges – ihre subjektiven Intentionen verwirklichen. Solche Bemühungen um pädagogische Autonomie sind nach systemtheoretischer Deutung nichts anderes als Produkte einer Dynamik des Systems, z.B. Folgeproblem gesellschaftlicher Differenzierung.

Wenn man so will, stellt sich die Systemtheoretische Pädagogik gleichsam »neben« die Pädagogik und analysiert deren Systemcharakter. Aus den sichtbar werdenden Verflechtungen, Funktionen und Zusammenhängen ergibt sich eine theoretisch ungemein anspruchsvolle Komplexität, deren Überzeugungskraft für eine pädagogische Wissenschaft aber umstritten ist (Oelkers/Tenorth 1987, Tenorth 1990). Die kritische Kernfrage bleibt: Sind die handelnden Subjekte (nur) bloße Elemente im komplexen Gefüge unterschiedlicher Teilsysteme oder hat pädagogisches Handeln nicht auch seine eigenen Intentionen, seinen Sinn und seine Freiheit?

An den Systemgedanken knüpft auch der sog. Konstruktivismus als Erkenntnis-, aber auch als Wissenschaftstheorie an (zur Vertiefung: Reich 1996, Tschamler 1996, 73ff.; kritisch zum radikalen Konstruktivismus: Nüse 1995). Danach ist das Subjekt (als lebendes System) alleiniger Urheber des Wissens, seiner Konstitution und Konstruktion. Der Mensch konstruiert seine Welt, in der er lebt, selbstreferentiell und autopoietisch, wird also autark gedacht. Eine objektiv existierende Außenwelt ist nach dieser Theorie eine Fiktion. Das Subjekt-Objekt-Verhältnis wird auf reine Subjektivität reduziert und tritt damit jedem Objektivismus – wie er z.B. von Popper (vgl. Kritischer Rationalismus) vertreten wird – radikal gegenüber. Zwar gibt es einen Konsens zwischen den Menschen (aufgrund ähnlicher neuronaler Beeinflussung durch die Umwelt), aber auch wissenschaftliche Sätze sind (immer nur) Konstruktionen des menschlichen Gehirns. Daraus ergeben sich radikale Konsequenzen für die Erziehungswissenschaft: Sie kann im Grunde nur jene »Konstruktionen« aufarbeiten, d.h. alle Mythen und Wissensfragmente, auf die die Pädagogik so stolz ist (Lenzen 1992, 1996).

e) Pädagogik im Kontakt mit Nachbardisziplinen

Die Entwicklung der Erziehungswissenschaft in den letzten 20 Jahren zeigt eine starke Öffnung in Richtung auf andere Sozialwissenschaften, aber auch zu sehr jungen Wissenschaftszweigen (z.B. zur Ethnomethodologie oder zur Kybernetik). Erziehungswissenschaft ist ohne Bezug zu Nachbardisziplinen heute nicht mehr denkbar (Heid 1983), sie wird mehr und mehr *Integrationswissenschaft* (Überblick bei Möller 1992).

- Für die Einbeziehung *psychoanalytischer Denkrichtungen* z.B. ist dies nichts Neues, denn bereits von 1926 bis 1937 gab es die klassische »Zeitschrift für Psychoanalytische Pädagogik«, und Namen wie August Aichhorn und seine Arbeit mit verwahrlosten Jugendlichen oder Hans Zulliger und seine Kindertherapie sind aus dieser Zeit längst berühmt. Zwar gibt es einen wissenschaftstheoretischen Streit über das Verhältnis von Psychoanalyse und Pädagogik (Bittner/Ertle 1985), aber die prinzipielle Bedeutung psychoanalytischer Theorie und Praxis für das Verständnis pädagogischer Probleme ist unbestritten, weil sie vor allem die jeder pädagogischen Interaktion inhärenten unbewussten Anteile zum Gegenstand hat (Gudjons 1993, Trescher/Büttner/Datler 1993).
- Eine völlig andere Richtung der Pädagogik hat sich im Kontakt mit der Kybernetik entwickelt. Die *kybernetische Pädagogik* (Frank 1962, v. Cube 1965, kritisch Nicklis 1971) fasst den Prozess der Erziehung und des Unterrichtens im Sinne eines Regelkreismodells auf (siehe Kapitel 9: Didaktik).
- Eine Fülle weiterer theoretischer Denkanstöße verdankt die Pädagogik der *Ethnomethodologie* (einer Methodenrichtung, die die gemeinsamen Muster von Menschengruppen untersucht, also nicht zu verwechseln mit Ethnologie = Völkerkunde!, obwohl sie hier die methodischen Anleihen macht …), dem *Symbolischen Interaktionismus* (siehe Kapitel 6: Sozialisation), der *Ökologie*, der *Spieltheorie* u.a.m. (Lenzen 1983).
- Weitere Richtungen wären auch Theodor Ballauffs an Heidegger orientierte Systematische Pädagogik (Ballauff 1970), Klaus Schallers Kritisch-kommunikative Erziehungswissenschaft (Schäfer/Schaller 1973), die Strukturalistische Pädagogik (die jene Tiefenstrukturen rekonstruieren will, welche den Oberflächenstrukturen, den Phänomenen, zugrunde liegen; Lenzen 1989, 1996) und schließlich auch eine biographische Erziehungswissenschaft (Garz 2000).
- Auf eines aber muss nachdrücklich verwiesen werden: Eine Erziehungswissenschaft kann nicht die Theorie einer Praxis sein, solange sie glaubt, vom Geschlecht als sozialer Kategorie abstrahieren zu

können. Insbesondere für eine *feministische Pädagogik* ist erheblicher Nachholbedarf zu konstatieren. Vermeintlich geschlechtsneutrale Ergebnisse erziehungswissenschaftlicher Forschung überlagern und verdecken geschlechtsspezifische Mechanismen in den Erziehungsfeldern. Vermutlich dürfte die Kategorie der Geschlechterdifferenz einen ähnlich hohen theoretischen Stellenwert haben, wie er dem Klassenbegriff in der marxistischen Argumentation zukommt.
Ich persönlich möchte aber nicht nur jene die Frauen benachteiligenden Sozialisationsfaktoren untersucht sehen, sondern bin auch interessiert an Bedingungen und Mechanismen, die aus Jungen »kleine Helden« und später magenkranke, machthungrige und gefühlsverklemmte Männer machen …

2.5. Zum aktuellen Stand der Theorieentwicklung

Die letzten 25 Jahre waren gekennzeichnet durch vier Tendenzen:

1. Über weite Strecken hat der *wissenschaftstheoretische Streit* im Vordergrund gestanden. Man könnte mit Eckard König meinen, dass die Erziehungswissenschaft »aufgrund fortwährender Selbstreflexion das eigentliche Geschäft, so sie eins habe, vernachlässige« (1990, 920; auch zu den folgenden Punkten!).
2. Die Erziehungswissenschaft hat sich quantitativ erheblich *ausgeweitet* und qualitativ enorm *differenziert*.
3. Hinzu kommt eine erkenntnistheoretische Grundlagenkrise der Wissenschaft überhaupt (in der »Postmoderne«), die ebenfalls erhebliche Auswirkungen auf die Erziehungswissenschaft hatte: Theorieentwürfe zwischen »alles ist möglich« und »nichts geht mehr« (vgl. Kapitel 12: Aktuelle Herausforderungen der Pädagogik).
4. Deutlich zu beobachten ist seit Ende der 70er Jahre auch die sog. *Alltagswende* der Erziehungswissenschaft (Lenzen 1980): Subjektive Theorien von pädagogisch Handelnden, das Tagesgeschäft mit seinen (scheinbaren) Banalitäten und Routinen, Alltagstheorien und konkrete Lebenswelten usw. treten in den Mittelpunkt.

Dennoch wäre es völlig falsch, die erziehungswissenschaftliche Theoriebildung für überflüssig zu erklären und sich nun nur noch praktischen Fragen oder der Konstruktion von Handlungsanleitungen zuzuwenden. Die Theorieentwicklung in der Erziehungswissenschaft kann nicht ausschließlich als *Zerfallsprozess* gewertet werden, im Gegenteil: Es zeigt sich auch ein »Prozess der Integration und Konvergenz unterschiedlicher theoretischer Konzepte« (ebd., 927).

Bilanz erziehungswissenschaftlicher Theorieentwicklung

1. In unterschiedlichen wissenschaftstheoretischen Konzepten gewinnen *hermeneutische Fragestellungen* zunehmend an Gewicht. Der traditionelle Verhaltensbegriff der empirischen Wissenschaften wird abgelöst durch eine Sicht des Menschen, der seinem Tun und seiner Welt einen Sinn, eine Bedeutung zuschreibt: »Sinn«, »Bedeutung« und »Verstehen« werden als Kategorien wieder wichtig. Damit hängt auch die Zunahme der qualitativen Forschungsansätze mit ihrem »interpretativen Paradigma« (ebd., 927) zusammen (Uhle 1989, König/Zedler 1998). Argumentationslinien unterschiedlicher Paradigmen werden offenbar wieder stärker miteinander verbunden. Dies ist in allen Sozialwissenschaften ein deutlicher Trend (Hitzler/Hohner 1997).

2. Auch auf der Ebene der *Forschungsmethoden* zeichnet sich eine Annäherung zwischen verschiedenen Konzepten ab. Während sich die empirische Forschung zunehmend »offenen« Verfahren (wie narrative Interviews, Tiefeninterviews, persönliches Gespräch) gegenüber aufgeschlossen zeigt, wird bei hermeneutischen Konzepten auf eine strengere methodische Absicherung geachtet.

3. Schließlich findet eine Annäherung unterschiedlicher theoretischer Paradigmen auch auf der Ebene des *Theorie-Praxis-Verhältnisses* statt: Unterschiedliche Konzepte stellen dem Praktiker alternative Deutungen konkreter Situationen zur Verfügung (denn Konzepte sind ja unterschiedliche Konstruktionen von Wirklichkeit und nicht etwa Abbildungen der Wirklichkeit!). Jedes kann helfen, bestimmte Probleme zu lösen, nicht mehr, aber auch eben nicht weniger. Integration heißt hier also, dass der Praktiker nicht irgendeine Theorie einfach »anwendet«, sondern unterschiedliche Konzepte unterschiedlich »transformiert«, ihnen Bedeutungen gibt, sie also in seine subjektive Konstruktion von Wirklichkeit einfügt. Bedenkenswert scheint mir auch die Warnung vor einer übergroßen Pluralisierung von Theoriekonzepten und die Betonung des »Propriums« (= nächstliegendes, ursprüngliches Anliegen) der Erziehungswissenschaft, nämlich der »Generationendifferenz von alt und jung« (Benner/Brüggen 2000, 258).

Doch – wie soll der Soziologe Arnold Gehlen auf die Frage geantwortet haben, was Wissenschaft sei? »Wissenschaft ist der augenblicklich geltende Irrtum.«

Lese- und Arbeitsvorschläge

Eine gut verständliche Einführung in die komplexe Thematik wissenschaftstheoretischer Grundrichtungen der EW bieten E. König/P. Zedler: Theorien der Erziehungswissenschaft. Weinheim 1998. Im Mittelpunkt steht EW als normative Disziplin, als empirische Verhaltenswissenschaft, als hermeneutische Disziplin und als Systemtheorie. Historische Entwicklungen und zentrale Thesen werden dargestellt, um die Auswirkungen eines Konzeptes auf die jeweilige Forschungsmethodik aufzuzeigen und Konsequenzen für konkretes pädagogisches Handeln zu entwickeln. - Als Standardwerk gilt H. Tschamler: Wissenschaftstheorie. Eine Einführung für Pädagogen. Bad Heilbrunn 1996, 3. Aufl. Im ersten Teil gibt der Autor einen Überblick über Ansätze der allgemeinen Wissenschaftstheorie, im zweiten werden die wichtigsten Konzepte für die Pädagogik diskutiert (u.a. auch der »radikale Konstruktivismus)«. – Anspruchsvoll liest sich die umfangreiche Einführung von F.-W. Kron: Wissenschaftstheorie für Pädagogen. München 1999, während D. Lenzen: Orientierung Erziehungswissenschaft. Reinbek 1999, S. 123 ff., eine erste Orientierung für Studienanfänger bietet.

Als *Arbeitsvorschlag* haben wir in vielen Seminaren folgende Idee entwickelt und erprobt: Jeweils zwei Studierende beschäftigen sich mit einer der »großen« wissenschaftstheoretischen Richtungen, indem sie folgende Frage beantworten: »Mit welchem Grundverständnis von Wissenschaft würde die von uns vertretene Richtung an ein Forschungsprojekt ›Gewalt unter Kindern und Jugendlichen‹ herangehen? Was soll und was kann Wissenschaft leisten? Welche Fragen würde unsere Richtung entwickeln, welche Bedeutung für die Praxis haben Selbstverständnis, Anspruch und ihr Vorgehen?« In einem »fish-bowl« (= Innenkreis von Diskutanten, Außenkreis mit Zuschauern, ein freier Stuhl für kurze Statements von Zuschauern) werden möglichst kontrovers die Ergebnisse diskutiert. Dabei sollen die Vertreter kritische Fragen an die Vertreter der jeweils andern Richtungen formulieren (Zeit: 45 Minuten).

Literatur

Abel, J. u.a.: Einführung in die Empirische Pädagogik. Stuttgart 1998

Albert, H.: Plädoyer für kritischen Rationalismus. München 1971

Albert, H.: Probleme der Wissenschaftslehre in der Sozialforschung. In: R. König (Hg.): Handbuch der empirischen Sozialforschung, Bd. 1, S. 57–102. Stuttgart 1973

Ballauff, T.: Systematische Pädagogik. Heidelberg 1970, 3. Aufl.

* *Benner, D.: Hauptströmungen der Erziehungswissenschaft. Weinheim 1991, 3. Aufl. (1. Aufl. 1973)*

Benner, D.: Allgemeine Pädagogik. Weinheim 1987, 2. Aufl. 1991

Benner, D.: Studien zur Theorie der Erziehungswissenschaft. Weinheim 1994.

Benner, D./Sladek, H.: Vergessene Theoriekontroversen in der Pädagogik der SBZ und DDR 1946 bis 1961. Weinheim 1998

Benner, D./Brüggen, F.: Theorien der Erziehungswissenschaft im 20. Jahrhundert. In: 42. Beiheft der Z. f. Päd. 2000, S. 240–263

Bernhard, A./Rothermel, L. (Hg.): Handbuch Kritische Pädagogik. Weinheim 1997

Bilanz für die Zukunft: Aufgaben, Konzepte und Forschung in der Erziehungswissenschaft. 25. Beiheft der Zeitschrift für Pädagogik. Weinheim 1990
Bittner, G./Ertle, C. (Hg.): Pädagogik und Psychoanalyse. Würzburg 1985
Blass, J. L.: Modelle pädagogischer Theoriebildung. 2 Bde. Stuttgart u. ö. 1978
Bollnow, O. F.: Die geisteswissenschaftliche Pädagogik. In: H. Röhrs/H. Scheuerl (Hg.) 1989, a.a.O., S. 53–70
Borrelli, M. (Hg.): Deutsche Gegenwartspädagogik. Baltmannsweiler 1993
Brezinka, W.: Von der Pädagogik zur Erziehungswissenschaft. Weinheim 1971 (Neubearbeitung: ders., Metatheorie der Erziehung. München 1978)
Brezinka, W.: Empirische Erziehungswissenschaft und andere Erziehungstheorien: Differenzen und Verständigungsmöglichkeiten. In: H. Röhrs/H. Scheuerl (Hg.) 1989, a.a.O., S. 71–82
Brinkmann, W./Petersen, J. (Hg.): Theorien und Modelle der Allgemeinen Pädagogik. Donauwörth 1999
Brumlik, M.: Symbolischer Interaktionismus. In: D. Lenzen (Hg.): Enzyklopädie Erziehungswissenschaft, Bd. 1, S. 232–245. Stuttgart 1983
Brunkhorst, H.: Systemtheorie. In: D. Lenzen (Hg.): Enzyklopädie Erziehungswissenschaft, Bd. 1, S. 193–213. Stuttgart 1983
Cube, F. von: Kybernetische Grundlagen des Lehrens und Lernens. Stuttgart 1965
Dahmer, I./Klafki, W. (Hg.): Geisteswissenschaftliche Pädagogik am Ausgang ihrer Epoche – Erich Weniger. Weinheim/Berlin 1968
* *Dickopp, K. H.: Lehrbuch der systematischen Pädagogik. Düsseldorf 1983*
Dilthey, W.: Gesammelte Schriften. Bd. I–VII, Stuttgart 1957/58 ff.
Euler, P./Pongratz, L. A. (Hg.): Kritische Bildungstheorie. Weinheim 1995
Fend, H.: Bilanz der empirischen Bildungsforschung. In: Z. f. Päd. H. 5/1990, S. 687–709
Fischer, W.: Die transzendentalkritische Pädagogik. In: H. Gudjons/R. Teske/R. Winkel (Hg.): Erziehungswissenschaftliche Theorien, S. 57–63. Hamburg 1986
Fischer, W.: Über den Mangel an Skepsis in der Pädagogik. In: Z. f. Päd. H. 5/1990, S. 729–743
Flitner, W.: Das Selbstverständnis der Erziehungswissenschaft in der Gegenwart. Heidelberg 1963
Frank, H.: Kybernetische Grundlagen der Pädagogik. 2 Bde. Baden-Baden 1962
* *Gadamer, H. G.: Wahrheit und Methode. Tübingen 1960*
Gamm, H.-J.: Die materialistische Pädagogik. In: H. Gudjons/R. Teske/R. Winkel (Hg.): Erziehungswissenschaftliche Theorien, S. 41–54. Hamburg 1986
Gamm, H.-J.: Erziehungswissenschaft auf kritisch-materialistischer Basis. In: H. Röhrs/H. Scheuerl (Hg.) 1989, a.a.O., S. 131–146
Gamm, H.-J./Konneffke, G. (Hg.): Jahrbuch für Pädagogik 1997: Mündigkeit. Zur Neufassung materialistischer Pädagogik. Frankfurt/M. 1997
Garz, D.: Biographische Erziehungswissenschaft. Opladen 2000
Giesecke, H.: Einführung in die Pädagogik. Weinheim und München 1990, 2. Aufl. der Neuausgabe
Gudjons, H. (Hg.): Psychoanalyse und Schule. 1. Beiheft der Zeitschrift PÄDAGOGIK 1993
Heid, H.: Die Interdisziplinarität der pädagogischen Fragestellung. In: D. Lenzen (Hg.): Enzyklopädie Erziehungswissenschaft, Bd. 1, S. 177–190. Stuttgart 1983
Hermeneutische Pädagogik. [Themenschwerpunkt] Z. f. Päd. H. 1/1981
Herrmann, U.: Pädagogik, geisteswissenschaftliche (systematisch). In: D. Lenzen (Hg.): Pädagogische Grundbegriffe, Bd. 2, S. 1140–1160. Reinbek 1989
Heydorn, H.-J.: Über den Widerspruch von Bildung und Herrschaft. Frankfurt/M. 1970
* *Hierdeis, H./Hug, T.: Pädagogische Alltagstheorien und erziehungswissenschaftliche Theorien. Bad Heilbrunn 1992*

Hierdeis, H./Hug, T. (Hg.): Taschenbuch der Pädagogik. 4 Bde. Baltmannsweiler 1997 (auch als CD-ROM der Pädagogik)
Hitzler, E./Hohner, A. (Hg.): Sozialwissenschaftliche Hermeneutik. Opladen 1997
Hoffmann, D.: Erziehungswissenschaft. Stuttgart 1980
* *Hoffmann, D./Heid, H. (Hg.): Bilanzierung erziehungswissenschaftlicher Theorieentwicklungen. Weinheim 1991*
Horn, K.-P./Wigger, L. (Hg.): Systematiken und Klassifikationen in der Erziehungswissenschaft. Weinheim 1994–1996
Huschke-Rhein, R.: Systemische Erziehungswissenschaft. Weinheim 1998
Jahrbuch für Pädagogik 1997: Mündigkeit. Frankfurt/M. u. ö. 1997
Jank, W./Meyer, H.: Didaktische Modelle. Frankfurt/M. 1991
Keckeisen, W.: Erziehungswissenschaft, kritische. In: D. Lenzen (Hg.): Pädagogische Grundbegriffe, Bd. 1, S. 482–507. Reinbek 1989
Klafki, W.: Aspekte kritisch-konstruktiver Erziehungswissenschaft. Weinheim 1976
Klafki, W.: Kann Erziehungswissenschaft zur Begründung pädagogischer Zielsetzungen beitragen? Über die Notwendigkeit, bei pädagogischen Entscheidungsfragen hermeneutische, empirische und ideologiekritische Untersuchungen mit diskursethischen Erörterungen zu verbinden. In: H. Röhrs/H. Scheuerl (Hg.) 1989, a.a.O., S. 147–159
König, E.: Theorie der Erziehungswissenschaft. Bd. 1–3. München 1975
König, E.: Bilanz der Theorieentwicklung in der Erziehungswissenschaft. In: Z. f. Päd. H. 6/1990, S. 919–936
* *König, E./Zedler, P.: Einführung in die Wissenschaftstheorie der Erziehungswissenschaft. Düsseldorf 1983*
* *König, E./Zedler, P.: Theorien der Erziehungswissenschaft. Weinheim 1998*
Kron, F.-W.: Wissenschaftstheorie für Pädagogen. München 1999
Krüger, H.-H./Marotzki, W. (Hg.): Pädagogik und Erziehungsalltag in der DDR. Opladen 1994
Krüger, H.-H./Rauschenbach, T. (Hg.): Erziehungswissenschaft. Die Disziplin am Beginn einer neuen Epoche. Weinheim 1994
Krumm, V.: Erziehungswissenschaft, kritisch-rationale. In: D. Lenzen (Hg.): Pädagogische Grundbegriffe. Bd. 1, S. 507–525. Reinbek 1989
* *Lassahn, R.: Einführung in die Pädagogik. Heidelberg 1982, 7. Aufl. 1995*
Lehner, H.: Einführung in die empirisch-analytische Erziehungswissenschaft. Bad Heilbrunn 1994
Lenzen, D.: Pädagogik-Erziehungswissenschaft. In: D. Lenzen (Hg.): Pädagogische Grundbegriffe. Bd. 2, S. 1105–1117. Reinbek 1989
Lenzen, D. (Hg.): Pädagogik und Alltag. Stuttgart 1980
Lenzen, D. (Hg.): Enzyklopädie Erziehungswissenschaft, Bd. 1. Stuttgart 1983
Lenzen, D.: Struktur. In: Lenzen, D. (Hg.): Pädagogische Grundbegriffe, Bd. 2, S. 1458–1471. Reinbek 1989
Lenzen, D.: Reflexive Erziehungswissenschaft am Ausgang des postmodernen Jahrzehnts. In: 29. Beiheft der Z. f. Päd. 1992, S. 75–91
Lenzen, D.: Handlung und Reflexion. Weinheim 1996
Lippitz, W.: Die hermeneutisch-phänomenologische Pädagogik. In: H. Gudjons/R. Teske/R. Winkel (Hg.): Erziehungswissenschaftliche Theorien, S. 3–11. Hamburg 1986
Lippitz, W.: Phänomenologische Studien der Pädagogik. Weinheim 1993
Loch, W.: Pädagogik, phänomenologische. In: D. Lenzen (Hg.): Pädagogische Grundbegriffe. Bd. 2, S. 1196–1219. Reinbek 1989
Luhmann, N./Schorr, K.-E.: Reflexionsprobleme im Erziehungssystem. Stuttgart 1979

Marotzki, W./Sünker, H. (Hg.): Kritische Erziehungswissenschaft – Moderne – Postmoderne, Bd. 2. Weinheim 1993
Maturana, H. R./Varela, J.: Der Baum der Erkenntnis. Bern u.ö. 1987
Meyer-Drawe, K.: Leiblichkeit und Sozialität. München 1984
Möller, B. (Hg.): Logik der Pädagogik. Pädagogik als interdisziplinäres Aufgabenfeld. 4 Bde. Oldenburg 1992
Nicklis, W. S.: Kybernetik und Erziehungswissenschaft. [o. O.] 1967
Nohl, H.: Die pädagogische Bewegung in Deutschland und ihre Theorie. Frankfurt/M. 1935, 2. Aufl.
Nüse, R.: Über die Erfindung/en des Radikalen Konstruktivismus. Weinheim 1995, 2. Aufl.
Oelkers, J./Tenorth, H.-E. (Hg.): Pädagogik, Erziehungswissenschaft und Systemtheorie. Weinheim 1987
Oelkers, J./Tenorth H. E. (Hg.): Pädagogisches Wissen. 27. Beiheft der Z. f. Päd. 1991. Weinheim 1991
Paffrath, F. H. (Hg.): Kritische Theorie und Pädagogik der Gegenwart. Weinheim 1987
Parmentier, M.: Ethnomethodologie. In: D. Lenzen (Hg.): Enzyklopädie Erziehungswissenschaft, Bd. 1, S. 246–261. Stuttgart 1983
Peukert, H.: Kritische Theorie und Pädagogik. In: Z. f. Päd. H. 3/1983, S. 195–217
Pollak, G./Heid, H. (Hg.): Von der Erziehungswissenschaft zur Pädagogik? Über das Verschwinden des kritischen Rationalismus aus der Erziehungswissenschaft. Weinheim 1994
Popper, K. R.: Logik der Forschung. Tübingen 1971 (3. Aufl. 1973)
Popper, K. R.: Ausgangspunkte. Hamburg 1979
Reich, K.: Systemisch-konstruktivistische Pädagogik. Neuwied 1996
* *Röhrs, H./Scheuerl, H. (Hg.): Richtungsstreit in der Erziehungswissenschaft und pädagogische Verständigung. Frankfurt/M. 1989*
Roth, H.: Die realistische Wendung in der pädagogischen Forschung. In: Neue Sammlung H. 2/1962, S. 481ff.
Saldern, M. von: Erziehungswissenschaft und neue Systemtheorie. Berlin 1991
Scarbath, H.: Unser Wissen ist Stückwerk. In: B. Claussen/H. Scarbath (Hg.): Konzepte einer kritischen Erziehungswissenschaft, S. 204–224. München und Basel 1979
Schäfer, K.-H./Schaller, K.: Kritische Erziehungswissenschaft und kommunikative Didaktik. Heidelberg 1973, 2. Aufl.
Schaller, K. (Hg.): Erziehungswissenschaft der Gegenwart. Bochum 1979
Schmied-Kowarzik, W.: Materialistische Erziehungstheorie. In: D. Lenzen (Hg.): Enzyklopädie Erziehungswissenschaft, Bd. 1, S. 101–116. Stuttgart 1983
Seiffert, H.: Einführung in die Wissenschaftstheorie. Bd. 2. München 1971, 3. Aufl.
Seiffert, H./Radnitzky, G. (Hg.): Handlexikon zur Wissenschaftstheorie. München 1994
Sunker, H.: Kritische Bildungstheorie – jenseits von Markt und Macht. In: Bildung zwischen Staat und Markt. 35. Beiheft der Z. f. Päd., S. 185–201. Weinheim 1996
Sünker, H./Krüger, H.-H. (Hg.): Kritische Erziehungswissenschaft am Neubeginn? Frankfurt/M. 1999
Tenorth, H.-E.: Erziehungswissenschaft und Moderne – systemtheoretische Provokationen und pädagogische Perspektiven. In: Krüger, H. H. (Hg.): Abschied von der Aufklärung?, S. 105–121. Opladen 1990
Thiersch, H.: Pädagogik, Geisteswissenschaftliche (historisch). In: D. Lenzen (Hg.): Pädagogische Grundbegriffe, Bd. 2, S. 1117–1140. Reinbek 1989
Treschner, H.-G./Büttner, C./Datler, W. (Hg.): Jahrbuch für psychoanalytische Pädagogik, Bd. 5. Mainz 1993

* *Tschamler, H.: Wissenschaftstheorie. Bad Heilbrunn 1978, 3. Aufl. 1996*
Uhle, R.: Geisteswissenschaftliche Pädagogik und kritische Erziehungswissenschaft. München 1976
Uhle, R.: Verstehen und Pädagogik. Weinheim 1989
Ulich, D. (Hg.): Theorie und Methode der Erziehungswissenschaft. Weinheim 1972
Wimmer, M.: Zerfall des Allgemeinen – Wiederkehr des Singulären. Pädagogische Professionalität und der Wert des Wissens. In: Combe, A./Helsper, W. (Hg.): Pädagogische Professionalität. S. 404–447. Frankfurt/M. 1996
* *Wulf, C.: Theorien und Konzepte der Erziehungswissenschaft. München 1983, 3. Aufl.*

Kapitel 3: Methoden der Erziehungswissenschaft

Worum es geht ...
Jeder pädagogisch Handelnde möchte die Erziehungswirklichkeit verstehen. Dies soll möglichst mit Hilfe methodisch gesicherter Erkenntnisse geschehen. Es muss geklärt werden, was Verstehen heißt, und zwar in der klassischen Methode der Hermeneutik. Aber genügt das für »gesicherte Erkenntnisse«? Möglichkeiten und Grenzen empirischer Verfahren wie Experiment, Beobachtung, Befragung, Test werden dargestellt. Doch pädagogische Phänomene lassen sich nicht nur messen und auszählen. Qualitative Methoden sind wichtig. Gegenwärtig aber nähern sich die unterschiedlichen Methoden einander an. Abschließend werden deshalb komplexe Forschungsdesigns skizziert. An jede Methodenbeschreibung schließt sich eine Kritik an.

3.1 Woher wissen wir, was wir wissen? – Zur generellen Bedeutung der Forschungsmethoden

»Anlässlich einer Tagung des Hausfrauenbundes zum Thema: Sollen Kinder im Haushalt mitarbeiten?, warnte Herr Prof. Dr. Hardline aus Mingen nachdrücklich vor einer Verweichlichung in der Erziehung der Kinder; die tägliche Pflichterfüllung übertragener Hausarbeiten sei für Heranwachsende ein ideales Übungsfeld, um mit den späteren Bedingungen des Arbeitsprozesses rechtzeitig vertraut zu werden. Er plädierte für eine altersgemäße Abstufung der Zeitbelastung zwischen 15 Minuten für Schulanfänger und 2–3 Stunden für Jugendliche.« (Stonsdorfer Tageblatt 22. 3. 99)[1]

Was sind wissenschaftliche Aussagen?

Herr Professor hat sich also geäußert. Ist sein Statement eine wissenschaftliche Aussage oder die persönliche Meinung eines Wissenschaftlers? Zweifellos Letzteres. Eine wissenschaftliche Aussage ist gebunden an einen methodisch geregelten Forschungsprozess, dieser wiederum ist gekennzeichnet durch einen Satz überprüfbarer Regeln und Instrumente, die es erlauben, bestimmte Aussagen als wissenschaftliche Ergebnisse zu formulieren. Für Herrn Prof. Hardline bedeutet dies: »Damit ist nicht jede Aussage eines Wissenschaftlers per se bereits eine abgesicherte wissenschaftliche Aussage, sondern erst der ausgewiesene Weg, auf dem der Wissenschaftler zu dieser Aussage gekommen ist, erlaubt es, die Bedeutung dieser Aussage als wissenschaftlich einzuschätzen.« (Roth 1991, 32)

[1] Es handelt sich um einen fiktiven Text.

Ausgewiesene Wege: das sind die erprobten, bewährten, mehr oder weniger anerkannten Forschungsmethoden der Erziehungswissenschaft. Bei der Beurteilung von Forschungsmethoden sind drei Punkte wichtig:

1. Forschungsmethoden sind nicht endgültig vorgegeben, sie werden ständig neu und weiterentwickelt.
2. Einzelne Forschungsmethoden bilden immer nur Aspekte des komplexen Gegenstandsbereiches der Pädagogik ab, sie sind abhängig von jeweiligen Theorien über den Gegenstandsbereich. Eine Universalmethode kann es nicht geben, weil der Aspektreichtum von Wirklichkeit die Verschiedenheit von Methoden bedingt (ebd., 33).
3. Bestimmte Forschungsmethoden lassen sich aus bestimmten wissenschaftstheoretischen Positionen allerdings nicht einfach »*ableiten*«.

Drei Grundrichtungen von Methoden

Aber dieser wenig stringente Zusammenhang zwischen Wissenschaftstheorie und Methodologie in der Erziehungswissenschaft hat auch einen Vorteil. Es lassen sich nämlich relativ leicht drei Hauptrichtungen bestimmen, die die Entwicklung der letzten Jahrzehnte ausgemacht haben und die zugleich so etwas wie Grundmodelle erziehungswissenschaftlicher Forschungsmethoden bedeuten:

- *Hermeneutische Methoden: das Verstehen in den Geisteswissenschaften.* Diese Richtung herrschte bis weit in die 60er Jahre fast ausschließlich vor, und zwar mit unterschiedlichen Ausprägungen (phänomenologisch z.B. bei Martinus J. Langeveld, dialektisch z.B. bei Josef Derbolav, existenzphilosophisch z.B. bei Otto F. Bollnow).
- *Empirische Methoden:* Bis weit in die 70er und 80er Jahre befanden sie sich im Vormarsch. Heute gehören sie zum wissenschaftlichen Normalbetrieb der Forschung.
- *Qualitative Methoden, alternative Forschungsdesigns, Methodenintegration:* Gegenwärtig entwickelt sich eine Forschungslandschaft, die unterschiedliche Methoden verbindet und eine Reihe neuer Akzente setzt. Dabei ist eine kritische Anknüpfung an das »Verstehen« der geisteswissenschaftlichen Pädagogik unübersehbar.

3.2 Die »klassische« Hermeneutik: das Verstehen als Methode

3.2.1 Verstehen – die Bedeutung von Zeichen erfassen

Hermeneutik – die »Auslegungskunst« – gilt seit Schleiermacher (1768–1834) nicht als eine ausgefeilte Methode, sondern als eine Kunstlehre des Verstehens. Ursprünglich an sprachliche Dokumente gebunden, insbesondere an historisch-literarische Texte, bezieht die Hermeneutik (vor allem in der Pädagogik) »dann aber auch die *Erziehungswirklichkeit* mit ihren aktuellen Problemen« (Wulf 1983,

27) ein. Doch bis in die Gegenwart hinein gilt leider: Diese Hermeneutik »war meist zu einem intuitiv feinschmeckerischen Wiederkäuen von Klassikertexten heruntergekommen« (Hurrelmann, zit. n. Lenzen 1984, 18). Doch das Verstehen ist derzeit nicht nur wieder hochaktuell, sondern auch eine so grundlegende Methode, dass sich ein kurzer Blick auf ihre wesentlichen Merkmale in jedem Fall lohnt (König/Zedler 1983, 75ff., Terhart 1987).

Im Unterschied zum Erklären in den Naturwissenschaften bezieht sich Verstehen auf die *Bedeutung* von menschlichen Lebensäußerungen: von geschriebenen Texten, Filmen, Bildern, aber auch Musik – kurz von »Zeichen«. Die Fallgesetze erklären das Fallen eines Steines; die mangelhafte Konzentration eines Schülers bei einem Mathe-Test im vierten Schuljahr hat natürlich auch ihre Gründe – aber diese muss ich zu *verstehen* suchen. Das Verhalten des Kindes ist z.B. nicht einfach mit »Gleichgültigkeit« erklärt, sondern es bedeutet etwas: z. B. Angst vor Strafe bei Versagen oder Ausdruck einer Beziehungsstörung zur Lehrerin. »*Verstehen* ist das Erkennen von etwas *als* etwas (Menschliches) und gleichzeitig das Erfassen seiner *Bedeutung*« (Danner 1979, 34).

Dilthey hat eine zentrale Definition von »Verstehen« gegeben, die die wesentlichen Momente des Verstehens benennt: »Wir nennen den Vorgang, in welchem wir aus Zeichen, die von außen sinnlich gegeben sind, ein Inneres erkennen, Verstehen.« (Dilthey 1958, Bd. V, 318) Verstehen meint allerdings nicht lediglich das psychologische Sich-Einfühlen, sondern vorrangig das Sinn-Verstehen. Die Bedeutung erfassen können wir nur, weil wir durch »eine Sphäre von Gemeinsamkeit« (ebd.) verbunden sind: unsere Sprache, Kultur, Sinndeutungen etc.

3.2.2 Der hermeneutische Zirkel

Niemand geht »voraussetzungslos« an das Verstehen eines Textes oder einer Szene heran, jeder bringt immer schon ein Vorverständnis mit ein.

Eine Forscherin, die die Sozialisation von Mädchen in der Schule untersucht, war ja selbst einmal ein Mädchen und hat entsprechende Erfahrungen gemacht; diese können das Verstehen der Mädchen in der heutigen Schule erleichtern oder behindern, auf jeden Fall aber hat sie ein Vorverständnis der Situation, die sie erforscht.

Indem wir von diesem Vorverständnis her einen Text (oder eine Szene) nachvollziehen, erweitert sich unsere (Er-)Kenntnis, mit dieser gehen wir an einen andern Text heran (oder an denselben), wir bewegen uns im Grunde in einer Art Kreis oder Spirale: dem *hermeneutischen Zirkel.* »Als hermeneutischer Zirkel wird die Gebundenheit jedes Verstehens von Ganzheiten und ihrer Teile an Voraussetzungen verstanden, von denen jedes Verstehen seinen Ausgang nimmt und wieder zu ihm zurückkehrt. Man muss immer schon in der Sprache leben und die andern Menschen verstehen, bevor man über die Sprache nachdenkt.« (Tschamler 1978, 32)

In unserm Beispiel eines unkonzentrierten Schülers bei einem Test in Mathematik gehen wir von einem Vor-Verständnis der Situation aus: Wir wissen, was ein Test ist und wie sehr jeder dabei auf sich allein gestellt ist, kennen die Wichtigkeit des letzten Halbjahres im vierten Grundschuljahr, haben eine Vorstellung von weiterführenden Schulen usw. – Und die wahrgenommenen Zeichen (unruhiges Wippen auf dem Stuhl, Kauen auf dem Bleistift, Herumgucken in der Klasse, Wackeln mit dem Kopf) interpretieren wir von diesem Verständnis der Gesamtsituation her nicht etwa als fröhlichen Bewegungsdrang, sondern als Konzentrationsschwäche: Wir geben ihnen eine Bedeutung. Dabei verstehen wir das Einzelne (z.B. die einzelnen Bewegungen, die Mimik) aus dem Ganzen (Konzentrationsproblem in einer Prüfungssituation) und das Ganze (eben diese Szene) aus den Einzelheiten (abgelenkte Einzeltätigkeiten).

Das eine vom andern her zu verstehen, sei es den Text vom Vorverständnis her oder die Einzelheit aus dem Ganzen oder das Ganze von den Einzelelementen her, das meint die Figur des »hermeneutischen Zirkels«. Es ergibt sich als Konsequenz: Hermeneutisches Verstehen ist nie abgeschlossen, denn das »Verstehen als Ziel hermeneutischer Bemühung hat nicht Produkt-, sondern Prozesscharakter« (Roth 1991, 38).

Manche Wissenschaftler haben deshalb vorgeschlagen, von einer hermeneutischen »Spirale« zu sprechen, aber die Bezeichnung »Zirkel« hat sich nun einmal eingebürgert … Lassen wir es also dabei.

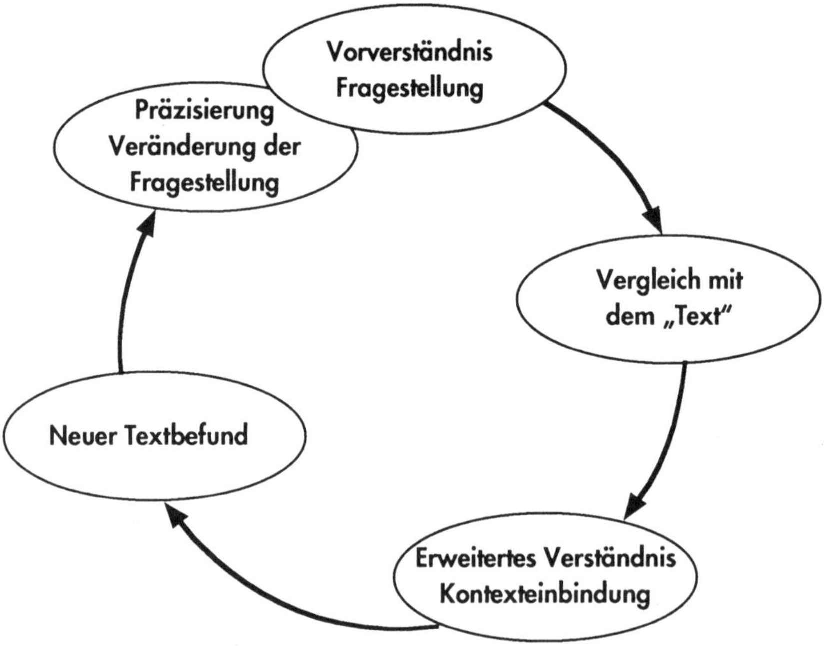

Abb. 6: Hermeneutischer Zirkel

3.2.3 Regeln der Auslegung

Natürlich hat die Hermeneutik – denkt man allein an die jahrhundertealte philologische Wissenschaft – eine Fülle von z.T. akribischen Regeln hervorgebracht. Wolfgang Klafki (1971, 134ff.) hat in einem klassischen Beispiel der Interpretation eines Humboldt-Textes Regeln verstehender Textauslegung erarbeitet, z.B.: Vorverständnis des Autors beim Interpreten, Befunde aus der Quellen- bzw. Textkritik, Begriffsbedeutungen, Entstehungssituation des Textes, weitere Quellen, die zum Textverständnis nötig sind, Kontext der einzelnen Aussagen, gedankliche Gliederung des Textes, hermeneutischer Zirkel, Ideologiekritik usw.

Nach neueren Arbeiten zum Verstehen als Methode (Lenzen 1984, Uhle 1989, Hitzler/Hohner 1997) bezieht sich Verstehen nicht nur auf Texte, sondern auch auf Dinge, Personen, Handlungen, Werke etc. An einem kleinen Beispiel (in einem Eltern-Kind-Gespräch geht es um Süßigkeiten) entwickelt Uhle (in: Lenzen 1984, 486ff.) folgende sieben Schritte zum Verstehen:

1. Texterstellung (Was fällt z. B. bei der Übersetzung mündlicher Rede in schriftsprachliche Form weg, etwa der drohende Unterton des Vaters, wenn er auf die Schädlichkeit von Süßigkeiten hinweist?)
2. Kontextbeschreibung (Wie ist die Stimmung der Situation: vor dem drängenden Zubettgehen oder entspannt am Sonntagnachmittag beim gemütlichen Plausch?)
3. Explikation der Deutungsfragestellung (Was will ich eigentlich wissen, woraufhin untersuchen ich oder andere die Gesprächssequenz? Geht es mir um die Schädlichkeit von Süßigkeiten für Kinder oder um die Beziehungsaspekte eines Vaters zu seiner Tochter?)
4. Vergewisserung der Deutungsgemeinsamkeit (Meinen die Beteiligten in ihren Äußerungen dasselbe, was ist der Sinn der zu verstehenden Gegebenheiten, sprechen sie dieselbe Sprache, verfügen sie über dieselben Situationsdeutungen etc.?)
5. Verwendung des hermeneutischen Zirkels (Wie kann man das Einzelne aus dem Gesamten verstehen und umgekehrt?)
6. Idiographisches Vorgehen (Ist dieser Vater ein Sonderling oder gar ein Spinner oder sagt sein Verhalten und das der Tochter etwas über typische Kommunikationsstrukturen in Kleinfamilien?)
7. Hermeneutische Kritik (Kann das Gegebene »entlarvt« werden als Resultat determinierender Bedingungen und Einflüsse, seien es biologische, psychische oder soziologische, kann man von daher die Szene aus Zwängen heraus »besser« verstehen als aus dem unmittelbaren Verstehen dessen, was direkt gemeint ist …?)

Wer jemals ein pädagogisches Dokument unter solchen und ähnlichen Fragestellungen interpretiert hat, bekommt eine Vorstellung von der Fruchtbarkeit des »Verstehens«. Ich kann daher dem Fazit Roths (1991, 38) nur zustimmen: »Historisch-hermeneutische Analysen gehören in vielen Wissenschaften zum konstitutiven Repertoire; sie sind für die Erziehungswissenschaft unverzichtbar.«

3.2.4 Zur Kritik am Verstehen als Methode

Zentrale Vorwürfe lauten:

- Das Verstehen sei spekulativ, subjektiv, unexakt, willkürlich, empirisch nicht nachprüfbar. Trotz gewisser Regeln seien völlig unterschiedliche Deutungen möglich. Verstehen sei eine Methode der Intuition (wie man es Dilthey vorgeworfen hat).
- Grundsätzlich ist das Verstehen auf etwas Vorgegebenes angewiesen, das ausgelegt werden soll. Daraus hat man der Hermeneutik den Vorwurf gemacht, sie könne von sich aus nicht *produktiv* werden, sondern sei traditionalistisch bis konservativ, denn sie setze Tradition immer schon als gegeben (und sinnvoll) voraus.
- Angesichts der Komplexität moderner Gesellschaften und angesichts der Notwendigkeit, den Makrobereich von Erziehung und Bildung zu analysieren und zu planen (Schulentwicklung, Bildungsplanung), gerät die Hermeneutik vollends an ihre Grenzen, weil sie schlechterdings keine quantitativen Instrumente dafür bereitstellen kann. Dazu bedarf es weiterer Methoden.

3.3 Empirische Methoden

3.3.1 Grundsätzliches

Worum geht es bei empirischen Methoden?

»Die Prüfung von Hypothesen an der Realität ist das charakteristische Merkmal empirischer Forschung ..., um Zusammenhänge, Bedingungen, Wechselwirkungen, Abhängigkeiten von Variablen im Bereich von Erziehung und Unterricht konkret *erklären* zu können.« (Roth 1991, 45) Forschungsleitende Hypothesen müssen, um empirisch überprüft werden zu können, *operational definiert* sein, d.h., die zu untersuchenden Merkmale bzw. Merkmalsausprägungen müssen erhebbar und quantifizierbar sein. (Man hat daher auch von quantitativen Methoden gesprochen.)

Der Begriff »Schulerfolg« z. B. könnte operational definiert werden als das, was sich in Zensuren, Zeugnisnoten, Schulabschluss ausdrückt; diese sind erhebbar, man kann sie messen und Zusammenhänge statistisch auswerten.

Generell ist bei den empirischen Forschungsmethoden zu unterscheiden zwischen Verfahren des Forschungsarrangements (also der Anlage eines Gesamtdesigns, z. B. der Planung einer Längsschnittuntersuchung über mehrere Jahre oder Planung eines Experimentes), Verfahren der Datenerhebung (z.B. Beobachtung, Befragung, Test) und Verfahren der Datenanalyse (z.B. Statistik).

Das Forschungsarrangement

Die Planung eines empirischen Forschungsvorhabens weist (trotz einer Fülle unterschiedlicher Möglichkeiten für ein »Design«) ein gewisses formales Grundmuster auf (Merkens 1989, 618):

1. Formulierung einer Fragestellung; theoriebezogene Entwicklung von Hypothesen und deren forschungsbezogene Operationalisierung;
2. Auswahl/Kombination von Methoden (Beobachtung, Befragung, Test), Sammeln von Daten (bei repräsentativen Untersuchungen auch die sorgfältige Zusammenstellung einer Stichprobe aus der Grundgesamtheit);
3. die Aufbereitung dieser Daten (in der Regel mit Hilfe statistischer Verfahren);
4. Interpretation und Herausarbeiten des Kerns der Aussage, die als Resultat Annahmen bestätigt oder widerlegt.

Innerhalb eines Forschungsarrangements kommen nun im Wesentlichen folgende Verfahren zum Zuge.

3.3.2 Das Experiment

In der klassischen Form des Experimentes (in der empirischen Sozialforschung heute weniger verwendet) geht es um die planmäßige Veränderung einer oder auch mehrerer Variablen und um deren Wirkungskontrolle.

Ein Beispiel: Einer Gruppe von Kindern wird eine Geschichte vom Meerschweinchen erzählt, wobei gleichzeitig Bildmaterial dargeboten wird (Versuchsgruppe). Einer zweiten Gruppe wird nur die Geschichte erzählt (Kontrollgruppe). Anschließend werden die Behaltensleistungen der beiden Gruppen gemessen und verglichen (Düker/Tausch 1957). Es wird also mit einer Versuchs- und einer Kontrollgruppe sowie mit einem Mess- bzw. Testverfahren gearbeitet. Unabhängige Variable ist die Informationsdarbietung, abhängige Variable ist die Behaltensleistung.

Das Grundmuster (Vortest-)Nachtest-Kontrollgruppen-Plan scheint einfach und einleuchtend, hat es aber in sich, wenn man kritisch nach möglichen Fehlerquellen sucht: Waren etwa in der Versuchsgruppe zufällig mehr Landkinder, während in der Kontrollgruppe mehr Stadtkinder waren? Dann könnte gar nicht die Veränderung der unabhängigen Variablen (durch den Zusatz »Bild«) die Unterschiede im Behalten bewirkt haben, sondern die Vorerfahrung der Kinder im Umgang mit Tieren! Oder hat der Versuchsleiter das eine Mal etwas hastiger und lustlos gesprochen, in der andern Gruppe aber ruhig und eindringlich? Dann könnten Unterschiede in den Behaltensleistungen auch darauf zurückzuführen sein.
Solche und andere Störvariablen auszuschalten bedarf eines großen Aufwandes. Je genauer ein *Laborexperiment* unter Laborbedingungen ausgefeilt wird, desto künstlicher kann es werden und desto stärker simplifiziert es komplexe Sachverhalte, desto begrenzter ist aber auch seine Übertragbarkeit in die Realität. Für die Pädagogik bieten sich daher vor allem *Feldexperimente* an, die in der Realität selbst durchgeführt werden, was natürlich allergrößte Probleme hinsichtlich der

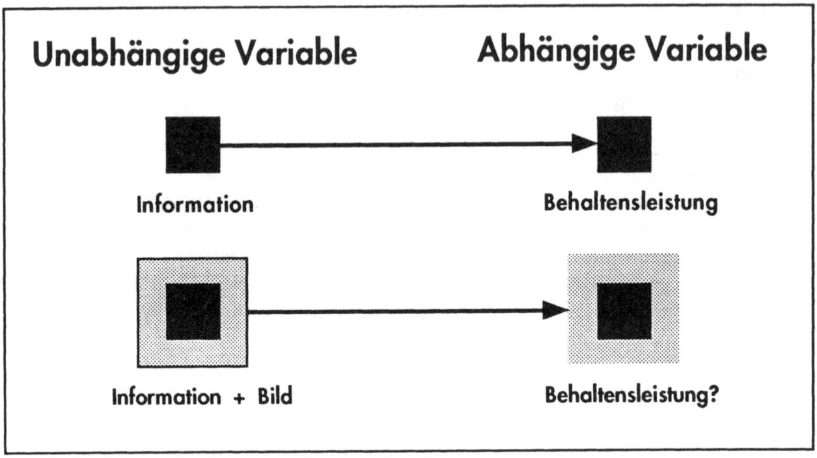

Abb. 7: Unabhängige und abhängige Variablen im Experiment

Kontrolle der sog. intervenierenden Variablen mit sich bringt. Außerdem sind solche Feldexperimente genau genommen nicht wiederholbar. – Auf die ethische Problematik von Experimenten in der Erziehung (darf man Kinder z. B. um des Experimentes willen absichtlich benachteiligen) sei hier nur verwiesen.

3.3.3 Die Beobachtung

Die Beobachtung macht gegenwärtig rund zehn Prozent der empirischen Sozialforschung aus (Kuckartz 1994, 555). Unterschieden wird zwischen *teilnehmender* und *nicht-teilnehmender* Beobachtung. In der Ersten ist der Beobachter Mitglied der Gruppe (bekannt z.B. aus der Jugendforschung, problematisch wird's allerdings, wenn die Gang einen Überfall vorbereitet ...), in der Zweiten steht er außerhalb der Gruppe. Außerdem kann Beobachtung unter *künstlichen* Bedingungen stattfinden (z.B. hat man absichtlich einen genau geplanten Konflikt arrangiert) oder in *natürlichen* Situationen. Beobachtung kann ferner *unsystematisch* erfolgen (z.B. bei einer Hospitation) oder *systematisch* mit einem definierten Kategoriensystem.
Wichtig sind als *Merkmale der Beobachtung*, dass sie immer selektiv ist, dass das beobachtete Verhalten in definierten Situationen geschieht (z.B. in einer Unterrichtsstunde oder in der Pause), dass die Situation objektiv beobachtbar und beschreibbar ist (z.B. ist Beobachtung auf Mimik gerichtet und nicht auf innere Gefühle) und dass Handlungsintentionen nur indirekt erschließbar und interpretierbar sind. Es ist also zu unterscheiden zwischen deskriptiven Kategorien

(»Schüler meldet sich«) und interpretativen (»Schüler ist interessiert«; Schüler haben bekanntlich ein erhebliches taktisches Arsenal, um Interesse vorzutäuschen ...). Roth (1991, 50) weist darauf hin, dass die durch Unterrichtsbeobachtung erhobenen Daten heute meist wenig exakt sind und dass deren aufwendige statistische Analyse oft die mangelnde Datenqualität verschleiert.

3.3.4 Die Befragung

Hinter dieser Sammelbezeichnung steht eine Fülle einzelner Techniken, die von der *mündlichen* Befragung (Interview, Tiefeninterview) über *schriftliche* Formen (meist Fragebögen) bis zur *Gruppendiskussion* reichen. Befragungen umfassen gegenwärtig rund 50% aller empirischen Untersuchungen (Kuckartz 1994, 555). Oft wird übersehen, dass sie Meinungen feststellen: »An unserem Gymnasium sind überdurchschnittlich viele hochbegabte Kinder.« Ob das so ist, wäre mit einer andern Methode zu prüfen; es handelt sich also nicht in jedem Fall um Fakten.

Es wird unterschieden zwischen *ungelenkter* Form (z.B. im narrativen Interview, bei dem ein Erzähler in der Darstellung seiner Lebensgeschichte nicht unterbrochen wird, um die in der Darstellung enthaltenen Deutungsmuster des Erzählers nicht zu beeinflussen) und *standardisierter* Form (z.B. bei einem Interview mit vorformulierten Fragen). Bei schriftlichen Befragungen gibt es *offene* Fragen (deren Beantwortung natürlich schwieriger auszuwerten ist, weil man erst mal Kategorien für die Fülle unterschiedlichster Antworten bilden muss) und *geschlossene* Fragen, aber auch das *Multiple-choice-Verfahren* (z.B. Ankreuzen vorgegebener Antwortmöglichkeiten) oder *Rating-Verfahren* (Abstufung einer Antwort z.B. von sehr stark [1] bis überhaupt nicht [5]).

Bei der Entwicklung eines Fragebogens, der zweckmäßigerweise an kleinen Gruppen vorher erprobt werden sollte, muss auf die *Verständlichkeit* der Fragen geachtet werden, auf ihre *Genauigkeit* (deckt die Formulierung wirklich genau das ab, was erfragt werden soll, oder erfasst sie ungewollt Nebenschauplätze). Beachtet werden muss im Aufbau eines Fragebogens aber auch die Ermüdungstendenz des Beantworters, seine Neigung, Extreme zu vermeiden und die Mittelkategorie anzukreuzen, seine Tendenz zur sozialen Erwünschtheit von Antworten u.v.a. Die Methodologie dieses Verfahrens hat sich inzwischen so ausgeweitet und perfektioniert, dass Sozialwissenschaftler von einer eigenen »*Lehre von der Frage*« sprechen (Friedrichs 1973).

Im Unterschied zur Beobachtung, die direkt beim Handeln ansetzt, nötigt die Befragung den Befragten notwendigerweise zu einer *reflektierenden Distanzierung* von der Praxis seines Handelns. Man erhält also Berichte aus der Perspektive von Betroffenen über deren Praxis, ohne die Praxis selbst erfassen zu können.

3.3.5 Der Test

Auch die Instrumente, die z. B. in der Pädagogischen Diagnostik unter dem Begriff Test zusammengefasst werden, sind inzwischen in einer kaum noch überschaubaren Fülle von Literatur dargestellt worden (Lienert 1969, Ingenkamp 1972). Der Test liegt nicht selten im Schnittfeld von pädagogischer Intervention und wissenschaftlicher Forschung (z. B. Kontrolle und Prognose von Schulleistungen). Tests gelten als wissenschaftliches Routineverfahren, mit dem empirisch abgrenzbare Persönlichkeitsmerkmale untersucht werden mit dem Ziel einer möglichst quantitativen Aussage über den Grad der individuellen Merkmalsausprägung (Lienert 1969).

Ist ein Test *normorientiert* (z.B. bezogen auf die Grundgesamtheit der Schüler des 8. Jahrganges in der Hauptschule), weist er dem Probanden einen Platz in einer Rangreihe dieser Bezugsgruppe zu, etwa hinsichtlich des Merkmals Intelligenz oder Neurotizismus). Ist er hingegen *kriteriumorientiert*, dann stellt er fest, ob ein Proband z.B. ein bestimmtes Lernziel erreicht hat, unabhängig davon, ob andere dies Ziel ebenfalls erreichten oder nicht.

Von großer Bedeutung sind die klassischen *Gütekriterien* bei Tests: *Objektivität* – ein Maß dafür, wieweit die Testergebnisse vom Versuchsleiter unabhängig sind, ob also bei verschiedenen Versuchsleitern dieselben Ergebnisse herauskommen; *Validität* (Gültigkeit) – misst der Test tatsächlich das, was zu messen er vorgibt (z.B. bei einem Lese-Rechtschreib-Test nicht etwa die Intelligenz, sondern wirklich bestimmte Wahrnehmungsschwächen); *Reliabilität* (Zuverlässigkeit) – wie genau misst ein Test ein Merkmal, wenn er unter denselben Rahmenbedingungen an den gleichen Menschen wiederholt wird (oder ist jemand nach dem gleichen Test mal debil und mal hochintelligent ...).

Die *Normalverteilung* (Gauß) als Grundlage von Messungen kann höchst problematisch sein, sie stimmt zwar bei der Größe von Pantoffeltierchen, aber hat für die Verteilung der Intelligenz nicht unbedingt Gültigkeit ... Und schon gar nicht bei lernziel(= kriterium)orientierten Tests kann gelten, dass es »unnormal« sei, wenn möglichst viele Schüler und Schülerinnen das Lernziel erreichen, d. h. den gleichen Testwert erhalten. Man sieht noch einmal, wie wichtig die o. a. Unterscheidung zwischen normorientierten und kriteriumorientierten Tests ist.

Dass andererseits die vielen im Unterricht praktizierten »Tests« (»Nehmt mal einen Zettel heraus, wir schreiben heute einen Test ...«) überhaupt keinen Zusammenhang haben mit den Maßstäben der Testtheorie, liegt auf der Hand.

3.3.6 Zur Kritik empirischer Methoden

Der berühmte Soziologe Karl Mannheim (1893–1947) soll darauf aufmerksam gemacht haben, dass man die Genauigkeit eines Forschungsergebnisses nicht mit seiner wirklichen Bedeutung verwechseln dürfe. Jede Standardisierung des Umfeldes, die um der Exaktheit und Kontrollierbarkeit willen nötig ist, führt nämlich unweigerlich zu einer Reduktion der Erkenntnismöglichkeiten (Reduktionismusvorwurf). Wie wir bereits bei der Kritisch-rationalen Erziehungswissenschaft sahen, gehen Einwände vor allem dahin, dass eine Fragestellung aus ihrem Kontext zu stark isoliert wird, dass das Subjekt »vergleichgültigt« wird und dass aus dem Durchschnitt kaum gültige Aussagen über den Einzelfall zu machen sind.

»Deshalb muss der häufig naiv vorausgesetzte Glaube, mittels der empirischen Forschung werde Wirklichkeit in der Weise angemessen in Aussagen transformiert, dass die Aussagen die Wirklichkeit wiedergäben, als obsolet erscheinen, denn offensichtlich findet im Prozess des Forschens eine Idealisierung der Praxis auf einen fiktiven Durchschnitt oder eine für richtig angenommene Sichtweise statt (vgl. Habermas 1971). Das, was zur Aussage über die Praxis erklärt wird, entpuppt sich bei genauerem Hinsehen als deren Rekonstruktion auf der Aussagenebene.« (Lenzen 1989, Bd. 1, 619)

3.4 Qualitative Forschungsmethoden

3.4.1 Grenzen der strengen Empirie

»Empirisch-pädagogische Forschung am Ausgang ihrer ›realistischen Phase‹«, so überschreiben die Herausgeber des Bandes 2 »Methoden der Erziehungs- und Bildungsforschung« der Enzyklopädie Erziehungswissenschaft (1984) ihr Vorwort. Sie wollen damit ausdrücken, dass die von H. Roth 1962 eingeläutete »realistische Wendung« der Erziehungswissenschaft sich heute ihrem Ende nähert. »Eine Erosion ursprünglich für sicher gehaltener ›harter‹ Sozialforschung hat stattgefunden und die Probleme intersubjektiver Überprüfbarkeit und begründeter Relevanz komplizierter gemacht.« (Ebd., 17) Die strenge Empirie erwies sich als »Zwangsjacke« (ebd.), denn die quantitative Datenauswertung zeigte sich eher als Hemmnis für einen differenzierten Einblick in die Erziehungswirklichkeit, die stark von Wechselwirkungen, Interaktionen und vor allem Widersprüchen bestimmt wird.
Die Folge – ein »Zurückdrängen der klassisch-quantitativen Verfahren durch qualitative, im weiteren Sinn hermeneutisch-interpretative Verfahren« (Köckeis-Stangl, zit. n. Lenzen 1984, 179). Alternative Forschungsmuster, die teilweise die bisher dargestellten Methoden verbinden, teilweise quer zu ihnen liegen und mit ganz andern Begriffen und Paradigmen arbeiten, haben Kontur gewonnen. Es fällt auf, dass in den letzten Jahren zahlreiche Werke zur qualitativen Forschung

erschienen sind (Lamnek 1993, Bohnsack 1993, Mayring 1993, Kleining 1994, zuletzt umfassend Friebertshäuser/Prengel 1997). Für die Analyse unterrichtlicher Prozesse in der Schule haben Helsper und Combe (1993) in feinsinnigen Interpretationen belegt, wie fruchtbar solche Verfahren sind.

Handlungsforschung

Dieser Umbruch kündigte sich bereits in den 70er Jahren an, als unter dem Begriff Handlungsforschung a) das Ziel und der Verwertungszusammenhang von Forschung und b) die Rolle des Forschers neu definiert wurden. Handlungs- (oder auch Aktions)forschung will *als Forschung* (und nicht erst nach vollzogenem Forschungsprozess) in die Praxis verändernd eingreifen (Haag u.a. 1972, auch unter dem Begriff »Praxisforschung«: Moser 1995). Sie versteht sich als gesellschaftskritisch und dem Ziel der individuellen wie kollektiven Emanzipation sowie der Demokratisierung der Gesellschaft verpflichtet.

Das bedeutet vor allem eine veränderte Beziehung zwischen Forschern und Praktikern: Beide sind – idealtypisch gesehen – gleichberechtigt, während des Forschungsprozesses besteht kein Subjekt-Objekt-Verhältnis (zwischen Forschendem und »Erforschtem«), sondern eine Subjekt-Subjekt-Beziehung. Damit soll Forschung für beide zur Selbstaufklärung, Selbstkontrolle und Selbststeuerung dienen. Der Forscher ist also mitsamt seinen Methoden auf völlig andere Weise engagiert und in das Praxisfeld involviert.

Diese Grundtendenzen, nämlich Datengewinnung mit pädagogischer Intervention zu verbinden und sich als Mitakteur selbst einzubeziehen, haben sich in den folgenden Jahren bis in die Gegenwart hinein verstärkt.

3.4.2 Merkmale qualitativer Methoden

Sie zielen darauf, »*Lebenswelten* und soziales Handeln im *Alltag* der verschiedensten Bereiche von Erziehung und Bildung zu untersuchen« (Roth 1991, 54). Es gibt eine Reihe von synonym gebrauchten Begriffen wie interpretative Forschung, pädagogische Aktionsforschung oder kommunikative Bildungsforschung. Der Begriff *qualitativ* meint zum einen eine Wiederanknüpfung an hermeneutisches Verstehen und Sinnauslegung, zum andern aber eine stärkere Berücksichtigung der strengeren Maßstäbe der empirischen Methoden auf intersubjektive Nachvollziehbarkeit, Prüfbarkeit und qualitatives Niveau der Aussagen (Flick u.a. 1991, 1995; Bilanz bei König/Zedler 1995 und Friebertshäuser/Prengel 1997). (Ein typischer Beleg dafür ist Oevermanns Bezeichnung »Objektive Hermeneutik« für sein Verfahren der Interpretation von »Protokollen« = Texten, Videoaufzeichnungen u.a.m., s.u.)
Nach Hopf/Weingarten (1984) sind vor allem diese typisch qualitativen Vorgehensweisen zu unterscheiden:

- *Unstrukturierte oder wenig strukturierte Beobachtung*, die mit einer *Teilnahme des Forschers* verbunden ist (so wie der Ethnologe für eine Zeit bei einem Naturvolk lebt).
- *Qualitative Interviews*, insbesondere das »narrative (= erzählende) Interview«, bei dem in einer ersten Phase der Erzähler unter biographischer Perspektive frei und unstrukturiert spricht und erst in einer zweiten Phase auf Rückfragen des Interviewers eingeht, um schließlich in einer dritten Phase die vom Interviewer herausgearbeiteten Deutungsmuster gemeinsam zu reinterpretieren (kommunikative Validierung).
- *Analyse von (z. B. biographischen) Dokumenten aller Art* entsprechend dem interpretativen Ansatz des Alltagshandelns, um die Sicht des Betroffenen (gleichsam sein Skript oder Drehbuch zur Bewältigung von Handlungszusammenhängen) zu rekonstruieren: Tagebücher, Fotographien, (Auto-)Biographien, Briefe, Familienrituale u.a.m., aber auch von zeitgenössischen Berichten, Protokollen etc. Dazu gehört dann auch die quantitative oder qualitative *Inhaltsanalyse* dokumentierter Kommunikation mit Hilfe verschiedener interpretativer Techniken.
- Weiterhin wäre die *Lebensweltanalyse* zu nennen (Schütz, Berger/Luckmann), das Herausarbeiten von Interaktionsmustern (Wie sind die Koalitionen in einer Familie?), von Statuspassagen (Wie wird ein biographischer Einschnitt erlebt?), von Skripten (Nach welchen Handlungsmustern »funktionieren« die Eltern in der Familie?), von Legitimations- und Deutungsmustern (Wann bin ich ein gutes Kind, ein erfolgreicher Schüler? Oder die Selbstdeutung eines »verwahrlosten« Mädchens als »Ich bin jemand, der nicht weiß, was eine Beziehung ist.« – Kieper 1980, 127).
- Schließlich auch das *psychoanalytisch ausgerichtete Tiefeninterview*, wie es z.B. H. Brück in seinen Studien über die Lehrerangst (1978) verwendet hat, oder insgesamt biographische Verfahren (Krüger/Marotzki 1999, Garz 2000).

Merkmale qualitativer Methoden
1. Soziale Tatsachen als »Lebenswelt« liegen nicht »objektiv« vor, sondern konstituieren und konstruieren sich wesentlich erst in Verständigungsprozessen – den archimedischen Punkt, von dem aus man die Wirklichkeit objektiv distanziert analysieren kann, gibt es nicht.
2. Zentral ist nicht die Sicht des Forschers, sondern die Weltdeutung der Erforschten. Deshalb müssen die verwendeten Techniken gewährleisten, dass der »Beforschte« seine eigenen Akzentsetzungen vornehmen und seine Deutung der Ereignisse entwickeln kann. Ein solches Verstehen ist Erkenntnisprinzip.
3. Ein Forschungsprozess ist deshalb prinzipiell offen, auch die Fragestellung kann sich im Laufe der Forschung ändern. Wesentlich sind darum offene

Forschungsverfahren; diese Offenheit bezieht sich sowohl auf herkömmliche empirische Techniken als auch auf interpretative Verstehensansätze und auch auf die Entwicklung alternativer Methoden, z.B. der »Heuristik«: Findetechniken und kreative Problemlösungsstrategien, im Gegensatz zum »Algorithmus« im Sinne einer festen Abfolge von Lösungsschritten, die den Erfolg »garantieren« (Kleining 1994). Das entschiedenste Programm haben dazu Glaser und Strauss in der »Grounded Theory« ausgearbeitet, bei der sich die »Theorie« erst im Zuge der flexiblen Erweiterung der Datengewinnung (ohne vorheriges Literaturstudium!) ergibt (»grounded«) (nach Hoffmann/Riem 1980, 346).

4. Und schließlich ist der Forscher als »social agent« immer in das Feld und die Interaktion involviert. Forschung ist ein sozialer, ein interaktiver Prozess (und sei es nur das leichte Stirnrunzeln des Interviewers, das den Erzählenden unbewusst beeinflusst), ganz abgesehen von Persönlichkeitsanteilen des Forschers, z. B. seinen unbewussten Ängsten, denen er bei der Formulierung von Fragen und in der Begegnung mit Menschen und Situationen niemals entgeht (Devereux 1984).

3.4.3 Komplexe Forschungsdesigns

Qualitative Verfahren erlauben auch eine Verbindung unterschiedlichster Methoden. Ob es sich dabei um eine theoretisch schlüssige Integration oder eher um eine zweckmäßige Kombination handelt, ist noch weitgehend ungeklärt. Solche »cluster« werden nicht mehr nach den herkömmlichen Klassifikationen (z.B. Befragung, Beobachtung, Test etc.) gebildet, sondern in komplexen Forschungsansätzen (Designs).

Haft/Kordes (1984) haben insgesamt acht Beispiele solcher Forschungsdesigns vorgestellt. Sie zeigen, in welche Richtung sich die aktuellen Forschungsmethoden in der Erziehungswissenschaft bewegen: z.B. die »strukturell-funktionale Erziehungsforschung«, wie sie im sozialökologischen Ansatz Bronfenbrenners zu finden ist (vgl. Kapitel 6: Sozialisation), die »entwicklungslogische Erziehungsforschung« (z.B. bei Piaget oder Kohlberg, vgl. Kapitel 5: Kindheit und Jugend) oder die »interventive Erziehungsforschung« (die auf Veränderung von Organisationen wie z.B. Schule gerichtet ist) u.a.m.

»Objektiv-hermeneutische Bildungsforschung« (U. Oevermann)

Wegen der Begriffe »objektiv« und »hermeneutisch«, die einerseits an das hermeneutische Verstehen erinnern, andererseits aber das Hereintragen subjektiven Forscherwissens in die Interpretation ausschalten und so dem hermeneutischen

Zirkel (s.o.) ein »objektives« Schnippchen schlagen wollen, noch eine kurze Erklärung zu diesem Verfahren (vgl. Matthes-Nagel 1984, 283ff., und Wernet 2000).

Es geht um das systematische Aufdecken latenter Sinnebenen in Texten, etwa in ausführlichen Mitschnitten von Familiengesprächen am Abendbrottisch (Matthes-Nagel 1984, 283ff.). Diese werden nach der Transkription einer sog. Feinanalyse unterzogen, d.h., es folgen ein extensives Verfahren der Sinnauslegung und ein sequentielles Vorgehen.
Extensive Sinnauslegung heißt, dass in einem Gedankenexperiment möglichst viele verschiedene Bedeutungen eines Satzes konstruiert werden, ohne dass der Forscher sein vorhandenes Wissen über den Fall einbringt. Die so gesammelten möglichen typischen Situationen, in denen z.B. die Äußerung »Mutti, wann krieg' ich denn endlich mal was zu essen, ich hab' so Hunger« gefallen sein könnte, werden dann mit der Äußerung im tatsächlichen Kontext verglichen. So sieht man, welche der konstruierten Möglichkeiten den Interaktionskontext sinnvoll macht; hier war es z.B. eine vermutete Identitätsunsicherheit des Kindes (»Ich will noch mal klein sein und versorgt werden«). Wichtig ist, dass die Forscher »nicht Behauptungen über die psychische Realität des Kindes aufstellen, sondern Möglichkeiten konstruieren, die den Interaktionstext sinnvoll machen« (ebd., 292). Jede Äußerung wird also zunächst so interpretiert, als stünde sie für sich allein.
Durch das *sequentielle Vorgehen* nun wird jede Äußerung in den Kontext der ihr vorangehenden gerückt, »sie wird als eine unter andern möglichen Bedeutungsrealisierungen des Vorangegangenen betrachtet« (ebd., 293). (Man spürt förmlich die Angst vor der Falle des hermeneutischen Zirkels ...) Wichtigstes Gebot ist, dem Interaktionsprozess nachzugehen, also nur das Wissen über je Bisheriges bei der Interpretation in Anschlag zu bringen. Innerer und äußerer Kontext (was da in der Familie wirklich passiert und was der Forscher hineindeuten könnte) werden also strikt getrennt, »was für die Nicht-Zirkularität des gesamten Verfahrens Gewähr bietet« (ebd., 294). Nur der Text selbst soll die Informationen über den Fall liefern, professionsspezifisches Wissen soll nicht instrumentalisiert werden. Objektive Daten werden erzeugt, die Vorurteilsstruktur des beobachtenden wie des wissenschaftlichen Denkens wird durchbrochen durch die Regeln der Explikation und Konstruktion einer Realität, die für den Fall selbst erfahrbar ist. Im Grunde geht es also darum, den Fall aus sich selbst heraus zu verstehen, und zwar zugleich besser, als er sich selbst versteht. Theorien sind danach »geronnene Fälle« – die Sprache der Fälle selbst. – Die objektive Hermeneutik verfährt also rekonstruktionslogisch, nicht aber subsumtionslogisch (d.h. die Erforschung eines Falles vorgegebener Hypothesen und Theorien zu unterstellen, wobei hinten nur herauskäme, was man vorne hineingesteckt hat ...).

Was bleibt?

Erziehungswissenschaft ist angewiesen auf eine Fülle unterschiedlicher Forschungsmethoden; methodisches Bewusstsein allerdings bedeutet Aufgeklärtheit über den Zusammenhang von wissenschaftstheoretischer Ebene und methodologischen Entscheidungen. Noch so gut gemeinte Postulate zur Kritik oder Verbesserung der Praxis nützen nichts, wenn sie nicht intersubjektiv rekonstruierbar und überzeugend begründet in ihrem Argumentationszusammenhang sind. Das gilt auch für Herrn Professor Hardline aus Mingen ...

Doch – wie sagte noch Jean Paul Sartre? »Wenn jemand einmal eine Theorie akzeptiert, führt er erbitterte Nachhutgefechte gegen die Tatsachen.«

Lese- und Arbeitsvorschläge

Als Klassiker zur Einführung in hermeneutische Methoden gilt H. Danner: Methoden geisteswissenschaftlicher Pädagogik. München 1998. Allgemeine Hermeneutik, phänomenologische Verfahren und Dialektik werden ausführlich vorgestellt. Die Literatur zu empirischen Forschungsmethoden ist außerordentlich umfangreich und hoch spezialisiert. Wer sich differenzierter für Einzelfragen von Modellen und Methoden der Datenerhebung und Datenauswertung interessiert, orientiert sich am einfachsten an H. Kromrey: Empirische Sozialforschung. Opladen 1998. Eine auf die Fülle unterschiedlicher Verfahren eingehende Darstellung qualitativer Forschungsmethoden in der Pädagogik findet sich im umfangreichen »Handbuch Qualitativer Forschungsmethoden in der Erziehungswissenschaft«, herausgegeben von B. Friebertshäuser/A. Prengel, Weinheim 1997 (904 S., mit weiterführender Literatur).

Als Arbeitsvorschläge (allein oder in Gruppen/Seminaren) empfehle ich:

1. Planen Sie eine Untersuchung (möglichst mit verschiedenen Methoden) zum Thema: »Wie erfahren Lehrer die Schule? Wie erfahren Lehrerinnen die Schule?« (oder: »Wie erfahren Diplompädagogen und Diplompädagoginnen die Arbeit in einer Drogenberatungsstelle?«) Wie könnte eine erste Skizze zu einem Forschungsvorhaben aussehen? Das Thema ist absichtlich so allgemein formuliert, damit Sie gleich auf den ersten Schritt aufmerksam gemacht werden: Formulierung einer präzisen Forschungsfragestellung …
2. Versuchen Sie zusammenzutragen (evtl. mit Hilfe einer Arbeitsgruppe), welche Methoden in den von Ihnen studierten Fächern angewendet werden, sofern Sie ein Lehramt studieren.
3. Zum Schluss eine kleine Herausforderung für Mutige. (Diese Aufgabe kann Sie übrigens sehr gut vorbereiten im freien Formulieren während der mündlichen Prüfung, falls Sie von einer Frage ein wenig überrascht sind!)
»Der berühmte Philosoph Gadamer hat ein ebenso berühmtes Buch geschrieben mit dem Titel ›Wahrheit und Methode‹. Interpretieren Sie diesen Titel in einem Ein-Minuten-Kurzreferat!« (Ein Tip: Vielleicht beginnen Sie mit: »Schon Pilatus stellte ja die bekannte Frage ›Was ist Wahrheit‹ …?«)

Literatur

Arbeitsgruppe Bielefelder Soziologen (Hg.): Alltagswissen, Interaktion und gesellschaftliche Wirklichkeit. Opladen 1980, 5. Aufl.

Bohnsack, R.: Rekonstruktive Sozialforschung. Opladen 1993, 2. Aufl.

Brück, H.: Die Angst des Lehrers vor seinem Schüler. Reinbek 1978

Combe, A./Helsper, W.: Was geschieht im Klassenzimmer? Weinheim 1993

* *Danner, H.: Methoden geisteswissenschaftlicher Pädagogik. München 1979, 3. Aufl. 1995, 4. Aufl. 1998*

Devereux, G.: Angst und Methode in den Verhaltenswissenschaften. Frankfurt 1984

Düker, H./Tausch, R.: Über die Wirkung der Veranschaulichung von Unterrichtsstoffen auf das Behalten. In. Z. f. experimentelle und angewandte Psychologie 1957, S. 384–400

* *Flick, U. u.a. (Hg.): Handbuch Qualitative Sozialforschung. München 1991*

Flick, U.: Qualitative Forschung. Reinbek 1995

Friebertshäuser, B./Prengel, A. (Hg.): Handbuch Qualitative Forschungsmethoden in der Erziehungswissenschaft. Weinheim und München 1997

* *Friedrichs, J.: Methoden empirischer Sozialforschung. Reinbek 1973*

Gadamer, H. G.: Wahrheit und Methode. Tübingen 1960

Garz, D./Kraimer, K. (Hg.): Qualitativ-empirische Sozialforschung. Opladen 1991

Garz, D.: Biographische Erziehungswissenschaft. Opladen 2000

Groeben, N./Wahl, D./Schlee, J./Scheele, B.: Forschungsprogramm Subjektive Theorien. Eine Einführung in die Psychologie des reflexiven Subjekts. Tübingen 1988

Haag, F./Krüger, H./Schwärzel, W./Wildt, J. (Hg.): Aktionsforschung. München 1972

* *Haft, H./Kordes, H. (Hg.): Enzyklopädie Erziehungswissenschaft, Bd. 2: Methoden der Erziehungswissenschaft und Bildungsforschung. Stuttgart 1984*

Heinze, T.: Qualitative Sozialforschung. Opladen 1992

Hitzler, R./Hohner, A. (Hg.): Sozialwissenschaftliche Hermeneutik. Opladen 1997

Hoffmann-Riem, C.: Die Sozialforschung einer interpretativen Soziologie. In: KZfSS, Jg. 32, 1980, S. 373–386

Hopf, C./Weingarten, E. (Hg.): Qualitative Sozialforschung. Stuttgart 1984, 2. Aufl.

Ingenkamp, K. (Hg.): Tests in der Schulpraxis. Weinheim 1972

Ingenkamp, K.: Erfassung und Rückmeldung des Lernerfolgs. In: D. Lenzen (Hg.): Enzyklopädie Erziehungswissenschaft, Bd. 3, S. 173–205. Stuttgart 1985

* *Ingenkamp, K./Jäger, R. S./Petillon, H./Wolf, B. (Hg.): Empirische Pädagogik 1970–1990. Weinheim 1992*

Kieper, M.: Lebenswelten »verwahrloster« Mädchen. München 1980

Klafki, W.: Hermeneutische Verfahren in der Erziehungswissenschaft. In: Funkkolleg Erziehungswissenschaft, Bd. 3, S. 126–153. Frankfurt/M. 1971

Kleining, G.: Qualitativ-heuristische Forschung. Hamburg 1994

König, R. (Hg.): Handbuch der empirischen Sozialforschung. Stuttgart 1970ff.

König, E./Zedler, P.: Einführung in die Wissenschaftstheorie der Erziehungswissenschaft. Düsseldorf 1983

König, E./Zedler, P.: (Hg.): Bilanz qualitativer Forschung. 2 Bde. Weinheim 1985

Krüger, H.-H./Marotzki, W. (Hg.): Handbuch erziehungswissenschaftlicher Biographieforschung. Leverkusen 1999

Kuckartz, U.: Methoden erziehungswissenschaftlicher Forschung 2: Empirische Methoden. In: D. Lenzen (Hg.): Erziehungswissenschaft, S. 543–567. Reinbek 1994

Lamnek, S. (Hg.): Qualitative Sozialforschung. Bd. 1 u. 2., Weinheim 1993, 2. korr. und erw. Aufl., 3. Aufl. 1995
Lenzen, D. (Hg.): Enzyklopädie Erziehungswissenschaft, Bd. 2. Stuttgart 1984
Lenzen, D. (Hg.): Pädagogische Grundbegriffe, Bd. 1 und 2. Reinbek 1989
Lienert, G. A.: Testaufbau und Testanalyse. Weinheim 1969, 3. Aufl.
Mayring, P.: Einführung in die qualitative Sozialforschung. Weinheim 1993, 2. Aufl.
Merkens, H.: Forschungsmethode. In: D. Lenzen (Hg.): Pädagogische Grundbegriffe, Bd. 1, S. 614 bis 632. Reinbek 1989
Moser, H.: Grundlagen der Praxisforschung. Freiburg 1995
Petersen, J./Erdmann, H. W.: Strukturen empirischer Forschungsprozesse. Bd. 1 und 2. Ratingen 1975
Petersen, J./Reinert, G.-B. (Hg.): Pädagogische Positionen. Donauwörth 1990
Matthes-Nagel, U.: Objektiv-hermeneutische Bildungsforschung. In: D. Lenzen (Hg.): Enzyklopädie Erziehungswissenschaft, Bd. 2, S. 283–300. Stuttgart 1984
Nicklis, W. S./Wehrmeyer, H.: Erziehungswissenschaftliche Forschungsmethoden. Bad Heilbrunn 1976
Roth, L. (Hg.): Methoden erziehungswissenschaftlicher Forschung. Stuttgart 1978
Roth, L. (Hg.): Pädagogik. München 1991
Saldern, M. von: Qualitative Forschung – quantitative Forschung: Nekrolog auf einen Gegensatz. In: Empirische Pädagogik H. 4/1992, S. 377–400
Terhart, E.: Verstehen in erzieherischen Prozessen. Pädagogische Traditionen und systemtheoretische Rekonstruktionen. In: Oelkers, J./Tenorth, H.-E. (Hg.): Pädagogik, Erziehungswissenschaft und Systemtheorie, S. 259–284. Weinheim 1987
Tschamler, H.: Wissenschaftstheorie. Bad Heilbrunn 1978, 3. Aufl. 1996
Uhle, R.: Verstehen und Pädagogik. Weinheim 1989
Wernet, A.: Einführung in die Interpretationstechnik der Objektiven Hermeneutik. Opladen 2000
Wulf, C.: Theorien und Konzepte der Erziehungswissenschaft. München 1983
Soeffner, H.-G. (Hg.): Interpretative Verfahren in den Sozial- und Textwissenschaften. Stuttgart 1979

Kapitel 4:
Geschichte der Pädagogik

Worum es geht ...
Geschichte der Pädagogik studieren heißt: über den Tellerrand der pädagogischen Gegenwart hinauszublicken, die Vielfalt und Widersprüchlichkeit von Erziehung kennen zu lernen, die Wurzeln unserer heutigen Situation zu verstehen, aktuelle Probleme im Licht der Geschichte neu zu sehen. Nach einem kurzen Vorspann wird die Entwicklung in fünf Epochen gegliedert: 1. Der Umbruch vom Mittelalter zur Moderne. 2. Die Aufklärung oder das »Pädagogische Jahrhundert«. 3. Die »Deutsche Klassik« und die entstehende bürgerliche Gesellschaft, vor allem die Entstehung des modernen Bildungswesens. 4. Die Reformpädagogik im ersten Drittel unseres Jahrhunderts. 5. Der Nationalsozialismus und die Nachkriegszeit. – Die Ihnen bekannten Namen und Daten müssen nicht vom Staub der antiquarischen Historie überdeckt bleiben.

Die gesamte Geschichte der Pädagogik ist natürlich nicht auf wenigen Seiten darstellbar. Das folgende Kapitel setzt inhaltlich und quantitativ Akzente. Es stellt die Geschichte der Pädagogik seit der Antike nur exkursartig dar, betont die klassischen Epochen und fasst die Zeit nach 1900 dann erheblich kürzer zusammen. Die Zeit nach dem Zweiten Weltkrieg kommt dann noch einmal ausführlicher im Kapitel 11: Bildungsreform und Schularten zur Sprache.
Leitende Perspektive der Gesamtdarstellung ist das »Doppelgesicht der Erziehung« und ihre Widersprüchlichkeit: Erziehung als Menschwerdung des Menschen und Erziehung als Durchsetzung fremder Zwecke. Dabei geht es um die Frage: Welche Rolle hat »Erziehung« bei der Entstehung der »Moderne« gespielt? (Grundlegend dazu: Handbuch der Deutschen Bildungsgeschichte 1987 ff.)

Obwohl es natürlich Erziehung zu allen Zeiten gegeben hat, ist sie als ein selbständiger Problembereich, der für die gesamte Jugend eines Volkes gleichermaßen bestimmbar sein soll, doch erst durch das Zeitalter der Aufklärung hervorgebracht worden (Blankertz 1982, 13). Wir betonen deshalb diesen Zeitabschnitt, der seine Wurzeln und Vorläufer sicher im Mittelalter und noch früher hat.

Vorspann: Von der Antike zur Neuzeit

Die Idee der Bildung

Unser neuzeitliches Bildungsverständnis ist Erbe der antiken Welt, entstanden durch Überformung im Christentum, Säkularisierung in der Renaissance und Auseinandersetzung seit der Aufklärung. Diese weite Zeitspanne von über 2000 Jahren ist einerseits Vorgeschichte neuzeitlichen Denkens, andererseits nicht da-

rauf reduzierbar, sondern eine eigene Welt, deren Erziehungsalltag zum Beispiel uns heute in der Regel weitgehend unbekannt ist (Tenorth 1992, 40).
Grundlegend für die griechische Antike ist die Idee der *»paideia«* (= Erziehung, Bildung), wie sie in den griechischen Stadtstaaten des 5. und 4. Jahrhunderts vor Christus entstand (Marrou 1957, Jäger 1959). Paideia war damit einerseits praktische Lebensform: Sie bereitete für das gesellschaftliche Leben in der polis (= Stadtstaat) vor, einer Demokratie, in der gewählte Politiker und Volk noch zusammengehörten und öffentlich-staatliches Handeln und gesellschaftliche Praxis sich nicht trennen ließen. Insofern war Bildung immer auch »politische« (polis!) Bildung.
Andererseits wurde paideia zu einem philosophisch ausformulierten Bildungsideal, wie es sich in den Hauptwerken Platons (427–347) findet. Ziel ist es, vom dumpfen Meinen zum Erkennen der höchsten Idee des guten und gerechten Lebens aller zu gelangen und dies mit den höchsten Tugenden (z.B. Besonnenheit, Gerechtigkeit, Tapferkeit, Frömmigkeit) zu verbinden. Plato entwickelt dabei eine hoch-selektive Gesellschaft mit einem elitären Bildungsideal.
Dabei sind der Seele – vorgeburtlich – die Ideen des Wahren, Schönen und Guten eingeboren, wie Plato es im Dialog Menon entwickelt. Der Mensch tritt aus diesem Reich der Ideen ins irdische Leben, strebt nach Wiedererinnerung (Anamnesis) der Ideen, stirbt und geht ins Ideenreich ein – ein ewiger Kreislauf im Rahmen eines zyklischen Zeit- und Weltbildes.
In der *nachklassischen Antike* wurde dann eher der Kreis des allgemeinen Wissens (enkyklios paideia, etymologische Wurzel von »Enzyklopädie«) betont (später als die Sieben Freien Künste zum Lehrplan des Abendlandes geworden, Dolch 1971). In *Rom* wird dann das griechische Erbe mit dem eigenen Ideal der virtus (= Tugend) etwa durch Cicero (106–43) verschmolzen. Doch das folgende *christliche Denken* bedeutet einen radikalen Einschnitt. Die menschliche Existenz wird linear (nicht mehr zyklisch) gedacht, es gibt eine Schöpfung und ein Jüngstes Gericht. Nicht die Ideen sind das Höchste, sondern ein persönlicher Gott. Nicht die Erkenntnis weniger ist das Ziel, sondern die Erlösung aller Menschen. Die Bindung an Gott und die Vorstellung der Gottesebenbildlichkeit des Menschen (imago dei) werden im gesamten Mittelalter Grundlagen des Bildungsdenkens. Bildung ist Gestaltung des Lebens auf diesen Grundlagen.
Ein weiterer radikaler Einschnitt in der Geschichte der Bildungsidee ergibt sich aus den gewaltigen Umbrüchen der *Renaissance* (von der Entdeckung neuer Kontinente bis zur Erschütterung der römisch-katholischen Kirche und ihrer staatstragenden Bedeutung durch die Reformation). Immer stärker wird die Vorstellung, der Mensch könne durch eigenes Denken die Welt gestalten, bis zum vorläufigen Höhepunkt bei Descartes (1596–1650). Sein Satz: Cogito, ergo sum (Ich denke, also bin ich) spiegelt das Vertrauen in die menschliche Denkkraft als

Garant des Seins. Die Vorstellung Francis Bacons (1561–1626), man solle die Natur wie eine Maschine erforschen, zeigt das einsetzende mechanistische Weltbild, das zugleich Grundlage der Entstehung der neuzeitlichen Wissenschaften ist.

> »Die Geschichte des Bildungsdenkens ist durch die Tendenz bestimmt, das, was zunächst als ein unverfügbares Anderes gedacht wurde, in die eigene Verfügungsmöglichkeit aufzunehmen.« (Kokemohr 1993)

Die Bildungsinstitution Schule

Schule im Sinne eines organisierten öffentlichen Schulwesens war in den über 2000 Jahren von der Antike bis zum preußischen Staat unbekannt (Tenorth 1992, Hamann 1993, beide mit zahlreicher weiterführender Literatur). Im *antiken Griechenland* finden wir (abgesehen von Sparta, das die Kinder in staatlichen Erziehungshäusern erzog) zwar private Schulen, die eine elementare musische, gymnastische und manchmal literarische Bildung vermittelten, aber sie waren nur den freien Bürgern – und dann auch nur Jungen – vorbehalten. Geistige Bildungszentren waren die Philosophenschulen (z.B. die Akademie Platons). Erst im Hellenismus (also etwa ab 300 v. Chr.) gingen fast alle Kinder (auch die Mädchen) der freien Bürger zu irgendeiner Schule (Hamann 1993, 19). Das ist verständlich, wenn man bedenkt, dass die griechische Gesellschaft weitgehend vom Handel lebte. Und das hieß: von der schriftlichen Kommunikation, also von einer hochgradigen Alphabetisierung, abhängig war.
Ein ähnliches Bild bot die *römische Gesellschaft:* Elementare Schreib- und Leseschulen, die weiterführenden Grammatikschulen und die abschließenden Rhetorikschulen sind privates Privileg der freien Bürger, insbesondere der Oberschicht. Die »emancipatio« (das allmähliche Herauswachsen aus der väterlichen Gewalt) ist mit dem Anlegen der ersten Toga für die 14- bzw. 17-Jährigen (Jungen!) und der schrittweisen Übernahme öffentlicher Ämter geordnet. Das Hineinwachsen in Kultur und Gesellschaft geschah für das Volk weitgehend ohne organisierte Bildungsprozesse.
Kaum ein anderes Bild im *Mittelalter:* Bildung war für die Kleriker, also den kirchlichen Nachwuchs, vorgesehen, nicht für das Volk. Kleriker waren zugleich die Gelehrten, ihre Schulen die Klöster-, Dom- und Stiftsschulen. Manche Lehrbücher blieben über Jahrhunderte im Gebrauch; was man wissen konnte, galt im Prinzip als bekannt. Grundlage waren die septem artes liberales (die Sieben Freien Künste) mit dem Trivium 1. Grammatik, 2. Rhetorik, 3. Dialektik (Logik und die Kunst des Argumentierens) und dem Quadrivium 4. Arithmetik, 5. Geometrie, 6. Musik und 7. Astronomie. Erzieherisch und unterrichtlich kam es an auf Einübung und christliche Nachfolge.

- Das galt auch für die mittelalterlichen *Universitäten*. An eine philosophische Durchgangsfakultät (Abschluss: Magister = Lehrbefähigung an der Universität) schlossen sich drei obere Berufsfakultäten an: Theologie, Rechtswissenschaft und Medizin (höchster Abschluss: Doktor). Dennoch: Bildung war auch hier theologisch-kirchliche Bildung.
- Bei dem weltlichen Herrenstand der *Ritter* ging es nicht um Schrift- und Gelehrtenbildung, sondern um körperliche Tüchtigkeit, Tugend, musisch-ästhetische Bildung und um Kenntnisse in der Verwaltung.
- *Handwerker* standen nicht in Konkurrenz, sondern wuchsen in ihr Gewerbe im Dreierschritt Lehrling, Geselle, Meister in der Zugehörigkeit zur Zunft hinein.
- Ein interessanter Umbruch liegt im 13. Jahrhundert bei den *Kaufleuten:* Der kaufmännische Verkehr wird zunehmend schriftlich, erst lateinisch, später auch deutsch. Also mussten die Kaufleute entsprechende Fähigkeiten erwerben, zuerst in den bestehenden Kloster-, Dom- und Stiftsschulen, später dann in eigens eingerichteten »**Deutschen Schreib-, Lese- und Rechenschulen**«, die von den aufblühenden Städten und von Privatleuten gegründet wurden. Zum Teil konnte man hier auch die benötigten Fremdsprachen lernen.
- Für das *Landvolk* gab es keine Schulen, Hineinwachsen in die Gesellschaft geschah durch Mittun, Liturgie und Brauchtum, bei dem es auf emotionale Übereinstimmung ankam, nicht aber auf »Verstehen« (Blankertz 1982, 18).

Schulen erfassten also nur einen verschwindend kleinen Prozentanteil der Bevölkerung. Und doch wuchs in der Renaissance das Bedürfnis, nicht mehr nur die Antike in ihrer kirchlich-theologischen Überformung kennen zu lernen, sondern in weltlicher Bildungsabsicht (wenn auch immer noch im Dienste der Frömmigkeit) statt Kirchenlatein z.B. Cicero zu lesen. Neue Schulen entstanden: *Lateinschulen*, bisweilen Gymnasium oder Gelehrtenschule genannt, die bald zu hohem Ansehen gelangten und vor allem auch dem bürgerlichen Nachwuchs ohne klerikale Zukunft eine angemessene Bildung vermittelten. Immer mehr Adlige und Bürger schickten ihre Kinder (= Söhne) auf diese Schulen, mit Sicherheit auch eine Folge der Bedürfnisse des neuzeitlichen zentralistisch-monarchistischen Verwaltungsstaates. Nimmt man dann noch Luthers Forderung hinzu, dass jeder Laie das Wort Gottes selbst lesen können solle, dann wird die Gründung der ersten »Volksschulen« verständlich, auch wenn diese meist rein religiös orientierte Küsterschulen waren.

Die Wirklichkeit der Kinder

Im Gegensatz zur Geschichte großer Ideen und der Bildungsinstitutionen wissen wir über die Real- und Sozialgeschichte der Erziehung immer noch recht wenig. Wie lebten die Familien wirklich, wie gestalteten sie ihren Alltag, welche sozialen und ökonomischen Bedingungen prägten ihr Leben und damit die Erziehung der

Kinder? (Kuczinski 1981, Wagner-Winterhager 1985)
Am Beispiel einer kontroversen Interpretation einer Geschichte der Kindheit will ich dazu wenigstens einige Einblicke geben. Eine berühmt gewordene Studie legte dazu der Franzose Philippe Ariès 1960 (deutsch 1975) vor, die bald eine Forschungsgruppe um Lloyd de Mause zu einer Gegenstudie (deutsch 1977) herausforderte. Worum ging es?

• *Ariès* stellt die These auf, dass das Mittelalter noch keine eigentlichen pädagogischen Einrichtungen kannte. Schulpflicht (oder Schulzwang) war unbekannt, Kindergärten oder andere eigens für die Aufbewahrung und Erziehung von Kindern eingerichtete Institutionen ebenfalls. Die Lebenssphäre von Kindern war von der der Erwachsenen weder räumlich noch kulturell getrennt. Man arbeitete, kochte, spielte, lebte in einem gemeinsamen Raum, Kinder schliefen bei den Erwachsenen im Bett. In ärmeren Familien wurden die Kinder schon früh zum Broterwerb herangezogen, sie waren unmittelbar in die Geschäfte und Sorgen der Erwachsenen einbezogen.

Im Laufe des 16. und 17. Jahrhunderts setzt nun eine Ausgliederung der Kinder aus dem Leben der Erwachsenen ein, spezielle Kleidung für Kinder, Erfindung besonderen Spielzeugs und eine Tendenz zur Übergabe der Kinder in spezifisch auf Lernen ausgerichtete Institutionen sind u.a. kennzeichnend. Für Ariès ist dies der Weg der Kinder aus der Freiheit und Ungezwungenheit ihrer ganzheitlichen Lebenswelt in die pädagogische Dressur der Gesellschaft mit Schule und Kleinfamilie: Die Leidenszeit der Kinder beginnt mit der Entdeckung der Kindheit, deren Erforschung in den folgenden Jahrhunderten zu immer mehr Unterdrükkung kindlicher Emotionalität und Ursprünglichkeit führt.

• Ganz anders die Forschungsgruppe um *Lloyd de Mause* (1977). Zunächst kommt auch sie – unter psychoanalytischen Gesichtspunkten – zum Ergebnis, dass Kinder bis hinein in das 17. Jahrhundert weitgehend schutzlos waren, dass die Empathie der Erwachsenen weitgehend fehlte. Aber das wird nun sehr kritisch interpretiert: Pflegepraktiken verursachten eine hohe Kindersterblichkeit, die Ernährung war oft mangelhaft, Hygiene fehlte usw. Als Mittel der Geburtenkontrolle diente die Kindestötung oder die Aussetzung (Hänsel und Gretel!). Den großen Wandel in den Eltern-Kind-Beziehungen durch »Entdeckung der Kindheit« (vor allem dann im 18. Jahrhundert) begreift de Mause folglich als Beginn einer Entwicklung weg von Disziplinierung und fremdbestimmten Formungsabsichten hin zu einer befreiten Kindheit, in der Eltern ihren Kindern Empathie und Unterstützung gewähren, ohne sie vorschnell für eigene Bedürfnisse zu missbrauchen.

Vom 17. Jahrhundert an beginnt das, was wir heute eine moderne Erziehungslehre nennen würden: Man beobachtet Kinder, gewinnt ein Verständnis für die eigene Art des Aufwachsens von Kindern und den Zusammenhang von Kindheit und späterer Persönlichkeit. Die Kategorie der Entwicklung gewinnt an Bedeutung, auf die nun große Pädagogen wie Comenius und vor allem Rousseau (s.u.) reagieren.

> Doch Kindheit gibt es bis ins 19. Jahrhundert für einen großen Teil der Bevölkerung immer noch nicht, Kinder von Tagelöhnern, Bauern, Kleinhandwerkern und des Industrieproletariats finden überhaupt keine pädagogische Beachtung. Erst im 20. Jahrhundert wird Kindheit in Europa allgemein als ein dem Spielen, der Entwicklung, dem Lernen dienender und von Erwerbsarbeit befreiter Lebensraum anerkannt (Wagner-Winterhager 1985, 5).

Doch bis dahin war es ein weiter Weg, der nun in den wichtigsten Epochen dargestellt wird.

4.1 Erste Epoche: Der Umbruch vom Mittelalter zur Moderne (17. Jahrhundert)

Das ausgehende Mittelalter bzw. die frühe Neuzeit (14.–16. Jahrhundert) waren die »Knaben- und Flegeljahre« einer neuen heraufziehenden Kultur (wie es der Volkskundler W.-E. Peuckert formuliert hat). Aber Renaissance und Reformation haben auf dreifache Weise das Zeitalter der »Moderne« (das man allgemein um 1750 beginnen lässt) vorbereitet:

Erstens wurden Mensch und Welt als Produkt einer eigenen Praxis (und nicht mehr allein mythologisch) begriffen.
Zweitens differenzierten sich Gelehrte und Kleriker und damit auch Wissen und Glauben.
Drittens wurde Erziehung als eigener Mechanismus der Tradierung von Lebensformen (neben Religion und Tradition) ausgeprägt (Tenorth 1992, 70).

Auf dem Wege zur Aufklärung: Comenius und die Didaktik

Einer der Ersten, die Erziehung als ein sinnvolles Unterfangen in das Bewusstsein einer breiteren Öffentlichkeit rückten, war Johann Amos Comenius (tschechisch Komensky, 1592–1670). Comenius war Bischof der böhmischen Brüdergemeinden und kam in einem von den Wirren der Zeit (Dreißigjähriger Krieg!) geprägten Leben durch ganz Europa, er erlangte dabei eine breite Anerkennung. Natürlich waren seine Vorstellungen tief religiös geprägt, aber Comenius legte Heil und Verlorenheit in die Hand des *Menschen*. Insofern war er ein Künder der modernen Welt, als er dem Menschen die Möglichkeit zugestand, die Welt in

Ordnung zu bringen (Blankertz 1982, 34). Und die Heilung der kranken Welt durch den »Vize-Gott« Mensch beginnt mit der Erziehung (Scheuerl 1979, 74). Seine *Pansophie* (Allweisheitslehre), d.h. der Gesamtzusammenhang der Wissenschaften, ist zugleich Gottes- und Welterkenntnis und soll allen Menschen ermöglicht werden.

Comenius entwickelte dazu ein umfassendes Programm, »alle alles gründlich (auf alle Weise)« zu lehren (omnes omnia omnino), »das war gesellschaftspolitisch ein unerhört kühner, ja revolutionärer Anspruch« (Blankertz 1982, 35):

- *Alle* – das hieß Arme wie Reiche, Adlige wie Nichtadlige, Jungen wie Mädchen, Herren wie Knechte;
- *alles* – das meinte nicht Vielwisserei, sondern ein (jeweils altersangemessenes) vollständiges Weltbild, das sich ringförmig erweitert auf den verschiedenen Stufen der Schule – wie die Jahresringe eines Baumes;
- *gründlich* – das hieß nicht nur verbal, sondern als Sachwissen; mit dieser Betonung der Realien und der Anschaulichkeit ist eine scharfe Kritik des Verbalismus traditioneller Bildung verbunden, eine Kritik auch der Überschätzung des Altertums und der naturwidrigen Methode des (Fremd-)Sprachenlernens.

Es lohnt sich, einmal einen Blick in den »Orbis sensualium pictus« zu werfen, eine Welt in Bildern, die als eines der ersten Realienbücher noch von Goethe bewundert wurde und unzählige Auflagen erlebte.

Wie dieses Lehren methodisch geschehen kann, stellt Comenius in seiner »*Großen Didaktik*« (*Didactica Magna*) dar. Er entwirft in den Kap. 13–19 zwangfreie, am Gang der Natur orientierte Methoden, die sich auf Sicherheit, Leichtigkeit, Dauerhaftigkeit und Effektivität des Lernens beziehen, z.B. vom Leichten zum Schweren, vom Nahen zum Fernen, vom Allgemeinen zum Besonderen. Abgeschafft werden sollte auch der mittelalterliche Einzel- und Haufenunterricht: Der Lehrer widmete sich dabei immer nur einem und hielt die andern derweil durch Aufgaben und Strafen in Schach. Stattdessen sollten im *Klassenunterricht* (Comenius dachte an 100 Kinder!) alle gleichzeitig von einem Lehrer unterrichtet werden, der »wie die Sonne seine Strahlen über alle verbreiten kann« (Kap. 19). Das ist die Geburtsstunde des Frontalunterrichtes und des Systems altersgleicher Klassen und auch heute noch der Traum manchen Lehrers …

Folglich entwarf Comenius ein *gestuftes Schulwesen* für alle Kinder:

1. Stufe – Von der Geburt bis zum 6. Lebensjahr (»Mutterschul«);
2. Stufe – Muttersprachschule als eine für alle gemeinsame Grundschule vom 6. bis 12. Lebensjahr;
3. Stufe – vom 12. bis 18. Lebensjahr reichende Lateinschule;
4. Stufe – vom 18. bis 24. Lebensjahr die Universität.

Diese vier Stufen bildeten einen Gesamtplan für ein Einheitsschulsystem, somit gilt Comenius als ein früher Vertreter gesamtschulartiger Prinzipien.

4.2 Zweite Epoche: Die Aufklärung oder das »Pädagogische Jahrhundert« (1700–1800)

a) John Locke, Immanuel Kant

Um 1700 gewinnen die bei Comenius schon angelegten Elemente auf breiter europäischer Front an Aktualität, ohne dass man von einem unmittelbaren und direkten Einfluss Comenius' sprechen kann. Im 18. Jahrhundert – dem der Aufklärung – sollen alle Menschen an der Aufklärung des Verstandes teilhaben. Durch Vernunftgebrauch erscheinen alle Lebensprobleme lösbar und ein Fortschritt der gesamten Menschheit im Sinne eines sittlichen Aufstieges, aber auch wirtschaftlicher Entwicklung möglich. Verstandesbildung mit dem Ziel der sittlichen Bildung werde – so die große Utopie der Epoche – zu einem paradiesischen Reich der Glückseligkeit und Freiheit führen.
Schon bei dem Engländer John Locke (1632–1704) ist dieser grenzenlose erzieherische Optimismus spürbar: Er fasst den menschlichen Geist als »tabula rasa« auf, den es (wie eine leere Wachstafel beschrieben wird) von außen mit Inhalten zu füllen gilt. Locke will *alle* Stände in der gleichen Weise erziehen, sie sollen vernunftgemäß, leicht, kurz und Erfolg versprechend unterrichtet und die Menschen gleichermaßen zu Sittlichkeit und Berufstüchtigkeit geführt werden – dies in einem stetig fortschreitenden Prozess. Lockes »Gedanken über Erziehung« wurden bald zum Gemeingut der pädagogisch interessierten Gebildeten.
Unvergleichlich aber formulierte Immanuel Kant (1724–1804) im Jahre 1784 die Antwort auf die Frage: »Was ist Aufklärung?«

> »Aufklärung ist der Ausgang des Menschen aus seiner selbstverschuldeten Unmündigkeit. Unmündigkeit ist das Unvermögen, sich seines Verstandes ohne die Leitung eines anderen zu bedienen. Selbstverschuldet ist diese Unmündigkeit, wenn die Ursache derselben nicht am Mangel des Verstandes, sondern der Entschließung und des Mutes liegt, sich seiner ohne Leitung eines anderen zu bedienen. Sapere aude! Habe den Mut, dich deines eigenen Verstandes zu bedienen!, ist also der Wahlspruch der Aufklärung. Faulheit und Feigheit sind die Ursachen, warum ein so großer Teil der Menschen, nachdem sie die Natur längst von fremder Leitung freigesprochen, dennoch gern zeitlebens unmündig bleiben und warum es andern so leicht wird, sich zu deren Vormündern aufzuwerfen. Es ist so bequem, unmündig zu sein …« (Kant 1968, 53)

Das ist die heute noch gültige Mitte der Aufklärung (Herrmann 1993): Das Vertrauen in die Kraft der menschlichen Vernunft soll größer sein als das Bedürfnis nach Anleitung durch Traditionen und Autoritäten.
Kant jedenfalls – mit der Betonung des eigenen Denkens – ist die *eine* Linie der Aufklärung. Die *andere* versteht unter Aufklärung primär die Vermittlung von Wissen und die Belehrung – eine Tendenz vor allem bei den Philanthropen und ihren Anstalten (s.u.). Die *Grundgedanken* jedoch, die sich im Zeitalter der Auf-

klärung für die Pädagogik insgesamt durchsetzten, fasst Blankertz (1982, 28ff.) in sechs Punkten zusammen.

> Grundgedanken der Aufklärung
> 1. »Erziehung liegt in der Hand des Menschen.« (Bezeichnend dafür ist z. B. die Einrichtung des ersten Lehrstuhles für Pädagogik 1779 in Halle für Ernst Christian Trapp!)
> 2. »Erziehung führt in das wirkliche Leben, und das wirkliche Leben erfordert ausdrücklich Erziehung.« (Darum z.B. nicht Vermittlung allein von Buchwissen, sondern auch Leibes-, Handfertigkeits- und Charakterschulung.)
> 3. »Es gibt die Methode der richtigen Erziehung.« (Man wollte dem Gang der Natur folgen – Impuls vor allem der »didaktischen Reformer«, ausgehend von Comenius.)
> 4. »Erziehung kann das Kind als Kind (nicht nur als kleinen Erwachsenen) sehen.« (Hier kündigt sich Rousseaus These vom Eigenrecht des Kindes an.)
> 5. »Erziehungsbedürftigkeit begründet Forderung nach allgemeiner Schulpflicht.« (Gleichgültig, ob man eher eine optimistische Auffassung vom Wesen des Menschen hatte – von Natur aus gut, so Rousseau, oder eine pessimistische – seit dem Sündenfall schlecht, so der Pietist August Hermann Francke). In jedem Fall erscheint der Mensch erziehungsbedürftig, und in keinem Fall darf man die Erziehung einem Menschen vorenthalten. Im Zuge der merkantilistischen Wirtschaftspolitik – breite Förderung des Gewerbes durch den absolutistischen Staat, der Geld für Militär und Verwaltung brauchte – wurde die Schulpflicht zur Unterbindung der frühzeitigen Ausbeutung kindlicher Arbeitskraft vielerorts eingeführt, z.B. 1619 Weimar, 1640 Gotha, 1717/1763 Preußen.)
> 6. »Die Schule löst sich aus der Bevormundung der Kirche.« (Der Autonomieanspruch wurde durch die Pädagogik erstmals zum Programm erhoben.)

Macht man sich klar, dass bis dahin Erziehung kaum als ein eigener Lebensbereich – auch in seiner Bedeutung für die Entwicklung der Menschheit – gesehen wurde, dann versteht man jetzt, warum dieses Jahrhundert (1700–1800) schlechthin zu einem »pädagogischen« wurde. Die »Moderne« hatte begonnen. Sie brachte – wie es der berühmte Soziologe Max Weber herausgearbeitet hat – *drei grundlegende Systeme* als Innovationen mit jeweils eigenen Subsystemen und entsprechend eigener Entwicklungsdynamik hervor:

- das kulturelle System, vor allem die moderne Wissenschaft, Erziehung und Bildung;
- das politisch-administrative System, vor allem als zentralisierte politische Institution den modernen Verfassungsstaat;
- das ökonomische System, die beginnende kapitalistische Marktwirtschaft.

Vor allem im Zusammenspiel kapitalistischer Marktwirtschaft mit moderner, auf technische Rationalität, Machbarkeit und Verfügbarkeit ausgerichteter Wissenschaft (z.B. Francis Bacon: die Welt als eine prinzipiell beherrschbare und steuerbare Maschine) liegt nicht zuletzt eine enorme Machtsteigerung; allerdings auch wohl eine der Wurzeln des Allmachtswahns des modernen Menschen, mit dem wir heute noch glauben, uns die Natur »untertan« machen zu können ...

Erziehung und Erziehungswissenschaft haben in diesem Prozess eine widersprüchliche Funktion gehabt. *Einerseits* sind sie konstitutiver Bestandteil dieses Prozesses: Die Gesellschaft ist eine Lerngesellschaft, d.h. auf Wissenschaft und ihre Ergebnisse angewiesen; formale Bildungsgänge über die begrenzten Möglichkeiten der Familie hinaus wurden bejaht und entwickelt; mit Hilfe rational geplanter Erziehung wurde ein Konzept des Fortschritts im Sinne eines neuen Menschen unter Freien und Gleichen erhofft, Medizin, Entwicklungspsychologie, empirische Pädagogik wurden dazu nötig. *Erziehung ist unwiderruflich Bestandteil der Moderne.*

Andererseits sah man auch die negativen Auswirkungen moderner Gesellschaft, z.B. im Gefolge der bald einsetzenden Industrialisierung: Erziehung wurde zu einem Kampf um die angemessene Reaktion auf diese Entwicklungen, von Pestalozzis Armenerziehung bis zu Schleiermachers Ringen um die Nicht-Aufopferung der Gegenwart des Kindes zugunsten seiner Zukunft und den Hoffnungen der Romantik, im noch unverstellten Kind die Möglichkeit eines Neuanfanges gegen den Verlust des Menschlichen in einer sich entfremdenden Kultur zu suchen. *Erziehung ist Gegenwirkung gegen die Moderne.*

Der bis heute aktuelle Widerspruch der Erziehung a) als Eröffnung des Fortschritts, Höherbildung der Menschheit, hoffnungsvolle Aufklärung des Menschengeschlechts (z.B. hinsichtlich der global drohenden Umweltkatastrophe, wie wir heute betonen würden) und b) als »Sozialdisziplinierung« des Kindes, nicht mehr mit äußerem Zwang, sondern als rational geplantes Eindringen in die kindlichen Seelen und ihre Identität durch Erziehung – zeichnet sich bereits in der Entstehung des pädagogischen Jahrhunderts der Aufklärung ab.

Weitere uns heute noch beschäftigenden Konflikte kündigen sich am Beginn der Moderne an: der Konflikt zwischen Freiheit und Zwang, zwischen Individuum und Gesellschaft, zwischen Anpassung und Mündigkeit, zwischen Aufopferung des Subjekts für den ökonomisch-gesellschaftlichen Zweck und Bildung der Individuen zur Humanität (Tenorth 1988, 76). Am schärfsten ist die Widersprüchlichkeit der Epoche enthalten im ebenso genialen wie folgenreichen Werk des Genfers Jean-Jacque Rousseau.

b) Jean-Jacques Rousseau (1712–1778): Repräsentant und Überwinder der Aufklärung

1712 in Genf geboren, nach dem frühen Tod der Mutter bis zum 12. Lebensjahr vom Vater erzogen, aufgewachsen in der Spannung zwischen politischem Interesse und gefühlvoller Empfindsamkeit, immer wieder verjagt, in eine 12 Jahre ältere Frau verliebt, Handwerker, Musiklehrer, Komponist, Philosoph und Schriftsteller, intellektueller Wegbereiter der Französischen Revolution, die fünf eigenen Kinder ins Findelhaus gegeben, scharfer Analytiker und Erwecker des Gefühls der Naturnähe, Inspirator für die Romantik – ein Leben voller Widersprüche, die auch sein Werk kennzeichnen.

Was in vielen Jahren dieses abenteuerlichen Lebens vorgereift war, kam durch einen äußeren Anlass gewaltsam zum Durchbruch (Rang 1979, 120). Rousseau erfuhr von einem Preisausschreiben der Akademie von Dijon und wurde von der dort gestellten Frage leidenschaftlich gepackt: »Hat die Wiederherstellung der Wissenschaften und Künste zur Reinigung der Sitten beigetragen?« Er verneinte in seinem 1. Discours diese auf den gesamten gesellschaftlich-kulturellen Fortschritt der Zeit gemünzte Frage radikal – und gewann den Preis. Seine Grundthese: Der Mensch ist von Natur aus gut, allein die Institutionen machen ihn böse. Das war ein Frontalangriff gegen die verderbte Kultur, an der er kein gutes Haar ließ. Die Folge: Man müsste den Menschen erziehen, ohne ihn den schädlichen Einflüssen der Kultur und Gesellschaft auszusetzen – nur nach seiner eigenen Natur. Das wäre dann auch die beste Voraussetzung für ein Staatswesen, einen Gesellschaftsvertrag (contrat social). Bezeichnend ist nämlich, dass die beiden wichtigsten Werke Rousseaus, der »Emile« und der »Contrat social«, im gleichen Jahr, 1762, erscheinen!

Der »Contrat social« (Gesellschaftsvertrag) zeigt auf, wie die Natur und der Einzelwille mit der Gesellschaft in Einklang kommen können: Jeder Mensch hat seinen Willen »als Gemeingut unter die oberste Leitung eines gemeinsamen Willens« zu stellen. Das allgemeine Wohl ergibt sich aus der freiwilligen – weil vernünftigen – Unterordnung des Einzelwillens unter den gemeinsamen Willen. So weit – so gut. Aber was kann man denn nun tun, um den dazu fähigen Menschen zu erziehen? Rousseaus Antwort: »Zweifellos viel, nämlich verhüten, dass etwas getan wird …« Wieso denn dies? Verständlich wird der Satz, wenn man ihn positiv wendet: »Die Erziehung muss der natürlichen Entwicklung folgen.« (Dietrich 1975, 34) Die Erziehung muss also dem Gang der Natur – nicht irgendeinem von außen gesetzten Ziel – folgen.

Rousseau beginnt daher seinen berühmten Erziehungsentwurf »Emile – oder über die Erziehung« zunächst einmal kritisch mit dem grundlegenden Satz: »Alles, was aus den Händen des Schöpfers kommt, ist gut; alles entartet unter den Händen der Menschen.« Und er fährt fort: »Nichts will er [der Mensch, H. G.] so, wie es die Natur gemacht hat, nicht einmal den Menschen. Er muss ihn dressieren, wie ein Zirkuspferd … und umbiegen wie einen Baum in seinem Garten.« Rousseaus Erziehungskonzeption setzt an beim neugeborenen Kind: Der Mensch ist gut, aber schwach. Die notwendige Hilfe aber muss strikt begrenzt werden auf die Befriedigung der natürlichen Bedürfnisse, denn alle Verweichlichung macht das Kind nur abhängiger, als es ohnehin schon ist. Wenn man Rousseau dabei Härte und Askese unterstellt, übersieht man, wozu die Abhärtung und Förderung kindlicher Stärken dienten, nämlich dem Glück des Kindes. »Und glücklich vermag nur derjenige zu sein, dessen Wünsche nicht größer sind als sein Können, der stark ist, weil er sich nicht die Hilfe anderer erschmeicheln muss.« (Blankertz 1982, 73) Das Glück des Kindes zu sichern ist für Rousseau Prinzip von Erziehung überhaupt.

Die Erziehung hat sich der Natur als einer organischen, von Stufe zu Stufe fortschreitenden Entwicklung anzupassen. Anders formuliert: Der Erzieher soll sich zurückhalten, möglichst wenig eingreifen, ein Prinzip, das gemeinhin »negative Erziehung« bei Rousseau genannt wird (wenn Emile sich z.B. erkältet, weil er eine Scheibe zerbrochen hat, so braucht der Erzieher nicht strafend einzugreifen, die Halsschmerzen sind die »natürliche Strafe«). »Der Erzieher hat daher primär die Aufgabe, *die Umwelt zu gestalten*, pädagogische Situationen aufzubauen, für originale Begegnungen zu sorgen, die Auseinandersetzung zwischen Kind und Welt aber dem Kind selbst zu überlassen. Er greift also nur indirekt, niemals direkt in den Erziehungsprozess ein. Das meint Rousseau mit dem ›Verhüten, dass etwas getan wird‹. Die Umwelt aber muss vom Erzieher als Wissendem um die natürliche Entwicklung des Kindes pädagogisch, d. h. naturgemäß, geordnet werden. *Der Erzieher ist also Stellvertreter der Natur und des ›allgemeinen Willens‹.«* (Dietrich 1975, 35) – Es sind Dinge (später auch Menschen), die Erfahrungen, die Lernen bewegen.

Die Problematik dieses Arrangements: Unter der Hand gerät Emiles Umgebung zu einer »totalen Institution« (um einen modernen Begriff Goffmans zu gebrauchen), in der sich das Kind frei und aus eigenem Antrieb entwickeln soll …

Dieser Gang der Natur wird von Rousseau in den fünf Büchern des Emile entfaltet. Wichtiger aber als die Details der (uns heute ohnehin bisweilen suspekten und scheinbar gesellschaftsfremden) Zurückhaltung des Erziehers ist die grundlegende These Rousseaus vom Eigenrecht des Kindes, der Auffassung also, das Kind sei kein kleiner, (leider noch etwas) unvollkommener Erwachsener, sondern ein Wesen, das seine Erfüllung und seine Reife in sich selber trägt. Daraus folgt die Frage nach dem eigenen Auftrag der Erziehung, nach der Eigenart dieses Sachverhaltes »Erziehung«, der unabhängig ist von allen vor- und außerpädagogischen Zwecken (wie der Anpassung an ein gesellschaftlich gegebenes Erziehungsziel). Dies zum ersten Mal so thematisiert zu haben ist die eigentliche historische Bedeutung Rousseaus (Blankertz 1982, 71).

Das Kind ist damit endgültig – jedenfalls in der pädagogischen Theorie – vom Objekt der Erziehung zum Subjekt geworden. Eine menschenfreundliche Erziehung kündigt sich an. Wurde sie durch die Philanthropen – die »Menschenfreunde« – eingelöst?

c) Die Philanthropen – Menschenfreunde oder Wirtschaftsfreunde?

Die Philanthropen (auch Philanthropisten), vom griechischen Wort Philanthropie = Menschenfreundlichkeit abgeleitet, waren eine Gruppe von Pädagogen, die zwischen 1750 und 1800 großen Einfluss auf die Entwicklung der pädagogischen Theorie und des Schulwesens hatten. Sie erstrebten – stark beeinflusst von Rousseau – den religiös aufgeklärten, sittlichen, wirtschaftlich vernünftigen Menschen. Ihr führender Vertreter war J. B. Basedow (1724–1790), der 1774 in Des-

sau das erste »Philanthropin« gründete, eine Musterschulanstalt, die deutlich an die Adresse des Staates gerichtet war: Alternative zur lateinischen Schulgelehrsamkeit, Weltoffenheit ohne kirchliche Schulaufsicht, moderne Sprachen und Naturwissenschaften, Koedukation, Sport, Schule aber auch als Stätte der Freude, des Frohsinns, utilitaristische Erziehung mit dem Ziel der Brauchbarkeit für die wirtschaftliche und gesellschaftliche Welt, d.h. auch Integration von produktiver handwerklicher und landwirtschaftlicher Arbeit. Dennoch war Belehrung das entscheidende Mittel.
J. H. Campe (1746–1818) gilt dabei mit der Betreuung des 16-bändigen »Revisionswerkes« für das gesamte Schul- und Erziehungswesen als der schriftstellerische Kopf der Philanthropen. Aber auch C. G. Salzmann (1744–1811) mit seinem Philanthropin in Schnepfenthal (südlich von Gotha) und seinen zahlreichen aufklärerisch-belehrenden Schriften und F. E. von Rochow (1734–1805) als Gutsbesitzer, der sich für das Zusammenwachsen der verschiedenen Stände zu einem Volk einsetzte (und den Begriff »Volksschule« prägte), u. a. waren führende Vertreter des Philanthropismus.
Kritisch kann man fragen, ob in dieser Pädagogik nicht doch der »aufgeklärte« Mensch und das Ziel der Ausbildung aller menschlichen Kräfte letztlich auf die wirtschaftliche Brauchbarkeit, den »homo oeconomicus« zusammenschrumpften.

d) Die Industrieschulen

Angesichts des katastrophalen Elends des sich abzeichnenden Proletariats wird dennoch das Bildungsideal der »Industriosität«, wie es die parallel entstehenden »Industrieschulen« kennzeichnete, verständlich: Emsigkeit, Produktivsein, Fleiß, Erfindungsgabe, Geschick, Sparsamkeit waren Fähigkeiten, die als Ideal gleichermaßen für Bürgertum, Bauernkinder und landlose »Arme« galten. An vielen Orten (allein in Böhmen waren es über 400) wurden Industrieschulen gegründet, die das ökonomisch zu nutzende Spinnen, Stricken und Flechten der Kinder (also Kinderarbeit) mit dem Elementarschulunterricht verbanden.

Abschließend sollen noch die Gründungen der *ersten Realschulen* (1747 von dem Pietisten Hecker in Berlin) und der ersten *Fachschulen* (Bauschulen, Bergschulen, Handelsschulen, Kunstakademien und auch technischen Hochschulen) Mitte des 18. Jahrhunderts erwähnt werden, die sich insgesamt gut in den Geist der Aufklärung und die wirtschaftliche Entwicklung der Zeit einfügten.
Mit dem Gesamtproblem der heraufziehenden Industrie hängt sicher auch das großartige Werk August Hermann Franckes (1663–1727) zusammen (Menck 1993, 157ff.). Als überzeugter Pietist gründete er 1694 mit wenigen Mitteln eine Armenschule in Halle. In wenigen Jahrzehnten erwuchs daraus eine Waisenkinder-, Schüler- und Studentenstadt mit modernsten Gebäuden (Zentralheizung!), Manufakturen und Landwirtschaft, die schließlich 3000 Kindern eine Heimat bot. Die von einer negativen Sicht des Menschen geprägte Pädagogik Franckes (z.B. Brechung des bösen kindlichen Eigenwillens) ist sicher umstritten, seine sozialen Leistungen sind es nicht.

Zugleich verflochten in diese komplexe Entwicklung und doch ungemein eigenständig und originär, Spiegel und Gegenpol der Zeit, gescheitert und zu Weltruhm gelangt, ist Pestalozzi, eine der größten pädagogischen Gestalten überhaupt.

e) Johann Heinrich Pestalozzi (1746–1827): Volkspädagoge und Philosoph

Vorzeitig von der Schule abgegangen, als Landwirt kläglich gescheitert, das Vermögen seiner Frau aufgezehrt, in der Beziehung zu seinem epilepsiekranken Sohn (er hatte ihn nach Rousseau Jean-Jacques genannt ...) versagt, mit Mitarbeitern zerstritten, verarmt, in seinen Werken ein Utopist, verspottet als Träumer – das ist die eine Seite von Pestalozzis Leben. Einige Zeilen auf seinem Grabstein zeigen die andere Seite:

»Retter der Armen auf Neuhof«

Nach dem Scheitern als Landwirt nahm Pestalozzi arme Kinder (Vorläufer des späteren besitzlosen Proletariats) auf, um sie in den Fähigkeiten zu unterrichten, die sie zur Bewältigung ihres Lebens brauchten. Spinnen, Weben und Färben von Baumwolle sollte sie vor dem Bettel bewahren, zugleich sollten ihre menschlichen Kräfte entwickelt werden.

Seine ersten grundlegenden Erfahrungen fasste er zusammen in der *»Abendstunde eines Einsiedlers«* (1780) und wenige Jahre später in seinem drei Mal im Laufe des Lebens überarbeiteten *Roman »Lienhard und Gertrud«*.

In der »Abendstunde« geht Pestalozzi noch von einem optimistischen Menschenbild aus und sieht den Menschen sich entwickeln auf der »Bahn der Natur«: In gleichsam konzentrischen Kreisen, ausgehend von der »Wohnstube«, über den beruflichen Bereich und das Leben im Staat bis hin zum Religiösen soll sich die »allgemeine Emporbildung dieser inneren Kräfte der Menschennatur« vollziehen. [Alle Zitate nach der Kritischen Ausgabe der Werke Pestalozzis, ich verzichte in diesem Zusammenhang aus Platzgründen ausnahmsweise auf genaue Quellenangaben.]

Die Schule wird in dieser frühen Phase noch abgelehnt, weil sie eine künstliche Bildung vermittelt, die nicht dem Gang der Natur folgt. Eines der zentralen Anliegen Pestalozzis ist damit ausgesprochen: Allgemeine Menschenbildung hat *vor* aller Berufs- und Standesbildung zu stehen: »Erst bist du, Kind, Mensch, hernach Lehrling deines Berufs.«

»Prediger des Volkes in Lienhard und Gertrud«

In seinem rasch berühmt gewordenen Roman »Lienhard und Gertrud« (1781 bis 87) entwickelt Pestalozzi dann die Utopie einer Gesellschaft, die – noch ganz vom »Vatersinn« des aristokratischen Regenten ausgehend – die notwendigen umfassenden Bedingungen für das Hineinwachsen des Menschen in die geordnete und gute Umgebung schafft (Gudjons 1971).

Später hat Pestalozzi die Bedeutung der Schule in der beginnenden Industriegesellschaft betont, aber Schule bleibt immer gebunden an die Prinzipien der mütterlichen Erziehung der »Wohnstube«.

»Zu Stanz Vater der Waisen«

Vor allem hat seine Arbeit mit verwahrlosten und verelendeten Kindern in Stans (mal mit s, mal mit z geschrieben) (1799) zu einer grundlegenden Vertiefung und Neuorientierung in Pestalozzis philosophischem Denken geführt. Dieses erreichte seinen Höhepunkt in Pestalozzis »*Nachforschungen über den Gang der Natur in der Entwicklung des Menschengeschlechts*« (1797). Er hat nun, nicht zuletzt durch die Wirren der französischen Revolution und die großen Aufklärungsphilosophen beeinflusst, eine sehr eigenständige Sicht des Menschen, der Gesellschaft und der Erziehung entwickelt.

Pestalozzi entwirft drei Zustände der Menschheit, die zugleich »Schichten« in jedem Menschen sind: den »tierischen«, den »gesellschaftlichen« und den »sittlichen« Zustand. Der Mensch ist im *Naturzustand* einerseits der einfache, harmlose Wilde (wie bei Rousseau), aber er trieft auch »vom Blut seines Geschlechts« und vertraut dem »Recht seiner Keule«. Als *gesellschaftliches Wesen* passt er sich dann durchaus den andern an und entwickelt zivilisierten Umgang, aber der »gesellschaftliche Zustand ist in seinem Wesen eine Fortsetzung des Kriegs aller gegen alle«. Doch der Mensch spürt: »Das gesellschaftliche Recht befriedigt mich nicht, der gesellschaftliche Zustand vollendet mich nicht.« Erst der Mensch als »Werk seiner selbst«, d.h. als Wesen, das seine eigene Kraft zur *Sittlichkeit* entdeckt hat, veredelt sich selbst: »... ich vervollkommne mich selbst, wenn ich mir das, was ich soll, zum Gesetz dessen mache, was ich will.« Der Mensch besitzt einen sittlichen Willen – und der kann durch die Erziehung entwickelt werden. Die Erkenntnis dieses zwiespältigen, widersprüchlichen Wesens des Menschen führt Pestalozzi zu der Erkenntnis, dass sich menschliches Leben ohne Erziehung nicht vollenden kann.

Aber was ist aus der Einsicht geworden, dass der Mensch in seinem Verhalten ganz wesentlich Produkt seiner sozialen Umwelt ist? Pestalozzi antwortet: »So viel sahe ich bald, die Umstände machen den Menschen, aber der Mensch macht auch die Umstände, er hat eine Kraft in sich selbst, selbige vielfältig nach seinem Willen zu lenken.« Damit ist die Dialektik zwischen »Milieupädagogik« (der Mensch ist Produkt seiner Umstände) und sittlicher Autonomie (der Mensch als Werk seiner selbst) eindrücklich beschrieben. In dem kleinen Ort Stanz hat Pestalozzi beides versucht: eine Umwelt zu schaffen, die erst Erziehung ermöglichte, den Kindern die Läuse zu entfernen und sie zugleich »für das rechtliche und sittliche Gefühl allgemein zu beleben.«

Pestalozzis Stanzer Brief gilt als ein Dokument für realisiertes erzieherisches Ethos schlechthin. Seine Schilderung des Elends und des bedingungslosen pädagogischen Engagements ist nicht nur in sich höchst beeindruckend, sondern auch ein großer Schritt über die vereinseitigte aufklärerische Pädagogik hinaus. Nicht Belehrung und aufklärende Unterweisung führen zu sittlichem

Verhalten, sondern: Die Erfahrung von Fürsorge führt zur Dankbarkeit, das Erlebnis von Liebe zur Liebesfähigkeit, die gelebte Gemeinschaft zum Gemeinsinn: »So war es, dass ich belebte Gefühle jeder Tugend dem Reden von dieser Tugend vorhergehen ließ« – eine Erkenntnis, die die Sozialpädagogik bis zu Makarenko und bis zu den erlebnispädagogischen Segeltörns mit Strafgefangenen unserer Tage beeinflusst hat: Sozialverhalten wird durch Erfahrung gelernt, nicht durch die gut gemeinten Belehrungen der Pädagogen …

»Gründer der neuen Volksschule und Erzieher der Menschheit«: Burgdorf und Iferten

Das Stanzer Waisenhaus musste bald Soldaten aufnehmen. Pestalozzi setzte seine Arbeit in Burgdorf und wenige Jahre später in Iferten fort, allerdings ganz anders als Stanz: Schule, Pensionat, Lehrerseminar, Armen- und Waisenhaus – Orte des Besuches von Delegationen aus ganz Europa, einschließlich preußischer Lehrer und Pädagogen, die Pestalozzis Ideen in den Ausbau des preußischen Volksschulwesens einbrachten. Was waren diese Ideen?
In der Geschichte der Pädagogik gilt der späte Pestalozzi als der »Methodiker«. Seine Schrift »Wie Gertrud ihre Kinder lehrt« (1801) wurde weltbekannt.

Auch hier geht Pestalozzi wieder davon aus, dass es die Anschauung ist, die Erfahrung, die allem Lernen zugrunde liegt. Die Wesensmerkmale des in der Anschauung Gegebenen sollen erfasst werden, ihre wesentlichen Strukturen sollen erkannt werden. Pestalozzi meinte, »dass alle unsere Erkenntniss von Zahl, Form und Wort ausgeht«. Um zum Beispiel sprachliche Begriffe vermitteln zu können, müssen die Elemente der Sprache selbst, etwa der Schall, die Laute, analysiert werden. So kam er zur Lautiermethode, die z.B. das Lesen auf das Erlernen der Laute gründete. Ähnliches gilt für das Rechnen, für Musik, für Gymnastik etc.

Uns mutet heute diese Künstlichkeit befremdlich an, aber sie lag gleichwohl weit über dem methodischen Niveau der Schule des 18. Jahrhunderts.

Wie sehr Pestalozzi die Verbindung von Armenerziehung, Menschenbildung, politischem Denken und Pädagogik zeitlebens integriert hat, zeigt der Satz aus einer seiner späten Schriften: »… der Anfang und das Ende meiner Politik ist Erziehung.«

Der Zusammenhang von Politik und Erziehung spielte nun im Entstehungsprozess der bürgerlichen Gesellschaft in Deutschland (zugleich die Periode der »deutschen Klassik« in der Geschichte der Erziehung) die entscheidende Rolle (Kemper 1990). Diese Epoche kann auch beschrieben werden als Kampf des Neuhumanismus gegen die preußische Reaktion – oder umgekehrt. Ich tue dies am Beispiel des Bildungswesens (wobei ich zum hier nicht dargestellten sozialgeschichtlichen Wandel der gesamten Erziehungsverhältnisse von der Kinderarbeit über die Familie bis zur außerschulischen Sozialpädagogik z.B. auf Tenorth 1992, 155, oder auf das umfassende Handbuch der deutschen Bildungsgeschichte 1987, Bd. III, verweise).

4.3 Dritte Epoche: Die »deutsche Klassik« – Erziehung und Bildung in der entstehenden bürgerlichen Gesellschaft (1800–1900)

a) »Große Pädagogen«

Es gab wohl kaum eine Epoche in der Geschichte der Pädagogik, die eine solche geballte Konzentration pädagogischer Denker hervorgebracht hat wie die Jahrhundertwende um 1800 und die erste Hälfte des 19. Jahrhunderts:

- Schillers Briefe über die ästhetische Erziehung des Menschen (1795), die u.a. Kunst als die Vermittlung von Sinnlichkeit und Sittlichkeit und das Spiel als authentisches Medium von Bildung entdeckten,
- Schleiermachers große »Vorlesungen über Pädagogik« (1820/21 und 1826) mit ihrer Betonung des Denkens in Gegensätzen (Erziehung als universelle und individuelle Aufgabe, wechselseitiges Verhältnis der älteren zur jüngeren Generation, Erziehung als Kulturerhaltung und -verbesserung, »Behütung« und »Gegenwirkung«, Erfüllung des gegenwärtigen Augenblicks und der Zukunftsvorbereitung u. a. m.),
- Fröbels »Menschenerziehung« (1826) mit ihrem romantischen Bild vom Kind als dem unverstellten Wesen, seinen Gedanken zur Vorschulpädagogik und seinen Spielgaben (die später den Widerspruch der Montessori-Anhänger hervorriefen),
- Herders anthropologischer Entwurf vom Menschen als dem »ersten Freigelassenen der Natur«, verbunden mit der Betonung der Freiheit und Verantwortung des Menschen (in seinen Schulreden 1784–91),
- Fichtes gewaltige »Reden an die deutsche Nation« (1807/08) mit ihrer idealistischen Vorstellung der nationalen geistigen Erziehung und Selbsttätigkeit, schließlich auch
- Herbarts Pädagogik, auf die ich später noch genauer eingehe.

Viele weitere wären zu nennen: Goethe mit seiner »pädagogischen Provinz«, der Franzose Condorcet mit seinem Gesamtschulkonzept, kurze Zeit später Marx als Revolutionär oder Diesterweg als Vertreter des Volksschullehrerstandes u.a.m. (dazu: Scheuerl 1979, Bd. 1).
Den Kampf um die strukturelle Reform des Schul- und Universitätswesens in Preußen aber hat kaum ein anderer so maßgeblich beeinflusst wie Wilhelm von Humboldt als Vertreter des »Neuhumanismus«.

Dabei sollten zwei Aspekte aber nicht übersehen werden:
1. Die großen programmatischen Konzepte von Humboldt bis Freiherr vom Stein dürfen in ihren tatsächlichen gesellschaftsverändernden Konsequenzen nicht überschätzt werden. Verglichen mit dem mittelalterlichen Zustand des Bildungswesens in den deutschen Kleinstaaten waren die Umwälzungen besonders in Preußen zwar gewaltig, von einer Demokratisierung des Bildungswesens und des Staates in unserem heutigen Sinn aber waren sie weit entfernt (Herrlitz u.a. 1981, 30).
2. Auch andere deutsche Staaten wie Sachsen oder Bayern (Hamann 1993, 97), Baden oder Württemberg haben vergleichbare Reformen eingeleitet. Auch hat z.B. Niethammer in Bayern eine scharfe Auseinandersetzung mit dem Philanthropismus geführt und den Neuhumanismus als »Gegenerziehung« herausgestellt. – Insofern gilt Preußen (nur) als ein besonders herauszuhebender Modellfall (Tenorth 1992, 136).

b) Humboldt (1767–1835) und die Folgen

Wilhelm von Humboldt, ab 1809 für kurze Zeit Leiter der Sektion Kultus und Unterricht im preußischen Innenministerium (praktisch ein Vorläufer der späteren Kultusministerien), nahm grundsätzlich Partei für den Menschen gegen dessen gesellschaftliche Vereinnahmung.

Bildung war für ihn der Weg des Individuums zu sich selbst. Dabei wollte er die »Grenzen der Wirksamkeit des Staates« (nach dem Titel einer Frühschrift) möglichst eng bestimmen: Nicht unmittelbare Verwertung des Menschen für irgendwelche Zwecke darf Leitlinie der vom Staat einzurichtenden Bildung sein, sondern: »Der wahre Zweck des Menschen ... ist die höchste und proportionierlichste Bildung seiner Kräfte zu einem Ganzen.« So lautet der berühmte Satz, in dem Humboldt seine Auffassung von der allgemeinen Menschenbildung gegenüber aller Berufs- und Standesbildung zusammenfasste, sich aber auch gegen die vereinseitigte Ausbildung der Verstandeskräfte in der Aufklärung wehrte. »Kein Mensch sollte bloßer Kulturdünger sein.« (Blankertz 1982, 101)

Menschliche Bildung – vom Handwerker bis zum Gelehrten – sollte bestimmt sein durch *Individualität* (also der Innerlichkeit der eigenen Subjektivität), *Totalität* (Bildung der Kräfte zu einem Ganzen statt Füllung mit Stoffen) und *Universalität* (vgl. Humboldts beachtenswerten Satz: »Auch Griechisch gelernt zu haben könnte auf diese Weise dem Tischler ebenso wenig unnütz seyn, als Tische zu machen dem Gelehrten.«).

Humboldt entwarf im »Königsberger« und im »Litauischen Schulplan« (nach dem preußischen Zusammenbruch 1807 gegenüber Napoleon) ein radikales Erneuerungskonzept, das die Idee der allgemeinen Menschenbildung in die Gestaltung des Bildungswesens umsetzen sollte. Es wurde von seinem Mitarbeiter Süvern, der ein Jahrzehnt im Ministerium blieb, weiterentwickelt zu einem allgemeinen Schulgesetzentwurf (1819), der zwar nicht Gesetz wurde, aber wichtige administrative Entscheidungen des Ministeriums beeinflusst hat.

Es sind *vier Grundsätze*, die den Kern der *Humboldt-Süvern'schen Reform* ausmachen (Menze 1975, Blankertz 1982, 119ff.):

1. *Vorrang der allgemeinen Menschenbildung vor aller besonderen Berufsausbildung*

Das heißt vor allem: Alle »speciellen« Schulen, die auf Beruf, Gewerbe o.Ä. zielen, dürfen allenfalls nach »vollendetem allgemeinem Unterricht« folgen (und dann auch nur als private, nicht aber allgemeine und öffentliche Schulen). Damit ist die Trennung von Bildung und Ausbildung vollzogen, was sich (als Missverständnis Humboldts) in der Form *allgemeiner* pädagogischer Disqualifizierung der Berufsausbildung bis weit in das 20. Jahrhundert auswirkte.

2. *Das Schulwesen als horizontal nach Altersstufen gegliedertes Einheitsschulsystem*

Die von der Aufklärungspädagogik leidenschaftlich geforderten Mittel- und Realschulen (jene ausschließlich auf Realien gerichteten »Bürgerschulen«) waren Humboldt ein Dorn im Auge. Der einheitliche allgemein bildende Unterricht geschieht in drei Stufen bzw. Schulen: Elementarunterricht, Schulunterricht, Universitätsunterricht. Dieses Einheitsschulsystem ist allerdings nicht vordergründig als Gesamtschule zu verstehen, denn die Lernenden werden durchaus funktional nach den Bedürfnissen des Staates unterschieden, für spätere Regierende und Regierte werden durchaus eine andere Dauer des Unterrichts, andere Themen usw. vorgesehen – aus heutiger Sicht ein undemokratischer Widerspruch. Trotzdem bedeutete dies z.B. für die Elementarschule einen völlig neuen Sinn: nicht mehr Schule des armen Volkes, sondern Schule der Grundlagen der menschlichen Bildung für alle Kinder.

3. *Zurückdrängung des staatlichen Einflusses in der Zuständigkeit für Erziehung und Bildung*
Scheinbar paradox: Einerseits eine Bildungsreform »von oben«, also vom Staat, andererseits eine Zurückweisung des staatlichen Erziehungsanspruches. Wenn Humboldt den Staat in die Schranken einer bloßen »Nachtwächterfunktion« verwies, dann muss man dies als scharfe Kritik des merkantilistischen Verwaltungsstaates lesen, der sich als Zuchtmeister der Gesellschaft aufspielte und dabei den Menschen dem Untertanen opferte. Humboldt lehnte diesen umfassenden Erziehungsanspruch des Staates ab und band Bildung und Erziehung ausschließlich an die individuelle Selbstentfaltung. Wenn man weiterhin die tatsächliche Entwicklung des Staates im 19. und 20. Jahrhundert zur »zentralen Steuerungsinstanz der modernen Welt« mit seinem »noch fester zupackenden Griff nach der Schule« (Schmitz 1980, 47) sieht, dann kann man Humboldt auch als weit vorausdenkenden Kritiker ansehen.

4. *Kampf gegen die Untertanenmentalität*
Es war allein die Kraft der Bildung, die den Menschen zur Selbstbestimmung, auch zur politischen, befähigen sollte. Das schloss für Humboldt die Loyalität gegenüber dem preußischen König nicht aus.

c) Entwicklungen im Bildungswesen

1. Universität

1809 wird die Berliner Universität gegründet. Sie trägt Humboldts Handschrift, ihre Ideale wirken z.T. bis heute hinein in die Zeit moderner Massenuniversitäten: Wissenschaft ist ein System unabhängigen Denkens, keine andere Autorität als die des eigenen Denkens gilt. Folglich sind Studenten gleichberechtigte (wenn auch lernende) Teilnehmer an wissenschaftlichen Gesprächen und an der Forschung. Bildung durch Wissenschaft als Philosophie steht im Mittelpunkt. Das heißt aber auch Ablehnung der Praxis unter dem Aspekt der »Anwendung«, denn nur reine philosophische Erkenntnis dient der Selbstwerdung des Menschen: Prinzip der »Einsamkeit und Freiheit«. Grundlegend sind ferner die Einheit von Forschung und Lehre als gemeinsame Wahrheitssuche von Professoren und Studenten und schließlich die (relative) Unabhängigkeit vom Staat (Selbstverwaltung, Autonomie der Wissenschaft). – Auch die Adelsprivilegien des Hochschulzuganges wurden weitgehend abgeschafft zugunsten der allgemeinen Reifeprüfung – ein Thema, das bis in das 20. Jahrhundert hinein als Kampf um die Hochschulzugangsberechtigung lebendig blieb.

Welch ein gewaltiger Schritt diese Universitätsreform war, kann man vielleicht ermessen, wenn man bedenkt, dass die bis dahin vom Mittelalter geprägten Universitäten »keine Forschungsstätten sind, die nach Neuem suchen, sondern Lehrstätten, die das Alte tradieren« (Schmitz 1980, 38). Weitgehende Abhängigkeit von der Kirche (der Papst war lange Zeit der Einzige, der Universitäten gründen durfte!), keine Trennung von vorbereitenden Lehranstalten, kaum einheitliche Lehrpläne, stattdessen Gottesdienst und Gebet, Theologie und klassische Autoren (vor allem Aristoteles), Latein, römi-

sches Recht, antike Medizin, ein wenig Mathematik u.a.m. bestimmten den Unterricht. Neue Gedanken waren weder gewünscht noch erlaubt.
Und zum Gehalt der Professoren musste man Brennholz, Kartoffeln und Naturalien hinzurechnen … (Gleiches galt übrigens für eine große Zahl der Lehrer, zumindest an den niederen Schulen.) Außerdem stand das Hochschul- und Schulwesen unter den verschiedensten Einflüssen, von kirchlichen Machthabern bis zu regionalen Kleinfürsten, zersplittert, zum Teil provinziell, nur Privilegierten zugänglich.

Erst unter dieser historischen Perspektive kann man die Bedeutung des grundlegenden Satzes im »Allgemeinen Landrecht für die Preußischen Staaten« (1794) wenige Jahre vor Humboldt richtig einschätzen: »Schulen und Universitäten sind Veranstaltungen des Staats.« So heißt es wuchtig-lapidar. Dabei muss man die Macht des weit ausgedehnten preußischen Verwaltungsstaates im Blick haben.

2. Gymnasium

Die Reform der alten Lateinschule zu einem neuen Gymnasium (so der offizielle neue Titel ab 1812) war ein durchaus ambivalenter Prozess, der sich durch das ganze 19. Jahrhundert zog (Kraul 1984, Jeismann 1996).
Einerseits (das ist der Pluspunkt) war das Gymnasium geplant als zweite Stufe der allgemeinen Menschenbildung (heute würden wir sagen als Sekundarstufe) nach der Elementarschule. Während es in allen Jahrhunderten vorher keine Instanz gab, die verbindlich schulische Inhalte festlegte, wurde ein verpflichtender Lehrplan zuerst für das Gymnasium entwickelt (und 1837 erlassen). Das war das Ende regionaler und personeller Willkür. Im Mittelpunkt standen Sprach- und Mathematikunterricht (alte Sprachen und Deutsch, weniger neuere Fremdsprachen), aber auch ästhetischer und naturwissenschaftlicher Unterricht.
Bestand die Lehrerschaft der alten Lateinschulen bis dahin weitgehend aus künftigen oder verhinderten Theologen, so wurde mit der Einführung einer eigenen Berufseingangsprüfung für Gymnasiallehrer, dem »examen pro facultate docendi«, im Jahr 1810 das Unterrichten am Gymnasium zu einem eigenständigen Beruf. Diese Prüfung ist Vorläufer des heutigen Staatsexamens; aber es handelte sich dabei um eine rein fachwissenschaftliche, nicht um eine pädagogische Prüfung.

Leistung statt Adelsprivileg
Es bleibt festzuhalten, dass die Reform des Gymnasiums dazu geführt hat, dass der Weg zu leitenden Staatsämtern seit der preußischen Reform für jedermann – auch für Herrn von und zu – über die Reifeprüfung als Studienvoraussetzung und über das Staatsexamen als Hochschulabschluss geführt hat: »Der Geburtsschein war durch den Befähigungsnachweis ersetzt.« (Blankertz 1982, 126)

Andererseits (das ist der Minuspunkt) gibt es Kritik an der Entwicklung des Gymnasiums: Überbetonung der sprachlichen Bildung (viele glauben bis heute an die

Schulung der Denkkraft durch Latein, an den Wert der »formalen Bildung«), Vernachlässigung der modernen Naturwissenschaften und der berufspraktischen und technischen Fähigkeiten und Kenntnisse, der materiell-nützlichen Arbeit, Überbetonung des Ästhetizismus mit ihrer Trennung von geistigem und handwerklichem Tun, Hoffnung auf staatliche Einheit durch Erziehung zur nationalen Gesinnung (man muss freilich wissen, dass Nation damals eher Sammelbegriff für Gesellschaft war), Abschottung gegenüber unteren Schichten und Klassen, d.h. Entwicklung zur Standesschule für Besitz- und Bildungsbürgertum und Adel, insgesamt zur staatlichen Eliteschule für die Ausbildung der beamteten Geistesaristokratie.
Herrlitz u.a. (1981, 32) haben dies die »staatsfunktionale Verkopplung der höheren Bildung« genannt. – Schließlich gab es auch keine einheitliche Grundschule, sondern für die höheren und mittleren Schulen spezielle dreijährige Vorschulen. Gymnasium – das war lange Zeit das altsprachlich-humanistische Gymnasium. Andere Formen der »höheren« Schule (die lateinlose Oberrealschule und das Realgymnasium) mussten bis zum Jahr 1900 darum kämpfen, mit dem Gymnasium gleichgestellt zu werden, d.h. die Berechtigung des Universitätszuganges zu erhalten.

3. Realschule

Zwischen Gymnasium und Elementarschule gab es die Real- und Bürgerschulen, – ein buntes Gemisch unterschiedlicher Schulen und nur sehr grob unserer heutigen Realschule vergleichbar. Sie rekrutierten sich einerseits aus den zahlreichen Lateinschulen, die den Sprung zum Gymnasium nicht geschafft hatten, und andererseits aus den vielen neu gegründeten Realschulen. Zwar lehnte Humboldt die Realschulen noch schlichtweg ab, aber die Bürger- und Realschulen – die es nun einmal gab – kämpften jahrzehntelang um ein eigenes Profil.

Diese auf kaufmännisch-gewerbliche Inhalte gerichteten Schulen schwankten lange zwischen gehobener Volksschule, Gewerbefachschule und mittlerer oder höherer allgemein bildender Schule. Ihr größter Erfolg war die Berechtigung zum »*Einjährigen*« (heute würden wir sagen zur mittleren Reife): Wer diesen Abschluss hatte (und genügend Geld für die eigene militärische Ausrüstung), brauchte statt des dreijährigen nur einen einjährigen Militärdienst abzuleisten! Gleichzeitig wurde damit der Zugang zu bestimmten Beamtenlaufbahnen (Post, Steuerwesen, Justiz) eröffnet – was sich bis heute erhalten hat: Realschulabschluss ist Voraussetzung für die mittlere Beamtenlaufbahn … Mädchen indes wurden kaum berücksichtigt. Ein wichtiger Grundzug der Schulentwicklung ist die Etablierung des »Berechtigungswesens«, ein weiterer Beleg für den wachsenden Zugriff des Staates auf alle Lebensbereiche.

Besonders nach der gescheiterten Revolution von 1848 wurden die Realschulen von reaktionären Kreisen dann als Schulen des »Nützlichkeitskrams« angegriffen. Es entstanden Realschulen I. und II. Ordnung, neunjährige mit Latein und sechsjährige ohne Latein. Einerseits gewannen lateinlose Schulen ständig an In-

teresse, denn im letzten Drittel des 19. Jahrhunderts mehrten sich die Anforderungen von Technik und Industrie. Andererseits ging die Entwicklung in Richtung auf die Berechtigung zum Hochschulzugang, darum Latein.
Die Realschule blieb lange geprägt von diesem Konflikt zwischen Allgemeinbildung (die an der höheren Schule orientiert war) und technisch-wirtschaftlicher Realbildung. Bis heute schwankt ihr Profil zwischen »Mini-Gymnasium« und gehobener Hauptschule (vgl. Kapitel 11: Schulformen).

4. Die neue Elementarschule und ihre Lehrerbildung

Man muss sich klarmachen, dass zu den bisher beschriebenen Schulen nur ein ganz kleiner Teil der Bevölkerung Zugang hatte – weniger als 10% (Schmitz 1980, 74). Bedenkt man ferner, dass sich die Bevölkerung in Deutschland zwischen 1800 und 1900 fast verdreifachte (auf fast 70 Mio.), dann wird deutlich, welche Bedeutung die Veränderungen vor allem des »niederen Schulwesens« hatten.
Gut gemeinte, aber nicht entsprechend vom Staat finanzierte *Schulpflichtverordnungen* hatte es schon früh gegeben (z.B. mit dem General-Landschulreglement von 1763); aber erst im 19. Jahrhundert gelang es, den tatsächlichen Schulbesuch der Kinder durchzusetzen: 1816 waren von den schulpflichtigen Kindern immerhin 60% auf öffentlichen Schulen registriert, 1846 waren es bereits 82% (Herrlitz u.a. 1981, 50).

Die Situation in den Elementarschulen war deprimierend. In einer Zustandsbeschreibung für das Jahr 1811 (Bungardt 1965, 21) heißt es: »Überall entweihen verdorbene Schneider, Garnweber etc. und abgedankte Soldaten das heilige Geschäft der Erziehung. Die Bildung des Volkes war in den Händen unwissender, roher, unsittlicher, halbverhungerter Menschen. Die Schulen waren zum Teil wirkliche Kerker und Zuchthäuser.« Die Reformen sollten unter dem humboldtschen Ziel der Wendung von der Kenntnishäufung zur Kräftebildung und zur allgemeinen Menschenbildung stehen. Dies sollte vor allem durch die Einführung der Methode Pestalozzis geschehen. Dazu musste man bei der Lehrerbildung ansetzen.

So wurden junge Lehrer zu Pestalozzi nach Iferten geschickt, um dort seine Methode zu lernen und in Preußen als Multiplikatoren zu wirken. Eine neue Lehrerbildung wurde durch Gründung von Musterinstituten in großem Stil begonnen. Die Reform stärkte das Selbstbewusstsein der Lehrer, die an den neuen Seminaren im Sinne einer Meisterlehre ausgebildet wurden, so dass sich der Pestalozzianismus bald in ganz Preußen ausbreitete. Bis in das Revolutionsjahr 1848 sind Volksschul- und Seminarlehrer politisch für den Aufbau der Schule des Volkes engagiert, insbesondere Diesterweg (1790–1866) ist dabei zu nennen. Stieg die Zahl der Lehrerbildungsseminare bis 1877 auf insgesamt 103, so wuchs die Zahl der Lehrer an Volksschulen von 21 000 im Jahre 1822 auf stolze 57 165 im Jahre 1878.

Doch die Restauration setzte bald ein und bog auch die Reformziele wieder zurecht: Nicht mehr der freie, mitdenkende, allseitig gebildete Mensch und Bürger, sondern der staatstreue Untertan soll aus der Schule kommen. Kultusminister Altenstein fasst 1829 als Lernziele denn auch zusammen, dass das Volk »innerhalb des ihm von Gott angewiesenen, beschränkten Kreises klar und wahr denke, ... dass es lesen, schreiben, rechnen und singen lerne, ... dass es seinen Regenten und sein Vaterland liebe« (zit. nach Schmitz 1980, 76).

Ganz schlimm kommt es dann in den *Stiehl'schen Regulativen* (1854), dem ersten verbindlichen Lehrplan für die Volksschulen, wie die Elementarschulen seit einiger Zeit hießen. Die Seminararbeit wird stark eingeschränkt (z. B. Verbot von Literatur der Deutschen Klassik, des Rechnens mit Dezimalbrüchen und Wurzeln), Stoff- und Gedächtnisdrill halten in den Volksschulen wieder Einzug, der »Geist der Demut, des Gebetes, der Liebe und Gottesfurcht« sollen Lehrer und Schule bestimmen.

Erst der Kultusminister Falk erlässt im Jahr 1872 neue »Allgemeine Bestimmungen ...« für die Volksschule, in denen die Ansprüche wieder erhöht und auch neue Fächer eingeführt wurden – ein Tribut an die sich rasch wandelnden wirtschaftlichen und technischen Bedingungen. – Antwort auf die Bedürfnisse des mittleren Bürgertums und des gewerblichen Lebens ist auch die Einführung einer neuen Schule, der Mittelschule mit erweitertem Volksschullehrplan und einer Fremdsprache. Gleichwohl blieben die materiellen Bedingungen der Volksschule miserabel: 1872 betrug der Klassendurchschnitt etwa 70 Kinder, aber auch 200 Kinder sind keine Seltenheit.
Die Verbandspolitik der Lehrer wird daher stark vom Kampf der Volksschullehrer um Aufwertung und Verbesserung der Volksschule sowie Anerkennung des eigenen Standes geprägt.

Fazit: Trotz der Reaktion in Preußen ist insgesamt dennoch im 19. Jahrhundert Bildung auch als Volksbildung in das allgemeine Bewusstsein eingedrungen (Tenorth 1992, 151). Aber: Wirtschaft und Staat sind Bereiche mit eigenen Entwicklungsgesetzen, die – im Zuge eines konservativ-reaktionären Zugriffes – auch vor pädagogischen Reformversuchen nicht Halt machten. Darum blieb die Schule über weite Strecken Stätte der Indoktrination, der sozialen Kontrolle, der Sicherung von Status und Privilegien. Die Frage ist dabei, inwieweit die Trennung von Bildung und gesellschaftlicher Wirklichkeit im Neuhumanismus zu einer eher unpolitischen, privaten, auf Innerlichkeit des Menschen zurückbezogenen Bewusstseinsposition beigetragen hat.

d) Johann Friedrich Herbart (1776–1841) und die Formalstufen des Unterrichts

Herbart ist schwierig darzustellen. Denn: Herbarts teilweise sehr vernünftige Pädagogik ist die eine Seite, die Herbartianer und der Protest der »Reformpädagogik« gegen den »Herbartianismus« ist die andere.

Geboren in Oldenburg, 1809 Nachfolger Kants in Königsberg, bis er 1833 nach Göttingen ging, wo er den Protest der Göttinger Sieben (u.a. der Gebrüder Grimm) gegen die Aufhebung der Verfassung durch den König von Hannover nicht mitmachte, was ihm das Klischee eines preußisch-strengen, affirmativen Didaktikers einbrachte. Das war er lange Zeit in den Augen der Pädagogen. Erst heute bemühen sich Wissenschaftler um eine andere Sicht Herbarts (Benner 1986, Ramseger 1991). Denn: »Herbart hat eine für seine Zeit progressive, kritische Theorie der Schule und des Unterrichts entwickelt, deren utopischer Überschuss zum Teil bis heute noch nicht eingelöst ist.« (Meyer 1987, Bd. I, S. 166)

Erfahrung, Umgang und Unterricht bilden den Menschen nach Herbart. Erfahrung und Umgang entziehen sich der Erziehung, sie hat diese nicht in »ihrer Gewalt«. Bleibt der Unterricht. Herbart baut auf den »erziehenden Unterricht«. Grundlage dafür ist die »Assoziationspsychologie«, d.h., Vorstellungskreise des Lernenden können und müssen so aufgebaut werden, dass die Gedanken das Wollen und das Handeln bestimmen. Wir würden heute sagen: ein ausgesprochen kognitivistischer Ansatz.
Herbart sieht den Charakter eines Menschen – seine Sittlichkeit – abhängig von den Vorstellungen, die den Menschen beherrschen. Daraus folgt: »Die Bildung des Gedankenkreises ist der wesentliche Teil der Erziehung«, so schreibt er in seiner »Allgemeinen Pädagogik« (1806). Entscheidend ist also die Bildung des Gedankenkreises, der zur Ausformumg von Willen bzw. Gesinnung und Interessen führt. Von den Interessen gerät der Empfindungshaushalt in Bewegung, der nun die Begierde hervorruft, das Interessante auch zu wollen. Aus sittlichen Vorstellungen entsteht also der sittliche Charakter, Wissen bewirkt Haltung. Kognitive Strukturen bewirken Charakterstärke. Wir würden heute sagen: Schön wär's: Sittlichkeit durch Wissen.
Welche methodische Konsequenz hat dies für den Unterricht? »Vorstellungen« sind sozusagen mit Haken und Ösen versehen (Blankertz 1982, 151), sie schließen sich aufgrund ihrer Verwandtschaft zu Ketten zusammen. Das kann der Unterricht unterstützen, wenn er nach dem Wechsel von Vertiefung und Besinnung angelegt wird. Der Aufbau eines Gedankenkreises muss nach hilfreichen Stufen organisiert werden:

1. *Stufe der Klarheit:* Der Schüler muss sich zunächst in die dargebotenen neuen Vorstellungen vertiefen, muss diese klar erfassen und verstehen, worum es geht (2. Schuljahr: Wir sprechen über den Apfel, nicht über Ernährung allgemein, sondern wir zerlegen den Apfel, klären seine Bestandteile usw.).

2. *Stufe der Assoziation:* Die zunächst noch isolierten Einzelteile müssen miteinander verbunden werden, die einzelnen Elemente werden miteinander assoziiert (z.B. Schale, Fleisch, das Ganze des »Apfels« entsteht und wird mit ähnlichen Teilen anderer Obstsorten verknüpft).
3. *Stufe des Systems:* Das neu Aufgenommene wird mit bereits vorhandenen Vorstellungskreisen verbunden, es wird systematisiert (der Oberbegriff »Kernobst« und seine Bedeutung kommt zum Tragen, der Apfel wird »eingeordnet«).
4. *Stufe der Methode:* Der Lerngewinn wird angewendet, der Vorgang erreicht sein Ziel. (Das am Beispiel des Apfels Gelernte wird auf andere Gewächse angewendet, man beschäftigt sich mit der Familie der rosenartigen Gewächse, ihrer generellen Bedeutung, auf Kernobst folgt Steinobst etc.)

Herbarts Grundelemente (Aufnehmen, Denken, Verarbeiten bis zum Anwenden) sind insgesamt eine kluge Beschreibung der Aneignungsstufen für den Erkenntnisprozess. Die moderne kognitive Psychologie ist gar nicht so weit entfernt (wir sprechen heute z.B. von Vernetzungen im Aufbau kognitiver Strukturen).

Man hat diese Gliederung im Anschluss an Herbart auch die »*Artikulation*« von Unterricht genannt: seine klare Stufung in bestimmten Ablaufschritten. Dies lernt heute noch jeder Referendar, wenn auch nach andern Kriterien. Denn Artikulation des Unterrichts ist eigentlich Standard jeder vernünftigen Unterrichtsstunde.

Die Schüler Herbarts (vor allem W. Rein und T. Ziller) haben dann – was natürlich nahe lag, wenn wir an die enge Verbindung von Wissen und Sittlichkeit denken – diese Methode auf »Gesinnungsstoffe« übertragen. (Die Behandlung des Märchens vom Wolf und den sieben Geißlein endet dann in ethischen Betrachtungen darüber, wie Vater und Mutter für Kinder sorgen.) Seine Schüler entwickelten Herbarts Grundgedanken eines Kulturstufenlehrplans weiter, wobei die Altersstufen der Schüler auf die »Fortschrittsstufen« der Menschheit bezogen wurden (von den Patriarchen bis zur Reichsgründung). Mit ihrer Konzentrationsidee wollten sie dabei den Lehrplan vor Überfrachtung durch viele Fächer bewahren, ein Versuch der bisweilen zu absurden »Konzentrationen« führte: »… vom Meer, das Kolumbus befuhr, zu den Eigenschaften des Wassers (Physik und Chemie) und von da zu Schillers Gedicht ›Der Taucher‹ (Deutsch) (Blankertz 1982, 153)«.

Herbartianer ↓ Formalisierung des Unterrichts

Vor allem aber haben sie die an sich geniale Entdeckung Herbarts völlig formalisiert, so dass schließlich jeder Unterricht nach demselben Schema geplant wurde. Die Formalstufentheorie geriet so zu einem Geklapper mit leeren Begriffen – bis zum Ende des Jahrhunderts jede Unterrichtsstunde nach den »Herbart'schen Formalstufen« (bzw. denen seiner Schüler) ablief … (Man kann darüber streiten, ob dieser mechanistische Charakter bereits bei Herbart angelegt war.) Jedenfalls konnte das auf die Dauer nicht gut gehen.

4.4 Vierte Epoche: Der Protest – die Reformpädagogik (1900–1933)

Die reformpädagogische Bewegung (Scheibe 1971, Schonig 1973, Oelkers 1989, Röhrs 1991, Winkel 1993, zur politischen Reformpädagogik Oelkers/Rülcker

1998) wird oft festgemacht am Protest gegen die Formalisierung des Unterrichts durch die Herbartianer. Natürlich stimmt es: Die allgemeine Situation in Erziehung und Kultur um die Jahrhundertwende war verspießert, erstarrt, die Schule hatte sich etabliert, sie machte satt, anstatt auf Bildung hungrig zu machen (Lichtwark, s.u.).
Aber das ist doch zu schlicht gesehen. Denn: »Die Reformpädagogik kann man ... nicht beschreiben. Sie ist ein nationales/internationales Phänomen, theoretisch uneinheitlich, sehr heterogene Strömungen berücksichtigend, politisch sich höchst verschieden artikulierend und nicht einmal in pädagogischer Hinsicht eine konstante Größe.« (Oelkers 1989, 7) Meine schön gegliederte Darstellung erweckt deshalb den falschen Eindruck, als ließe sich die Lebendigkeit, Buntheit und Heterogenität, ja Disparität und nicht zuletzt politische Widersprüchlichkeit in einem wohlgeordneten Schema einfangen. – Zudem nimmt die Reformpädagogik sehr wohl auch Stränge einer Reformdiskussion vor der Jahrhundertwende auf, steht also in einer gewissen Kontinuität.

Die Reformpädagogische Bewegung ist *heute* deswegen von besonderem Gewicht, weil wir aktuell um die gleichen Grundfragen ringen, die die Pädagogen damals beschäftigten, wenn auch in einer andern historischen Situation. Aber die historische Parallele ist doch frappierend: Die Praxis setzt neue Impulse, die Theorie bemüht sich um anschließende Klärung und Systematisierung (denken wir heute nur an Offenen Unterricht, Öffnung der Schule, Projektarbeit, soziale Beziehungen etc.). Die Reformpädagogik war zunächst eine »Bewegung«, d. h. Praxis, Tat, Ausbreitung standen im Vordergrund, bisweilen sogar missionarisch, erst später setzen Bemühungen um Analyse, Systematik und Resümee ein (z.B. im berühmten »Handbuch der Pädagogik« von Nohl und Pallat 1928–1933).

Natürlich muss man bedenken, dass die Reformpädagogik ihren Hintergrund in gewaltigen gesellschaftlichen und sozialen Prozessen hatte: demographische Veränderungen (1880 wohnten im Reichsgebiet 45 Mio. Menschen, 1910 bereits knapp 70 Mio.), fortgeschrittene Industrialisierung, Proletariat, Arbeiterbewegung, Technisierung, Kolonialisierung, Rüstung vor dem Ersten Weltkrieg, vaterländische Gesinnung kontra Internationalismus. Daher ist die Reformpädagogik ohne einen Blick auf die allgemeine Kulturkritik jener Zeit auch nicht zu verstehen.

a) »Kulturkritik«

Julius Langbehn (1851–1907) war es, der mit seinem Buch »Rembrandt als Erzieher« (1890, 90 Auflagen bis 1936!) den Verfall von Bildung, Kunst und Kultur scharf kritisierte und für das Schöpferische, für Gefühl, Volk (mit deutlichen antisemitischen Tendenzen) etc. plädierte. Man gab ihm den Titel des »Rembrandtdeutschen«.

Gipfel seiner Kritik am Zustand der verstandesmäßigen Bildung war die Attacke gegen meinen heiligen Berufsstand: »Der Professor ist die deutsche Nationalkrankheit.« (Ebd., 173) (!)

Auch Paul de Lagarde (1827–1891) forderte vehement (freilich mit stark nationalistischem Unterton), dass die Jugend nicht die Ideale der Großväter wiederkäuen soll, sondern ihre eigenen auf Zukunft hin entwickeln müsse.
Und schließlich ist Friedrich Nietzsche (1844–1900) mit seiner Kritik am Historismus der Bildung und seiner destruktiven Moralkritik zu nennen.

Man darf allerdings die »Kulturkritik«, die auf weite Strecken eine diffuse Protesthaltung und ein völkisch-nationales Unbehagen an der Moderne war, nicht hochstilisieren zu der entscheidenden Einflussquelle der deutschen Reformpädagogik (Oelkers 1989, 57), obwohl sie sicherlich erhebliche Diskussionen auslöste und wohl auch einen Teil der »Stimmung« der Zeit spiegelte.

b) Soziale/sozialpädagogische Bewegungen

Die Reformpädagogik war durchzogen von einem starken *sozialen Engagement*, freilich aus sehr unterschiedlichen Motiven. Schon 1833 durch Wicherns evangelische Diakonie, wenig später in der Kolping-Bewegung katholischer Gesellenvereine, durch die Boys Town des Father Flanigan in den USA bis hin zu Makarenkos pädagogischer Kolonie in der frühen Sowjetunion zeichnet sich dies ab. Bemühungen um Reformen der »Verwahrlostenerziehung« (vom Zuchthaus zum Erziehungsgedanken des Jugendgefängnisses), sozialpädagogische Fürsorge statt Kriminalisierung u.a.m. wurden z.T. von Universitätspädagogen (Herman Nohl in Göttingen, Curt Bondy in Hamburg) praktisch mitgetragen.
Aber auch die *Frauenbewegung* (vgl. das »Handbuch der Frauenbewegung« in 5 Bänden, herausgegeben 1901–1906 von den führenden Frauen Helene Lange und Gertrud Bäumer) erhielt kräftige Impulse, z.B. durch Einforderung des aktiven und passiven Wahlrechtes, Erschließung von Berufsleben und Bildungsmöglichkeiten (u.a. Hochschulzugang) für Frauen. Mädchen- und Frauenbildung werden erstmals eigene Themen auch der Geschichte der Pädagogik (Glumpler 1992).
Vor allem ist die *Jugendbewegung* zu nennen, die eine kaum beschreibbare Mischung unterschiedlichster »Bünde« und Vereinigungen umfasste: Naturfreunde, Wandervogelbewegung, Pfadfinder, Studentenbünde u. a. m. – Ihr Grundgefühl drückt sich in der feierlich beim Treffen auf dem Hohen Meißner verabschiedeten »Meißner-Formel« aus: »Die Freideutsche Jugend will aus eigener Bestimmung, vor eigener Verantwortung, mit innerer Wahrhaftigkeit ihr Leben gestalten. Für diese innere Freiheit tritt sie unter allen Umständen geschlossen ein … Als Grundsatz für gemeinschaftliche Veranstaltungen gilt: Alle gemeinsamen Veranstaltungen der Freideutschen Jugend sind alkohol- und nikotinfrei.«

Man war gegen Plüsch und Krawatten, für gemischte Jungen- und Mädchengruppen, Naturverbundenheit und Naturpflege, Gefühl, Erleben, schlug aber auch nationale Töne an und pflegte das Eliteprinzip.

c) Einzelne pädagogische Richtungen

• »Das Jahrhundert des Kindes« – Ellen Key

Ein wichtiger Impuls der Reformpädagogik war das just zur Jahrhundertwende (1900) erschienene Buch der Schwedin Ellen Key mit dem o.a. Titel. Ellen Key forderte, radikal vom Kind her zu denken. Sie fasste Rousseaus natürliche Erziehung einseitig als »Wachsenlassen« auf und plädierte für die Berücksichtigung des eigenen Wesens »Kind«.

Das passte gut zur *Schulkritik* vieler Pädagogen, die von »Seelenmorden« an den Kindern sprachen. Sie kritisierten die Amtsautorität, die einseitige Zwangsschule, die Wort-, Buch- und Lernschule. Die Lehrer Gansberg und Scharrelmann z.B. forderten den »Freien Aufsatz« statt des Nachplapperns vorgegebener Themen. Die neuen *Schulgründungen* (z.B. von Rudolf Steiner) betonten das Element der Freiheit (»Freie Waldorfschulen«), das Schulleben statt der bloßen Unterrichtsanstalt, Lebensnähe und natürlichen Unterricht (der von den »natürlichen Interessen« der Kinder ausgehen sollte) und die Schüleraktivität. Hugo Gaudig sagte: »Es gilt, den Schüler aus dem Passivum in das Aktivum zu übersetzen.« Und Maria Montessori wollte die Aktivität schon im Kleinkindalter fördern.

• Die Schule der Selbsttätigkeit und die »Arbeitsschule«: B. Otto – G. Kerschensteiner – H. Gaudig

Bertolt Otto (1859–1933) übertrug seine Erfahrungen als Hauslehrer auf seine »Hauslehrerschule«, die er 1906 in Berlin schuf und die er die »freiheitlichste Schule der Welt« nannte. Bildung sollte erfolgen auf der Grundlage dessen, was die Kinder wirklich selber fragten, ohne Zwang, als »geistiger Verkehr« mit Kindern (wir würden heute sagen: herrschaftsfreie Kommunikation). Das Urbild dafür war der Familientisch, der das Fragerecht des Kindes ganz selbstverständlich als Anlass für Gespräche nimmt.

B. Otto schuf den Gesamtunterricht, der sich gegen die Zerstückelung in Fächer wandte, mindestens dreimal in der Woche sollte so der Unterricht stattfinden. Natürlich ohne Zensuren, mit völliger Lehrplanfreiheit, Kurse wurden nach den Wünschen der Kinder eingerichtet. Es gab eine Schülermitverwaltung, eine Schülervollversammlung und ein Schülergericht.

Die eigentliche »*Arbeitsschulbewegung*« (der uns heute ein wenig fremde Begriff betont die selbständige Schülerarbeit und nicht etwa die »Arbeit« als berufliche Tätigkeit) wurde getragen vor allem von zwei unterschiedlichen Hauptrichtungen.

Einmal war dies der Münchener Stadtschulrat und Professor Georg Kerschensteiner (1854–1932), eine unter heutigen Gesichtspunkten sehr ambivalente Figur (er musste immerhin seine »Staatsbürgerliche Erziehung« zwischen Kaiserreich und Weimarer Republik hindurchsteuern!). Wichtiger aber ist: Er setzte gegen die Buchschule sowohl die Handarbeit als auch die eigentätige geistige Arbeit des Schülers (berühmtes Beispiel: Bau eines Starenkastens, das viele wichtige Prinzipien seiner Pädagogik vereinte: Selbständigkeit, praktisches Tun und geistige Leistungen, Lernen an der Sache, Selbstüberprüfung des Erfolges statt sachfremder Zensuren, Praxis und fachliches Wissen, ethische Ziele wie Sorgfalt, Sparsamkeit und kooperatives Lernen u.a.m.).

Kerschensteiner schuf Werkstätten in den Schulen, rückte Beruf und Schule näher zusammen (er gilt als »Vater der Berufsschule«), betonte aufgrund seines Kontaktes mit dem Amerikaner John Dewey das Denken beim Tun (Dewey: learning by doing). Er legte großen Wert auf Charakterformung bei der Arbeit (Selbstüberwindung, Ausdauer) und betonte den Wert der Arbeit für die berufliche Bildung (Bildung also auch über berufsbezogene Inhalte, ein Schuss vor den Bug gymnasialer Arroganz).
Kerschensteiners »Staatsbürgerliche Erziehung« weist indes einen stark ideologischen Zuschnitt auf, wenn er das Lernen sozialer Tugenden im Dienste der »Gemeinschaft« betont. Uns riecht das heute allzu sehr nach unkritischer Anpassung an gegebene soziale Verhältnisse.

Zum andern waren es die Leipziger um Hugo Gaudig (1860–1923), z.B. Lotte Müller und Otto Scheibner, die die Arbeitsschulbewegung prägten.

Sie entwickelten eine Reihe praktischer Methoden (Arbeitstechniken) für jeden Unterricht, die das eigentätige Erarbeiten von Themen durch Schüler und Schülerinnen fördern sollten. Gaudigs Ziel war die Bildung zur »Persönlichkeit« im Sinne eines geistig selbständigen, kritischen Menschen mit allseitig gebildeten Kräften (das allerdings immer im Rahmen nationalstaatlicher Erziehungsziele!). Grundanliegen war die »freie, geistige Schularbeit«. Das, was Kerschensteiner mit produktiver Arbeit meinte, nannte Gaudig »Selbsttätigkeit« und setzte sich damit gegen die vermeintliche Reduktion des Arbeitsschulprinzips auf die manuelle Arbeit bei Kerschensteiner zur Wehr, was Kerschensteiner wiederum zur Betonung der selbständigen geistigen Arbeit nötigte. Dieser Streit scheint uns heute als ein Scheingefecht, wo es doch um die Überwindung der alten Wort- und Buchschule mit ihrem autoritären Lehrstil ging. Wie vielfältig (und aus moderner Perspektive auch aktuell) die Unterrichtsmethoden in der Reformpädagogik waren, zeigt ein Blick in das Buch von Heinz-Jürgen Ipfling (1992).

Wichtig zu betonen ist, dass in der Arbeitsschulbewegung die Grundgedanken des philosophischen Vaters der Projektmethode, John Dewey (1859–1952), sehr wohl bekannt waren (Kerschensteiner hat Dewey übersetzt) und dass zahlreiche Querverbindungen bestanden, z.B. zu Freinet, Peter Petersen und andern.

• Politische Schulreformkonzepte
Zielte die Arbeitsschule noch auf eine Verbesserung des Unterrichts ohne radikale Schulkritik, so gingen andere Entwürfe weiter und nahmen den Grundcharakter der Institution Schule aufs Korn. Der Russe Blonskij (1884–1941) entwarf eine »Produktionsschule«, die (stark beeinflusst durch Dewey) den bildenden Wert der Industriearbeit betonte und Schule als Arbeitsstätte nach industriellem Muster verstand.

Ebenso entwickelte der »Bund der entschiedenen Schulreformer« in Deutschland unter Führung Paul Oestreichs (1878–1959) die Idee einer »Elastischen Einheitsschule«, die brüderliche Erziehung im Sinne des ethischen Sozialismus zum Ziel hatte, und zwar durch eine Schule mit elastischer Differenzierung, Kern-Kurs-System, Mitbeteiligung von Schülern, Eltern und Lehrern, kollegialer Schulleitung, Integration von handwerklicher und geistiger Bildung – ein früher Entwurf der grundlegenden Gesamtschulkonzeption unserer Tage! – Bedeutender Vertreter dieser Einheitsschulbewegung ist auch der Berliner Lehrer Heinrich Tews (1860–1937), der einen Plan entwickelte »Vom Kindergarten bis zur Hochschule«.

Dieser spielte auf der Reichsschulkonferenz 1920 eine bedeutende Rolle in der Diskussion. Sicherlich – die Reichsschulkonferenz (als Forum des Meinungsaustausches von 600 Teilnehmern, wenige Jahre nach dem undemokratischen Kaiserreich) hatte keine unmittelbaren Gesetzesänderungen zur Folge, aber von ihr gingen doch wesentliche Impulse für schrittweise Reformen von Schule und Lehrerbildung aus. Ein umfassendes Reichsschulgesetz scheiterte, aber die einheitliche Grundschule von heute (durch Abschaffung der gymnasialen Vorschulen!) ist immerhin ein wichtiger Erfolg der Reichsgrundschulkonferenz von 1919.

• Kunsterziehungsbewegung

Die Kunsterziehungsbewegung wurde wesentlich initiiert von dem Hamburger Lehrer und Direktor der Kunsthalle Alfred Lichtwark (1852–1914). Er betonte die Prinzipien der Originalität, der Phantasie, des Empfindens und des eigenen Darstellens (statt der kunstgeschichtlichen Belehrung durch den Lehrer). Gewagt wurde der Dilettantismus gegenüber der Akademisierung der Kunst, mit Kunsterziehung als Prinzip (statt als Fach). Die Kunsterziehungsbewegung strahlte auf viele andere »Fächer« aus, etwa auf Deutsch (Erlebnisaufsatz statt aufgezwungener Texte und Themen – Forderung der Hamburger Lehrer Jensen und Lamszus), Musik (Volkslied, lebendiges Musizieren, Fritz Jöde), Werken (Kunsthandwerk), Sport (Freude an der Bewegung, Volkstanz u. a. statt militärischer Barrenübungen), Laienspiel u.v.a. Das Erlebnis rückte gegenüber der Belehrung in den Vordergrund.

• Landerziehungsheimbewegung

Bei diesem Wort mag mancher an Erziehungsheime für verwahrloste Kinder und Jugendliche denken. Das wäre völlig falsch. Aber auch ganz anders als die Schikkeria- und Nobelinternate unserer Tage hatte die Landerziehungsheimbewegung eine umfassende naturverbundene und persönlichkeitsfördernde Zielsetzung. Die »Gründerfiguren«: Herrmann Lietz (Schloss Biberstein in der »freien Natur« der Rhön existiert bis heute), Gustav Wyneken (Freie Schulgemeinde Wickersdorf/Thüringen), Paul Geheeb (Odenwaldschule als richtungweisendes Gesamtschulmodell unserer Tage), Kurt Hahn (Salem am Bodensee und Internat an der

Nordsee mit dem Akzent des Berg- und Seenotdienstes, heute etwas pervertiert durch kommerzielle »Kurzschulen« mit dem Abenteuer des Bergsteigens) und als Frau Minna Specht (Landerziehungsheim Walkemühle bei Melsungen, mit Ausstrahlung auf Dänemark und England).

Sie alle wehrten sich gegen die krank machenden Bedingungen der modernen Großstadtzivilisation und setzten auf die Einheit von Schule und Heim, auf Erziehung vor Unterricht, auf Handarbeit, Werkstätten, Koedukation, das Familienprinzip im Zusammenleben (Lehrerehepaar als »Eltern«) – durchaus also auf Schule, aber als jugendgemäße Lebensform. Es gibt zwar Unterschiede im Einzelnen, die erheblich sind, auch Kritikpunkte (z.B. der Elitegedanke oder die Gemeinschaftsideologie), aber die Zielrichtung war deutlich gegen die Erstarrung und gegen das satte Kulturbürgertum gerichtet. Noch heute spiegelt viele dieser Tendenzen die »Zeitschrift für Erlebnispädagogik« (Hg.: J. Ziegenspeck, Lüneburg).

- Zahlreiche weitere Bewegungen und Impulse

Es war die Zeit vieler Versuchsschulen, der Schulneugründungen – obwohl Millionen Kinder weiter die alte Schule der Kaiserzeit besuchten. Die Jena-Plan-Schule von Peter Petersen (1884–1952) mit dem »Kleinen Jena-Plan« (Lebens-Gemeinschaftsschule, jahrgangsübergreifender Unterricht statt Jahrgangsklassen, Wochenarbeitsplan statt Normalstundenplan, Helfersystem von Schülern, Gruppenarbeit, Versetzung nach Selbsteinschätzung der Schüler, Betonung von Fest und Feier u.a.m.) – sie ist wohl das herausragendste Beispiel.
Aber auch die Gründungen von Volkshochschulen (Laienbildung, Wilhelm Flitner!), die Einrichtung von Volksbüchereien (Buchausleihe als pädagogische Aufgabe!) – öffentliche Bücherhallen sind uns heute selbstverständlich –, Maria Montessori mit ihren berühmten Materialien z. B. zur Vorschulerziehung oder zum Lesenlernen, Adolf Reichwein, Dorfschullehrer, Professor, von den Nazis wieder zum Dorfschullehrer gemacht, hingerichtet wegen seiner Widerstandstätigkeit in Plötzensee 1944, der in seinem Buch »Schaffendes Schulvolk« das Vorhaben (dem Projekt ähnlich) beschreibt, oder Janusz Korczak (1878–1942), Kinderarzt, Schriftsteller und Waisenhausleiter, der mit seinen Kindern nach Treblinka ging – die Zahl der Reformimpulse und ihre Richtung ist vielfältig. Ich verweise darum nachdrücklich auf die genannte Literatur zur Reformpädagogik.

Man darf die Reformpädagogische Bewegung insgesamt aber nicht überschätzen, vor allem nicht quantitativ im Hinblick auf die wirklichen Erneuerungen. Man darf sie auch nicht in ihrer ideologischen Gebundenheit an Begriffe wie Gemeinschaft, Volk, Natur etc. unkritisch sehen. Nicht umsonst war es den Faschisten ein Leichtes, diese Tendenzen für ihre Zwecke nutzbar zu machen und die Bewegungen sukzessive ab 1933 »gleichzuschalten«.

4.5 Fünfte Epoche: Nationalsozialismus – Nachkriegszeit – Gegenwart (1933–1995)

Von einer »Epoche« beim Nationalsozialismus zu sprechen fällt schwer. Zu nah (oder etwa schon zu fern?) sind uns die Greuel des Faschismus (Gamm 1984, Herrmann/Oelkers 1989, Giesecke 1993, Keim 1995). Ich habe auch Schwierigkeiten, die Grundsätze des Nationalsozialismus als »Pädagogik« zu bezeichnen. Insofern gehört diese Epoche inhaltlich nicht zu den ideengeschichtlich relevanten. Die Erziehung zum faschistischen Staat, die menschenverachtende militaristische Erziehung für Jungen und die Mutterideologie für Mädchen, die Ausbeutung des Gemeinschafts- und Geselligkeitsbedürfnisses, das »Erziehungsprinzip« von Führung und Gefolgschaft/Gehorsam, die Betonung von Körperlichkeit letztendlich zur Wehrertüchtigung und zur Gebährfähigkeit – kurz: die gesamte braune Ideologie hat nur eine Antwort verdient, nämlich Theodor W. Adornos Forderung, es habe oberstes Ziel aller Erziehung zu sein, dass Auschwitz nicht noch einmal sei.

Gleichwohl ist historisch eine Auseinandersetzung mit der Situation der Erziehung im Faschismus ein dringend anstehendes Problem, das die Frage nach der Funktion der Erziehungswissenschaft in dieser Zeit ebenso einschließt wie die Analyse der realen pädagogischen Verhältnisse. Ich belasse es hier bei dieser Forderung.

In der *bildungspolitischen Praxis* konzentrierte sich der Nationalsozialismus vor allem auf vier Schwerpunkte.

1. Das Schulwesen wurde inhaltlich und organisatorisch vereinheitlicht.
2. Eingliederung der Jugend in Parteiverbände außerhalb von Schule, um eine politische Erziehung unabhängig von der Schule zu erreichen.
3. Negative Selektion »rassisch minderwertiger« und positive Selektion befähigter deutscher Kinder.
4. Aufbau eines Systems von außerschulischen Fort- und Ausbildungsstätten für Partei- und Beamtennachwuchs.

Auf dem Weg in die Gegenwart

Jedenfalls setzte die *nach 1945* mögliche generelle Neuorientierung und Aufarbeitung des Faschismus (die deutsche »Unfähigkeit zu trauern« – Alexander Mitscherlich) ebenso wenig ein, wie gegenwärtig das geistige und seelische Erbe des Sozialismus in der ehemaligen DDR aufgearbeitet wird. Inzwischen liegen allerdings die Bände VI.1 und VI.2 des Handbuches der deutschen Bildungsgeschichte vor, die ausführlich auf die Entwicklungen nach 1945 eingehen (Führ/Furck 1998).

Die Chance einer grundlegenden Neugestaltung des Schul- und Bildungswesens (selbst angesichts des massiven Drucks der Amerikaner in Richtung eines Einheitsschulwesens) wurde verpasst. Stattdessen wurde punktuell und ohne Kon-

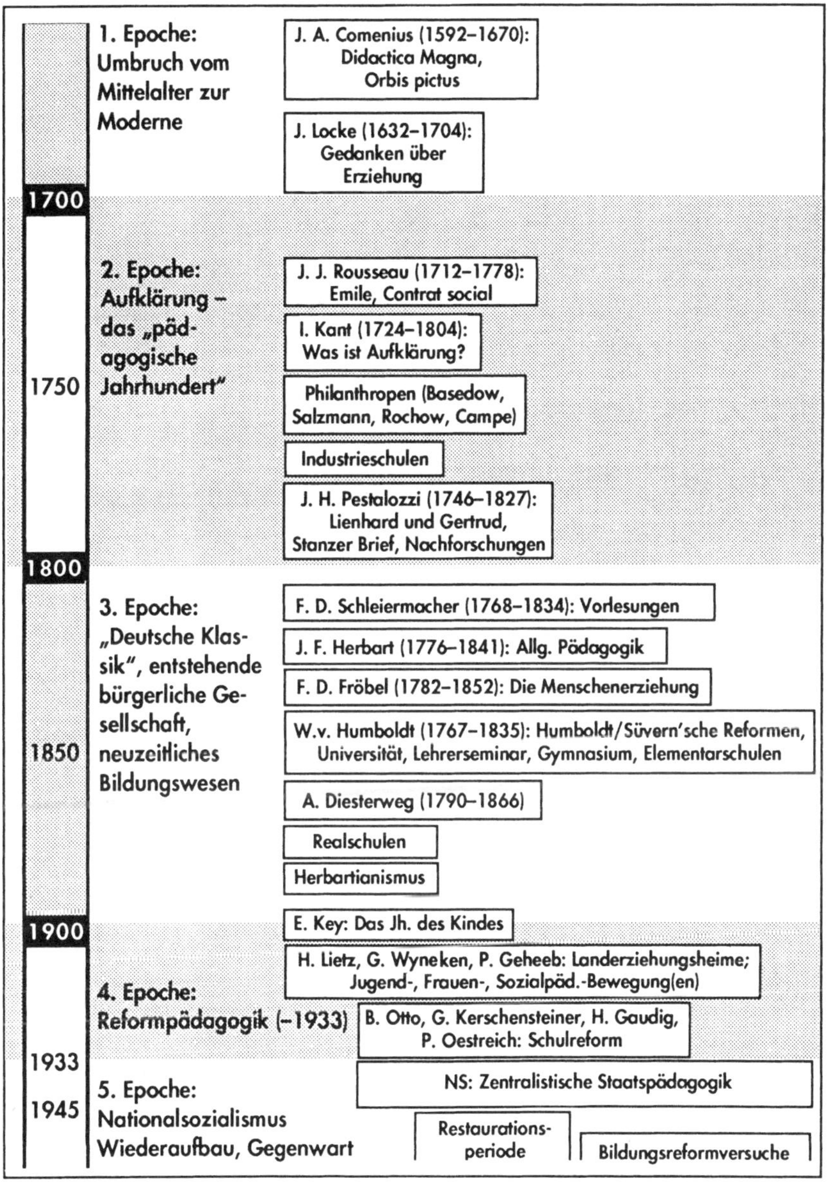

Abb. 8: Geschichte im Überblick

zept an Einzelheiten der Reformpädagogik angeknüpft.

Ein Spiegel dafür sind die Artikel der pädagogischen Zeitschriften jener Jahre, die aufweisen, wie sehr (schul)pädagogische Reformbemühungen im Dreieck von praktischer Kreativität (angesichts miserabler materieller Bedingungen), bildungspolitischer Progression und restaurativen Tendenzen eingespannt waren (Gudjons 1987).

Die *50er Jahre* gelten allgemein als Epoche einer generellen Restauration (Arbeitsgruppe ... 1994), d. h. der Wiederherstellung traditioneller Bildungsstrukturen auf ganzer Linie.
Erst in den *60er und vor allem 70er Jahren* kommt es zu einem erheblichen »Modernisierungsschub«: Kritik herkömmlicher Bildungseinrichtungen von der Schule bis zur Hochschule setzt ein (bei der feierlichen Immatrikulation von Studierenden durch die in Roben einmarschierenden Professoren wurde 1968 in Hamburg das berühmte Schock-Transparent enthüllt: »Unter den Talaren – Muff von tausend Jahren«). Die allgemeine Reformwelle erfasst auch die Schulen, den Lehrplan und die Unterrichtsgestaltung.
Die *80er Jahre* bringen aufgrund der Finanzsituation (»Diktat der leeren Kassen«) u.a. den totalen Einstellungsstopp von Pädagogen, ein weiteres Abebben der Berufsverbote wegen der Zugehörigkeit zu verfassungsfeindlichen Organisationen (z.B. der heute längst vergessenen DKP), den Kampf um die Erhaltung der wenigen bildungspolitischen Reformen.

Doch – wie sagte der englische Historiker Carlyle schon im 19. Jahrhundert? »Die Geschichte der Welt ist nichts als die Biographie großer Männer.« Wohl auch in der traditionellen pädagogischen Historiographie ...

Lese- und Arbeitsvorschläge

Grundlegend für eine Beschäftigung mit der Geschichte der Pädagogik ist das (noch nicht ganz vollständige, in den Einzelbänden von verschiedenen Herausgebern edierte) sechsbändige »Handbuch der deutschen Bildungsgeschichte«, München 1987 ff. Es beginnt mit umfangreichen Einzeldarstellungen bei der Renaissance im 15. Jahrhundert und reicht mit reichem Quellenmaterial bis in die Gegenwart. Einen guten kürzeren Überblick vermittelt H.-E. Tenorth: Geschichte der Erziehung. Weinheim 1992, der die sozial- und die ideengeschichtliche Perspektive pädagogischer Geschichtsschreibung verbindet. Wer sich lieber an »großen Pädagogen« orientiert, kann deren Leben und Werk ausgezeichnet studieren im zweibändigen Werk von H. Scheuerl (Hg.): Klassiker der Pädagogik. München 1991.

Der *Arbeitsvorschlag* hilft Ihnen, die Geschichte der Pädagogik in den Kontext größerer Entwicklungen einzuordnen.

Bitte entwickeln Sie (nach der in diesem Kapitel vorgegebenen Zeitleiste) eine eigene Zuordnung der nach Ihrer Meinung wichtigsten politischen, sozialen und realgeschichtlichen Ereignisse (z.B. Dreißigjähriger Krieg, Französische Revolution, Bismarck'sche Politik, Erster Weltkrieg u.a.m.) zu den pädagogischen Gedanken/Werken der jeweiligen Zeit.

Literatur

Arbeitsgruppe Bildungsbericht am Max-Planck-Institut für Bildungsforschung: Das Bildungswesen in der Bundesrepublik Deutschland. Reinbek 1994

Ariès, P.: Geschichte der Kindheit. München 1975

Ballauff, T.: Pädagogik. Eine Geschichte der Bildung und Erziehung. Freiburg und München 1969ff.

Benner, D.: Die Pädagogik Herbarts. Weinheim und München 1986

Benner, D.: Wilhelm von Humboldts Bildungstheorie. Weinheim und München 1990

* *Blankertz, H.: Die Geschichte der Pädagogik. Von der Aufklärung bis zur Gegenwart. Wetzlar 1982*

Böhme, G./Tenorth, H.-E.: Einführung in die Historische Pädagogik. Darmstadt 1990

Dietrich, T.: Geschichte der Pädagogik. Bad Heilbrunn 1975

Dolch, J.: Lehrplan des Abendlandes. Darmstadt 1971, 3. Aufl.

Flitner, A.: Reform der Erziehung. München 1992

Führ, C./Furck, C.-L. (Hg.): 1945 bis zur Gegenwart. Bundesrepublik Deutschland und Deutsche Demokratische Republik. (Handbuch der deutschen Bildungsgeschichte Bd. VI. 1 und VI. 2) München 1998

Gamm, H.-J.: Führung und Verführung. Frankfurt/M. 1984

Giesecke, H.: Hitlers Pädagogen. Weinheim 1993

Glumpler, E. (Hg.): Mädchenbildung Frauenbildung. Bad Heilbrunn 1992

Gudjons, H.: Gesellschaft und Erziehung. Pestalozzis Roman »Lienhard und Gertrud«. Weinheim u.ö. 1971

Gudjons, H.: Vierzig Jahre Geschichte der Pädagogik im Spiegel einer Zeitschrift. In: Pädagogische Beiträge H.7/8 1987, S. 6–13

* *Hamann, B.: Geschichte des Schulwesens. Bad Heilbrunn 1993, 2., überarb. u. erw. Aufl.*

* *Handbuch der deutschen Bildungsgeschichte, Bd. III: K.-E. Jeismann/P. Lundgreen (Hg.): 1800–1870. Von der Neuordnung Deutschlands bis zur Gründung des Deutschen Reiches. München 1987 – Bd. V: D. Langewiesche/H.-E. Tenorth (Hg.): 1918–1945. Die Weimarer Republik und die Nationalsozialistische Diktatur. München 1988 – Bd. IV: C. Berg (Hg.): 1870–1918. Von der Reichsgründung bis zum Ende des Ersten Weltkrieges. München 1991, Bd. VI. 1: Führ, C./Furck, C.-L. (Hg.): 1945 bis zur Gegenwart. München 1998*

Herbart, J. F.: Allgemeine Pädagogik aus dem Zwecke der Erziehung abgeleitet (Hg. von H. Nohl). Weinheim 1965

* *Herrlitz, H.-G./Hopf, W./Titze, H.: Deutsche Schulgeschichte von 1800 bis zur Gegenwart. Königstein 1981 sowie Weinheim 1993*
Herrmann, U. (Hg.): »Die Formung des Volksgenossen«. Der »Erziehungsstaat« des Dritten Reiches. Weinheim 1985
Herrmann, U.: Aufklärung und Erziehung. Weinheim 1993
Herrmann, U./Oelkers, J. (Hg.): Pädagogik und Nationalsozialismus. Weinheim und Basel 1989
Jäger, W.: Paideia. 3 Bde. Berlin 1959, 4. Aufl.
Jeismann, K.-E.: Das preußische Gymnasium in Staat und Gesellschaft. Bd. 1 u. 2. Stuttgart 1996
Kant, I.: Werke in zehn Bänden. Herausgegeben von Wilhelm Weischedel. Bd. 9. Darmstadt 1968
Keim, W.: Erziehung unter der Nazi-Diktatur. Bd. 1 und 2. Darmstadt 1995 und 1997
Kemper, H.: Schule und bürgerliche Gesellschaft. Weinheim 1990
Kokemohr, R.: Einführung in die Allgemeine Erziehungswissenschaft – Unveröffentlichtes Vorlesungsskript. Hamburg WS 1993/94
Kraul, M.: Das deutsche Gymnasium 1780–1980. Frankfurt/M. 1984
Kuczinki, J.: Geschichte des Alltags des Deutschen Volkes. 5 Bde. Köln 1981
Ipfling, H. (Hg.): Unterrichtsmethoden der Reformpädagogik. Bad Heilbrunn 1992
* *Leschinsky, A./Roeder, P.-M.: Schule im historischen Prozeß. Stuttgart 1976*
Marrou, H.-I.: Geschichte der Erziehung im klassischen Altertum. Freiburg und München 1957
Mause, L. de (Hg.): Hört ihr die Kinder weinen? Eine psychogenetische Geschichte der Kindheit. Frankfurt/M. 1977
Menck, P.: Geschichte der Erziehung. Donauwörth 1993
Menze, C.: Die Bildungsreform Wilhelm von Humboldts. Hannover 1975
Meyer, H.: UnterrichtsMethoden. Bd. 1 u. 2. Frankfurt/M. 1987
* *Oelkers, J.: Reformpädagogik. Weinheim und München 1992, 2. Aufl., 3. Aufl. 1996*
Oelkers, J./Rülcker, T. (Hg.): Politische Reformpädagogik. Bern u.ö. 1998
Oelkers, J./Osterwalder, F. (Hg.): Pestalozzi – Umfeld und Rezeption. Weinheim 1995
Ramseger, J.: Was heißt »durch Unterricht erziehen«? Weinheim 1991
Rang, M.: Jean-Jacques Rousseau (1712–1778). In: H. Scheuerl (Hg.), Bd. 1, a.a.O., S. 116–134
Röhrs, H.: Die Reformpädagogik. Weinheim 1991, 3. Aufl.
* *Scheibe, W.: Die reformpädagogische Bewegung 1900–1932. Weinheim 1982, 8., erg. Aufl.*
* *Scheuerl, H. (Hg.): Klassiker der Pädagogik. 2 Bde. München 1979, 2. Aufl. 1991*
* *Schmitz, K.: Geschichte der Schule. Stuttgart 1980*
Schonig, B.: Irrationalismus als pädagogische Tradition. Weinheim 1973
* *Tenorth, H.-E.: Geschichte der Erziehung. Weinheim und München 1988, 2. Aufl. 1992*
Winkel, R. (Hg.): Reformpädagogik konkret. Hamburg 1993
Wagner-Winterhager, L.: Sozialgeschichte der Kindheit. In: Zeitschrift für die Praxis des Religionsunterrichtes, H. 1/1985, S. 2–6

Kapitel 5: Das Kindes- und Jugendalter – Abriss der Entwicklungspsychologie

> Worum es geht...
> Reifung, Wachstum und Entwicklung sind bestimmend für das Kindes- und Jugendalter. Diese grundlegenden Begriffe werden geklärt. Bestimmte Schritte oder »Phasen« sind in der Entwicklung unterscheidbar. Drei der bekanntesten Entwicklungsmodelle (Erikson, Piaget, Kohlberg) werden vorgestellt mit ihren Vorzügen und Grenzen. Die Entwicklungsaufgaben unter dem Begriff Identität stehen im Mittelpunkt des Jugendalters. Ein Überblick zur Jugendforschung und aktuelle Jugendprobleme bilden den Abschluss.

5.1 Kindheit

5.1.1 Veränderungen in der Kindheitsforschung

Kinder sind keine Laborratten. Dennoch hilft es professionellen PädagogInnen für den Umgang mit Kindern und Jugendlichen, die wesentlichen empirischen Forschungsbefunde zu kennen, denn diese können zur kritischen Reflexion der eigenen Praxis erheblich beitragen (Lenzen 1983, Bd. 8, Nauck 1992, Z. f. Päd. H. 3/1996, Baacke 1999, Fend 2000). Während die *ältere* Entwicklungspsychologie unter Kindheit im Wesentlichen einen Abschnitt oder eine Phase der seelischen Entwicklung des Menschen verstand, umfasst die *moderne* Kindheitsforschung darüber hinaus auch den historischen, sozialen, gesellschaftlichen und kulturellen Kontext dieses Lebensabschnittes. Gefragt wird danach, »welche Wechselwirkungen es zwischen dem sich entwickelnden Menschen und der sich wandelnden Umwelt gibt« (Oerter/Montada 1987, V). »Kindheit« ist damit zu einem interdisziplinären Forschungsgebiet geworden. Aber »Kindheit« ist zugleich ein (historisches) Konstrukt, z.B. einer symbolischen Ordnung der Generationsverhältnisse (Honig 1999). Die neueste Entwicklung zeigt dabei die erfreuliche Tendenz, das konkrete Leben und Aufwachsen von Kindern in einer konkreten alltäglichen Lebenswelt wieder stärker zu betonen (Baacke 1991a/1999, Zinnecker/Silbereisen 1996, Bründel/Hurrelmann 1996).
Damit die Erforschung der Lebenswelt aber nicht zu einem Sammelsurium von Mosaiksteinchen gerät, bedarf es eines strukturierenden Konzeptes. Ein solches

hat Dieter Baacke im Anschluss an das Modell des Amerikaners Urie Bronfenbrenner entworfen. Es umfasst die zeitliche Struktur, die interpersonale, aber auch die räumlich-dingliche Umgebung (also z.B. Straßen, Gebrauchsgegenstände, Verkehrsmittel) und »behavioral settings« im Sinne verhaltensbestimmender, organisierter Umwelten (z.B. Läden, Parks, Kindergärten). Die vier *sozialökologischen Zonen* dieses Modells kann man sich konzentrisch von innen nach außen vorstellen (Baacke 1991a, 96):

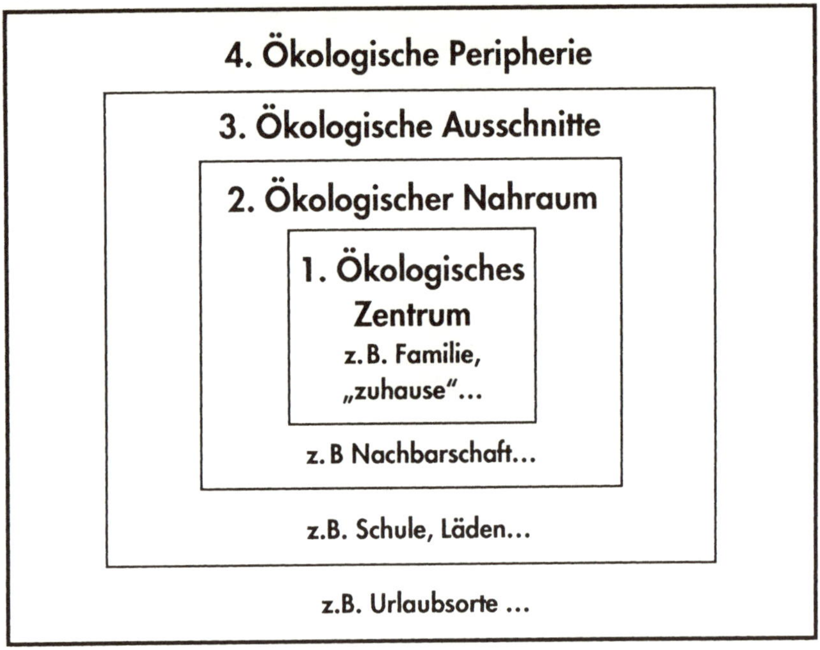

Abb. 9: Sozialökologische Zonen (nach Baacke 1991a, 96)

1. Das ökologische Zentrum, das »Zuhause« des Kindes mit den nächsten Bezugspersonen,
2. der ökologische Nahraum, also Nachbarschaft, Wohngegend, Orte der ersten Außenbeziehungen (die alte Entwicklungspsychologie hat dafür den schönen Begriff der »Rollerwelt« geprägt)
3. die ökologischen Ausschnitte, z. B. Schule, Schwimmhalle, Läden, also Räume, in denen zweckbestimmtes Verhalten gelernt wird,
4. die Zone der ökologischen Peripherie, z. B. ferner gelegene Freizeitangebote oder Urlaubsorte, aber auch die verbotene alte Fabrik.

Die Theorie dieses Modells zielt auf eine an Person-Umwelt-Interaktion orientierte Mehrebenenanalyse (statt einseitiger kausalanalytischer Ansätze). Das Kind wird als wachsende dynamische Einheit gesehen, die die Umweltbereiche fortschreitend in Besitz nimmt und umformt. Umgekehrt werden diese Bereiche in dem Maß als entwicklungsfördernd angesehen, wie sie es dem Kind ermöglichen, an fortschreitend komplexeren Tätigkeiten, Beziehungen und Rollen teilzunehmen. Für die kindliche Entwicklung sind dabei solche Personen (als Bestandteil der Umwelt) besonders förderlich, die mehrere verschiedene Rollen in den verschiedenen Zonen innehaben und miteinander zu verbinden wissen (Schneewind u. a. 1983).

5.1.2 Der gegenwärtige Wandel der Kindheit

Die konkreten Lebensbedingungen innerhalb dieser ökologischen Zonen wandeln sich gegenwärtig außerordentlich tief greifend. Kindheit ist kein Schonraum, sondern »ausgeliefert« an eine Vielzahl gesellschaftlicher Mächte, Regelungen und Institutionen, so dass wir heute von der »Vergesellschaftung« der Kindheit sprechen (Geulen 1989, Melzer/Sünker 1989).
Exemplarisch kann man dies an den folgenden Bereichen aufzeigen (Rolff/Zimmermann 1985, Friedrich 1989, Berg 1991, Deutsches Jugendinstitut 1993, Krappmann/Oswald 1995, Erdmann/Rückriem/Wolf 1996, Honig u.a. 1996, Negt 1997, zur interkulturellen Perspektive du Bois-Reymond 1994):

a) Die *bevölkerungsstatistische Entwicklung* zeigt einen klaren Trend zur Klein- und Teilfamilie, verbunden mit einer erheblichen Reduktion von *Beziehungserfahrungen* für Kinder. Dem stehen eine Intensivierung der Eltern-Kind-Beziehung, die Zunahme an Empathie und eine Tendenz zur Förderung von Selbständigkeit und freiem Willen gegenüber (Fend 1988, 114).
b) Hinzu kommt eine hochgradige Technisierung der modernen Haushalte und Wohnbedingungen, die zu einer Reduktion von *sinnlich-unmittelbaren Erfahrungsmöglichkeiten* im Umgang mit Dingen und Menschen geführt hat (z.B. Zentralheizung statt Feuermachen). Die Einförmigkeit urbaner Siedlungsformen verstärkt diesen Trend zur Auslagerung kindlicher Handlungsmöglichkeiten in pädagogisch organisierte Spezialräume: Kinderzimmer, Spielplätze, Sportanlagen, Kindergärten etc. – Der Erfahrungsraum Straße ist zur bloßen Verbindungslinie geschrumpft, das kindliche Raumerleben ist ein Leben auf »Inseln«: Wohninsel – Schulinsel – Besuchsinseln etc. – Für die materielle Ausstattung der Kindheit ist das vorgefertigte *Spielzeug* längst zu einem bedeutenden wirtschaftlichen Teilmarkt geworden, auf dem Konsumverhalten gelernt wird.
c) Vor allem die *elektronischen Medien* zeigen, dass sich die Form der *Kulturaneignung* in der Kindheit grundlegend zu ändern beginnt. Bei diesem »allmählichen Verschwinden der Wirklichkeit« (H. v. Hentig) ist besonders eindrücklich, dass heute die »Erfahrungen aus zweiter Hand« die Primärerfahrungen zu überlagern beginnen. (1987 besaß bereits ein Drittel aller Grundschüler einen eigenen Fernsehapparat, und mehr als die Hälfte hatte Zugang zu einem Videogerät.) Heranwachsende werden heute z.B. durch das Fernsehen über alles und jedes »ins Bild gesetzt«. Dabei handelt es sich aber nicht um die unmittelbare Realität, sondern um Abbilder der Welt. Nicht die Erfahrung der »wirklichen Wirklichkeit«, sondern vorfabrizierte Deutungen und Botschaften erzeugen eine Vorstellung davon, wie die Welt sei. – Und weil das Fernsehen die Unterschiede zwischen Erwachsenenwelt und Kinderwelt zunehmend einebnet, hat der amerikanische Soziologe Neill Postman von der »Abschaffung der Kindheit« gesprochen.
d) *Schule und Gleichaltrigengruppe (peers)* sind wichtige Bereiche für die allmähliche Lösung von der Familie. Der Schuleintritt ist insofern ein »ökologischer Übergang«, als das Kind nun im Gegensatz zur Ganzheit des ökologischen Zentrums und des Nahraums verstärkt *Partialbeziehungen* – zu Menschen und zu Sachen – eingehen muss. Die Lehrer-Schüler-Rolle beginnt die soziale Interaktion zu regeln, Kinder lernen die Arbeitsstruktur der modernen Gesellschaft: »Sie besteht in der

wohlmotivierten, zuverlässigen Erledigung extern gesetzter Aufträge innerhalb bestimmter Zeitgrenzen.« (Oerter/Montada 1987, 248). Schließlich erleben auch Kinder schon die Schule als Institution zur Verteilung gesellschaftlicher Chancen und Positionen. Von großer Bedeutung sind auch die nicht von Erwachsenen strukturierten sozialen Erfahrungen in der Peergroup, weil hier Wettbewerb, Kooperation, Regelbildung etc. unter Personen mit prinzipiell gleichem Status erfahren werden – eine wichtige Brücke zwischen Familie und Gesellschaft.

Denn nach der berühmten Theorie des Soziologen S. Eisenstadt (1966) bedarf es in der modernen Industriegesellschaft ebensolcher Brücken wie der Gleichaltrigengruppe, die zwischen der partikularistischen Orientierung der Familie (z. B. Gefühlsbasis, nur wenige, dafür aber sehr nahe Beziehungen, Sympathie) und der universalistischen Orientierung der Gesellschaft (sachbetonte Beziehungen, Distanz, Gleichbehandlung) vermitteln.

Zusammenfassend ist für die moderne Kindheit festzustellen, dass sich die *Aneignung der Kultur bei Kindern erheblich verändert* hat. Sekundärerfahrungen, konsumorientierte Verhaltensweisen und vorinterpretierte Deutungsmuster nehmen zu. Nun ist aber nach neueren Handlungs- und Kognitionstheorien (vgl. Kapitel 8: Lernen) Eigentätigkeit die materielle Grundlage der Erkenntnistätigkeit, das Bild von Welt und Wirklichkeit ist an die aktive Auseinandersetzung mit dieser Wirklichkeit gebunden. Unterricht in der Schule müsste daher heute viel stärker die eigentätige Aneignung von Kultur betonen, z.B. durch handlungsorientierte Arbeitsweisen (Gudjons 2000, Fölling-Albers 1989).

5.1.3 Entwicklungspsychologische Modelle

Einige Begriffe sind grundsätzlich zu unterscheiden: a) Entwicklung, b) Reifung und c) Wachstum.

a) Mit *Entwicklung* »meint man die ganzheitliche Veränderung eines Menschen, die oft durch das organische Substrat entscheidend bedingt ist, aber kognitive, affektive und sonstige Faktoren einbegreift« (Baacke 1991b, 94). Entwicklung erfolgt nach bestimmten Gesetzmäßigkeiten und dauert lebenslang.

b) Davon abzugrenzen ist der Begriff der *Reifung*, der »als der endogen, genetisch gesteuerte Anteil der Entwicklung angesehen« wird (Schraml 1990, 77). (Allerdings ist auch Reifung nicht ganz unbeeinflusst von Umweltbedingungen, wie z. B. die sog. Akzeleration zeigt: Körperliche Reife – z.B. die biologische Geschlechtsreife – verlagerte sich in den letzten 100 Jahren nach vorne: Menarchealter der Mädchen 1869 war im Schnitt 15,6 Jahre, 1967 aber bereits 13,3 Jahre, ferner nahmen Geburtsgewicht und Längenwachstum im Durchschnitt zu u. a. m. – was allgemein auf die verbesserten Lebensbedingungen wie materielle und ärztliche Versorgung oder Ernährung etc. zurückgeführt wird.) (Berndt 1982, 180)

Trotzdem ist Reifung kein überholter Begriff. Es gibt einen bestimmten Reifungsstand oder sensible Phasen, die für bestimmte Erfahrungen gegeben sein müssen, damit diese auf fruchtbaren Boden fallen. Dabei gibt es ein »zu früh«, manchmal aber auch ein »zu spät«, was allerdings nicht heißt, dass mit einigem Aufwand dasselbe auch später noch gelernt werden kann (Beispiele: Kontrolle über Blase und Darm, selbständiges Gehen, Sprache).

c) Unter *Wachstum* wird heute überwiegend die Größen- und Massenzunahme des Körpers oder der Körperteile verstanden (Berndt 1982, 140).

Aus »Reifungsschüben« eine *Phasengliederung* der kindlichen Entwicklung abzuleiten wäre ein Rückfall in ein biologistisches Denken. Wenn man heute dennoch Phasengliederungen findet, dann gehen in sie auch Bedingungen ein, die Kultur und Umwelt für bestimmte Abschnitte setzen (z.B. die Schule). So erscheint es pragmatisch sinnvoll, folgende (mit Varianten doch heute generell übliche) Einteilung zu treffen:

1.	Säuglingsalter (Geburt bis zum 1. Lebensjahr)
2.	Kindesalter (1. bis 12. Lebensjahr)
a)	frühe Kindheit (1. bis 6. Lebensjahr)
b)	mittlere Kinheit (6. bis 10. Lebensjahr)
c)	späte Kindheit (10. bis 12. Lebensjahr)
3.	Jugendalter (12. bis 18.ff. Lebensjahr)
4.	Erwachsenenalter
5.	Alter

Neue Befunde der Säuglingsforschung (Dornes 1993, Göppel 1994) zeigen anthropologisch überzeugend, dass der Mensch von Anfang an von innen heraus Aktivität entfaltet und Erfahrungen »organisiert«. Der »kompetente Säugling« (Dornes 1993) verfügt über eine erstaunliche kognitive Ausstattung und differenzierte Wahrnehmungen, wirkt aktiv auf die Umgebung ein. Der Mensch ist also von Anfang an ein *interaktives Wesen*, das sich eine bedeutsame Welt konstruiert, »Sinn« für sich schafft.

Im Folgenden wird die Entwicklung im Kindes- und Jugendalter durch drei der bekanntesten Phasenmodelle beschrieben, die jeweils einen besonderen Aspekt akzentuieren: Eriksons psychoanalytisches Modell, Piagets Stadien der kognitiven Entwicklung und Kohlbergs Theorie der moralischen Entwicklung. Auf die immense Fülle der empirischen Befunde der Entwicklungspsychologie kann hierbei natürlich nicht eingegangen werden (vgl. dazu Nickel 1975, Thomas 1979, Wieczerkowski/Oeveste 1982, Oerter/Montada 1987/1997, Schenk-Danzinger 1991, Thomas/Feldmann 1994, Mönks/Knoers 1995, Brazelton 1995, Baacke 1991–1999, Fend 2000 – mit umfangreicher Literatur). Und: Die Entwicklung von Jungen und Mädchen wird in der neueren Forschung geschlechterdifferent betrachtet (Fast 1991, Mertens 1992). Die Bedeutung des Geschlechtes für die Persönlichkeit, ihre Entwicklung und die Neugestaltung der Geschlechterverhältnisse, aber auch für eine geschlechterbezogene Erziehung hat Hannelore Faulstich-Wieland (1995) umfassend entwickelt.

a) Erik H. Erikson: Entwicklung als Weg zur Identität

Erikson (1902 in Frankfurt/M. geboren, Psychoanalytiker und Psychiater in den USA, gestorben 1993, zur Biographie: Conzen 1997) ist Mitte der 60er Jahre in Deutschland bekannt geworden. Sein Modell unterscheidet sich von bisherigen psychoanalytischen Entwicklungstheorien (z.B. Freud) durch einige grundlegende Elemente:

- Er fasst menschliche Entwicklung als einen lebenslangen Prozess auf (life span development),
- Identität entsteht in einer Stufenfolge aufeinander aufbauender Krisenbewältigungen,
- diese Krisen können nur im Zusammenhang mit dem Umkreis der Beziehungspersonen (z.B. Eltern, Gleichaltrige), den Elementen der Sozialordnung (z.B. Gesetze, Wirtschaftsleben), mit psychosozialen und psychosexuellen Modalitäten (z.B. »Festhalten/Loslassen« in der analen Phase) verstanden werden (Erikson 1966, 214f.).

Das Diagramm (Abb. 10) zeigt acht Krisen. Es fällt auf, dass Erikson exemplarisch für das Jugendalter mit der Krise »Identität gg. Identitätsdiffusion« in der Waagerechten angibt, was die vorherigen Krisen sozusagen an »Unterthemen« für diese Altersphase Jugend abwerfen (epigenetisches Grundprinzip, s.u.): Das Jugendalter steht nicht isoliert, sondern kann nur verstanden werden im Zusammenhang der »Ergebnisse« der bisherigen Krisenbewältigungen.

Beispiel: Wurde die Krise im Schulalter (IV) »Werksinn gegen Minderwertigkeitsgefühl« positiv gelöst, kann die Jugendkrise auf Zutrauen zur eigenen Leistung bauen, wurde sie negativ gelöst, belastet Arbeitslähmung die Entwicklung der jugendlichen Identität. – In der senkrechten Spalte Nr. 5 ist hingegen die »Summierung« der Identitätsproblematik im bisherigen Lebensverlauf abgebildet.

Erikson legt Wert darauf, dass die Entwicklung nach einem »epigenetischen Prinzip« abläuft, also »einen *Grundplan* hat, dem die einzelnen *Teile* folgen« (ebd., 57). Alle Phasen sind insofern miteinander verbunden, als a) sie aufeinander aufbauen, b) jede Krise schon ihre Vorläufer in der Entwicklung hatte und auch nach »Bewältigung« als Thema noch vorhanden ist und c) die Lösungen der Probleme von der »richtigen Entwicklung zur rechten Zeit« (ebd., 59) abhängen.

Ein Beispiel macht deutlich, was gemeint ist: Autonomie baut auf das gewonnene Urvertrauen auf (a). Autonomiestreben ist durchaus in Vorformen schon beim Säugling beobachtbar (etwa in den zornigen Befreiungsversuchen beim Festhalten einer Hand) und ist – gleichsam in einem andern Aggregatzustand – auch im Erwachsenenalter noch relevant (b). Autonomie gegenüber Scham und Zweifel ist eine Entwicklungsaufgabe, die ihre rechte Zeit im Kleinkindalter hat (c).

Immer wieder missverstanden wird der Begriff der »Krise« bei Erikson. Krise ist nicht identisch mit Störung der Entwicklung oder einem nicht normalen Entwicklungsverlauf. Jede Komponente, vom »Urvertrauen« bis zur »Integrität« im reifen Erwachsenalter, »kommt zu ihrem Höhepunkt, tritt in ihre kritische Phase und erfährt ihre bleibende Lösung *gegen Ende* des betreffenden Stadiums« (ebd., 60). Krise in diesem Sinn ist konstitutiver Bestandteil der normalen Entwicklung.

Für die Zeit bis zur Pubertät bzw. zum Jugendalter sind bei Erikson die ersten vier Stufen von Bedeutung:

* *Stufe I – Ur-Vertrauen gegen Ur-Misstrauen:* Es ist die früheste Erfahrung des Menschen, entweder Verlässlichkeit der ersten Bezugsperson zu erleben oder mangelnde Konstanz, Unzuverlässigkeit oder Vernachlässigung. Von der Qualität der ersten Beziehung hängt es ab, ob das Kind ein Gefühl des Sich-Verlassen-Dürfens in Bezug auf die Glaubwürdigkeit anderer wie die Zuverlässigkeit seiner selbst entwickelt. Diese tief ins Unbewusste hineinreichende Ur-Erfahrung ist der »Eckstein der gesunden Persönlichkeit« (ebd., 63). Misslingt dies, gewinnt ein grundlegendes Gefühl, dass die Welt und man selbst nicht in Ordnung seien, die Überhand: Ur-Misstrauen.

* *Stufe II – Autonomie gegen Scham und Zweifel:* Es ist die Zeit der Reifung des Muskelsystems, insbesondere der Ausscheidungsorgane, die dem Kind das Experimentieren mit den Grundmodalitäten »Festhalten« und »Loslassen« ermöglichen. Aber über die Sauberkeitserziehung hinaus entwickelt sich die »allgemeine Fähigkeit, ja das heftige Bedürfnis, mit Willen fallen zu lassen und wegzuwerfen und das Festhalten und Loslassen abwechselnd zu üben« (ebd., 76). Für die Persönlichkeitsstruktur liegt hier die Schaltstelle zur Zwanghaftigkeit, die das Festhalten (in vielerlei Hinsicht) übermäßig betont, vom extremen Konservativismus bis zu Pedanterie und Geiz. In einer gesunden Entwicklung entsteht aus »einer Empfindung der *Selbstbeherrschung ohne Verlust des Selbstgefühls* … ein dauerndes Gefühl von Autonomie und Stolz« (ebd., 78). Greifen Eltern z. B. durch eine rigide Reinlichkeitsdressur (aber auch durch permanentes Brechen des kindlichen Trotzes) ein, verliert das Kind das Gefühl der Selbstkontrolle und Autonomie, es entsteht ein dauerndes Gefühl von Scham und Zweifel.

* *Stufe III – Initiative gegen Schuldgefühl:* Die auch von der empirischen Entwicklungspsychologie bestätigten kräftigen Tendenzen der 4- bis 6-Jährigen zur Erweiterung der Bewegungsmöglichkeiten, der Vervollkommnung des Sprachvermögens und der Ausweitung der kindlichen Vorstellungswelt begünstigen die Entfaltung »*ungebrochener Initiative* als Grundlage eines hochgespannten und doch realistischen Strebens nach Leistung und Unabhängigkeit« (ebd., 88f.). Gegenpol ist die Entstehung eines Gefühls beim Kind, »dass es selbst oder doch seine Triebe ihrem Wesen nach schlecht seien« (ebd., 95), es entsteht ein Schuldgefühl, das sich »Verbrechen« zuschreibt, die es – schon rein biologisch – gar nicht begehen könnte.

* *Stufe IV – Werksinn gegen Minderwertigkeitsgefühl:* Psychodynamisch gesehen ist das Kind jetzt reif für die »Schule« (wobei sich in allen Kulturen irgendwelche Formen mehr oder minder systematischer Unterweisung in dieser Altersstufe finden). Kinder wollen jetzt »das Gefühl haben, auch nützlich zu sein, etwas machen zu können und es sogar gut und vollkommen zu machen; dies nenne ich den

	1	2	3	4
I Säuglings-alter	Urvertrauen gg. Mißtrauen			
II Kleinkind-alter		Autonomie gg. Scham und Zweifel		
III Spielalter			Initiative gegen Schuldgefühl	
IV Schulalter				Werksinn gg. Minder-wertigkeits-gefühl
V Adoles-zenz	Zeitperspek-tive gg. Zeitdiffusion	Selbstgewiß-heit gg. pein-liche Identi-tätsbewußt-heit	Experimentie-ren mit Rollen gg. negative Identitätswahl	Zutrauen zur eigenen Leistung gg. Arbeits-lähmung
VI Frühes Er-wachsenen-alter				
VII Er-wachsenen-alter				
VIII Reifes Er-wachsenen-alter				

5	6	7	8	
Unipolarität gg. vorzeitige Selbst-differenzierung				I Säuglings-alter
Biopolarität gg. Autismus				II Kleinkind-alter
Spiel-Identifikation gg. (ödipale) Phantasie-Identitäten				III Spielalter
Arbeits-identifikation gg. Identitätssperre				IV Schulalter
Identität gg. Identitäts-diffusion	Sexuelle Identität gg. bisexuelle Diffusion	Führungs-polarisierung gg. Autoritätsdiffusion	Ideologische Polarisierung gg. Diffusion der Ideale	V Adoles-zenz
Solidarität gg. soziale Isolierung	Intimität gg. Isolierung			VI Frühes Er-wachsenen-alter
		Generativität gg. Selbst-Absorption		VII Er-wachsenen-alter
			Integrität gg. Lebens-Ekel	VIII Reifes Er-wachsenen-alter

Abb. 10: Entwicklung nach Erikson (aus: Erikson 1966, 150 f.)

Werksinn« (ebd., 102). Kinder lernen, sich Anerkennung zu verschaffen, indem sie etwas produzieren und Fleiß aufwenden; sie haben Lust an der Vollendung eines Werkes. – Die Gefahr dieser Stufe ist die Entwicklung eines Gefühls von Unzulänglichkeit und Minderwertigkeit. (Hier zeigt sich, wie wichtig es für die Grundschule ist, Kinder nicht frühzeitig zu selektieren, sitzen zu lassen o.Ä. und ihnen damit ein grundlegend minderwertiges Leistungsselbstbild zu vermitteln.)

* *Stufe V – Identität gegen Identitätsdiffusion:* Im Zusammenhang mit den einschneidenden körperlichen Veränderungen in der beginnenden Jugendzeit stellt sich nun die Aufgabe, die in den bisherigen Krisenlösungen gesammelten Ich-Werte in eine Ich-Identität münden zu lassen. Alles kreist um die Frage: Wer bin ich, wer bin ich nicht? – Misslingt diese Aufgabe, sich selbst »zusammenzuhalten«, kommt es zur Identitätsdiffusion.
* *Stufe VI – Intimität gegen Isolierung:* Die Fähigkeit zur Intimität, zur Aufnahme stabilerer Beziehungen, ist mit dem frühen Erwachsenenalter verbunden, ihr Negativpol ist eine generelle Distanzierung, die andere Menschen abwehrt und sich selbst isoliert.
* *Stufe VII – Generativität gegen Selbstabsorption:* Im Erwachsenenalter bildet sich das Streben nach Generativität im Sinne eines Interesses an der Gründung und Erziehung einer neuen Generation, möglich aber auch in der Form genereller schöpferischer, »hervorbringender« Leistung. Das Gegenteil ist die Verarmung zwischenmenschlicher Beziehungen, Desinteresse an der Weitergabe kultureller Traditionen, ein Gefühl der Stagnation – von Erikson Selbstabsorption genannt.
* *Stufe VIII – Integrität gegen Lebensekel:* Im reifen Erwachsenenalter – bis zum Tod – hat der Mensch zur Annahme seines einen und einzigen Lebenszyklus (einschließlich der Menschen, die für ihn notwendig da sein mussten) gefunden und vermag ihm Sinn zu geben – oder Enttäuschung und Verzweiflung führen zu Lebensüberdruss und Lebensekel. – In einer neueren Arbeit hat Erikson dann besonders diese späten Krisen in der menschlichen Entwicklung entfaltet (Erikson 1988).

Insgesamt sollte man Eriksons Modell jedoch nicht ontologisieren (als sei dies ein geheimer Schöpfungsplan, der für alle Zeiten unabänderlich gelte), auch nicht als Mythos vom heilen Leben (der amerikanischen Mittel- und Oberschicht) missverstehen, sondern als ein heuristisches Modell betrachten, das mit seinen Hypothesen uns helfen kann, die menschliche Entwicklung – und mögliche Fehlentwicklungen! – schärfer zu sehen und besser zu verstehen (zur Kritik u. a. Murray 1986, zur Perspektive »auf Eriksons Schultern«: Krappmann 1997). Eriksons Modell hat auch zahlreiche empirische Studien (klinische Interviews) inspiriert (zusammenfassend Marcia u.a. 1993).

Einen anderen – wenn man so will spezielleren – Akzent setzt der Genfer Jean Piaget in seiner Theorie der geistigen Entwicklung des Kindes.

b) J. Piaget: Kognitive Entwicklungsphasen des Kindes

Für dieses Modell sind folgende Grundannahmen und Hauptbegriffe wichtig:

1. Für Piaget (1896–1980) (vgl. Furth 1972, Ginsburg/Opper 1975, Oerter/Montada 1987/1997, Katzenbach/Steenbuck 2000) ist der Zusammenhang von *Handeln und Denken* grundlegend. Das Handeln des Subjekts mit Gegenständen produziert sowohl Erkenntnis als auch aufgrund entstehender Denkstrukturen neue Möglichkeiten des Handelns.
2. In solchen Operationen (anfangs konkret, auf Gegenstände bezogen, später geistig, als formale Intelligenz) geschieht Erkennen, und indem es sich vollzieht, organisiert es sich in *Strukturen* (oder Schemata, wie Piaget auch sagt), also in allgemeinen Regeln, Mustern, Kompetenzen, Systemen.
3. Diese Strukturen entwickeln sich, haben also einen genetischen Aspekt. Piagets Werk wird darum auch als *struktur-genetische Theorie* bezeichnet. Das Denkvermögen des Menschen »reift« also nicht von sich aus, sondern entwickelt sich durch Umgang mit der Welt, ihren Gegenständen und Personen.
4. Diese Entwicklung vollzieht sich in *irreversiblen Stufen*, von denen die jeweils frühere Voraussetzung für die spätere ist.
5. In der Entwicklung spielen »Akkommodation« und »Assimilation« zusammen. Zunächst zur *Akkommodation:* Das Schema oder die Struktur des »Greifens« z.B. wird vom Kind je nach zu greifendem Gegenstand anders verwirklicht, beim Bauklotz anders als bei einer Feder – das Schema wird an den Gegenstand oder die Situation »akkommodiert«, d.h. angepasst. – Unter *Assimilation* wird die Anpassung der Umwelt an die eigenen geistigen Schemata verstanden. Wenn z.B. ein vierjähriges Kind sagt: »Die Wolken gehen sehr langsam, weil sie keine Füße und Beine haben: Sie machen sich lang wie Würmer und die Raupen, daher gehen sie so langsam« (Piaget 1969, 317), dann hat das Kind offenbar ein Konzept der Fortbewegung (hier der Würmer), an das es die Erscheinung der Wolken assimiliert – in diesem Fall führt das zu einer alterstypischen animistischen Fehldeutung. Assimilation ist also die »Einverleibung«, wie Piaget auch sagt, die Aufnahme eines Gegenstandes in ein geistiges Schema, oder anders gesagt: die Anwendung eines Konzeptes auf ein Phänomen der Umwelt.
6. Damit wird klar, dass dieses Ineinander von Akkommodation und Assimilation zur Ausbildung und Differenzierung der Strukturen (oder Schemata) führt, z.B. Wahrnehmungs-, Orientierungs- oder Deutungsschemata. Gleichsam der Motor dieser Entwicklung ist das Streben nach *Äquilibration* (Findung von Gleichgewicht). Aus der Erfahrung eines Ungleichgewichtes, eines Widerspruchs oder kognitiven Konfliktes entsteht der Impuls zur inneren Koordination und zum Aufbau immer komplexerer Strukturen.
7. Von der Entwicklung der Intelligenz als ständiger »Höherentwicklung« von Strukturen durch Interaktion mit der Umwelt her lassen sich auch Strukturie-

rungsprozesse in *andern Bereichen* (wie z.B. im sozialen Bereich, im Spiel, in der Sprache, im Gefühlsleben) erklären. So nimmt es nicht wunder, dass Piaget sich auch ausführlich mit der Entwicklung des moralischen Urteils beim Kind beschäftigt hat.

Entwicklungsstufen

Ohne auf Untergliederungen im Einzelnen einzugehen, lässt sich die geistige Entwicklung des Kindes in vier Hauptstadien zusammenfassen (Piaget 1972, 40ff., Oerter/Montada 1987, 414ff.):

1. Sensumotorische Phase (von der Geburt bis etwa zum 2. Lebensjahr)
2. Präoperationale Phase (2 bis etwa 6/7 Jahre)
3. Phase der konkreten Operationen (7 bis etwa 11/12 Jahre)
4. Phase der formalen Operationen (ab 11./12. Lebensjahr)

Zur sensumotorischen Phase (1): Schon im frühesten Säuglingsalter (und wie wir heute wissen: auch schon vorgeburtlich) wird das angeborene Potential der Reflexe geübt, dann wird die Koordination von Reflexen und Reaktionen entwickelt (z.B. spielen sich Augenbewegung und Handbewegung aufeinander ein), sodann entdeckt der Säugling die Mittel-Zweck-Wirkung (er/sie kann z.B. durch Strampeln ein Glöckchen klingen lassen), erworbene Handlungschemata werden auf neue Situationen angewendet (versteckt man z.B. ein Spielzeug, beginnt er/sie zu suchen).

Gegen Ende des ersten Lebensjahres wird aktiv selbst ausprobiert, und gegen Ende der sensumotorischen Phase kann das Kind in der Vorstellung die Ergebnisse seiner Handlung antizipieren (das Kind mag z.B. einen Stock dazu benutzen, Gegenstände in seine Reichweite zu bringen, obwohl es den Stock vorher niemals in dieser Weise verwendet hat); Handlungen scheinen innerlich vollzogen zu werden, was den Übergang zu einer neuen Form des Denkens charakterisiert.

Zur präoperationalen Phase (2): Die sensumotorische Periode ist »beendet«, wenn das Kind anfängt, Vorstellungen und Symbole in seinem Denken zu benutzen. Vor allem mit der Sprache, aber auch im Spiel lernt das Kind zunehmend, mit symbolischen Beziehungen umzugehen.

Es ist besonders zwischen zwei und vier Jahren noch egozentrisch, d.h., es kann noch nicht den Blickwinkel eines andern einnehmen und bemüht sich noch nicht, seine Mitteilungen an die Bedürfnisse des Gegenübers anzupassen. Auch im Wahrnehmungsbereich – Piaget hat dies an seinem »Drei-Berge-Versuch« (einem Modell) nachgewiesen – weiß das Kind noch nicht, dass es verschiedene Ansichten von unterschiedlichen Perspektiven aus gibt, es hält seine aktuelle Sicht für die einzige Ansicht, nicht für eine unter vielen.

Auch die Invarianz physikalischer Konstanten der Objekte (Substanz, Gewicht, Volumen) kann das Kind noch nicht erkennen, weil es seine Wahrnehmung auf einen oder wenige Aspekte zentriert.

Dazu Piagets wohl bekanntester Versuch: Füllt man zwei gleiche Gläser mit der gleichen Menge einer Flüssigkeit, lässt sich von 4- bis 5-jährigen Kindern bestätigen, dass es sich um gleich viel »Saft« handelt, und füllt dann ein Glas um in ein höheres, schmaleres Glas, so wird die Mehrzahl der Kinder behaupten, dass in dem neuen Glas mehr Flüssigkeit sei, weil ja »der Saft viel höher ist als in dem andern Glas«. Erst ab 7,6 Jahren verstehen die Kinder die Invarianz der Substanz, erst ab 10,0 Jahren auch die des Gewichtes und ab 11,6 die des Volumens, was zeigt, welche enorme Steigerung der Wahrnehmungs- und Kombinationsfähigkeit in der Deutung z.B. physikalischer Phänomene in der folgenden Phase liegt.

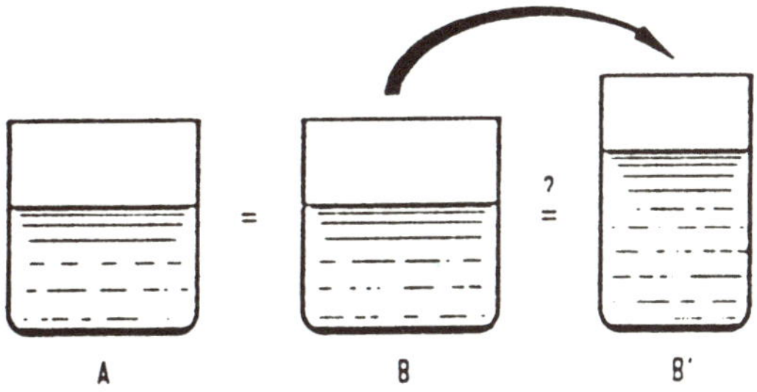

Abb. 11: Invarianz der Menge (aus: Oerter/Montada 1987, 422)

Auch die Fähigkeit zur Klassenbildung ist bei Kindern von zwei bis vier Jahren noch nicht vorhanden, sie ordnen Figuren mit verschiedenen Merkmalen (Farbe, Größe) nicht nach einem leitenden Grundsatz, erst im Alter von fünf bis sieben Jahren bringen sie diese in Klassen zusammen (Form, Farbe, Größe). Aber sie können noch nicht reversibel mit Klassen umgehen, d.h. gleichzeitig über einen Teil und das Ganze nachdenken, Ober- und Unterklassen bilden und gleichzeitig wieder davon abstrahieren.

Dazu wieder ein Beispiel: Auf einem Bild mit Jungen und Mädchen ordnen Kinder jede Figur einer der beiden Klassen zu, aber nicht gleichzeitig zur Klasse »Kinder«. Ist nämlich gleichzeitig nach der Anzahl der Mädchen und der der »Kinder« gefragt, kann diese Frage noch nicht beantwortet werden. – Versteht man eine Operation als eine verinnerlichte, gleichsam ins Denken übergegangene (interiorisierte) Handlung, dann wird auch die Bezeichnung des in dieser Phase noch stark an die unmittelbaren Wahrnehmungen gebundenen Denkens als prä-operational verständlich.

Gleichwohl experimentiert das Kind mit gelernten Regeln und Rollen. Es ist gegen Ende der präoperativen Phase auch in der Lage, die Komplementarität von Rollen einzusehen und damit die Grundlage zur Übernahme z. B. der Geschlechtsrolle zu legen.

Zur Phase der konkreten Operationen (3): Ihr Beginn fällt zusammen mit dem Beginn der Schule. Das ist sicher kein Zufall. Eine entscheidende Lernphase beginnt.

Wir sahen bereits, dass sich das Kind den Invarianzbegriff aneignet, weil es nunmehr in der Lage ist, verschiedene Relationen miteinander zu koordinieren (»was an Breite des Glases weggenommen wird, wird durch die Höhe wieder ausgeglichen«). Es lernt ebenso den Begriff der Umkehrbarkeit oder Reversibilität: Es kann in Gedanken Schritte zurückverfolgen, Handlungen »ungültig« machen und die Ausgangssituation wieder herstellen.
Der Zahlbegriff, seine Konzeptionen von Raum und Zeit entwickeln sich. Es kann eine Menge unterschiedlich langer Stäbe richtig sortieren (Seriation asymmetrischer Relationen), das Kind versteht Beziehungen (z.B. zwischen Klassen und Unterklassen s.o.), es kann einfache logische Vorgänge – Operationen – mit Hilfe von deduktiven Überlegungen von Anfang bis Ende richtig durchführen, es führt eine »innerliche Diskussion« (Piaget 1972, 227).
Im Zusammenhang mit der Erweiterung seiner Sprachkompetenz entwickelt sich auch sein Gedächtnis. – Aber seine Logik wendet das Kind nur auf konkrete Ereignisse, Wahrnehmungen und Vorstellungen von konkreten Ereignissen an. Hypothetische Fragen und abstrakte Begriffe sind ihm noch fremd. – Im sozialen Bereich (s.o.: Bedeutung der Gleichaltrigen-Gruppe!) lernt es Regelstrukturen und das Prinzip der Gleichheit.

4 *Zur Phase der formalen Operationen (4):* War das Kind in der vorigen Phase mit seinem konkret-operatorischen Denken noch beschränkt auf gegebene Informationen (seien sie konkret-anschaulich oder sprachlich, also in abstrakter Weise, repräsentiert), so ist das entscheidende Merkmal des formal-operatorischen Stadiums, dass das Denken des Kindes nun über vorgegebene Informationen hinausreicht (Oerter/Montada 1987, 440). Der Jugendliche kann Hypothesen über mögliche Problemlösungen aufstellen und dabei viele veränderliche Faktoren gleichzeitig im Gedächtnis behalten (Mussen 1991, 64).

Der Pendelversuch (Oerter/Montada 1987, 440) zeigt dies: Stellt man Schülern unterschiedlichen Alters die Frage, von welchen Faktoren die Frequenz eines Pendels abhängt, so wird das Vorschulkind nur eine der beiden demonstrierten Dimensionen (kurzer/schwerer Pendel oder langer/leichter) beachten, das Grundschulkind wird schon zwei Merkmale kombinieren (ein kurzer und schwerer Pendel schwinge schneller), der Sekundarstufenschüler wird sagen, dass die Frage erst dann zu beantworten ist, wenn er neben den zwei gegebenen Kombinationen (kurz/schwer und lang/leicht) auch die andern beiden überprüft hat: kurz/leicht und lang/schwer. Der Jugendliche »abstrahiert aus Beobachtungen und Aussagen mögliche Einflussvariablen, erstellt ein System möglicher Kombinationen solcher Einflussvariablen, das prinzipiell vollständig überprüft werden muss, bevor eine korrekte Antwort gegeben werden kann« (Oerter/Montada 1987, 443). Diese Fähigkeit zur »wissenschaftlichen« Denkweise bezieht sich auch auf allgemeine Lebensprobleme, allgemeine Gesetze und Prinzipien.

Kritik Zwar ist auch Piagets Theorie kritisiert worden (zu schmale empirische Basis, Überbetonung der kognitiven Seite der Entwicklung, Deutung der kindlichen Entwicklung von ihrem Endstadium her [d.h. dem naturwissenschaftlich-logischen Denken], Missverständnisse bei der Dechiffrierung kindlichen Handlungssinnes, kultur- und gesellschafts-[bzw. schicht]abhängig), aber sie macht (+) nachdrücklich darauf aufmerksam, dass Entwicklung ein selbstkonstruktiver Prozess durch Interaktion mit der Umwelt ist, der entsprechend pädagogisch angeregt werden kann und bei dem man gleichzeitig dafür Sorge tragen muss, dass z.B. die Schule nicht Wissenselemente aufpfropft, die noch gar nicht in die bestehende kognitive Organisation eingeordnet werden können. Das legt nahe, in der Schule die Erkenntnisprozesse durch angemessene Problemangebote zu verbessern und nicht auswendig gelernte Reproduktion fremder Erkenntnisse zu verlangen. Didaktisch werden damit Modelle des selbsttätigen Entdeckens und des offenen Unterrichts favorisiert (vgl. Kapitel 9: Didaktik).

c) L. Kohlberg: Moralische Entwicklung

Der Amerikaner Lawrence Kohlberg (1927–1987) wurde angeregt durch Piagets Forschungen, nach denen der intellektuellen Kompetenz und Entwicklungslogik eine moralische entspricht (als sehr hilfreiche Einführung: Garz 1996). Durch Längsschnittuntersuchungen und interkulturelle Forschungen kam Kohlberg auf drei Stadien der Moralentwicklung, die jeweils in zwei Stufen unterteilt sind, insgesamt also sechs Stufen.

Kohlberg formulierte moralische Dilemmata (etwa das »Heinz-Dilemma«, nach dem der zahlungsunfähige Ehemann »Heinz« vor der Frage steht, ob er ein lebensrettendes Medikament für seine todkranke Ehefrau aus der Apotheke stehlen soll. Ein anderes Dilemma: »Ist es besser, das Leben einer wichtigen Person zu retten oder das Leben vieler unwichtiger Personen zu retten?«). Kohlberg untersuchte auf diese Weise die Entwicklung der Begründungen normativer Urteile und Orientierungen (Kohlberg 1974, Kohlberg/Turiel 1978, Baacke 1991b, 154ff., Oerter/Montada 1987, 750ff., Kegan 1991, 79ff.).

Stadium I:	Vorkonventionelles Niveau	
	Stufe 1:	Orientierung an Strafe und Gehorsam
	Stufe 2:	Naiver instrumenteller Hedonismus
Stadium II:	Konventionelles Niveau	
	Stufe 3:	Orientierung am Ideal des »guten Kindes«
	Stufe 4:	Orientierung an »law and order«
Stadium III:	Postkonventionelles Stadium (Moral selbst gesetzter Prinzipien)	
	Stufe 5:	Legalistische Orientierung am Sozialkontrakt, Anerkennung demokratischer Gesetzgebung
	Stufe 6:	Orientierung am Gewissen oder an universalen ethischen Prinzipien

Stufe 1 ist durch eine Orientierung an Bestrafung und Gehorsam gekennzeichnet. Es gibt noch keinen Respekt vor einer tiefer liegenden Moralordnung, Strafvermeidung im Sinne der Vermeidung physischer Konsequenzen wird gesucht (Stehlen des Medikaments führt zu → Gefängnis → Medikament verlieren). Das Verhalten des Kindes orientiert sich an Autoritätspersonen sowie deren Strafe und Lob.

Stufe 2 zeigt eine naive instrumentelle Orientierung: »Eine Hand wäscht die andere.« Maßstab für Gegenseitigkeit und für gerechtes Teilen sind die eigenen Bedürfnisse, nicht Loyalität oder das Prinzip der Gerechtigkeit, insofern kann man von Hedonismus sprechen. (Heinz mag für den Diebstahl ins Gefängnis kommen, »aber er hätte immer noch seine Frau« – ein 13-jähriger Proband, Oerter/Montada 1987, 753.)

Stufe 3 ist als Beginn des konventionellen Niveaus gekennzeichnet durch eine Tendenz zur Erhaltung wichtiger Sozialbeziehungen. Nicht mehr »wie du mir, so ich dir« gilt, sondern eigenes Verhalten will auch von andern anerkannt werden, daher die Wichtigkeit der primären Gruppen als Orientierungsrahmen. Es herrscht dabei aber die Konformität gegenüber Stereotypen oder Meinungen der Mehrheit vor. (Begründung für den Diebstahl: »Liebe hat keinen Preis«, 16-jähriger Proband.) Man stellt sich auch auf den Standpunkt des andern und folgt der »Goldenen Regel« (Was du nicht willst, daß man dir tu, das füg auch keinem andern zu) (Kegan, 1991, 80).

Stufe 4 bringt dann die übergreifenden Systeme wie Staat und Religionsgemeinschaften ins Spiel. Oberstes Gebot ist die Erfüllung eines gegebenen Ordnungs- und Rechtssystems, seine Pflicht zu tun und Autoritäten anzuerkennen. Der Gehorsam gegenüber der vorhandenen sozialen Ordnung (Law-and-order-Haltung) um ihrer selbst willen ist eine erste Abstraktionsleistung, die der Fähigkeit zu formalen Operationen im Bereich der Intelligenzentwicklung entspricht. (21-jähriger Proband: »Eine Ehe ... bedeutet auch Verpflichtung, genau wie ein gesetzlicher Vertrag.«)

Stufe 5 als erste des postkonventionellen Niveaus orientiert sich am Gesellschaftsvertrag, der prinzipiell zwischen den Beteiligten ausgehandelt – also auch verändert – werden kann. Von dieser Voraussetzung ist die Orientierung legalistisch. Wichtig sind vernünftige Erwägungen, die die Nützlichkeit einer Entscheidung für möglichst viele einbeziehen. Daher ist verständlich, dass auch die Gerechtigkeit bei der Entscheidungsfindung (z.B. nach dem Prinzip der demokratischen Entscheidung) an Bedeutung gewinnt. (Zum Sterbehilfe-Dilemma wird z. B. dem Menschenrecht auf freie Entscheidung der Vorrang eingeräumt gegenüber dem positiven Recht der ärztlichen Verpflichtung, Leben zu verlängern.)

Stufe 6 – empirisch nicht oft vorzufinden – zeigt das Bemühen, allgemein gültige, abstrakte ethische Prinzipien zu finden (z.B. Kants kategorischer Imperativ). Nicht Normenkataloge sind Bezugspunkt für Entscheidungen, sondern allgemeine, universale Verfahren zur Prüfung von Entscheidungen. Die eigene Gewissensentscheidung wird an diesen ausgerichtet.

Es ist allerdings mit dieser Stufenfolge nicht gesagt, dass alle Menschen sie erreichen, auch nicht, dass es eine genaue Alterszuordnung gibt, auch nicht, dass die Entwicklung »invariant« ist. Dennoch vermutet Kohlberg mit seinen internationalen Vergleichsuntersuchungen (z.B. USA, Taiwan, Mexiko), dass die von ihm entwickelte Stufenfolge generell auffindbar sei. Die folgende Abbildung (aus Oerter/Montada 1987, 755) gibt einen groben Einblick in den Entwicklungsverlauf des moralischen Urteils bis etwa zum 16. Lebensjahr.

Die Kritik an Kohlberg (vgl. Edelstein/Nunner-Winkler 1986, Baacke 1991b, 161ff.) hat außer methodischen Bedenken hervorgehoben, dass moralische Meinung und eigenes moralisches Han-

deln zweierlei Dinge sind. Frühkindliche moralische Prägungen sowie die Psychodynamik, z.B. die Emotionalität oder das Unbewusste, würden zu wenig beachtet. Es gebe auch andere Werte wie Mitleid oder Liebe, nicht nur die von Kohlberg betonte Gerechtigkeit, ferner starke geschlechtsspezifische Unterschiede. Insbesondere die Kohlberg-Mitarbeiterin Carol Gilligan (1985) hat empirisch herausgearbeitet, dass weibliche Identität geprägt ist durch das moralische Bewusstsein des »care«, d.h. der Fürsorge und Verantwortung für andere – und für sich. Das ist – obwohl nicht an ein biologisches Geschlecht gebunden, doch überwiegend bei Frauen zu finden – etwas anderes als die äußerlich-rationalistische Moral männlicher Prinzipiengerechtigkeit. Gilligan sieht den Konvergenzpunkt beider »Moralen«, die nicht gegeneinander ausgespielt werden sollten, im ökologischen Prinzip: dem Überleben der Menschheit durch ein neues Verhältnis zur Natur, in dem fürsorgliches Denken, Vernetzung und Bezogenheit ebenso nötig sind wie Rationalität und Entscheidungskraft. (Zur Gesamtdiskussion »weiblicher Moral« vor allem Nunner-Winkler 1991). Schließlich bestimme der ganz spezifische Kontext ein moralisches Urteil und nicht nur die Entwicklungslogik. Viele dieser Kritikpunkte haben Kohlberg und seine Mitarbeiter aufgenommen, woraus sehr fruchtbare, z. T. Kohlberg widersprechende weiterführende Studien entstanden sind (Holstein 1976).
Inzwischen gibt es auch Versuche, Kohlbergs Modell der moralischen Entwicklung schulpraktisch zu wenden: »Just-community-schools« entwickeln die Schule als »gerechte Gemeinschaft« und fördern so die moralische Urteils- und Handlungsfähigkeit der Schüler und Schülerinnen (Garz/Aufenanger 1995, Aufenanger/Garz 1994).

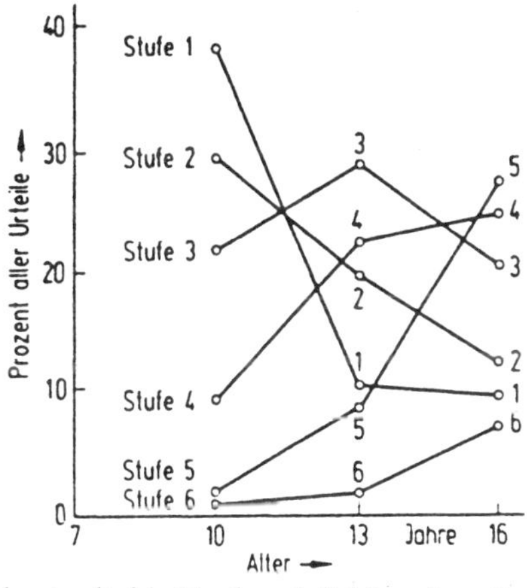

Abb. 12: Entwicklung des moralischen Urteils nach Kohlberg (aus: Oerter/Montada 1987, 755)

Alle drei Modelle haben sehr unterschiedliche wissenschaftstheoretische Voraussetzungen (vgl. Kapitel 2: Richtungen der EW). Man kann sie nicht einfach »nebeneinander legen«. Und doch haben sie Berührungspunkte. Moralisches Urteilen (Kohlberg) ist z.B. gebunden an kognitive Voraussetzungen (Piaget): Erst wer formale Operationen vollziehen kann, kann postkonventionelle moralische Urteile fällen. Oder: Sowohl das Denken als auch das moralische Urteil sind verbunden mit der bisher erworbenen Identität und der produktiven Lösung von Krisen (Erikson). Diesen Aspekt des Zusammenhanges aller drei Theorien hat besonders Kegan (1991) vergleichend hervorgehoben.

5.2 Jugend

5.2.1 Grundlegende Begriffe: Jugend – Pubertät – Adoleszenz

»Jugend«

Meist wird heute unter Jugend eine bestimmte *Altersphase* verstanden (sehr unscharf in der Abgrenzung, in der Regel von 13 bis über 20 Jahre) oder auch eine *gesellschaftliche Gruppe* (»die heutige Jugend«). Letzteres ist so verbreitet wie falsch, denn man kann von der Jugend nicht mehr sprechen, »Jugend gibt es nur im Plural« (Liebau 1990, 6). Ein verheirateter 22-jähriger Klempnergeselle mit einem Kind ist kaum noch Jugendlicher, ein 22-jähriger Student in einer WG schon eher, ein zweimal sitzen gebliebener 22-jähriger Abiturient mit Sicherheit. Und Skinheads haben mit Autonomen so wenig gemeinsam wie Rapper mit Punks. Jugend ist also keineswegs gleich Jugend.

Auch ist Jugend – wie Kindheit – ein *historisches und ein gesellschaftliches Phänomen*. Nicht alle Zeiten kannten wie wir heute eine mehrjährige Jugendzeit, wie die Geschichte der Jugend zeigt (Gillis 1980). Bei vielen sog. Naturvölkern findet sich ebenfalls keine ausgedehntere Jugendzeit, wie wir sie in den Industriegesellschaften kennen, vielmehr regeln eindeutige *Initiationsriten* relativ kurzzeitig Übergang und Aufnahme in die Erwachsenengesellschaft.

»Pubertät«

Der Beginn der Jugendzeit wird im Allgemeinen eindeutig mit dem Einbruch der Pubertät angenommen. »Pubertät bezeichnet ein biologisches Geschehen. Es ist durch die Vorgänge gekennzeichnet, die Entwicklung zur Fortpflanzungsfähigkeit und ihre Begleiterscheinungen ausmachen.« (Seiffge-Krenke/Olbrich 1982, 104) Als erste sichtbare Zeichen der Geschlechtsreifung gelten die erste Monatsblutung beim Mädchen und die erste Pollution beim Jungen. Solche Veränderungen werden als besonders einschneidend erlebt, treten aber keineswegs bei allen Heranwachsenden zum selben Zeitpunkt auf. Durchschnittlich wird der Einbruch der Pubertät angenommen mit etwa 10 bis 13 Jahren (bei Mädchen eher als bei Jungen). Während die physiologisch-geschlechtliche Entwicklung mit 17/18 Jahren meistens beendet ist, sind ihre sozialen und emotionalen Folgen noch keineswegs verarbeitet.

»Adoleszenz«

Mit dem Begriff Adoleszenz bezeichnet man deshalb ebenjenen Gesamtzeitraum, der mit dem Einbruch der Pubertät beginnend eine länger gestreckte Phase der Entwicklung umfasst. Sie ist mit dem 18. Lebensjahr in der Regel heute noch nicht abgeschlossen, obwohl in der klassischen entwicklungspsychologischen Literatur das ungefähre Ende der Adoleszenz mit etwa 17 bis 18 Jahren angesetzt wird – immer vorausgesetzt, dass Beginn und Ende der Jugendzeit erheblich kulturell und historisch variieren (Baacke 1991b, 36f.). Die Einheit dieses als Adoleszenz bezeichneten Zeitraumes kann man darin sehen, dass »die selbstverständliche Welthinnahme des Kindesalters abgeschlossen wird und eine neue Einheit aus physisch-psychischen Erlebnis- und Selbsterfahrungen entsteht, die zur wachsend bewussten Entwicklung eines Ich-Gefühls führen, das die Abgrenzung von andern Personen erlaubt und gerade dadurch die Aufnahme von selbst gewählten Beziehungen auf breiterer Basis ermöglicht« (Baacke 1991b, 37). Wie junge Frauen ihre eigene geschlechtliche Identität und ihre Lebensentwürfe ausgestalten – eben nicht nur als »Abweichung« vom männlichen Adoleszenz-Konzept –, wird in neueren Studien herausgearbeitet (Flaake/King 1995).

Die moderne Forschung zu Jugend, Pubertät und Adoleszenz zeigt nicht mehr auf, wie Jugend zu sein hat (Zinnecker/Merkens 2000). Ein Musterbeispiel dafür sind die neuesten, empirisch orientierten und sehr umfangreichen Arbeiten von H. Fend (1990, 1991, 1994), die in Längsschnittstudien unter Berücksichtigung nahezu aller wesentlichen Entwicklungsfelder aktuelle Tendenzen aufzeigen und analysieren.

Unlängst hat Helmut Fend diese Forschungsarbeiten in einem entwicklungspsychologischen Lehrbuch (Fend 2000) zusammengefasst und weitergeführt. In drei großen Zugriffen wird die Entwicklung von Jugendlichen vorgestellt:

1. Jugend als *Werk der Natur.* Gemeint ist damit die Suche nach inneren Entwicklungsprogrammen, wie sie vor allem von der klassischen Entwicklungspsychologie seit Anfang diese Jahrhunderts erarbeitet wurden. Heute geht es aber nicht mehr um Phasentheorien, sondern um Reifung bestimmter Funktionen (z.B. körperliches Wachstum, Geschlechtsreife, kognitive Entwicklung), die ausführlich dargestellt werden.

2. Jugend als *Werk der Gesellschaft.* Gesellschaftliche Makrostrukturen sind gleichsam das »Gefäß« der Humanentwicklung. Vor allem die sozialhistorisch stark gewandelten Kontexte des Aufwachsens wie Familie, Nachbarschaft, Schule, Freunde, Ausbildung und Beruf usw. bestimmen Individuation und Identitätsarbeit heutiger Jugendlicher. Ein besonderes Problemfeld bilden die Risikofaktoren. Unterschieden werden als externalisierende Versuche der Problemverarbeitung: Verhaltensstörungen, Delinquenz, Drogen, Kriminalität; als internalisierende Problemverarbeitung: Depressionen und Selbstzerstörungen.

3. Der Jugendliche als *Werk seiner selbst.* Hier folgt Fend detailliert dem handlungstheoretischen Konzept der Entwicklungsaufgaben (s.u.). Sie lauten: Den Körper bewohnen lernen (u. a. angesichts der kontextuellen Vorgaben der Schönheitsideale, aber auch hormoneller und biologischer Veränderungen); Umgang mit Sexualität lernen; Umbau der sozialen Beziehungen (vor allem die Eltern-Kind-Beziehung in der Adoleszenz wandelt sich, Peer-Beziehungen werden wich-

tig, im Umgang mit Schule kommt es zu einer Reorganisation der sozialen Bedeutung von Leistungsverhalten); Berufswahl; Bildung (Kulturaneignung, Religiosität, politische Orientierung); Identitätsarbeit (als Bündelung aller Prozesse, die Entwicklungsaufgaben zu bewältigen).

Die beiden Schlussteile befassen sich mit der Risikoentwicklung in der Adoleszenz und mit jugendpädagogischen Konsequenzen. Neu an diesem Lehrbuch ist vor allem die Integration einer unglaublichen Datenfülle aus der empirischen Forschung (nicht allein des Autors), die ein anschauliches und aktuelles Bild jugendlicher Entwicklung in der Gegenwart zeichnen.

5.2.2 Entwicklungsprozesse im Jugendalter

Körperliche Veränderungen

Für beide Geschlechter bringt die Pubertät in der Regel einen erheblichen körperlichen Wachstumsschub mit sich, der bei Jungen um das Alter von 14/15 Jahren, bei Mädchen etwa 2 Jahre früher liegt.

Allerdings wachsen *nicht alle Körperteile synchron:* Kopf, Hände und Füße wachsen schneller als der Rumpf, ebenfalls die Arme und Beine – was für den Jugendlichen oft zu unangenehmen Disproportionen führt; schlaksige und ungelenke Bewegungen prägen vorübergehend das motorische Bild (Oerter/Montada 1987, 268). Ausgelöst durch den Einfluss des Zwischenhirns (Hypothalamus) und des nachgeschalteten Hormonsystems (Hypophyse und Keimdrüsen) erhält nun auch die Sexualentwicklung einen kräftigen Schub, der als Puberalentwicklung bezeichnet wird (Berndt 1982,172).

Auch hier muss noch einmal darauf hingewiesen werden, dass es außerordentlich große *individuelle Unterschiede* gibt: Es gibt Jungen, die schon mit 10 Jahren pubertieren, und Mädchen, die zum gleichen Zeitpunkt ihre erste Monatsblutung bekommen; während beide möglicherweise schon mit 14 sexuell voll ausgereift sind, erreichen andere diesen Status erst mit 20 oder noch später. Aus solchen puberalakzelerierten oder -retardierten Entwicklungen (»Frühreife« oder »Spätentwickler«) entstehen erhebliche seelische Schwierigkeiten: Z.B. werden puberalakzelerierte Mädchen anfangs bei ihren Altersgenossinnen eher abgelehnt und haben ein geringes Prestige, erst später wirkt sich die Akzeleration als Prestigevorteil aus. Umgekehrt werden spät reifende Jungen als weniger attraktiv, verkrampfter, jünger und unreifer eingeschätzt (Berndt 1982,176; Oerter/Montada 1987, 273).

Die für viele Jugendlichen nicht nur zu einem ästhetischen, sondern auch zu einem psychischen Problem werdenden Hautveränderungen (z.B. alterstypische Akne) sind ein besonders drastisches Beispiel dafür, dass die einschneidenden körperlichen Wandlungsprozesse der Pubertät nicht ohne Auswirkungen auf die *emotionale und motivationale Verfassung* bleiben. Diese Veränderungen werden von den Jugendlichen intensiv erlebt, wirken aber nicht unmittelbar kausal auf die seelischen Bereiche ein (Oerter/Montada 1987, 275; Berndt 1982, 177), sondern sekundär über die Wahrnehmung des eigenen Körpers. Ihre Wirkungen sind vor allem durch Interaktion vermittelt, d.h. durch die Reaktionen der Personen, mit denen der Jugendliche in Kontakt steht, und seine entsprechenden Gegenreaktionen etc. Diese Auffassung der neueren Entwicklungspsychologie ist deshalb von großer pädagogischer Bedeutung, weil sie z. B. Eltern oder Lehrern erhebliche Handlungsspielräume für angemessene und verständnisvolle Reaktionen eröffnet, die wiederum nicht ohne Einfluss auf das Selbstbild des Jugendlichen bleiben.

Entwicklungsaufgaben für das Jugendalter

Um jugendliches Verhalten verstehen zu können, muss man es also zum einen als Reaktion auf die beschriebenen einschneidenden Veränderungen begreifen, zum andern aber auch als Reflex auf gesellschaftliche Erwartungen, die z.B. als schichtspezifische oder geschlechtsrollenspezifische von Erwachsenen (und übrigens zunehmend auch von Gleichaltrigengruppen!) auf die Jugendlichen zukommen und in den Entwicklungshorizont des Einzelnen transportiert werden.
In diesem Zusammenhang zählt Havighorst (1972) »folgende Entwicklungsaufgaben für das Jugendalter auf ...:

- Akzeptieren der eigenen körperlichen Erscheinung und effektive Nutzung des Körpers;
- Erwerb der männlichen bzw. weiblichen Rolle;
- Erwerb neuer und reiferer Beziehungen zu Altersgenossen beiderlei Geschlechts;
- Gewinnung emotionaler Unabhängigkeit von den Eltern und anderen Erwachsenen;
- Vorbereitung auf eine berufliche Karriere;
- Vorbereitung auf Heirat und Familienleben;
- Gewinnung eines sozial verantwortungsvollen Verhaltens;
- Aufbau eines Wertsystems und eines ethischen Bewusstseins als Richtschnur für eigenes Verhalten (moralische Entwicklung). (Zit. nach Baacke 1991b, 55)

Man darf freilich diesen Katalog nicht allzu wörtlich nehmen: Z.B. sind Heirat und Familienleben heute oft abgelöst worden von einer »Ehe ohne Trauschein« in einer WG, und mancher »Postadoleszente« (s.u.) lehnt gerade den Aufbau einer materiell ausgerichteten Berufskarriere ab – Indizien für eine oft sehr kritische und ehrliche Auseinandersetzung mit traditionellen Standards. Gerade deshalb aber zeigt der Katalog, dass hier wesentliche »Themen« für diese Lebensphase formuliert sind. Bezeichnend ist, dass die neueste Entwicklungspsychologie (Fend 2000, 222ff.) maßgeblich an diesen »Entwicklungsaufgaben« orientiert ist. Ihre inhaltliche Lösung freilich variiert mehr und mehr. Außerdem hat der Engländer Coleman (1974) herausgefunden, dass Jugendliche die anstehenden Aufgaben nicht alle gleichzeitig zu bewältigen versuchen, sondern individuell durch Schaffung eines jeweiligen »Fokus« eine Reihenfolge bilden.

Das gemeinsame Erlebnis- und Lebensfeld aller Jugendlichen (bis auf ganz wenige Ausnahmen) besteht in dem Prozess der Verselbständigung (Ablösung von den Eltern), dem Einstieg in die Geschlechtsrolle (allerdings nicht notwendigerweise mit Ehe und Familie) und in die Berufsrolle, der Konstruktion einer eigenen biographisch sinnvollen Zukunftslinie und der Auffassung vom Leben als auf Höhepunkte hin gegliedert (Wohnung, Kind, Auto, Urlaub etc.). Die dabei auftretende merkwürdige Mischung aus Beanspruchung von Erwachsenenvorrecht (Unabhängigkeit, Eigenständigkeit, Konsumfreiheit) und Kindheitsprivilegien (Versorgtwerden, Abhängigkeit, Konsumeinschränkung) scheint ein Charakteristikum der Adoleszenz in unserer Gesellschaft zu sein (Seiffge-Krenke/Olbrich 1982, 109).

Hinwendung zur Gleichaltrigengruppe

In der Gleichaltrigengruppe verringert sich der »Satellitenstatus« des Jugendlichen von den Eltern, ohne dass eine vollständige Autonomie möglich ist. Es entsteht ein pädagogisch kaum erfassbarer Bereich, der für die Identitätsentwicklung des Jugendlichen von großer Bedeutung ist.

Peergroups (Gleichaltrigengruppen) haben eine enorme Bedeutung für die Entwicklung. Sie basieren im Gegensatz zur Schule und Familie auf freiwilliger Mitgliedschaft und sind in der frühen Adoleszenz noch nach Alter und Geschlecht getrennt (grundlegend zur Peergroup-Forschung Eckert/Reis/Wetzstein 2000).

Jungen gehen Risiken ein, erleben »action«, bestehen Autoritätskonflikte mit den Erwachsenen; Mädchen erproben ihre Beliebtheit und Wertschätzung, beide Geschlechter können solidarisch gleiche Erfahrungen machen und besprechen, können erotische Attraktivität, Führungsfähigkeit, Verlässlichkeit u.a.m. erfahren (Baacke 1991b, 247). Peergroups bilden damit ein Sicherheit und Geborgenheit vermittelndes Übungsfeld für Unabhängigkeit von der Erwachsenenkontrolle, sind Quelle der Zustimmung und Anerkennung von der Seite Nicht-Erwachsener (wobei die Schulleistung nicht im Mittelpunkt steht!), geben Raum zum Experimentieren mit kulturellen Werten und Normen und setzen gegen die »Zweckmäßigkeit« der Erwachsenenpädagogik die momentane Vitalität und Spontaneität jugendlicher Gegenwartsbetonung. Die in den Peergroups häufig verwendeten Zeichen und Symbole (von Tattoos, Frisuren und Accessoires bis zu Tanzstilen und Sprachcodes) schaffen ein besonderes Zugehörigkeitsgefühl, vielleicht gerade deshalb, weil sie als eine Art »Geheimsprache« Erwachsenen oft nicht verständlich sind (Schröder/Leonhardt 1998, 20ff.).

Es darf aber nicht übersehen werden, dass Peergroups auch erhebliche Konformitätszwänge ausüben können und sich in manchen subkulturellen Varianten im Übergangsfeld zur Kriminalität bewegen. Andererseits bieten sie gerade durch ihre strikten Konformitätsforderungen (Uniformismus z. B. in der Kleidung, in Musikstilen, in Ritualen) Schutz vor Unsicherheit und Ängsten. Alles in allem aber formt die Gleichaltrigengruppe den Lebensstil des einzelnen Jugendlichen mit, und zwar weit über die Jugendzeit hinaus (z.B. Mode, Musikgeschmack, Lebensgefühl) (Oerter/Montada 1987, 319).

Dieser insgesamt positiven Sicht der Gleichaltrigengruppe ist allerdings auch entschieden widersprochen worden, und zwar mit dem Argument, dass die Peergroup eine schlechte Vorbereitung auf die Organisationsgesellschaft sei, weil sie ein Sozialverhalten einübe, das die notwendige Übernahme von Erwachsenenrollen gerade erschwere (Allerbeck/Hoag 1985, 52).

Kognitive Entwicklung

Die energieaufwendigen Entwicklungsaufgaben (s.o.) beeinflussen u.a. die Motivation, z.B. Lern- und Leistungsmotivation. Motivation ist bekanntlich ein wichtiger Faktor für die Intelligenz und ihre Entwicklung, so dass es niemand erstaunen sollte, wenn auch intelligente Jugendliche hinter das mögliche Niveau ihrer kognitiven Leistungsmöglichkeiten zurückfallen.

Wie schon im Abschnitt über Piaget ausgeführt, zeigt die kognitive Entwicklung im Jugendalter einige Besonderheiten, wie sie Mussen (1991, 64) zusammenfasst: »Der Jugendliche kann deduktiv denken, kann Hypothesen über mögliche Problemlösungen aufstellen, kann viele veränderliche Faktoren gleichzeitig im Gedächtnis behalten. Er ist fähig, wissenschaftliche Überlegungen anzustellen, Schlüsse in formaler Logik auszuführen, und er kann sich auf die *Form* einer Beweisführung beschränken, dabei den konkreten Inhalt ausschließen. Daher wählte Piaget die Bezeichnung *formale Denkoperationen.*« Mit diesen Fähigkeiten wird ein Verhalten ermöglicht, das nicht unmittelbar durch einen konkreten Anlass oder unmittelbare Operationen (wie beim Kind) bestimmt wird, vielmehr zeigen Jugendliche eine zunehmende »field-independent performance« (Baacke 1991b, 100). Während ein Kleinkind z. B. nur durch Wahrnehmung sprechen lernt, beherrscht der Jugendliche die Sprache technisch, d.h., er kann unabhängig von seiner Umwelt (z.B. durch Lektüre) sein Sprach- und Sprechrepertoire erweitern.

Die Intelligenzentwicklung ist im Jugendalter von einer zunehmenden *Differenzierung* früher als global verstandener Fähigkeiten gekennzeichnet: Das logisch-schlussfolgernde Denken (reasoning) differenziert sich z.B. in einen Faktor »Inductive Reasoning« (als Fähigkeit, aus dem Konkreten allgemeine Prinzipien abzuleiten), verbunden damit nimmt der Faktor »Verbal Ability« (sprachliche Wendigkeit) an Spezifität zu (Hornstein u.a. 1975, 268). Auch stabilisiert sich im Jugendalter die Intelligenzentwicklung (jedenfalls verstanden als das, was IQ-Messungen ergeben).

Schließlich ist für die Intelligenzentwicklung auffällig, dass sie häufig sehr individuelle Werte zeigt, d.h., dass die individuelle IQ-Entwicklung den Gruppendurchschnitten kaum entspricht. Damit hängt zusammen, dass die Jugendlichen zunehmend ausgeprägte Interessen entwickeln und bei entsprechender Förderung (z.B. durch Schule oder Familie) auch entsprechende Leistungen zeigen (Baacke 1991b, 118ff.). Nicht zu vergessen ist dabei auch die Förderung der Kreativität als eines sowohl der Intelligenz wie auch den Persönlichkeitseigenschaften zugehörigen Bereiches, dem die Schule allerdings gegenwärtig wohl noch wenig Bedeutung zumisst.

Sexualität

Folgende Trends in der empirischen Forschung sind trotz methodologischer Vorbehalte (Selbstauskünfte Jugendlicher zwischen Scham und Imponiergehabe) allgemein festzustellen (Deutsches Jugendinstitut 1985, Kluge 1998, Schmidt/Schetsche 1998, Plies/Nickel/Schmidt 1999):

- Im Jugendalter gibt es eine Fülle sexueller Praktiken, deren häufigste die Masturbation ist. 90% der 16-jährigen Jungen gaben an, masturbiert zu haben, bei den 16-jährigen Mädchen sind dies 50%. Auch erfolgt die erste Masturbation insbesondere bei männlichen Jugendlichen mit hoher Schulbildung wesentlich früher (als z.B. in den 50er Jahren). Weil Heranwachsende eine sexuell polymorphe Phase durchmachen, ist auch Homosexualität nicht selten anzutreffen, wenn auch als »vorübergehende« Neigung: Bei den 17-jährigen gaben 13% der Mädchen und 15% der Jungen homosexuelle Kontakte an (Deutsches Jugendinstitut 1985, 51).
- Noch immer gibt es erhebliche schichtspezifische (und auch geschlechtsspezifische) Unterschiede im Sexualverhalten. Hatten früher Jugendliche unterer Schichten frühere sexuelle Erfahrungen, so nimmt die Verbreitung des Koitus (z.B. vor dem 17. Lebensjahr) auch bei Jugendlichen mit hoher Schulbildung zu (30% der Jungen, 20% der Mädchen geben Koituserfahrungen an).
- Insgesamt haben heute mehr Mädchen und Jungen sozio-sexuelle Erfahrungen (dating, kissing, petting) als früher. Nach zahlreichen Selbstaussagen sind diese Formen der Begegnung den meisten Jugendlichen wichtiger als der Koitus. Die sexuellen Kontakte bauen sich stufenmäßig auf, sie erstrecken sich vom »Ausgehen« (dating) über Küssen, leichtes Petting bis zu intensiveren sexuellen Reizungen z.B. der Genitalien und zum Koitus.
- Die sexuellen Umgangsweisen scheinen liberaler geworden zu sein, was keineswegs bedeutet, dass die Sexualität für Jugendliche unproblematischer geworden ist. Sicher ist jedoch, dass die Liberalisierung weder zu Promiskuität noch zur Entkopplung von Sexualität und Partnerschaft geführt hat: Allgemeiner Standard ist »Freizügigkeit bei Liebe« (für 70% der weiblichen und 45% der männlichen Jugendlichen ist »ein fester Partner, den man liebt«, Voraussetzung für den Koitus, Oerter/Montada 1987, 291). Sexualität steht insgesamt in deutlichem Zusammenhang mit dem Erproben des Bindungsverhaltens. Damit deutet sich ein weiteres Mal an, dass die Frage der Identität (hier: »Wer bin ich als

Mann, als Frau?«) im Mittelpunkt jugendlicher Entwicklung steht.

- Eine neuere Studie zum Sexualverhalten 16- bis 17-jähriger Jugendlicher (Schmidt 1993) zeigte eine große Akzeptanz der jugendlichen Sexualität durch die Eltern. Ferner: Auch Jungen binden ihre Sexualität stärker an Liebe. Mädchen beschreiben ihre Sexualität als weniger lustvoll und übernehmen häufiger die Kontrolle. Insgesamt verarbeiten Jungen die Geschlechterfrage eher reaktiv, die Mädchen eher offensiv. AIDS hat hingegen als Motor der Veränderungen keine Rolle gespielt. – Koch (1992) zufolge hat der hohe Informationsgrad über AIDS und Safersex in Verbindung mit einer emanzipatorischen Sexualerziehung konservativer Panikmache deutlich entgegengewirkt.

Arbeit, Beruf

Diese Sphäre beeinflusst die individuelle Entwicklung der in ihr tätigen Jugendlichen tief greifend. Denkt man an die Entwicklungsaufgaben des Jugendalters (s.o.), dann dominiert der Gesamtvorgang der Anpassung an die Arbeitswelt: »Er beinhaltet das wachsende Verständnis der Struktur von Arbeit und Beruf, den Aufbau von Handlungskompetenzen (Bewältigungsstrategien) und die Einordnung der beruflichen Lebensregion in den bisherigen Lebensraum …« (Oerter/Montada 1987, 330). Vor allem frühzeitig in das Arbeitsleben eintretende Jugendliche gewinnen in starkem Maße ihre Identität aus der Arbeitstätigkeit.
Bei Jugendlichen, die in diesem Sinne der Arbeit in ihrem Lebenskonzept bereits früh einen hohen Stellenwert beimessen, steht nach neueren Untersuchungen eine inhaltlich befriedigende Tätigkeit, in der man Anerkennung findet und in die man sich als Person einbringen kann, die Selbstbestätigung und das Gefühl sozialer Integration vermittelt, im Zentrum, weniger hingegen die klassische Karriere-Orientierung mit vordringlich materiell bestimmten Interessen (Liebau 1990, 8).

5.2.3 Identität als zentrale Entwicklungsaufgabe

Die wissenschaftliche Diskussion der Identitätsentwicklung im Jugendalter weist zwei Lager auf (Haußer 1983, 19):

a) Auf der einen Seite steht die empirisch orientierte »Selbstkonzeptforschung« bzw. der Begriff »Selbstkonzept«.
b) Auf der andern Seite steht das theoretisch anspruchsvolle, aber empirisch kaum ableitbare Identitätskonzept im Anschluss an Erikson.

Zu a: Selbstkonzeptforschung. Geboren aus der Skepsis gegenüber einer diffusen psychoanalytischen Identitätstheorie, hat die Selbstkonzeptforschung eine Fülle von empirischen Einzelergebnissen hervorgebracht (Filipp 1980, 105ff.). Dabei hat sie sich aber bisher weitgehend in einem »theoretischen Vakuum« (ebd. 106) bewegt: Zwischen den einzelnen Arbeiten besteht nahezu keine konzeptuell-definitorische Verbindung. Die Selbstkonzepte sind so unterschiedlich operationalisiert, dass sie über ihren Untersuchungskontext hinaus untereinander kaum vergleichbar sind.

Trotzdem relativieren manche Forschungen einige der im Anschluss an Erikson populär gewordenen Auffassungen. So ergaben empirische Untersuchungen, dass das Selbstkonzept Jugendlicher über mehrere Jahre eine *relative Stabilität und Konsistenz* aufweist (also nicht krisenhaft umbricht), dass nur sehr wenige Jugendliche in eine die Identität bedrohende »Krise« geraten, dass nicht Instabilität und Störungen im Zentrum stehen, sondern Kontinuität, Integrität und ein positives Bild, das die Jugendlichen von sich zeichnen (Oerter/Montada 1987, 298).

Zu b: Identitätskonzept. Nach Erikson geht es im Jugendalter um die Gewinnung einer psychosozialen Identität, d. h. einfach gesagt um die »Definition einer Person als einmalig und unverwechselbar durch die soziale Umgebung wie durch das Individuum selbst« (Oerter/Montada 1987, 296).

Dies ist kein plötzlich unvermittelt einsetzender Prozess im Jugendalter (siehe oben: Identitätsentwicklung von der Kindheit bis ins Erwachsenenalter), sondern ein Thema, das im Jugendalter seine besondere Verdichtung und Dramatik erfährt: Der Jugendliche ist kognitiv (formal-logisches Denken) so weit entwickelt, dass er sich mit dem Selbstbild und dem Fremdbild seiner Person auseinander setzen kann, körperliche Veränderungen konfrontieren die Jugendlichen mit der eigenen Geschlechtlichkeit, Eltern, Schule oder berufliche Umwelt erwarten zunehmend mehr Unabhängigkeit und Verantwortlichkeit.

Die Kindheit muss ebenso verarbeitet werden, wie der Blick in die Zukunft gewagt werden muss. Beides ist im Prozess der jugendlichen Identitätsbildung verwoben, es entsteht »eine Art Schlachtfeld der Gefühle, auf dem Vergangenheit und Zukunft um ihre jeweiligen Rechte ringen«, wie Luise Kaplan es in ihrem Buch »Abschied von der Kindheit« (1988) im Anschluss an Erikson formuliert.

Das Zentrum der Identität

Drei Aspekte sind wesentlich (Lenzen 1989, Bd. 2, 802):

- Die Unterschiedlichkeit der Rollen (besonders wenn sie schwer vereinbar sind) muss so bewältigt werden, dass die Jugendlichen das Gefühl der Kohärenz haben (ich bin derselbe in verschiedenen Handlungssituationen, »bin mir selbst treu« – Einheit und Selbigkeit statt Zersplittern in der Pluralität von Rollen).
- Zum andern müssen die persönlichen Leitbilder, Werte und Normen (»Ich-Ideal« als Vorstellung, wie jemand sein will) mit den in der Gesellschaft lei-

tenden vermittelt werden, auch wenn diese »ideologischen« (hier verstanden als die gesellschaftlichen Interessen und Ordnungen legitimierenden) Charakter haben.

- Und schließlich muss so etwas entstehen wie ein biographisches Bewusstsein. Die Ereignisse des eigenen Lebens werden in eine Abfolge und in einen ersten sinnvollen Zusammenhang gebracht, ein erstes Verständnis für »mein« individuelles Leben in dieser einmaligen historisch-gesellschaftlich-sozial-kulturellen Situation entsteht. Die historische und gesellschaftliche Lage färbt jede Ich-Identität zeittypisch ein. Heute wird oft von einer »Patchwork-Identität« gesprochen (Keupp/Höfer 1997): Das Verschiedenartige, Widersprüchliche, ständig Sich-Verändernde muss zusammengehalten und stets neu ausbalanciert werden.

Jugendliche haben, so meint Erikson, dazu eine Art »*Moratorium*« als Experimentier- und Probehandeln zur Verfügung: Rollen können ergriffen und aufgegeben, Möglichkeiten der Identität durchgespielt werden (umfassend zum Moratoriumskonzept: Zennecker 2000). Von daher werden auch die zahlreichen Versuche Jugendlicher verständlich, sich über die Zugehörigkeit zu bestimmten Subkulturen, die dazugehörige Musik, Kleidung, Abzeichen, Symbole, entsprechendes Rollenverhalten etc. vorläufig zu definieren: »Ich bin ein Punk«, »Ich bin ein Skinhead«, aber auch »Ich bin ein Deutscher« zu sagen, gibt ein Stück Identität, ein wenig Sicherheit gegenüber der verunsichernden Orientierungslosigkeit. (Die dabei auftretende Intoleranz bedeutet unbewusste Angstabwehr gegen die drohende Identitätsdiffusion.)

Generell ist allerdings die Frage, ob dieses Moratorium für alle Jugendlichen gilt (auch für die 14-jährige Türkin, die vier Geschwister versorgt und den Haushalt führt, den 16-jährigen Auszubildenden, der in der harten Hierarchie des Betriebes steht, auch für den 19-jährigen Bundeswehrsoldaten ?) und ob es in andern Fällen nicht erzwungen ist (Jugendarbeitslosigkeit) oder Folge sozialer Institutionalisierung (verlängerte Schulverweildauer).

Wir machen heute – wie Erikson – eine erstaunlich aktuelle Beobachtung, nämlich dass sich viele Jugendliche für Identitäten entscheiden, die in krassem Widerspruch z.B. zu den Erwartungen des Elternhauses oder zu den gesellschaftlich gebilligten Lebensformen stehen: Sie »flippen aus«, tauchen in die Drogenszene ab, deklarieren sich als homo-(neuerdings übrigens verstärkt auch als bi-)sexuell, verweigern schulische Angebote, verweigern den Einstieg in die Berufsrolle etc. Erikson nennt dies »*negative Identität*« und sieht deren Kennzeichen darin, dass sie oftmals eine Verweigerung gegenüber rigidem elterlichem Erwartungsdruck darstellt. Statt Sicherheit bietet diese »negative Identität« ein Höchstmaß von Unsicherheit an. Sie ermöglicht gefährliche, unerfreuliche und provokative Rol-

lenspiele – insgesamt (sofern nicht Resultat tiefer liegender seelischer Störungen) Versuche, die »Alternative« zu erproben. Insofern kann die Übernahme einer »negativen Identität« durchaus auch eine Form aktiver Gesellschaftskritik sein – also »positive Elemente« haben!
Entscheidend ist insgesamt aber nicht die Art der Inhalte (also ob ein Jugendlicher z.B. ordentlich oder unordentlich ist), sondern: »Identität gewinnt, wer die Frage nach der eigenen Identität autonom stellt und beantwortet.« (Nunner-Winkler 1990, 675) Das heißt: Wer nicht gegen den Willen der Eltern unordentlich ist, sondern aus autonomer Entscheidung; aber auch: wer nicht gemäß dem Willen der Eltern sein Zimmer aufräumt, sondern aus eigener Überzeugung. Eine eigene Identität für einen Jugendlichen ist es nicht, »wenn er zwanghaft anders sein muss als andere« (ebd. 681). Dabei heißt Autonomie: »Ich bestimme selbst, was ich wollen will, gemäß Kriterien, die ich selbst bestimmen kann.« (ebd. 678)
Gelingt die Entwicklung einer stabilen Ich-Identität im Rahmen dieser durchaus »normalen« Krisensymptome nicht, kommt es zur totalen Diffusion.

In Arthur Millers »Tod eines Handlungsreisenden« formuliert Biff dies klassisch: »Ich kann es einfach nicht zu fassen kriegen, Mutter, ich kann das Leben nirgends festhalten.« Bleibt dieser Zustand dauerhaftes Ergebnis des Jugendalters, spricht Erikson von »*Identitätsdiffusion*«.

5.2.4 Aktuelle Tendenzen der Jugendforschung

Die Fülle der Einzelergebnisse zur Jugendforschung (siehe Literaturliste) kann hier nicht angemessen verdichtet wiedergegeben werden. Ich fasse zehn bedeutende Trends (vgl. auch Hornstein 1997) zusammen.

1. Jugendforschung – zugleich Zeitdiagnose
Die neueren Untersuchungen zur Jugendthematik fassen Jugendforschung als Teil der *Wertewandelforschung und der gesamtgesellschaftlichen Strukturwandelforschung* auf (Zinnecker 1990). Nicht mehr singuläre Generationen, sei es die »skeptische«, die »unbefangene«, die »verunsicherte« o.ä. Generation, stehen im Zentrum, sondern generationsübergreifende Fragestellungen im Zusammenhang z.B. mit »Modernisierungsschüben« der Gesellschaft. Insgesamt hat sich Jugendforschung von den objektivierenden, distanzierenden Formen (»Umfragebürokratie«) weg entwickelt, hin zur *Untersuchung des Alltags konkreter junger Menschen*, ihrer biographischen Entwürfe, ihrer Ausdrucks- und Lebensformen, wobei die Jugendlichen sehr umfangreich authentisch selbst zu Wort kommen. Herausgearbeitet wurde eine *immense Vielfalt von Erscheinungen jugendlichen Lebens* – ein Spiegelbild der Entstandardisierung und Entstrukturierung der Jugendphase (vgl. die neueste empirische Jugendstudie: Deutsche Shell 2000).

Interessant ist dabei, dass Jugend theoretisch wieder verstärkt auch als kultur-*produzierende* Größe begriffen wird (also nicht nur als Opfer gesellschaftlicher Verhältnisse oder als Phase der Übernahme kultureller Vorgaben) (Hornstein 1997, 27). Jugend ist durchaus »Trendsetter« für die Älteren und für neu entstehende kulturelle Konstellationen.

2. Widersprüche – die neue Unübersichtlichkeit

Triviale Deutungen der Jugend als Zeit der »Pubertätsschwierigkeiten« finden sich in der modernen Jugendforschung nicht mehr. Die Entwicklungstrends in der Jugend sind widersprüchlich: Insbesondere der sog. *Strukturwandel der Jugendphase* signalisiert die veränderte Problemlage im jugendlichen Aufwachsen: Der traditionelle Mechanismus der »aufgeschobenen Bedürfnisbefriedigung« scheint zu zerbrechen. Er gewährleistete die soziale Integration der nachwachsenden Generation in die Erwachsenengesellschaft durch Verzicht, Anstrengung und Aufschub der Erwartung von sozialem Prestige, Einkommen, Konsum- und Lebensmöglichkeiten des Erwachsenenalters. Jugendliche betrachten stattdessen die Jugendphase stärker als eigengewichtig und eigenwertig, mit eigenem Sinn. »*Leben ist jetzt*«, so lautet die Programmformel. Diesem zentralen Ergebnis des Strukturwandels steht widersprüchlich gegenüber: Die Ausbildungszeit verlängert sich, noch nie waren so viele Jugendliche so lange in Institutionen vorbereitenden Lernens aus der Erwachsenenwelt ausgegliedert, in einem Status der Vorbereitung auf Späteres gehalten worden. Noch nie war die Forderung nach Qualifikationserwerb so umfassend. Dies steigert die ökonomische Abhängigkeit von den Eltern, was wiederum der Tendenz zur eigenständigen Lebensführung entgegensteht. Gleichzeitig wird Lernen (vor allem in der Schule) instrumentalisiert, d.h., ihm wird von den Jugendlichen ein Sinn als »Instrument« zur Erreichung eines begehrten Abschlusszertifikates (z. B. Abitur) unterlegt. *Was* man lernt und *wie* man lernt, ist von untergeordneter Bedeutung gegenüber dem (durchaus anerkannten) Zweck von Schule, nämlich gesellschaftliche Karrieren zu eröffnen (Hurrelmann 1985).

Ein weiterer Widerspruch liegt in der Tatsache, dass Jugendlichkeit heute hohes gesellschaftliches Prestige besitzt, faktisch aber Jugendliche in weiten Teilen ausgegrenzt und ohnmächtig sind (Horstein 1997, 24). Auch wird betont, dass ohne Qualifikation (schulisch, beruflich) man praktisch chancenlos sei; andererseits machen die Heranwachsenden die Erfahrung, dass Qualifikation kein Schutz vor Arbeitslosigkeit oder sozialem Abstieg bedeutet. Man fordert einerseits die Vorbereitung auf die Zukunft, die andererseits vielfach selbst fragwürdig, ja ausgehöhlt und zerstört erscheint.

Einerseits verflüssigen sich die Grenzen zwischen den Generationen (man denke z. B. allein an die Kleidung), die rechtliche, soziale und kulturelle Selbständigkeit Jugendlicher wird »vorverlegt« (z. B. durch Herabsetzung der Volljährigkeitsgrenze von 21 auf 18 Jahre), andererseits wachsen die Konfliktintensitäten zwischen Jugendlichen und Erwachsenen, weil die tendenzielle Erhöhung der Selbständigkeit und Erwachsenheit stark mit der verlängerten ökonomischen Abhängigkeit kontrastiert.

3. Individualisierungsschub – Freiheit und Biographiemanagement

Im Gegensatz zur vormodernen, ständischen Gesellschaft gibt es heute für Jugendliche kaum mehr vorgestanzte Lebensentwürfe oder kalkulierbare Karrieren. Der »Individualisierungsschub« (Beck 1986) der modernen Industriegesellschaft hat zu ungeahnter Freizügigkeit und Chancenvielfalt in der Lebensplanung geführt, andererseits aber auch zum Zerbrechen traditionell sicherer Orientierungsmuster und Bedeutungen beigetragen. Dem Individualisierungsschub steht allerdings die zunehmende Wirkung unsichtbarer Disziplinarmächte (wie z.B. Versorgung und Kontrolle durch soziale Sicherungssysteme) gegenüber. Im Zusammenhang mit der Fülle jugendkultureller Stile wird diese enorme Pluralisierung der Lebensentwürfe unter dem Begriff der »Entstrukturierung der Jugendphase« (Baacke 1991b, 41) diskutiert. Die Jugendphase enthält darum heute verstärkt einen Imperativ zur Selbstgestaltung: Aus einer gesellschaftlich vorgeformten Übergangsphase mit ihren Übergangsriten und vorgegebenen Mustern (abhängig von Schicht und sozialer Lebenswelt) wird eine Phase individueller Entscheidungsleistungen. Die persönliche Biographie muss angesichts der Fülle von Möglichkeiten, aber auch Unsicherheiten »gemanagt« werden.

4. Gewalt als Lösung?

Das Problem dabei ist, dass eine psychische Destabilisierung mit diesem Traditionsverlust einhergehen kann, für die auch Gewalt als Lösung erscheint (»Lieber brutal als niemand«). Das »Versagen« der klassischen Sozialisationsinstanzen Familie, Schule, Beruf, die ihre werte- und tugendprägende, aber auch ihre sinnstiftende Funktion zu verlieren scheinen, lässt das Problem zunehmender Gewalt nicht mehr als vorübergehendes Gewitter erscheinen: Die Erosion der Institutionen ist eher als Zerfall der zivilen Gesellschaft zu sehen – Gewalt wird frei flottierend, richtungslos, ohne ideologische Begründung (Eisenberg/Gronemeyer 1993). Zu Art und Vorkommen von Gewalt in der Schule liegen inzwischen umfangreiche empirische Untersuchungen vor (Fuchs/Lamnek/Luedtke 1996 für Bayern, Schubarth/Kolbe/Willems mit vergleichenden Untersuchungen zu den alten und den neuen Ländern), aber auch Studien, die Vorschläge zu einer veränderten Schulkultur entwickeln, um Gewaltprävention zu erreichen (Bründel/Hurrelmann 1994, Melzer u.a. 1995, Hurrelmann u.a. 1996, Holtappels/Heitmeyer 1997). Insbesondere die Studie von Tillmann u.a. (2000) rückt allerdings die durch die Medien hochgespielte Gewaltthematik deutlich zurecht: Psychische Übergriffe nehmen zwar einen großen Raum ein, Sachbeschädigungen, körperliche An- und Übergriffe (4%) sowie Erpressungen oder Waffenbesitz sind eher Ausnahmesituationen.

5. Postadoleszenz – die erwachsenen Nesthocker

Der Student der Betriebswirtschaft, der seinen eigenen Porsche fährt und doch noch zu Hause wohnt, oder die Fachoberschülerin, die ihre Wäsche regelmäßig zur Mutter bringt, deuten auf einen neuen Typus zwischen Jugend und Erwachsensein. Es besteht ein zunehmend größer werdender Widerspruch zwischen a) den politischen, sexuellen, kulturellen Fähigkeiten Jugendlicher in einer immer länger werdenden »Jugendphase« (wenigstens bis zum Alter von 20, häufig 25, manchmal 30 und älter) und b) ihren oft noch mangelhaften eigenständigen Ressourcen zur Lebenssicherung. Man lebt in einem unentwirrbaren Gemisch aus individueller Selbstbestimmung und materieller Abhängigkeit (z.B. von den Eltern). Dieses Phänomen ist unter der Chiffre »Postadoleszenz« bekannt geworden (Bopp 1985, 95, Zinnecker 2000, 51).

6. Wertewandel – individueller »Wertecocktail« statt Werteverlust

Unter dem Schlagwort »Wertewandel« ist zunächst diskutiert worden, dass sich traditionelle Orientierungen wie Erfolg, Prestige, materieller Reichtum, ökonomisches Wachstum heute nicht mehr zwangsläufig mit dem Arbeits- und Erwerbsleben verbinden. R. Inglehart (1977) hat es als »Silent Revolution« beschrieben, wie sich unter den Jugendlichen von 16 bis 25 Jahren eine deutliche »postmaterialistische« Orientierung verbreitet hat, deren Werte am Sinnkriterium von Tätigkeiten ausgerichtet sind: Solidarität, Mitmenschlichkeit, Kommunikation, Engagement für andere, ökologische Lebensweise u. a. m.

In einem umfangreichen Kapitel der Jugendstudie 2000 (Deutsche Shell 2000, 93ff.) konnten die Wertvorstellungen der Jugendlichen in acht Wertedimensionen faktorenanalytisch zusammengefasst werden. Bei allen Differenzen hinsichtlich Geschlecht, Nationalität, Bildungsstand etc. ergaben sich für alle acht Wertedimensionen überdurchschnittliche Zustimmungen: 1. *Autonomie* (verbunden mit Kreativität und Konfliktfähigkeit), 2. *Menschlichkeit* (verbunden mit Toleranz und Hilfsbereitschaft), 3. *Selbstmanagement* (verbunden mit Disziplin und Einordnungsvermögen), 4. *Attraktivität* (gutes Aussehen und materieller Erfolg), 5. *Modernität* (Teilhabe an Politik und technischem Fortschritt), 6. *Authentizität* (persönliche Dank- und Handlungsfreiheit), 7. *Familienorientierung* (Partner, Heim und Kinder), 8. *Berufsorientierung* (gute Ausbildung und interessanter Job). – Jugendliche basteln sich daraus ihren eigenen »Wertecocktail« zusammen und handhaben die für sie passenden »Mischungsverhältnisse« außerordentlich flexibel (ebd., 155f.).

7. Neonazis – erste Analysen

Was uns aktuell aber vor allem beschäftigt, ist eine weitere Tendenz: der zunehmende *Rechtsextremismus* bei Jugendlichen. Die beginnende sozialwissenschaftliche Forschung zu dieser Problematik hat einige Sachverhalte akzentuiert (Heitmeyer 1987, 1993, van Dick 1990, Deutsches Jugendinstitut 1999, Möller 2000): 1. Jugendlicher Rechtsextremismus hat seine Verankerung in immer noch weit verbreiteten rechtsradikalen Orientierungen breiter Bevölkerungskreise. 2. Äußerst gefährlich sind Versuche, die »positiven Aspekte« des Faschismus historisch herauszuarbeiten. 3. Rechtsextremismus bei Jugendlichen (als internationales Phänomen!) ist der Versuch, angesichts verschärfter ökonomischer Konkurrenz und Krisen autoritäre Lösungen beim »Kampf ums Dasein« zu favorisieren. 4. Rechtsextremismus ist nicht nur Ausdruck mangelnden politischen Bewusstseins, sondern vor allem Ausdruck mangelnden Selbstwertgefühls und latenter Orientierungslosigkeit. 5. Die pädagogische Antwort muss sowohl Aufklärung als auch Stärkung des Selbstwertgefühls (einschließlich des Bedürfnisses nach »Erleben« und nach »Erfahrung neuer Formen des menschlichen Miteinanders«) umfassen; die politische Antwort muss die soziale und ökonomische Perspektivlosigkeit der Jugendlichen beseitigen (Schubarth/Melzer 1995).

8. Geschlechtsspezifische Unterschiede – das Ende der männlichen Muster

Die Forschungen zur weiblichen Adoleszenz beginnen die Konsistenz eines geschlechtsneutralen Konzeptes der Jugendforschung zu demontieren. Insbesondere die scheinbar selbstverständliche Messung der Jugendbiographien an männlichen Mustern (z. B. der Berufskarriere) wird in ihrem Normalitätsanspruch bestritten. Mehr und mehr junge Mädchen und Frauen entwickeln eigene und andere Vorstellungen von der Arbeitsteilung zwischen Mann und Frau in der Familie, von der Vereinbarkeit von Beruf und Mutterschaft und von der Qualität des Zusammenlebens mit Partner und Kindern. Jugend kann künftig nicht mehr ohne die Perspektive »weiblich« und »männlich« erforscht werden (Tillmann 1992, Flaake/King 1995).

9. Projektionen Erwachsener – die »gefährdete Jugend«

Die Faszination insbesondere von den »grellen«, medienwirksamen Phänomenen der Jugendkultur hat inzwischen Misstrauen hervorgerufen: Haben die Erwachsenen ihre eigenen ungelösten Konflikte unbewusst den Jugendlichen aufgebürdet und die Jugend deshalb als besonders »konfliktdynamisch« beschrieben? Haben die Erwachsenen ihre eigenen nicht gelebten Phantasien auf die Jugend projiziert und die Jugendsubkulturen deshalb als gefährdet, schrill, bedrohlich etc. wahrgenommen?

10. Jugend 2000 – das Ende einer Jugendpädagogik?

Einen fundierten Einblick in die Lage der Jugend der Gegenwart geben die jeweiligen von der Deutschen Shell AG finanzierten Jugendstudien, Forschungsarbeiten, die in keiner Weise inhaltlich an die Finanzierung durch den Konzern gebunden sind (Deutsche Shell 2000, 8). Sie gelten in der Fachdiskussion als Gradmesser für Entwicklungstendenzen im Jugendalter und geben immer wieder Anlass zu jugendpädagogischen Konsequenzen.

Die neueste Studie »Jugend 2000« geht dabei nicht von den Fragen der Erwachsenen aus. Sie ist vielmehr eine echte Jugendstudie, indem sie sich zunächst bei den Jugendlichen selbst erkundigt, welches denn die wichtigsten Bereiche jugendlichen Erlebens heute sind. Damit ist zugleich ein erster Hinweis auf eine moderne Jugendpädagogik gewonnen: Jugendpädagogik kann nicht einzig von den Vorstellungen Erwachsener über eine »gelingende Jugend« ausgehen, sondern muss ansetzen beim Zuhören, Beobachten, Wahrnehmen (Fend 2000). In der Jugendstudie 2000 wurden erst nach dieser Umfrage unter Jugendlichen genauere Fragen und spezifische Forschungsdesigns erarbeitet. Insofern kann man sagen, dass die Jugendlichen selbst die Fragen der Forscher bestimmt haben. Über 6000 Jugendliche im Alter von 15 bis 24 Jahren wurden einbezogen.

Die wichtigsten Ergebnisse (Deutsche Shell 2000, 11 ff.):

1. Jugendliche haben nach den vorherigen Studien überraschend eine recht *optimistische Zukunftssicht*. Die Hälfte aller Jugendlichen beurteilt ihre persönliche Zukunft „eher zuversichtlich“ (ebd., 13), bei der gesellschaftlichen Zukunft sind dies sogar fast zwei Drittel. Sie nehmen zwar die Herausforderungen der modernen Gesellschaft an, zeigen Leistungsbereitschaft, Beharrlichkeit und Ausdauer, differieren aber stark nach Bildung, Unterstützung durch Eltern sowie Selbstvertrauen. Ostdeutsche, ausländische (besonders türkische) Jugendliche haben eher pessimistischere Einstellungen. Insgesamt jedoch sind die Jugendlichen überzeugt von der eigenen Leistungsfähigkeit und sind entschlossen, die Herausforderungen der Zukunft realistisch zu meistern.
2. Das *Lebenskonzept Familie* ist das biographische Rückgrat. Drei Viertel der Jugendlichen befürworten ein Zusammenwohnen mit Option der Heirat. Die Familie wird als emotionaler Rückhalt, als Ort der Verlässlichkeit, Treue, Häuslichkeit und Partnerschaft verstanden.
3. Das *Verhältnis zu den eigenen Eltern* ist partnerschaftlich. Eltern sind Vertrauenspersonen, man will deren Erziehungsstil auch bei den eigenen Kindern fortsetzen. Verselbständigung geschieht nicht im Konflikt, sondern in Absprache mit den Eltern. In der persönlichen Lebensgestaltung sollen sich Familie und Beruf die Waage halten.
4. Ein wichtiges Lebenskonzept ist eindeutig der *Beruf*, der sehr ernst genommen wird. Dabei ist der Beruf aber nicht mehr eine vorgegebene Ordnung, sondern ein selbst gewähltes Lebenskonzept. Hauptschüler betonen das existenzsichernde Moment, Abiturienten ist eher an sinnvollen Inhalten, an Spaß und Selbstverwirklichung gelegen.

5. Was die *Werte* als handlungsleitende Überzeugungen betrifft, so stehen Menschlichkeit und Modernität (als Teilhabe an Politik und technischem Fortschritt) am höchsten im Kurs. Attraktivität (vor allem als materieller Erfolg), Authentizität und Autonomie sind nicht weniger wichtig. Gelebt wird eine Moral des »Sowohl-als-auch«, was den Gebrauch von neuen Medien und Freizeitaktivitäten angeht, nicht mehr wie früher ein »Entweder-oder«. Ausländische Jugendliche zeigen aufgrund ihrer stärkeren Einbindung in kulturell andere Lebensformen deutlicher traditionelle Verhaltenserwartungen.
6. Im *Vertrauen auf die Politik* zeigen sich erdrutschartige Vertrauensverluste: Nicht nur das Vertrauen in die Institutionen des staatlich-öffentlichen Bereiches sinkt, sondern der »Politikbetrieb« insgesamt wird skeptisch gesehen. Hingegen wurde keine generelle Sympathie für den organisierten Rechtsradikalismus festgestellt. Zu Europa mit allen Folgen zeigen die Jugendlichen eine deutliche, ja kühle Distanz. Das Deutschlandbild ist eher unaufgeregt und frei von jedweder Überhöhung.
7. *Deutsche und ausländische Jugendliche* haben im Alltag wenige Orte der Begegnung. Allerdings teilt die Mehrheit der Jugendlichen die Ansicht, dass zu viele Ausländer bei uns lebten. Ausländerfeindlichkeit erwächst besonders bei denen, die sich benachteiligt fühlen und sich schlechtere Chancen für ihre Zukunft ausrechnen. Ausländerfeindlichkeit ist damit eher eine Frage der Ressourcen als eine Frage der Gesinnung.
8. Was *Religion* betrifft, so rangieren private Glaubensüberzeugungen deutlich vor institutionalisierter Religiosität. Bei deutschen Jugendlichen ist ein Rückgang von Glaubensvorstellungen und praktizierter Religiosität festzustellen, bei ausländischen Jugendlichen ist eher das Gegenteil der Fall. Okkulte und spirituelle Praktiken wurden nur in minimalem Ausmaß registriert.
9. *Mädchen und Jungen* nähern sich einander an, ohne sich anzugleichen, vor allem was Zukunftsvorstellungen, Lebenskonzepte und biographische Planung betrifft. Dabei sind unter den 22- bis 24-jährigen Frauen viele bereit, ihre Orientierungen zugunsten von Familie zu ändern.

Eine künftige *Jugendpädagogik* muss diese Ergebnisse berücksichtigen (Fend 2000, 461 ff., Brenner/Hafeneger 1996). Sie kann weder traditionelle Bewahrpädagogik noch Vorbild- und Führungspädagogik sein. Jugendliche begleiten, anregen und innen angelegte Richtungen verstärken, aber auch Risikobearbeitung und Risikoprävention, vor allem Förderung der Möglichkeiten, mit den o.a. Entwicklungsaufgaben produktiv umzugehen – das sind Paradigmen einer modernen Jugendpädagogik. Sie muss ebenso feste Rahmenbedingungen schaffen wie sie Aufrichtigkeit und Verständnis der Erwachsenen einschließt. Scheu vor klaren Bildungs- und Erziehungsvorstellungen seitens der Erwachsenen ist ebenso unangebracht wie die Vernachlässigung des Gemeinschaftsbedürfnisses der Jugendlichen. Jugendliche brauchen, wie Kegan (1991) betont, das In-der-Nähe-Bleiben der Erwachsenen ebenso wie den Mut, Jugendlichen Widerstände entgegenzusetzen, sie zu ihren eigenen Wegen zu ermutigen, dies mit Humor und Gelassenheit.

Doch – was sagte noch Jean Paul (1763–1825)? »Kinder und Uhren dürfen nicht beständig aufgezogen werden. Man muß sie auch gehen lassen.«

Lese- und Arbeitsvorschläge

Sowohl die Arbeiten des Deutschen Jugendinstitutes (siehe Literaturverzeichnis) als auch die Bücher von M.-S. Honig/H.R. Leu/U. Nissen: Kinder und Kindheit. Weinheim/München 1996 sowie J. Zinnecker/R. Silbereisen: Kindheit in Deutschland. Weinheim/München 1996 bieten einen guten Überblick über die sich wandelnde Kindheit. – Die drei vorgestellten Entwicklungsmodelle werden unter der Perspektive der Entwicklung des Menschen als einem »Bedeutung schaffenden Wesen« verglichen bei R. Kegan: Die Entwicklungsstufen des Selbst. München 1991. Als Klassiker der Entwicklungspsychologie gilt immer noch das Buch von R. Oerter/L. Montada (Hg.): Entwicklungspsychologie. Weinheim 1995. Eine Integration psychologischer, soziologischer und pädagogischer Fragestellungen hat D. Baacke in seinen drei Büchern über die Entwicklung von 0 bis 18 Jahren erarbeitet (s. Literaturliste). – Vor allem aber das neue Lehrbuch von H. Fend: Entwicklungspsychologie des Jugendalters. Opladen 2000 bietet eine immense Fülle von empirischen Daten und theoretischen Befunden. Man kann es sehr gut als Nachschlagewerk zu einzelnen Problemfragen benutzen. Zur präzisen Orientierung über die Entwicklung der Jugendforschung verweise ich auf den Artikel von H. Hornstein: Jugendforschung – Jugendpädagogik im 36. Beiheft der Z. f. Päd. 1997.

Als *Arbeitsvorschläge* können Sie folgende Aufgaben aufgreifen.
1. Sammeln Sie konkrete Beispiele, an denen sich die These vom Wandel der Kindheit belegen lässt (Familie, Wohnumwelt, Medien, Spielen etc.). Sie können danach die Abschnitte über Kindheit noch mal durchgehen unter der Fragestellung: »Wo finde ich die Theorie in der Praxis wieder? Wo würde ich widersprechen? Welche Fragen sind für mich offen?«
2. Hat die These von der Postadoleszenz etwas zu tun mit Ihrer persönlichen Lebenssituation als Studierende/r? Wo finden sich die strukturellen Widersprüche in ihrer Jugendzeit, die vermutlich noch nicht lange zurück liegt?

Literatur

Allerbeck, K./Hoag, W.: Jugend ohne Zukunft? München 1985

Aufenanger, S./Garz, D.: Moralische Sozialisation in der Schule. Opladen 1994

* *Baacke, D.: Die 6–12jährigen. Weinheim 1991(a), 1999, Neuausgabe*

* *Baacke, D.: Die 13–18jährigen. Weinheim 1991(b), 1994, 7. Aufl.*

Baacke, D./Heitmeyer, W. (Hg.): Neue Widersprüche. Jugendliche in den 80er Jahren. Weinheim und München 1985

Baacke, D.: Die 0–5-Jährigen. Weinheim 1999

Beck, U.: Risikogesellschaft. Frankfurt/M. 1986

Berg, C.: Wandel der Kindheit in der Industriegesellschaft. In: Neue Sammlung H. 3/1991, S. 411 bis 435

Berndt, J.: Physiologische Grundlagen der Entwicklung. In: W. Wieczerkowski/H. zur Oeveste, a.a.O., S. 137–194

Blos, P.: Adoleszenz. Stuttgart 1973, 4. Aufl. 1989

Bois-Reymond, M. de, u.a.: Kinderleben. Opladen 1994

Bopp, J.: Jugend. Frankfurt/M. 1985

Brazelton, T. B.: Ein Kind wächst auf. Stuttgart 1995

Brenner, G./Hafeneger, B. (Hg.): Pädagogik mit Jugendlichen. Weinheim 1996

Breyvogel, W. (Hg.): Pädagogische Jugendforschung. Opladen 1989

Bronfenbrenner, U.: Die Ökologie der menschlichen Entwicklung. Stuttgart 1981

Bründel, H./H. Hurrelmann, K.: Gewalt macht Schule. Wie gehen wir mit aggressiven Kindern um? München 1994

Bründel, H./Hurrelmann, K.: Einführung in die Kindheitsforschung. Weinheim 1996

Bundesregierung (Hg.): Jugendbericht: 8. Bericht über Bestrebungen und Leistungen der Jugendhilfe. Drucksache 11/6576 1990

Coleman, J. S.: Relationship in Adolescence. London 1974

Combe, A./Helsper, W. (Hg.): Hermeneutische Jugendforschung. Wiesbaden 1991

Conzen, P.: Erik H. Erikson – Leben und Werk. Stuttgart 1997

Deutsche Shell (Hg.): Jugend 2000. Bd. 1 + 2. Opladen 2000

Deutsches Jugendinstitut (Hg.): Immer diese Jugend! Ein zeitgeschichtliches Mosaik 1945 bis heute. München 1985

Deutsches Jugendinstitut (Hg.): Was für Kinder. München 1993

Deutsches Jugendinstitut (Hg.): Literaturreport 1998. Jugend und Rechtsextremismus in Deutschland. Jugend und Gesundheit in Europa. Leverkusen 1999

Dick, L. van: Alternativen schaffen! Thesen zur pädagogischen Arbeit gegen Rechtsextremismus. In: PÄDAGOGIK H.2/1990, S. 6–8

Dornes, M.: Der kompetente Säugling. Frankfurt/M. 1993

Eckert, R./Reis, C./Wetzstein, T.: »Ich will halt anders sein wie die anderen.« Abgrenzung, Gewalt und Kreativität bei Gruppen Jugendlicher. Opladen 2000

Edelstein, W./Nunner-Winkler, G. (Hg.): Zur Bestimmung der Moral. Frankfurt/M. 1986

Eisenberg, G./Gronemeyer, R.: Jugend und Gewalt. Reinbek 1993

Eisenstadt, S. N.: Von Generation zu Generation. München 1966

Erdmann, J. W./Rückriem, G./Wolf, E. (Hg.): Kindheit heute. Bad Heilbrunn 1996

Erikson, E. H.: Identität und Lebenszyklus. Frankfurt/M. 1966

Erikson, E. H.: Der vollendete Lebenszyklus. Frankfurt/M. 1988

Fast, I.: Von der Einheit zur Differenz. Heidelberg 1991

Faulstich-Wieland, H.: Geschlecht und Erziehung. Darmstadt 1995
Fend, H.: Sozialgeschichte des Aufwachsens. Frankfurt/M. 1988
* *Fend, H.: Vom Kind zum Jugendlichen. Bern und Stuttgart 1990*
* *Fend, H.: Identitätsentwicklung in der Adoleszenz. Bern und Stuttgart 1991*
* *Fend, H.: Die Entdeckung des Selbst und die Verarbeitung der Pubertät. Bern und Stuttgart 1994*
Fend, H.: Entwicklungspsychologie des Jugendalters. Opladen 2000
Filipp, S.-H.: Entwicklung von Selbstkonzepten. In: Z. f. Entwicklungspsychologie und Pädagogische Psychologie, 1980, S. 105–125
Flaake, K./King, V. (Hg.): Weibliche Adoleszenz. Frankfurt/M. 1995
Fölling-Albers, M. (Hg.): Veränderte Kindheit – Veränderte Grundschule. Frankfurt/M. 1989
Friedrich, P. u. a.: Die »Lücke«-Kinder. Weinheim 1989
Fuchs, M./Lamnek, S./Luedtke, J.: Schule und Gewalt. Realität und Wahrnehmung eines sozialen Problems. Opladen 1996
Furth, H. G.: Intelligenz und Erkennen. Die Grundlagen der genetischen Erkenntnistheorie. Frankfurt/M. 1972
Garz, D.: Lawrence Kohlberg zur Einführung. Weinheim 1996
Garz, D./Aufenanger, S.: Was sagen die Kinder? Die Just Community aus der Sicht der Schüler – eine ethnographische Analyse. In: Eberwein, H./Mand, J. (Hg.): Forschen für die Schulpraxis, S. 73–87. Weinheim 1995
Geulen, D. (Hg.): Kindheit. Weinheim 1989
Gilligan, C.: Die andere Stimme. München 1985, 2. Aufl.
Gillis, J. R.: Geschichte der Jugend. Weinheim 1980
Ginsburg, H./Opper, S.: Piagets Theorie der geistigen Entwicklung. Suttgart 1975, 8. Aufl. 1998
Göppel, R.: Anfänge der menschlichen Subjektivität. In: Z. f. Päd. H. 2/1994, S. 247–264
Gudjons, H.: Handlungsorientiert lehren und lernen. Bad Heilbrunn 2000, 6. Aufl.
Haußer, K.: Identitätsentwicklung. New York u. ö. 1983
* *Havighorst, R. J.: Developmental Task and Education. New York 1972, 3. Aufl.*
Heitmeyer, W.: Rechtsextremistische Orientierungen bei Jugendlichen. Weinheim 1987
Heitmeyer, W. u.a.: Die Bielefelder Rechtsextremismus-Studie. Weinheim 1993
Heitmeyer, W. u.a.: Gewalt. Schattenseiten der Individualisierung bei Jugendlichen aus unterschiedlichen Milieus. Weinheim 1995
Hentig, H. v.: Das allmähliche Verschwinden der Wirklichkeit. München 1985
Herrmann, U./Renftle, S./Roth, L.: Bibliographie zur Geschichte der Kindheit, Jugend und Familie. München 1980
Holstein, C. B.: Irreversible Stepwise Sequence in the Development of Moral Judgement: A Longitudinal Study of Males and Females. In: Child Development 47 (1976), S. 51–61
Holtappels, H.-G./Heitmeyer, W. u.a. (Hg.): Forschung über Gewalt an Schulen. Weinheim 1997
Honig, M.-S.: Entwurf einer Theorie der Kindheit. Frankfurt/M. 1999
Honig, M.-S./Leu, H.R./Nissen, U. (Hg.): Kinder und Kindheit. Weinheim/München 1996
Hornstein, W.: Auf der Suche nach Neuorientierung: Jugendforschung zwischen Aesthetisierung und neuen Formen politischer Thematisierung der Jugend. In: Z. f. Päd. H.1/1989, S. 107–125
* *Hornstein, Walter: Aufwachsen mit Widersprüchen – Jugendsituation und Schule heute. Rahmenbedingungen – Problemkonstellationen – Zukunftsperspektiven. Stuttgart 1990*
Hornstein, W.: Jugendforschung – Jugendpädagogik. In: 36. Beiheft der Z. f. Päd. 1997, S. 13–50
Hornstein, W./Schefold, W./Schmuser, G./Stackebrandt, J.: Lernen im Jugendalter. Stuttgart 1975
Hurrelmann, K./Rosewitz, B./Wolf, H. K.: Lebensphase Jugend. Weinheim 1985
Hurrelmann, K. u.a. (Hg.): Gegen Gewalt in der Schule. Ein Handbuch für Elternhaus und Schule. Weinheim 1996

Inglehart, R.: The Silent Revolution. Changing Values and Political Styles in Western Publics. Princeton N. J. 1977
Kaplan, L. J.: Abschied von der Kindheit. Stuttgart 1988
Katzenbach, D./Steenbuck, O. (Hg.): Piaget und die Erziehungswissenschaft heute. Bern u.ö. 2000
Kegan, R.: Die Entwicklungsstufen des Selbst. München 1991, 2. Aufl.
Keupp, H./Höfer, R. (Hg.): Identitätsarbeit heute. Frankfurt/M. 1997
Kluge, N.: Sexualverhalten Jugendlicher heute. Weinheim/München 1998
Koch, F. (Hg.): Sexualerziehung und AIDS. Hamburg 1992
Kohlberg, L.: Zur kognitiven Entwicklung des Kindes. Frankfurt/M. 1974
Kohlberg, L./Turiel, E.: Moralische Entwicklung und Moralerziehung. In: G. Portele (Hg.): Sozialisation und Moral. Weinheim 1978
Krappmann, L.: Die Identitätsproblematik nach Erikson aus einer interaktionistischen Sicht. In: Keupp, H./Höfer, R. (Hg.) 1997, a.a.o., S. 66–92
Krappmann, L./Oswald, H.: Alltag der Schulkinder. Weinheim 1995
Krüger, H.-H. (Hg.): Handbuch der Jugendforschung. Opladen 1988
Lenzen, D. (Hg.): Enzyklopädie Erziehungswissenschaft. Bd. 8: Erziehung im Jugendalter – Sekundarstufe I. Stuttgart 1983
Lenzen, D. (Hg.): Pädagogische Grundbegriffe. Bd. 1 und 2. Reinbek 1989
Liebau, E.: Jugend gibt es nur im Plural. In: PÄDAGOGIK, H. 7/8 1990, S. 6–9
Marcia, J. E. u.a.: Ego identity. A handbook of psychosocial research. New York 1993
Melzer, W./Sünker, H. (Hg.): Wohl und Wehe der Kinder. Weinheim 1989
Melzer, W. u.a. (Hg.): Gewaltlösungen. Schüler '95. Seelze 1995
Mertens, W.: Entwicklung der Psychosexualität und der Geschlechtsidentität. Bd. 1: Von der Geburt bis zum 4. Lebensjahr. Stuttgart u. ö. 1992
Möller, K.: Rechte Kids. Eine Langzeitstudie über Auf- und Abbau rechtsextremistischer Orientierung bei 13–15jährigen. Weinheim 2000
Mönks, F. J./Knoers, M. P.: Lehrbuch der Entwicklungspsychologie. München 1995
Montada, L.: Die Lernpsychologie Piagets. Stuttgart 1970
Murray, T. u. a.: Die Entwicklung des Kindes. Weinheim 1986
** Mussen, P.: Einführung in die Entwicklungspsychologie. Weinheim 1991, 9. Aufl.*
Nauck, B. (Hg.): Handbuch der Kindheitsforschung. Berlin u.ö. 1992
Negt, O.: Kindheit und Schule in einer Welt der Umbrüche. Göttingen 1997
Nickel, H.: Entwicklungspsychologie des Kindes- und Jugendalters. Bd. 1: Bern u. ö. 1972, Bd. 2: Bern u. ö. 1975
Nunner-Winkler, G.: Jugend und Identität als pädagogisches Problem. In: Z. f. Päd. H.5/1990, S. 671-686
Nunner-Winkler, G.: Weibliche Moral. Frankfurt/M. 1991
** Oerter, R./Montada, L.: Entwicklungspsychologie. München und Weinheim 1987, 3., vollständ. überarb. Aufl. 1997*
Piaget, J.: Das moralische Urteil beim Kinde. Zürich 1954
Piaget, J.: Nachahmung, Spiel und Traum. Stuttgart 1969
Piaget, J.: Theorien und Methoden der modernen Erziehung. Wien u. ö. 1972
Piaget, J.: Das Erwachen der Intelligenz beim Kinde. Stuttgart 1975 (Studienausgabe)
Plies, K./Nickel, B./Schmidt, P.: Zwischen Lust und Frust. Jugendsexualität der 90er Jahre. Leverkusen 1999
Rolff, H. G./Zimmermann, P.: Kindheit im Wandel. Weinheim 1985
Sander, U./Vollbrecht, R.: Kinder und Jugendliche im Medienzeitalter. Opladen 1987
Schenk-Danzinger, L.: Entwicklungspsychologie. Wien 1991, 21. Aufl.

Schmidt, G.: Jugendsexualität. Sozialer Wandel, Gruppenunterschiede, Konfliktfelder. Stuttgart 1993
Schmidt, R.-B./Schetsche, M.: Jugendsexualität und Schulalltag. Opladen 1998
Schneewind, K. A./Beckmann, M./Engfer, A.: Eltern und Kinder. Stuttgart 1983
* *Schraml, W. J.: Einführung in die moderne Entwicklungspsychologie. Stuttgart 1990, 7. Aufl.*
Schröder, A./Leonhardt, U.: Jugendkutluren und Adoleszenz. Neuwied 1998
Schubarth, W./Melzer, W. (Hg.): Schule, Gewalt und Rechtsextremismus. Opladen 1995, 2., überarb. und erw. Aufl.
Schubarth, W./Kolbe, F.-U./Willems, H. (Hg:): Gewalt an Schulen. Ausmaß, Bedingungen und Prävention. Quantitative und qualitative Untersuchungen in den alten und den neuen Ländern. Opladen 1996
Schurian, W.: Psychologie des Jugendalters. Wiesbaden 1989
Seiffge-Krenke, J./Olbrich, E.: Psychosoziale Entwicklung im Jugendalter. In: W. Wieczerkowski/ H. zur Oeveste, a.a.O., S. 99–144
Stone J./Church, J.: Kindheit und Jugend. Einführung in die Entwicklungspsychologie. Bd. 2. Stuttgart 1979
Thomas, R. M.: Comparing Theories of Child Development. Belmont/Calif. 1979
Thomas, R. M./Feldmann, B.: Die Entwicklung des Kindes. Weinheim 1994, 4. Aufl.
Tillmann, K.-J. (Hg.): Jugend weiblich – Jugend männlich. Sozialisation, Geschlecht, Identität. Opladen 1992
Tillmann, K.-J. u.a.: Schülergewalt als Schulproblem. Weinheim/München 2000
Wieczerkowski, W./Oeveste, H. zur (Hg.): Lehrbuch der Entwicklungspsychologie. Bd. 1–3. Düsseldorf 1982
Z. f. Päd. H. 3/1996: Kindheit
Ziehe, T.: Zeitvergleiche. Jugend in kulturellen Modernisierungen. Weinheim 1991
Zimmer, K.: Das wichtigste Jahr. München 1987
* *Zinnecker, J.: Jugendkultur 1940–1985. Opladen 1987*
Zinnecker, J.: »Was haben die Jugend-Surveys der 80er Jahre erbracht?« [Vortrag auf dem 12. Kongreß der DGfE 1990 in Bielefeld] (referiert bei Wagner-Winterhager 1990, S. 128ff.)
Zinnecker, J./Silbereisen, K.: Kindheit in Deutschland. Weinheim 1996
Zinnecker, J.: Kindheit und Jugend als pädagogische Moratorien. In: 42. Beiheft der Z. f. Päd. 2000, S. 36-38
Zinnecker, J./Merkens, H. (Hg.): Jahrbuch Jugendforschung. Folge 1/2000. Opladen 2000

Kapitel 6: Sozialisation

Worum es geht …
Der Sozialisationsbegriff richtet sich gegen ein zu enges Verständnis von Erziehung. Zum Mitglied einer Gesellschaft wird der Mensch durch Institutionen und in Interaktionsprozessen: Wird dabei das Subjekt eher passiv oder produktiv-handelnd gesehen? Um diesen Prozess zu erklären, werden unterschiedliche Theorien (Kernaussagen und Kritik) und neuere integrative Forschungsansätze beschrieben. Als Beispiele zentraler Sozialisationsinstanzen werden vorgestellt: Familie und Schule. Darüber hinaus wird die geschlechtsspezifische Sozialisation thematisiert. Insgesamt erfolgt ein knapper Überblick über moderne Sozialisationsforschung.

6.1 Was heißt »Sozialisation«?

Stellen Sie sich vor, Sie sind auf einer Party. Die Gastgeberin räumt jeden benutzten Teller sogleich weg, bietet nur spiegelblanke Gläser an und mokiert sich über die Bier aus der Flasche trinkenden Männer. Bis einer leise zum anderen sagt: »Typisch kleinbürgerliche Mittelschichtsozialisation, findest du nicht auch?«

Der *Begriff Sozialisation* ist heute weitgehend in die Alltagssprache intellektuell geprägter Kreise eingegangen. Grob – und gar nicht so falsch – wird dabei ein Begriffsverständnis unterlegt, das mit Sozialisation die Gesamtheit der gesellschaftlichen Einflüsse auf die Persönlichkeitsentwicklung eines Menschen meint (Tillmann 1994, 9). Nur – eines wird bei dem Modegebrauch des Begriffes leicht übersehen: »Es gibt nicht ›die‹ Sozialisation, sondern es gibt lediglich sozialisationstheoretische Fragestellungen …« (Hurrelmann/Ulich 1991, 7). »Sozialisation« ist ein begriffliches Konstrukt, ein Bündel von theoretischen Fragen und Problemstellungen, ist zwar ein real existierender, aber nicht gleichsam dinghaft greifbarer Untersuchungsgegenstand, wenn man so will: ein Modell, das bildhaft ausdrückt, was nicht unmittelbar anschaulich ist (Hurrelmann 1998, 18). Unmittelbar anschaulich ist nur das Verhalten der Gastgeberin, aber die Prozesse, die (vermeintlich) zu diesem Resultat geführt haben, sind es nicht, sie sind begriffliche Konstrukte.

Der Begriff wurde von dem französischen Soziologen Emile Durkheim (1907) eingeführt, um den Vorgang der Vergesellschaftung des Menschen, die Prägung der menschlichen Persönlichkeit durch gesellschaftliche Bedingungen zu kennzeichnen (Überblick zur Begriffsgeschichte bei Veith 1996, Baumgart 1997, Faulstich-Wieland 2000, 8ff.). In den 60er Jahren gewinnt er im Zuge der sozialwissenschaftlichen Öffnung der Erziehungswissenschaft große Bedeutung (Geulen 1991, 36f.), führt aber auch zu Kontroversen um das Verhältnis von »Sozialisation« und »Personalisation«. Man fürchtete, Erziehung würde nunmehr gleichgesetzt mit Vergesellschaftung. Diese Diskussion verebbte aber mit der allgemein anerkannten Definition, die Geulen/Hurrelmann in der ersten Auflage des Handbuches der Sozialisationsforschung (1980, 51) gaben: Sozialisation ist zu verstehen »als der Prozess der Entstehung und Entwicklung der Persönlichkeit in wechselseitiger Abhängigkeit von der gesellschaftlich vermittelten sozialen und materiellen Umwelt. Vorrangig thematisch ist dabei ..., wie sich der Mensch zu einem gesellschaftlich handlungsfähigen Subjekt bildet.«

Der Sozialisationsbegriff richtet sich
a) gegen einseitig biologische Auffassungen, die die menschliche Entwicklung auf genetisch vorgegebene Anlagefaktoren zurückführen,
b) gegen eine *idealistische und individualistische* Position, die einen immanenten Reifungsprozess für die Genese der Persönlichkeit annimmt, und
c) gegen eine *pädagogisch reduzierte* Perspektive, die den intentionalen Einfluss eines Erziehers auf einen jungen Menschen (»pädagogischer Bezug«!) in den Mittelpunkt der Pädagogik stellt (Tillmann 1994, 13ff.).

Einfacher gesagt: Der Sachverhalt, um den es bei sozialisationstheoretischen Fragestellungen geht, ist das »Mitglied-*Werden* in einer Gesellschaft ...« (Hurrelmann/Ulich 1991, 6).

Dieses Mitglied-Werden wird unter drei Perspektiven in der Sozialisationstheorie gesehen:
a) Die *subjektbezogene* Perspektive: Damit Sozialisation nicht als platter Milieu-Determinismus missverstanden wird, wird hier die aktive Rolle des heranwachsenden Menschen im Prozess der Auseinandersetzung mit der Umgebung betont, denn nur auf diese Weise wird er zum gesellschaftlich handlungsfähigen Subjekt.
b) Die *institutionenbezogene* Perspektive: Welche Zwecksetzung, welche Funktion haben gesellschaftliche Institutionen, wie arbeiten sie, mit welchen Effekten, wie vermitteln sie die für nötig erachteten Werthaltungen und Kulturtechniken?
c) Die *kulturbezogene* Perspektive: Was verbindet die Menschen einer Gesellschaft oder Gruppe miteinander, was macht sie »ähnlich«, was ist ihre »Kultur«? Wie vermittelt sich diese Kultur als System »geteilter Bedeutungen«, wie gewinnt der Nachwuchs Teilhabe daran, so dass er diese Bedeutungszuschreibungen erkennt und für seine Wirklichkeits- und Selbstinterpretation anwendet? (Hurrelmann/Ulich 1991, 8)

Im Mittelpunkt neuerer Sozialisationsforschung steht also das Modell des »produktiv realitätsverarbeitenden Subjekts« (ebd., 9), das bedeutet: Die beiden großen Analyseeinheiten »Gesellschaft« auf der einen Seite und »Organismus/Psyche« auf der anderen finden ihren Schnittpunkt in der »Persönlichkeit« bzw. Persönlichkeitsentwicklung (einführend neuerdings auch Faulstich-Wieland 2000).

	Ebene	*Komponenten* (beispielhaft)
(4)	Gesamtgesellschaft	ökonomische, soziale, politische, kulturelle Struktur
(3)	Institutionen	Betriebe, Massenmedien, Schulen, Universitäten, Militär, Kirchen
(2)	Interaktionen und Tätigkeiten	Eltern-Kind-Beziehungen; schulischer Unterricht; Kommunikation zwischen Gleichaltrigen, Freunden, Verwandten
(1)	Subjekt	Erfahrungsmuster, Einstellungen, Wissen, emotionale Strukturen, kognitive Fähigkeiten

Abb. 13: Struktur der Sozialisationsbedingungen (aus: Tillmann 1994, 18)

Dieser Vermittlungsprozess geschieht wesentlich durch Interaktion, Kommunikation und Tätigkeiten. Daraus ergibt sich folgende Strukturskizze der verschiedenen Ebenen und Komponenten als Gesamtzusammenhang.

Die Skizze zeigt auf einfache Weise, dass die Gesamtgesellschaft (4) nicht gleichsam »direkt«, sondern »vermittelt« über Institutionen (3) und Interaktionen (2) das Subjekt (1) beeinflusst. Die jeweils doppelseitigen Pfeile deuten an, dass der Einfluss nicht deterministisch von oben nach unten verläuft (obwohl die nächsthöhere Ebene immer die Bedingungen für die nächstniedrigere setzt), sondern dass die jeweils niedrigere auch umgekehrt auf die nächsthöhere zurückwirkt.

Außerdem werden verschiedene *Phasen* des Sozialisationsprozesses unterschieden, grob als primäre Sozialisation (z.B. Familie), sekundäre (z. B. Schule) und tertiäre (z.B. Beruf), differenzierter als höchst unterschiedliche soziale Strukturierung von Lebensläufen in verschiedenen Gesellschaften.

Dem bis hierher skizzierten Sozialisationsbegriff wird der der Erziehung begriffslogisch untergeordnet, denn mit Erziehung werden »die Handlungen und Maßnahmen bezeichnet, durch die Menschen versuchen, auf die Persönlichkeitsentwicklung anderer Menschen Einfluss zu nehmen, um sie nach bestimmten Wertmaßstäben zu fördern, … also die bewussten und geplanten Einflussnahmen« (Hurrelmann 1998, 14).

6.2 Die wichtigsten Theorieansätze

Übereinstimmend werden (z.B. bei Hurrelmann 1998 und Tillmann 1994/97) zwei große klassische Theoriebereiche unterschieden:
a) die psychologischen (Basis-)Theorien: im wesentlichen Lern- und Verhaltenspsychologie, Psychoanalyse, kognitive (Entwicklungs-)Psychologie und ökologischer Ansatz;
b) die soziologischen (Basis-)Theorien, im wesentlichen strukturfunktionale Theorie, interaktionistische Theorie und Gesellschaftstheorie (einschließlich materialistischer Ansatz).
Auf die Problematik von Auswahlkriterien weist H. Faulstich-Wieland (2000, 18f.) in ihrem neuen Lehrbuch zu Sozialisationstheorien und Sozialisationsforschung hin, wobei sie über die eben genannten Theorien hinaus entwicklungstheoretische Ansätze zur kognitiven und moralischen Sozialisation (z.B. Kohlberg, Gilligan), systemtheoretische Arbeiten (z.B. Luhmann) und Tätigkeitstheorien (z.B. Leontjew) deutlicher hervorhebt. Schließlich ist zu verweisen auf Autoren wie Pierre Bourdieu (zum Habitus-Konzept z.B. bei der Bildungsbenachteiligung von Arbeiterkindern oder zum Konzept männlicher Herrschaft), die sich ohnehin nicht einer Theorierichtung einfach zuordnen lassen.
Die Fülle von Zugängen zum Komplex Sozialisation bestätigt, dass es »die« Sozialisation nicht gibt. Umso wichtiger ist es, die Kernanliegen der unterschiedlichen Sichtweisen und theoretischen Zugänge zu kennen, um sich eine Vorstellung vom Gegenstandsbereich zu machen (Veith 1996, Vogel 1996).

6.2.1 Psychologische Theorien

a) Lern- und Verhaltenspsychologie

Kernaussagen
Obwohl die Bedeutung der älteren lern- und verhaltenspsychologischen Ansätze von Iwan P. Pawlow bis Burrhus F. Skinner für das Verständnis von Persönlichkeitsentwicklung unbestritten ist, stellt Ulich im Neuen Handbuch ... (1991, 58) für die letzten Jahrzehnte lapidar fest: »Es findet sich jedoch keine Diskussion lern- und verhaltenstheoretischer Ansätze in Bezug auf Sozialisation ...« Wir werden – dieser Entwicklung folgend – daher nur knapp auf diese Ansätze eingehen und dabei nur ihre generelle Bedeutung für das Verständnis von Sozialisationsprozessen skizzieren und ihre Chancen durch aktuelle Weiterentwicklungen betonen. (Näheres findet sich außerdem im Kapitel 8: Lernen.)
Lernen wird im klassischen *Behaviorismus* verstanden als Entstehung von Reiz-

Reaktions-Verbindungen: Das Verhalten wird erklärt als Ergebnis einer Reaktion des Menschen auf Impulse (= Reize) der Umwelt. Weder genetische Einflüsse noch innere Reifungsprozesse sind entscheidend, vielmehr wird das Verhalten als Verarbeitung von Erfahrungen von Umwelteinflüssen erforscht. Zentrale Konzepte dabei waren das »klassische Konditionieren« und das »operante Konditionieren« (synonym »instrumentelles Lernen«) (Skinner). Danach gilt der Mensch als grundsätzlich aktivitätsbereit, sein »operantes« Verhalten hat zunächst den Charakter von Versuch und Irrtum, wobei positive Verstärkungen oder negative Verstärkungen über den Erwerb von Verhaltensweisen (Lernen) entscheiden.

Man kann die Vielfalt pädagogischer Interaktionen z. B. zwischen Eltern und Kind als Reiz-Reaktions-Verbindungen verstehen, wobei über selektive Verstärker (nur Erwünschtes wird »belohnt«) Verkettungen von Einzelelementen (»Guten Morgen sagen«) zu komplexen Verhaltensmustern (»Höflichkeit«) werden.

Kritik

Kritisch ist dazu anzumerken, dass diese Ansätze ein sehr mechanistisches Modell menschlichen Verhaltens und Lernens zeigen, dass innerpsychische Vorgänge schlichtweg einer nicht erforschbaren »black box« zugeordnet werden, dass nur kurzzeitige Lernsequenzen untersucht werden, die weder zu einem Entwicklungsmodell im Sinne der Ontogenese des Menschen noch zu einem umfassenden Persönlichkeitsmodell führen, und dass die gesellschaftliche Seite der so zentralen Umweltbedingungen nicht kritisch gesehen wird.
Eine wesentliche *Weiterentwicklung* liegt in den neueren Arbeiten Albert Banduras (etwa ab 1979) zum *Modell-Lernen*. Die Übernahme des Verhaltens eines Modells (das auch medial z. B. durch einen Film vermittelt sein kann) ist aber nicht bloße Imitation. Im Umgang mit anderen Menschen (sozialen Modellen) bauen wir kognitive Schemata und Regelsysteme auf, die unser Verhalten steuern. Damit bleibt das Lernen (gemäß dem behavioristischen Ausgangspostulat) zwar von sozialen Einflüssen und Beziehungen abhängig, aber es wird sowohl die menschliche Eigenaktivität stark betont als auch die kognitive Verarbeitung hervorgehoben.

In dieser Verbindung liegt (so Ulich 1991, 67) die *bleibende Bedeutung* lern- und verhaltenstheoretischer Konzepte für die Sozialisationsforschung, vor allem im Hinblick auf menschliche Gewohnheiten, Routinen, reaktives Verhalten, auf das unwillkürliche, automatisierte, »funktionierende« psychische Geschehen und Verhalten, das – anders als bewusstes Erleben und Handeln – von kognitiv-handlungstheoretischen Modellen allein nicht angemessen verstanden werden kann.

b) Psychoanalyse

Kernaussagen

Die klassischen Inhalte der Psychoanalyse sind inzwischen so bekannt, dass sie hier weitgehend vorausgesetzt werden können (Brenner 1982, Mertens 1992). Im Folgenden werden diejenigen Aspekte der Psychoanalyse betont, die für sozialisationstheoretische Fragestellungen von besonderer Bedeutung sind.

Für alle psychoanalytischen (genauer: tiefenpsychologischen, denn es gibt ja einige mehr als die klassische Psychoanalyse Freuds) Schulen gilt als zentrales Element, dass sie die Bedeutung des *Unbewussten* (nicht wie popularisiert immer gesagt wird: des Unterbewusstseins) für die menschliche Persönlichkeit, ihre Entstehung und ihr Verhalten hervorheben. Hintergrund für scheinbar absichtsvolle und rationale Handlungen sind uns verborgene unbewusste Zusammenhänge. Wer dieses Kernstück der Psychoanalyse nicht akzeptiert/begreift, findet keinen Zugang zu psychoanalytischem Denken.

Diese psychischen Strukturen bilden sich durch die zwischen Eltern, Kindern und Umwelt ablaufenden Prozesse der sinnlich-emotionalen *Interaktion* heraus. Daher markiert Mertens (1991, 78) als den spezifischen Blickwinkel der psychoanalytischen Sozialisationsforschung: »Der entscheidende Schwerpunkt liegt ... in der Betonung des transaktionellen Vorganges und in der Einbeziehung unbewusster Erwartungen und Phantasien.« Die Entstehung von – konflikthafter – Subjektivität geschieht danach in einem ständigen Interaktionsprozess, d.h., die Affekte, die Kognitionen und die Handlungsintentionen eines Menschen werden als Niederschlag von Interaktionsszenen betrachtet (ebd., 96). Da diese innere Wirklichkeit des Menschen aber nicht direkt beobachtbar, abfragbar oder gar messbar ist, hat die Psychoanalyse ihre eigenen – gleichsam indirekten – methodischen Verfahren entwickelt (Traumanalyse, Assoziation, Deutung der – Kindheitskonstellationen wiederholenden – Beziehung zwischen Patient und Therapeut u.a.m.) und daraus Konstruktionen über Zusammenhänge entwickelt.

Es ist wichtig, das von Freud entwickelte Modell solcher innerpsychischen Mechanismen und Instanzen als Konstruktionen zu verstehen, damit man z.B. Begriffe wie Es, Ich und Überich nicht als im Körper auffindbar oder anders verdinglichte »Teile der Seele« missversteht. Mit dem Es wird die älteste Instanz bezeichnet, die vor allem die aus der Körperorganisation stammenden Triebe zum Inhalt hat, also körperliche Bedürfnisse, sexuelle wie aggressive Impulse u.a.m. Als nächste Instanz wird aus dem Es heraus das *Ich* gebildet, das Wahrnehmungen und Willensbildungen enthält und das – im Konflikt mit dem Lustprinzip und der Lebensrealität (Realitätsprinzip) – über die Verwirklichung, Aufschiebung oder Unterdrückung der Triebansprüche des Es entscheidet, dem Reiter gleich, der die überlegene Kraft des Pferdes zügeln soll (Freud). Die dritte Instanz ist dann das sich bildende *Über-Ich*, in dem sich die elterlichen Gebote, Verbote und Normen fortsetzen. Hier internalisiert das Kind die elterlichen – und damit die von ihnen gesellschaftlich, kulturell und sozial repräsentierten – Werte. »Die Errichtung des Über-Ichs erweist sich als Einfallstor für gesellschaftliche Werte und Normen in die kindliche Psyche.« (Tillmann 1994, 59) Das Ich hat fortan zu vermitteln zwischen Es und Über-Ich und zwischen Es und Realitätsprinzip. Die Entwicklung von Ich-Stärke gewinnt daher hohe Bedeutung.

Insbesondere mit dem Mechanismus der *Identifizierung* erschließt sich der Mensch die soziale und dingliche Objektwelt. Denn im Zuge der Internalisierung werden auf diese Weise die zunächst äußerlichen gesellschaftlichen Normen und Werte Teil der innerpsychischen Realität, der Persönlichkeit, und damit für das Individuum handlungsanleitend.
Von großer Bedeutung für Fragestellungen der Sozialisationstheorie ist auch das *Phasenmodell* der psychosexuellen Entwicklung. Es orientiert sich bekanntlich am Verlauf der libidinösen Besetzungen verschiedener Körperregionen und integriert zugleich die eben skizzierten Instanzen. Eine kompakte und verständliche Zusammenfassung bietet die unten stehende Abbildung.

Kritik

Man muss allerdings darauf hinweisen, dass die neuere Psychoanalyse die grundlegenden Entwürfe Freuds erheblich korrigiert, erweitert und variiert hat. Dies lässt sich z.B. an der Entstehung der Geschlechtsidentität zeigen, die bereits nach der Geburt beginnt und für die die ödipale Phase keineswegs allein ausschlagge-

Psycho-sexuelle Entwicklung des Kindes

Phasen	*Psychische Instanzen*
1. orale Phase (1. Lebensjahr) erogene Zone: Mund Befriedigung: Saugen Objektbeziehung zur Mutter	ES
2. anale Phase (2.–3. Lebensjahr) erogene Zone: After Befriedigung: Festhalten, Loslassen	ES, ICH
3. phallische Phase (2.–5. Lebensjahr) erogene Zone: Penis bzw. Klitoris Befriedigung: Masturbation wird beendet durch die	ES, ICH
ödipale Situation Identifikation mit dem gleichgeschlechtlichen Elternteil, damit psychische Geschlechtsdifferenzierung	ES, ICH, ÜBER-ICH
4. weitere Phasen: Mit dem Austritt aus der ödipalen Situation tritt das Kind in die sexuelle Latenzphase ein, die durch den Eintritt in die Pubertät (ca 13. Lebensjahr) beendet wird	

Abb. 14: Phasen der psychosexuellen Entwicklung (aus: Tillmann 1994, 61)

bend ist und für die neben den Identifikationen auch kognitive Selbstkategorisierungsprozesse berücksichtigt werden müssen (Mertens 1991, 85). Neben einer generellen Kritik der Triebtheorie und des patriarchalischen Gesellschaftshintergrundes ist vor allem die ödipale Problematik der Ansatzpunkt feministischer Kritik und Veränderung der Psychoanalyse. – Gleichwohl hat die Psychoanalyse sich fruchtbar weiterentwickelt, denkt man an die Entwicklungspsychologie (Erik H. Erikson, Peter Blos, Margret Mahler u.a.), die Verbindung mit gesellschaftskritischem Denken (Erich Fromm, Herbert Marcuse, Alfred Lorenzer u.a.) oder kulturvergleichende Arbeiten (Mario Erdheim).

c) Kognitive Entwicklungspsychologie

Kernaussagen

Anders als in der Psychoanalyse ist die menschliche Entwicklung in dieser maßgeblich von Jean Piaget begründeten Richtung nicht das »Triebschicksal«, auch nicht – wie in der Verhaltens- und Lernpsychologie – Formungsprozess durch Außenkräfte und erst recht nicht wie in biologischen Reifungstheorien ein durch im Wesentlichen genetisch vorgegebene Programme festgelegtes Geschehen. Vielmehr »wird von der generellen Tendenz des Subjekts ausgegangen, sich gegenüber der dinglichen wie der sozialen Umwelt aktiv aneignend zu verhalten: Menschen (auch kleine Kinder) sind darauf ausgerichtet, durch handelnde Aktivitäten zu einem Verständnis der Umwelt zu gelangen ... Der heranwachsende Mensch ... entwickelt seine inneren Strukturen in Interaktion mit den Umweltbedingungen.« (Tillmann 1994, 102) Das Kind vollzieht seine Entwicklung selbst, aber es tut dies nicht völlig frei und ungebunden, sondern ist gegenüber der Umwelt adaptiv. Es tut dies in einer bestimmten »Reihenfolge«, wobei Piaget die Ordnungsschemata für diesen Prozess der Aneignung und Verarbeitung herausgearbeitet hat. Anders als in der Lerntheorie wird hier die Stufenfolge und ihre Gesetzmäßigkeit betont; die kognitiven Strukturen bilden sich genetisch (vgl. Kapitel 5: Das Kindes- und Jugendalter).

An dieser Stelle ist aber unter sozialisationstheoretischer Perspektive wichtig, »dass Entwicklung und Sozialisation nicht als gegensätzliche und unvereinbare Erklärungsweisen zu verstehen sind und dass eine strukturgenetische Entwicklungstheorie eine stimmige Argumentationsbasis zu ihrer Integration bereitstellt« (Seiler 1991, 99).

Die strukturgenetische Entwicklungstheorie gilt nämlich keineswegs isoliert für die (von Piaget in den Vordergrund gestellte) Intelligenzentwicklung, sondern für den *Gesamtzusammenhang z.B. kognitiver, moralischer, sozialer Entwicklung*. Ein Kind auf der prä-operationalen Stufe, das noch keinen Begriff von der Invarianz der Menge hat (siehe Saftbeispiel S. 121), wird bei seiner moralischen Urteilsbildung seine eigene Wahrnehmung nicht zurückstellen können zugunsten der

Wahrnehmung des anderen Menschen, so wie dieser wirklich ist, es ist ihm nicht möglich (was Kohlberg in seinen Arbeiten zur moralischen Entwicklung Stufe 1: »Orientierung an Strafe und Gehorsam« nennt) zwischen einer Tat und dem Motiv des Täters zu unterscheiden (Kegan 1991).

Kritik

Kritisch ist zu Piagets Ansatz angemerkt worden, dass es kaum eine Rolle spiele, welche Gestalt die soziale und materielle Umwelt habe, welche Qualität die sozialen Interaktionen in sozialen Gruppen hätten und wie die materiellen und sozialen Lebensbedingungen konkret gestaltet werden müssten, »denn die Umwelt wird nur als eine Art Medium der Persönlichkeitsentwicklung verstanden ...« (Hurrelmann 1998, 32). Kohlberg hat allerdings betont, wie wichtig die qualitative Gestaltung der sozialen Umwelt für das Erreichen der höheren Stufen moralischer Entwicklung ist.

d) Ökologischer Ansatz

Kernaussagen

Die Theorierichtung der ökologischen Entwicklungspsychologie, wie sie vor allem von Urie Bronfenbrenner (1981, Näheres: Kapitel 5: Das Kindes- und Jugendalter) entwickelt wurde, kann als Übergang zu den soziologischen Theorien der Sozialisation verstanden werden. Von Piaget übernommen wird die Vorstellung vom aktiven, sich die Umwelt kreativ aneignenden Menschen, aber weil auch die Umwelt Einflüsse ausübt, wird ein Prozess gegenseitiger Anpassung nötig und möglich im Sinne einer echten Gegenseitigkeitsbeziehung (Hurrelmann 1998, 35). Im sozial-ökologischen Ansatz wird die komplexe und interdependente »*Verschachtelung*« von sozialisationsrelevanten Systemen erforscht, die die materiellen Faktoren (etwa die Straße, die Wohnbedingungen, die Spielplätze) ebenso einschließt wie die Personen (Eltern, Gleichaltrige) mit ihren Rollen und Beziehungen zum Kind, aber auch die Tätigkeiten und ihre sozialen »Bedeutungen«. Diese »horizontalen« Sozialisationsbedingungen werden in den »vertikalen« Zusammenhängen mit gesellschaftlichen Bedingungen höheren Allgemeinheitsgrades (z.B. Erziehungs-, Sozial- und Gesundheitswesen, Wirtschaft, Recht, Politik etc.) analysiert. Anders als das Zwei-Personen-Modell in der Sozialisationstheorie geht Bronfenbrenner von drei zentralen Punkten aus: 1. Eine zunehmend wechselseitige, sich über einen längeren Zeitraum erstreckende Anpassung eines menschlichen Organismus und seiner Umwelt. 2. Umwelt als gleichsam »ineinander verpackte Anordnung von Strukturen, von denen jede in der nächsten eingeschlossen ist« (Bronfenbrenner 1976, zit. nach Faulstich-Wieland 2000, 190). Um die verschiedenen Ebenen zu unterscheiden, werden sie u.a. als Mikro-, Meso- und Makrosystem bezeichnet. 3. Diese Systeme haben simultane und synergistische Effekte.

Die zentrale Hypothese dabei ist, dass das entwicklungsfördernde Potential eines Lebensbereiches mit der Zahl der unterstützenden Verbindungen zu anderen Lebensbereichen wächst (Hurrelmann 1998, 36). Bronfenbrenner hat diese Erkenntnis auch praktisch umgesetzt durch Gründung des Projektes »Head Start«, eines gross angelegten Programms in den USA zur Förderung benachteiligter Kinder (Faulstich-Wieland 2000, 187).

Weiterentwicklung und Kritik

Nach ersten Versuchen der Umsetzung der ökologischen Sozialisationsforschung in den 70er Jahren (Faulstich-Wieland 2000, 192 ff.) war es vor allem die Arbeit von Barbara Dippelhofer-Stiem (1995), die mit Schwerpunkt auf der Kleinkindentwicklung Bronfenbrenners Ansatz weiterentwickelte. Sie stellt dabei vier Strukturelemente in den Mittelpunkt ihres Theorie-Modells: Zeit/Raum, qualitative Dimensionen der Sozialisationsumwelten, die Mehrebenenkonstruktion und Transaktionen, in denen soziale Deutungen, Symbole und Sinngehalte vermittelt werden. Ursula Nissens Arbeit (1998) konkretisiert die sozial-ökologische Perspektive für die geschlechtsspezifische Aneignung von sozialräumlichen Bedingungen im Prozess des Aufwachsens. Nach der Einschätzung von H. Faulstich-Wieland (2000, 201) hat sich der Ansatz ökologischer Sozialisationsforschung damit als ein tragfähiges Erklärungsmodell gezeigt, das sowohl den aktiven Part des Individuums in den Transaktionen zwischen Mensch und Umwelt betone als auch einen Zusammenhang von Individuum und Gesellschaft herstelle, der nicht dichotomisch bleibe. – Abzuwarten ist, ob künftige Forschungen einerseits dem hohen Komplexitätsanspruch des Bronfenbrenner'schen Theorieansatzes genügen können, sich andererseits aber nicht auf Analysen des Ist-Zustandes beschränken, sondern gemäß Bronfenbrenners Selbstverständnis Sozialisation – auch sozialpolitisch – gestalten, d. h. optimale Bedingungen für die Kinder benennen werden.

6.2.2 Soziologische Theorien

a) Struktur-funktionale Theorie

Kernaussagen

Diesen kompliziert klingenden Begriff versteht man am ehesten, wenn man sich die zentrale Fragestellung des Begründers dieser Theorie, Talcott Parsons' (1902 bis 1979), klarmacht: Wie ist bei der unendlichen Vielzahl sozial Handelnder z.B. in der riesigen Gesellschaft der USA überhaupt eine gesellschaftliche Ordnung möglich? Welches sind die Bedingungen für die Stabilität des gesellschaftlichen Systems? Diesem Problem kommt man auf die Spur, wenn man postuliert, dass jedes System (und jedes Subsystem wie z.B. das Schulwesen) eine Struktur hat. Der Begriff der *Struktur* bezeichnet den statischen Aspekt des Systems (also wie z.B. das Schulwesen als gesellschaftliches Subsystem aufgebaut ist, wie es organisiert ist etc.). Der Begriff der *Funktion* hingegen meint den dynamischen Aspekt, also welchen Beitrag ein Subsystem für die Stabilität des Gesamtsystems leistet (die Schule sorgt z.B. durch ihre Auslesefunktion für soziale Verteilung von Chancen, durch ihre Qualifikationsfunktion für das Erlernen der benötigten Inhalte und Fähigkeiten und durch ihre Legitimationsfunktion für die Vermittlung der wichtigsten Normen und Werte, die diese Gesellschaft überhaupt »legitimieren«).

Eine strukturell-funktionale Analyse soll also klären, ob und wie die Abläufe in Subsystemen und die Austauschprozesse zwischen den Subsystemen zur Stabilität des Gesamtsystems und zu seinem »Funktionieren« beitragen oder ob sie diese Integrationsprozesse gefährden. Das soziale Handeln des Individuums tritt dabei nicht isoliert auf, sondern immer in bestimmten Konstellationen, spezifischen Verbindungen: den Systemen. Parsons' Theorie des sozialen Systems zielt damit fast auf eine umfassende »Supertheorie«, um »die Mikroperspektive der individuell-psychischen Dynamik und die Makroperspektive gesellschaftlicher Sozialstrukturen in eine Synthese zu bringen« (Hurrelmann 1998, 41).

Parsons unterscheidet verschiedene Systeme.

- Mit dem organischen System der menschlichen Persönlichkeit meint er die physiologischen Grundfunktionen.
- Das psychische System hat die Aufgabe, diese Antriebsenergien des Menschen in gesellschaftlich akzeptierte Bahnen zu lenken. Zur Erklärung dieses Teils seiner Theorie lehnt sich Parsons eng an Freuds psychodynamische Entwicklungstheorie an.
- Das soziale System meint das (oder die) Beziehungsmuster zwischen den Handelnden, also die Rollen, in denen sie aufeinander bezogen interagieren (und damit auch die Struktur von Institutionen: die Schule wird u. a. durch die Lehrer- und die Schülerrolle charakterisiert, nicht nur durch einen idealistischen »pädagogischen Bezug«).
- Das umfassendste System ist das der Gesellschaft.

Entscheidend ist: Das Hineinwachsen in die Gesellschaft geschieht durch das Erlernen von *Rollen*. In den Rollen verdichten und konkretisieren sich die normativen Erwartungen, die von den Mitgliedern sozialer Gruppen an den Handelnden gerichtet werden: Die Rolle des Vaters umfasst z.B. die Erwartung der Fürsorge, des Schutzes, der Anleitung eines Kindes, nicht aber seine Berufsausbildung, die Führung einer Personalakte oder das gemeinsame Besäufnis. Der Prozess der Sozialisation ist also die Übernahme einer wachsenden und immer differenzierter werdenden Zahl von Rollen, über die der Mensch die Wertsetzungen und Normen der sozialen Umwelt verinnerlicht, so dass sie schließlich zu Zielen und Motivierungskräften des eigenen Handelns werden: von der Mutter-Kind-Beziehung über die Kernfamilie, die Gleichaltrigengruppe, Schule, Jugendgruppen bis zu Beruf und gesellschaftlichen Rollen. Die für die gesamte Theorie zentrale Kategorie der Rolle ist damit unmittelbar angesiedelt am Schnittpunkt zwischen Persönlichkeit und Gesellschaft.

Damit sind wir zur Eingangsfrage zurückgekehrt: Mit der Übernahme von Rollen in das Persönlichkeitssystem wird das Handeln der Menschen kalkulierbar. Diese Abstimmung zwischen den Systemen Organismus, Persönlichkeit und Gesellschaft zielt nämlich auf mehr oder weniger stabile Gleichgewichtszustände, wobei Sozialisation ein gleichgewichtsstabilisierender Mechanismus ist.

Kritik

Sozialisation meint letztlich doch einseitig die Vergesellschaftung, denn die reife Persönlichkeit ist Spiegelbild der Gesellschaftsstruktur. »Der Mensch wird nicht als aktiver Erschließer und Gestalter seiner Umwelt verstanden, sondern er steht einer übermächtigen Gesellschaft gegenüber, deren Einflüssen er sich kaum erwehren kann.« (Hurrelmann 1998, 44f.) Trotz der Kritik hat dieser Ansatz große Bedeutung auch für die Pädagogik, weil er uns nachdrücklich darauf hinweist, daß Institutionen wie z.B. Schule oder Heim sich nicht allein nach pädagogischen Gesetzen ausrichten (lassen), sondern in einen gesellschaftlichen Funktionszusammenhang eingebunden sind.

b) Symbolischer Interaktionismus

Kernaussagen

Während die strukturfunktionale Theorie Sozialisation gleichsam aus der Zuschauerperspektive (oder auf der Makro-Ebene) betrachtet, geht der Interaktionismus von der Perspektive der Teilnehmer (oder von der Mikro-Ebene) aus. Die alltägliche Interaktion steht im Mittelpunkt. Ausgehend von dem ungemein bedeutsamen Werk des Begründers George Herbert Mead (1863–1931, dt. 1968) haben bedeutende Autoren wie Goffman und Blumer in den USA die Theorie des Symbolischen Interaktionismus entwickelt, die Ende der 60er Jahre in Deutschland aufgegriffen und zu einer der wichtigsten gesellschaftskritischen Sozialisationstheorien weiterentwickelt wurde (u. a. von Jürgen Habermas, Lothar Krappmann, Klaus Mollenhauer, Micha Brumlik).
Mead macht den Grundcharakter menschlicher Interaktion am Unterschied zwischen *Mensch und Tier* klar: Tiere reagieren auf den Reiz (oder die »Geste«, wie Mead sagt) eines anderen Tieres, ohne nach dessen Intention oder Bedeutung zu fragen (die Demutsgeste eines Hundes löst beim Angreifer instinkthaft die

Beißhemmung aus). Anders die Menschen: Wir gehen in der alltäglichen Interaktion davon aus, dass die sprachlichen (als dem wichtigsten Symbolbereich) Äußerungen eines anderen intendierte und von mir verstehbare (also gemeinsame) Bedeutungen haben. Entscheidend ist dabei, dass ich (Ego) mich in die Sichtweise des anderen (Alter) versetzen kann, die Kommunikation also mit dessen Augen sehen kann *(Perspektivübernahme).* Ego antizipiert also die Sichtweisen und Erwartungen des Alter, kann so »einschätzen«, wie Alter reagiert. Dasselbe tut Alter. Wir interpretieren also wechselseitig in der Interaktion unsere Rollen und handeln entsprechend: Diesen Prozess nennt Mead *role-taking.*

Die Übernahme von Rollen ist damit etwas grundlegend anderes als bei Parsons, bei dem Rollen weitgehend festgelegte Muster sind, die sich wie Topf und Deckel zur beiderseitigen Befriedigung ergänzen. Bei Mead hingegen erfolgt das Rollenhandeln interpretativ, ist also potentiell immer von Brüchen bedroht, eröffnet aber gleichzeitig einen Handlungsspielraum und setzt – als Idealmodell – die Gleichberechtigung beider voraus. Hier deutet sich schon an, was Habermas später kritisch weitergeführt hat: Man kann Rollenhandeln in Institutionen z.B. daran messen, ob solche Spielräume tatsächlich vorhanden sind und ob die Partner gleichberechtigt handeln oder ob das Ausmaß der Bedürfnisbefriedigung in komplementären Rollen höchst unterschiedlich ist, was auf einen repressiven Charakter der Institution schließen lässt.

Die eigene Handlung wird also in ihrer Bedeutung für den anderen eingeschätzt, dessen Reaktion also – sozusagen »blitzartig« – vorweggenommen und einkalkuliert. Entsprechend gestaltet Ego seine Rolle, bringt also seinen eigenen Identitätsentwurf mit ein, der nicht deckungsgleich sein muss mit dem, was Alter ihm ansinnt, Ego »macht« die Rolle: Mead nennt diesen Prozess *role-making.* Alter muß entsprechend sich auf dieses role-making von Ego einstellen und seinerseits reagieren. Entweder es kommt zur einverständigen Aushandlung der wechselseitigen Rollen oder zum Abbruch der Kommunikation.

Die Chancen für diese Freizügigkeit sind in den unterschiedlichen alltäglichen Situationen und Institutionen sehr verschieden: Ein Pärchen, das sich auf einer Party kennen lernt, hat ein größeres Interpretationsfeld als ein Strafgefangener in einem Gefängnis, ein Lehrling im Betrieb oder ein Angeklagter vor Gericht. Aber Goffman hat nachgewiesen, dass selbst ein minimales Aushandeln von Rollen noch in totalen Institutionen wie Strafanstalten als Grundbedingung zur Wahrung der eigenen Identität zu finden und auch unabdingbar ist.

Damit wird klar, dass in »role-taking« und »role-making« ein handlungstheoretisches Konzept von Sozialisation liegt, das vom Menschen als prinzipiell kreativ und produktiv seine Umwelt gestaltenden und verarbeitenden ausgeht. »Der Mensch wird als schöpferischer Interpret und Konstrukteur seiner sozialen Lebenswelt verstanden.« (Hurrelmann 1998, 51) Er kann dies aber nur, weil er auch auf gemeinsam geteilte Bedeutungen bauen kann, denn er hat es ja nicht immer nur mit einem einzelnen Interaktionspartner zu tun, sondern muss sich auf »geteilte Bedeutungen« verlassen können.

Wie im Spiel jeder Akteur ja nicht nur mit seinem unmittelbaren Mitspieler oder Gegner zu tun hat, sondern das übergeordnete Ganze – die Spielregeln und den Sinn des Spiels – voraussetzt. Mead spricht davon, dass wir auch alle Mitglieder eines Kollektivs zu so etwas wie einem »*generalisierten Anderen*« zusammenfassen und dann dessen Perspektive einnehmen können.

Aber wie entsteht nun aus solchen einzelnen Interaktionen ein Gesamtprozess der Entwicklung der Persönlichkeit, so etwas wie »*Identität*«? Persönlichkeit entsteht aus dem Zusammenspiel zweier Größen, dem »I« als einer psychischen Komponente, das »Spontaneität, Kreativität und die Triebausstattung ... mit konstitutionellem Antriebsüberschuss« (Joas 1991, 139) beinhaltet, und dem »Me« als der eher sozialen Komponente, welche die Vorstellung von dem Bild meint, das der andere von mir hat. Da ich dieses Bild verinnerlicht habe, ergeben sich daraus handlungsleitende Orientierungen. Weil ich aber mehreren bedeutsamen Bezugspersonen gegenübertrete, gewinne ich sozusagen verschiedene »Me«s. Diese müssen aber ein konsistentes Verhalten ermöglichen, müssen darum zu einem einheitlichen Selbstbild synthetisiert werden: das »Self« entsteht als ein Produkt beider Größen, des I und des Me (was deutsch mit Identität übersetzt wird). Die folgende Skizze zeigt dies am Beispiel einer Lehrer-Schüler-Interaktion. Doch die Zweigeschlechtigkeit der sozialen Welt hat auch Mead nur unzureichend gesehen. Sie muss darum grundlegend reformuliert werden (Tzankoff 1995).

Goffman hat die zeitliche Linie dieses Vorgangs als die »*personale Identität*« bezeichnet, während die Einbindung in unterschiedliche Gruppen- und Rollenstrukturen zur »*sozialen Identität*« führt: »Aus der Balance von personaler und sozialer Identität wiederum ergibt sich die *Ich-Identität*.« (Tillmann 1994, 137) Damit wird die Ich-Identität eine immer wieder in sozialen Interaktionen neu zu erbringende Leistung.

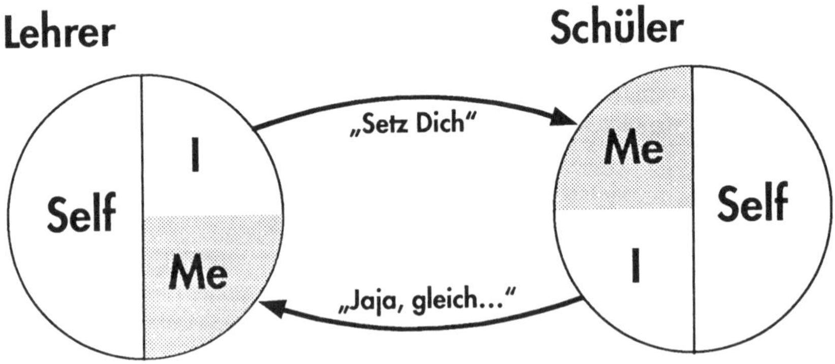

Abb. 15: Zusammenspiel von I, Me und Self in der Symbolischen Interaktion

Hier zeigt sich, daß der Symbolische Interaktionismus Persönlichkeitsentwicklung begreift als ein gemeinsames Wechselspiel von Vergesellschaftung und Individuation, bei dem die gesellschaftlichen Bedingungen die Bewusstseins- und Handlungsstrukturen des Menschen wohl beeinflussen, aber nicht determinieren.

Kritik

Kritisch wird eingewendet, dass diese Position »kein analytisches Instrumentarium für festgeschriebene Macht-, Einfluss- und Konfliktlinien industrieller Gesellschaften« zur Verfügung stellt (Hurrelmann 1998, 53). Die sozialen Strukturen haben sich aber hier von ihren Schöpfern losgelöst und haben eine eigene Dynamik, womit sie eine eigene Realität darstellen, die sich nicht darin erschöpft, was das Subjekt an Wissen und Interpretation von ihr besitzt.
Bereits in der Frage, welche vorfindlichen (z.B. pädagogischen) Interaktionen und Institutionen günstige Bedingungen für die Identitätsentwicklung enthalten oder wo diese restriktiv, unterdrückend und hinderlich sind, liegt ein kritisches Potential des Symbolischen Interaktionismus für die Pädagogik. Es bot sich daher an, ihn erziehungswissenschaftlich zu rezipieren (Krappmann 1971, Brumlik 1973). Man kann ihn auch als die sozialisationstheoretische Wendung der emanzipatorischen Pädagogik bezeichnen (Tillmann 1994, 142). Die makrosozialen Gesichtspunkte wurden grundlegend in dem ungemein umfangreichen und viele Theorien integrierenden Entwurf Habermas' entfaltet.

c) Gesellschaftstheoretische Ansätze

Habermas (1968/1973, 1988) verbindet eine grundlegende Kritik an der struktur-funktionalen Theorie Parsons' mit einer Anknüpfung an den Symbolischen Interaktionismus, einer Einbeziehung von Psychoanalyse, Entwicklungs- und Handlungstheorien und gesellschaftsphilosophischen Analysen (Schäfer 2000).
Er fragt zunächst nach den Grundqualifikationen der Subjekte, die für ein Handeln im Rahmen des interaktionistischen Konzeptes nötig sind. Dabei handelt es sich neben der Sprachfähigkeit und einem grundlegenden Einfühlungsvermögen (»Empathie«) vor allem um Folgende:

- Viele Rollen ermöglichen den Akteuren nur eine geringe Befriedigung, sie müssen aber gleichwohl die Interaktion aufrechterhalten: Dies macht die Fähigkeit zur »*Frustrationstoleranz*« erforderlich, also den »Frust« geringer Bedürfnisbefriedigung auszuhalten (ein Lehrling erträgt den stets befehlenden Meister).
- Da Rollenerwartungen oft diffus und grundsätzlich interpretationsbedüftig

sind (»Rollenambiguität«), ist eine Fähigkeit, solche Unklarheiten und Mehrseitigkeiten zu ertragen, nötig: »kontrollierte Selbstdarstellung« (Habermas) oder »*Ambiguitätstoleranz*« (Krappmann) (eine Erzieherin soll großzügig und zugleich juristisch einwandfrei handeln).

- Subjekte handeln nicht aus bruchlos verinnerlichten Rollenübernahmen heraus, sondern haben prinzipiell ein »reflektierendes Verhältnis« gegenüber der Rolle. Die Fähigkeit, sich von einer gekannten (und gekonnten, d.h. internalisierten) Rolle kalkuliert zu distanzieren, wird als »autonomes Rollenspiel« (Habermas) oder »*Rollendistanz*« (Krappmann) bezeichnet (ein Lehrer weigert sich, Noten zu verteilen).

Damit ist ein analytisches Instrumentarium markiert, mit dem Interaktionen auf Dimensionen gesellschaftlicher Herrschaft untersucht werden können, auf z. B. Repressivität (nur geringe Befriedigung, die zudem noch erzwungen wird), Rigidität (starre Rollen werden verlangt) und soziale Verhaltenskontrolle (die Autonomie zur Rollendistanz wird verweigert). Die Freiheitsgrade des sozialen Handelns von Menschen in verschiedenen Lebensbedingungen lassen sich so erfassen.

In seinem umfassenden Werk zur »Theorie kommunikativen Handelns« (1981) entfaltet Habermas dann u.a. den Begriff der »kommunikativen Kompetenz«, der gleichbedeutend mit dem der Ich-Identität ist. »Kommunikative Kompetenz bezeichnet … die Fähigkeit zum flexiblen und zugleich prinzipiengeleiteten Rollenhandeln wie auch die Fähigkeit, in Diskursen in kompetenter Weise über Geltungsansprüche verhandeln zu können.« (Tillmann 1994, 221) Damit ist ein von Ungleichheit und Unterdrückung freies Modell gegeben, das sich als Prüfstein für alle Versuche anwenden lässt, Ungleichheit und Herrschaft normativ zu begründen.

Dieser Kontext einer gesellschaftstheoretischen Analyse führt dann zu der Frage, unter welchen gesellschaftlichen Bedingungen Ich-Identität – kommunikative Kompetenz – möglich oder gar notwendig wird. In einer historischen Analyse des Spätkapitalismus hat Habermas herausgearbeitet, dass die Anforderungen dieser hochkomplexen Gesellschaftsform sich einerseits optimal mit einer entwickelten Ich-Identität erfüllen lassen, dass aber andererseits aufgrund sozialstruktureller Veränderungen die Kernbestandteile der bürgerlichen Ideologie (z.B. Gleichheit, Freiheit, Demokratie) einer schleichenden Erosion ausgesetzt sind: Der Spätkapitalismus gerät in eine sich verschärfende »Legitimationskrise«.

Eine treffende Zusammenfassung dieses breit gespannten Gedankengebäudes formuliert Tillmann (1994, 235): »Der Habermas'sche Theorieentwurf erfüllt in seiner komplexen Architektur viele Ansprüche …: Er stellt die Entwicklung eines aktiven, (sprachlich) handelnden Subjekts in den Mittelpunkt, beschreibt den Zusammenhang zwischen Subjektentwicklung und den ›übergeordneten‹ Ebenen des Sozialisationsprozesses und arbeitet insbesondere das Verhältnis zwischen der bestehenden Gesellschaftsformation und den sich herausbildenden Identitätsstrukturen heraus.«

Kritik

Eine so umfassende Theorie zur Persönlichkeitsentwicklung in Auseinandersetzung mit den gesellschaftlich vermittelten Lebensbedingungen ist kaum zu kritisieren, sieht man einmal von dem dümmlichen Vorwurf ab, es handle sich um eine neomarxistische Theorie. Zwar ist die einseitige Betonung der sprachlichen Kompetenzdimension gegenüber z.B. der emotionalen kritisiert worden, aber die generelle Konstruktion von Kompetenz wird (vor allem in der Theorie kommunikativen Handelns) doch als Rekonstruktion gerade jener intensiven sozio-emotionalen Beziehungen der Kindheit verstanden, die der Mensch dann in andere Beziehungen überträgt.

Andere gesellschaftstheoretische Entwürfe zur Sozialisationstheorie (ausführlich: Ottomeyer 1991, 153 ff.) beziehen sich stärker auf den von Marx entwickelten Zusammenhang von Reproduktionsprozess des Kapitals und Reproduktionsprozess der Individuen in ihrem Alltagsleben (ebd., 155). Dabei betont Klaus Holzkamp (1983) in seiner »Kritischen Psychologie« eher die psychologische Seite, während Ottomeyer in seinem jüngsten Entwurf eher die Sphären der Zirkulation, Produktion und Konsumtion im aktuellen sozioökonomischen Reproduktionsprozess hervorhebt.

6.3 Neuere integrative Forschungsansätze

In unserem Rahmen ist es nicht möglich, auf die verschiedenen integrativen Ansätze im Einzelnen einzugehen oder die immense Fülle der Ergebnisse der Sozialisationsforschung zu einzelnen Instanzen oder Feldern der Sozialisation darzustellen (dazu ausführlich: Hurrelmann/Ulich 1991/1999). Um aber zu zeigen, auf welche aktuellen Fragestellungen sozialisationstheoretische Ansätze heute angewendet werden, folgen einige exemplarische Hinweise.

- In den *gesundheitswissenschaftlichen Ansätzen* der Sozialisationsforschung geht es z.B. um den Zusammenhang zwischen »belastenden Lebensbedingungen, individuellen Bewältigungsstrategien und sozialen Unterstützungsnetzwerken auf der einen Seite und physiologischen, psychologischen und sozialen Symptomen der ›Gesundheit‹ einer Person auf der andern Seite« (Hurrelmann 1991, 189).
- *Kulturvergleichende Ansätze* (Liegle 1991, 215ff.) beschreiben und analysieren die Lebens- und Ausdrucksformen verschiedener Kulturen (Gesellschaften, Nationen).
- *Historische Sozialisationsforschung* (Herrmann 1991, 231ff.) akzentuiert in der Geschichte der Erziehung den kultur- und erziehungssoziologischen Standpunkt.
- Als Zusammenhang von *Sozialstruktur und Sozialisation* (Steinkamp 1991, 251ff.) wird die Verteilung der Bevölkerung auf soziale Positionen untersucht – eine ursächliche Komponente ihrer Lebenschancen.
- Schließlich untersuchen die *lebenslauftheoretischen Ansätze* (Kohli 1991, 303ff.) die Interaktionsprozesse auf ihren Zeitablauf im Rahmen einer Biographie.

6.4 Instanzen der Sozialisation

Wenn Sozialisation den Prozess »des Mitgliedwerdens in einer Gesellschaft« im Schnittpunkt von Gesellschaft und Persönlichkeit untersucht, dann sind natürlich die Forschungsergebnisse zu den Instanzen (oder wie man auch sagte: den Feldern), in denen diese Sozialisation erfassbar ist, von konkreter Bedeutung. Nicht alle empirischen Einzelforschungen folgen bündig einer der dargestellten Theorien, vielfach nehmen sie unterschiedliche Ansätze integrierend auf. Hier sollen zwei der klassischen »Instanzen« beispielhaft vorgestellt werden: Familie und Schule (vgl. Oswald 1997). (Das Neue Handbuch ... 1991/1999 geht außerdem auf Kindergarten, Gleichaltrigengruppe, Beruf und Betrieb, Hochschule, sozialpädagogische Institutionen, psychosoziale Praxis und Massenmedien ein.)

6.4.1 Beispiel Familie

In den letzten 10–15 Jahren hat sich die Sicht der Familie als eine der zentralen Instanzen der Sozialisation erheblich gewandelt (Nave-Herz/Markefka 1989, Nave-Herz 1994, Hurrelmann 1998, Hoffmeister 2000). Dies lässt sich an drei Aspekten aufzeigen (zum Folgenden: Kreppner 1991, 321ff.).

a) Die Familie wird nicht mehr als statische Einheit gesehen, die mit ihren Interaktionsstrukturen die Lebenswelt der Kinder gleichmäßig und dauerhaft beeinflusst. Sie wird vielmehr verstanden als eine sich ständig im Lebensverlauf wandelnde und entwickelnde Einheit, die ein inneres Gleichgewicht zu halten hat und die sich ständig an innere Veränderungen (z.B. Beziehungskrisen) und äußere (z.B. Wiedereintritt der Frau ins Berufsleben) anzupassen hat. Insofern sind auch Krisen einer Familie normale Anpassungserscheinungen.

b) Ein und dieselbe Familie wird von Kindern (und Eltern) je nach »Eintrittszeitpunkt« eines Kindes unterschiedlich erlebt. Das drittgeborene Kind findet ein Beziehungsnetz und Umweltbedingungen vor, die sich erheblich von dem erstgeborenen unterscheiden (non-shared environment). So wird dieselbe Familie zu unterschiedlichen »Familien«.

c) Im Rahmen der Bindungsforschung (Bowlby) wurde betont, dass das Kind in frühester Zeit ein kognitives Grundmuster erwirbt, das es später auf andere soziale Beziehungen anwendet und überträgt. Dies gilt als eine Erklärung für die offensichtliche Konsistenz des Sozialverhaltens der Kinder. (Die frühere Volksmeinung war, dass ein Kind eben aggressiv oder weinerlich »veranlagt« sei.)

Insbesondere die kritischen Übergangsphasen der Familienentwicklung fanden breites Interesse.

- Es ist vor allem die Phase des Übergangs von der Zweierbeziehung zur Elternschaft. Dabei hat sich z.B. die Qualität der Beziehung während der Schwangerschaft als von hohem prognostischem

Wert für die Einschätzung positiver sozialer Kompetenz des Kindes z.B. im Vorschulalter erwiesen! Die Fülle der »Beziehungsaufgaben« in dieser schwierigen Umbruchphase liegt auf der Hand, wobei vor allem die Rolle des Vaters als wichtiger Stabilitätsfaktor erkannt wurde.

- Eine weitere gravierende Veränderung liegt in der Phase, in der Kinder ins Jugendalter übergehen. Nicht der unvereinbare Gegensatz von Autonomiebestrebung und Familienbindung ist dabei das Problem, sondern die Dynamik einer Familie wird bestimmt von der Harmonie oder Disharmonie zwischen diesen beiden Variablen. Andererseits erleiden in dieser Phase die Mütter den größten Verlust an Zufriedenheit.
- Schließlich birgt die zunehmende doppelte Einspannung der Eltern zwischen den Kindern und den gebrechlicher werdenden eigenen Eltern für die Generation der mittleren Erwachsenen ein Belastungsfeld.

Alle diese Konfliktfelder deuten auf die zunehmende Problematik einer Balance zwischen individuellen Interessen und familialen Belangen. Bei allem ist nicht zu übersehen, dass Kinder sehr wohl ihre eigene Entwicklung steuern (das Subjekt als produktiv realitätsverarbeitend, s.o.!).

Über diese Tendenzen hinaus gibt es natürlich eine Fülle von Ergebnissen zu den aktuellen Problemen der Familie – von Alleinerziehenden über Scheidungsanstiege bis zu besonderen Konfliktlagen in (immer noch nicht voll legitimierten) neuen Formen familialen Zusammenlebens (Grundmann/Huinink 1991, Hoffmeister 2000).

6.4.2 Beispiel Schule

Jünger als die Familie ist die Schule. Sie ist der konsequenteste Ausdruck der Institutionalisierung von Erziehung in arbeitsteilig organisierten und hochkomplexen Gesellschaften.

Daraus ergeben sich für die Sozialisationsforschung zwei Blickrichtungen: Zur gesellschaftlichen Seite hin ist zu fragen, welche Funktionen die Schule zu erfüllen hat und welche Rollenerwartungen an die Beteiligten sich daraus ergeben. Zur Seite der Subjekte hin ist zu fragen, wie sich dies auf die Persönlichkeitsentwicklung auswirkt. In dieser Doppelperspektive liegt eine erhebliche Relativierung aller idealistisch-pädagogischen Vorstellungen, denn: »Die Schule – als Institution – erzieht« (Siegfried Bernfeld).

Aus der Fülle der *Forschungsergebnisse* zur konkreten Sozialisation durch die Schule (Belege bei Klaus Ulich 1991, 377ff., Horstkemper 1987, Horstkemper/Wagner-Winterhager 1990, Fend 1997) hier nur wenige neuere Befunde.

In der schulischen Sozialisationsforschung hat sich in den achtziger Jahren einiges getan. Eine verstärkte Hinwendung zum Schulalltag, verbunden mit einem Aufschwung qualitativer Verfahren, ist zu beobachten, eine kritische Erforschung des »Sexismus« in der Schule (geschlechtsspezifische Sozialisation) wurde vorangetrieben, und schließlich wurden die vielfältigen Überlagerungen von Familie und Schule in ihrer wechselseitigen Beeinflussung untersucht.
Aus Schülersicht hat die Schule eher ein negatives Gesicht: SchülerInnen haben Schwierigkeiten mit lebensfremden Unterrichtsinhalten, sinnlosen Regeln, geringem Freizeitangebot, Prüfungsangst und

-stress, wenig Mitbestimmungsmöglichkeiten und Leistungsangst. Während 1955 die Schüler die Schule insgesamt eher positiv bewerteten, verschlechtert sich das Verhältnis von Jungen und Mädchen zur Schule im Laufe der Adoleszenz von Jahr zu Jahr (Fend 1997). Die Schüler und Schülerinnen stellen die Existenz und Legitimität der Schule für den Erwerb von Zertifikaten allerdings grundsätzlich nicht in Frage. Dabei gibt es beträchtliche Unterschiede zwischen erfolgreichen Schülern und Schulversagern, ebenso zwischen Jungen und Mädchen, zwischen verschiedenen Schulformen, Regionen und Nationalitäten (Näheres bei Fend 1997).

Die Wirkungen der schulischen Sozialisation umfassen folgende Hauptbereiche:

- das *Schulsystem:* Veränderungsversuche der dreigliedrigen Struktur durch Einführung der Gesamtschule haben bei weitem nicht zu den erhofften sozialisatorischen Wirkungen geführt;
- das *Schulklima:* Forschungen zeigen einen Zusammenhang zwischen Klima und dem Erreichen kognitiver, affektiver und sozialer Lernziele;
- die *Schüler-Schüler-Beziehung:* Schüler müssen vor allem ausbalancieren zwischen Konkurrenz- und Gemeinschaftsnormen;
- die *Lehrer-Schüler-Beziehung:* Die Interaktionsstruktur ist »versachlicht« und vor allem prinzipiell asymmetrisch, was (über Jahre hin als Hierarchie internalisiert) gesellschaftlich seine Früchte trägt, wobei Lehrer leistungsstarke und konforme Schüler/innen bevorzugen und günstiger beurteilen.
- Aber die *LehrerInnen* haben es auch nicht leicht, denn aus Schülersicht sollen sie einerseits Gleichberechtigung und demokratische Entscheidungen ermöglichen, andererseits sollen sie Autorität sein, einerseits persönliche, individuelle Beziehungen ermöglichen, andererseits alle gleich und gerecht behandeln;
- *Kommunikationsprozesse:* Sie zeigen, dass Lehrer faktisch eine passiv-reaktive Schülerrolle bevorzugen;
- *Inhalte des Lernens:* Sie haben wenig mit dem außerschulischen Leben zu tun, was Ulich (1991, 388) formulieren lässt: »Genau darin, nämlich in der Forderung und Förderung einer abstrakten, eben inhaltsunabhängigen, Leistungsbereitschaft, liegt der wahrscheinlich wichtigste Sozialisationseffekt von Schule.«
- System der *Leistungsforderung und -beurteilung:* Leistungsdruck, Folgen von Leistungsbewertung für die Beurteilung des Schülers als Person, hoher Zusammenhang mit Schulangst, negatives Selbstbild bei Schulversagern. Schulische Normverstöße führen zu Etikettierungsprozessen durch die Lehrer und Lehrerinnen (Näheres im Kapitel 10: Schultheorien).
- Schließlich hat die Schule auch für die *Lehrer und Lehrerinnen* bedeutsame Sozialisationswirkungen. Vor allem die Kluft zwischen pädagogischen Leitzielen und Unterrichtspraxis mindert die Berufszufriedenheit. Isolation, inhaltliche Routinisierung, Bürokratisierung und Verrechtlichung können zu einer »deformation professionelle« führen, »burn out« fördern und lassen bei älteren Lehrern die Reformbereitschaft deutlich gegenüber jüngeren sinken.

6.5 Geschlechtsspezifische Sozialisation

Von zentraler Bedeutung für die jüngste Diskussion ist die quer zu allen Instanzen liegende sog. geschlechtsspezifische Sozialisation (Hagemann-White 2000, Horstkemper 1987, Glumpler 1993, Oswald 1997, Horstkemper/Zimmermann 1998). Kinder kommen als Mädchen und Jungen z.B. in die Schule, und diese – so der generelle Tenor der Forschung – verfestigt geschlechtsspezifische *Unterschiede im Verhalten*, einschließlich kognitiver, emotionaler und motivationaler Aspekte.

Dies wurde festgestellt an der unterschiedlichen Leistungsbewertung, an der (zumindest quantitativen) Bevorzugung von Jungen in der LehrerInnen-SchülerInnen-Interaktion. Auf der Ebene des Umganges von Jungen und Mädchen ist eine deutliche geschlechtsspezifische Hierarchisierung zu beobachten. Mädchen haben zwar durchschnittlich bessere Noten, sind fleißiger, ordentlicher und pünktlicher, gleichwohl werden sie von Lehrern im Durchschnitt weniger beachtet und gefördert als Jungen. Man führt ihre Leistungen eher auf Sozialverhalten als auf kognitive Leistungsfähigkeit zurück (Oswald 1997, 64f.). Lerninhalte enthalten Rollenklischees. Die Fächerwahl zeigt geschlechtsspezifisch einseitige Präferenzen (vor allem im naturwissenschaftlichen Unterricht als »männlicher Domäne«). Es gibt beträchtliche Unterschiede im Selbstvertrauen, im Selbstwertgefühl und im Leistungsselbstbild (z.B. führen Mädchen gute Leistungen mehr auf Anstrengung zurück, während die Jungen dies ihrer Begabung zuschreiben …) (Horstkemper 1987).

Dies alles hat zu einer Grundsatzdiskussion um die *Koedukation* geführt, die sich zwischen der Forderung feministischer Mädchenschulen und Vorschlägen zur Veränderung der koedukativen Schulen bewegt (Horstkemper/Wagner-Winterhager 1990, Faulstich-Wieland 1991, Glumpler 1994, Kaiser 1997). Es gibt inzwischen auch Erfolg versprechende Beispiele, Jungen und Mädchen – z.B. im naturwissenschaftlichen Unterricht – gesondert zu fördern (ohne in den Puritanismus vergangener Zeiten zurückzufallen), andererseits aber Koedukation bewusst (»reflexiv«) zu gestalten (PÄDAGOGIK H. 7/8 1994, Kraul/Horstkemper 1999). Drei Aspekte stehen in der Forschung im Vordergrund: die Sichtweise der betroffenen Jugendlichen selbst (die wollen nur zu einem kleinen Teil eine Trennung), die Frage nach den besonderen Schwierigkeiten der Jungen (die fühlen sich rein untereinander überhaupt nicht wohl) und die Geschlechterfrage in einer multikulturellen Gesellschaft (da sind manche schon eher für Trennung) (Näheres bei Faulstich-Wieland/Horstkemper 1995).

Aber auch auf der Seite der Lehrer und Lehrerinnen gibt es beträchtliche Unterschiede im Verständnis des Berufs und in der Verarbeitung *berufsspezifischer Belastungen* (Brehmer 1987, Flaake 1993). Abgesehen von der Doppelbelastung vieler Lehrerinnen durch Haushalt (jedenfalls in der Realität) plus Beruf und der Unterrepräsentation in Leitungspositionen neigen Lehrerinnen – anders als ihre männlichen Kollegen – dazu, die Beziehungsebene zu den SchülerInnen stärker zu betonen, aber auch Probleme und Misserfolge stärker dem eigenen Versagen zuzuschreiben und sich für alles verantwortlich zu fühlen (Flaake 1993).

Die Forschungsergebnisse zur geschlechtsspezifischen Sozialisation (Dausien 1999, Hagemann-White 2000, Fend 2000) außerhalb der Schule sind inzwischen kaum noch überschaubar. Sie reichen von den allerfrühesten unterschiedlichen Interaktionen mit weiblichen und männlichen *Säuglingen* über die *Körpersozialisation* (männliche und weibliche Körperlichkeit ist auch kulturelles Symbol und wird so dargestellt und »hergestellt«), *emotionale Sozialisation* (emotionale Expressivität wird Frauen zugeordnet, Instrumentalität Männern), der Sozialisation durch die *peers*, *Medien* bis hin zu männlicher und weiblicher *Moral* und zu Grundlagenstudien der Sozialisation für und durch geschlechtsspezifische *Arbeitsteilung*.

Aktuelle *Veränderungstendenzen* sind dabei z.B. die Veränderung geschlechtsspezifischer Arbeitsteilung (vor allem von den Frauen aus) und eine gewandelte Familienstruktur (nach einem Bonmot von Ulrich Beck: »Verhandlungsfamilie auf Zeit«). Lebensformen werden wählbar und revidierbar, Selbstkonzepte und »Rollenbündel« müssen mehrmals im Leben verändert werden. Auch »im Bereich von *Sexualität* wird verhandelt und gekämpft« (Bilden 1991, 298). Ältere Formen von Männlichkeit werden in Frage gestellt (auch bei der Frage der Teilhabe von Frauen an gesellschaftlicher Macht). Die alte »Polarität« der Geschlechter, die Charakterisierung von Männlichkeit und Weiblichkeit, verliert tendenziell ihren Inhalt durch Überlappungen und Grenzüberschreitungen. Ein kompakter Überblick (mit zahlreicher weiterführender Literatur) zur geschlechtsspezifischen Sozialisation im Jugendalter findet sich bei Tillmann (1990, 10ff.).

> Theoretisch scheint dies auch zu einer Abkehr vom Paradigma »geschlechtsspezifischer Sozialisation« zu führen und hinzudeuten auf einen »Konzeptwechsel zu individueller (oder subjektiver) Lebensgestaltung und Entwicklung einerseits, gesellschaftlichen Konstruktions- und Produktionsprozessen unserer Wirklichkeit andererseits« (Bilden 1991, 301). Das wäre so schlecht auch nicht, es könnte das Ende des stigmatisierenden »Typisch-Männlich« und »Typisch-Weiblich« sein …

Abschließend noch der Hinweis, dass man die Sozialisationsproblematik auch ganz anders systematisieren kann: Erforscht werden dann »Dimensionen der Sozialisation« wie z.B. die kognitive, die sprachliche, emotionale, kulturelle oder politische Dimension. Dazu finden sich im Neuen Handbuch … (1991/1999) ebenfalls zentrale Übersichtsartikel.

Doch – wer Sozialisation immer noch für den totalen Zugriff der Gesellschaft auf das Individuum hält, möge sich von folgendem Zitat (das ich bei M. Foucault gefunden habe) trösten lassen: »›Sehr gut‹, sagte der Großfürst Michael einmal von einem Regiment, nachdem er es eine ganze Stunde das Gewehr hatte präsentieren lassen, ›sehr gut‹, aber sie atmen!«

Lese- und Arbeitsvorschläge

Klassische Texte zu Sozialisationstheorien finden Sie vor allem bei F. Baumgart: Theorien der Sozialisation. Bad Heilbrunn, 2., durchgesehene Auflage 2000 (Durkheim: Erziehung als soziale Tatsache; Parsons: Handeln in gesellschaftlichen Systemen; Mead: Soziales Handeln durch Sprache; Habermas: Kommunikatives Handeln und Ich-Identität; Bourdieu: Die verborgenen Mechanismen der Macht – jeweils mit Kommentar). Über die wichtigen Sozialisationstheorien informieren drei lesenswerte Werke: 1. Klaus Hurrelmannn: Einführung in die Sozialisationstheorie. Weinheim 1998. Im Mittelpunkt steht das (gegen ein passives Anpassungsmodell gerichtete) Modell des produktiv realitätsverarbeitenden Subjektes in der Sozialisation. 2. Klaus-Jürgen Tillmann: Sozialisationstheorien. Reinbek 1996. Tillmanns Schwerpunkt ist einerseits die Abwehr biologistischer Vorstellungen vom Menschwerden, andererseits die unterschiedliche Sozialisation von Jungen und Mädchen. 3. Als lesedidaktisch hervorragend konzipiertes Lehrbuch ist geeignet Hannelore Faulstich-Wieland: Individuum und Gesellschaft. Sozialisationstheorien und Sozialisationsforschung. München/Wien 2000. Vor allem der Aspekt geschlechtsspezifischer Sozialisation wird durchgehend verfolgt. Ein umfangreiches Literaturverzeichnis gibt Hinweise zum gezielten Weiterstudium.

Als *Arbeitsvorschlag* empfehle ich folgende (in Seminaren erprobte) Anregung: Sammeln Sie konkrete Beispiele zur Frage: »Wie wird ein Junge zum Mann, wie ein Mädchen zur Frau – durch Prozesse der Sozialisation?«

Literatur

Baumgart, F. (Hg.): Theorien der Sozialisation. Bad Heilbrunn, 2., durchgesehene Auflage 2000

Bilden, H.: Geschlechtsspezifische Sozialisation. In: K. Hurrelmann/D. Ulich (Hg.) 1991, a.a.O., S. 279–301

Brehmer, I.: Der widersprüchliche Alltag. Berlin 1987

Brenner, C.: Grundzüge der Psychoanalyse. Frankfurt 1982

Bronfenbrenner U.: Die Ökologie der menschlichen Entwicklung. Stuttgart 1981
Brumlik, M.: Der symbolische Interaktionismus und seine pädagogische Bedeutung. Frankfurt/M. 1973
Dausien, B. (Hg.): Erkenntnisprojekt Geschlecht. Opladen 1999
Dippelhoffer-Stiem, B.: Sozialisation in ökologischer Perspektive. Eine Standortbestimmung am Beispiel der frühen Kindheit. Opladen 1995
Faulstich-Wieland, H.: Koedukation – Enttäuschte Hoffnungen? Darmstadt 1991
Faulstich-Wieland, H.: Individuum und Gesellschaft. Sozialisationstheorien und Sozialisationsforschung. München/Wien 2000
Faulstich-Wieland, H./Horstkemper, M.: »Trennt uns bitte nicht!« Koedukation aus Mädchen- und Jungensicht. Opladen 1995
Fend, H.: Sozialisierung und Erziehung. Weinheim 1969
Fend, H.: Sozialgeschichte des Aufwachsens. Frankfurt/M. 1988
Fend, H.: Der Umgang mit Schule in der Adoleszenz. Aufbau und Verlust von Lernmotivation, Selbstachtung und Empathie. Bern/Stuttgart 1997
Fend, H.: Entwicklungspsychologie des Jugendalters. Opladen 2000
Flaake, K.: »... die eigenen Grenzen akzeptieren«. Überforderungstendenzen bei Lehrerinnen. In: PÄDAGOGIK H. 1/1993, S. 25–27
Geulen, D.: Die historische Entwicklung sozialisationstheoretischer Ansätze. In: K. Hurrelmann/ D. Ulich (Hg.) 1991, a.a.O., S. 21–54
Geulen, D./Hurrelmann, K.: Zur Programmatik einer umfassenden Sozialisationstheorie. In: K. Hurrelmann/D. Ulich (Hg.): Handbuch der Sozialisationsforschung. Weinheim 1980 [1.Aufl.], S. 51–67
Glumpler, E. (Hg.): Erträge der Frauenforschung für die LehrerInnenausbildung. Bad Heilbrunn 1993
Glumpler, E. (Hg.).: Koedukation. Bad Heilbrunn 1994
Grundmann, M./Huinink, J.: Der Wandel der Familienentwicklung und der Sozialisationsbedingungen von Kindern – Situation, Trends und einige Implikationen für das Bildungssystem. In: Z. f. Päd. H. 4/1991, S. 529–554
Habermas, J.: Stichworte zu einer Theorie der Sozialisation (1968). In: Ders.: Kultur und Kritik, S. 118–194. Frankfurt/M. 1973
Habermas, J.: Theorie kommunikativen Handelns. 2 Bde. Frankfurt/M. 1981 und 1988
* *Hagemann-White, C.: Sozialisation: weiblich – männlich. Opladen 2000, 2. Aufl.*
Hamann, B.: Sozialisationstheorie auf dem Prüfstand. Bad Heilbrunn 1981
Herrmann, U.: Historische Sozialisationsforschung. In: K. Hurrelmann/D. Ulich (Hg.) 1991, a.a.O., S. 231–250
Hoffmeister, D.: Mythos Familie. Opladen 2000
Holzkamp, K.: Grundlegung der Psychologie. Frankfurt/M. 1983
Horstkemper, M.: Schule, Geschlecht und Selbstvertrauen. Weinheim/München 1987
Horstkemper, M./Wagner-Winterhager, L. (Hg.): Mädchen und Jungen/Männer und Frauen in der Schule. Weinheim 1990, 1. Beiheft der Zeitschrift: Die Deutsche Schule
Horstkemper, M./Zimmermann, P. (Hg.): Zwischen Dramatisierung und Individualisierung. Geschlechtstypische Sozialisation im Kindesalter. Opladen 1998
* *Hurrelmann, K.: Einführung in die Sozialisationstheorie. Weinheim 1986, 1998, 6. Aufl.*
Hurrelmann, K.: Gesundheitswissenschaftliche Ansätze in der Sozialisationsforschung. In: K. Hurrelmann/D. Ulich (Hg.) 1991, a.a.O., S. 189–213
* *Hurrelmann, K./Ulich, D. (Hg.): Neues Handbuch der Sozialisationsforschung. Weinheim 1991 (zitiert als Neues Handbuch ...), 1999, 5. Aufl.*

Hurrelmann, K./Ulich, D.: Gegenstands- und Methodenfragen der Sozialisationsforschung. In: K. Hurrelmann/D. Ulich (Hg.) 1991, a.a.O., S. 3–20

Joas, H.: Rollen- und Interaktionstheorien in der Sozialisationsforschung. In: K. Hurrelmann/D. Ulich (Hg.) 1991, a.a.O., S. 137–152

Kaiser, A. (Hg.): Koedukation und Jungen. Weinheim 1997

Kegan, R.: Die Entwicklungsstufen des Selbst. München 1991, 2. Aufl.

Kohli, M.: Lebenslauftheoretische Ansätze in der Sozialisationsforschung. In: K. Hurrelmann/D. Ulich (Hg.) 1991, a.a.O., S. 303–317

Krappmann, L.: Soziologische Dimensionen der Identität. Stuttgart 1971

Kraul, M./Horstkemper, M.: Reflexive Koedukation in der Schule. Mainz 1999

Kreppner, K.: Sozialisation in der Familie. In: K. Hurrelmann/D. Ulich (Hg.) 1991, a.a.O., S. 321 bis 334

Liegle, L.: Kulturvergleichende Ansätze in der Sozialisationsforschung. In: K. Hurrelmann/D. Ulich (Hg.) 1991, a.a.O., S. 215–230

Lorenzer, A.: Zur Begründung einer materialistischen Sozialisationstheorie. Frankfurt/M. 1972

Mead, G. H.: Geist, Identität und Gesellschaft. Frankfurt/M. 1968

Mertens, W.: Psychoanalytische Theorien und Forschungsbefunde. In: K. Hurrelmann/D. Ulich (Hg.) 1991, a.a.O., S. 77–97

Mertens, W.: Psychoanalyse. Stuttgart u.ö. 1992, 2. Aufl.

Nave-Herz, R.: Familie heute. Darmstadt 1994

Nave-Herz, R./Markefka, M. (Hg.): Handbuch der Familien- und Jugendforschung. Bd. 1: Familienforschung. Neuwied/Frankfurt/M. 1989

Nissen, U.: Kindheit, Geschlecht und Raum. Weinheim 1998

Oswald, H.: Sozialisation, Entwicklung und Erziehung im Kindesalter. In: 36. Beiheft der Z. f. Päd. 1997, S. 51–75

Ottomeyer, K.: Gesellschaftstheorien in der Sozialisationsforschung. In: K. Hurrelmann/D. Ulich (Hg.) 1991, a.a.O., S. 153–186

Rolff, H.-G.: Sozialisation und Auslese durch die Schule. Heidelberg 1980, 9. Aufl.

* *Tillmann, K.-J.: Sozialisationstheorien. Reinbek 1989, 4., vollst. überarb. Neuauflage 1994, 1996, 7. Aufl.*

Tillmann, K.-J.: Söhne und Töchter in der Familie. Zur geschlechtsspezifischen Sozialisation im Jugendalter. In: PÄDAGOGIK H. 7/8 1990, S. 10–15

Schäfer, A.: Vermittlung und Alterität. Zur Problematik von Sozialisationstheorien. Opladen 2000

Seiler, T. B.: Entwicklung und Sozialisation: Eine strukturgenetische Sichtweise. In: K. Hurrelmann/D. Ulich (Hg.) 1991, a.a.O., S. 99–119

Steinkamp, G.: Sozialstruktur und Sozialisation. In: K. Hurrelmann/D. Ulich (Hg.) 1991, a.a.O., S. 251–277

Tzankoff, M.: Der Symbolische Interaktionismus und die Zweigeschlechtlichkeit der sozialen Welt. Opladen 1995

Ulich, D.: Zur Relevanz verhaltenstheoretischer Lernkonzepte für die Sozialisationsforschung. In: K. Hurrelmann/D. Ulich (Hg.) 1991, a.a.O. S. 57–75

Ulich, K.: Schulische Sozialisation. In: K. Hurrelmann/D. Ulich (Hg.) 1991, a.a.O., S. 377–396

Veith, H.: Theorien der Sozialisation. Frankfurt/M. 1996

Vogel, P.: Scheinprobleme der Erziehungswissenschaft: Das Verhältnis von »Erziehung« und »Sozialisation«. In: Z. f. Päd. H. 4/1996, S. 481–490

Walther, H. (Hg.): Sozialisationsforschung. 3 Bde. Stuttgart 1973

Kapitel 7: Erziehung und Bildung

Worum es geht ...
Muss der Mensch erzogen werden? Aus anthropologischen Forschungen scheint sich die generelle Erziehungsbedürftigkeit des Menschen belegen zu lassen. Doch was ist eigentlich »Erziehung«? Klärungsversuche des Erziehungsbegriffes werden vorgestellt. Erziehung ist nicht ohne Ziele, Normen und Werte möglich. Welche Modellvorstellungen zum Erziehungsprozess gibt es? Oder sollte man den Erziehungsbegriff in einer immer komplexer werdenden Gesellschaft durch den der Bildung ersetzen? Der Begriff Bildung wird als Grundkategorie beschrieben, Umrisse eines modernen Bildungskonzeptes werden entwickelt.

7.1 Warum ist der Mensch auf Erziehung angewiesen? – Anthropologische Grundlagen

Wer pädagogisch handelt, hat ein (mehr oder weniger bewusstes) »Menschenbild«. Pädagogik in Praxis und Theorie beruht auf einer impliziten Anthropologie, wie Heinrich Roth (1971) in seinem zweibändigen Grundlagenwerk herausgearbeitet hat. Wer z.B. den Menschen für ein biologisches »Mängelwesen« hält, zudem triebhaft und instinktunsicher, das nur durch Kultur überleben kann, wird anders erziehen als jemand, der den Menschen für die Krone der Schöpfung hält, in dem alle Fähigkeiten und Anlagen schlummern und sich von selbst entfalten ...

Spätestens seit Beginn des »pädagogischen Jahrhunderts« (18. Jahrhundert) wird die pädagogische Anthropologie als Begründung und Rechtfertigung von Erziehung und Bildung verstanden (Oelkers 1994, 195). Die menschliche »Natur« bedürfe des »kulturellen Überbaues«, damit der Mensch zum Menschen werde. Erziehung wird zur humanisierenden Kraft. Nur: Das seit Rousseau bekannte Basisproblem (vgl. Kap. 4: Geschichte) gerät aus dem Blick, »wonach nicht ›erzogen‹ werden kann, was sich von Natur aus *selbst* entwickelt ...« (ebd. 195). Übersehen wird auch leicht, daß *Lernbedürftigkeit* nicht gleichbedeutend sein muss mit *Erziehungsbedürftigkeit*, denn mit »Erziehung« ist untrennbar Normativität verbunden (versuchen Sie mal, ein Kind zu erziehen ohne Vorstellungen von »gut für das Kind/schädlich für das Kind«; s.u. Ziele, Normen, Werte)! Und ob Normen aus der »Natur« des Menschen(kindes) gültig ableitbar sind, ist äußerst umstritten.

Die uralte Frage der Anthropologie (anthropos = der Mensch, logos = Lehre oder Wissenschaft) heißt: »Was ist der Mensch?« Die moderne Anthropologie spricht aber nicht mehr von einem »Wesen des Menschen«. Vielmehr beschäftigen sich unterschiedliche Wissenschaften (von der Biologie über die Psychologie, die Medizin und Kulturanthropologie bis zur Philosophie und Theologie) unter unterschiedlichsten Perspektiven mit dieser Grundfrage. Die pädagogische Anthropologie sucht deren Fragestellungen und Ergebnisse für die Erziehungswissenschaft fruchtbar zu machen und pädagogisch weiterzudenken (Überblick bei König/Ramsenthaler 1980, Scheuerl 1982, Braun 1989, Kamper 1989, Wulf 1994, Z. f. Päd. H. 2/1994, Weber 1995, Hamann 1998). Zu fragen ist auch, welchen Beitrag die Pädagogik zu einer allgemeinen Anthropologie leisten kann (z.B. Loch 1963, Bollnow 1965), z.B. indem die Pädagogische Anthropologie (als der innerdisziplinäre Ort innerhalb der Pädagogik) den Menschen unter ihrem spezifischen Aspekt erforscht: der Mensch als erziehungsfähiger und erziehungsbedürftiger (*homo educabilis et educandus*), besser noch unter dem Aspekt des *Lernens* im Sinne der Genese des menschlichen Subjekts (Miller-Kipp 1995, 158).

7.1.1 Biologische Aspekte

a) Zu den bedeutsamsten Befunden gehört die Auffassung des Aachener Kultursoziologen Arnold Gehlen: Der Mensch ist – im Vergleich zum Tier – ein *»Mängelwesen«*. Ihm fehlt weitgehend die verhaltensleitende Instinktausstattung der Tiere, seine Organausstattung (keine Flucht- oder Schutzorgane oder natürlichen Waffen) ist ungenügend, die meisten Tiere verfügen über schärfere Sinnesorgane, ohne Haarkleid und ohne Schutz vor Witterung ist er weitgehend schutzlos usw. Er ist – mit einem Wort Nietzsches – ein »nicht-festgestelltes Tier«.
Trotzdem überlebt der Mensch, am Nordpol wie in der Sahara. Warum? Statt instinktgeleitet lebt der Mensch handelnd in der Welt (konstitutive Bedeutung der Handlung); er schafft sich – gleichsam als zweite Natur – eine »künstlich bearbeitete und passend gemachte Ersatzwelt ... Er lebt gleichsam in einer entgifteten, handlich gemachten und von ihm ins Lebensdienliche veränderten Natur, die eben die Kultursphäre ist.« (Gehlen 1961, 48) Er verfügt kompensatorisch über eine hochgradige Lernfähigkeit. Der Mensch lebt von den Resultaten seiner voraussehenden, geplanten und gemeinsamen Tätigkeit – er ist ein »Kulturwesen«. Das zeigt sich besonders in der Bedeutung der Sprache.

Die vom Menschen geschaffenen Institutionen (wie z.B. Eigentum, Familie, Recht, Staat) sind angesichts der hochgradigen Plastizität und Verhaltensunsicherheit des Menschen für Gehlen »stabilisierende Gewalten« (ebd., 71), die den Menschen vom permanenten Druck, andauernd neue Entscheidungen treffen zu müssen (was er nicht aushalten würde), entlasten.

Die immense pädagogische Bedeutung dieser Sachverhalte liegt auf der Hand: Der Mensch muss um des Überlebens willen zur Kultur erzogen werden. Ebenso deutlich ist aber auch der vielfach kritisierte konservative Grundzug dieser Anthropologie: Die Sprengung von kulturellen Traditionen ist sozusagen »überlebensgefährlich« für den Menschen ...

b) Von großer Bedeutung ist auch die These des Baseler Zoologen Adolf Portmann (1951) von der Sonderstellung des Menschen durch die Tatsache der *»physiologischen Frühgeburt«*.

Verglichen mit andern Säugetieren braucht das Menschenkind rund ein Jahr nachgeburtlicher Entwicklung, um die bei Tieren vorhandenen Fähigkeiten zu erwerben (ein Kalb kann z.B. nach der Geburt gehen und stehen). Der Mensch wächst in einem »extra-uterinen Früh-Jahr« auf, in welchem er durch Umgang mit der menschlichen und kulturellen Umwelt die typisch menschlichen Merkmale (aufrechter Gang, Anfänge der Sprache, Handlungsfähigkeit) erst entwickelt. Auch das menschliche Gehirn weist ein Wachstum auf rund 400% bis zum Erwachsenenalter auf.

Dies alles sind Hinweise auf die hochgradige Lernfähigkeit und zugleich Unabdingbarkeit der Förderung durch die Erwachsenen (die man vorläufig weitgefasst auch »Erziehung« nennen kann). Der Mensch ist für Portmann im Gegensatz zum umweltgebundenen und instinktgesicherten Tier »weltoffen« und »entscheidungsfrei«.

c) Schließlich sind Tiere nach Jacob von Uexküll (1956) auf eine *spezifische Umwelt* hin ausgestattet.

Uexküll veranschaulicht dies eindrücklich am Beispiel der Zecke (Holzbock). Sie reagiert, auf einem Baume wartend, auf den Duft von Säugetieren, um sich fallen zu lassen und deren Blut zu saugen. Ihre nur wenige Sinne umfassende Ausstattung ermöglicht ihr nur ein Leben in einer genau passenden Um-Welt.

Der *Mensch* hingegen hat nicht Um-Welt, sondern *»Welt«*, er ist »umweltungebunden« und »weltoffen«. Der instinktarme und nicht-festgelegte Mensch bedarf daher der menschlich-kulturellen Einwirkung zur Ausbildung seines Menschseins, der Vermittlung derjenigen Verhaltensweisen und Normen, die ihm das Leben in seiner Gruppe erst ermöglichen.

d) Ferner gibt die *stammesgeschichtliche Entwicklung* des Menschen (Phylogenese) wichtige Hinweise auf die gewachsene Lernfähigkeit des Menschen.

Seine biologische Einordnung als »Quasi-Nestflüchter« (Portmann), neuerdings auch als »Tragling« (Liedtke 1993), ist verbunden mit spezifischen Bedürfnissen (z.B. einer Bezugsperson körperlich beständig nahe zu sein), aus denen sich unschwer pädagogische Folgerungen ableiten lassen, wie die Hospitalismusthematik und Forschungen zur frühen Mutterentbehrung zeigen. Insgesamt ist es für das Überleben des neugeborenen Menschenkindes notwendig, die zeitlich begrenzten Lernprozesse seiner Ontogenese (als Individuum) »an die bislang unbegrenzt akkumulierbaren phylogenetischen Lernprozesse (der Gattung) zum Zwecke des Überlebens« anzukoppeln (Treml 1987, 64). Einfacher formuliert heißt das, wir als Einzelne profitieren vom tradierten und selektierten Wissen aller vorigen Generationen, um zu überleben; uns bleibt nur die Chance, nicht den Genen zu vertrauen, sondern einem Lernen, das die Gene überschreitet.

e) Ergebnisse der *Verhaltensforschung*, insbesondere der Humanethologie (ethos = Verhalten) (Eibl-Eibesfeldt 1987, Neumann 1994) legen nahe, den Menschen und sein Verhalten unter dem Aspekt eines Produktes der evolutionären Tierreihe zu sehen. Um die Eigenarten des Menschen zu verstehen, werden Mensch-Tier-Vergleiche angestellt und Verhalten von Tieren zum Verständnis menschlichen Verhaltens herangezogen, ja auf ihn übertragen. Die universelle Verbreitung menschlicher Verhaltensweisen (z.B. Mimik im Sexualkontakt, Begrüßungsrituale, Revierverteidigung u.a.m.), vor allem auch bei sog. Naturvölkern, soll die Verankerung menschlicher Reaktionen in der evolutiven Vergangenheit belegen. Eine dichotomische Sichtweise von Mensch und Tier (der Mensch sei nur verstehbar im *Unterschied* zum Tier) wird abgelehnt.

f) Evolution und Pädagogik
Neben der Humanethologie spielt in der neuesten Diskussion die Einbeziehung *evolutionstheoretischer, neurophysiologischer und soziobiologischer Forschungen* in die Erziehungswissenschaft eine Rolle. So hat z.B. die Hamburger Pädagogin Gisela Miller-Kipp (1992) die biologischen Grundlagen als materielle Basis von »Bildung« herausgearbeitet. Wir wissen heute ferner, dass es hochsensible Phasen für die Ausprägung der synaptischen Verknüpfungen im Gehirn des werdenden Menschen gibt (Dichgans 1994). In diesen kritischen Phasen müssen z.B. die Umweltbedingungen hinreichend konstant sein (z.B. nicht dauernd wechselnde Bezugspersonen, wenn so etwas wie Beziehungsfähigkeit oder »Urvertrauen« – vgl. Erikson, Kp. 5 – entwickelt werden soll).

Das gilt auch für die *sprachliche Entwicklung:* Kommt ein Ausländerkind z.B. aus Japan oder China nach Abschluss der hochsensiblen plastischen Phase der Sprachentwicklung nach Deutschland, wird es zeitlebens »R« und »L« weder hörend noch sprechend unterscheiden können (Dichgans 1994, 233).

Für die Erziehungswissenschaft rückt ins Bewusstsein: Die Natur des Menschen ist das tragende Fundament jedes kulturellen Überbaues, also auch der Erziehung (Neumann 1994, 203, Miller-Kipp 1995). Man sollte diese natürlichen Grundlagen kennen, um abschätzen zu können, wie effektiv pädagogische Vorstellungen überhaupt sind. Dabei wird die alte These vom ausschließlich instinktorientierten Verhalten der Tiere heute erweitert durch die Einsicht, dass auch Tiere mehrfache Orientierungsmuster haben, ja »lernfähig« sind (z.B. lebt der Zaunkönig monogam in nahrungsarmen, aber polygam in nahrungsreichen Gebieten). In der Naturwissenschaft gibt es keinen deterministischen Naturbegriff mehr; Freiheit kommt schon in der Natur vor (Miller-Kipp 1995, 148).

Aber für den Menschen gilt: Es gibt keine »präzise Antwort auf die Frage, wie weit die stammesgeschichtlichen Programmierungen im Einzelnen gehen und in welchem Ausmaß die kulturelle Entwicklung zu einer ›zweiten Natur‹ des Menschen geführt hat, die die Wirkungen instinktiver Programme begrenzt oder verformt« (Neumann 1994, 218).

Gleichwohl lässt sich evolutionsbiologisch nachweisen, dass »Erziehung« eine Funktion der Überlebensoptimierung von höheren Lebewesen – Menschen – ist: Ein Lebewesen, das in einem speziellen Prozess (»Erziehung«) seine angeborenen Begabungen (die phylogenetisch entwickelt wurden) entfaltet, den Erfahrungsschatz der Kultur »anzapft« und seine individuellen Kompetenzen in einem ontogenetischen Lernprozess erweitert, hat einen erheblichen Selektionsvorteil (Treml 2000, 11ff.).

Schließlich brachte die *Soziobiologie* (Voland 1993) einen veränderten Blick z.B. für den »Altruismus« bei Tieren und Menschen: Wir alle sind gar nicht so selbstlos, vielmehr dient die Sorge für andere dazu, unsere eigenen genetischen Grundlagen an möglichst viele Nachkommen weiterzugeben; wir folgen dem Gesetz, »das dem Individuum eine maximale Anzahl überlebender Nachkommen sichert« (Neumann 1994, 209). So wird z.B. das Phänomen der Fremdenfeindlichkeit nach dieser Theorie damit erklärt, dass für die Artenerhaltung ein Abspaltungsprozess erforderlich sei.

Kritisch wurde dagegen eingewendet, dass die moderne Soziobiologie die Ergebnisse der Verhaltensforschung im Sinne eines gefährlichen neuen Sozialdarwinismus deute: Auch Menschen (= Männer) hätten dann als Ziel, ihre Gene zum Zwecke einer optimalen Reproduktion der Gattung an möglichst viele attraktive Weibchen weiterzugeben, Konkurrenz, Dominanzverhalten, Aggression, Imponiergehabe etc. sicherten dabei den Vorteil zur Fortpflanzung der eigenen Gene. Kriege, Unterdrückung, Machtgefälle, Kontrolle von Frauen etc. seien dann evolutionär-biologisch bedingte Reproduktionsstrategien, die den Besten zur Fortpflanzung helfen würden. Seien Familien dann nur noch »Reproduktionsgemeinschaften aus kopulationsstrebenden Männchen, brutpflegenden Weibchen und abhängigen Genkopien«? (Schües/Ostbomk-Fischer 1993, 18, ferner Scheunpflug 2000).

Die anthropologische Diskussion zeigt also insgesamt *zwei differierende Grundauffassungen:* der Mensch als Mängelwesen – Kultur ist Kompensation seiner Schwäche, und der Mensch als »geistbegabtes« Wesen – Kultur ist Ausdruck seines Reichtums. Doch: »Ob der Mangel oder der Reichtum des Menschen zum anthropologischen Ausgangspunkt genommen wird, was seine Mängel ausmacht, ist gleichzeitig sein Reichtum: die Kehrseite seiner Lern- und Erziehungsbedürftigkeit ist seine unendliche Lern- und Erziehungsfähigkeit« (Roth 1966, 149).

7.1.2 Philosophische Aspekte

Philosophisch formuliert haben wesentliche Aspekte vor der modernen Biologie bereits Herder (1744–1803) in der Formel vom Menschen als dem »ersten Freigelassenen der Schöpfung« und Kant (1724–1804) mit seiner Feststellung: »Der Mensch kann nur zum Menschen werden durch Erziehung. Er ist nichts, als was die Erziehung aus ihm macht ...« Die neuere philosophische Anthropologie hat z.T. die biologischen Fragen aufgegriffen, wenn z.B. der Philosoph und Soziologe Max Scheler (1928) den Menschen als »Geistwesen« auffasst, das »umweltfrei« und »weltoffen« ist und über »Selbstbewusstsein« verfügt. Und der Anthropologe und Philosoph Helmuth Plessner (1975) begreift den Menschen als reflexives Wesen, das sich selbst betrachten und »Ich« sagen kann und damit eine »exzentrische Stellung« in der Naturordnung hat. – Im Übrigen hat die philosophische Anthropologie ein ungemein breites Spektrum von Einsichten erarbeitet, das ich hier nicht annähernd darstellen kann. Es reicht von der Ich-Haftigkeit und Reflexivität über die Sinnverwiesenheit, die Freiheit, die Interpersonalität, die Leiblichkeit, die Sinnsuche bis zur Geschichtlichkeit und grundsätzlich »offenen Frage« des Menschsein (Überblick bei Hamann 1982, Braun 1989).

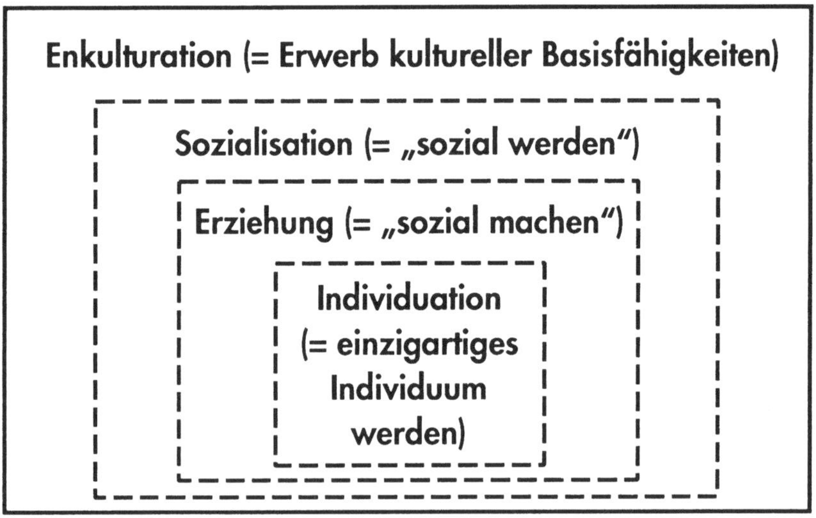

Abb. 16: Enkulturation, Sozialisation, Erziehung, Individuation

7.1.3 Enkulturation: das grundlegende Lernen von Kultur

Ohne Kultur – kein menschliches Überleben, so können wir zusammenfassen. Der grundlegende Prozess des Hineinwachsens in die Kultur, also das Erlernen der Teilnahme an Sprache, gefühlsmäßigen Ausdrucksformen, Rollen, Spielregeln, Arbeits- und Wirtschaftsformen, Künsten, Religion, Recht, Politik usw., wird nach Loch (1968) als Enkulturation bezeichnet. Wir verstehen den Begriff hier (mit Loch 1968, Fend 1969 und Kron 1988) als einen der Sozialisation übergeordneten Begriff. (Nach Fend bezieht sich Sozialisation »auf das Lernen einer *besonderen Klasse* kultureller Inhalte: das Lernen der moralischen Ordnung einer Gesellschaft«. Ebd. 48) Kurz gefasst: In der Enkulturation lernt das Kind z.B. die deutsche Sprache, in der Sozialisation, dass es die Sprache nicht zum Fluchen benutzen soll. – Erziehung betont dabei den intentionalen Aspekt dieses Prozesses.

Zusammengefasst: »Erziehung wird als ›Sozialmachung‹ beschrieben, Sozialisation als ›Sozialwerdung‹, beide als Moment der ›Enkulturation‹ ...« (Tenorth 1992, 17).

> Die anthropologischen Ergebnisse gelten als eine der zentralen Grundlagen für die Erziehungsbedürftigkeit und Erziehungsfähigkeit des Menschen. Sowohl phylogenetisch als auch ontogenetisch ist für den Menschen die »Entwicklungstatsache« (d.h., der Mensch kommt nicht fertig auf die Welt) gegeben, und die »Summe der Reaktionen einer Gesellschaft auf die Entwicklungstatsache« nennt Bernfeld (1967, 51) »Erziehung«. Unter dem Aspekt der *Individuation* gewinnt der Mensch dabei seine singuläre, ja persönliche, einzigartige Individualität.

Aber: Wenn die unter anthropologischem Aspekt geschilderte hochgradige Abhängigkeit des Menschen zugleich die Bedingung (und Chance) für die Entwicklung des Menschen ist – dann deutet sich hier zugleich die prinzipielle Widersprüchlichkeit des erzieherischen Prozesses an: Wie kann aus Abhängigkeit Autonomie werden, aus einem Verhältnis von Hilflosigkeit und Angewiesensein Unabhängigkeit und Eigenständigkeit?

7.1.4 Der pädagogische Grundgedanke (Benner)

Der Mensch muss also aus seiner »Anlage« überhaupt erst etwas machen: An die Stelle des Begriffes der Anlagedetermination tritt in einer *pädagogischen* Argumentation der Begriff der »Bildsamkeit«. Der Mensch muss aber auch seine Umwelt gestalten: An die Stelle des Begriffs der Umweltdetermination tritt das Prinzip der Aufforderung zur Selbsttätigkeit.

Folgt daraus bei aller Unterschiedlichkeit des Verständnisses von Erziehung so etwas wie eine Eigentümlichkeit pädagogischer Problemstellung, ein »pädagogischer Grundgedanke«? Dietrich Benner (1983, 1987) hat auf diesem Schnittpunkt von Anthropologie und Pädagogik einen solchen allgemeinen Entwurf der Grundstrukturen pädagogischen Denkens und Handelns entwickelt. Grund dafür ist, dass uns heute in der Vielzahl pädagogischer Einzeltätigkeiten sonst »kein gemeinsames Verständnis von den Aufgaben und Möglichkeiten pädagogischen Handelns verbindet« (Benner 1983, 284).

Aus der »Imperfektheit« (der Mensch wird nicht »perfekt« geboren), also aus seiner Erziehungsbedürftigkeit, folgt die Notwendigkeit der Erziehung als »Praxis« (wie Politik, Ethik, Arbeit, Religion und Kunst als weitere »Praxen«). Insoweit wendet die »Erziehungspraxis« die Not der Imperfektheit; der Mensch ist also zum Menschwerden der Erziehung bedürftig und fähig. Aber er gewinnt andererseits seine substantielle Bestimmung erst durch diese Praxis. »Zu erziehender und erzogener Mensch verhalten sich nicht zueinander wie Kaulquappe und Frosch ..., vielmehr wird die Bestimmtheit, die der Mensch im Erziehungsprozess erst erlangt, durch die Erziehung selbst produziert.« (Benner 1983, 291) Es ist also nicht möglich, aus der Tatsache der Erziehungsbedürftigkeit unmittelbar individuelle Bestimmungen abzuleiten.

Benner entwirft daher vier allgemeine Prinzipien der »Erziehungspraxis«. Die ersten beiden bestimmen die individuelle Seite der Erziehungspraxis: 1. Bildsamkeit des Menschen zur Selbstbestimmung; 2. Aufforderung zur Selbständigkeit bzw. Selbsttätigkeit (denn das erste Prinzip entfaltet sich nur durch die Mitwirkung des Heranwachsenden). Die nächsten beiden beziehen sich auf die gesellschaftliche Seite: 3. Überführung gesellschaftlicher Determination (der Erziehungspraxis) in pädagogische Determination (d.h., die gesellschaftliche Einflussnahme muss pädagogisch geprüft, kontrolliert, korrigiert werden, z.B. in den Institutionen wie Schule, aber auch Straßenverkehr); 4. Zusammenhang aller menschlichen Praxen und gemeinsame Aufgabe der Höherentwicklung der Menschheit.

> Die Prinzipien 1 und 4 beziehen sich auf die Aufgabenbereiche und den Zweck der Erziehungspraxis im Rahmen der menschlichen Gesamtpraxis, die Prinzipien 2 und 3 auf die richtige Art und Weise der Erziehung im Zusammenhang von individueller und gesellschaftlicher Einwirkung auf die Erziehung (ebd., 298).

»Richtige Art und Weise der Erziehung«? Ist das nicht doch bloß eine Neuauflage normativer Erziehung, die den Heranwachsenden nach ganz bestimmten Zielen (Intentionen) beeinflusst (z.B. »Selbsttätigkeit«, s.o. 2. Prinzip)? Keineswegs. Benner grenzt seinen Begriff pädagogischen Wirkens grundsätzlich und deutlich ab von normativer Erziehung, die nämlich ihren Weg und ihre Mittel ohne Rücksicht auf die Mitwirkungsmöglichkeiten und -leistungen des Heranwachsenden festlegt. Im Gegensatz zur landläufigen Vorstellung von Erziehung als intentionaler Beeinflussung betont Benner, »dass reflexive, zu neuen Erfahrungen, Nachdenken und Selber-Handeln anregende Wirkungen nur durch Auffor-

	Die Prinzipien pädagogischen Denkens und Handelns	
	Konstitutive Prinzipien der individuellen Seite	Regulative Prinzipien der gesellschaftlichen Seite
A *Theorie der Erziehung* (2) : (3)	(2) Aufforderung zur Selbständigkeit	(3) Überführung gesellschaftlicher Determination in pädagogische Determination
B *Theorie der Bildung* (1) : (4)	(1) Bildsamkeit als Bestimmtsein sein des Menschen zu Freiheit, Sprache und Geschichtlichkeit	(4) Nichthierarchischer Ordnungszusammenhang der menschlichen Gesamtpraxis
	C *Theorie pädagogischer Institutionen und ihrer Reform* (1)/(2) : (3)/(4)	

Abb. 17: Prinzipien pädagogischer Fragestellung (Benner 1991, 106)

derung zur Selbsttätigkeit ›bewirkt‹, niemals aber unmittelbar oder direkt herbei geführt, angestrebt, veranlasst oder erzeugt werden können« (Benner 1991, 17). – Genau dies Erziehungsverständnis spiegelt der bekannte Satz eines Kindes gegenüber der Reformpädagogin Maria Montessori: »Hilf mir, es selbst zu tun!« Wenn ich im folgenden Text von Intentionen in der Erziehung schreibe, dann ist immer dieses Grundverständnis gemeint: anregen, helfen – zum Selber-Tun.
Mit diesem sehr weit ausgreifenden, theoretisch anspruchsvollen Entwurf will Benner der gegenwärtigen Auflösungstendenz der Erziehungswissenschaft, aber auch der Erziehungspraxis entgegenwirken.

7.2 Was ist Erziehung?

7.2.1 Die »Auflösung« des Erziehungsbegriffs und das »Kontingenzproblem«

»Was man im Allgemeinen unter Erziehung versteht, ist als bekannt vorauszusetzen«, so begann Schleiermacher (1768–1834) 1826 seine pädagogischen Vorlesungen. Das stimmt heute noch, wenn man an das alltägliche Erziehungsverständnis breiter Bevölkerungskreise denkt. Und es stimmt heute überhaupt nicht mehr, wenn man sich die Situation der Erziehungswissenschaft ansieht.

Denn: Wer nicht blind seine eigene Autorität zu Machtzwecken missbrauchen will (Alice Miller, 1980), »braucht eine Theorie, eine Vorstellung von dem, was er tut, um sein Handeln selbst zu verstehen und vor anderen zu legitimieren. Das heißt nichts anderes als: Er braucht einen Begriff von dem, was Erziehung ist. Nur indem er sein Handeln von anderem abgrenzen kann, indem er begründen kann, warum er das – und das so – tut und nicht anders, kann er seiner Profession als Erzieher gerecht werden.« (Gerlach/Groß 1993, 13)

Doch das ist schwierig: Benner (s.o.) und Winkler (1995, 54) sprechen von Auflösungserscheinungen, Tenorth (1992, 12) von Begriffswirrwarr, Brezinka (1988, 247) von Sprachverwilderung, Schwenk (1989, 437) von Auflösung des Begriffs, Oelkers (1991, 237) vom Zerfließen des »Gegenstands« Erziehung, Treml (1991, 353) von Fiktion, Heid (1994, 47) von Verworrenheit usw. Und das immerhin 1157 Seiten umfassende grundlegende erziehungswissenschaftliche Handbuch von L. Roth (1991) enthält überhaupt keinen Artikel mehr zum Stichwort »Erziehung«. Andererseits: Auch heute wird in Buchtiteln gefragt: »Was ist Erziehung?« (Menck 1997)

Die Gründe sind vielfältig: Einerseits hat der Begriff »Erziehung« nicht selten den Geruch von Fremdbestimmung, des illegitimen Eingreifens in das Werden eines/r Heranwachsenden, Beschneidung der Freiheit etc., weshalb Andreas Flitner (1982, 61) in diesem Sinne mahnt, »das ganze Teufelszeug *nicht* Erziehung zu nennen, was sich hinter diesem Namen verbirgt: die Lohn- und Strafpraktiken, die Verbote, Drohungen und Beschimpfungen, auch die hinterlistigen Lenkungstechniken, die Verhaltenswissenschaftler entwickelt haben ...«

Zudem war Erziehung in der Geschichte keineswegs immer auf die Hervorbringung des sittlich autonomen Menschen gerichtet (wie es der Begriff der paideia bei Platon meinte, vgl. Kap. 4: Geschichte der Pädagogik), sondern oft auch Mittel der Unterwerfung des Menschen unter religiöse, politische oder weltanschauliche Herrschaftssysteme (Heid, 1994, 48).

Andererseits wird mit dem Begriff so Unterschiedliches und Vielfältiges gemeint, dass er seine Kontur verliert: ein Prozess wie dessen Ergebnis, eine Absicht wie ein Handeln, ein Zustand wie dessen Bedingungen, eine (deskriptive) Beschreibung und eine (präskriptive) Wertung, eine absichtsvolle Handlung (intentional) wie absichtslose gesellschaftliche Einflüsse (funktional), ein historisches Phänomen wie ein überzeitliches usw. Dies zeigt: »Erziehung« ist ein semantisches Konstrukt, nicht aber gleichsam ontisch vorgegeben (Wimmer 1996).

Oelkers (1985) hat in einer Untersuchung des Erziehungsbegriffs aus der Sicht der analytischen Philosophie überzeugend herausgearbeitet: »›Erziehung‹ als Begriff bezieht sich auf kein einheitliches Sein, d.h., der Begriff hat keine eindeutige Referenz.« (Ebd., 75) Wegen dieser fehlenden Referenz muss man im Falle des Erziehungsbegriffs »zugleich auf die Umgangssprache reflektieren« (ebd., 68). Erziehungstheorien sind in diesem Sinne »Mischtheorien«. Ein instruktives Beispiel dafür ist Tremls (2000) pädagogisches Theoriekonzept, das die biologischen Aspekte von Erziehung auf die verschiedenen Handlungsfelder »durchbuchstabiert«.

Prinzipiell bezieht sich der Erziehungsbegriff nicht eindeutig auf einen »Gegenstand«, er ist vielmehr ein »marker« der Kommunikation, der sehr unterschiedlich theoretisiert werden kann. – Daraus folgt, dass Erziehung (wo sie organisiert erscheint), keinen Zugriff auf die Persönlichkeit des Kindes hat, sondern immer nur der Versuch der Verbesserung *einzelner* Qualitäten sein kann (Oelkers 1991, 238). Die klassische Formulierung in der Geschichte des pädagogischen Denkens lautet dafür: Unverfügbarkeit der Erziehung, die neuere Fachsprache nennt es »Kontingenzprinzip« (es kann alles auch ganz anders sein – Treml 1991, 349).

7.2.2 Bilder von Erziehung

Tagtäglich wird erzogen. Ein erster Zugang zum Begriffsverständnis ist daher zunächst immer wieder über alltägliche Bilder, Analogien und Metaphern versucht worden. Scheuerl (1959, 211ff.) hat fünf Bilder vorgestellt: Erziehung als Wachsenlassen eines Samenkorns, als Prägung einer Wachstafel (tabula rasa), als Geburtshilfe, als Führen auf der rechten Bahn, als Erweckung oder Erleuchtung. – Kron (1988, 173ff.) stellt sechs Bilder vor: Ziehen, Führen, Regieren, Wachsenlassen, Anpassen, Helfen. In jedem Bild steckt als alltagssprachliche Erfahrungsbasis sicher ein Körnchen Wahrheit über das, was Erziehung ist und sein kann. Doch alle Bilder lassen sich letztlich auf zwei Grundverständnisse von Erziehung zurückführen (Treml 1991, 347; 2000, 177ff., ergänzt durch die Metapher des Führers und Begleiters):

Zwei Grundverständnisse von Erziehung

- Erziehung als ein »*herstellendes Machen*, analog zur handwerklichen Produktion eines Gegenstandes«, der Erzieher gleicht dem Handwerker, der »einen angestrebten Zweck mit Hilfe bestimmter Mittel und Methoden *handelnd* anstrebt«.
- Das Kind entfaltet sich auf eine mehr oder weniger natürliche Art selbst, »analog zum organischen Wachstum«, wie eine Pflanze, »Erziehen heißt hier *begleitendes Wachsenlassen.*« Der Erzieher gleicht dem Gärtner (oder Bauern), »der pflegend und schützend bei einem Entwicklungsprozess hilft, der – als ein natürlicher – von selbst geschieht«. Naturalismus und Technizismus aber bauen beide auf ein allgemeines Gesetz der Notwendigkeit, Ersterer auf die Notwendigkeit des endogenen Entwicklungsprozesses, Letzterer auf die Regelhaftigkeit von Eingreifen und Wirkung. Insofern sind Naturalismus und Technizismus nach Treml »funktional äquivalente Theorieofferten« (ebd., 350).

Abb. 18: Metaphern vom Erzieher: der Bildhauer und der Gärtner

Diese beiden Grundverständnisse haben als Paradigmen hauptsächlich die Geschichte des Erziehungsbegriffs bestimmt, natürlich nicht ausschließlich, aber doch als »mainstream« (Oelkers 1991b): Die eine Linie führt von Lockes »Essay Concerning Human Understanding« (1693) mit seinem Sensualismus (alles dringt von außen über die Sinne in den Menschen) über die utilitaristische Pädagogik des 18. Jahrhunderts bis Montessori und die lernpsychologischen Konzepte von Erziehung im 20. Jahrhundert. Die andere Linie geht von Rousseaus Emile mit seinem Konzept der natürlichen Entwicklung über die Romantik und Reformpädagogik bis auf heutige Konzepte von Entschulung und Nicht-Erziehung (Oelkers 1991b).

Eine Chance zur Verbindung beider Konzepte liegt in der berühmten Arbeit von Theodor Litt über »Führen oder Wachsenlassen« (1927). Doch es gehört offenbar nicht zum pädagogischen Allgemeingut, Litts dialektischer Verschränkung dieses Gegensatzpaares zu folgen. Erziehung ist ein prinzipiell antinomischer Prozess (Winkel 1986), der in der unauflöslichen gegenseitigen Verschränkung des Führens *und* Wachsenlassens erfolgt (Dietrich 1992, 46). Erziehung allein als Wachsenlassen hebt sich selbst auf, Erziehung allein als Führen schafft keine Mündigkeit und wird totalitär.

7.2.3 Die Verwendung des Erziehungsbegriffs in der Fachsprache

Eine Auflistung der in pädagogischen Werken gebrauchten Erziehungsbegriffe würde ein eigenes Buch füllen (z.B. Weber 1969, 1995, 1996). Eine Übersicht über die unterschiedlichen Begriffsverwendungen in der wissenschaftlichen Diskussion der letzten Jahrzehnte findet sich bei Brezinka (1990). Danach sind acht

Bedeutungen zu unterscheiden, die in Gegensatzpaaren dargestellt werden:

a) *Prozessbedeutung versus Produktbedeutung*. Zum einen ist Erziehung ein Vorgang, zum andern ein Produkt, ein Resultat. Der Einwand gegen den Produktbegriff lautet nach Brezinka, dass niemals sicher ist, ob ein Resultat tatsächlich Ergebnis einer bestimmten Einwirkung ist oder ob es nicht auch ohne diese, u.U. sogar trotz dieser, zustande gekommen ist.

b) *Deskriptiver versus programmatisch-präskriptiver Begriffsgebrauch*. Ein deskriptiver Gebrauch gibt (lediglich) die Merkmale an, mit denen Erziehung als Tatsache des gesellschaftlichen Lebens von andern Bereichen der Wirklichkeit abgegrenzt werden kann. Er enthält keine Wertungen. Programmatisch-präskriptive Erziehungsbegriffe enthalten Vorschriften darüber, was durch die Erziehung erreicht werden soll.

c) *Absichts-Begriffe versus Wirkungs-Begriffe*. Für Erstere wird die Intention, die Absicht, als wesentlich angesehen. Ob eine entsprechende Handlung auch den gewünschten Erfolg hat, ist für die Definition belanglos. Der Wirkungsbegriff hingegen hat das Merkmal, dass der Erfolg als wesentlich angesehen wird. Ausschließlich die Wirkung ist Prüfstein dafür, ob etwas Erziehung genannt wird. Eine Zuordnung von Determinanten zu eingetretenen Wirkungen ist nahezu unmöglich.

d) *Handlungs-Begriffe versus Geschehens-Begriffe*. Die häufigste Bedeutung des Wortes Erziehung ist die, mit ihm eine bestimmte Klasse von Handlungen zu meinen, die das Merkmal der Förderungsabsicht haben (je nachdem, was man für fördernswert hält). In dieser Intention werden sie ausgeführt. Der Geschehensbegriff hingegen meint, dass die erzieherischen Handlungen innerhalb der Gesamtmenge der menschenformenden Einflüsse nur eine kleine Teilmenge bilden.

Welches Begriffsverständnis dem Reden von Erziehung unterliegt, ist abhängig davon, *wer* spricht: eine Mutter, ein Bildungspolitiker, ein Heimerzieher oder ein Erziehungswissenschaftler. Aber auch Letztere sind sich keineswegs einig. Man kann in der erziehungswissenschaftlichen Diskussion idealtypisch folgende Begriffsverständnisse unterscheiden (Lenzen 1999, 166 ff.).

1. *Prinzipienwissenschaftliches Verständnis:* Erziehung ist Hilfe bei der Menschwerdung des Menschen und dem Erreichen von Mündigkeit. Der Mensch hat als mündiges Wesen prinzipiell die Verpflichtung zum sittlichen und selbstverantwortlichen Handeln.
2. *Geisteswissenschaftliches Verständnis:* Idealtypisch festgemacht an der Beziehung eines Erwachsenen zu einem Heranwachsenden wird wertfrei die Funktion dieses Förderungsprozesses für die Kultur und Gesellschaft als Erziehung verstanden.
3. *Empirisches Verständnis:* Erziehung ist die absichtsvolle Veränderung der psy-

chischen Dispositionen von Menschen. Damit wird der Charakter von Handlungen empirisch so beschreibbar, dass sie als erzieherische erkennbar sind (Brezinka, s.u.).
4. *Erziehung aus der Sicht kritischer Erziehungswissenschaft:* Erziehung wird als Repression verstanden, die in dem Maße (als ideologisch) kritisiert werden muss, wie sie unnötige Repression ist.
5. *Erziehung aus strukturalistischer Sicht:* Die strukturale Tätigkeit, durch die Menschen Weltstrukturen so »transformieren«, dass lernende Menschen einen Aufbau ihrer kognitiven Strukturen (selbst) in optimaler Weise vornehmen können, wird Erziehung genannt.
6. *Systemtheoretische Sicht:* Erziehung ist die Funktion von gesellschaftlichen Teilsystemen, dabei aber auf Intention zurechenbares Handeln.
7. *Reflexive Erziehungswissenschaft:* Lernenden Individuen wird in ihrem Selbstorganisationsprozess die Möglichkeit verschafft, sich dort selbst zu begrenzen, wo die Aura (bzw. das Leiden) des Andern beginnt.

Eine Integration dieser teils benachbarten, teils sich widersprechenden Begriffsverständnisse von Erziehung in eine umfassende Erziehungstheorie erscheint m.E. heute aber eher als Utopie, wenn nicht als Illusion.

7.2.4 Begriffsdefinition Brezinkas

Brezinka hat in seinem grundlegenden Erziehungsbegriff versucht, aus einem weiten Spektrum diejenigen Begriffsmerkmale auszuwählen, die eine wissenschaftliche Präzisierung des Begriffes »Erziehung« ermöglichen.

Brezinkas Definition des Erziehungsbegriffs lautet: »*Unter Erziehung werden soziale Handlungen verstanden, durch die Menschen versuchen, das Gefüge der psychischen Dispositionen anderer Menschen in irgendeiner Hinsicht dauerhaft zu verbessern oder seine als wertvoll beurteilten Komponenten zu erhalten.*« (Ebd., 95) Oder in kürzester Formulierung: »*Als Erziehung werden Handlungen bezeichnet, durch die Menschen versuchen, die Persönlichkeit anderer Menschen in irgendeiner Hinsicht zu fördern.*« (Ebd.)

Dieser Begriff enthält also mindestens fünf Bestimmungsmerkmale: 1. Erziehende sind *Menschen* (nicht Sachen oder Landschaften oder soziale Gegebenheiten). 2. Sie *versuchen* ..., das bedeutet: Erzieherische Handlungen können eben auch misslingen, denn die Leistung des Lernens (= Veränderung der psychischen Dispositionen) kann nur der Lernende selbst vollbringen, erzieherische Handlungen können nur dazu beitragen. 3. Soziale *Handlungen* setzen ein zielgerichtetes, zweckbestimmtes Verhalten voraus, dessen man sich subjektiv bewusst ist, wobei *sozial* meint, dass diese Handlungen auf andere bezogen sind (»Selbsterziehung« wäre Lernen). 4. Mit psychischen *Disposi-*

tionen sind nicht flüchtiges Erleben und Verhalten gemeint, sondern relativ dauerhafte Bereitschaften zum Erleben und Verhalten (das können Kenntnisse, Haltungen, Einstellungen, Interessen etc. sein). 5. *Verbessern* oder erhalten (oder neue schaffen oder als schädlich gewertete beseitigen) meint, dass einem vorgestellten Soll-Zustand vom erzieherisch Handelnden Wert zugeschrieben wird (den die Wissenschaft allerdings nicht bestimmen kann = wissenschaftlicher Wertrelativismus). Als *Graphik* zusammengefasst:

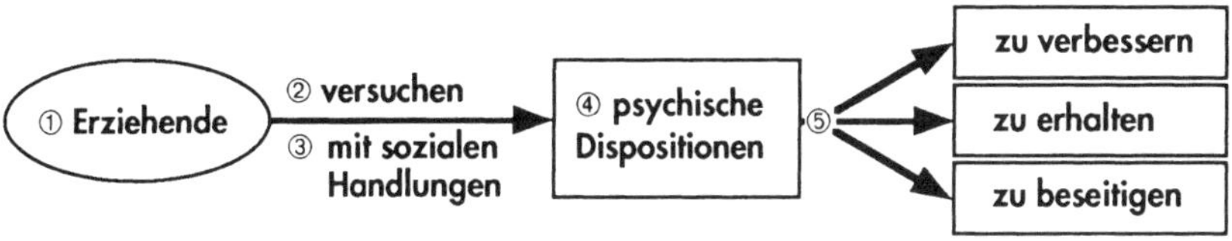

Abb. 19: Der Erziehungsbegriff nach Brezinka

Zur Kritik Brezinkas

Brezinka weist selbst auf den hohen Allgemeinheitsgrad und die hohe Generalisierungsstufe dieses Erziehungsbegriffes hin. Er gibt selber z.B. zu, dass danach auch die Förderung der Fähigkeit zum Taschendiebstahl in einer Subkultur, wie bei Charles Dickens in »Oliver Twist« geschildert, ein Fall von Erziehung sei (ebd. 91). Ferner werden psychische Dispositionen auch von Fernsehmoderatoren, Werbestrategen und diktatorischen Gehirnwäschern verändert. Mit diesem Allgemeinheitsgrad ist schon der offensichtliche Vorteil, nämlich formal Erziehung mit dieser Definition präziser bestimmen zu können, von begrenztem Wert. Es fragt sich, ob man nicht besser beraten wäre, den Begriff Erziehung zu streichen und stattdessen gleich von psychologischer »Dispositionsmodifikation« zu sprechen. Außerdem: Wenn laut Begriffsdefinition Erziehung (nur) als Versuch (ohne das Merkmal des Erfolges) gelten kann, dann ist fraglich, wie das Aufdecken von Kausalbeziehungen (nomologisches Wissen im Sinne der Gesetzmäßigkeit von Einwirkung und Erfolg, siehe Kapitel 2: Richtungen der EW) als wissenschaftliche Aufgabe möglich ist. (Zur Kritik vor allem Herzog 1988, 104.)

Auch suggeriert diese Begriffsbestimmung »einen geschichtslosen Wesenskern von Erziehung« (Hierdeis/Hug 1992, 108). Sie erfasst weder alles, womit sich die »Erziehungs«wissenschaft beschäftigt, noch nimmt sie die vielen voneinander abhängigen Themenbereiche im Zusammenhang mit dem Aufwachsen von Kindern und Jugendlichen in den Blick. Insofern kann man sagen, dass der Vorteil der Präzision mit dem Nachteil einer erheblichen Reduktion erkauft wird. Ferner ist der »Adressat« pädagogischer Einwirkungen eher ein *Objekt* fremden Wollens: Er wird als aktiv Wirkender gleichsam »herausgekürzt« (Heid 1994, 52). Auch die absichtsvolle Einflussnahme von Erwachsenen auf Erwachsene ist nach Brezinka Erziehung (ebd., 92), was von manchen Autoren geteilt (z.B. Dietrich 1992, 46), von andern abgelehnt wird (z.B. Giesecke 1991, 70).

7.2.5 Ein handlungstheoretischer Erziehungsbegriff (Heid)

Zwischen einseitigem Absichtsbegriff und einseitigem Wirkungsbegriff hat der Regensburger Pädagoge Helmut Heid als »Idealtypus« des Erziehungsbegriffes formuliert, dass von *Erziehung* nur dann gesprochen werden kann, wenn (zumindest mit hoher Wahrscheinlichkeit zufallsfrei) Absicht und Erfolg übereinstimmen, d.h., wenn »von erzieherisch intendiertem Handeln eine der Absicht entsprechende ›Wirkung‹ erwartet werden kann« (Heid, 1994, 57). Nur so wird Erziehung ein rationales, planbares und verantwortbares Handeln, bei dem weder nur »Absichten« im Mittelpunkt stehen (aber die Erfolge nicht nachweisbar sind) noch sich Wirkungen einstellen, von denen wir gar nicht genau wissen, ob sie auf unsere erzieherische Intention zurückzuführen sind.
Daher plädiert Heid (1994, 56ff.) für einen handlungstheoretischen Erziehungsbegriff, der »Absicht« und »Erfolg« zusammendenkt. Damit wird »Erziehung« nicht als säuberlich abgrenzbares Realphänomen verstanden, sondern als – theoretisch – in bestimmten Problemstellungen thematisierte »Wirklichkeitsperspektive« (ebd., 59). Ähnlich zusammengedacht werden Absicht und intendierter Effekt auch im Konzept der »Einwirkung« bei Ludwig (2000).
Im Unterschied zum Sozialisationsbegriff wird heute unter Erziehung überwiegend ein intentionales, geplantes und normativ orientiertes Handeln verstanden, i.d.R. mit Akzentsetzung auf den Bereich Heranwachsende: »Erziehung meint also immer nur das, was bewusst und planvoll zum Zwecke der optimalen kindlichen Entwicklung geschieht.« (Giesecke 1991, 70, vgl. auch Geulen 1994, 102, Vogel 1996)
Aber: Was ist »optimal«? Wie kann man den »Zweck« inhaltlich bestimmen? Wozu soll erzogen werden? Damit sind wir bei dem für jedes Verständnis von Erziehung unausweichlichen Problem der Erziehungsziele, der Normen und Werte, die dieses Geschäft bestimmen, seien sie unausgesprochen, verdeckt mitgedacht oder offensiv vertreten. Die Ziel-, Norm- und Wertefrage gehört zu den ältesten und spannendsten Problemen pädagogischen Denkens.

7.3 Ziele, Normen und Werte in der Erziehung

7.3.1 Unterscheidung von Zielen, Normen und Werten

Zunächst: Was sind Ziele, was sind Normen und Werte? Wie kann man sie unterscheiden? Oft werden die Begriffe Ziele, Normen und Werte synonym gebraucht, oft aber auch mit sinnvoller Unterscheidung (Klafki 1970, Tröger 1974, Benden 1982 [mit weiterführender Literatur], König 1991 [weiterführende Literatur], Dietrich 1992). Eine solche Unterscheidung liegt darin, eine Art »Stufung« anzunehmen.

- Danach dienen *Ziele* im engeren Sinne konkreten Zwecken und beschreiben praktische Handlungsintentionen (»Kinder sollen in der Schule aufmerksam sein«, »Respektiere die kulturelle Eigenart ausländischer Mitschüler«, oder auch als Lernziele: »Überblick über die deutsche Geschichte gewinnen«). Ziele gelten bisweilen nur für Untergruppen, nicht für den gesamten Kulturkreis und werden in verschiedenen Schichten unterschiedlich bestimmt (z.B. Gehorsam/Unterordnung versus Entscheidungsfähigkeit/Selbstverantwortung). In der Regel spricht man von Zielen, wenn sie ausdrücklich und bewusst für die Erziehung gesetzt werden.
  Man sieht leicht, dass Ziele und Normen eng beieinander liegen, dass Ziele einen gewünschten Zustand oder eine Fähigkeit be- oder vorschreiben, dass sie von jemandem (kraft Autorität oder Macht) gesetzt werden, dass sie ein »Ideal« für den zu Erziehenden (»Educanden«) angeben und eine Handlungsaufforderung für den Erzieher implizieren, er/sie solle sich so verhalten, dass der/die zu Erziehende sich dem Soll-Zustand annähert. Daher versteht Brezinka (1975, 155) unter einem Erziehungsziel, dass es »*eine für Educanden als Ideal gesetzte psychische Disposition … beschreibt und vom Erzieher fordert, er solle so handeln, dass der Educand befähigt wird, dieses Ideal so weit wie möglich zu verwirklichen*«.
- *Normen* sind dann hinter den Zielen liegende Überzeugungen/Soll-Vorstellungen, die sich in längeren Zeitabschnitten entwickelt haben und für einen größeren Kulturkreis gelten, wie z.B. die Menschenrechte oder die Zehn Gebote oder die Norm, dass man die Wahrheit sagen soll. Auch lassen sich Normen als generelle Aufforderungen verstehen, die nicht nur für einmalige Situationen, sondern für alle Personen eines Typs S gelten (»Lehrer sollen mehr Gruppenunterricht durchführen«) (König 1991, 219). Man könnte auch sagen, dass Normen die pragmatische Form von Werten sind.
- Von Normen kann man schließlich *Werte* unterscheiden, die ihnen zugrunde liegen (auch Grundwerte genannt), wie z.B. Ehrfurcht vor dem Leben, das »Prinzip Verantwortung« (Hans Jonas) für das Überleben der Menschheit, aber auch die Wertungen von etwas als gut/schlecht, richtig/falsch (König 1991, 220). Entscheidendes Merkmal für einen Wert ist ebendieser Akt des Bewertens, der letztlich über die Annahme eines Zieles oder einer Norm durch ein

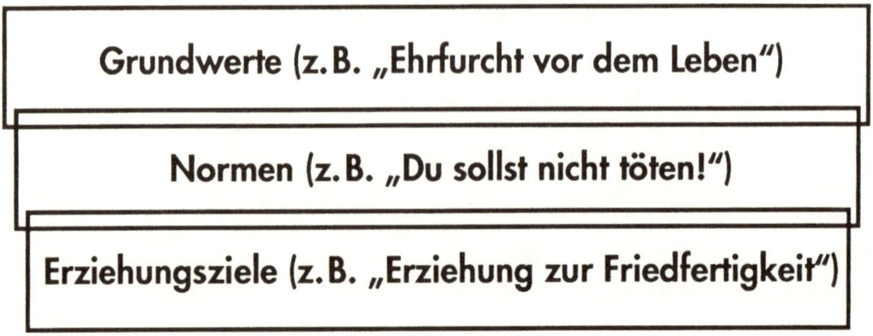

Abb. 20: Ziele, Normen und Werte

Individuum entscheidet. Man sieht deutlich, dass die Pädagogik angewiesen ist auf philosophisch-ethische Grundlagenreflexion, ohne die die Ziel-, Norm- und Grundwertproblematik nicht geklärt werden kann. Doch Werte bleiben in der Erziehung kontrovers (PÄDAGOGIK H. 7–8/1994). Schließlich gibt es, unabhängig von den genannten Unterscheidungen, seit alters den Begriff der *Tugenden*, also jener praktischen Verhaltensweisen und Mittel, mit deren Hilfe man sich der Werte versichert (von der Tapferkeit und Besonnenheit bei Platon über Lern- und Arbeitsfleiß bis zur Verantwortlichkeit, Kooperations- und Solidaritätsfähigkeit in der neueren Diskussion – v. Hentig 1993, 134, und v. Hentig 1999). Die Tugend der »Fairness« z.B. zeigt sehr anschaulich, wie in ihr (objektive) Grundwerte, (subjektive) Werthaltungen und pragmatische Normorientierungen verbunden sind.

7.3.2 Funktionen und Eigenarten von Erziehungszielen

Nach den oben genannten anthropologischen Grundlagen ist jede Erziehung angewiesen auf Beantwortung der Frage, wozu denn das instinktunsichere, weltoffene, entscheidungsfreie und hochgradig formbare Wesen Mensch erzogen werden soll. Jede Generation nimmt dabei die in der Kultur entwickelten und überlieferten Ziele, Normen und Werte auf (Entlastungsfunktion von Zielen) und verändert sie gegebenenfalls (Problemlösen in offenen Situationen), in sog. einfachen Kulturen weniger als in Gesellschaften, die von Pluralismus, Wertewandel und Individualisierung gekennzeichnet sind. Aber prinzipiell ist Handeln nicht ohne Ziele möglich; Entscheidungen in der Erziehungspraxis werden im Blick auf bestimmte Ziele – und die dahinter liegenden Normen und Werte – getroffen: Eltern wollen z.B. für ihr Kind eine hohe Bildung (Ziel), damit es später einmal einen zukunftsreichen Beruf ergreifen kann (Norm), denn viel Geld zu verdienen und dabei noch zufrieden zu sein ist für sie das Wichtigste im Leben (Wert).

Erziehungsziele orientieren also das pädagogische Handeln. Sie müssen aber – um einen Maßstab für die Erfolgskontrolle abzugeben – als *Produktbegriffe* formuliert werden (nicht als ein Vorgang wie z.B. »Entfaltung der Persönlichkeit«). Erziehungsziele sind zu ihrer Verwirklichung auf bestimmte *Erziehungsmittel* angewiesen (die von Loben/Tadeln, Belohnen/Bestrafen, Beraten/Gebieten über Vorbild, Arbeit, Gespräch und Spiel bis zu Büchern, Gebäuden und Institutionen usw. reichen können, dazu: Brezinka 1976, Geißler 1982). Erziehungsmittel dürfen aber nicht technologisch missverstanden werden, weil Erziehung nie auf eine bloße Zweck-Mittel-Relation reduziert werden kann.

Es besteht auch eine Verbindung zwischen Erziehungsziel und *Erziehungsstil*, denn wer junge Menschen zu demokratischen und selbständig handelnden Bürgern erziehen will, erreicht mit einem autoritären Erziehungsstil (vermutlich) das Gegenteil.

Erziehungsziele können sich auf verschiedene Dimensionen (kognitiv, affektiv, sozial) beziehen und auf unterschiedlichen Ebenen formuliert sein (Richtziele, Grobziele, Feinziele wie in der curricularen Didaktik), oder aus einem allgemeinen Erziehungsziel (z.B. Achtung vor dem Eigentum) folgen mehrere Teilziele (man soll nicht stehlen, Fundsachen ins Fundbüro bringen, Geliehenes zurückgeben usw.). Auch ihr Internalisierungsgrad (also die verinnerlichte Aneignung und Identifizierung mit einem Ziel) ist unterschiedlich: Allgemeine Ziele sollen allmählich als Haltungen (habits) übernommen werden (Toleranz gegenüber andern Kulturen), während Teilziele sozusagen Wegmarken sind, die den richtigen Weg zu diesem Ziel signalisieren (das Kopftuch bei türkischen Mädchen akzeptieren, den Bau eines Asylbewerberheimes unterstützen usw.) (Kaiser 1991, 50).

In diesem Zusammenhang wird aber auch kritisiert, dass Erziehungsziele heute gerne sehr abstrakt formuliert werden (»Ich-Autonomie«), was die Gefahr der Lebens- und Weltfremdheit impliziert, da die konkreten psychischen Voraussetzungen solcher formalen Ziele nicht benannt werden (Brezinka 1993, 257).

7.3.3 Erziehungsziele heute

In den 80er und 90er Jahren hat es eine breite öffentliche und bildungspolitische Diskussion darüber gegeben (z.B. auf zahlreichen ministeriell unterstützten Kongressen in nahezu allen Bundesländern), wie man auf einen »Wertewandel« reagieren solle, sei es durch verstärkte Moralerziehung, »Value-education«, Wertebildung in der Schule, z.B. Ethikunterricht, oder Stärkung der Jugendarbeit, der Familien usw. Viel war vom »Werteverfall« die Rede. Dagegen wurde geltend gemacht, dass sich keineswegs die Werte gewandelt hätten, sondern vielmehr die Mittel, mit denen man sich ihrer versichert, also die »Tugenden« (v. Hentig 1993, 133ff.).

Diese müssen angesichts veränderter gesellschaftlicher Bedingungen andere sein als früher. Setzt man nämlich für Sparsamkeit, Arbeitsfleiß, Keuschheit, Gehorsam, Pflichterfüllung etc. »urteilen und denken, prüfen und zuhören, beobachten und improvisieren, geduldig und genau sein, Verlässlichkeit und Verantwortlichkeit, die Fähigkeit zur Kooperation und zu selbständigem Handeln, zum Austragen von Konflikten ...« (ebd. 135), dann erscheint der angebliche »Werteverfall« in völlig anderem Licht. Auch die moderne Jugendforschung hat die undifferenzierte These vom »Werteverfall« nicht bestätigt (vgl. Kp. 5: Jugend).
Hinzu kommt, dass die heutige erziehungstheoretische Diskussion um Pädagogik und Ethik eher eine skeptische Tendenz zeigt, denn »zu lang und zu oft wurden Macht und Gewaltausübung gegenüber der nachwachsenden Generation mit Moral legitimiert« (Meyer-Drawe/Peukert/Ruhloff 1992, 7, Oelkers 1992).
Neueste Versuche zur Veränderung traditioneller Unterrichtsfächer (wie mit dem landesweit erprobten Unterrichtsversuch »Lebensgestaltung-Ethik-Religion« [LER] in Brandenburg oder dem Forschungsprojekt »Jugend–Religion–Unterricht in einer von ökonomischen und sozialen Disparitäten geprägten multikulturellen Gesellschaft« in Hamburg) sind deshalb auch weit entfernt von einer Wiederholung alter »Moralerziehung« (Knauth/Sand/Weiße 1994).
Die gegenwärtige Diskussion (einführend Rekus 1993, Löwisch 1995, Liebau 1999) bewegt sich zwischen zwei Polen: *Auf der einen Seite* die Betonung von Mündigkeit (als Voraussetzung einer Demokratie: der mündige Bürger), Partizipation (im Sinne der gleichberechtigten Teilhabe an den öffentlichen Angelegenheiten) und der Emanzipation (als ein historischer Prozess der Beseitigung unterdrückender und Gleichberechtigung verhindernder Lebensbedingungen) (Giesecke 1991). Das schließt Pünktlichkeit, Ordnung, Fleiß etc. als oberste Zielvorstellungen aus, als »Wegmarken« (sekundäre Tugenden) zur Erreichung der eben genannten übergeordneten Ziele aber durchaus ein. – *Auf der andern Seite* wird scharf kritisiert, dass heute die Skepsis vor dem Glauben, die Kritik vor der Liebe, die Wissenschaftsorientierung vor der weltanschaulichen Orientierung, die uneingeschränkte Wahlfreiheit vor der Pflichtgesinnung Vorrang hätten (Brezinka 1992, 161).

Hier zeigt sich, dass in einer demokratischen und pluralistischen Gesellschaft Zielvorstellungen über Erziehung notwendig kontrovers sind. Unter wissenschaftlicher Perspektive zeigt sich aber auch »Das ungelöste Normproblem der Pädagogik« (Ruhloff 1980) in dem Sinne, dass die Pädagogik qua Wissenschaft zwar zur Kritik, Klärung und Differenzierung von Normen und Zielen beitragen kann, ihrerseits die Entscheidung über die Gültigkeit von Normen und Werten verbindlich jedoch nicht treffen kann (Legitimationsproblem der Normen).

Festzuhalten bleibt, dass Normen und leitende Erziehungsziele immer in einem dialektischen Prozess zwischen den Polen Erfahrung und Reflexion entstehen (Dietrich 1992, 82). Vor allem aber ist eine Erziehung zur Mündigkeit nicht denkbar ohne eine schrittweise zunehmende Beteiligung der »Adressaten« an diesem Prozess und die Auseinandersetzung der Erzieher mit den Zielvorstellungen und Werten der Kinder und Jugendlichen selbst! Denn bei ihnen zeigt sich vermutlich am deutlichsten, dass Ziele und Normen einem historischen Wandel unterliegen. Sie stabilisieren oder erneuern gleichzeitig gesellschaftliche Wertordnungen.

Nachdem wir uns einige Zentralelemente des Erziehungsbegriffs klargemacht haben, ergibt sich die Frage nach möglichen Theorien zum Gesamtprozess von Erziehung.

7.4 Theorien und Modelle zum Erziehungsprozess

Erziehung als Kommunikation, Interaktion und Reproduktion

In seinem »Klassiker« über Theorien zum Erziehungsprozess unterscheidet Mollenhauer (1982) drei Ansätze:

1. Erziehung als *Kommunikatives Handeln.* Kurz zusammengefasst: Wichtig sind in dieser Kommunikation ihre kognitive Struktur, die Beziehungsdefinitionen (zwischen denen am Erziehungsprozess Beteiligten), die Inhalte der Kommunikation und die symbolischen Kommunikationsmittel (z.B. die Sprache). »Jeder Erziehungsakt kann nach diesen Dimensionen analysiert werden.« (ebd., 81)
2. Erziehung als *Interaktion.* Der Theorie des Symbolischen Interaktionismus (siehe Kapitel 6: Sozialisation) folgend wird der Erziehungsprozess auf der sozialen Mikro-Ebene (gegenüber den soziologisch orientierten Theorien der sozialen Makro-Ebene) als symbolisch vermitteltes Handeln verstanden. Vor allem im unterschiedlichen Freiheitsgrad der Interpretation von Interaktionssituationen lassen sich Elemente von Herrschaft analysieren.
3. Erziehung als *Reproduktion.* Dieser Ansatz will das interaktionistische Verständnis von Erziehung materialistisch fundieren (ebd., 177). Erziehung ist damit auch Re-Produktion ökonomischer Machtverhältnisse und Bedingungen der »Produktion«.

Damit sind die vor allem in den 70er Jahren wichtigen Theorien angesprochen, die die Öffnung der Erziehungswissenschaft gegenüber den modernen Sozialwissenschaften zeigen. Aber das ist eben auch nur ein Ausschnitt. Dieser wäre zu erweitern a) um weitere sozialwissenschaftliche Theorien, wie sie in der Sozialisationsforschung entwickelt wurden (siehe Kapitel 6: Sozialisation), und b) um die innerhalb der Pädagogik entwickelten Theorien, die auch die aktuellen Handlungsfelder (vgl. Kap. 11 und 12) einbeziehen.

Modellvorstellungen

Modellvorstellungen über den Erziehungsprozess abstrahieren von der Wirklichkeit, sie erfassen damit immer nur Ausschnitte eines komplexen Geschehens. Sie sind nicht mehr als begriffliche »Marker« (Oelkers, s.o.) unserer Kommunikation über Erziehung. »Auch der Begriff der Erziehung ist immer Teil eines Sprachspieles.« (Treml 2000, 59)

Eines der meistgebrauchten Modelle ist das der *intentionalen Erziehung*. Im Mittelpunkt steht die Absicht (die Intention) erziehender Menschen, die einen Prozess des aktiven Erwerbs (oder der Differenzierung) von relativ dauerhaften Lernstrukturen, Fähigkeiten, Charaktereigenschaften etc. bei zu erziehenden Menschen in Gang setzen. Allerdings weist Treml (2000, 62 ff.) darauf hin, dass eine Absicht keine unmittelbar beobachtbare Handlung ist. Intentionen müssen darum indirekt erschlossen werden, sie sind oft nicht bewusst, rücken den Erzieher einseitig in den Vordergrund u.a.m. Auch wird die Vorstellung intentionaler Erziehung in der Regel an die Face-to-face-Beziehung (nur) zweier Personen geknüpft. Ihr Urbild ist darum das *»pädagogische Verhältnis«* (oder wie Nohl 1935, 169, sagte: der »pädagogische Bezug«). In diesem klassischen geisteswissenschaftlichen Modell ist der Erzieher immer zugleich Anwalt des Kindes und Anwalt der Kultur: Er hat die schwierige Aufgabe der Vermittlung zwischen beiden Ansprüchen. »Erziehung endet da, wo der Mensch mündig wird« (ebd., 132). Wird die Differenz zwischen Erzieher und Zu-Erziehendem internalisiert, also zur eigenen Absicht des Zu-Erziehenden (der dann keine zweite Person mehr braucht), kann man von »Selbsterziehung« sprechen (Treml 2000, 67). Neuere Arbeiten versuchen, das pädagogische Verhältnis als Generationen-Bezug (und damit als Grundfunktion für das Weiterbestehen der menschlichen Gattung) zu interpretieren (Sünkel 1994, Liebau/Wulf 1996).

Fasst man mit dem symbolischen Interaktionismus (vgl. Kapitel 6: Sozialisation) Erziehung als *symbolische Interaktion* auf, gewinnt man eine zusätzliche modellhafte Denkfigur: Wenn es um *Inter*aktion geht, wird die Vorstellung einseitiger Intentionalität auf Seiten des Erziehers und seiner Vormachtstellung zurückgenommen: Erst offene wechselseitige Sinninterpretationen konstituieren soziale Situationen. Soll Interaktion gelingen, müssen Intentionen und Rolleninterpretation immer wieder aufeinander abgestimmt werden, um zukünftiges Handeln gemeinsam aufzubauen.

Um der Enge des Modells intentionaler Erziehung zu entkommen, wurde vielfach erweiternd von *funktionaler Erziehung* gesprochen. Gemeint sind damit die Faktoren und Handlungen, die nicht den Zweck der Erziehung, gleichwohl aber Einfluss auf Kinder und Jugendliche haben. Ihr Spektrum reicht von den Massenmedien über Sitten und Bräuche bis zu sozialen Handlungen, die Reaktion auf sachliche Gegebenheiten wie Landschaft, Klima, Umweltbedingungen etc. sind. Immer geht es im Modell der funktionalen Erziehung um den Nebeneffekt einer anderen Tätigkeit oder Bedingung, der sich nicht »durch eine explizite, über die Intention eines Erziehers gesteuerte Erziehungshandlung« ereignet (Treml 2000, 68).

Treml (ebd., 68) nennt als Beispiel die Mutter eines Naturvolkes, die Wurzeln und Kleintiere zur Nahrung sammelt, während sie ständig ihr Kind bei sich trägt. Das Kind lernt über die Jahre so eine Fülle von essbaren Nahrungsmitteln sowie Fang- und Grabetechniken »nebenbei«, ohne intentionale Erziehung durch die Mutter. Erziehung wird also verstanden als latente Nebenfolge einer manifesten Handlung.

Das Modell der »*indirekten Erziehung*« (ebd., 74 ff.) signalisiert eine gewisse Verbindung von funktionalem und intentionalem Erziehungsverständnis. Als Beispiel macht dies die Praxis vieler Eltern deutlich, ihre jugendlichen Kinder für ein Jahr ins Ausland zu schicken, damit sie in dieser Lernumgebung wichtige Erfahrungen machen: Die Erziehungsprozesse laufen funktional ab (Wirkungen des Auslandsaufenthaltes), die pädagogischen Absichten (Intentionen) der Eltern sind aber deutlich.
Insgesamt gerät das Modell der funktionalen Erziehung stark in die Nähe des Sozialisationsbegriffes, der allerdings ungleich stärker theoretisch differenziert ist. Auch ist auf die totalitäre Nutzung dieses Modells (z.B. durch Ernst Krieck 1932) nach dem Motto: »Alle erziehen alle zu jeder Zeit«, zu verweisen. Abgesehen davon ist dieses Modell adaptiv (bzw. reproduktiv), d.h. konservativ, weil es den Akzent auf Anpassungsprozesse legt, überkommenes Verhalten reproduziert und konserviert.

7.5 Ein Strukturmodell von Erziehung und aktuelle Fragen

Die unterschiedlichen Begriffsdefinitionen, Modellvorstellungen und Theorieansätze zur Erziehung lassen sich m.E. nur in einem offenen, d.h. für Erweiterung und inhaltliche Ausfüllung zugänglichen Modell zusammenfassen. Es kann sich nur auf generelle Strukturmomente von Erziehung beziehen als einem von andern Lebensbereichen (»Praxen«, s.o. Benner) abgrenzbaren Handlungsfeld. Natürlich gibt es auch zahlreiche Wirkungen auf Heranwachsende, die nicht Resultat erzieherischer Handlungen sind, die aber trotzdem »erziehungsbedeutsam« (positiv = erziehungsförderlich, erwünscht; negativ = erziehungshinderlich, unerwünscht) sind (Heid 1994, 60). So lässt sich die gesamte soziokulturelle Wirklichkeit (die »Praxen« nach Benner) unter erziehungstheoretischen Gesichtspunkten beurteilen (ebd., 60).
Das folgende Modell wird aber nicht festlegen, was »gute« und was »schlechte« Erziehung ist oder welche Normen und Ziele gelten sollen. Ein solches Modell

will nicht das »Wesen« der Erziehung (im phänomenologischen Sinn) erfassen, sondern Elemente einer möglichen Begriffsklärung anbieten. Das enttäuscht jede/n, die/der sich nun endlich eine klare Definition von »Erziehung« erhofft hatte ...

Es handelt sich um folgende Strukturmomente oder Bestimmungsmerkmale erzieherischen Handelns (vgl. auch König 1990, 181 f., Kaiser/Kaiser 1998, 42ff.).

1. Erziehung ist *intentional*, sie sucht Ziele, Normen und Werte zu verwirklichen. Das Erziehungsgeschehen ist – anders als »Bildung« (s.u.) – von seiner intentionalen Struktur her letztlich darauf gerichtet, sich selbst aufzuheben. Erziehung ohne Ziele und Bewusstsein gibt es nicht.

2. Das Erziehungsgeschehen ist ein *Interaktionsprozess* (auch in vermittelter, nicht-direkter Form), in dem sich Sinndeutungen und Handlungen des einen am Tun des andern ausrichten. Erzieher und Educand treten sich dabei in Rollen gegenüber, deren Charakter von der gesellschaftlichen Art und Weise der Institutionalisierung von Erziehung abhängt. In der Regel impliziert dies ein Kompetenzgefälle, das zur »Symmetrisierung« (Tenorth 1988, 15) auffordert. Aber: Erziehung ohne wechselseitige Beeinflussung gibt es nicht.

3. Die dabei auftretenden Prozesse sind vielfältig *methodisch organisiert* und auf die Lernbedingungen des Adressaten ausgerichtet, der aber letztlich zur Selbst-Tätigkeit aufgefordert bleibt. Erziehung als »Machen« gibt es nicht.

4. Erziehung ist – einschließlich der Ziele und Interaktionsprozesse – eingebunden in einen umfassenden *historisch-gesellschaftlichen Kontext*, der Wandlungsprozessen unterliegt. »Die« Erziehung gibt es nicht.

5. Erziehung erfolgt in Auseinandersetzung mit *Inhalten, Gegenständen, Themen* etc., welche die kognitive Ebene (z.B. Wissen, Einsichten), die affektive Ebene (z.B. Einstellungen) oder die Handlungsebene (z.B. Fertigkeiten) in wechselseitigem Zusammenhang betreffen. Auch das nichtverbale Stirnrunzeln der Mutter bezieht sich auf ein »Thema«. Erziehung im inhaltsfreien (»luftleeren«) Raum gibt es nicht.

Die folgende Strukturskizze kann diese untereinander zusammenhängenden Strukturmerkmale noch mal veranschaulichen.

Eine Fülle von weiteren – aktuellen – Fragen schließt sich an, auf die hier nur auswahlweise verwiesen wird:

- Wie verhält es sich mit der Autorität im Erziehungsprozess? Ist Autorität notwendige Konsequenz aus der Tatsache des »Generationsgefälles«? Gibt es – in Abgrenzung zu Macht und Herrschaft – eine besondere pädagogische Autorität? Wie ist Autorität legitimierbar? Was unterscheidet Autorität von autoritärem Verhalten?

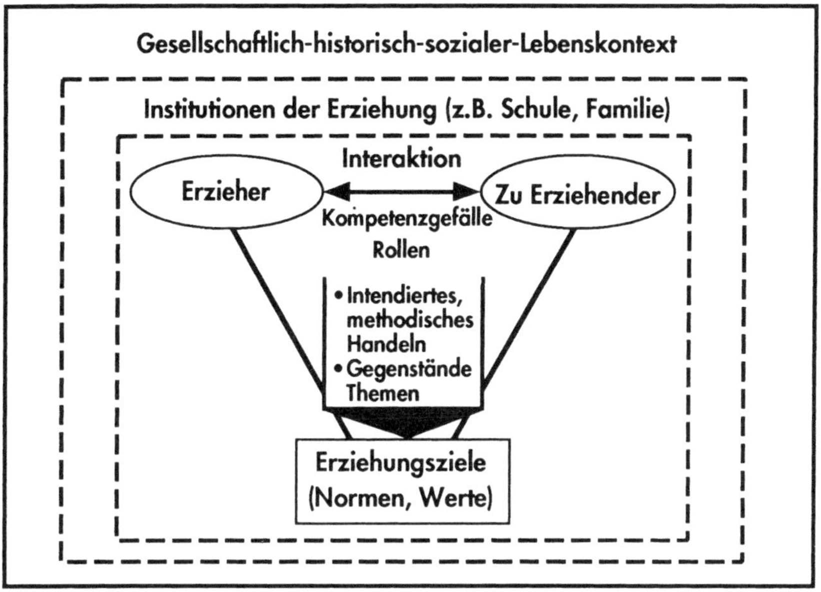

Abb. 21: Strukturmodell von Erziehung

• Welche Bedeutung haben die eigenen – oft unbewusst abgelagerten – Erziehungserfahrungen, das »unbewusste Kind in uns« für das »Kind vor uns« (Bernfeld)? Wie steht es mit der biographischen Selbstreflexion (Gudjons u.a. 1992) als Bedingung aufgeklärten pädagogischen Handelns?
• Ist Erziehung als moralisch verwerflicher Eingriff in das Leben von Kindern überhaupt abzulehnen, wie es die Antipädagogen fordern (v. Braunmühl 1975, dagegen Flitner 1982)? Wissen Kinder selber am besten, was für sie gut und richtig sei, und können sie sich selbst regulieren? Kann man Erziehung durch Freundschaft mit Kindern ersetzen (v. Schoenebeck 1982, dagegen Oelkers/Lehmann 1990)?
• Oder führen im Gegenteil die »Erziehungsnot« in Deutschland (Struck 1992), die fehlenden Bindungserfahrungen, zunehmende soziale Vernachlässigung von Kindern, Scheidungsschicksale, schließlich Kindesmisshandlung und sexueller Kindesmissbrauch, Frauenfeindlichkeit u.a.m. zur Notwendigkeit qualitativ verstärkter Erziehungsbemühungen? Andererseits: Droht mit der Zunahme pädagogischer Einrichtungen die Pädagogisierung der Gesellschaft?
• Schließlich: Zerfallen in modernen, hochkomplexen, an sinnlichen Erfahrungen immer ärmeren Gesellschaften die sozial gestützten Schemata der Weltkonstruktion der Individuen nicht doch immer mehr (Kokemohr 1988, 327)? Dann liegt es nahe, nicht mehr von Erziehung – wie noch in einfach strukturierten, wenig entwickelten Gesellschaften – zu reden, sondern von Bildung, und zwar in folgendem Sinn: »Zunehmend werden Lernstrukturen wichtig, die sich grundlegend von denen unterscheiden, die in traditionalen Gesellschaften vorherrschen … Es genügt also nicht mehr, Orientierungs- und Handlungswissen in zwar vorgegebenen, aber zunehmend brüchigen Referenzsystemen zu erwerben. Vielmehr müssen tragfähige Referenzrahmen eines entsprechenden Wissens selbst lernend konstruiert werden« (ebd., 328). Konkret heißt das, »dass die Handlungsfähigkeit in

Bezug auf die Lösung praktischer Probleme (Ökologie, Arbeitslosigkeit, intergenerationeller Wertewandel, Geschlechterverhältnis, internationale Verflechtungen und Konflikte etc.) zusehends abnimmt« (Hansmann/Marotzki 1988b, 9).

Wir müssen heute einen »Komplexitätsschub« (ebd.) im Zusammenhang mit der hereinbrechenden Informationsflut verarbeiten und gleichzeitig die Notwendigkeit einer an Freiheit, Mündigkeit und Verantwortung orientierten Persönlichkeitsentwicklung sehen. Das fordert pädagogisches Denken in neuen Kategorien. Wir laufen sonst Gefahr, »für eine Gesellschaft funktionstüchtig zu machen, die hätte umgestaltet werden müssen« (Peukert 1988, 14). – Die »Wiedergewinnung des Bildungsbegriffs« steht ins Haus.

Wird der Erziehungsbegriff abgelöst? Der Erziehungsbegriff lässt wegen seiner geringen Theoriefähigkeit und der moralischen Missbräuchlichkeit vermuten, »dass zu viel Erblast mitgeschleppt werden muss. Daher wird *Bildung* als Ersatzbegriff verwendet … ›Bildung‹ trägt nicht den Schatten der ›Schwarzen Pädagogik‹, erscheint also unbesetzt oder auch unbelastet, sozusagen nur mit den besten Traditionen der Theoriegeschichte behaftet.« (Oelkers 1991b, 14)

7.6 Was ist Bildung?

7.6.1 Kritik und Verfallsgeschichte des Begriffs

• Von der Mottenkiste …

Doch so unbelastet ist der Bildungsbegriff in seinen unterschiedlichen theoretischen Ausformungen keineswegs! (Überblick bei Baumgart 1997) Nach 1945 noch viel gebraucht, geriet der Bildungsbegriff in den 60er und 70er Jahren plötzlich unter heftige Kritik: Er sei idealisierend-überhöht, historisch überholt und einer modernen Demokratie nicht mehr angemessen, unpolitisch, verschlissen im elitären Gebrauch, ideologieverdächtig, zusammengeschrumpft auf ein Aggregat von Kenntnisen, mit denen man zu den »Gebildeten« zählt, und für die moderne Industriegesellschaft völlig unbrauchbar (Klafki 1991). Die empirische Erziehungswissenschaft versuchte, ihn in erforschbare Einzelkomponenten zu »zerlegen«, die Kritische Erziehungswissenschaft nutzte ihn als Objekt für ideologiekritische Untersuchungen, man suchte nach Ersatzbegriffen wie Qualifikation, Lernen, Identität u.Ä. (Menze 1983).

Das ist angesichts der Verfallsgeschichte dieses ursprünglich von der deutschen Aufklärung und Klassik 1770–1830 kritisch-progressiv gemeinten Begriffs verständlich (zur Begriffsgeschichte Dohmen 1964/65, Wehnes 1991). Vor allem Humboldt hatte ihm die Stoßrichtung der umfassenden Entwicklung aller Kräfte des Menschen gegeben, als Grundrecht für alle. Doch im Zuge der Entwicklung des Berechtigungswesens (siehe Kapitel 4: Geschichte der Pädagogik) wurde Bildung bald zu einem Vehikel der Sicherung sozialer Privilegien des erstarkten Bürgertums. Die unheilvolle Ehe von Besitz und Bildung wurde gefestigt, Bildung wurde plutokratisch missbraucht, für den Aufstieg individualistisch verwertbar und schließlich auf den Kanon der Gymnasialfächer reduziert (Herrlitz

1988). Es ist bezeichnend, dass starke Reste dieser Entwicklung offenbar auch heute noch das Verständnis von einem »gebildeten Menschen« prägen (Schlömerkemper 1988). Bildung – eine in Trümmern liegende Kathedrale …

7.6.2 Bildung als pädagogische Grundkategorie

• … zur Grundkategorie

Doch in der Verabschiedung vom Bildungsbegriff hatte man offenbar das Kind mit dem Bade ausgeschüttet. Nur wenige Sprachen unterscheiden zwischen Erziehung und Bildung (im Englischen heißt beides einfach »education«). Ich sehe in der deutschen Tradition mit ihrem gesonderten Bildungsbegriff aber durchaus auch einen Vorteil. Gerade die gesellschaftliche Entwicklung Mitte der 70er Jahre mit ihrer zunehmenden Zersplitterung aller Lebensbereiche warf die Frage nach einem Leitbegriff »als Versuch einer zusammenbindenden Sinnfindung für das pädagogische Geschäft« auf (Preuss-Lausitz 1988, 401).

Eine solche zentrierende Kategorie als übergeordnetes Orientierungs- und Beurteilungskriterium für alle pädagogischen Einzelmaßnahmen wurde ab etwa 1975 in einer Neuformulierung des Bildungsbegriffs gesucht, und zwar quer durch die unterschiedlichsten Richtungen von links bis rechts (Belege bei Tenorth 1986, 8). Allein 1978–1988 umfaßt die Diskussion über 300 Titel (Heymann/Lück 1990)!

Drei Argumentationslinien lassen sich dabei feststellen (Hansmann/Marotzki 1988a):

1. Die zunehmende spezialisierende Verwissenschaftlichung unserer Lebensverhältnisse lässt einen Abbau gemeinsamer Anschauungen, Werthaltungen und Verhaltensweisen befürchten – Allgemeinbildung soll dem (eher konservativ und ordnungspolitisch orientiert) entgegenwirken.
2. Dem beobachtbaren Pluralismus werden Vorstellungen von möglicher Konzentration entgegengesetzt, wobei u.a. Kirchen, Gewerkschaften, SPD, Grüne den Bildungsbegriff jeweils inhaltlich zu füllen suchen und unter einer solchen Leitkategorie entsprechende Lernprozesse reorganisieren wollen.
3. In der Erziehungswissenschaft wird versucht, den Bildungsbegriff stärker theoriegeleitet, historisch-systematisch zu rekonstruieren und damit neu zu formulieren. (Allein die Z. f. Päd. widmete in den folgenden Jahren mehrere Hefte und Beihefte diesem Thema, das auch auf den Kongressen der Deutschen Gesellschaft für Erziehungswissenschaft eine herausragende Rolle spielte.) Einen in der christlichen Bildungstradition stehenden Entwurf eines neueren bildungstheoretischen Konzeptes hat Henz (1991) vorgelegt, einen an der Kategorie des »Sinns« orientierten Entwurf Biller (1994), mit konstruktiver Absicht entwickelte Tenorth (1994) ein Verständnis von allgemeiner Bildung, das auf ein »Bildungs-

minimum für alle« und die »Kultivierung von Lernfähigkeit« zielt (ebd. 166). Unverkennbar ist bei diesen Bemühungen um den Bildungsbegriff die kritische Vergegenwärtigung seiner klassischen Tradition, vor allem seit Pestalozzi und Humboldt (Klafki 1991, Uhle 1993).

Bildung meint
- die Befähigung zu vernünftiger Selbstbestimmung und Solidaritätsfähigkeit mit andern,
- die Subjektentwicklung im Medium der Objektivationen bisheriger menschlicher Kultur; das bedeutet: Bildung ist immer als ein Selbst- und als ein Weltverhältnis auszulegen, das nicht nur rezeptive, sondern verändernd-produktive Teilnahme an der Kultur meint,
- die Gewinnung von Individualität und Gemeinschaftlichkeit,
- eine allgemein gültige, d.h. für alle Menschen gleich gültige Bildung,
- Vielseitigkeit, vor allem die moralische, kognitive, ästhetische und praktische Dimension.

Damit liegt – anders als im Erziehungsbegriff – im Begriff Bildung ein genereller Maßstab, der es z.B. ermöglicht, Erziehungsziele zu beurteilen, Erziehung kritisierbar zu machen und zu bewerten.

7.6.3 Umrisse eines modernen Bildungskonzeptes

Obwohl es keine Übereinstimmung gibt, was »Bildung« ist, lassen sich doch fünf grundlegende Dimensionen des Bildungsbegriffes unterscheiden (Langewand 1994, 74ff.):

1. die *sachliche Dimension:* Bildung braucht bestimmte Bildungsinhalte, braucht »Stoffe«;
2. die *temporäre Dimension:* Der Zeitverlauf der Menschheitsgeschichte hat einen Sinn, der immer wieder ausgehandelt werden muss, Bildung braucht »Geschichte«;
3. die *soziale Dimension:* Mit Bildung sind normative Zusammenhänge der menschlichen Gesellschaft verbunden, Bildung braucht »Zustimmung«, »kommunikative Sozialität«;
4. die *wissenschaftliche Dimension:* Die Wissenschaft möchte, dass Bildung Wissenschaft – nicht Dogmatismus – braucht;
5. die *autobiographische Dimension:* Der Einzelne braucht Bildung für sein Selbstverständnis.

Was bedeutet das aber für die aktuelle gesellschaftliche Situation?

• Wenn es stimmt, dass die meisten Arbeits- und Lebensvollzüge zunehmend abstrakter, entsinnlichter und weniger anschaulich werden, wobei zugleich das anzueignende Wissen für die selbständige Alltagsbewältigung und die berufliche Qualifizierung explosionsartig ansteigt,

• wenn es andererseits stimmt, dass die Handlungsfähigkeit der Menschen gegenüber den globalen Problemen immer mehr abnimmt, Zukunft menschheitsgeschichtlich in Frage gestellt ist, Ohnmacht, Rückzug, Gleichgültigkeit, ethischer Relativismus sich ausbreiten,

• dann findet eine moderne Bildungstheorie in diesen aktuellen Problemlagen ihren zentralen Bezugspunkt.

Bildung bezeichnet dann eine Weise, mit diesen Problemlagen umzugehen, wobei Bildung – wie alle Pädagogik – auf Zukunft zielt (Peukert 2000), ihre oberste Maxime ist die Erhaltung des Lebens (Preuss-Lausitz 1988). Sie trennt von daher nicht mehr Vernunft und Moral, Wissen und Handeln (das Machbare ist nicht mehr zugleich das Gute), entwickelt eine radikale Ethik (Peukert 2000) und hat mit Zielen wie Selbstbestimmungs-, Mitbestimmungs- und Solidaritätsfähigkeit (Klafki 1991) eindeutig eine normative Basis.

In dem zur Zeit wohl umfangreichsten Versuch, den Diskurs über eine solche erziehungswissenschaftliche Reformulierung gesamtgesellschaftlicher Problemlagen als Bildungstheorie zu initiieren, stellen Hansmann/Marotzki (1988/89, Marotzki/Sünker 1992/93) vier Kontexte in den Mittelpunkt.

1. *Arbeit:* Neue Technologien, Automatisierung, Zunahme des Dienstleistungssektors etc. führen zu einer rapiden Umstrukturierung der Berufswelt und der Qualifikationsprofile sowie zu einem Bedeutungswandel von Arbeit als Lebensbedingung. Die bildungstheoretische Konsequenz liegt nicht nur in der Überwindung der traditionellen Trennung von Berufsbildung und Allgemeinbildung. Elementare Bildungsprozesse müssen vielmehr an der gleichen Vernunft ausgerichtet sein, die zur Entwicklung einer solchen ökonomischen Rationalität führt, »die sich an der Schaffung gemeinsamer Lebensmöglichkeiten orientiert« (Peukert 1988, 16). Konkret: Nur profitgeleitete, umweltzerstörende Wirtschaft widerspricht demselben Vernunftprinzip, das sowohl Kindern Zukunft ermöglichen als auch Erwachsenen den Lebensunterhalt sichern soll.

Bildungstheoretisch bedeuten diese Entwicklungen: Neben den weiterhin wichtigen allseitigen basalen Fähigkeiten und Fertigkeiten kommt es verstärkt darauf an, Heranwachsende auf den Komplexitätszuwachs im Arbeitsleben vorzubereiten: Sie müssen verstärkt analytische Kompetenzen (von Ganzheiten auf Teile und deren Bedingungsstruktur zurückgehen, also zergliedern können) und synthetische Kompetenzen (von Teilen auf Ganzheiten und deren Vernetzung voranschreiten können) erwerben. Das ist aber nicht nur technisch gemeint (den Fehler im Videorecorder analysieren und das Gerät dann in die Multi-Media-Show vernetzen ...), sondern viel umfassender auch als soziale Kompetenzen (z.B. das Durchschauen von Herrschaftsstrukturen und der eigenen Involviertheit in das System) (Hansmann/Marotzki 1988a, 27).

2. *Rationalität und Wissenschaft:* Im Zuge der »postmodernen« Rationalismus- und Vernunftkritik ist das Zweck-Mittel-Denken als Grundlage des techni-

schen Fortschritts radikal kritisiert worden, weil Naturbeherrschung in Naturzerstörung umgeschlagen ist. Diese Art von Rationalität verliert ihren Absolutheitsanspruch, darüber hinaus geht es um neue Formen von Sinnlichkeit, Emotionalität, ganzheitlicher Lebensverfassung etc., wie sich dies in den sog. neuen sozialen Bewegungen ankündigt.

Der Bildungsbegriff hätte sich solchen, das einseitige Rationalitätsprinzip der neuzeitlichen Wissenschaft erweiternden Herausforderungen zu stellen.

3. *Subjektivität und Wirklichkeitsverarbeitung:* Unsere Welt wird uns zunehmend medial vermittelt, unsere Deutungsmuster sind weitgehend medial induzierte Weltbilder. Bildung zeigt sich vor allem daran, über welche Interpretationsmöglichkeiten von Erfahrung und Welt das Subjekt verfügt. Es käme auch darauf an, Differenzerfahrungen zu verarbeiten, das Fremde nicht als bedrohlich zu deuten, sondern als Anderes, Eigenständiges, Bereicherndes (interkulturelle Bildung).

Bildung hat dann eine sinnstiftende und orientierende Funktion, indem sie gerade die Pluralität menschlicher Selbst- und Weltverhältnisse fruchtbar macht. Das schließt Akzeptanz- und Toleranzbereitschaft ebenso ein wie die Relativierung des eigenen Standpunktes und Weltbildes!

4. *Wertorientierung und Ethik:* Die Veränderung der Wertorientierungen bei Jugendlichen und Erwachsenen ist bekannt (s.o.). Bildung vermittelt die Fähigkeit, über sein faktisches Wissen hinaus eine Orientierung seines Wollens aufzubauen und zu verantworten. In einer Welt mit zunehmenden gesellschaftlichen Widersprüchen, immer komplexeren Problemlagen und miteinander widerstreitenden Wertorientierungen werden Argumentations- und Kritikfähigkeit sowie die Fähigkeit zur Perspektivübernahme immer wichtiger.

Bildung hätte Menschen zu befähigen, in der Auseinandersetzung um ein selbstbestimmtes und mitmenschlich verantwortbares Leben ihre Stimme zu erheben.

Bildung als kritische Selbstbildung für alle

Damit hat Bildung nicht nur die Funktion, in die Gesellschaft einzuführen und in ihre Regeln einzuüben, sondern auch die Funktion, eine kritische, reflexive Distanz herzustellen (Heydorn 1980). Bildung – gelingend immer nur als Selbst-Bildung – umfasst also mehr und anderes als Wissen, »Bildungsgüter« (materiale Bildung) oder innere Kräfteentwicklung (formale Bildung). Sie umschließt existentielle Fragen: Selbstvergewisserung, Sinnkonstitution und zeitgeschichtliche Ortsbestimmung. Sie wirkt auf Verhalten und Handeln der Menschen als dimensionierende und strukturierende Kraft ein (Hansmann/Marotzki 1989, 8) und begrenzt dies weder berufsständisch noch schichtspezifisch oder alters- oder geschlechtsbezogen (Koch/Marotzki/Schäfer 1997).

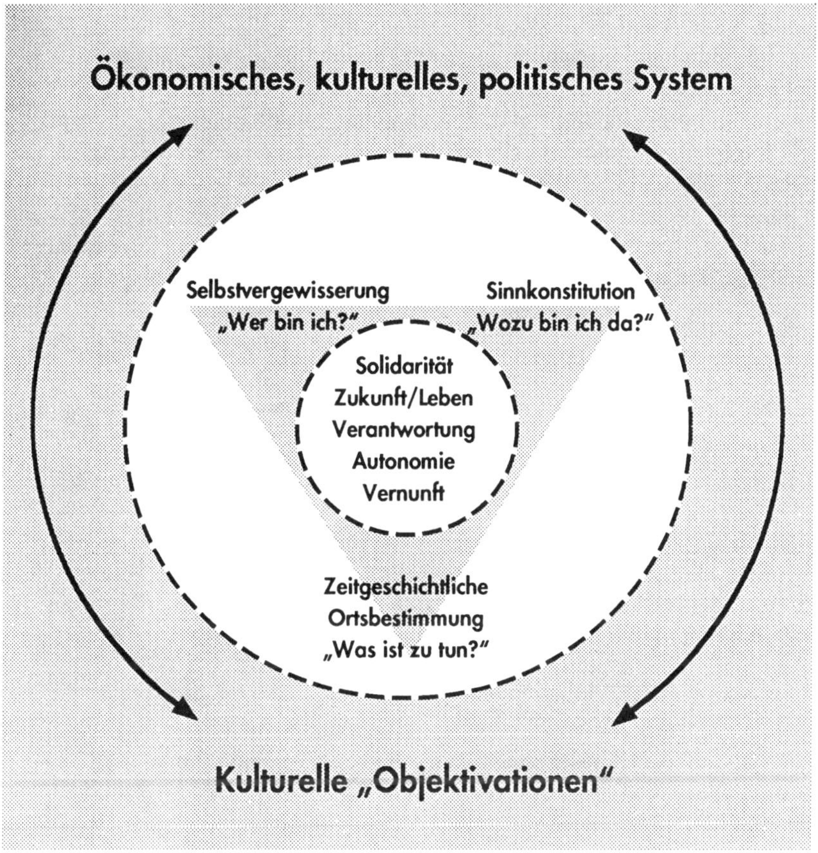

Abb. 22: Leitbegriffe und Zusammenhänge einer modernen Bildungstheorie

Damit ist auch die alte Trennung von allgemeiner Bildung und Spezial(aus)bildung überholt. Seit Kerschensteiner zu Jahrhundertbeginn, Spranger in den 20er Jahren und Litt in den 50er Jahren bis zur polytechnischen Bildung in der ehemaligen DDR hat es immer wieder Versuche gegeben, Allgemeinbildung und Berufsbildung zu verbinden (z.B. in den Kollegschulen Nordrhein-Westfalens, Gruschka 1985), den Bildungswert von Arbeit zu bestimmen. Die von Hansmann und Marotzki oben skizzierten Kontexte eines modernen Bildungsbegriffs umschließen die Technik, industriegesellschaftliche Produktions- und Wirtschaftsformen ebenso wie die informationstechnologische Grundbildung im Computerzeitalter. Schulpädagogisch bedeutet dies die Aufhebung der Hierarchie von Gymnasium und berufsbildenden Schulen, d.h. auch die Gleichwertigkeit ihrer Bildungsgänge. Bildungspolitisch wäre allerdings noch einzulösen, was bildungstheoretisch entwickelt worden ist (Seibert/Serve 1994).

In der Tat – anders als Erziehung – ist Bildung ein lebenslanger Prozess. Ihre Inhalte sind nicht zeitunabhängig zu bestimmen, Bildung muss vielmehr auf die unvermeidlichen Kontingenzen (z.B. Pluralismus, offene Zukunft, keine normativ vorgestanzten Individualitätsentwicklungen) reagieren: Der Referenzpunkt von Allgemeinbildung ist sozusagen ebendiese Bewältigung von Kontingenz (Tenorth 1990).
Gerade wenn Bildung sich den Themen der »Neuen sozialen Bewegungen« wie Leiblichkeit, Sinne, menschlichere Formen von Produktion und Kommunikation, Echtheit, Selbstkongruenz, Transpersonales, Meditatives, Androgynie u.a.m. öffnet, bleibt ihre Mitte ein aktualisierter Vernunftbegriff (Mollenhauer 1987).

Sich sozusagen als Alternativer »für die Erfahrung von Sinn im Augenblick frei zu geben« (Heipcke 1989, 9) und aufgeklärte Vernunft dürfen nicht zu vereinfachter Frontstellung führen: Hier die einen, die die Überwindung des weltzerstörenden aufgeklärten Denkens mit seinen Abspaltungen fordern und das Erbe der Aufklärung nahezu fundamentalistisch bekämpfen – dort die andern, die das Potential der Aufklärung geschichtlich überhaupt noch nicht durchgesetzt sehen und der Vernunft als dem immer noch besten Ratgeber vertrauen.

Aktueller Fokus der Diskussion ist dabei die Frage, ob die in ihrer Zukunft bedrohte Welt grundsätzlich noch verstehbar und mitgestaltbar sei (Heipcke 1989, GEW 1994). Sich der Ratlosigkeit angesichts dieser Frage zu stellen, das ist die erste notwendige Verankerung von Bildung …

7.6.4 Bildung und Schule

Was hat dieser anspruchsvolle Bildungsbegriff mit der Schule zu tun? Wie ist Bildung im Fachunterricht möglich? Zentral wäre zuerst der Lehrplan, der doch die wesentlichen Elemente eines modernen Bildungskonzeptes umzusetzen hätte (Kanonproblem, Künzli 1986). Aber über Lehrpläne entscheiden u.a. Politiker, ja Gerichte. Was in Schulen als Allgemeinbildung gelten soll, bestimmt weithin nicht der wissenschaftliche Diskurs, sondern politischer Einfluss. So bleibt zunächst eine erhebliche Lücke zwischen Theorie und Praxis.
Gerade deshalb aber hat der Bildungsbegriff eine ungemein wichtige Bedeutung für die in der Schule Lehrenden und Lernenden: Er ist Maßstab und Perspektive für die Beurteilung des Pädagogischen an der Bildung durch die Schule. Hartmut von Hentig hat in seinem Buch »Bildung« (1996) sowohl die Verkümmerung von Bildung zu Schulbildung vehement kritisiert als auch die Notwendigkeit einer Bildung als Selbstbildung für alle (durch gemeinsame Maßstäbe und Anlässe, durch Fächer ebenso wie als politische Bildung) herausgearbeitet.
Man kann konkret vier grundlegende Funktionen des Bildungsbegriffs unterscheiden, die durch nichts zu ersetzen sind (Schulz 1988):

4 Fkt.en d. Bildungsbegriffs

1. Seine *heuristische Funktion* hilft uns, die alltägliche praktische Schularbeit auf Möglichkeiten zu durchleuchten, die den formulierten Zielen wirklich angemessen sind, ungelöste Fragen dabei schärfer zu sehen, neue Aufgaben zu finden und neue Schwerpunkte zu formulieren. Aber Schwerpunktsetzung muss systematisch aufgebaute Lehrgänge keineswegs überflüssig machen (Klafki 1991).

Die Vermittlung abfragbaren Wissens für die nächste Klausur würde allerdings schnell problematisch …

2. Seine *Legitimationsfunktion* fordert von uns, Ansprüche zu begründen. Nur was zur allgemeinen Bildung im Sinne eines kompetenten, selbstbestimmten, mitmenschlich verantwortbaren humanen Lebens beiträgt, ist legitim.

Vermutlich würde sich rasch der Widerspruch von hehren Zielen des Unterrichts und völlig unangemessenen Methoden zeigen …

3. Seine *Strukturierungsfunktion* hilft uns zur Konzentration der Inhalte und der Zeit auf wirklich wesentliche Thematiken und bringt eine unverzichtbare Gewichtung in das Wirrwarr unterschiedlichster Fachaspekte; unverzichtbares Fachwissen wird integriert und vernetzt zu komplexen Sachverhalten. Klafki (1991) macht in diesem Zusammenhang auf das Prinzip des Exemplarischen aufmerksam, denn die Wissensfülle nimmt gegenwärtig überhand.

Wenn aber Rechtschreibung und Zeichensetzung mehr Zeit gekostet haben als die Auseinandersetzung mit Liebe, Frieden, Freiheit, Solidarität, Glück und Tod – und dann nicht mal gekonnt werden –, dann sollten Heranwachsende eine solche »Bildungsinstitution« nicht mehr so wichtig nehmen …

4. Seine *kritische Funktion* ist Widerpart zum Missbrauch junger Menschen für die Zwecke anderer; sie hilft dazu, Leistung nicht zu entfremden und junge Leute in Punktesammler für die Anpassung an unreflektierte Normen anderer zu verwandeln.

Das Notensystem würde sich rasch als Disziplinierungstechnik und Gegenteil von Bildung erweisen …

Fazit: Allgemeine Bildung – im Verständnis Klafkis (1991) als Anspruch *aller* Menschen auf *allseitige* Bildung im Medium der *allgemeinen* »Schlüsselprobleme« der Menschheit heute (also nicht: kleiner Gruppen von Begabten in kognitiver Hinsicht in spezialisierten Bereichen) – hat demnach Konsequenzen für den schulischen Alltag und für die Grundstruktur von Schule.

Doch – vielleicht hatte Goethe ja nicht Unrecht: »Narrenpossen sind eure allgemeine Bildung und alle Anstalten dazu.« (Wilhelm Meisters Wanderjahre)

Lese- und Arbeitsvorschläge

Um sich mit der Frage vertraut zu machen, ob es so etwas wie einen »pädagogischen Grundgedanken« gibt und wie er zu begründen wäre, liest man am besten einführend D. Benner: Allgemeine Pädagogik. Weinheim 1996, 3. Aufl., insbesondere S. 47 ff. Während Benner historisch-systematisch argumentiert, entwickelt W. Brezinka: Grundbegriffe der Erziehungswissenschaft. München 1990, einen empirisch begründbaren und brauchbaren Erziehungsbegriff. Die derzeit umfassendste (auch anthropologische) Begründung von Erziehung als Grundfunktion des menschlichen Lebens findet sich bei E. Weber: Grundfragen und Grundbegriffe (Pädagogik. Eine Einführung. Band 1, Teil 1 und 2). Donauwörth 1995 und 1996, auch wenn man die Begründungen aufgrund unterschiedlicher Wert- und Normpositionen nicht immer teilen mag. Es gibt aber auch Entwürfe eines theoretischen Konzeptes von Erziehung, die sich wenig auf die einschlägige Literatur beziehen, dafür eigenständige (wenn auch diskussionswürdige) Entwürfe bieten. Als Beispiele seien genannt: P. Menck: Was ist Erziehung? Donauwörth 1997, und A.K. Treml: Allgemeine Pädagogik. Stuttgart 2000.
Äußerst schwierig sind Leseempfehlungen zum Thema Bildung. Einen guten – weil kontrovers gehaltenen – Einblick in die gegenwärtige Diskussion vermittelt das zweibändige Werk von O. Hansmann/W. Marotzki (Hg.): Diskurs Bildungstheorie. Bd. 1 und 2. Weinheim 1988 und 1989. Eine der einflussreichsten Arbeiten zu einem kritisch-konstruktiven Bildungskonzept ist W. Klafki: Neue Studien zur Bildungstheorie und Didaktik. Weinheim 1996. Gut verständlich, systematisch wie historisch orientiert erarbeitet H.-E. Tenorth: Alle alles zu lehren. Darmstadt 1994, ein aktuelles Verständnis von Allgemeinbildung. Die Lektüre dieser Bücher erspart aber nicht die Auseinandersetzung mit dem eigenen Erziehungs- und Bildungsbegriff.

Darum folgende *Arbeitsvorschläge*.
1. Formulieren Sie mit wenigen Sätzen (max. drei) schriftlich Ihre eigene Vorstellung davon, was Erziehung ist und wie sie sich begründen lässt. Diskutieren Sie dies mit andern Studierenden.
2. Suchen Sie aus unterschiedlichen Wörterbüchern der Pädagogik Artikel zum Begriff Erziehung heraus, und vergleichen Sie diese auf ihre zentralen Aussagen und mögliche Unterschiede. Sie können dies auch tun, indem Sie die Passagen zum Erziehungsbegriff in einschlägigen Einführungen in die Pädagogik lesen (z.B. H.-H. Krüger/W. Helsper (Hg.): Einführung in Grundbegriffe und Grundfragen der Erziehungswissenschaft. Opladen 1995; D. Lenzen: Orientierung Erziehungswissenschaft. Reinbek 1999).

3. Kritisieren Sie das in diesem Buchkapitel vorgestellte Strukturmodell von Erziehung.
4. Die gleichen Aufgaben können Sie auch für den Bildungsbegriff nutzen.

Literatur

Allgemeinbildung. 21. Beiheft der Z. f. Päd. 1987

Baumgart, F. (Hg.): Erziehungs- und Bildungstheorien. Bad Heilbrunn 1997

Benden, M. (Hg.): Ziele der Erziehung und Bildung. Bad Heilbrunn 1982

Benner, D.: Grundstrukturen pädagogischen Denkens und Handelns. In: D. Lenzen (Hg.): Enzyklopädie Erziehungswissenschaft, Bd. 1, S. 283–300. Stuttgart 1983

* *Benner, D.: Allgemeine Pädagogik. Weinheim 1987, 2. Aufl. 1991, 3. Aufl. 1996*

Benner, D.: Zur theoriegeschichtlichen Relevanz nicht-affirmativer Erziehungs- und Bildungstheorie. In: D. Benner/D. Lenzen (Hg.): Erziehung – Bildung – Normativität, S. 11–28. Weinheim und München 1991

Bernfeld, S.: Sisyphos oder die Grenzen der Erziehung. Frankfurt/M. 1967 (1. Aufl. 1925)

Biller, K.: Bildung – integrierender Faktor in Theorie und Praxis. Weinheim 1994

Bollnow, O. F.: Die anthropologische Betrachtungsweise in der Pädagogik. Essen 1965

Braun, W.: Pädagogische Anthropologie im Widerstreit. Bad Heilbrunn 1989

Braunmühl, E. v.: Antipädagogik. Weinheim 1975

* *Brezinka, W.: Grundbegriffe der Erziehungswissenschaft. München 1975 (hier zitiert), 5., neub. Aufl. 1990*

Brezinka, W.: Erziehungsziele, Erziehungsmittel, Erziehungserfolg. München 1976

Brezinka, W.: Über den Nutzen wissenschaftstheoretischer Reflexion für ein System der Erziehungswissenschaft. In: Z. f. Päd. H. 2/1988, S. 247–269

Brezinka, W.: Glaube, Moral und Erziehung. München 1992

Brezinka, W.: Erziehungsziele: Konstanz, Wandel, Zukunft. In: Pädagogische Rundschau, H. 3/1993, S. 253–260

Dichgans, J.: Die Plastizität des Nervensystems. In: Z. f. Päd. H. 2/1994, S. 1229–1246.

* *Dietrich, T.: Zeit- und Grundfragen der Pädagogik. Bad Heilbrunn 1992, 7. Aufl.*

Dohmen, G.: Bildung und Schule. 2 Bde. Weinheim 1964/65

Eibl-Eibesfeld, I.: Grundriß der vergleichenden Verhaltensforschung. München 1987

Fend, H.: Sozialisation und Erziehung. Weinheim u. ö. 1969

Flitner, A.: Konrad, sprach die Frau Mama ... Berlin 1982

Gehlen, A.: Anthropologische Forschung. Reinbek 1961

Geißler, E. E.: Erziehungsmittel. Bad Heilbrunn 1982, 6. Aufl.

Gerlach, J./Groß, E.: In der Diskussion: »Was heißt eigentlich Erziehung?« In: Wir machen Druck, Zeitung der Studierenden am Fachbereich Erziehungswissenschaft, H. 4/1993, S. 4–13

Geulen, D.: Sozialisation. In: Lenzen, D. (Hg.): Erziehungswissenschaft, S. 99–132. Reinbek 1994

GEW (Gewerkschaft Erziehung und Wissenschaft) (Hg.): Bildung. Texte zur aktuellen Diskussion von 1790–1994. Frankfurt/M. 1994

Giesecke, H.: Einführung in die Pädagogik. Weinheim 1991

Gruschka, A.: Wie Schüler Erzieher werden. Wetzlar 1985

Gudjons, H. u.a.: Auf meinen Spuren. Das Entdecken der eigenen Lebensgeschichte. Hamburg 1992, 2. Aufl.

Hamann, B.: Pädagogische Anthropologie. Bad Heilbrunn 1998, 3. Aufl.
Hansmann, O./Marotzki, W.: Zur Aktualität des Bildungsbegriffs unter veränderten Bedingungen der gegenwärtigen Gesellschaft. In: PÄDAGOGIK H. 7/8 1988 (a), S. 25–29
* *Hansmann, O./Marotzki, W.(Hg.): Diskurs Bildungstheorie. Bd. I Weinheim 1988 (b), Bd. II 1989*
Heid, H.: Erziehung. In: Lenzen, D. (Hg.): Erziehungswissenschaft, S. 43–68. Reinbek 1994
Heipke, K., u.a. (Hg.): Hat Bildung noch Zukunft? Weinheim 1989
Hentig, H. v.: Die Schule neu denken. München 1993
Hentig, H. v.: Bildung. München 1996
Hentig, H. v.: Ach, die Werte! Über eine Erziehung für das 21. Jahrhundert. München 1999
Henz, H.: Lehrbuch der systematischen Pädagogik. Freiburg 1975
Henz, H.: Bildungstheorie. Fraankfurt/M. 1991
Herrlitz, H.-G.: Gymnasiale Bildung und akademische Berechtigung. In: PÄDAGOGIK Heft 7/8 1988, S. 20–24
Herzog, W.: Pädagogik als Fiktion? In: Z. f. Päd. H. 1/1988, S. 87–108
Heydorn, H.-J.: Zum Verhältnis von Bildung und Politik. Frankfurt 1980
Heymann, H. W./Lück, W. v. (Hg.): Allgemeinbildung und öffentliche Schule: Klärungsversuche. Bielefeld 1990
Hierdeis, H./Hug, T.: Pädagogische Alltagstheorien und erziehungswissenschaftliche Theorien. Bad Heilbrunn 1992
Hoffmann, D./Langewand, A./Niemeyer, C. (Hg.): Begründungsformen der Pädagogik in der Postmoderne. Weinheim 1992
Inglehart, R.: Kultureller Umbruch. Wertwandel in der westlichen Welt. Frankfurt/M. 1989
Jonas, H.: Das Prinzip Verantwortung. Frankfurt/M. 1979
Kaiser, A./Kaiser R.: Studienbuch Pädagogik. Frankfurt/M. 1998, 9. Aufl.
Kamper, D.: Anthropologie, pädagogische. In: D.Lenzen (Hg.): Pädagogische Grundbegriffe, Bd. 1, S. 82–88. Reinbek 1989
Klafki, W. u.a.: Erziehungswissenschaft. Funkkolleg Erziehungswissenschaft, Bd. 1. Frankfurt/M. 1970
* *Klafki, W.: Neue Studien zur Bildungstheorie und Didaktik. Weinheim 1991, 2. Aufl., 1996, 5. Aufl.*
Knauth, T./Sandt, O./Weiße, W.: Interkultureller Religionsunterricht in Hamburg. In: Lohmann, I./Weiße, W. (Hg.): Dialog zwischen den Kulturen. München 1994
Koch, L./Marotzki, W./Schäfer, A. (Hg.): Die Zukunft des Bildungsgedankens. Weinheim 1997
König, E.: Erziehungswissenschaft. In: H. Hierdeis (Hg.): Taschenbuch der Pädagogik, Teil 1, S. 180–189. Hohengehren 1990
König, E.: Werte und Normen in der Erziehung. In: L. Roth (Hg.): Pädagogik, S. 219–229. München 1991
König, E./Ramsenthaler, H. (Hg.): Diskussion Pädagogische Anthropologie. München 1980
Kokemohr, R.: Bildung als Begegnung? Logische und kommunikationstheoretische Aspekte der Bildungstheorie E. Wenigers und ihre Bedeutung für biographische Bildungsprozesse in der Gegenwart. In: O. Hansmann/W. Marotzki (Hg.) Bd. I 1988, a.a.O., S. 327–373
Krieck, E.: Nationalpolitische Erziehung. Leipzig 1932
Kron, F. W.: Grundwissen Pädagogik. München 1988, 2001, 6. Aufl.
Künzli, R.: Topik des Lehrplandenkens, Bd. 1. Kiel 1986
Langewand, A.: Bildung. In: Lenzen, D. (Hg.): Erziehungswissenschaft, S. 69–98. Reinbek 1994
Liebau, E.: Erfahrung und Verantwortung. Werteerziehung als Pädagogik der Teilhabe. Weinheim 1999
Liebau, E./Wulf, C. (Hg.): Generation. Versuche über eine pädagogisch-anthropologische Grundbedingung. Weinheim 1996

Liedtke, M.: Evolution und Erziehung. Göttingen 1972, 3., erg. Aufl. 1993
Litt, T.: »Führen« oder »Wachsenlassen«. Leipzig 1927
Loch, W.: Die anthropologische Dimension der Pädagogik. Essen 1963
Loch, W.: Enkulturation als Grundbegriff der Pädagogik. In: Bildung und Erziehung, 21. Jg. 1968, S. 161–178
Löwisch, D.-J.: Einführung in die pädagogische Ethik. Darmstadt 1995
Ludwig, P.: Einwirkung als unverzichtbares Konzept jeglichen erzieherischen Handelns. In: Z. f. Päd., H. 4/2000, S. 585–600
Marotzki, W./Sünker, H. (Hg.): Kritische Erziehungswissenschaft – Moderne – Postmoderne. 2 Bde. Weinheim 1992/93
Menck, P.: Was ist Erziehung? Eine Einführung in die Erziehungswissenschaft. Donauwörth 1997
Menze, C.: Bildung. In: D. Lenzen (Hg.): Enzyklopädie Erziehungswissenschaft, Bd. 1, S. 350–356. Stuttgart 1983
Meyer-Drawe, K./Peukert, H./Ruhloff, J. (Hg.): Pädagogik und Ethik. Weinheim 1992
Miller, A.: Am Anfang war Erziehung. Frankfurt/M. 1980
Miller-Kipp, G.: Wie ist Bildung möglich? Die Biologie des Geistes unter pädagogischem Aspekt. Weinheim 1992
Müller-Kipp, G.: Problemlage und Aufgaben der Pädagogischen Anthropologie heute. In: Uher, J. (Hg.): Pädagogische Anthropologie und Evolution, S. 143–170. Erlangen 1995
Mollenhauer, K.: Theorien zum Erziehungsprozeß. München 1972, 4. Aufl. 1982
Mollenhauer, K.: Korrekturen am Bildungsbegriff? In: Z. f. Päd. H. 1/1987, S. 1–20
Neumann, D.: Pädagogische Perspektiven der Humanethologie. In: Z. f. Päd. H. 2/7 1994, S. 201 bis 227
Nohl, H.: Die pädagogische Bewegung in Deutschland und ihre Theorie. Frankfurt/M. 1935, 2. Aufl.
* *Oelkers, J.: Erziehen und Unterrichten. Darmstadt 1985*
Oelkers, J.: Theorien der Erziehung – Erziehung als historisches und aktuelles Problem. In: L. Roth (Hg.) Pädagogik, S. 230–240. München 1991 (a)
Oelkers, J.: Theorie der Erziehung. In: Z. f. Päd. H. 1/1991, S. 13–18 (b)
Oelkers, J.: Pädagogische Ethik. Weinheim 1992
Oelkers, J.: Neue Seiten der »Pädagogischen Anthropologie«. In: Z. f. Päd. H. 2/1994, S. 195–199
Oelkers, J./Lehmann, T.: Antipädagogik: Herausforderung und Kritik. Weinheim 1990, 2. Aufl.
PÄDAGOGIK Heft 7–8/1994: Werteerziehung kontrovers
Peukert, H.: Reflexionen über die Zukunft von Bildung. In: Z. f. Päd. H. 4/2000, S. 507–524
Plessner, H.: Die Stufen des Organischen und der Mensch. Berlin 1975
Portmann, A.: Biologische Fragmente zu einer Lehre vom Menschen. Basel 1951, 2. Aufl.
Rekus, J.: Bildung und Moral. Weinheim 1993
Roth, H.: Pädagogische Anthropologie. Bd. I Göttingen 1966, Bd. II 1971
Ruhloff, J.: Das ungelöste Normproblem der Pädagogik. Heidelberg 1980
Scheler, M.: Die Stellung des Menschen im Kosmos. Bern 1928
Scheuerl, H.: Über Analogien und Bilder im pädagogischen Denken. In: Z. f. Päd. H. 5/1959, S. 211–223
Scheuerl, H.: Pädagogische Anthropologie. Stuttgart 1982
Scheunpflug, A.: Evolutionäre Didaktik. Weinheim 2000
Schlömerkemper, J.: Was ist ein gebildeter Mensch? In: PÄDAGOGIK H. 7/8 1988, S. 16–19
Schoenebeck, H. v.: Unterstützen statt erziehen. München 1982
Schües, C./Ostbomk-Fischer, E.: Das Menschenbild im Schatten der Soziobiologie. In: Gesellschaft für wissenschaftliche Gesprächsführung (GWG) Zeitschrift, März 1993, S. 14–18

Schütz, E.: Macht und Ohnmacht der Bildung. Weinheim 1992
Schulz, W.: Die Perspektive heißt Bildung. In: Friedrich Jahresheft IV, 1988, S. 6–11
Schwenk, B.: Erziehung. In: D. Lenzen (Hg.): Pädagogische Grundbegriffe, Bd. 1, S. 429–439. Reinbek 1989
Seibert, N./Serve, H. J. (Hg.): Bildung und Erziehung an der Schwelle zum dritten Jahrtausend. München 1994
Struck, P.: Schul- und Erziehungsnot in Deutschland. Neuwied 1992
Sünkel, W.: Im Blick auf Erziehung. Bad Heilbrunn 1994
* *Tenorth, H.-E. (Hg.): Allgemeine Bildung. Weinheim 1986*
Tenorth, H.-E.: Geschichte der Erziehung. Weinheim 1988, 2. Aufl. 1992
Tenorth, H.-E.: Neue Konzepte der Allgemeinbildung. In: H. W. Heymann/W. v. Lück (Hg.) 1990, a.a.O., S. 111–127
Tenorth, H.-E.: »Alle alles zu lehren«. Möglichkeiten und Perspektiven allgemeiner Bildung. Darmstadt 1994
Treml, A. K.: Einführung in die Allgemeine Pädagogik. Stuttgart 1987
Treml, A. K.: Über die beiden Grundverständnisse von Erziehung. In: Pädagogisches Wissen, 27. Beiheft der Z. f. Päd. 1991, S. 347–360
Treml, A. K.: Allgemeine Pädagogik. Stuttgart 2000
Tröger, W.: Erziehungsziele. München 1974
Uexküll, J. v.: Streifzüge durch die Umwelten von Tieren und Menschen. Hamburg 1956
Uhle, R.: Bildung in Moderne-Theorien. Weinheim 1993
Vogel, P.: Scheinprobleme der Erziehungswissenschaft: Das Verhältnis von »Erziehung« und »Sozialisation«. In: Z. f. Päd. H. 4/1996, S. 481–490
Voland, E.: Grundriß der Soziobiologie. Stuttgart 1993
Weber, E. (Hg.): Der Erziehungs- und Bildungsbegriff im 20. Jahrhundert. Bad Heilbrunn 1969
Weber, E.: Grundfragen und Grundbegriffe. Teil 1: Pädagogische Anthropologie. Donauwörth 1995, Teil 2: Ontogenetische Voraussetzungen der Erziehung – Notwendigkeit und Möglichkeit der Erziehung. Donauwörth 1996
Wehnes, F.-J.: Theorien der Bildung. In: L. Roth (Hg.): Pädagogik, S. 256–279. München 1991
Wimmer, M.: Zerfall des Allgemeinen – Wiederkehr des Singulären. Pädagogische Professionalität und der Wert des Wissens. In: Combe, A./Helsper, W. (Hg.): Pädagogische Professionalität. S. 404–447. Frankfurt/M. 1996
Winkel, R.: Antinomische Pädagogik und kommunikative Didaktik. Düsseldorf 1986
Winkler, M.: Erziehung. In: Krüger, H.-H./Helsper, W. (Hg.): Einführung in Grundbegriffe und Grundfragen der Erziehungswissenschaft, S. 53–69. Opladen 1995
Wulf, C. (Hg.): Einführung in die pädagogische Anthropologie. Weinheim und Basel 1994
Zapf, W. (Hg.): Theorien des sozialen Wandels. Köln und Berlin 1971
Z. f. Päd. H. 2/1994 Thema: Pädagogische Anthropologie

Kapitel 8: Lernen

Worum es geht . . .
Wie lernt der Mensch? Die Lernpsychologie hat verschiedene Gesetzmäßigkeiten erforscht. Die grundlegenden Lerntheorien – vom Behaviorismus bis zu kognitiven Richtungen – stehen im Mittelpunkt. Lernen wird in der neueren Kognitionspsychologie als Informationsverarbeitung (analog zum Computermodell) verstanden. Doch unter pädagogischem Aspekt ist zu fragen: Ist Lernen nicht auch entdeckend, problemlösend und sinnhaft? Ansätze der Lerntheorie dazu sowie einige Lernhilfen werden vorgestellt.

8.1 Was heißt »Lernen«? – Einordnung von Lerntheorien

Vielleicht sind – nach dem Wort Goethes – deswegen unsere Bildungseinrichtungen »Narrenpossen«, weil sie grundlegende Gesetzmäßigkeiten und Bedingungen des Lernens zu wenig beachten. Die moderne Lernpsychologie hat in der Tat wesentliche Forschungsergebnisse zu präsentieren, aus denen zum Teil direkte Lernhilfen ableitbar sind. (Übersicht über Lerntheorien vor allem bei Bower/Hilgard 1983, 1884, Angermeier u.a. 1991, Gage/Berliner 1986/1996, Edelmann 2000; die beiden Letzteren enthalten zahlreiche pädagogische Anwendungsbeispiele; ferner Weidenmann u.a. 1993.)

Was versteht man unter »Lernen«?
Wir lernen Rad fahren, lesen, eine fremde Sprache, rationales Argumentieren, aber auch Vorurteile, Einstellungen u.v.a. Lernen zu können ist für die Spezies Mensch Bedingung des Überlebens (vgl. anthropologische Grundlagen im Kapitel 7: Erziehung und Bildung).
Nach der klassischen, immer wieder zitierten *Definition von Bower/Hilgard* (1983, 31) bezieht sich Lernen auf »die Veränderung im Verhalten oder im Verhaltenspotential eines Organismus in einer bestimmten Situation, die auf wiederholte Erfahrungen des Organismus in dieser Situation zurückgeht ...«. Nicht gemeint sind also angeborene Reaktionstendenzen, wie z.B. Nestbau bei Vögeln, reifungsbedingte Veränderungen, wie z.B. das tiefere Sprechen nach dem Stimmbruch, auch nicht z.B. durch Ermüdung, Triebe oder Rausch bedingte Veränderungen.

Diese Definition umfaßt drei zentrale Elemente:

1. Es geht um *Verhalten* – also etwas Beobachtbares, das sich zwischen zwei Zeitpunkten t_1 und t_2 ergeben hat. Veränderung ist dabei das zu Erklärende (das »Explanandum«), es umfasst auch das »Verlernen«. Auf Veränderungen im Verhaltenspotential kann man nur durch Beobachtung von Verhalten (rück)schließen.
2. Die psychologische Richtung, die sich auf das direkt wahrnehmbare Verhalten eines Organismus konzentriert (einer Ratte, einer Taube, eines Schulkindes, eines Wurmes oder eines Lehrers), wird *Behaviorismus* genannt. Diejenigen, die im direkt wahrnehmbaren Verhalten einen Hinweis darauf sehen, was im Gedächtnis eines Menschen vor sich geht, werden *kognitive Psychologen* genannt (Gage/Berliner 1986, 260). Sie wagen den Blick in die »black box« und stellen darüber Theorien auf: kognitive Lerntheorien.
3. *Erfahrung* ist schwer zu definieren. Meist geschieht dies durch Ausgrenzungen: Wer eine halbe Stunde lang 50 Pfund stemmt, wird müde – auch eine Erfahrung, aber kein Lernen. Wer aus dem Hellen in einen dunklen Raum kommt, passt seine Sehfähigkeit den veränderten Lichtverhältnissen an, auch eine Erfahrung, aber nur eine physiologische Veränderung – kein Lernen. Erfahrung ist vielmehr eine (dauerhafte) Verarbeitung von Umweltwahrnehmungen (Weidenmann 1989, 996). Kurzfristige Anpassungen sind noch kein Lernen.

Das eigentliche Lernen ist also nicht direkt beobachtbar, sondern wird aus der dauerhaften Veränderung des Verhaltens aufgrund von Erfahrungen gefolgert.

Lernen ist also – anders als »Erziehung« – ein *wertneutraler Begriff*. Es geht um die Kennzeichnung von *Änderungen* (nicht wie beim Erziehungsbegriff um Verbesserungen) menschlicher Verhaltensdispositionen, die durch Verarbeitung von Erfahrungen erklärt werden können.

»Der Versuch, die Kenntnisse über Lernen, d.h. über Lernbedingungen und Lernergebnisse sowie deren Zusammenhänge, zu systematisieren, führt zu Lerntheorien.« (Skowronek 1991, 183) Und davon gibt es nun eine ganze Reihe. Sie lassen sich in zwei große Bereiche einteilen (sehr guter Überblick bei Edelmann 2000, 279):

a) *Behavioristische oder assoziationistische Lerntheorien*. Neben Edward L. Thorndike, Edwin R. Guthrie, Clark L. Hull und William K. Estes sind am bekanntesten Iwan P. Pawlows klassische Konditionierungstheorie und Burrhus F. Skinners Arbeiten zum operanten Konditionieren, die alle den Organismus als eine Art »Reiz-Reaktions-Verknüpfungscomputer« sehen (Weidenmann 1989, 996). Ausschlaggebend ist die *Außensteuerung* des Lernens durch Reize.
b) *Theorien der kognitiven Organisation*. Hierher gehören etwa die Gestalttheorie im ersten Drittel unseres Jahrhunderts, Edward C. Tolmans Zeichenlernen oder neuere Theorien zur Informationsverarbeitung durch das menschliche Gehirn, die sowohl soziale Lernprozesse (Albert Bandura) als auch aktive Handlungs- und Problemlöseprozesse (Jean Piaget, Hans Aebli) einschließen. Ihr wesentliches Kennzeichen ist die Auffassung des Menschen als »reflexiv-epistemologisches Subjekt« (Groeben/Scheele 1977). Das heißt: Lernen meint Strukturierung durch Vernunft und Einsicht oder aktive Aneignung der Umwelt. Ausschlaggebend ist die *Innensteuerung* durch subjektive kognitive Strukturierungsprozesse.

8.2 Das klassische Konditionieren (Pawlow)

Die eigentliche Leistung des Russen Iwan P. Pawlow um die Jahrhundertwende und seiner amerikanischen Rezipienten (wie z.B. John B. Watson) war es, zum ersten Mal Ergebnisse der Lernforschung in objektivierbarer und messbarer Form vorzulegen. Lassen wir den berühmten pawlowschen Hund noch mal aufbellen.

Bereits beim Anblick von Fleischpulver läuft dem Hund das Wasser im Maul zusammen. Das Fleischpulver wird unkonditionierter (unbedingter) Reiz oder Stimulus (US) genannt. Der Speichelfluss wird als eine natürliche, durch das Nervensystem hervorgerufene Reaktion unkonditionierte (unbedingte) Reaktion genannt (UR). Pawlow ließ nun während der Darbietung des Fleischpulvers regelmäßig einen Ton (Summer oder Glocke) erklingen, genannt konditionierter (bedingter) Reiz (CS = conditioned stimulus). Bald darauf sonderte der Hund bereits Speichel allein auf das Glockenzeichen – ohne Fleischpulverdarbietung – ab. Diese Reaktion wird bedingte Reaktion genannt (CR = conditioned reaction). Aus einem ursprünglich neutralen Reiz (der Glocke) ist durch die raum-zeitliche Nähe zur Futtergabe (ihre mehrfache »Berührung«, genannt Kontiguität) ein bedingter Reiz geworden. Aus der natürlichen Reaktion des Speichelflusses ist eine bedingte (oder konditionierte) Reaktion geworden. Das folgende Schema (in Anlehnung an Edelmann 1986, 26) fasst dieses Grundmuster zusammen.

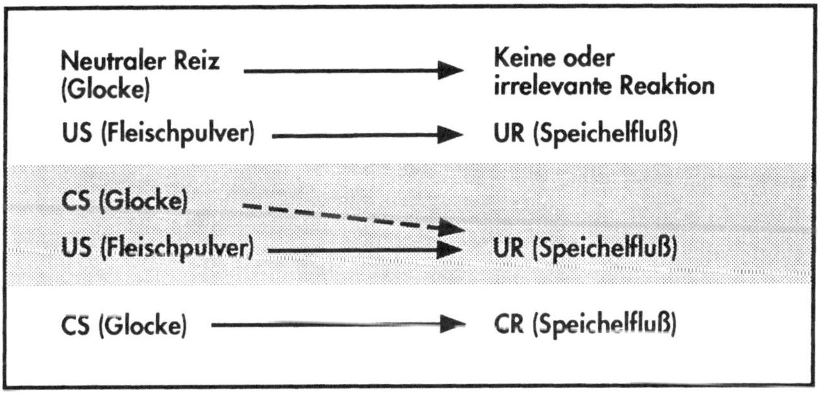

Abb. 23: Schema des Konditionierens (Pawlow)

Auf diese Weise werden auch beim Menschen viele Reize in der Umgebung zu Signalen, die eine bestimmte Reaktion hervorrufen.

Ein Beispiel: Ein Kind hat Angst vor weißen Kitteln. Immer wenn der Arzt spritzte, trug er einen weißen Kittel. Der weiße Kittel ruft nach einiger Zeit allein schon unangenehme Gefühle hervor. Der weiße Kittel (ursprünglich ein völlig neutraler Reiz) ist ein bedingter Reiz (oder ein Signal) geworden, der auch ohne Spritze die Angst (bedingte Reaktion) hervorruft. Das Kind hat also eine neue Reiz-Reaktion-Verbindung erworben. Für die Schule lässt sich z.B. der nachgewiesene Brechreiz mancher Kinder in den ersten Schuljahren in Verbindung mit Prüfungen als bedingter Reflex erklären (Gage/Berliner 1986, 264).

Trotz der sehr begrenzten Reichweite dieses lernpsychologischen Grundmodells lassen sich einfache emotionale Reaktionen wie Erregung, Furcht oder affektive Tönung von Einstellungen im Sinne des klassischen Konditionierens erklären (Skowronek 1991, 185).

Erweiterungen

Diese Theorie wurde durch zahlreiche Gesichtspunkte beim Aufbau von Reiz-Reaktion-Verbindungen erweitert und differenziert, z.B. durch Phänomene wie *Reizgeneralisierung* (vom weißen Kittel zur weißen Kleidung) oder bedingte Reaktionen *zweiter Ordnung* (Brechreiz infolge der Verkettung mit weiteren neutralen Signalen bei Prüfungssituationen, z.B. ernstes Gesicht des Lehrers, das dann allein schon genügt ...). Auch *Bekräftigungen* im Sinne einer sehr häufigen Kopplung sind wichtig, ebenso wie umgekehrt die *Löschung* (mehrfache Darbietung des bedingten Reizes allein – ohne den unbedingten, also weißer Kittel ohne Spritze, was zum Verschwinden der bedingten Angst führt = Extinktion).
Unter *Gegenkonditionierung* wird die Kopplung z.B. einer Angstreaktion mit einem angenehmen Reiz verstanden (z.B. die Angst vor Kaninchen wird verbunden mit der Darbietung der Lieblingsspeise, wobei die Angst unter der Bedingung aufhört, dass die Reaktion auf den positiven Stimulus Lieblingsspeise stärker ist als die negative Reaktion Angst auf den Stimulus Kaninchen). Insbesondere die Verhaltenstherapie baut zu einem Teil auf solchen Techniken auf. (Weitere Differenzierungen und Anwendungsbeispiele können bei Edelmann 2000, 29ff. nachgelesen werden.) Doch ein Organismus ist nicht nur reaktiv. Er »operiert« auch von sich aus.

8.3 Operantes Lernen (Skinner)

Eine wesentliche Erweiterung gewann das Lernen als Reiz-Reaktion-Verbindung durch den amerikanischen Psychologen Skinner. Bei Pawlows Hund erschien der Reiz (z.B. der Glockenton) unabhängig von einer Reaktion. Bei Skinner hingegen wird ein bestimmter Reiz erst dann präsentiert, wenn der Organismus eine bestimmte Reaktion zeigt.

Berühmtes Beispiel dafür ist die Skinner-Box: Eine Futterkugel für die Taube oder die Ratte fällt immer dann in den Käfig, wenn das Tier einen bestimmten Hebel drückt. Der Organismus lernt also, dass sein Verhalten einen bestimmten Effekt hat. Das Tier muss etwas tun, um bestimmte Folgen zu erzielen: daher die Bezeichnung »operant« oder »instrumentell«.
Als Erster hatte Thorndike erforscht, wie sich Tiere (z.B. Katzen) durch Versuch und Irrtum (trial and error) den effektiven Reaktionen nähern. Er formulierte die wichtigen Gesetze des Lernens am Erfolg (law of effect) und der Übung, die die Verbindung von Stimulus und Reaktion (S-R-Verbindung) dauerhaft macht. (S = Stimulus meint hier z.B. das Aufspringen der Käfigtür, R = Response oder Reaktion: das Hebeldrücken, R sollte »gelernt« werden.)

Skinner experimentierte systematisch vor allem mit dem Lernen am Erfolg, dem Lernen durch Verstärkung. Verstärker kann jedes Ereignis sein, das die Auftretenswahrscheinlichkeit eines Verhaltens erhöht. Der Aufbau eines Verhaltens kann auf zwei Arten geschehen: zum einen durch Darbietung einer angenehmen Konsequenz (z.B. durch Futtergabe oder Lob), dies wird *positive Verstärkung* genannt; zum andern durch Entzug einer unangenehmen Konsequenz, dies wird *negative Verstärkung* genannt.

Ein Beispiel: Die Begegnung mit einem aggressiv bellenden Hund hinter einem Zaun löst beim Spaziergänger Angst aus, der Wechsel der Straßenseite entzieht die unangenehme Konsequenz der Angst, das Vermeiden wird belohnt und dadurch in seiner Häufigkeit verstärkt.

Negative Verstärkung darf nicht mit Bestrafung verwechselt werden, denn Strafe führt zu einer bloßen Unterdrückung oder Schwächung eines Verhaltens, ist also gerade kein »Verstärker«! Nicht-Bekräftigung (keine Belohnung, Verstärkung) eines Verhaltens führt zur *Löschung*.

Erweiterungen

Im Rahmen umfangreicher Verstärkungspläne hat Skinner herausgefunden, dass nicht nur kontinuierliche Bekräftigung, sondern auch die *intermittierende* Verstärkung das konditionierte Verhalten wahrscheinlicher macht (z.B. Futterkugel rollt nur nach jedem dritten Hebeldruck). Intermittierend verstärkte Verhaltensweisen haben sich als außerordentlich resistent gegen Löschung erwiesen (Weidenmann 1989, 1000). Neben der von außen gesetzten Verstärkung gibt es auch die *Selbstverstärkung* (die z.B. in der kooperativen Verhaltensmodifikation angewendet wird, wo sich das Kind selbst für gewünschtes Verhalten belohnt). Schließlich kann man ganze *Verhaltensketten* formen (shaping), wobei alle diejenigen Verhaltenselemente verstärkt werden, die auf dem richtigen Weg zum gewünschten Endverhalten liegen, wobei die einzelnen Verhaltensweisen und die entsprechenden Verstärker in einem Programm festgehalten werden.

Ein Beispiel: Ein unregelmäßig zur Schule kommendes Kind soll lernen, regelmäßig die Schule zu besuchen. Der Lehrer bestraft nicht das Fehlen durch Eintragen ins Klassenbuch, sondern begrüßt den Schüler bei Anwesenheit sehr freundlich, jede kleine schulische Leistung wird sofort positiv verstärkt u. a. m. Nach einigen Wochen war der Schulbesuch regelmäßig (Edelmann 1986, 97). – Neuere empirische Untersuchungen zur Wirksamkeit von Bekräftigungen vor allem in der Schule haben allerdings die Vagheit dieses Konzeptes gezeigt: Schüler interpretieren Lob durch Lehrer, setzen es in Beziehung mit ihrer eigenen Bewertung von Leistungen, schätzen die Wirkung des erhaltenen Lobes auf die übrige Klasse ein etc. – mit sehr unterschiedlichen Auswirkungen auf ihr anschließendes Verhalten (Weidenmann 1989, 1007).

Man kann insgesamt Skinners System auch als eine Theorie der Verstärkungskontingenzen bezeichnen (Skowronek 1991, 186). Seine Anwendung hat dieser Ansatz vor allem in der Tierdressur (z.B. für militärische Zwecke: Tauben als Ziel-

sucher im Kopf einer Rakete), in der Werbung, im Programmierten Lernen und in der Verhaltenstherapie gefunden.
In Zusammenhang mit dem o.a. Begriff der Generalisierung (weißer Kittel → weiße Kleidung) steht ein Forschungszweig der Lerntheorie, der sich mit den Gesetzmäßigkeiten des *Lerntransfers* beschäftigt (Gage/Berliner 1986, 366ff.). Die Übertragung von Gelerntem auf andere Situationen (wichtig beim Exemplarischen Lernen!) gelingt vor allem dann, wenn unterschiedliche Elemente klar erkannt werden und wenn die identischen Elemente möglichst ebenso klar gegeben sind. Das Gleiche gilt für die Verfahren/Methoden des Lernens (z.B. müssten die in der Schule denen des Berufes ähnlich sein, damit sie übertragen werden können). Auch erhöhen allgemeine Lösungsprinzipien und -regeln die Transferchance auf veränderte Situationen.

Kritik

Die behavioristischen Lerntheorien sind vielfach mit unterschiedlichsten Argumenten kritisiert worden (Bower/Hilgard 1983). Die wichtigsten Einwände sind: Beschränkung auf beobachtbares Verhalten (Black-box-Annahme), überwiegend eingeschränkte Laborbedingungen, Überbetonung des reaktiven, Vernachlässigung des aktiven Momentes im menschlichen Verhalten, Reduktionismusvorwurf in der Gleichsetzung von tierischem und menschlichem Verhalten, Vernachlässigung von Sinn, Wille und Motiv als Handlungsgründe, keine Beachtung der (Selbst-)Reflexivität des Menschen (er denkt darüber nach, was Verstärkung ist). Das weist nun unmittelbar auf diejenigen Theorien, die von einer eigenständigen Informationsverarbeitung im menschlichen Denken ausgehen.

8.4 Lernen am Modell (Bandura)

Bandura verbindet Elemente der S-R-Theorie mit Elementen der kognitiven Theorie. Sein zentraler Lerntyp ist das *Beobachtungslernen* oder das Lernen am Modell. Bandura selbst kommt noch aus der Verhaltenspsychologie, hat aber die inneren Prozesse der Verarbeitung differenziert herausgearbeitet. Der Mensch beobachtet seine Umwelt, interpretiert seine Eindrücke, generiert Handlungsentwürfe und wertet ihre Wirkungen aus.
Bis dahin klassische Lerntheorien konnten nicht erklären, warum der Mensch in sehr ökonomischer Weise durch Beobachtung lernt. Banduras berühmte Versuche – immer wieder variiert und erweitert – lassen sich folgendermaßen zusammenfassen (Bandura 1979):

Vorschulkinder wurden in vier Gruppen eingeteilt, die unterschiedliche Erfahrungen machten: Gruppe A machte die Beobachtung eines aggressiven Erwachsenen. Gruppe B beobachtete den gleichen Erwachsenen in einem Film. Gruppe C wurde eine als Katze verkleidete Figur in einem Film mit gleichem aggressivem Verhalten präsentiert. Gruppe D war Kontrollgruppe ohne aggressives Modell. Das aggressive Verhalten bestand in der Misshandlung einer großen Puppe. – Anschließend wurden die Kinder in einen Raum gebracht, in dem sich die Spielpuppe befand. – Die Ergebnisse sind beeindruckend: Die Kinder der Experimentalgruppen A–C zeigten fast doppelt so viele aggressive Akte wie die der Kontrollgruppe. Das menschliche Filmmodell (Gruppe B) hat dabei offensichtlich die stärkste Wirkung gehabt.

Doch so einfach kann daraus nicht auf die unmittelbare Wirkung (im Sinne einer Imitation) von – hier aggressiven – Vorbildern geschlossen werden. Das tun zwar manche Medienkritiker (des Vorabendprogramms im Fernsehen), aber es ist falsch bzw. undifferenziert. Bandura und seine Forschungsgruppe haben herausgearbeitet, dass zwischen der Anregung des Verhaltens durch ein Modell und der Ausführung des Verhaltens durch den Beobachter erhebliche kognitive Verarbeitungsprozesse liegen.
Unterschieden werden verschiedene Phasen:

- Aufmerksamkeitszuwendung (auf das im Modell gesehene Verhalten),
- Behaltensphase (Speicherung des Verhaltensschemas),
- Reproduktionsphase (hier wird erst das Verhalten praktiziert),
- motivationale Phase (der Effekt des Verhaltens wird ausgewertet und entschieden, ob das Verhalten wiederholt wird oder nicht).

Es gibt dabei bestimmte Bedingungen, unter denen ein Modell wirksam wird. Vor allem mussten die Kinder sich mit dem Modell identifizieren können. Das Modell musste ferner Macht oder andere sozial hoch bewertete Merkmale haben. Wichtig sind auch die Wirksamkeitserwartungen für das Verhalten, was zu einer Selbstregulation bezüglich der Nachahmung führt. Lernen findet zwar nach Bandura bereits in den ersten beiden Phasen (Aufmerksamkeit und Behalten) statt, aber das in der tatsächlichen Ausführung gezeigte Verhalten wird gesteuert durch die kognitive Repräsentation des Modellverhaltens z.B. in bildhafter oder sprachlicher Form. (Sprachliche Formulierungen des gesehenen Verhaltens unterstützen die Wirksamkeit eines Modells.)

Ob das Verhalten letztendlich gezeigt wird, hängt weitgehend von kognitiven Prozessen ab, z.B. welche Beobachtungen bereits in der Wahrnehmung selektiert werden, aber auch von der antizipierten äußeren Verstärkung des Beobachtenden (ob z.B. negative Konsequenzen erwartet werden), von der stellvertretenden Verstärkung des Modells (ob es Erfolg hat) und von der Selbstverstärkung des Beobachters (ob er es für sich als gut oder nützlich definiert), also von der Selbstregulation (Edelmann 2000, 188ff.). Lernen ist also nicht nur Imitieren, sondern eine umfassende »Person-Situation-Interaktion« (Weidenmann 1989, 1004). Äußere Verstärkung ist eine förderliche, aber keine notwendige Bedingung des Modell-Lernens.
Man kann aufgrund dieser zwischengeschalteten kognitiven »Umwege« jetzt gut verstehen, warum Bandura seine Theorie als »sozial-kognitiv« bezeichnet.

8.5 Kognitives Lernen

8.5.1 Wie arbeitet unser Gehirn? Neurobiologische Grundlagen der Gehirnforschung

Dass u.a. unser Gehirn die biologische Grundlage für Lernprozesse bildet (Überblick bei Edelmann 2000, 1ff.), ist eine banale Feststellung. Dennoch hat die Pädagogik lange Zeit die Aufarbeitung der modernen Gehirnforschung als »biologistisch« abgetan – so als wäre die Umwelt und ihre Gestaltung der einzig relevante Faktor bei Lernprozessen. Dazu neun wichtige Punkte:

1. Das Gehirn – kein Ablagemechanismus

Wir wissen inzwischen einiges darüber, wie unser Gehirn als »System-Gigant« arbeitet (Eccles 1987, Popper/Eccles 1987, Miller-Kipp 1992, Roth 1994, Otto 1995, Edelmann 2000). Es speichert Informationen nicht einfach in einzelnen »Abteilungen«, sondern ordnet es zu komplexen Netzen. Unser Gedächtnis ist kein einfacher Ablagemechanismus, in welchem Ereignisse in Schubladen verstaut und bei Bedarf wieder hervorgeholt werden. »Vielmehr werden die unterschiedlichen Aspekte eines Ereignisses in weit verstreuten Bereichen der Großhirnrinde gespeichert: Geräusche etwa im auditorischen Kortex hinter der Schläfe, Gesehenes in den Arealen des visuellen Kortex im Hinterhaupt, Berührungsempfindungen im Scheitellappen der Großhirnrinde und so weiter.« (Otto 1995, 61) Die hohe Leistungsfähigkeit des menschlichen Gehirns besteht in seinen beinahe unendlichen Kopplungsmöglichkeiten.

2. Emotionaler Kontext und Informationsaufnahme

Von größter Bedeutung ist dabei, dass das Gehirn neben einzelnen Bausteinen (z.B. eines Ereignisses) jeweils auch deren Kontext speichert, also *wo*, *wann* und *unter welchen Umständen* dieses Ereignis stattgefunden hat. Das gilt vor allem auch für die emotionalen Begleitumstände: Eindrückliche emotionale Begleitumstände fördern nachweislich die Gedächtnisleistung, was inzwischen auch neurochemisch belegt werden konnte.

Man blockierte z.B. bei einer Versuchsgruppe mit Hilfe von Propranolol die Rezeptoren der Zellen für die gedächtniswirksamen Hormone Adrenalin und Noradrenalin, erzählte dann eine Geschichte und überprüfte später die Behaltensleistungen; es zeigte sich, dass diese Gruppe im Vergleich zu einer unbehandelten Kontrollgruppe einzelne emotional getönte Abschnitte der Geschichte wesentlich schlechter erinnerte. Offensichtlich konnte das Gehirn bei den nicht »blockierten« Teilnehmern der Kontrollgruppe emotional wichtige Informationen besser behalten (Otto 1995, 60).

3. Neuronale Netze

Grundlage für den Aufbau von neuronalen Netzen sind die elektrischen und chemischen Prozesse im Gehirn (Roth 1994). Unsere ca. 1 Billion (10^{12}) Nervenzellen (ältere Schätzungen gingen von 15 Milliarden aus, Miller-Kipp 1992, 49) sind durch ein Riesennetz von Dendriten und Axonen miteinander verbunden. An den Kontaktstellen, den Synapsen, wird die neuronale Erregung übertragen; dies erfolgt entweder elektrisch oder chemisch. Während bei den (selteneren) elektrischen Synapsen die Übertragung durch direkten Kontakt der Zellwände ohne jede Verzögerung erfolgt, sind chemische Synapsen durch den sog. synaptischen Spalt voneinander getrennt; die elektrische Erregung setzt im Endknöpfchen eines Axons eine chemische Substanz frei, Transmitter, und zwar in einer der Erregung entsprechenden Menge. Dieser in den synaptischen Spalt ausgeschüttete Transmitter (oder Botenstoff) erregt oder hemmt die gegenüberliegende Membran der nachgeschalteten Zelle. Bei erregenden (exzitatorischen) Synapsen entsteht in der nachgeschalteten Zelle wiederum eine elektrische Erregung, bei hemmenden (inhibitorischen) Synapsen wird die nachgeschaltete Zelle kurzfristig weniger erregbar (vgl. den o.a. Versuch). Vermittels dieser Verbindungen können sich Nervenzellen zu funktionalen Einheiten, Nervennetzen, Kernen oder ganzen Arealen zusammenschließen. Auch kann die Erregung eines Nervennetzes zu mehreren anderen geschickt werden, so dass sich eine fast unendliche Fülle gegenseitiger Beeinflussungsmöglichkeiten von Nervenzellen und Netzen ergibt. Damit bilden *neuronale Netze* die materielle Grundlage für kognitive Leistungen und Verhaltenssteuerungen.

4. Was eine Information »bedeutet«

Nun werden die eingehenden Reize aus der Umwelt nicht einfach wertneutral abgespeichert, sondern vom Empfänger mit *Bedeutungen* versehen. Die Sinnesrezeptoren »müssen die mehr oder weniger spezifischen Einwirkungen von physikalischen und chemischen Umweltreizen in Ereignisse umwandeln, durch die Nervenzellen in ihrem Aktivitätszustand verändert (erregt oder gehemmt) werden können. Die Sinneszellen übersetzen das, was in der Umwelt passiert, in die ›Sprache des Gehirns‹, nämlich die Sprache der Membran- und Aktivitätspotentiale, der Neurotransmitter und Neuropeptide.« (Roth 1994, 80) Diese elektrischen und chemischen Signale sind zunächst neutral, haben also keine »Bedeutung«. Diese erhalten sie erst durch die Bedingungen, unter denen sie vom Empfänger – dem Gehirn – aufgenommen werden: Erst der Empfänger konstituiert die Bedeutung (das Gehirn interpretiert sie mit Hilfe bestimmter interner Kriterien, z.B. hinsichtlich der Intensität, der Qualität, der Modalität, der Zeitstruktur oder des Ortes der Reize) (Roth 1994, 100f.). Das gesamte Gedächtnissystem und das Bewertungssystem hängen also untrennbar zusammen, Gedächtnis ist nicht ohne Bewertung möglich, und jede Bewertung geschieht wiederum aufgrund des Gedächtnisses, also früherer Erfahrungen und Bewertungen (ebd. 185).

5. Gehirn und »Geist«

Die moderne neurobiologische Gehirntheorie bezieht daher ausdrücklich psychologisch-philosophische Begriffe (wie Bedeutung, Bewertung, Repräsentation) ein, weil ohne die Begriffe Bedeutung und (Selbst-)Bewertung die Verarbeitung von ursprünglich neutralen neuronalen Erregungen in einem Gesamtkontext nicht verstehbar ist, ebenso wenig die Fähigkeit des Gehirns, seine Leistungen auf verschiedene Gebiete zu verteilen (hochgradige Distributivität) und somit komplexe höhere Gehirnfunktionen zu entwickeln. Solche »höheren« Funktionen sind Leistungen, die von der Neurobiologie mit *Geist* bezeichnet werden (Miller-Kipp 1992, 52). Bewusstsein und Selbstbewusstsein des Menschen haben keinen neuroanatomischen Ort, »sie haben sich vom Organgeschehen sozusagen emanzipiert« (ebd.). Solche Leistungen, die das Gehirn aus sich selbst heraus, aber *über* sich selbst hinaus erbringt, werden auch als »Emergenz« bezeichnet (Krohn/Küppers 1992). Diese Fähigkeit zum qualitativen Sprung ist auch für eine Psychologie des Wissenserwerbs und damit für Lernprozesse wichtig: Es »dämmert« uns etwas, besser noch, es »blitzt« plötzlich, wir haben etwas »begriffen«. Anders gesagt: Aus neurochemischen und neurobiologischen Prozessen ist »Geist« geworden (jedenfalls ein kleines bisschen ...).

6. Das Gehirn – ein selbstreferentielles System

Dabei ist das Gehirn ein lernendes System, das allerdings nach seinen eigenen Gesetzmäßigkeiten lernt: Es ist selbstreferentiell. Das bedeutet: Das Gehirn muss seine Kriterien, nach denen es seine eigene Aktivität bewertet, selbst entwickeln, und zwar »aufgrund früherer interner Bewertungen der Eigenaktivität. Lernen ist für das Gehirn (und damit den Gesamtorganismus) stets Lernen am Erfolg oder Misserfolg eigenen Handelns, wobei die Kriterien für die Feststellung von Erfolg wieder dem Lernen am Erfolg unterliegen« (Roth 1991, 148).

Unsere Wahrnehmungen sind damit nicht direkte Abbilder der vorhandenen Wirklichkeit, vielmehr sind auch Wahrnehmung und Erkenntnis konstruktive Vorgänge, in denen wir neutralen Signalen Bedeutung geben. Zugespitzt formuliert: Die Wirklichkeit wird vom Menschen nicht *ge-*, sondern *er*funden. Das ist die erkenntnisbiologische Grundlage des Konstruktivismus (vgl. Kap. 2: Wissenschaftstheoretische Richtungen).

7. Gefühle beim Lernen

Unsere Informationsverarbeitung und unser Verhalten werden – wie wir gesehen haben – von Netzen oder Systemen gesteuert, die das ganze Gehirn durchziehen. Eines solcher zentralen Systeme ist das »*limbische System*« (mit seinem Hauptsitz ungefähr in der Mitte des Kopfes – übrigens eine schöne Symbolik! –, im Randgebiet zwischen dem Zwischenhirn und dem Großhirn). Das limbische System arbeitet aber eng mit andern Hirnregionen zusammen (Edelmann 2000, 14). Dieses System bewertet alles, was von den äußeren Sinnesorganen und dem Gehirn wahrgenommen wird, es färbt die Eindrücke sozusagen emotional ein und ist für die emotionalen Tönungen verantwortlich, die unsere Denkprozesse begleiten (Otto 1995, 34f.) Dabei steht es in sehr engem Kontakt mit dem Gedächtnissystem, das im Hippocampus und Teilen der Großhirnrinde unter gebracht ist.
Die Wirkungsweise des limbischen Systems kennen wir aus der Erfahrung des Alltags: An Ereignisse, die mit starken Gefühlen verbunden sind, erinnern wir uns leichter als an solche, die uns gefühlsmäßig kalt ließen (wie z.B. das Lernen lateinischer Vokabeln oder von Geschichtszahlen). Unser Gedächtnis- und Gefühlssystem wiederum ist stark mit der Großhirnrinde rückgekoppelt; so wird gewährleistet, dass die Welt für uns »Sinn« ergibt – die Rohdaten von den Sinnesorganen allein liefern dem Gehirn noch kein »sinnvolles« Weltbild (Otto 1995, 47). Das Gehirn meldet seine Eindrücke und Analysen permanent in Rückkopplungsschleifen seiner »Gedächtnis- und Bewertungsabteilung« zurück, was wiederum die Bewertung neuer Sinnesdaten beeinflusst und so insgesamt dazu beiträgt, dass aufgrund der Interpretation der Daten sich das Gehirn seinen Reim auf die Welt macht.

Man ist bereits an dieser Stelle versucht, die auf der Hand liegenden Konsequenzen für Lernprozesse auch in der Schule zu ziehen, z.B. für eine positive emotionale Tönung von Lernsituationen zu sorgen, damit die Chancen des limbischen Systems voll genutzt werden. Das muss nicht platter Hedonismus sein (»es muss alles Spaß machen«), wohl aber gilt es, das Element der Freude und der persönlichen Bedeutsamkeit von Lernprozessen zu fördern.

Lernen ist gehirnphysiologisch gleichbedeutend mit dem Aufbau oder der Umstrukturierung von neuronalen Netzwerken. Dabei werden verschiedene *Gedächtnisse* angenommen.

8. Verschiedene »Gedächtnisse«

Wir haben zunächst ein einfaches *Wiedererkennungsgedächtnis* (Rekognitionsgedächtnis), das uns z.B. hilft, einen Gegenstand, den wir nur einmal gesehen haben, wieder zu erkennen. Wichtiger ist das *Arbeitsgedächtnis* als diejenige

Instanz, die von Moment zu Moment unsere wache Aufmerksamkeit mit passenden Informationen aus dem im Gehirn gespeicherten Wissensschatz zusammenbringt (wie bei Ihnen jetzt gerade während des Lesens dieses Textes): Es kann über das *Assoziationsgedächtnis* auch Informationen abrufen, die in unserem *Langzeitgedächtnis* vorhanden sind (das ist physiologisch nachweisbar durch die enge neuronale Verbindung von Hirnrinde und Hippocampus, also einer Struktur tief innen an den Schläfenlappen). Das zeigt noch mal, wie stark verschiedene Hirnteile bei bestimmten Gedächtnisaufgaben eingespannt sind. Unser *deklaratives oder explizites Gedächtnis* weiterhin umfasst alles, was wir an bewusstem Wissen verfügbar haben, unser *prozedurales oder implizites Gedächtnis* schließlich umfasst alle Fertigkeiten, die wir eingeübt haben und beherrschen, ohne dass man genau wissen oder sich bewusst machen muss, »wie es geht« (Otto 1995, 54).

9. Der Sinnzusammenhang von Informationen

Insgesamt ist die Wirksamkeit einer Aufnahme von Informationen über unterschiedliche Kanäle hoch, weil auch Nebeninformationen (etwa Beispiele oder Erfahrungshinweise, persönliche Erlebnisse) als »Hinweisreize« fungieren können: Die Wahrscheinlichkeit, dass etwas erinnert wird, ist dann größer. Vor allem wenn die Informationen in einen Sinnzusammenhang eingefügt worden sind, der vom Lerner selbst hergestellt wurde, ist die Gedächtnisbildung erheblich verbessert. Ferner behalten z.B. Schüler begriffliches Wissen (ebenso wie Handlungswissen), das in Cluster, Kategorien oder Begriffshierarchien eingeordnet wird, besser:

In einer Studie von Dumke (1984) lernten Kinder in Grundschulklassen Inhalte zum Thema »Eichhörnchen« und »Leben der Eskimos« und ordneten Begriffe in Hierarchieordnungen ein (z.B. zu den Oberbegriffen »Lebensgewohnheiten«, »Jagen«), während Kontrollklassen lediglich im Anschluss an die Lektionen einfache Lückentexte ausfüllten. Es zeigte sich, dass die Versuchsklassen im Nachtest und noch Wochen später in den Behaltensleistungen den Kontrollklassen überlegen waren (vor allem lernschwache Schüler!). Das ist nicht verwunderlich, weil die Aufnahme von Informationen auf ein System von Bedeutungen bezogen bzw. an eine definierte Stelle der (bereits erworbenen) Bedeutungsstruktur angelagert wird.

Wenn dem Lerner dieser Bezug zum relevanten Kontext fehlt, dann ist Information für ihn wenig bedeutsam. Es kommt zum sog. »*trägen Wissen*«: »Wissen, das nicht zur Anwendung kommt, das in bestehendes Vorwissen nicht integriert wird und zu wenig vernetzt und damit zusammenhanglos ist« (Gerstenmaier/Mandl 1995, 867). Es ist zu vermuten, dass diese fehlende Anwendungsqualität des »trägen Wissens« mit der Art des Wissenserwerbs zusammenhängt (ebd. 875). Aktive Auseinandersetzung mit Problemen erhöht dagegen die Anwendungsqualität von Wissen.

Diese Erkenntnisse der modernen Gehirn- und Kognitionsforschung legen nun die Frage nahe, wie Lernen als Informationsverarbeitung »funktioniert«.

8.5.2 Lernen als Informationsverarbeitung

Drei Klassiker

Bereits die Gestaltpsychologie hatte die Bedeutung der Wahrnehmung, der Einsicht, des produktiven Denkens und Problemlösens beim Lernen betont (Bower/Hilgard 1984). In der Gestaltpsychologie liegt eine der Wurzeln der kognitiven Lerntheorien, die weniger die äußeren Bedingungen (wie Reize, Verstärkungen) als vielmehr die innere Repräsentation und Verarbeitung der Umwelt in Wissensstrukturen und Handlungsplänen betonen (Überblick bei Wessels 1990, Edelmann 2000, 113ff.). Bahnbrechend für Theorien zum Aufbau kognitiver Strukturen sind drei »Klassiker«: Gagné (1969), Ausubel (1974) und Bruner (1974). »Beim Regellernen nach Gagné werden Begriffe als Bausteine des Wissens hervorgehoben. Das sinnvolle rezeptive Lernen nach Ausubel betont die Angliederung des neuen Lernstoffes an das Vorwissen. Beim entdeckenden Lernen nach Bruner stehen der Erwerb von Problemlösefähigkeiten und intuitives Denken im Vordergrund« (Edelmann 2000, 132).

Das Gehirn – ein Computer?

Neuere Theorien begreifen Lernen (vom Wissenserwerb bis zur Begriffsbildung und zum Problemlösen) als Informationsverarbeitung in Analogie zum »Elektronengehirn«, dem Computer. Grundlage dafür sind sowohl mathematische Lerntheorie als auch Theorien zum Sprachlernen oder zur Computersimulation intelligenten Verhaltens.

Doch Vorsicht: Bei der Analogie Gehirn – Computer muss grundlegend bedacht werden, dass das Gehirn der *Produzent*, der Computer aber immer nur ein *Produkt* ist. Insofern darf man vom Produkt nicht einfach auf den Produzenten zurückschließen, denn wir wissen aus der Neurobiologie, dass unsere Vorstellungen von den Funktionsweisen des Gehirns äußerst bescheiden und zumal überwiegend Konstrukte sind!

Die folgende Abbildung zeigt als Modell die wesentlichen Elemente des »information processing« (ausführlicher nachzulesen bei Bower/Hilgard 1984, 225ff., Gage/Berliner 1986, 312ff., Zimbardo 1995, ähnlich Edelmann 2000, 168ff.).

Erläuterung: Das Modell wird links beginnend gelesen. Reize bewirken nicht direkt Verhalten, sondern werden in einem komplizierten Prozess verarbeitet, umgestaltet und verändert, was dies vereinfachte Modell natürlich auf wenige anschauliche Schritte reduziert. Ein in das Wahrnehmungs-

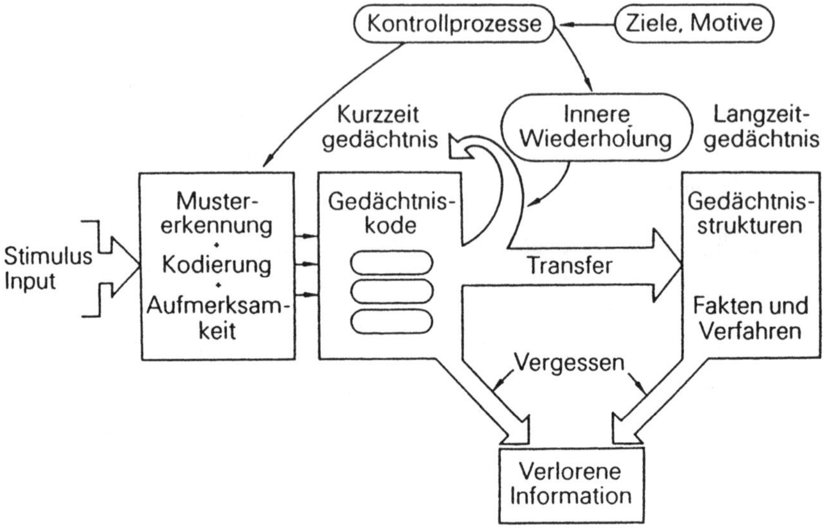

Abb. 24: Informationsverarbeitung nach dem Computermodell (aus: Bower/Hilgard 1984, 234)

system eingegebener Stimulus (Input) wird als Muster erkannt (analysiert und identifiziert) und – sofern die Kontrollprozesse Aufmerksamkeit »befehlen« – kodiert. Dies alles geschieht im sensorischen Speicher (ca. 0,3 Sekunden) – erster Kasten. Nur ein kleiner Teil des Wahrgenommenen wird in das Kurzzeitgedächtnis oder den Arbeitsspeicher durch selektive Wahrnehmung »weitergegeben« und bewahrt – zweiter Kasten. Wird diese reduzierte Information wiederholt und erneut vergegenwärtigt (z.B. durch das wiederholte Vorsagen einer eben nachgeschlagenen Telefonnummer), bleibt sie für etwa 10 Sekunden im Kurzzeitgedächtnis als Arbeitsspeicher erhalten (Gedächtniscode mit den drei Kodierungssymbolen). Was die Skizze nicht zeigt, ist das Abrufen und Vergleichen mit den bereits im Langzeitgedächtnis gespeicherten Informationen für diesen Prozess (z.B. die bereits gelernte Strategie, die Telefonnummer in Blöcke zu gliedern).

Der Arbeitsspeicher des Kurzzeitgedächtnisses ist also eine Art Flaschenhals für den gesamten Informationsfluss. Wird nun eine Information für dauerhaft behaltenswert erachtet, wird sie in das *Langzeitgedächtnis* transferiert. Andernfalls wird sie »vergessen« (was übrigens sehr nützlich ist, da unser Gehirn sonst völlig überfordert wäre). Bei diesem Transfer kommt es erneut zur Kodierung, d.h. zur Verknüpfung und Integration in die bestehenden, hierarchisch oder topisch strukturierten Gedächtnisstrukturen, d.h. in die dort vernetzten Fakten (Wissen über Sachverhalte) und Verfahren (Wissen, wie man etwas macht).

Die Kapazität des Langzeitgedächtnisses ist – abhängig vom Grad der Organisation – sehr hoch, und das nach Bedeutung kodierte Wissen ist praktisch dauerhaft. »Erinnerungsschwierigkeiten« an relevante Wissensbestände sind also eher ein Problem nicht zureichender Such- und Abrufprozesse als ein Hinweis auf »Verfall« im Langzeitgedächtnis. Denn *logische Ordnungen* oder hierarchische Organisation des Lernmaterials (z.B. biologische Ordnungssysteme) fördern

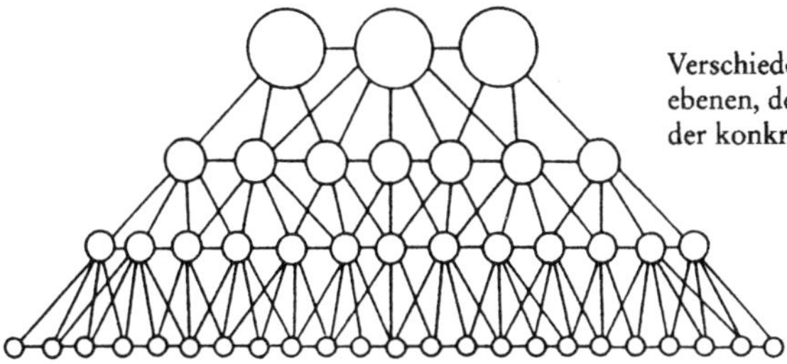

Abb. 25: Hierarchische Ordnung der Wissens- und Wertestruktur (aus: Edelmann 2000, 140)

nachweislich erheblich die Erinnerungsleistungen (Gage/Berliner 1986, 330). Im Gehirn verankert, sind sie wie Bibliotheken, in deren Ordnungssystem Erinnerungen eingebettet sind. Dazu gehört auch die Verknüpfung eines neuen Lernstoffes mit bereits vorhandenen Wissens- oder Problemlösestrukturen, vor allem unter Nutzung der Eigenaktivität der Lernenden. Je besser sich neues Lernmaterial an bestehende Schemata assimilieren lässt, desto leichter wird es gespeichert und verarbeitet.

Man muss sich dabei klarmachen, dass (im Bild gesprochen) der Bibliothekar ständig neue Informationen in den Katalog integrieren muss. Daher sind Rückmeldungen über die eigenen Lern- und Verarbeitungsprozesse von erheblicher Bedeutung, um Kontrollprozesse zunehmend selbständig zu steuern. Diese systematische Ausbildung der bewussten Selbststeuerung wird auch *Metakognition* genannt.

> Entscheidend ist alles in allem also nicht das mechanische (Auswendig-)Lernen, sondern der Aufbau von kognitiven Strukturen. Es kommt auf den »Ankergrund« (Edelmann 2000, 136) für die Verankerung neuen Lernstoffes an. Damit stellt sich auch die Frage nach dem Sinn des Gelernten, denn Sinnstrukturen dürften ein ausgezeichneter Ankergrund sein.

Der amerikanische Psychologe David P. Ausubel (1974) hat in diesem Zusammenhang eine differenzierte Theorie des sinnvoll rezeptiven Lernens entwickelt, die auf die Notwendigkeit der unterrichtlichen Stoffvermittlung eingeht und zugleich den aktiven Vorgang der Verknüpfung neuen Lernstoffes mit bereits vorhandenen kognitiven Strukturen betont. Aufgabe des Lehrers ist dabei vorwiegend das expositorische, d.h. darstellende Lehren.

Entdeckendes Lernen

Zu einem Streit kam es mit seinem ebenso berühmten Kollegen Jerome S.

Bruner, der diesem Ansatz die Notwendigkeit des entdeckenden Lernens gegenüberstellte (dazu Neber 1981). Bruner betont die Notwendigkeit, mit den Schülern vor allem Methoden der Entdeckung zu üben, also Probleme relativ selbständig zu lösen.

Ein schönes *Beispiel* ist ein Unterrichtsversuch, Schüler nicht über das Thema »Die Entstehung von Städten« zu unterrichten (mit allen Lernhilfen, die wir vorher genannt haben ...), sondern ihnen eine Karte mit wenigen topographischen Merkmalen zu geben und sie dann selbst herausfinden zu lassen, unter welchen Bedingungen und an welchen Punkten Städte entstehen (Neber 1973, 16).

Handeln und Denken

Hans Aebli hat in seinen Arbeiten zur handlungstheoretischen Grundlegung schulischer Lernprozesse (1980/1981, 1983) überzeugend belegt, dass sich Denkstrukturen aus verinnerlichten Handlungen entwickeln. Selbst in Begriffen stecken noch Elemente von Handlungsschemata (Sie können etwa am Beispiel des Begriffs Tarnfarbe leicht nachvollziehen, welches Netz von Tätigkeiten in der Bedeutung dieses Begriffes steckt). Aeblis fundamentale These lautet daher: »Denken geht aus dem Handeln hervor, und es trägt – als echtes, d.h. noch nicht dualistisch pervertiertes Denken – noch grundlegende Züge des Handelns, insbesondere seine Zielgerichtetheit und Konstruktivität« (1980, 26). Denken geht aus dem Handeln hervor und wirkt ordnend auf dieses zurück (Gudjons 2000). Lernpsychologisch ist daher nicht allein der Wissenserwerb wichtig, sondern vor allem auch der Aufbau von Handlungskompetenz. Eine eigenständige Fähigkeit zur Handlungsregulation ist gebunden an den Erwerb von Handlungskonzepten und Handlungsschemata. Effizientes Handeln ist realistisch, ebenso stabil wie flexibel und organisiert (Edelmann 2000, 209).

8.5.3 Problemlösen

»Problemlösen ist ein Sonderfall des planvollen Handelns.« (Edelmann 2000, 209) Beim Problemlösen ist der Transfer von Gedächtnisbeständen – sowohl von Wissen wie von Verfahren – auf verschiedenartige Lösungsmöglichkeiten gefragt. Es geht sozusagen um die Produktion hoher Komplexität und Anpassungsfähigkeit. Die bisher erworbenen »heuristischen Strukturen« bestimmen den Umgang mit der Problemlösesituation, ebenso wie wir es vorher bei der Informationsverarbeitung kennen gelernt haben: Beachten, Kodieren, Speichern, Abrufen, Generalisieren etc. steuern den Lösungsvorgang (Weidenmann u.a. 1993, 191).
Auch Problemlösen kann man lernen: »Zunächst isolierte Wissenselemente, wie einzelne Definitionen oder zu enge Begriffsverständnisse, werden zunehmend vernetzt und mit alten Kenntnisbeständen integriert, so dass sie rascher und in größeren, strukturierten Einheiten für neue Problemlösungen abrufbar werden.«

(Skowronek 1991, 191) Was ist ein *Problem*? Vereinfacht gesagt: Man hat ein Ziel und weiß nicht, wie man es erreichen soll. Es geht also um einen unerwünschten Anfangszustand, einen erwünschten Zielzustand und dazwischenliegende Barrieren (unterschiedlichster Art). Um vom Ist zum Soll zu kommen, bedarf es einer problemlösenden Transformation (Edelmann 2000, 210ff.).
Vom Problem sind *Aufgaben* zu unterscheiden, bei denen wir in der Regel über das nötige Wissen oder Know-how verfügen, weil wir die Regeln zur Aufgabenlösung gelernt haben. Man nennt eine solche Strategie auch *Algorithmus* (= genaue Verfahrensvorschrift). Wenn aber unser bisheriges Wissen nicht reicht, vom Ausgangszustand zum Zielzustand auf direktem oder gewohntem Wege zu kommen, ist *Heuristik* gefragt: unterschiedliche Formen problemlösenden Denkens. Folgende *Problemlösungsstrategien* lassen sich unterscheiden (Edelmann 2000, 211ff., Wessel 1990, 356 ff.).: 1. *Versuch und Irrtum*, 2. Problemlösen durch *Umstrukturieren*, 3. Problemlösen durch *Anwenden von Strategien*, 4. Problemlösen durch Systemdenken, 5. Problemlösen durch *Kreativität*.

8.6 Aktuelle Entwicklungen

Doch was nützt die beste kognitive Strategie in der Informationsverarbeitung oder der Problemlösung, wenn die Lernenden z.B. nicht motiviert sind? *Motivation* ist eine der entscheidenden Bedingungen des Lernens überhaupt (Schiefele 1974, Heckhausen 1980, Gage/Berliner 1986, Z. f. Päd. H. 2/1993). Dabei hängen Motivation, Emotion und Kognition äußerst eng zusammen (Mandl/Huber 1983). Ebenso gibt es wichtige Unterschiede in den individuellen Lernstrategien, die mit Intelligenz und Begabung zusammenhängen. (Ausführlichere Informationen darüber in Gage/Berliner 1986, 81ff., sowie bei Nunner-Winkler 1995.)

Alle bisher dargestellten Ansätze lassen freilich einen entscheidenden pädagogischen Gesichtspunkt außer Acht, nämlich was z.B. ein Kind von sich aus sein kann und sein will, denn Lernen wird fast ausschließlich als einseitige Entsprechung zum *Lehren* verstanden (Maurer 1992, 77). Die lebensgeschichtliche Bedingtheit von Lernen, die Subjekthaftigkeit des Lernenden und sein Sinnbedürfnis beim Lernen (entsprechend übrigens seine Lernstörungen als *Sinn*krisen!) kommen nicht zur Sprache.

Insbesondere die Humanistische Psychologie hat ein grundlegend anderes Lernverständnis im Sinne persönlich bedeutsamen Lernens entwickelt. Wird dieser Ausgangspunkt gewählt, kann man von der »Faszination Lernen« (Fuhr/Gremmler-Fuhr 1988) im Sinne persönlich bedeutsamer Lernprozesse sprechen.

Obwohl nicht im bisherigen (engeren) Sinne als »Lerntheorie« entstanden, hat die aus den USA stammende Humanistische Psychologie (als »dritter Weg«) zwischen Behaviorismus und Psychoanalyse seit über 40 Jahren doch erheblichen Einfluss auf die Gestaltung von Lernprozessen bei Erwachsenen, Kindern und Jugendlichen gehabt (Buddrus 1995).
Die Bedeutung des Subjekts steht auch bei Klaus Holzkamp (1993) im Mittelpunkt. Ausgehend von seiner »Kritischen Psychologie«, entwickelt Holzkamp eine grundlegende Kritik (und Reinterpretation) der klassischen Lerntheorien und stellt eine subjektwissenschaftliche Grundlegung in den Mittelpunkt seiner Lerntheorie. Lernen wird vom Subjekt und seinen Motiven her als Erweiterung subjektiver Erfahrungs- und Lebensmöglichkeiten, als expansives Lernen (ebd., 492), verstanden. Von daher kritisiert Holzkamp u. a. auch die »Verwahrlosung schulischer Lernkultur« (ebd., 476), die mit ihren formalisierten Lernzwängen nur ein »defensives Lernen« (ebd., 447) erlaube.
Zusammenfassend ist zu sagen, dass didaktische Prozesse in Schule, Erwachsenenbildung, Weiterbildung etc. nie allein von der Seite der Lerntheorien gesehen werden können. Lerngesetzlichkeiten wurden weitgehend unter Experimentalbedingungen ermittelt. Die neuere kognitive Psychologie hingegen fasst Lernen als *bedeutungsvollen* Prozess der Informationsverarbeitung auf. Damit wird die Grundlage für eine kognitive Unterrichtspsychologie gelegt, in der auch die Inhalte des Lernens berücksichtigt werden (Terhart 1989, 52f.). Aber erst die Verbindung des emotionalen und sinnhaften Bezugs beim Lernen macht Lernen in Bildungsinstitutionen bedeutsam.
Die Aspekte des *Bildungssinnes* und der Inhalte beim Lehren und Lernen gehören in der Didaktik zusammen. Damit sind wir unmittelbar bei der Frage, wie dieses Verhältnis in den verschiedenen didaktischen Modellen strukturiert wird. Darauf geht das folgende Kapitel ein.

Doch – wie sagte noch G. B. Shaw? »Wenn du einen Menschen etwas lehren willst, wird er es niemals lernen.«

Lese- und Arbeitsvorschlag

Es gibt für dieses Kapitel ein besonderes Buch, das ich zur Lektüre empfehle: W. Edelmann: Lernpsychologie. Weinheim 2000. Die Gliederung der zentralen Bereiche der Lernpsychologie ist etwas anders als in unserem Kapitel: Hirnbiologische Grundlagen, Reiz-Reaktions-Lernen, Instrumentelles Lernen, Begriffsbildung und Wissenserwerb, Handeln und Problemlösen, emotionale und motivationale Aspekte des Lernens. Edelmann wendet die Inhalte der Lernpsychologie praktisch auf das Buch an, so dass ein klar strukturiertes, lesedidaktisch hervorragend aufbereitetes, mit vielen Beispielen gespicktes Lehrbuch entstanden ist. Ich empfehle deshalb auch, die *Arbeitsaufgaben* dieses Buches zu bearbeiten. Die Lösungsvorschläge sind mit angegeben.

Literatur

Aebli, H.: Denken: Das Ordnen des Tuns. Bd. 1: Stuttgart 1980, Bd. 2: Stuttgart 1981

Aebli, H.: Zwölf Grundformen des Lehrens. Stuttgart 1983

Angermeier, W. F./Bednorz, P./Schuster, M.: Lernpsychologie. München und Basel 1991, 2., erw. Aufl.

Ausubel, D. P.: Psychologie des Unterrichts. Bd. 1 und 2. Weinheim 1974

Bandura, A.: Sozial-kognitive Lerntheorie. Stuttgart 1979

* *Bower, G. H./Hilgard, E. R.: Theorien des Lernens. Bd. 1: Stuttgart 1983. Bd. 2: Stuttgart 1984*

Bruner, J. S.: Entwurf einer Unterrichtstheorie. Berlin 1974

Buddrus, V. (Hg.): Humanistische Pädagogik. Bad Heilbrunn 1995

Dörner, K.: Problemlösen als Informationsverarbeitung. Stuttgart 1979

Dumke, D.: Die hierarchische Strukturierung von Unterrichtsinhalten als Lernhilfe in der Grundschule. In: Psychologie in Erziehung und Unterricht 31 (1993), S. 43–49

Eccles, J. C.: Gehirn und Seele. München 1987

* *Edelmann, W.: Lernpsychologie. Weinheim 2000, 6. Aufl.*

Fortmüller, R.: Lernpsychologie. Wien 1991

Fuhr, R./Gremmler-Fuhr, M.: Faszination Lernen. Köln 1988

* *Gage, N. L./Berliner, D. C.: Pädagogische Psychologie. Weinheim 1986, 4., völlig neu bearb. Aufl., 5., vollst. überarb. Aufl. 1996*

Gagné, R. M.: Die Bedingungen des menschlichen Lernens. Hannover 1969

Gerstenmaier, J./Mandl, H.: Wissenserwerb aus konstruktivistischer Perspektive. In: Z. f. Päd. H.6/ 1995, S. 867–888

Groeben, N./Scheele, B.: Argumente für eine Psychologie des reflexiven Subjekts. Darmstadt 1977

Gudjons, H.: Handlungsorientiert lehren und lernen. Bad Heilbrunn 2000, 6. Aufl.

Heckhausen, H.: Motivation und Handeln. Heidelberg 1980

Holzkamp, K.: Lernen. Subjektwissenschaftliche Grundlegung. Frankfurt/M. und New York 1993

Krohn, W./Küppers, G. (Hg.): Emergenz. Frankfurt/M. 1992, 2. Aufl.

Mandl, H./Huber, G. (Hg.): Emotion und Kognition. München 1983

Maurer, F.: Lebenssinn und Lernen. Bad Heilbrunn 1992, 2. Aufl.

Miller-Kipp, G.: Wie ist Bildung möglich? Weinheim 1992

Neber, H. (Hg.): Entdeckendes Lernen. Weinheim 1973, 3. Aufl. 1981

Nunner-Winkler, G.: Individuelle Voraussetzungen pädagogischen Handelns. In: Krüger, H.-H./ Helsper, W. (Hg.): Einführung in Grundbegriffe und Grundfragen der Erziehungswissen-schaft, S. 257–276. Opladen 1995

Otto, B.: Ist Bildung Schicksal? Gehirnforschung und Pädagogik. Weinheim 1995

Piaget, J.: Das Erwachen der Intelligenz beim Kinde. Stuttgart 1975

Popper, K. R./Eccles, J. C.: Das Ich und sein Gehirn. München 1982

Roth, G.: Das Gehirn und seine Wirklichkeit. Frankfurt/M. 1994

Roth, G.: Neuronale Grundlagen des Lernens und des Gedächtnisses. In: Schmidt, S. J. (Hg.): Gedächtnis. Frankfurt/M. 1991

Schiefele, H.: Lernmotivation und Motivlernen. München 1974

Skowronek, H.: Lernen und Lerntheorien. In: L. Roth (Hg.): Pädagogik, S. 183–193. München 1991

Terhart, E.: Lehr-Lern-Methoden. Weinheim und München 1989

Weidenmann, B.: Lernen – Lerntheorie. In: D. Lenzen (Hg.): Pädagogische Grundbegriffe, Bd. 2, S. 996–1010. Reinbek 1989

Weidenmann, B./Krapp, A., u.a. (Hg.): Pädagogische Psychologie. Weinheim 1993

** Wessels, M. G.: Kognitive Psychologie. München 1990*

Z. f. Päd. H. 2/1993: Schwerpunkt Lernmotivation

Zielinski, W.: Lernschwierigkeiten. Stuttgart 1980

Zimbardo, P.: Psychologie. Berlin 1995, 5. Aufl.

Kapitel 9: Didaktik

Worum es geht …
Die Lehrkunst hat eine lange Geschichte. Heute aber wird Unterricht wissenschaftlich geplant und analysiert. Die Fülle der (Lehren und Lernen bedingenden) Faktoren wird in unterschiedlichen »Didaktischen Modellen« erfasst, die fünf wichtigsten werden vorgestellt. Während die Curriculumentwicklung fast schon Historie ist, gibt es gegenwärtig zahlreiche praktische Unterrichtskonzepte ohne umfassenden Theorieanspruch. Daran anschließend werden aktuelle Entwicklungen skizziert.

Was ist Didaktik und welche Funktion haben didaktische Modelle?

»Didaktik« (nach dem griechischen Begriff didaktike techne) heißt wörtlich übersetzt: Lehrkunst. In der heutigen Diskussion findet sich eine *weite* Auffassung von Didaktik als Wissenschaft vom Lehren und Lernen generell und eine *engere* Auffassung von Didaktik als Wissenschaft vom Unterricht, teilweise noch enger: als Theorie der Bildungsinhalte oder sogar des Lehrplans (Memmert 1995). Wichtig ist, dass Didaktik immer beide Aspekte einschließt: das Lehren und das Lernen. Da Lehr- und Lernprozesse im Raum von Bildungsinstitutionen (Schule, Erwachsenenbildung, außerschulische Bildungsarbeit) immer als *organisierte* Lehr- und Lernprozesse angesehen werden müssen (übrigens auch im »Offenen Unterricht«!), ist *Didaktik* zu bestimmen als *wissenschaftliche Reflexion von* [*organisierten* – H. G.] *Lehr- und Lernprozessen* (vgl. Lenzen 1989, Bd. 1, 307). Innerhalb dieses Verständnisses von Didaktik gibt es sehr unterschiedliche Positionen, die sich teilweise in der Form von »Modellen« darstellen. Unter einem didaktischen Modell verstehen wir (mit Jank/Meyer 1994) ein erziehungswissenschaftliches Theoriegebäude, das didaktisches Handeln in Schule und außerschulischen Handlungsfeldern (z.B. der Volkshochschule) auf allgemeiner Ebene analysiert und modelliert, d.h. zur Planung hilft. Darin liegt seine unterrichtspraktische Funktion. Ein Modell hat den Anspruch, theoretisch umfassend (aber konzentriert auf bestimmte Perspektiven) über Voraussetzungen, Möglichkeiten und Grenzen des Lernens und des Lehrens aufzuklären. Das ist seine heuristische Funktion. Bisweilen kann man ein solches Modell auch einer wissenschaftstheoretischen Position (vgl. Kapitel 2: Richtungen der EW) zuordnen. Allgemeindidaktische Modelle müssen schließlich immer wieder konkret fachdidaktisch »durchbuchstabiert« werden (Plöger 1999).

Von diesen umfassenden Didaktikmodellen sind auf einer anderen Ebene »*Unterrichtskonzepte*« zu unterscheiden, die nicht den Anspruch umfassender Theoriebildung haben, sondern eher aus der Praxis heraus entstanden sind und auf bestimmte Defizite vereinseitigten Schulunterrichts antworten (z.B. entdeckender Unterricht, erfahrungsorientierter, handlungsorientierter Unterricht u.a.m.). Das bedeutet keineswegs, dass solche Unterrichtskonzepte als »Didaktik zum Anfassen« (Jank/Meyer 1994) nicht auch gute theoretische Begründungen für ihre Gestaltung von Unterricht ins Feld führen könnten (ich habe dies versucht für den Handlungsorientierten Unterricht – Gudjons 2000). Aber sie erheben nicht den Anspruch einer allgemeinen didaktischen Theoriebildung.

9.1 Zur Geschichte didaktischer Positionen

Unterricht ist ein viel zu komplexer Prozess, um von einem einzigen didaktischen Modell angemessen erhellt werden zu können.

Die Fortschritte in der Geschichte der »Lehrkunst« dürfen nicht gering geachtet werden (Meyer 1995 Bd. 2, 75, Terhart 1997, 10ff., Knecht-von Martial 1985) – was ein knapper Gesamtüberblick zeigt: Dominierte von 1500 bis 1800 weitgehend die mechanische Pauk- und Memorierschule (Auswendiglernen kirchlicher Inhalte und elementare Schreib- und Rechenkenntnisse), so zeigte die »Schule der Aufklärung« 1750–1800 eine Fülle von didaktischen Ideen von Exkursionen bis zu neuen Sprachen; ab 1800 begann die Zeit der Klassik und des Neuhumanismus mit einer von kirchlicher Bevormundung emanzipierten Didaktik und Methodik, die viel geschmähten Herbartianer entwickelten immerhin eine Theorie und Praxis effektiver Stoffvermittlung.
Die Reformpädagogik propagierte und experimentierte viele »alternative« Unterrichtsformen; unterbrochen durch den Nationalsozialismus wirkten einige Ideen dennoch weiter, bis (nach Wiederaufbau und Restauration in den 50er und 60er Jahren) um 1970 eine deutliche Tendenz zur Bildungsreform und damit auch zu didaktischen Veränderungen realisiert wurde. Inzwischen bewegen wir uns in einer kaum noch überschaubaren didaktischen Landschaft, die von der Wiederbelebung der Lern- und Paukschule bis zu radikalen Alternativschulen reicht.

Umso wichtiger ist es, sich der wesentlichen didaktischen Theorien nach 1945 zu vergewissern. Der erste bedeutende Neuansatz eines didaktischen Modells wurde von Wolfgang Klafki mit der Veröffentlichung »Didaktische Analyse als Kern der Unterrichtsvorbereitung« im Jahre 1958 geleistet, der sich im Wesentlichen an die Position E. Wenigers und damit an die geisteswissenschaftliche Tradition anschloss, gefolgt von Heimann/Otto/Schulz aus Berlin, die in den 60er Jahren eine Didaktik auf erfahrungswissenschaftlicher Grundlage entwickelten. Während diese beiden diskussionsbestimmenden Richtungen sich anfangs eher kontrovers gegenüberstanden, hat es bis heute eine Annäherung und Angleichung gegeben. Deutliche Gegensätze allerdings werden artikuliert gegenüber andern didaktischen Modellen, insbesondere der kybernetischen und der curricularen/lernzielorientierten Position. In der bundesrepublikanischen Diskussion sind leider didaktische Ansätze der ehemaligen DDR (z.B. Klingberg) kaum rezipiert worden (Ausnahme: Jank/Meyer 1994, 235ff.)

> Schließlich ist darauf hinzuweisen, dass es neben den »klassischen« Modellen eine Reihe weiterer Entwürfe gibt, z.B. systemtheoretische Didaktik (König/Riedel 1973) oder handlungsorientierte Didaktik (G. E. Becker 1995, 1997) oder die konstruktive/mehrperspektivistische Didaktik (Hiller 1973) oder als Phänomenologie des Unterrichts (Sünkel 1996). Auf der Grundlage der von Edmund Husserl entwickelten Phänomenologie haben Maier/Pfistner (1992) eine umfassende Konzeption vor allem zur Unterrichtsbeobachtung entwickelt. Und Glöckel (1992/1996, mit weiterführender Literatur) zielt mit seinem Lehrbuch auf die Lücke zwischen älteren Unterrichtslehren und teilweise sehr abstrakten jüngeren Arbeiten. Und dies ist nur eine kleine Auswahl (vgl. Peterßen 1996, 67ff., Kron 1993).

In Anlehnung an die erste systematische Übersicht durch Blankertz (1969) werden heute allgemein einige umfassendere Modelle unterschieden (Gudjons/Teske/Winkel 1999, Jank/Meyer 1994, Peterßen 1996, v. Martial 1996). Ich stelle zuerst die »großen« Modelle vor, die sich auch in den wissenschaftstheoretischen Hintergrundpositionen unterscheiden, und beschreibe dann die gegenwärtig wichtigsten Unterrichtskonzeptionen.

9.2 Die »großen« didaktischen Modelle

9.2.1 Die kritisch-konstruktive Didaktik (Wolfgang Klafki)

Zentralkategorie des Modells von Wolfgang Klafki, Marburger Erziehungswissenschaftler, ist der Begriff der »*Bildung*«: Eine solche zentrale, orientierende Kategorie ist »unbedingt notwendig, wenn die pädagogischen Bemühungen nicht in ein unverbundenes Nebeneinander von Einzelaktivitäten auseinander fallen sollen« (Klafki 1996, 252). Bildung zielt auf ein geschichtlich vermitteltes Bewusstsein von zentralen Problemen der Menschheit in der Gegenwart und Zukunft, auf Einsicht in die Mitverantwortung aller und die Bereitschaft, an der Bewältigung teilzunehmen. »Bildung muß m.E. heute als selbsttätig erarbeiteter und personal verantworteter Zusammenhang dreier Grundfähigkeiten verstanden werden: – als Fähigkeit zur Selbstbestimmung jedes Einzelnen …, – als Mitbestimmungsfähigkeit … – als Solidaritätsfähigkeit …« (Klafki 1990, 95) Klafki bezieht seinen Bildungsbegriff inhaltlich auf »*epochaltypische Schlüsselprobleme*« wie Friedensfrage, Umweltfrage, Entwicklungsländer, politische und gesellschaftliche Ungleichheiten und auf die informationstechnologischen Gefahren und Möglichkeiten u.a.m., an denen sich Allgemeinbildung heute festmachen lässt. Insofern ist Klafkis Position auch heute noch – nach dreißig Jahren intensiver Weiterentwicklung – eine bildungstheoretisch fundierte (Klafki 1999, 11). Sie versteht sich aber zugleich »*kritisch-konstruktiv*«, wobei »kritisch« die Befähigung von Schülern und Schülerinnen zu wachsender Selbstbestimmung, Mitbestimmung und Solidarität (einschließlich des Abbaus hindernder Bedingungen) meint. »Konstruktiv« weist auf den Praxisbezug des Konzeptes, auf sein Handlungs-, Gestaltungs- und Veränderungsinteresse.

Klafki versteht den Zusammenhang von Lehren und Lernen als *Interaktionsprozess*, in dem sich Lernende mit Unterstützung von Lehrenden zunehmend selbständiger Erkenntnisse und Fähigkeiten zur Auseinandersetzung mit ihrer historisch-gesellschaftlichen Wirklichkeit aneignen. Ein solches Lernen muss im Kern entdeckendes bzw. nachentdeckendes und sinnhaftes, verstehendes Lernen sein, in das Formen von Üben, Wiederholen etc. eingeordnet sind. Unterricht muss – von den eben genannten Voraussetzungen her – diskursiv gerechtfertigt und geplant werden, d.h. Mitplanung des Unterrichts durch Schüler, gemeinsame Unterrichtskritik, schülerorientierter Unterricht. Und weil Unterricht immer auch ein sozialer Prozess ist, muss er im Sinne einer demokratischen Sozialerziehung angelegt sein.

Von diesen grundlegenden Voraussetzungen her entwickelt Klafki Perspektiven konkreter Unterrichtsplanung (siehe nebenstehende Abbildung).

Erläuterung: Man sollte dieses Schema zunächst einfach von oben nach unten lesen. Ich erläutere das Schema dabei durchgehend an einem ökologischen Unterrichtsbeispiel, das sich bei Jank/Meyer (1994, 134ff.) findet: »biologisches Gleichgewicht zwischen Feldmäusen und Mäusebussard«.

Am Beginn steht die *Bedingungsanalyse:* Welche Ausgangsbedingungen finde ich vor bei den Lernenden, also Fragen nach den sozio-kulturellen Voraussetzungen, dem Alter der Lernenden, ihrer Motivation, ihrem Lernbestand etc., aber auch die Frage nach den Bedingungen auf der Lehrerseite und schließlich die Frage nach den Möglichkeiten und Grenzen, die mir die Institution setzt, sowie den möglichen auftretenden Störfaktoren.

Am Beispiel: Es handelt sich um eine an ökologischen Fragen sehr interessierte 6. Klasse einer staatlichen Realschule in ländlichem Gebiet und eine ökologisch engagierte Lehrerin.

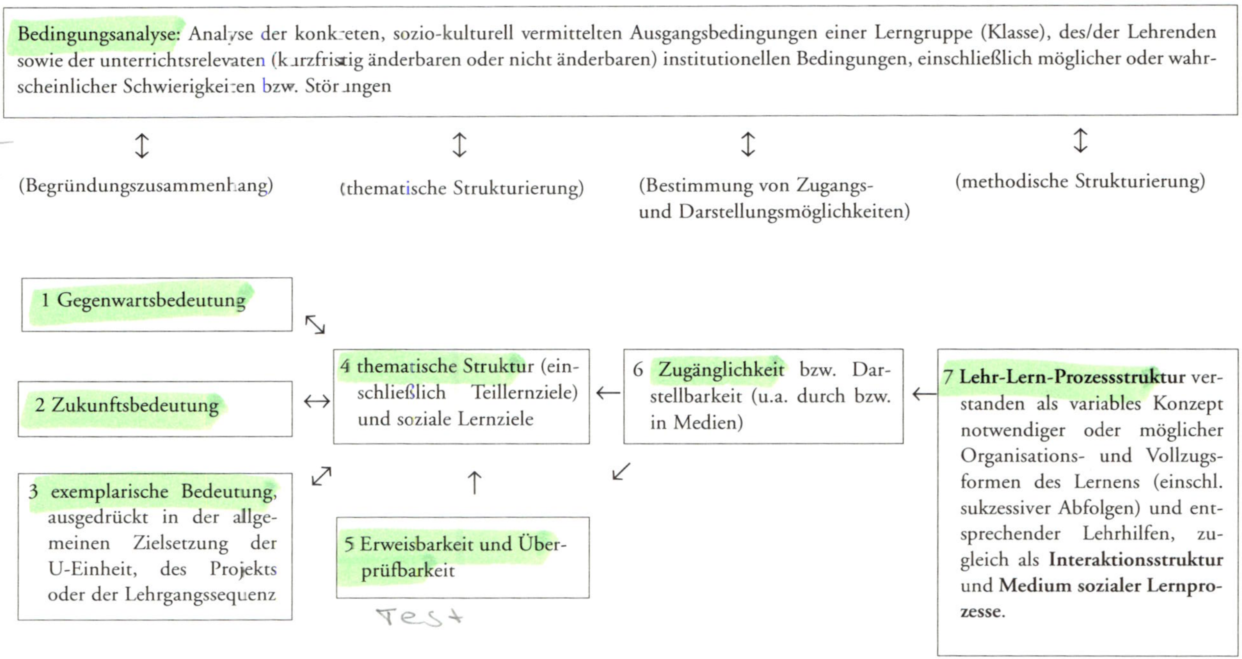

Abb. 26: Perspektiven der Unterrichtsplanung (Klafki) (aus: Peterßen 1996)

Die Pfeile unter dem ersten waagerechten Kasten bedeuten Wechselbeziehungen mit der folgenden Ebene, die vier große Fragerichtungen/Komplexe umfasst: 1. Begründungszusammenhang, 2. thematische Strukturierung, 3. Bestimmung von Zugangs- und Darstellungsmöglichkeiten und 4. methodische Strukturierung.

- Folgen wir zunächst dem *Begründungszusammenhang* (immer noch von oben nach unten). Im Mittelpunkt stehen drei Unterfragen: (1) nach der Gegenwartsbedeutung eines Themas (im Zusammenhang mit den von Kindern und Jugendlichen erfahrenen und praktizierten Sinnbeziehungen und Bedeutungssetzungen in ihrer Alltagswelt).

  In unserm Beispiel: Kinder sind fasziniert vom Mäusebussard und kennen seine Ernährungsweise, ihnen sind aber auch Mäuse als landwirtschaftliche Schädlinge und die Praxis der Bauern, ihnen mit Chemie zu Leibe zu rücken, vertraut.

  (2) Die Frage nach der Zukunftsbedeutung des Themas für die Kinder und (3) nach seiner exemplarischen Bedeutung. (Welches sind die allgemeineren Zusammenhänge, Gesetzmäßigkeiten, Strukturen etc., die sich am Beispiel dieses Themas erarbeiten lassen?)

  In unserm Beispiel: Exemplarisch ist das biologische Gleichgewicht zwischen Bussard und Mäusen für das biologische Gleichgewicht überhaupt und für die Problematik menschlicher Eingriffe in die Natur, die Zukunftsbedeutung liegt z.B. in der Notwendigkeit, sich als Bürger aktiv für Naturschutz einzusetzen.

- Neben dem Begründungszusammenhang finden wir als zweiten Komplex die *thematische Strukturierung*, also die Frage nach der im Thema einer Stunde oder Unterrichtseinheit enthaltenen Sachstruktur (4). Hier geht es um die Fragen, unter welcher Perspektive das Thema bearbeitet werden soll, welche immanentmethodischen Hinweise in einer Thematik stecken, in welchen größeren Zusammenhängen sie steht, welche Schichtung sie aufweist (z.B. als Oberflächen- und Tiefenstruktur), welche Begriffe und Verfahren für die Bearbeitung des Themas Voraussetzung sind oder erworben werden müssen.

  Also am Beispiel: Neben den ökologischen Aspekten gibt es etwa für die Bauern auch ökonomische – Ernteverluste! –, die Chemieindustrie hat wiederum Verkaufsinteressen, ein nasser Sommer bedeutet wenig Getreide und damit wenig Futter für Mäuse, also weniger Nahrung für Jungbussarde: biologisches Gleichgewicht stellt sich ein u.a.m. –Damit wird auch deutlich, dass es für das Thema durchaus kontroverse Interessen unterschiedlicher gesellschaftlicher Gruppen gibt.

  Auf die so zu gewinnende thematische Strukturierung ist dann (5) die Frage nach der »*Erweisbarkeit« bzw. Überprüfbarkeit* eines erfolgreichen Aneignungsprozesses bezogen: An welchen erworbenen Fähigkeiten oder Erkenntnissen, Leistungen etc. soll sich zeigen und soll beurteilt werden, ob der Lernprozess erfolgreich war?

Soll also in unserm Beispiel am Ende ein Test geschrieben werden, oder soll das Anschlussthema »Jagd und Hege« erweisen, inwieweit die Kinder gewonnene Einsichten anwenden können usw.?

- Der dritte Komplex umfasst dann die Bestimmung von *Zugangs- und Darstellungsmöglichkeiten* (6), also z.B. den Einsatz von Medien, Erkundungen, Handlungsmöglichkeiten u.a.m.

Zu unserm Beispiel gibt es einen Film, vielleicht sind Beobachtungen im Feld möglich, aber auch Tierpräparate oder Bücher können einbezogen werden. Es zeigt sich rasch, wie stark die Bedingungen von Schule als Institution hier ebenso einschränkend wie fördernd wirken können.

- Der vierte Komplex zielt auf die Erarbeitung einer *Lehr-Lern-Prozessstruktur* (7), also auf die konkrete, aber flexible Organisation und den Ablauf der Unterrichtseinheit, einschließlich der Lernhilfen, Sozialformen des Unterrichts (z.B. Gruppenarbeit, Frontalunterricht oder Partnerarbeit) und der methodischen Einzelelemente. All dies dient nicht nur als »Transportband« für das Thema, sondern muss auch die notwendigen sozialen Lernprozesse berücksichtigen.

Klafki betont, dass diese vier Komplexe nicht einfach nacheinander »abgehakt« werden dürfen, sondern in Wechselbeziehung stehen, d.h., die Unterrichtsplanung wird sozusagen immer hin- und herspringen zwischen den einzelnen Komplexen und Unterfragen. Dies deuten die verschiedenen Pfeile zwischen 1 und 7 an: Es handelt sich um die These »von der Interdependenz, also von der wechselseitigen Abhängigkeit und Beeinflussung aller für den Unterricht konstitutiven Faktoren« (Klafki 1996, 259).
Was dieses Schema nicht zeigt, sondern erst die Lektüre des erläuternden Textes von Klafki (1999, 17ff.), ist Folgendes. Die Intentionen, die ich mit einem Thema verbinde, lassen sich konkret durchaus als *Lernziele* formulieren. Klafki entwirft dazu vier Lernzielebenen: Die erste Ebene enthält die allgemeinsten Lernziele (z.B. s.o. »Selbstbestimmungs- und Solidaritätsfähigkeit«), die zweite deren nähere Bestimmung durch weitere Qualifikationen (z.B. »Kritikfähigkeit«, »Kommunikationsfähigkeit«), die dritte dann bereichsspezifische Konkretisierungen (was heißt z.B. Kritikfähigkeit im Bereich naturwissenschaftlich-technischer Zusammenhänge) und die vierte schließlich Lernzielbestimmungen im Bereich einzelner Fächer (wobei auch hier wieder Hierarchien von generellen zu speziellen Zielen formulierbar sind).

Man kann aber auch das Gesamtschema von links nach rechts den Pfeilen folgend lesen. Dann zeigt sich, dass es durchaus auch als konkrete Planung einer Unterrichtseinheit oder -stunde gelten kann: Nach der allgemeinen Bedingungsanalyse folgen Planungsschritte, die vom Begründungszusammenhang zur thematischen Strukturierung führen und weiter zur Bestimmung der Zugangsmöglichkeiten und schließlich zur methodischen Strukturierung. Die wechselseitigen Pfeile bedeuten, dass die einzelnen Entscheidungen immer im Wechselzusammenhang mit den jeweiligen »Kästchen« stehen – dies also immer eingedenk der o.a. Interdependenzthese!

Zusammengefasst versteht Klafki sein Modell als ein »*Problematisierungsraster*«, das durch Benennung genereller Kriterien der Unterrichtsplanung begründete konkrete Entscheidungen in praktischen Situationen ermöglicht. Es muss auch jeweils durch fachdidaktische Überlegungen konkretisiert werden. – Schließlich soll es Lehrende zu flexiblem Unterrichtshandeln befähigen, denn der Maßstab für erfolgreichen Unterricht ist nicht »Planerfüllung«, sondern die Ermöglichung produktiver Lernprozesse.

9.2.2 Die lehrtheoretische Didaktik (»Hamburger Modell« – Wolfgang Schulz)

Auch diese didaktische Position hat von ihrer ursprünglich als »Berliner Modell« (Heimann/Otto/Schulz 1965) bekannten Fassung bis zum »Hamburger Modell« (Schulz 1981) einen deutlichen Entwicklungsprozess hinter sich, woran der von Berlin nach Hamburg berufene Schulpädagoge Wolfgang Schulz (gestorben 1993) maßgeblichen Anteil hatte. (Übrigens war vorher auch Gunter Otto »Hamburger« geworden.) Über viele Jahre hatte das Berliner Modell Anklang besonders in der zweiten Phase der Lehrerbildung gefunden, weil es als kompakt, praxisbezogen und anwendungsorientiert galt. Heute ist seine zentrale Voraussetzung eine Auffassung von Erziehung »als Dialog zwischen potentiell handlungsfähigen Subjekten …, nicht als Unterwerfung eines Unterrichts- und Erziehungsobjektes unter die Absichten des Lehrers und Erziehers« (Schulz 1999, 31).

Das Modell setzt ferner die Möglichkeit voraus, die Widersprüche zwischen Demokratiepostulat und immer wieder sich erneuernder Ungleichheit in der Gesellschaft »zum Problem der Schularbeit zu machen« (Schulz 1999, 30). Die »Wende von einem technologischen zu einem emanzipatorisch relevanten Modell« (Peterßen 1996, 140) ist deutlich.

Schulz verbindet die engagierte Parteinahme für die Schüler und Schülerinnen mit generellen Intentionen, die der Unterricht haben sollte. Die drei zentralen Begriffe sind:

Kompetenz, Autonomie und Solidarität. Diese Intentionen werden verbunden mit drei Themenbereichen/Erfahrungsfeldern: *Sach-, Gefühls- und Sozialerfahrungen.* Stellt man sich das Ganze in einer Matrix vor (obere Querzeile: die drei Intentionen, dazu in einer senkrechten Zeile die Erfahrungsfelder), so erhält man ein Suchschema für das Auffinden und Ordnen von Richtzielen einer emanzipatorischen Didaktik. Schulz spricht von diesem komplexen heuristischen Schema sehr bescheiden: »… eine Art Wünschelrute ist die Matrix, nichts weiter.« (Schulz 1981, 35)

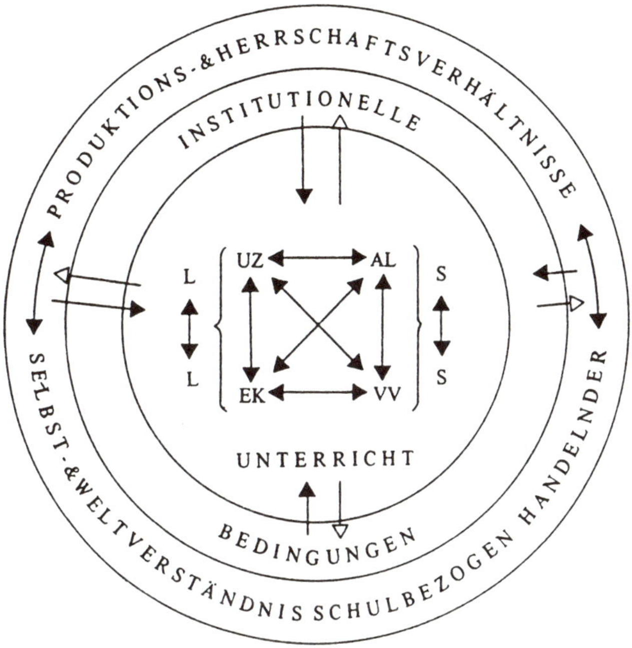

L = Lehrer
S = Schüler
als Partner unterrichtsbezogener Planung

UZ = Unterrichtsziele: Intentionen und Themen

AL = Ausgangslage der Lernenden und Lehrenden

VV = Vermittlungsvariablen wie Methoden, Medien, schulorganisatorischen Hilfen

EK = Erfolgskontrolle: Selbstkontrolle der Schüler und Lehrer

Abb. 27: Handlungsmomente didaktischen Planens in ihrem Implikationszusammenhang (aus: Schulz 1981, 83)

Im Mittelpunkt des didaktischen Modells steht dann eine Systematik der *Strukturmomente des didaktischen Handelns*, wie es die folgende Abbildung zeigt. (Auch hier dient das Modell zugleich der Analyse und der Planung von Unterricht.)

Erläuterung: Diese kompakte Skizze umreißt das gesamte didaktische Handlungsfeld. Die Mitte der Zeichnung bilden vier didaktische Fragen:

- *Was soll gelernt/gelehrt werden?* Es handelt sich um die Unterrichtsziele (UZ), die sowohl die Intentionen als auch die Themen betreffen (Beispiel: Ich kann das

Thema Assuan-Staudamm mit durchaus unterschiedlichen Intentionen/Absichten behandeln: Aufzeigen der Vernichtung einer Kulturlandschaft, Begeisterung wecken für die gewaltigen Möglichkeiten der Stromerzeugung, Demonstration des Wettlaufs zwischen Ost und West in der Entwicklungspolitik usw. – Und umgekehrt: Ich kann für meine kritisch-ökologische Intention auch ein »besseres« Thema wählen, etwa den Main-Donau-Kanal, darum der Doppelaspekt Intentionen und Themen.).

- Intentionen und Themen beziehen sich immer auf die Frage: *Wer lernt hier etwas, mit wem als Lehrer?* Damit ist die konkrete Ausgangslage (AL) der Unterrichtsteilnehmer (Schüler wie Lehrer) gemeint, z.B. ihre Beweggründe, Vorerfahrungen, Kenntnisse oder Einstellungen u. a. m.
- Es schließt sich die Frage an: *Auf welche Weise wird das, was für Menschen mit dieser Ausgangslage als Ziel ermittelt wurde, am besten erreicht – mit welchen Vermittlungsvariablen (VV)?* Diese Frage umfasst Entscheidungen über methodische Großformen wie Lehrgang, Projekt oder Diskurs, konkrete methodische Schritte, Sozialformen und mögliche Medien. (Soll ich das Thema Assuan-Staudamm eher über Filme, Bilder, Texte erschließen oder ein Modell bauen? Wann ist Gruppenarbeit sinnvoll? Soll ich Experten einladen? Eine bei uns zugängliche Talsperre besichtigen? In welcher Reihenfolge? usw.)
- Das vierte Moment gilt der *Frage, wie ich denn nun feststelle, ob der Unterricht erfolgreich war – Erfolgskontrolle (EK).* Woran soll der Lernfortschritt erkannt werden, wer überprüft ihn, mit welchen Evaluationsverfahren? (Können wir vielleicht eine Ausstellung über den Assuan-Staudamm veranstalten, Ergebnisse unserer Arbeit Eltern oder Mitschülern mitteilen? Es gibt eben nicht nur die Klassenarbeit, vielmehr sollen die Lernenden an diesem Prozess beteiligt werden, auch beim Üben und Trainieren sind Selbst-Kontroll-Verfahren möglich.)

Die Wechselpfeile (offenbar ein beliebtes Symbol der Didaktiker …) weisen auf den Implikationzusammenhang aller Momente hin.
Die ebenfalls mit Wechselpfeilen angedeutete Verständigungsnotwendigkeit von Lehrern (L ↔ L) und Schülern (S ↔ S) klingt selbstverständlich, ist aber in der Realität der Unterrichtsplanung (um diese Ebene nicht ganz zu vergessen) sicher noch Seltenheit. Didaktisches Handeln zielt aber auf diese Verständigung von Lehrenden und Lernenden (jeweils auch untereinander) über die Unterrichtsziele (UZ), die Ausgangslage (AL), die Vermittlungsvariablen (VV) und die Erfolgskontrolle (EK) – zentrale Bedingung für die Planungsbeteiligung der Schüler und Schülerinnen –, mithin ein entscheidender Prüfstein für die Demokratisierung des Unterrichtes und den »respektvollen Dialog«, den Schulz betont.

Nun gilt es freilich, die *Bedingungen* zu beachten, die diesen skizzierten Lehr-/Lernprozess bestimmen. Damit sind wir beim *ersten Ring: institutionelle Bedingungen,* sie reichen von den curricularen Vorgaben der Lehrpläne und den Beschlüssen der Fachkonferenz über die Schülerrekrutierung und Unterrichtsorganisation bis zu den ganz konkreten räumlichen und materiellen Aus-

stattungsfaktoren und zur Zusammensetzung der Lerngruppe. Diese Bedingungen wirken auf die UZ, AL, VV und EK bisweilen sehr massiv ein (schwarze Pfeilspitze!), andererseits können innovative Unterrichtsversuche auch auf diese Rahmenbedingungen verändernd zurückwirken (weiße Pfeilspitze!).
Schließlich zeigt der *äußerste Ring* die gesellschaftlichen Rahmenbedingungen auf, sie umfassen etwa die Produktions- und Herrschaftverhältnisse, aber auch das Selbst- und Weltverständnis aller schulbezogen Handelnden (also z.B. auch der Kultusadministration, die die Lehrpläne erlässt).

Ein weiteres wichtiges Kennzeichen des Hamburger Modells sind *vier zentrale Planungsebenen* des Unterrichts auf der »Zeitschiene«, die Schulz entwickelt: langfristige Perspektivplanung, konkretisierende Umrissplanung, detaillierter Ablauf als Prozessplanung und immer wieder die Planungskorrektur. Damit greift Schulz auf eine wichtige – in der bisherigen Diskussion vernachlässigte – Tradition zurück, nämlich die Einbettung einzelner Unterrichtsstunden und -einheiten in die große Perspektive des insgesamt angezielten Bildungsprozesses über ein Schuljahr oder sogar über die gesamte Schulzeit.

Die gesamte unterrichtliche Interaktion wird – analog zum Modell der Themenzentrierten Interaktion (TZI, Ruth Cohn) – aufgefasst als ein Dreieck mit den Ecken: Sachansprüche, Personansprüche und Gruppenansprüche, die ständig in einer dynamischen Balance zu halten sind.
Die beiden bisher dargestellten Modelle enthalten umfangreiche erziehungstheoretische Reflexionen und beziehen die Notwendigkeit wertorientierter Zielsetzungen ausdrücklich ein. Der gravierendste Unterschied des folgenden Modells liegt daher in seinem grundlegend anderen Wissenschaftsbegriff.

9.2.3 Die kybernetische Didaktik (Felix v. Cube)

Als notwendige Konsequenz des logisch-empirischen Wissenschaftsbegriffes (Kritischer Rationalismus, Popper, Albert u. a., siehe Kapitel 2: Richtungen der Erziehungswissenschaft) stellt v. Cube fest, »dass die Setzung von Erziehungszielen (oder Lehrzielen) außerhalb wissenschaftlicher Aussagemöglichkeiten liegt: Lehrziele sind (subjektive) Forderungen« (v. Cube 1999, 54). Die kybernetisch-informationstheoretische Didaktik wendet unter der Voraussetzung *gegebener* Ziele kybernetische Begriffe und Methoden auf die Planung von Unterricht in Ausbildungsprozessen an. Von ihr ist in der Industrie und der Bundeswehr »in erfreulichem Maße« (v. Cube 1999, 99) Gebrauch gemacht worden. In der Schule spielte sie bisher hingegen eine eher untergeordnete Rolle.

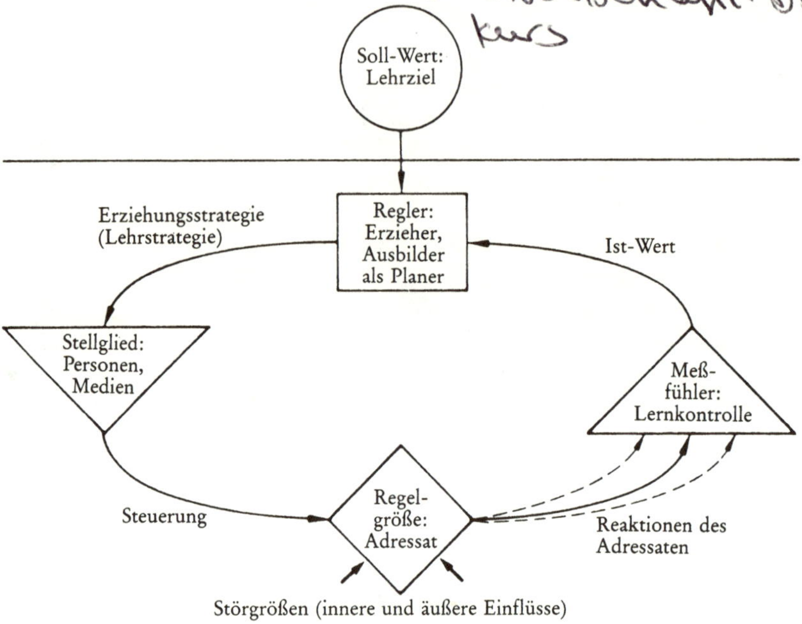

Abb. 28: Unterricht nach dem kybernetischen Modell (v. Cube) (aus: Gudjons/Teske/Winkel 1999, 49)

Erläuterung: Der Ausbildungsvorgang wird als ein *Regelkreis* aufgefaßt, in dem das Lehrziel Soll-Wert genannt wird. Als Regler fungiert der Ausbilder, der eine bestimmte Lehrstrategie verfolgt zur Erreichung des Lehrzieles. Stellglieder sind personale oder technische Medien (die eine adäquate Codierung von Nachrichten aufweisen müssen), die Regelgröße ist der Adressat, auf den Störgrößen (innere und äußere Einflüsse) einwirken, seine Reaktionen werden mit Meßfühlern (das sind Lernkontrollen) gemessen und als Ist-Wert dann schließlich mit dem Soll-Wert verglichen. Lehr- und Lernprozesse verlaufen also nicht gradlinig und schnurstracks auf das gesetzte Ziel zu, sondern mit Hilfe einer Steuerung durch Rückkopplung – ein wichtiger Aspekt dieses Modells, der in anderen didaktischen Entwürfen nicht so differenziert dargestellt wird.
Die *Planung des Unterrichtes* mit informationstheoretischen Methoden geschieht in drei Schritten: Entwicklung einer Lehrstrategie, Planung des adäquaten Medieneinsatzes und Festlegung didaktischer Stationen.

Die Verwendung kybernetischer Modelle und Methoden in der Didaktik kann erheblich zur Präzisierung und Optimierung von Lehrstrategien beitragen, bei denen allerdings selbstbestimmtes Lernen der Schüler und Schülerinnen, ihre Mitplanung und Mitverantwortung des Unterrichtsablaufes eher zu den »Störgrößen« zu rechnen sind. Die Reduktion von Didaktik auf die Frage nach der Methode des Lehrens und Lernens und die Ausklammerung von Zielsetzungen aus dem wissenschaftlichen Diskurs widerspricht aber den Diskussionsergebnissen erziehungswissenschaftlicher Forschung (vgl. Röhrs/Scheuerl 1989).

Um den Prozess der Zielerstellung – wenn auch in einem ganz andern Sinn – geht es in dem lernzielorientierten Ansatz von Christine Möller, der Teilergebnisse der Curriculumforschung aufnimmt.

9.2.4 Die lernzielorientierte Didaktik (Christine Möller)

auch: Curriculare Didaktik

Wissenschaftstheoretische Grundlage dieses Modells ist der Behaviorismus (Skinner, Bloom, Mager). Der Bezug dieses Modells auf die kritische Curriculumforschung (die die »Schwammigkeit« der alten didaktischen Praxis und Theorie überwinden wollte – s.u.) hat ihm auch die Bezeichnung »Curriculare Didaktik« eingebracht. Es handelt sich um die eher pragmatisch auf kurzfristige Unterrichtsplanung bezogene Komponente des Curriculumansatzes. Die lernzielorientierte Didaktik geht davon aus,

- dass ein präziser Zielerstellungsprozess zentraler Bestandteil jeder Unterrichtsplanung ist,
- dass dafür ein handhabbares und wissenschaftlich abgesichertes Instrumentarium vorliegen muss,
- dass sowohl das Verhalten des Lerners als auch der Inhalt, an dem das Verhalten gezeigt wird, eindeutig bestimmt sind,
- dass damit die Grundlage für eine effektive Methodenauswahl gegeben ist
- und dass der Erfolg nur anhand der so bestimmten Ziele wirkungsvoll zu überprüfen ist.

Die Entwicklung einer Unterrichtseinheit (bzw. eines Curriculums, s.u.) erfolgt in drei Teilprozessen: *Lernplanung, Lernorganisation und Lernkontrolle.*

Zur Lernplanung:
Zunächst wird eine möglichst umfassende Menge von Lernzielen für die zu erstellende Unterrichtseinheit gesammelt, wobei viele Quellen heranzuziehen sind, vom Lehrplan bis zu fachdidaktischer Literatur – eine anschließende Auswahl ist unerlässlich. Diese Ziele werden hierarchisch nach Richt-, Grob- und Feinzielen geordnet. Ferner ist die Einordnung in vorgegebene Einordnungschemata (Lernzieltaxonomien) sinnvoll: Die bekannteste Taxonomie stammt von Benjamin S. Bloom und ordnet Lernziele nach dem kognitiven, dem affektiven und den psychomotorischen Verhaltensbereich. Der nächste Handlungsschritt besteht in einer präzisen Beschreibung der Lernziele, dem *Operationalisierungsprozess*, mit Angabe der Endverhaltensbeschreibung, der Bedingun-

gen des Endverhaltens und des Beurteilungsmaßstabes. Beispiel: Jeder Lernende soll innerhalb von 10 Minuten schriftlich drei Oratorien Händels nennen können, fünf von 10 möglichen Stilelementen angeben und von mindestens einem Werk den Erstaufführungsort nennen können.

Zur Lernorganisation:
Methoden und Medien müssen nun so ausgewählt werden, dass die Lernenden die vorher aufgestellten Lernziele optimal erreichen können. Konkrete, explizite Methodenbeschreibung steht – analog dem Zielerstellungsprozess – jetzt im Mittelpunkt; Unterrichtszielen (nach taxonomischen Kategorien geordnet) werden Lehrmethoden zugeordnet, so dass sich eine Matrix ergibt, aus der die Angemessenheit einer Methode für ein Ziel »abgelesen« werden kann, was allerdings Entscheidungen aufgrund der situativen Bedingungen nötig macht. Beispiel: Nehmen wir an, Ziel im kognitiven Bereich sind »Kenntnisse«, also sind »individuell ausgerichtete« Methoden »ausgezeichnet«, »Diskussion« ist nur »mäßig geeignet«; nehmen wir an, im affektiven Bereich ist Ziel »Werte bilden«, also »ausgezeichnet« ist »Diskussion«, hingegen »schlecht« geeignet wären »individuell ausgerichtete Methoden« etc. (Möller 1999, 72).

Zur Lernkontrolle:
Auf der Grundlage dieser Vorplanung erscheint es konsequent, das Erreichen der Ziele durch das Arrangement der Lernbedingungen weitgehend nach den Kriterien eines empirischen Lerntests zu überprüfen. Statt der traditionellen Klassenarbeit mit willkürlicher Fragenauswahl werden Inhaltsvalidierung, Zuverlässig-keitsbestimmung und strenge Aufgabenanalyse verlangt.

Nach einem ungemeinen Boom in den 70er und noch 80er Jahren ist dies Modell heute obsolet geworden. Neben den Vorteilen dieses Modells – hochgradige Transparenz des gesamten Unterrichts, auch für Lernende, Kontrollierbarkeit statt »Glauben, dass alles gut gelaufen ist« (Möller 1999, 74), größtmögliche Effizienz – sind die *Kritikpunkte* vor allem: Dies Modell beschränkt die komplexe didaktische Problematik auf den Teilaspekt der Effizienz und bedeutet damit einen Rückfall hinter den inzwischen erreichten Diskussionsstand. Nicht alle wichtigen Ziele sind »operationalisierbar« (z.B. sich an der Schönheit der Musik Händels erfreuen und sie genießen können).

Verständlich ist allerdings die Faszination durch die Praktikabilität des Modells. Dennoch wird das selbstbestimmungsfähige Subjekt »Schüler/in« aus der behavioristischen Sicht notwendigerweise ausgeklammert, Präzision kann umschlagen in rigide Bevormundung.

9.2.5 Die kritisch-kommunikative Didaktik (Rainer Winkel)

»*Kritisch*« meint, dass dieses Modell die vorhandene Wirklichkeit permanent zu verbessern trachtet, »*kommunikativ*«, dass im Mittelpunkt die Axiome der Kommunikationstheorie und mögliche Störungen stehen (Winkel 1999, 79ff., grundlegend: Schäfer/Schaller 1973). Die systematische Analyse der Unterrichtsstrukturen akzentuiert – neben dem Inhalts- und Vermittlungsaspekt – vor allem die Beziehungsstrukturen im Unterricht und den in den bisherigen didaktischen Modellen zu wenig beachteten störfaktoriellen Gesichtspunkt. Wichtig sind

Störungsarten (z.B. Disziplinstörungen, Provokationen, Lernverweigerung, neurotisch bedingte Störungen), *Störungsfestlegungen* (z.B. vom Lehrenden, vom Lernenden, vom Lehr-/Lernprozess her), *Störungsrichtungen* (z.B. Schüler – Schüler, Schüler – Lehrer), *Störungsfolgen* (z.B. Stockungen, Unterbrechungen, psychisch soziale Verletzungen), *Störungsursachen* (z.B. im schulischen Kontext, im gesellschaftlichen oder im psycho-sozialen Bereich).

Die *Unterrichtsplanung* (in diesem Modell noch nicht sehr differenziert für die Praxis entwickelt) wird besonderes Gewicht darauf legen, dass Themen nicht nur sachadäquat, sondern vor allem interaktionsadäquat vermittelt werden, also z.B. sehr auf symmetrische Kommunikation achten und denkbare Störungen bereits in der Planung berücksichtigen. Diese Position versteht sich ausdrücklich nicht als polemische Frontstellung gegenüber andern Ansätzen, sondern möchte die komplexe Praxis schulischen Wirkens – angesichts zunehmender Unterrichtsstörungen – adäquater verstehen.

9.3 Die Curriculumentwicklung/-theorie

Das lateinische Wort *Curriculum* bezeichnete im Mittelalter den Plan oder Ablauf, nach dem in einem Kloster der Nachwuchs der Klosterbrüder erzogen wurde. Wir kennen das Wort auch als lateinische Bezeichnung für den Lebenslauf: Curriculum vitae. Mitte der 60er Jahre tauchte der Begriff aus der anglo-amerikanischen und schwedischen Erziehungswissenschaft in Deutschland auf und wurde zur Bezeichnung für eine völlig neue Form (operationalisierter) Lehrpläne verwendet – damals auch noch englisch ausgesprochen ... Sehr grob kann man also unter Curriculum zunächst eine bestimmte Art von Lehrplan verstehen (Hopmann/Riquarts 1995).
Mit der Curriculumentwicklung verband sich in den 70er Jahren die große Hoffnung auf wissenschaftlich geplanten, gesellschaftlich begründeten und praktisch umsetzbaren Unterricht. Sie begann mit dem berühmten Buch des wieder nach Deutschland zurückgekehrten Emigranten Saul B. Robinsohn »Bildungsreform als Revision des Curriculum« (1967). Der Titel deutet an, dass es um eine einschneidende Veränderung traditioneller Lehrpläne im Rahmen einer umfassenden Bildungsreform gehen sollte. Ausgehend von dem bisher wenig schlüssigen Zusammenhang zwischen Zielen, Inhalten, Methoden und Medien in den herkömmlichen Lehrplänen, begründete Robinsohn aus zentralen gesellschaftlichen Veränderungen die Notwendigkeit, Lehrpläne auf der Grundlage eindeutig bestimmbarer Fähigkeiten und Kenntnisse für künftig benötigte Qualifikationen zu entwickeln: statt traditioneller »Bildung« also präzise »Qualifikationen«.
Der gesamte Planungsprozess von Unterricht sollte im Rahmen einer neuartigen Curriculumentwicklung erfolgen, welche die Ziele, Inhalte, Methoden und Evaluation (Erfolgsüberprüfung) auf wissenschaftliche Grundlagen stellte; wenn man so will also: Bildungsreform durch neue Lehrpläne.

Für die Entwicklung solcher Curricula sollten als *Kriterien* u.a. gelten:

- statt subjektiver Willkür und irrationaler Kompromisse – rationale Begründung, Offenlegung der Kriterien, nach denen Lehrplanentscheidungen getroffen werden;
- statt unkontrollierbarer Einflüsse und Vorherrschaft einzelner gesellschaftlicher Gruppen – gesellschaftlicher Konsens auf wissenschaftlicher Grundlage;
- statt vager Formulierung von Inhalten und schwammiger Ziele – klare Definition von Qualifikationen, denen eindeutige Inhalte zugeordnet werden können;
- statt Beliebigkeit der Umsetzung – konkrete Informationen, mit welchen Operationen die im Lehrplan geforderten Ziele erreichbar sind; erst exakte Zielangaben in der Form beobachtbaren und kontrollierbaren Verhaltens (vgl. C. Möller in der lernzielorientierten Didaktik) ermöglichen die Überprüfung intendierter Ziele.

Die Curriculumentwicklung umfasste im Wesentlichen folgende Aufgabenfelder (Otto/Schulz 1986, 54 ff.):

1. *Problemdefinition:* Welche neuen gesellschaftlichen Entwicklungen legen eine Revision des Curriculums nahe, mit welchen pädagogischen Zielen?
2. *Argumentative Legitimierung:* Welche konsensfähigen Gründe lassen sich an die Stelle alter, naiver und willkürlicher Setzungen für Inhalte und Methoden setzen?
3. *Strukturierung des Lehrangebotes:* Wie lässt sich ein möglichst widerspruchsfreier Zusammenhang der Lehrplanung erreichen, der Grundsatzziele und Detailplanung verbindet (Taxonomien und Zieloperationalisierung)?
4. *Implementation:* Wie kann das neu Entwickelte effektiv eingeführt/»eingefüllt« werden?
5. *Evaluation:* Wie kann der Erfolg überprüft und wie kann dieser für die Veränderung des Curriculums rückgekoppelt werden?
6. *Prozessorganisation:* Klärung und Erforschung der Fragen, wer was wann mit wem plant, entscheidet, durchführt und evaluiert.

Aufgabe der Curriculumforschung und -theorie sollte also auch sein, die »Prozesse der Hervorbringung und Umsetzung curricularer Innovationen [zu] thematisieren« (Hameyer u.a. 1983, 21f.), – ging es doch um eine umfassende Bildungsreform! Umfangreiche Handbücher (z.B. Frey 1975, Hameyer u. a. 1983), Entwicklungsinstitute und Forschungsgruppen entstanden, z. T. als Kooperation von Lehrern und Wissenschaftlern – ein hoffnungsvoller Ansatzpunkt, die traditionelle »Arbeitsteilung« zwischen Planern ohne praktische Erfahrung und Praktikern ohne Planungskompetenz aufzuheben (wie z.B. in der Laborschule Bielefeld, die sich als eine solche Curriculumwerkstatt verstand). Auch die Theorie der Curriculumentwicklung (bezogen auf Lehrpläne und umfassende, langfristige Planungsvorgänge) entwickelte sich. Mit dieser Verbindung von Forschung, Praxis und Theoriebildung liegt der Curriculumansatz genau genommen auf einer anderen Ebene als die bisher dargestellten didaktischen Modelle, wenn man so will: quer zu ihnen allen.

Zahlreiche Curricula (im Sinne wissenschaftlich präzise konstruierter Unterrichtseinheiten) wurden entwickelt, anfangs als Adaption ausländischer Curricula, später als fachdidaktisch akzentuierte Curriculumforschung. Doch solche Curricula erwiesen sich bald als »Trojanisches Pferd«, aus dessen Bauch Unheil hervorkroch: Es waren nämlich geschlossene Systeme, die Lehrer und Schüler dazu zwangen, völlig verplante Lernprozesse nachzuvollziehen, Inhalts- und Zielentscheidungen kritiklos zu akzeptieren und auf vorgeschriebenen methodischen Lernwegen auf vorab festgelegte operationalisierte Lernziele zuzusteuern.

Die Reaktion darauf war das Bemühen um *offene Curricula*, die mehr Raum für kreative Ausgestaltung und Berücksichtigung situativer Bedingungen eines Lehrers oder einer Schule ließen.
Gegenwärtig scheint es so, als habe die schulische Realität mit ihren fortwährenden Unwägbarkeiten und raschen Veränderungen die Curriculumentwicklung/-forschung eingeholt oder überholt.

9.4 Neuere Unterrichtskonzepte – »Theorie aus der Praxis«

Es gibt eine Fülle von Unterrichtskonzepten im eingangs beschriebenen Sinn, die sich bündeln lassen unter der Perspektive, dass sie jeweils ein (oder mehrere) *Defizite* der Schule von heute zu überwinden suchen. (Eine Übersicht findet sich bei Jank/Meyer 1994, 293ff., Heursen 1997, Peterßen 1999.) Diese Konzepte entwickeln zwar auch einen begründeten Zusammenhang von Ziel-, Inhalts- und Methodenentscheidungen, in ihnen treten aber die Probleme allgemeindidaktischer Theoriebildung in den Hintergrund. In jüngster Zeit wurden vor allem folgende Konzepte entwickelt (deren Anknüpfung an die Reformpädagogik im ersten Drittel unseres Jahrhunderts z.T. leicht erkennbar ist), sozusagen »Didaktik zum Anfassen«:

- *Offener Unterricht:* Auf der Grundlage eines aktiven Lernbegriffes, der Anknüpfung an Offene Curricula, des Prinzips der Öffnung von Schule und Unterricht u.a.m. finden sich (vor allem in Grundschulen, zunehmend aber auch in der Sekundarstufe) folgende charakteristische Bausteine und Merkmale: eine anregende Lernumwelt in der Klasse mit Werkstattcharakter, freie und flexible Lernorganisation mit wenig Frontalphasen, kreative, selbsttätige Lernmethoden, akzeptierende Lernatmosphäre, Dokumentation von Lernergebnissen im Klassenraum, Tages- und Wochenplan (für eine transparente, selbsttätige und individuelle Arbeit), Freie Arbeit gemäß eigener Entscheidung der Kinder, projektorientiertes Arbeiten, eine Fülle von Arbeitsmitteln, die Einzel-, Partner- oder Gruppenarbeit ermöglichen, der Stuhlkreis (zur Besprechung gemeinsamer

Angelegenheiten) u.v.a. (Wallrabenstein 1997, Heid 1996, äußerst kritisch: Günther 1996).

- *Freie Arbeit:* Die Freie Arbeit (auch »Freiarbeit«) ist eine Art Zwischenglied zwischen Offenem Unterricht und Projektunterricht (PÄDAGOGIK H.11/2000). Schüler (mehr und mehr auch in der Sekundarstufe) können innerhalb eines festen Zeitrahmens in der Woche selbst bestimmen, welche Aufgaben oder Vorhaben sie bearbeiten wollen, allein oder in Gruppen und nach eigenem Rhythmus.
  Gelegentlich ist die Freie Arbeit identisch mit dem *Wochenplanunterricht*, bei dem die Schüler und Schülerinnen einen vom Lehrer entwickelten Arbeitsplan (Pflicht – Wahl – freie Aufgaben) selbständig, in Gruppen, nach eigener Reihenfolge und in eigenem Lerntempo bearbeiten, wobei sie die Ergebnisse selbst überprüfen, dem Lehrer aber rechenschaftspflichtig sind (Vaupel 1995).
- *Projektunterricht:* Nach dem »Siegeszug« der Projektwochen, die zwar zentrale Elemente des Projektunterrichts aufnehmen, insgesamt aber eine Verkürzung der Projektidee sind, beginnt sich der Projektunterricht als eine reguläre Grundform von Unterricht (die wie die andern Grundformen: Lehrgang, Unterrichtseinheit, Training ihren Stellenwert und ihre Grenzen hat) durchzusetzen (zur Projektdidaktik näheres bei Gudjons 2000). In einem Projekt geht es um die handelnd-lernende Bearbeitung einer konkreten Aufgabenstellung / eines Vorhabens mit dem Schwerpunkt der Selbstplanung, Selbstverantwortung und praktischen Verwirklichung durch die SchülerInnen.
- *Erfahrungsbezogener Unterricht:* Hier wird versucht, gegen die Entfremdung schulischen Lernens die Aufarbeitung der von den Schülern und Schülerinnen gemachten (sozialen, politischen, familialen) Erfahrungen in den Mittelpunkt des Unterrichts zu stellen. Scheller (1981) hat dazu einen Gliederungsrahmen für den Aufbau von Unterrichtseinheiten entwickelt, der die Schritte »Aneignung der Erfahrungen« (zu einem Thema), »Verarbeitung« und »Veröffentlichung« umfasst.
- *Praktisches Lernen:* ein (vor allem von der Tübinger Arbeitsgruppe um Andreas Flitner) entwickeltes und mit zahlreichen Beispielen erprobtes Konzept zur stärkeren Verknüpfung von Kopf- und Handarbeit (Fauser/Fintelmann/Flitner 1991).
- *Handlungsorientierter Unterricht:* Mit diesem Begriff wird ein Unterrichtskonzept bezeichnet, das den SchülerInnen einen handelnden Umgang mit den Lerngegenständen ermöglichen soll, bei dem materielle oder soziale Tätigkeiten der SchülerInnen den Ausgangspunkt des Lernprozesses bilden. Ziel ist, durch diese aktive Auseinandersetzung die Trennung von Schule und Leben ein Stück weit aufzuheben (Gudjons 2000).
- *Freinet-Pädagogik:* Bei diesem von dem Franzosen Celestin Freinet (1896 bis

1966) entwickelten Konzept geht es um eine »aktive Schule« mit eigenen Unterrichtstechniken und Arbeitsmaterialien wie z.B. Druckerei, freien Texten, Klassenzeitung, Korrespondenz mit anderen Schulen, Sachblättern, fachlichen Lern- und Arbeitstechniken (Ateliers), Wochenplanarbeit, Lehrerkooperativen, gemeinsamer Verantwortung durch die Klassengemeinschaft, insgesamt um forschendes, gegenständliches und möglichst freies Arbeiten (Dietrich, 1995).

- *Weiterhin* wären zu nennen: *Entdeckendes Lernen*, das sich auf die Kognitionspsychologie Bruners bezieht (Neber 1973), *problemlösender Unterricht*, bei dem nicht routinemäßig zu lösende Aufgaben/Probleme im Mittelpunkt stehen (Fuhrmann 1987), *schüleraktiver Unterricht* mit seiner Betonung der Aktivitäten der Lernenden (Wenzel 1987), *genetisches Lernen*, das statt Einverleibung des Fertigproduktes ein Thema als Entstehungsprozess einer Lösung/einer Sache behandelt (Wagenschein 1989, besonders für den naturwissenschaftlichen Unterricht), *Gestaltpädagogik*, die sich um die erlebnisorientierte, d.h. auch emotionale Erschließung von Themen bemüht (Bürmann/Heinel 2000), die *Themenzentrierte Interaktion* als Konzept eines lebendigen Lernens (Cohn/ Terfurth 1993) u.a.m.

Auch ältere Konzepte erfreuen sich zunehmender Beliebtheit, z.B. der *Epochenunterricht* (der aus der Waldorfpädagogik stammt und bei dem die Zersplitterung des Unterrichtsvormittages aufgehoben wird, indem für einige Wochen täglich 2-3 Stunden ein Fach – oder ein Thema – kontinuierlich unterrichtet wird, um sich auf den Sinnzusammenhang der Arbeit und den strukturellen Zusammenhang der Inhalte zu konzentrieren – Kamm 2000). Zahlreiche Schulen z.B. in Holland arbeiten auch inzwischen nach dem *Jenaplan* Peter Petersens (d.h. altersgemischte Stammgruppen statt Jahrgangsklassen, Gruppenarbeit, Kurse verschiedener Art, Berichte statt Zeugnisse, Betonung von Selbsttätigkeit durch Arbeitsmittel u.v.a.). Ferner ist vor allem für die Sekundarstufe der *fächerübergreifende Unterricht* aktuell, für den inzwischen verschiedene Formen (von der Fächerverbindung bis zum Überschreiten von Fächern) praktisch dokumentiert sind (Duncker/Popp 1998, Golecki 1999). Insgesamt ist die Anzahl der neuen Verfahren – zwischen Konzept und Unterrichtstechnik – zu groß, um hier dargestellt zu werden (informativer Überblick bei Peterßen 1999).

9.5 Ergebnisse der empirischen Unterrichtsforschung

Trotz der Fülle neuer Unterrichtstechniken und praktischer Innovationen resümieren die Herausgeber eines Beiheftes der Zeitschrift Die Deutsche Schule zum Stand der Didaktik-Diskussion die Lage als »Stillstand« und »Flaute« in der Theoriebildung (Holtappels/Horstkemper 1999). Offenbar stagniert die Weiterentwicklung wirklich bedeutsamer didaktischer Konzepte. Andererseits sind aus

der empirischen Unterrichtspsychologie sehr aufschlussreiche Forschungsarbeiten über die tatsächliche Wirkung verschiedener Unterrichtsverfahren veröffentlicht worden.
Die alten, vielleicht ein wenig romantisch anmutenden Unterrichtsvorstellungen der Reformpädagogik sind in der empirischen Lernforschung zu einem großen Teil sprachlich in neuen Begriffen formuliert worden, die es erlauben, altbekannte Probleme schulischen Lehrens und Lernens neu zu fassen. Vor allem aber sind neue Begründungen auf theoretischer Ebene, alte Postulate stützende empirische Forschungen und inspirierende Impulse für Forschung und Praxis gewonnen worden (Terhart 1999, 645f.). So rücken denn auch drei altbekannte Einsichten in ein neues Licht.

Die erste Einsicht: Jeder braucht seine eigenen Lernwege. Alles Lernen hängt von den aktiven Konstruktionsprozessen des Lerners ab, passives Lernen ist ein Widerspruch in sich selbst. Man kann Lernen zwar anstoßen, aber nicht präzise steuern. Weder durch Frontalunterricht noch durch Lernprogramme. Wissenserwerb braucht also unterschiedliche Lernumgebungen.

Reinmann-Rothmeier/Mandl (1998, 475ff.) fassen die Bandbreite von Konzepten zu drei Modellen zusammen, in denen der Wissenserwerb gefördert werden kann:

1. *Systemvermittelnde Lernumgebungen.* Es geht um die Vermittlung fertiger Systeme von Wissensbeständen, die Lernenden erwerben Faktenwissen, wobei sie stark von außen angeleitet und auch kontrolliert werden.
2. *Problemorientierte Lernumgebungen.* Kerngedanke ist das Konzept des explorativen Lernens: Die Lernenden sind aktiv und erarbeiten sich neues Wissen, wobei die Lernumgebung ihnen geeignete Probleme anbietet. Mit möglichst wenig Anleitung und Steuerung von außen erwerben sie Problemlöse- und Selbststeuerungsfertigkeiten, setzen sich selbst intensiv mit neuen Inhalten auseinander, die Bezug zu ihrem Lebenskontext haben.
3. *Adaptive Lernumgebungen.* Der Begriff adaptiv meint, dass sich die gesamte Gestaltung der Lernumgebung stärker als im vorherigen Modell an die Bedürfnisse, Vorkenntnisse und Fertigkeiten der Lernenden anpasst. Die Rolle der Lehrenden ist unterstützender, aber auch lenkender als in rein problemorientierten Lernumgebungen, die Rolle ist die des »facilitators«, der den Wissenserwerb durch geeignete Schritte erleichtert.

Die zweite Einsicht: Der Weg zur Autonomie führt über die Anleitung. In neueren Forschungen zum Wissenserwerb, zur Wissenskonstruktion und zur Wissensvermittlung wird zu Recht betont, dass Selbststeuerung und Fremdsteuerung der Schüler keine unvereinbaren Gegensätze beim Lehren und Lernen sind: »Das Erleben von Autonomie und Selbstbestimmung einerseits und die äußere Anleitung andererseits müssen sich ... nicht ausschließen; auch in (vom Lehrer, H.G.) gestalteten Lernumgebungen ist es möglich, dass intrinsisch motiviert und selbstbestimmt gelernt wird.« (Reinmann-Rothmeier/Mandl 1998, 462) Es kommt also darauf an, situationsspezifisch Fremdsteuerung und Selbststeuerung angemessen ins Verhältnis zu setzen, ohne dabei das Ziel einer möglichst hohen Selbststeuerung aus den Augen zu verlieren.

Eng damit zusammen hängen die sog. *metakognitiven Fähigkeiten*, d. h. der Erwerb von Vorstellungen darüber, wie man lernt, welche Strategien man für welche Problemlösungen anwenden kann und wie man den eigenen Lernvorgang steuern kann (Hofer 1997, 240f.). Es geht also um die Fähigkeit zu lernen, wie man sich den eigenen Lernprozess reflexiv vergegenwärtigt, und zwar bezüglich der *Zielstellung* (realistische und bearbeitbare Ziele auswählen), der *Operationen* (vom Anfertigen von Notizen über das gezielte Lesen von Texten bis zur Vorbereitung einer mediengestützten Ergebnispräsentation) und der *Kontrollprozesse* (was haben wir gelernt, welche Qualität haben unsere Ergebnisse). Die Lernpsychologie spricht hier von der großen Bedeutung des »prozeduralen Wissens« (Mandl/Friedrich/Hron 1993, 173).

Die dritte Einsicht: Die Lernmethoden müssen den Schülerfähigkeiten angepasst werden. Kleine Schritte beim Aufbau von Kompetenzen selbständigen Lernens sind kein Widerspruch zum Ziel, dem eigenständigen Lernen der Schüler mehr Raum zu geben. Die empirische Unterrichtsforschung spricht vom *adaptivem Lernen*, z.B. der Aptitude-Treatment-Interaction, und meint damit, dass Personmerkmale des Schülers und verwendete Lehr-/Lernmethoden aufeinander abgestimmt werden müssen (Helmke/Weinert 1997, 137). Einfacher gesagt: Die Gestaltung der Lernumgebungen (traditionelle Aufgabe des Lehrers) muss sich schrittweise den Bedingungen, aber auch den wachsenden Fähigkeiten der Lernenden anpassen. Die mitgebrachten Bedingungen sind also nicht statisch, vielmehr können sich die Fähigkeiten der Lerner kontinuierlich erweitern.

Das ist für den Lernerfolg außerordentlich wichtig, denn die empirische Unterrichtsforschung hat herausgearbeitet, »daß nicht mehr nur relativ stabile Fähigkeiten von Schülern oder stabile Umweltfaktoren in Schule und Elternhaus als Bedingungen des Lernerfolgs im Vordergrund stehen. Vielmehr betont die Forschung zum selbstgesteuerten Lernen die Beeinflussbarkeit des Lernergebnisses durch selbst initiierte Aktivitäten des lernenden Individuums« (Schiefele/Pekrun 1997, 256). So ist zu erklären, »warum manche Schüler trotz beschränkter Fähigkeiten, nachteiligen sozialen Hintergrunds oder schlechten Unterrichts zu guten Lernergebnissen kommen« (ebd. 257).

Dieses Prinzip, die Lernverfahren den individuellen Schülervoraussetzungen anzupassen, ist ebenso bekannt wie erfolgreich. Ein Fazit der empirischen Lernpsychologie lautet denn auch: »Das gleichermaßen variable wie flexible Modell des adaptiven Unterrichts ist gegenwärtig das wissenschaftlich fundierteste und didaktisch aussichtsreichste unterrichtliche Konzept, um auf die großen und stabilen interindividuellen Unterschiede der Schüler in didaktisch angemessener Form zu reagieren.« (Helmke/Weinert 1997, 137)

Sachanspruch und Schülerorientierung – kein Gegensatz

In dieser Betonung selbstgesteuerten Lernens durch die Schüler ist sich die neuere Lernpsychologie mit allen modernen didaktischen Konzepten einig. Aber löst sich mit diesem Plädoyer nicht der Kern jeder Didaktik, nämlich zwischen Sachanspruch und schülerorientierten Lernwegen zu vermitteln, auf in eine reine Prozessdidaktik? Wird das »Was« der Sache weniger wichtig als das »Wie« des Lernprozesses? Steht am Ende gar eine neue weiche Harmonie, die die Sachansprüche aufgibt zugunsten des Mottos »Hauptsache eigenständig gelernt, was dabei herauskommt, ist weniger wichtig«?

Doch das relativierende Fazit eines einschlägigen Forschungsberichtes über Modelle des fremdgesteuerten und selbstgesteuerten Lernens (Schiefele/Pekrun 1997, 249) lautet: »Auch selbstgesteuertes Lernen ist nur bedingt in Reinform realisierbar«. Auch auf dem Weg zu mehr Selbststeuerung der Lernprozesse durch die Lernenden gilt: *Die Sache der Schule ist die Sache!* (Terhart 1999, 642) Bei allem Bemühen um prozedurale Elemente des Lernens (Strategien, Lernwege, Verfahren, Fertigkeiten) bleibt eine Bildungstheorie unverzichtbar, die sich um die Begründung, die Auswahl und die Anordnung der Sachen, der Inhalte müht (Hopmann/Riquarts 1995). Wenn sich das Subjekt immer auch an Widerständen und Herausforderungen bildet (Holzbrecher 1999), wenn Lernen die Dialektik von Außenanforderungen und Neugier der Subjekte einschließt, wenn Bildung ein nicht-linearer, manchmal widersprüchlicher, immer aber dynamischer Vermittlungsprozess zwischen Ansprüchen der zu klärenden Sachen und den eigenen Vorstellungen der Subjekte ist, dann wird Schule nicht aufgelöst in einen allein durch Schülerautonomie bestimmten Selbstbedienungsladen von Bildungsinhalten.

Lösen neuere didaktische Konzepte diesen Anspruch ein?

9.6 Neuere didaktische Konzepte

• So hat vor allem der Marburger Didaktiker Hans Christoph Berg (Berg/Schulze 1993) die Tradition der »*Lehrkunst*« seit Comenius (1638) wieder entdeckt, die vielen Meisterstücke unterrichtlicher Beispiele rekultiviert und in Kooperation mit zahlreichen Lehrergruppen und -initiativen erprobt. Er hat gezeigt, dass »Kunst« und »Wissenschaft« in der Didaktik kein Gegensatz sind. Unterricht wird in den Beispielen dieser kasuistischen Didaktik dramaturgisch gekonnt inszeniert, aber es werden auch *Regeln der Lehrkunst* entwickelt, vor allem im Anschluss an Martin Wagenscheins Prinzipien: *genetisch* (d.h., aus der Entstehung eines Problems, aus der Geschichte einer Sache ergibt sich der Lehrgang);

sokratisch (d.h., der Lehrer ist Geburtshelfer des eigenen Entdeckungsprozesses der Schüler); *exemplarisch* (d.h., am Fall wird das Allgemeine gesehen, z.B. an der Hausgans das Phänomen der Domestikation). Ohne Frage liegt in der Lehrkunst-Didaktik eine große Chance, gegen eine formalisierte Didaktik in der Schule eine »didaktische Kultur« zu entwickeln, die Schulvielfalt und Bildungskonzepte neu beleben kann.

• Eine andere Linie liegt in der starken Betonung des Unterrichts (nicht der Erziehung) als Mittelpunkt der Schule, die vor allem eine fachliche Bildung zu vermitteln habe (Giesecke 1996). Ähnliches vertritt der Bielefelder Pädagoge Karl Aschersleben (1993): Nicht die (in der letzten Zeit so stark betonten) Methoden – vom Offenen Unterricht bis zum Gruppenunterricht – seien Kern des Unterrichts, sondern die *inhaltlichen Fragen, die »Stoffe«*. Die Auswahl von Bildungsinhalten (»Gehört touristisches Wissen zur Allgemeinbildung?«) und ihre Legitimation seien nur möglich in einem Prozess der »didaktischen Transformation« (»Wie können die Tourismusprobleme für Schüler zum Interesse werden?«) und der didaktischen Reduktion (»Wie kann man z.B. aus der Stoff-Fülle die richtige Auswahl treffen, z.B. durch das Prinzip des Exemplarischen?«). In dieser Betonung einer sorgfältigen Auseinandersetzung mit dem Bildungswert einer »Sache« liegt sicher eine berechtigte Warnung davor, das Heil der Schulreform nur im »Wie« des Unterrichts (= attraktive Methoden) zu sehen.

• *Konstruktivistische Didaktik.* Aus der Philosophie des Konstruktivismus wurde in den letzten Jahren auch eine spezielle didaktische Konzeption abgeleitet, die sog. konstruktivistische Didaktik. (Ausführliche Darstellung bei Siebert 1999, grundlegende Kritik bei Terhart 1999) SchülerInnen werden hier nicht als passive Rezipienten von Wissen verstanden, sondern als aktive, selbstgesteuerte Lernende. Sie sollten zunehmend in der Lage sein, ihr Lernen selbst zu planen, zu organisieren, durchzuführen und zu bewerten. Lehrende sind weniger Vermittler oder Präsentatoren von Wissen, sondern mehr Mitgestalter von Lernumgebungen und Unterstützer von Lernprozessen.

Konstruktivistischer Unterricht *(Dubs* 1995, 890f.) muss sich

1. an *komplexen, lebens- und berufsnahen, ganzheitlich zu betrachtenden Problembereichen* orientieren. Besser als eine Lektion über Stadtgeographie ist demnach z.B. das Erkunden einer Neubausiedlung.
2. Lernen ist daher als *aktiver Prozess* zu verstehen, in welchem vorhandenes Wissen aus neuen eigenen Erfahrungen verändert und neu konstruiert wird. Besser als die Vermittlung von isolierten Kenntnissen über Gentechnologie ist daher z.B. die Analyse von Markenkennzeichnungen von Nahrungsmitteln im Hinblick auf genetisch manipulierte Substanzen.
3. Durch *kollektives Lernen* (z.B. in Gruppen) erst wird die individuelle Interpretation und Sinngebung überdacht und neu strukturiert. Besser als einsames Lernen zu Hause ist also z.B. eine Debatte in der Lern- oder Arbeitsgruppe.
4. Dabei sind *Fehler* erlaubt, ja bedeutsam, weil ihre Besprechung und Korrektur verständnisfördernd wirkt und zur besseren Konstruktion des verstandenen Wissens beiträgt. Besser als die

korrekte Lösung von Buchaufgaben ist also z.B. das Experimentieren mit ungewissem Ausgang.

5. Für die Lerninhalte sind *Vorerfahrungen und Interessen* der Lernenden deshalb wichtig, weil diese eine Herausforderung für die Neustrukturierung des bisherigen Erfahrungsschatzes bedeuten. Besser als die Vermittlung gesicherter Ergebnisse der Sexualforschung ist also z.B. das Anknüpfen an Erfahrungen Jugendlicher mit Liebe und Sexualität.
6. *Gefühle und persönliche Identifikation* sind bedeutsam und müssen einbezogen werden, weil sie den Untergrund für kognitive Prozesse bilden. Besser als abstrakte Kenntnisvermittlung in der Mathematik ist also ein Beispiel für die Faszination von der Bedeutung mathematischer Operationen für die Lösung philosophischer Probleme.
7. *Die Evaluation* (Überprüfung, Auswertung) richtet sich nicht primär auf die Lernprodukte, sondern auch auf die Fortschritte im Lernprozess, weil statt bloßer Wissensreproduktion vor allem die Wissenskonstruktion angestrebt wird. Selbstevaluation fördert die Beurteilung der individuellen Lernfortschritte und die Verbesserung der eigenen Lernstrategien. Besser als abschließende Noten für eine Klassenarbeit sind also z.B. Arbeitsprozessberichte der Schüler/Innen bei einem Projekt und individuelle Feedbacks der Lehrkraft zu dem, wie und was in einer Gruppe gearbeitet wurde.

An diesen (hier nach Dubs wiedergegebenen) Ansätzen einer konstruktivistischen Didaktik wurde von Terhart (1999, 644 ff.) kritisiert, dass sie (trotz erheblichen theoretischen Begründungsaufwandes) keine wirklich neue didaktische Theorie lieferten und auch keine wirklich radikalen neuen Formen des Unterrichtens anzubieten hätten. Neben der »Theorieflaute« jetzt also auch Praxisflaute ...

• Die bisher wohl radikalste Alternative zur herkömmlichen Didaktik hat der Freiburger Schulpädagoge Edmund Kösel (1993) vorgelegt. Grundsätzlich ist in diesem Ansatz Lernen (und auch Lehren!) ein bei jedem Individuum aufgrund seiner (Lern-)Biographie anders verlaufender – also ein höchst »subjektiver« – Prozess. Daher nennt Kösel seinen Ansatz »*subjektive Didaktik*« (im Gegensatz zur »objektiven Didaktik«, die die allgemeinen und überindividuellen Strukturen didaktischer Prozesse betont).

Drei große Denkrichtungen bilden das theoretische Gerüst der subjektiven Didaktik: die Postmoderne (d.h. die Bejahung von Pluralität und Individualisierung persönlicher Stile, vgl. Kap. 12: Aktuelle Herausforderungen), der radikale Konstruktivismus (s.o.) und die Systemtheorie (d.h. die zirkuläre Organisation lebender Systeme, die sich selbst erzeugen, steuern und organisieren in struktureller Kopplung mit ihrem Milieu, vgl. Kap. 2: Richtungen der Erziehungswissenschaft, »Systemtheoretische Pädagogik«).

Die Konsequenz: Didaktik funktioniert nicht nach dem »Input-Output-Modell« (Nürnberger Trichter, für alle wissenschaftlich objektiviert), sondern kann nur Anreizstrukturen für die je individuell Lernenden geben, die das lernende Subjekt dann im Sinne der Selbstorganisation weiterverarbeitet. Didaktik kann nur eine »Modellierung von Lernwelten« sein – so der Titel des Buches. Kösel zeigt dies sehr praktisch an der Integration einer Fülle von ganzheitlichen Lernkonzepten aus der humanistischen Psychologie und Pädagogik, ohne die Frage

nach der Bedeutung der »Sache« im Bildungsprozess aus den Augen zu verlieren.
• Die von M. Meyer u.a. (1998) entwickelte *»Bildungsgangdidaktik«* stellt die Bearbeitung der biographisch notwendigen »Entwicklungsaufgaben« durch die Heranwachsenden selbst in den Mittelpunkt. Im Zentrum der Lehr-/Lernprozesse stehen nicht der »Unterrichtserfolg«, sondern die Lernerbiographien der Lernenden, also das, was sie selbst lernen wollen – in Auseinandersetzung mit objektiven Ansprüchen.

9.7 Die neue Rolle von Lehrern und Lehrerinnen

Didaktik ist nicht das Einzige, mit dem sich Lehrende in der Schule beschäftigen. Seit der heftigen Diskussion in den 70er Jahren um die Lehrerrolle (Riedel 1989) haben sich die Akzente der Forschung gegenwärtig auf biographische Aspekte, die Berufsbelastung und die Lehrerpersönlichkeit verlagert (Terhart u.a. 1994, Bauer/Kopka 1994, Bastian u.a. 2001, Forschungsüberblick bei Schaefers/Koch 2000). Aktuell geht es um die Frage, was eigentlich die Professionalität des LehrerIn-Berufes ausmacht (Combe/Helsper 1996): Es ist die eigene Strukturlogik des Lehrerhandelns mit ihren unaufhebbaren Paradoxien, die Unverfügbarkeit pädagogischer Prozesse, eine nicht stillstellbare Bewährungsdynamik, die immer nur tendenzielle Erreichbarkeit sachlicher Ziele in einer Beziehungspraxis. All dies macht neben den quantitativen Belastungsfaktoren den LehrerIn-Beruf gerade heute so anstrengend (Ulich 1996). Nach der »klassischen« Beschreibung der Lehrerrolle durch den Deutschen Bildungsrat (1970) sind die Hauptfunktionen:

1. *Lehren* – dazu gehört die Vermittlung von Kenntnissen und Fertigkeiten ebenso wie Verständnis für Zusammenhänge und Problembewusstsein.
2. *Erziehen* als Hilfe zur persönlichen Entfaltung und Selbstbestimmung des Schülers.
3. *Beurteilen* – als Feststellung der Leistungen, aber auch als fördernde Diagnose der individuellen Entwicklungs- und Entfaltungsmöglichkeiten.
4. *Beraten* – sowohl hinsichtlich der persönlichen Schullaufbahn als auch bei Verhaltensschwierigkeiten.
5. *Innovieren* – Lehrende sind zentrale Figuren für Reformkonzepte, Schul- und Bildungsreform sind Sache der Lehrer und Lehrerinnen, nicht allein der Wissenschaft oder Kultusverwaltung.

Allerdings ergeben sich aus dieser Funktionsbestimmung des Lehrerberufes auch erhebliche Konflikte, z.B.: heterogene Bezugsgruppen (Eltern, Kollegen, Schulaufsicht) sind sich keineswegs immer einig; der Lehrer soll zugleich »Anwalt« des Kindes (parteilich dessen persönliche Lebensbedingungen berücksichtigen) und »Richter« sein (durch möglichst objektive Zensurengebung über das weitere Bildungsschicksal entscheiden); Lehrende sollen Handlungsspielräume nutzen und sich doch an die Verwaltungsvorschriften halten; sie sollen jedes Kind fördern und zugleich auslesen; sie sollen zugleich Autorität und Partner für die Schüler und Schülerinnen sein; sie sollen Schülerinteressen berücksichtigen und zugleich den Lehrplan durchsetzen u.a.m. Dabei erleben und verarbeiten Männer und Frauen im Lehrberuf diese Probleme höchst unterschiedlich (Hänsel 1991, Glumpler 1993).

Ein Motto, wie es von Bromme (1997, 182) formuliert wird, signalisiert die neue Entwicklungstendenz im Denken über den Lehrberuf der 80er und 90er Jahre bis in die Gegenwart: »Von der alles beherrschenden Persönlichkeit des Lehrers über erfolgreiche Verhaltensweisen zum kompetenten Fachmann mit nur begrenztem Einfluss: Der Wandel der Paradigmen der Lehr-Lernforschung«.
Wie z.B. der bekannte amerikanische Forscher R. E. Slavin (nach Bromme, ebd.) betont, ist die Aufgabe des Lehrers nicht mehr als Lehren, sondern als Zur-Verfügung-Stellen von Lerngelegenheiten zu interpretieren. Dabei wird der Lehrer nicht mehr durch ein komplexes Bündel von »Persönlichkeitseigenschaften« charakterisiert, sondern ist kompetenter Fachmann für Unterricht, – mit begrenztem Einfluss, aber klaren Zielen. Erfolgreicher Unterricht beruht vor allem darauf, dass »die situationsangemessene, stabil-flexible Verfolgung eines elaborierten Repertoires von Zielen den Experten auszeichnet« (Bromme 1997, 188). Praktisch bedeutet dies, dass Lehrer als Experten drei grundlegende Anforderungen beherrschen müssen:

1. Eine effektive Organisation des Unterrichtsablaufes.
2. Die Entwicklung des Stoffes im Unterricht.
3. Die Organisation der Unterrichtszeit.

Dennoch ist die Lehrkraft eine nicht omnipotente Einflussgröße auf den Lernerfolg der SchülerInnen. In einer Zusammenstellung von Metaanalysen über Determinanten der Schulleistung (Helmke/Weinert 1997, 78) wird eine Fülle von Bedingungsfaktoren der Schülerleistungen aufgelistet, wobei von den lehrerabhängigen Determinanten keine über einen Korrelationskoeffizienten (= Maß des Zusammenhanges von Einflussfaktor und Schulleistung) von r = .50 hinauskam: Qualität der Lehre r = .47, Lehrmethoden r = .17, spezielle Instruktionsmethoden r = .14 u.a.m. Zu viele andere Determinanten sind im Spiel und relativieren die größte Anstrengung des Experten »Lehrer«.

Gleichwohl schälen sich als *»harter Kern« eines professionellen Experten* folgende Merkmale heraus: effiziente Klassenführung, gutes Zeitmanagement, Variation der Aufgabenschwierigkeiten, Rücksicht auf die Leistungsstärke der Schüler (insbesondere Sorge für leistungsschwache Schüler), diagnostische Sensibilität, Rückmeldekultur (Bauer/Kopka 1994, 270).
Vor allem aber waren es in den 80er und 90er Jahren die *innovativen didaktischen Konzepte*, die als neue didaktische Herausforderungen auch zu einem veränderten Verständnis der Lehrerrolle führten (zusammenfassend Holtappels/Horstkemper 1999, Gudjons 2001). Ob es die Entwicklung von Ansätzen zum Offenen Unter-

richt, Konzepte des Lernens in Projekten, Freiarbeit oder kleinere Ansätze wie Wochenplan oder Stationenlernen waren – sie alle sind verbunden mit einem grundlegenden Wandel der Aufgaben der Lehrkraft. Die Leitlinie formuliert Bastian (1993) als Tendenz »vom Instrukteur zum Lernberater«, wobei von ihm durchaus nicht übersehen wird, dass sich auch in schülerorientierten, offenen Lernformen die grundlegende Komplementarität der Rollen von Lehrer und Schüler nicht einfach zugunsten einer »Symmetrie-Sehnsucht« auflösen lässt. Die neue Rolle ist zu verorten zwischen dem Typus Lehrer als Dompteur (der nach dem klassischen frontalen Instruktionsmodell Schüler zum Lernen antreibt), Lehrer als Entertainer (der sie eher lockt, anzieht und durch seine geschickte Methodik verzaubert) und dem Neoromantiker (der von der natürlichen Neugier und dem unverdorbenen Wissensdurst der Kinder ausgeht und ihnen so viel Freiheit wie möglich gibt – nach Hargreaves, zit. bei Bauer 1990, 235). Eine solche griffige Typik zeigt anschaulich, dass alle Elemente zum Alltag der Lehrerrolle gehören, dass aber die Entwicklung in der Didaktik zugleich neue Akzente setzt. Zentrale Aspekte der *neuen Rolle* der Lehrkraft können mit einigen wenigen Beispielen markiert werden: Anbieten (statt zwingende Vorschriften zu machen), Bereitstellen von Lerngelegenheiten (statt alles kleinschrittig selbst anzuleiten), Beraten in den individuellen und kooperativen Lernprozessen (statt die Entscheidungen selbst vorwegzunehmen und die SchülerInnen zu bloßen Ausführenden zu degradieren), Unterstützen und Er-mutigen auf der Grundlage gezielter Lernstandsdiagnosen (statt einfach nur produktorientierte Noten zu geben), Anerkennen der eigenständigen Lernwege von Schülern (statt Lernen im Gleichschritt), Rückmelden von persönlichen Wahrnehmungen (statt Verweis und vernichtender Kritik) und Besprechen und Auffordern (statt Lösungen vorzugeben und Vorschriften zu machen) (Gudjons 1998).

Doch – wie sagte noch ein unbekannter Weiser? »Theorie ist, was stimmt, aber nicht klappt ...«

Lese- und Arbeitsvorschläge

Gut vertraut mit den Grundfragen der Allgemeinen Didaktik wird derjenige, der sich mit den einschlägigen Didaktischen Theorien und Modellen auseinander setzt. Dazu sind geeignet: H. Gudjons/R.Teske/R. Winkel (Hg.): Didaktische Theorien. Hamburg 1999, sowie W. Jank/H. Meyer: Didaktische Modelle. Frankfurt 1994. In der Praxis sind aber weitere Konzepte entstanden, die G. Heursen: Ungewöhnliche Didaktiken. Hamburg 1997, zu einem Überblick zusammenfasst. Eine ausgezeichnete – weil kritische – Einführung in systemtheoretisch, hirnbiologisch und konstruktivistisch orientierte neue Ansätze bietet ein Artikel von E. Terhart: Konstruktivismus und Unterricht. Gibt es einen neuen Ansatz in der Allgemeinen Didaktik? In: H. 5/1999 Z. f. Päd, S. 629–647 – Zur Problematik LehrerIn vermittelt einen Überblick über einschlägige neuere Forschungsarbeiten C. Schaefers/S. Koch: Neuere Veröffentlichungen zur Lehrerforschung. In: H. 4/2000 Z. f. Päd., sowie über den Zeitraum ab 1945 bis zur Gegenwart: J. Bastian u.a. (Hg.): Professionalisierung im Lehrerberuf. Leverkusen 2001. Zu aktuellen Fragen der Didaktik und der Schule enthält vor allem die Zeitschrift PÄDAGOGIK monatlich neue Beiträge.

Als *Arbeitsvorschlag* empfehle ich, sich an das letzte Schulpraktikum (oder einen Kurs innerhalb der Erwachsenenbildung) zu erinnern. Entwerfen Sie für diese Lerngruppe eine Skizze einer Unterrichtseinheit/-stunde zu einem selbst gewählten Thema nach dem Modell von Klafki oder Schulz; Sie können auch eine Projektskizze entwickeln. Oder: Sie analysieren und reflektieren eine durchgeführte Unterrichtseinheit nach den Kriterien eines der in diesem Kapitel vorgestellten didaktischen Modelle.

Literatur

Aschersleben, K.: Welche Bildung brauchen Schüler? Bad Heilbrunn 1993

* *Bastian, J.: Beruf: Lehrer. In: Lehrer-Schüler-Unterricht. Handhabung für den Schulalltag. Stuttgart 1993*

Bastian, J. u.a. (Hg.): Professionalisierung im Lehrerberuf. Leverkusen 2001

Bauer, K.-O.: Kindern was beibringen müssen, auch wenn sie keine Lust auf Schule haben – Überblick über den Stand der Lehrerforschung. In: Rolff, H.-G. u.a. (Hg.): Jahrbuch der Schulentwicklung, Bd. 6, S. 217–241. Weinheim und München 1990

Bauer, K. O./Kopka, A.: Vom Unterrichtsbeamten zum pädagogischen Profi – Lehrer-Arbeit auf neuen Wegen. In: Rolff, H.-G., u.a. (Hg.): Jahrbuch der Schulentwicklung, Bd.8, S. 267–307. Weinheim 1994

* *Becker, G. E.: Planung von Unterricht. Weinheim 1997*

* *Becker, G. E.: Durchführung von Unterricht. Weinheim 1995*

* *Becker, G. E.: Auswertung und Beurteilung von Unterricht. Weinheim 1995*

Berg, H. C./Schulze, T.: Lehrkunst. Lehrbuch der Didaktik. Neuwied 1993

* *Blankertz, H.: Theorien und Modelle der Didaktik. München 1969*

Bönsch, M.: Variable Lernwege. Paderborn u.ö. 1991

Bromme, R.: Kompetenzen, Funktionen und unterrichtliches Handeln des Lehrers. In: Enzyklopädie der Psychologie, Bd. 3, S. 177–212. Göttingen 1997

Bürmann, J./Heinel, J. (Hg.): Früchte der Gestaltpädagogik. Bad Heilbrunn 2000

Cohn, R./Terfurth, R.: Lebendiges Lernen. TZI macht Schule. Stuttgart 1993

Combe, A./Helsper, W. (Hg.): Pädagogische Professionalität. Frankfurt/M. 1996

Cube, F. v.: Die kybernetisch-informationstheoretische Didaktik. In: H. Gudjons/R. Teske/R. Winkel (Hg.) 1999, a.a.O., S. 57–74

Cube, F. v.: [Abschlußdiskussion] In: H. Gudjons/R. Teske/R. Winkel (Hg.) 1999, a.a.O., S. 113 bis 131
Deutscher Bildungsrat: Strukturplan für das Bildungswesen. Bonn 1970
Dietrich, I. (Hg.): Handbuch Freinet-Pädagogik. Weinheim 1995
Dubs, R.: Konstruktivismus. Einige Überlegungen aus der Sicht der Unterrichtsgestaltung. In: Z. f. Päd. H.6/1995, S. 889–903
Duncker, L./Popp, W. (Hg.): Fächerübergreifender Unterricht in der Sekundarstufe I + II. Bad Heilbrunn 1998
Fauser, P./Fintelmann, K./Flitner, A. (Hg.): Lernen mit Kopf und Hand. Weinheim 1983, 2. Aufl. 1991
Frey, K., u.a. (Hg.): Curriculum-Handbuch. 3 Bde., München 1975
Fuhrmann, E.: Problemlösen im Unterricht. Berlin [ehem. O] 1987
Giesecke, H.: Wozu ist die Schule da? Stuttgart 1996
* *Glöckel, H.: Vom Unterricht. Bad Heilbrunn 1992, 2. Aufl., 3., überarb. und erg. Aufl. 1996*
Glumpler, E. (Hg.): Erträge der Frauenforschung für die LehrerInnenausbildung. Bad Heilbrunn 1993
Golecki, R. (Hg.): Fächerverbindender Unterricht auf der gymnasialen Oberstufe. Bad Heilbrunn 1999
* *Gudjons, H./Teske, R./Winkel, R. (Hg.): Didaktische Theorien. Hamburg 1999, 10. Aufl.*
Gudjons, H. (Hg.): Handbuch Gruppenunterricht. Weinheim 1993
Gudjons, H.: Handlungsorientiert lehren und lernen. Bad Heilbrunn 2000, 6. Aufl.
Gudjons, H.: Didaktik zum Anfassen. Lehrer/inpersönlichkeit und lebendiger Unterricht. Bad Heilbrunn 1997, 1998, 2. Aufl.
Gudjons, H.: Aspekte der Diskussion um Lehrer und Lehrerinnen in den 80er und 90er Jahren. In: Bastian, J. u.a. (Hg.) 2001, a.a.O.
Günther, H.: Kritik des offenen Unterrichts. Bielefeld 1996
Hänsel, D.: Die männliche und die weibliche Form des Lehrerseins. In: Neue Sammlung, H. 2/ 1991, S. 187–202
* *Handbuch Lehrer-Schüler-Unterricht. Berlin 1991ff. (Ergänzungslieferung)*
Hameyer, U. u.a. (Hg.): Handbuch der Curriculumforschung. Weinheim und Basel 1983
Heid, H.: Was ist offen im Offenen Unterricht? In: Die Institutionalisierung von Lehren und Lernen. 34. Beiheft der Z. f. Päd., S. 159–172. Weinheim 1996
Heimann, P./Otto, G./Schulz, W. (Hg.): Unterricht. Analyse und Planung. Hannover 1965, 5., bearb. Aufl. 1970
Helmke, A./Weinert, F.E.: Bedingungsfaktoren schulischer Leistungen. In: Enzyklopädie der Psychologie, Bd. 3, S. 71–176. Göttingen 1997
* *Heursen, G.: Ungewöhnliche Didaktiken. Hamburg 1997*
Hiller, G. G.: Konstruktive Didaktik. Düsseldorf 1973
Hofer, M.: Lehrer-Schüler-Interaktion. In: Enzyklopädie der Psychologie, Bd. 3, S. 215–252
Holtappels, H.-G./Horstkemper, M. (Hg.): Neue Wege in der Didaktik? 5. Beiheft Die Deutsche Schule. Weinheim 1999
Holzbrecher, A.: Subjektorientierte Didaktik. Lernen als Suchprozess und Arbeiten an Widerständen. In: Die Deutsche Schule, 5. Beiheft 1999: Neue Wege in der Didaktik? S. 141 bis 168
Hopmann, S./Riquards, K. (Hg.): Didaktik und/oder Curriculum. 33. Beiheft der Z. f. Päd. 1995
* *Jank, W./Meyer, H.: Didaktische Modelle. Frankfurt/M. 1994, 3. Aufl.*
Kamm, H.: Epochenunterricht. Bad Heilbrunn 2000
Keck, R. W. (Hg.): Didaktik im Zeichen der Ost-West-Annäherung. Münster 1999

Klafki, W.: Die bildungstheoretische Didaktik im Rahmen kritisch-konstruktiver Erziehungswissenschaft. In: H. Gudjons/R. Teske/R. Winkel (Hg.) 1999, a.a.O., S. 13–34

Klafki, W.: [Abschlussdiskussion] In: H. Gudjons/R. Teske/R. Winkel (Hg.) 1999, a.a.O., S. 113 bis 131

Klafki, W.: Abschied von der Aufklärung? Grundzüge eines bildungstheoretischen Gegenentwurfs. In: H.-H. Krüger (Hg.): Abschied von der Aufklärung? S. 91–104. Opladen 1990

Klafki, W.: Neue Studien zur Bildungstheorie und Didaktik. Weinheim 1996, 5. Aufl.

Knecht-von Martial, I.: Geschichte der Didaktik. Frankfurt/M. 1985

König, E./Riedel, H.: Systemtheoretische Didaktik. Weinheim 1973

Kösel, E.: Die Modellierung von Lernwelten. Elztal-Dallau 1993, 2. Aufl. 1995

Kron, F. W.: Grundwissen Didaktik. München 1993, 2. Aufl. 1994

Maier, H./Pfister, H.-J.: Grundlagen der Unterrichtstheorie und Unterrichtspraxis. Weinheim 1992, 3., erg. Aufl.

Mandl, H./Friedrich, H.F./Horn, A.: Psychologie des Wissenserwerbs. In: Weidenmann, B./Krapp, A. et al. (Hg.): Pädagogische Psychologie. S. 143–218. Weinheim 1993, 2. Aufl.

Martial, I. v.: Einführung in didaktische Modelle. Baltmannsweiler 1996

** Memmert, W.: Didaktik in Grafiken und Tabellen. Bad Heilbrunn 1995, 5. Aufl.*

Meyer, H.: UnterrichtsMethoden. 2 Bde. Frankfurt/M. 1995, 7. Aufl.

Meyer, M./Reinartz, A. (Hg.): Bildungsgangdidaktik. Opladen 1998

Möller, C.: Die curriculare Didaktik. In: H. Gudjons/R. Teske/R. Winkel (Hg.) 1999, a.a.O., S. 75 bis 92

Neber, H. (Hg.): Entdeckendes Lernen. Weinheim und Basel 1973, 3. Aufl. 1981

Otto, G./Schulz, W.: Der Beitrag der Curriculumforschung. In: D. Lenzen (Hg.): Enzyklopädie Erziehungswissenschaft, Bd. 3, S. 49–62. Stuttgart 1986

PÄDAGOGIK H. 11/2000: Freie Arbeit und Projektunterricht

PÄDAGOGIK H. 4/1997: Beruf: Lehrer, Beruf: Lehrerin

** Peterßen, W.: Lehrbuch Allgemeine Didaktik. München 1996, 5. Aufl.*

Peterßen, W.H.: Kleines Methoden-Lexikon. München 1999

Plöger, W.: Allgemeine Didaktik und Fachdidaktik. München 1999

Posch, P./Larcher, D./Altrichter, H.: Curriculum/Lehrplan. In: Hierdeis, H./Hug, T. (Hg.): Taschenbuch der Pädagogik, Bd. 1, S. 184–202. Hohengehren 1996

Reinmann-Rothmeier, G./Mandl, H.: Wissensvermittlung: Ansätze zur Förderung des Wissenserwerbs. In: Enzyklopädie der Psychologie, Bd. 6, S. 457–500. Göttingen 1998

Riedel, K.: Lehrer. In: Lenzen, D. (Hg.): Pädagogische Grundbegriffe, Bd. 2, S. 930–937. Reinbek 1989

Robinsohn, S. B.: Bildungsreform als Revision des Curriculum. Neuwied 1967

Schäfer, K.-H./Schaller, K.: Kritische Erziehungswissenschaft und kommunikative Didaktik. Heidelberg 1973, 2. Aufl.

Schaefers, C./Koch, S.: Neuere Veröffentlichungen zur Lehrerforschung. In: H. 4/2000 Z. f. Päd., S. 601–623

Scheller, J.: Erfahrungsbezogener Unterricht. Königstein 1981

Röhrs, H./Scheuerl, H. (Hg.): Richtungsstreit in der Erziehungswissenschaft und pädagogische Verständigung. Frankfurt/M. 1989

Schiefele, U./Pekrun, R.: Psychologische Modelle des fremdgesteuerten und selbstgesteuerten Lernens. In: Enzyklopädie der Psychologie, Bd. 3, S. 249–278. Göttingen 1997

Schulz, W.: Unterrichtsplanung. München 1981, 3., erw. Aufl.

Schulz, W.: Die lehrtheoretische Didaktik. In: H. Gudjons/R. Teske/R. Winkel (Hg.) 1999, a.a.O., S. 35–56

Siebert, H.: Pädagogischer Konstruktivismus. Neuwied 1999
Sünkel, W.: Phänomenologie des Unterrichts. Grundriß der theoretischen Didaktik. Weinheim 1996
* *Terhart, E.: Lehr-Lern-Methoden. Weinheim 1999*
Terhart, E., u. a.: Berufsbiographien von Lehrern und Lehrerinnen. Frankfurt/M. 1994
Terhart, E.: Konstruktivismus und Unterricht. Gibt es einen neuen Ansatz in der Allgemeinen Didaktik? In: Z. f. Päd., H. 5/1999, S. 629–647
Ulich, K.: Beruf: Lehrer/in. Weinheim 1996
Vaupel, D.: Das Wochenplanbuch für die Sekundarstufe. Weinheim 1995
Wagenschein, M.: Verstehen lehren. Weinheim 1989, 8. Aufl.
Wallrabenstein, W.: Offene Schule – Offener Unterricht. Reinbek 1997, 6. Aufl.
Wenzel, H.: Unterricht und Schüleraktivität. Weinheim 1987
Winkel, R.: Die kritisch-kommunikative Didaktik. In: H. Gudjons/R. Teske/R. Winkel (Hg.) 1999, a.a.O., S. 93–112

Kapitel 10: Das Bildungswesen

> Worum es geht ...
> Wir sind alle selbst zur Schule gegangen – also sind wir doch alle Experten. Aber: Die Gesamtheit unseres Bildungswesens ist außerordentlich unübersichtlich. Wie sieht es in seinen Grundstrukturen eigentlich aus? Nach welchen Prinzipien ist es aufgebaut? Was haben die Bildungsreformversuche erbracht? Was kennzeichnet die einzelnen Schulformen? Eine übersichtliche und aktuelle Skizze dient im folgenden Kapitel als Leitfaden zur Orientierung. Aber Informationen allein reichen nicht zum kritischen Verständnis: Grundsatzfragen der Schule müssen gestellt werden – ein Überblick über Schultheorien ist dazu eine große Hilfe.

10.1 Aufbau und Struktur

10.1.1 Aufbauskizze und Strukturmerkmale

Das heutige Bildungswesen ist in seinen Grundstrukturen kaum hundert Jahre alt. Es ist damit einerseits sehr jung, z.B. jünger als die Eisenbahn in Deutschland oder die Sozialdemokratische Partei, andererseits aber antiquiert (Deutscher Bildungsrat 1970). Es ist rückständig – und zugleich enorm anpassungs- und wandlungsfähig. Diese Spannung von Modernitätsrückstand und »Fortschrittlichkeit« ist ein erstaunliches Merkmal des deutschen Bildungswesens (Arbeitsgruppe ... 1994). Dies zeigt sich auch an statistischen Analysen zur Entwicklung des Bildungssystems (Böttcher/Klemm 1995). Das Bildungswesen ist damit zugleich Ergebnis einer historischen Entwicklung (und nicht etwa Folge unterschiedlicher Begabungstypen, wie man immer wieder im Zuge einer nativistischen Begabungstheorie hört).

Folgende fünf Strukturprinzipien sind herauszuheben:

1. *Die »Makrostruktur« des Bildungssystems hat einen hohen Organisationsgrad.* Dieses komplexe System ist Ausdruck der gesellschaftlichen Funktionen von Schule, wie sie in den Schultheorien (s.u.) analysiert werden.

   Übrigens reden wir in Übereinstimmung mit der Arbeitsgruppe am Max-Planck-Institut ... (1994) vom »Bildungssystem« und nicht nur vom »Schulsystem«, weil viele Bereiche sich nicht mehr Schule nennen, so z.B. Weiterbildung, berufliche Bildung, Erwachsenenbildung etc. Sie sind in der Tat nicht mehr allein durch die Merkmale von Schule zu charakterisieren.

   Wie die Gesamtskizze (Abb. 29) zeigt, differenziert sich das Bildungssystem nach oben hin immer stärker in sehr unterschiedliche Schulen und bietet Möglichkeiten zu immer längerem Schulbesuch (in den letzten Jahren auch

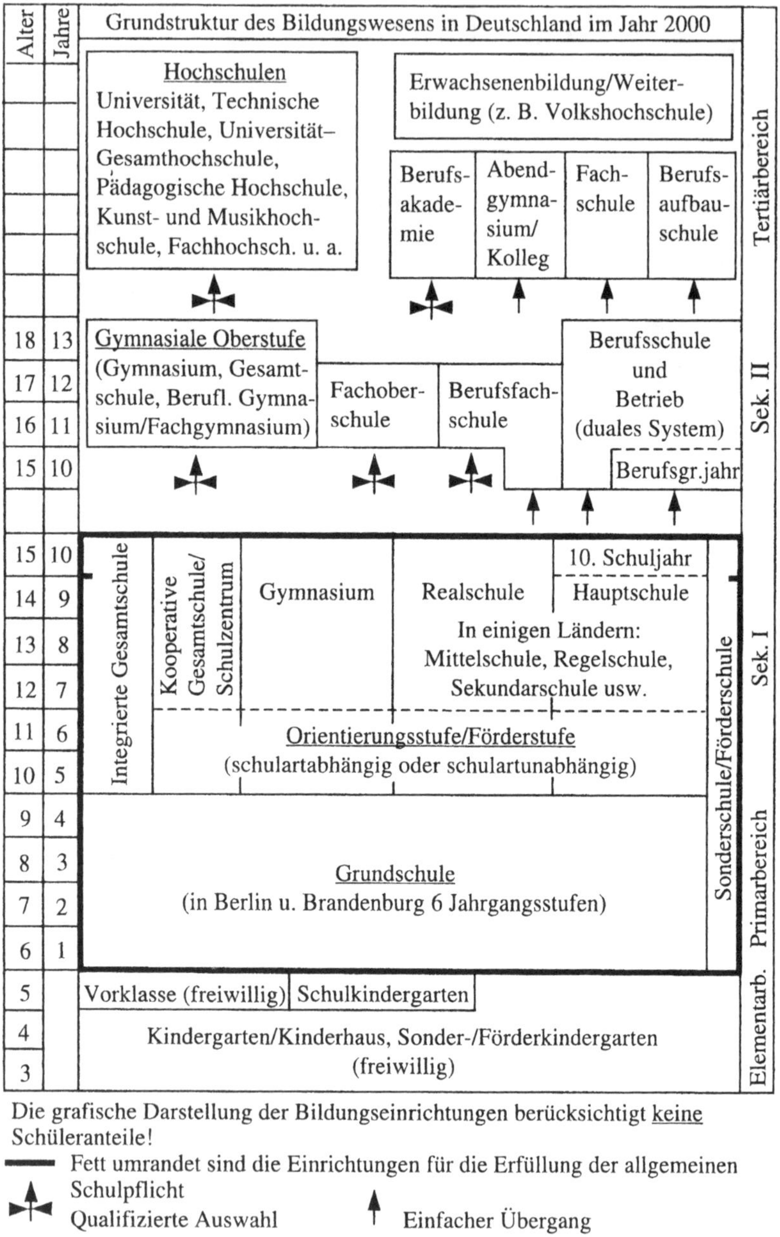

Abb. 29: Aufbauskizze des Bildungswesens (aus: Schaub/Zenke 2000, 146)

für immer mehr Jugendliche). Was die Skizze nicht zeigt: Deutsche Schulen sind überwiegend Halbtagsschulen, die Zahl von Ganztagsschulen ist verschwindend klein.

2. Unmittelbar fällt ins Auge, dass wir es im Anschluss an die Grundschule mit einem *mehrgliedrigen Schulsystem* zu tun haben. Landläufig wird es aber immer noch als dreigliedrig bezeichnet. Nimmt man neben Hauptschule, Realschule und Gymnasium die Gesamtschule hinzu, müsste man von Viergliedrigkeit sprechen; nimmt man die Sonderschulen hinzu, ergibt sich eine Fünfgliedrigkeit. Abgesehen von den Kindern, die bereits im Grundschulalter in die Sonderschule gehen oder überwiesen werden, sind die Schüler im Anschluss an die gemeinsame Grundschule auf die unterschiedlichen weiterführenden Schulen zu verteilen. Die Orientierungsstufe bildet dabei eine gewisse Abpufferung des punktuellen Übergangs.
   Die im »Strukturplan« des Deutschen Bildungsrats 1970 vorgeschlagene Integration der »Säulen« durch generelle Einführung der Gesamtschule ist – jedenfalls bundesweit – politisch gescheitert. Damit bleibt es beim Aufbauprinzip der sog. Gabelung, im Unterschied zur sog. Stufung.
3. Weiteres Strukturmerkmal ist die *Trennung von beruflicher und allgemeiner Bildung*. Berufsbildung vollzieht sich (neben einigen beruflichen Vollzeitschulen) im »Dualen System« (vgl. Kapitel 11.4: Berufliche Bildung): Die betriebliche Ausbildung wird ergänzt durch die begleitenden Berufsschulen. Allgemeinbildende Schulen verleihen (bis auf wenige Reformexperimente) keine berufsqualifizierenden Abschlüsse. Umgekehrt ist es nur in Ausnahmefällen möglich, mit einem berufsqualifizierenden Abschluss in wissenschaftliche Hochschulen zu kommen. Dazu bedarf es in der Regel der »Allgemeinen Hochschulreife«.
4. *Das Bildungswesen hat eine föderalistische Staatsstruktur.*
   »**Föderalistisch**« heißt: Das deutsche Bildungswesen wird nicht (wie z.B. in Frankreich) zentral, sondern in Verantwortung durch die 16 Bundesländer (Kulturhoheit, Art. 72–75 GG) organisiert. Das Bundesministerium für Bildung und Forschung hat auf den Schulbereich nur minimalen Einfluss (aber für das Hochschulwesen eine Rahmenkompetenz).

Damit nun aber nicht alles auseinander fällt, wurden koordinierende Gremien geschaffen, voran die KMK (ständige Konferenz der Kultusminister, Sitz in Bonn mit über 200 Mitarbeitern). Sie muss ihre Beschlüsse einstimmig fassen, und auch dann haben sie für die Länder nur Empfehlungscharakter, solange sie nicht Landesgesetze oder -verordnungen geworden sind. Wichtige Vereinbarungen wie das Hamburger Abkommen 1964 und 1971 (zur Vereinheitlichung des Schulwesens) oder die heiß umkämpfte wechselseitige Anerkennung von Gesamtschulabschlüssen 1982 oder die Reform der gymnasialen Oberstufe (1972, Revision 1987) dürfen als Gegengewicht gegen föderalistische Einzelakzente nicht unterschätzt werden. Wichtiges Gremium ist auch die Bund-Länder-Kommission … (BLK), die heute vor allem einzelne Innovations- und Entwicklungsvorhaben fördert.

»**Staatsstruktur**« meint: Anders als z.B. in Holland (Schulwesen staatlich bezahlt, aber inhaltlich stark bestimmt von privaten Organisationen) oder den USA (Schulwesen finanziell getragen und inhaltlich bestimmt von der Gemeinde) wird das Bildungswesen in Deutschland auf Länderebene staatlich-zentralistisch organisiert und getragen. Dies ist eine Folge der historischen Entwicklung vor allem in Preußen, die den Staat als den Motor der Reform des Schulwesens kennzeichnete (vgl. Kapitel 4: Geschichte der Pädagogik).
Privatschulen (im allgemein bildenden Bereich von knapp 6% der Schülerschaft besucht) gibt es entweder als *Ersatzschulen*, in denen man regulär seiner Schulpflicht nachkommen kann, oder als *Ergänzungsschulen* (wie z.B. eine Sprachschule oder Gymnastikschule). Was kaum jemand weiß: Private Ersatzschulen erhalten vom Staat dieselben Pro-Kopf-Zahlungen für Schüler wie die öffentlichen Schulen, d.h. de facto, dass Privatschulen überwiegend staatlich finanzierte Schulen sind! Wer allerdings meint, die Privatschulen spielten in Deutschland keine große Rolle, irrt: Im Fachschulbereich z.B. werden rund 40% der Ausbildungsplätze von privaten Trägern angeboten! – Rechtlich funktioniert das Ganze nach dem »Subsidiaritätsprinzip«: Der Staat überlässt »untergeordneten« Einheiten der Gesellschaft öffentliche Aufgaben.

Eine in den nächsten Jahrzehnten ganz entscheidende Komponente für die Weiterentwicklung des Bildungswesens ist die Europäische Union (Arbeitsgruppe ... 1994, 130ff., Anweiler 1995). Es geht nicht nur im Hochschulbereich um die wechselseitige Anerkennung von Abschlüssen, sondern viel grundlegender um die Gleichbehandlung aller Staatsangehörigen der EU-Länder in allen nationalen Ausbildungsbereichen.

5. Die ursprünglich starr getrennten *Bildungsgänge haben sich einander angenähert, das Bildungswesen ist »durchlässiger« geworden*. War noch in der 60er Jahren eine nachträgliche Korrektur des eingeschlagenen Bildungsweges schwierig (Mobilitätsquote unter 10%), so haben sich die Bildungsgänge inzwischen curricular einander angenähert (z.B. gemeinsame Lehrpläne für die Orientierungsstufen an verschiedenen Schulen). Die Bildungsgänge haben sich zugleich intern so differenziert, dass Abschlüsse und Berechtigungen nicht mehr an eine bestimmte Schulform gebunden sind (erweiterte Hauptschule → Mittlere Reife, Fachoberschule → Fachhochschulreife, Versetzung nach Jg. 13 Gymnasium → Fachhochschulreife u.a.m.). Es gibt zwar immer noch parallele Bildungswege, die sich in Zeit und Inhalten unterscheiden, sie sind jedoch nicht mehr unmittelbar mit der ursprünglichen Hierarchie der Schulabschlüsse verknüpft. In Nordrhein-Westfalen gingen 1990/91 z.B. inzwischen über 38% der erfolgreichen Hauptschüler mit dem Realschulabschluss ab, in Niedersachsen 32% (Arbeitsgruppe ... 1994, 223).

Zahlreiche Sonderformen des Gymnasiums nehmen Realschüler auf, Absolventen des Berufsgrundbildungsjahres an einer Berufsschule erhalten ein Realschuläquivalent, und gute Hauptschüler können inzwischen auf die Realschule wechseln, ebenso wie gute Realschüler ins Gymnasium eintreten können. – Dies alles hat auch zu einem relativen Abbau geschlechts- und schichtspezifischer sowie lokaler und religiöser Benachteiligungen geführt (ebd., 353): Das von der Bildungsbenachteiligung betroffene »katholische Unterschichtmädchen vom Lande« dürfte der Vergangenheit angehören. Dafür sind aber neue Benachteiligungen entstanden, wie es die Chiffre vom »türkischen Mädchen in einem Großstadtghetto« andeutet.

Wir reden hier allerdings nicht von der Kehrseite der Medaille: von den sog. Rückläufern, die an den Ansprüchen der »höheren« Schulform scheitern und dann eine besondere Problemgruppe in den aufnehmenden »niedrigeren« Schulen bilden, obwohl sie zahlenmäßig nicht unerheblich sind: T. Dietrich (1992, 181) nimmt sie mit etwa 50% für das Gymnasium und etwa 20% für die Realschule an.

Nachdem wir diese fünf strukturellen Merkmale des bundesdeutschen Bildungswesens herausgearbeitet haben, gehen wir die Aufbauskizze von unten nach oben durch. (Überblicksliteratur: Arbeitsgruppe ... 1994, Petersen/Reinert 1995, Rösner 1999, Schaub/Zenke 2000 mit zahlreichen Anschriften)

10.1.2 Stufen des Bildungswesens

Die Strukturskizze (Abb. 29) gibt am linken Rand Lebensalter und Schuljahre an; am rechten Rand finden sich die Begriffe für die (nun kurz zu kennzeichnenden) Stufen. Zur genaueren Betrachtung nehmen Sie sich bitte etwas Zeit.

Elementarbereich

Der Griff der Gesellschaft in das unschuldige Kinderleben beginnt mit den vorschulischen Einrichtungen, z.B. dem Kindergarten vom 3. Lebensjahr an. 1965 standen für 35% der Drei- bis Fünfjährigen Kindergartenplätze zur Verfügung, inzwischen hat sich die Zahl der Plätze zwar vermehrt, es fehlt aber immer noch für eines von fünf Kindern ein Kindergartenplatz (Arbeitsgruppe ... 1994, 295), bei erheblichen Unterschieden in den Ländern und großem aktuellem Bedarf doch eine gewaltige Expansion. Qualitativ ist kennzeichnend, dass der abrupte Übergang in die Grundschule durch zwei Tendenzen abgemildert wurde: Einmal suchten die vorschulischen Einrichtungen Formen schulischen Lernens anzubahnen, zum andern übernahm die Grundschuldidaktik verstärkt spielerische Elemente. Es gibt zwar immer noch wenig Vorschulklassen an staatlichen Schulen, aber Schulkindergärten (für schulpflichtige, aber noch nicht schulreife Kinder), schulbegleitender Kinderhort und andere Fördereinrichtungen haben doch das schwierige Übergangsfeld vom Kindsein in die Schule verbessert.

Primarbereich
Mit dem vollendeten 6. Lebensjahr beginnt die Schulpflicht, die als Vollzeitschulpflicht neun (in manchen Bundesländern bereits zehn) Jahre, als Teilzeitschulpflicht aber insgesamt zwölf Jahre umfasst, also i. d. R. bis zum 18. Lebensjahr dauert. Die für alle Kinder gemeinsame Grundschule wurde 1919 (unter Abschaffung der gymnasialen Vorschulen) eingeführt. Sie dauert – bis auf die 6-jährige Grundschule in Berlin und Brandenburg – vier Jahre und hat einen starken didaktischen Veränderungsprozess in den letzten 20 Jahren durchgemacht (s.u.).

Sekundarbereich I
Die Jahrgangsstufe 5 und 6 kann gemäß Vereinbarung der Kultusminister schulartunabhängig oder schulartabhängig als Orientierungsstufe eingerichtet werden. Abgesehen von der besonderen Situation der Sonderschulen *konkurrieren vier Formen im Sekundarbereich I:*

- Die Hauptschule, die die alte Volksschuloberstufe mit einem modernen didaktischen Konzept ablösen sollte, inzwischen aber vom Aussterben bedroht ist.
- Die Realschule, deren Abschluss von den meisten Eltern heute als das Minimum angesehen wird. Hauptschule und Realschule sind in einigen Ländern in mehr oder weniger integrierter Form zusammengefasst.
- Das Gymnasium als der klassische Weg zum Abitur (inzwischen von 56% der Eltern für ihre Kinder gewünscht).
- Die Gesamtschule als Versuch, getrennte Bildungsgänge zu integrieren.

Sekundarbereich II
Hat man dann glücklich die 10. Klasse hinter sich (auch die Hauptschule bietet in der Regel heute zehn Schuljahre an), folgt entweder Eintritt in die Berufsausbildung des dualen Systems oder der Besuch des Sekundarschulbereichs II.

In den Ländern gibt es inzwischen eine schier unübersichtliche Fülle von Schulformen mit unterschiedlichen Namen: die *gymnasiale Oberstufe* (laut KMK-Beschluss bundesweit einheitlich auf das Abitur vorbereitend), *Kollegschulen* (die allgemeine Bildung mit berufsqualifizierender verbinden), das *Berufsgrundbildungsjahr* als 11. Schuljahr an einer Berufsschule in einem Berufsfeld sowie verschiedene berufliche Teil- und Vollzeitschulen (vgl. Abschnitt 10.3: Berufliche Schulen).

Tertiärbereich
Zu diesem zählen die wissenschaftlichen Hochschulen, die stärker berufsbezogenen Fachhochschulen und eine Fülle von Weiterbildungseinrichtungen. Die Universitäten haben eine höhere Autonomie und eigene Selbstverwaltung (verglichen mit Schulen). In jüngster Zeit haben sich die Fachhochschulen den Universitäten angenähert und z.T. eine gemeinsame »Gesamthochschule« gebildet, eigentlich eine konsequente Fortsetzung des Grundgedankens der Gesamtschule (Integration verschiedener Bildungsgänge) auf der Hochschulebene.

Neue Länder

Die Umgestaltung des Bildungswesens in den fünf neuen Ländern ist – im Vergleich mit der bis in die 90er Jahre in der DDR bestehenden Monostruktur einer sozialistischen Einheitsschule – ein Prozess ungeheurer Dramatik (zum Gesamtproblem ausführlich: Arbeitsgruppe ... 1994, Flösser/Otto/Tillmann 1996).
Nicht nur die Überprüfung und Entlassung von Lehrenden, Gehaltsfragen, die Entwicklung neuer Lehrpläne und Unterrichtsmaterialien, die Neuorganisation der Lehrerausbildung, der Universitäten und Hochschulen, der beruflichen Bildung u.a.m., sondern vor allem die Neustrukturierung des Schulwesens bedeutet einen erheblichen Kontinuitätsbruch nach der 40-jährigen DDR-Geschichte.
Im Wesentlichen haben sich die fünf neuen Länder in ihren Schulgesetzen von 1993 an der Struktur des Schulaufbaus der alten Länder orientiert.
Die Grundschule dauert vier Jahre, Klasse 5 und 6 sind als Orientierungsstufe oder »differenzierte Förderstufe« (Sachsen-Anhalt) in der Regel schulformabhängig (also als Teil der weiterführenden Schule) eingerichtet. – Die Sekundarstufe I ist recht unterschiedlich gestaltet, tendenziell läuft sie auf eine Zweigliedrigkeit mit Abschlüssen des dreigliedrigen Schulsystems hinaus:

- *Mecklenburg-Vorpommern* kommt mit der Dreigliedrigkeit (Hauptschulen, Realschulen und Gymnasien, vereinzelt integrierte H/R-Klassen und integrierte Gesamtschulen) der westlichen Tradition am nächsten;
- *Sachsen* bietet neben den Gymnasien eine »Differenzierte Mittelschule« an (die eine Art integrierte Haupt- und Realschule ist);
- *Sachsen-Anhalt* nennt diese Stufe »Sekundarschule mit Haupt- und Realschulkursen« (de facto heißt das eine Entscheidung für eine der beiden Richtungen!) und bietet daneben Hauptschule, Realschule und Gymnasium als eigene Schulen an;
- *Thüringen* nennt diese neben den Gymnasien bestehende Schule »Regelschule«, wobei an allen bisher genannten Formen nach Klasse 9 der Hauptschulabschluss und nach Klasse 10 der Realschulabschluss erworben werden kann, außerdem an wenigen Integrierten Gesamtschulen.
- *Brandenburg* hingegen bietet als einziges Land neben dem Gymnasium und der Realschule die integrierte Gesamtschule als Regelschule an. Brandenburg ist auch das einzige Land, in dem das Abitur erst nach 13 Jahren erworben wird.

Die Sekundarstufe II umfasst die gymnasiale Oberstufe und die beruflichen Schulen. Auf die teilweise sehr differenzierten und selektiven Übergangsbestimmungen von der Grundschule bis zur Oberstufe kann ich hier nur verweisen. (Weiterführend dazu: Weishaupt/Zedler 1994, Leschinsky 1994) In allen »Neuen Ländern« gibt es inzwischen auch Waldorfschulen.

Bei der Diskussion um die Veränderung des Schulwesens darf aber nicht übersehen werden, dass es grundlegende rechtliche Regelungen gibt, die das gesamte System tragen.

10.1.3 Rechtliche Grundlagen

Bildungs- und Schulrecht gilt als trockene Materie. Viele haben dagegen eine ausgesprochene Abneigung entwickelt oder sich erst gar nicht damit beschäftigt. Das ist kurzsichtig, denn vom Unfall auf der Klassenreise (Aufsichtspflicht) über die Versetzungsordnungen (Schullaufbahnrecht) und den Elternprotest gegen einen unliebsamen (oder unfähigen) Lehrer (Elternwille contra pädagogische Freiheit der Lehrenden) bis zu den Landesgesetzen (Schulgesetz, Schulverfassungsgesetz) ist jede/r vom Schulrecht alltäglich betroffen.

Es gibt in den Ländern allerdings eine auch für Bildungsjuristen nicht mehr überschaubare Fülle von rechtlichen Regelungen, die meist in dicken Sammelordnern beim Schulrat oder im Schulleiterzimmer stehen. Im Hamburger »Verwaltungshandbuch ...« umfassen dabei allein die Regelungen zur Unfallverhütung über 200 Seiten. Wir geben hier deshalb nur die generellen rechtlichen Regelungen knapp wieder (Weiterführung bei Heckel/Avenarius 1986, Reuter 1990, Staupe 1996), wobei wir als rotem Faden der Hierarchie von »oben nach unten« folgen.

Bund und Land. »Das gesamte Schulwesen steht unter der Aufsicht des Staates«, so heißt es in Art. 7 Abs. 1 des Grundgesetzes. Damit ist nicht der Bund gemeint, sondern de facto das einzelne Bundesland. Alle wesentlichen Entscheidungen im Schulwesen sind durch den parlamentarischen Gesetzgeber durch formelles Gesetz zu treffen. Dieser als »*Gesetzesvorbehalt*« bekannte Grundsatz hat zu einer verstärkten »*Verrechtlichung*« (d.h. »Vergesetzlichung«) des Schulwesens geführt, was einerseits für die Betroffenen eine angenehme Rechtssicherheit bringt, andererseits zur Starrheit und zu einer Reduzierung der Entscheidungsspielräume der Lehrer und Lehrerinnen geführt hat. Außerdem hat das Land die gesamtpolitische Verantwortung für Entscheidungen über die Struktur des Bildungswesens.
Land und kommunale Träger. In den Flächenstaaten hat sich das Prinzip durchgesetzt, dass das Land die Personalkosten und die Gemeinde die Sachkosten und Verwaltungspersonalkosten übernimmt. Die staatliche Schulbehörde ist demnach für den inneren Schulbetrieb (Lehrerzuweisungen, Lehrpläne, Stundentafeln) zuständig, während der kommunale Schulträger die Grundstücke, Gebäude und Sachausstattung zu besorgen hat. Die Gemeinde baut das Haus, aber der Herr darin ist der Staat ...

• Die *Aufsicht* wird – dies gilt auch für private Ersatzschulen – vom Staat geführt. Dazu gibt es in den Ländern unterschiedliche (meist zwei- bis dreistufige) »Instanzenzüge«: Kultusminister – (Schulabteilung der Bezirksregierung) –

Schulamt – Schule. Die übergreifenden Verwaltungsvorschriften des Ministeriums haben dabei drei Elemente zum Kernbestand: a) die Stundentafeln, die die Wochenstunden des Unterrichts in Fächern, Stufen und Schulformen zuweisen, mitsamt den darauf aufbauenden Lehrplänen; b) die Regelungen der Schullaufbahn der Schüler und Schülerinnen (von der Anzahl der Klassenarbeiten über Versetzung bis zum Übergang in andere Schulen); c) die Unterrichtsorganisation (z.B. Klassenfrequenzen, Lehrermesszahlen, Differenzierungsmaßnahmen).

Schulaufsicht – das heißt vor allem: Der *Schulrat* kommt. Seine wesentlichen Aufgaben sind die Fachaufsicht (ist alles pädagogisch und didaktisch in Ordnung? Was kann verbessert werden?), die Rechtsaufsicht (was ist rechtswidrig, gibt es rechtliche Einsprüche oder Forderungen?) und die Dienstaufsicht (dienstliche Beaufsichtigung und Beurteilung von Lehrern und Lehrerinnen) – in der Praxis ein unentwirrbares Gemisch für den armen Schulrat, der im Durchschnitt für 350–400 Lehrkräfte zuständig ist …

• *Schulleiter und Kollegium.* Zwischen Kollegium und Schulaufsicht steht der Schulleiter. (Frauen finden sich hier immer noch seltener, es sei denn, sie haben männliche Verhaltensstandards internalisiert.) Nach empirischen Untersuchungen (Schaefers/Koch 2000, 605) ist allein das biologische Geschlecht weniger maßgeblich als die instrumentelle Orientierung an Karriere und Leistungsstreben.

Seine Funktion ist in den Ländern sehr unterschiedlich geregelt: a) Es gibt die Kollegialverfassung (für die Angelegenheiten der Schule ist primär die Konferenz zuständig) oder die Direktorialverfassung (der Chef hat das Wort, der Konferenz werden nur spezielle Zuständigkeiten zugewiesen); b) das Beanstandungsrecht des Schulleiters ist unterschiedlich (nur bei Zweifel an der Rechtmäßigkeit von Beschlüssen oder bereits Veto bei Kritik an der Zweckmäßigkeit von Beschlüssen; c) Mitbeteiligung an der Wahl des Schulleiters gibt es längst nicht überall (der Schulleiter auf Zeit – ein Versuch, die Leitungsfunktion zu demokratisieren – ist durch Bundesverfassungsgerichtsbeschluss vom Tisch).

• *Lehrerinnen und Lehrer.* Zur Rechtsstellung der Lehrer und Lehrerinnen ist zunächst nicht unwichtig, dass sie grundsätzlich Beamte sind. Angestellte sind die Ausnahme. Es scheint sich aber die Überzeugung durchzusetzen, dass Lehrer keine »hoheitsrechtlichen Aufgaben« erfüllen, also nicht Beamte sein müssen. Schulunterricht galt bisher als »Ausübung hoheitlicher Rechte«, der den Angehörigen des öffentlichen Dienstes zu übertragen ist, die in »einem öffentlichen Dienst- und Treueverhältnis stehen« (Art. 33 Abs. 4 GG). Das hat für den Beamtenstatus immerhin den Vorteil des Alimentationsgrundsatzes, der den Staat z.B. dazu verpflichtet, Beamte stets mit einer vollen Stelle zu versehen.

Dürfen Lehrer *streiken*? Nach europäischem Recht ja, nach deutschem nein. Dahinter steht die Problematik der Einschränkung der Grundrechte für Beamte durch die Auferlegung des sog.

Mäßigungsgebotes und des Gebotes der besonderen Verfassungstreue. Insbesondere Lehrer dürfen vom Grundrecht auf freie Meinungsäußerung nur eingeschränkten Gebrauch machen, genießen dafür aber gegenüber andern Beamten ein besonderes Recht, indem ihnen »pädagogische Freiheit« eingeräumt wird. Allerdings gilt das Grundrecht auf Freiheit der Forschung und Lehre des Art. 5 Abs. 3 GG nur eingeschränkt für Schullehrer, in vollem Umfang hingegen für Hochschullehrer.

• *Schüler.* Was die Rechtsstellung der Schüler angeht, so wurde das lange Zeit gültige »besondere Gewaltverhältnis« (gültig auch im Strafvollzug und Militär), das Schülern die verfassungsmäßigen Grundrechte vorenthielt und ihnen den Rechtsweg in Konflikten versagte, durch das Bundesverfassungsgericht zu Beginn der 70er Jahre aufgehoben. Allerdings können minderjährige Schüler rechtserhebliche Handlungen (z.B. Rechtsmittel gegen Nichtversetzung oder Disziplinarmaßnahmen) nur bedingt vornehmen. Auch werden ihre Rechte überlagert durch das generelle Erziehungsrecht der Eltern (Art. 6 Abs. 2 GG).

Die Vertretung der Schülerinteressen in der Schule ist inzwischen von der Schülermitverwaltung (»SMV«) zur Schülerselbstverwaltung (»SV«) avanciert; aus der demokratischen Spielwiese ist eine Möglichkeit partieller Partizipation an schulischen Entscheidungsprozessen geworden. Schüler haben auch in der Schule das Recht auf freie Meinungsäußerung und Pressefreiheit (die Schülerzeitung darf – soweit die allgemeinen Pressepflichten eingehalten werden – nicht zensiert werden), sie haben Versammlungs- und Demonstrationsrecht und Vereinigungsfreiheit (Art. 5, 8 und 9 GG).

• *Eltern.* Auch das Elternrecht endet nicht vor den Toren der Schule. Eltern können nicht nur grundsätzlich den Bildungsgang ihrer Kinder bestimmen, sondern sind auch in die Schulverfassung vielfältig eingebunden: Sie haben Rechte zur Mitwirkung in der Schulkonferenz, bilden Elternvertretungen, dürfen z.T. im Unterricht hospitieren, sind über den Elternabend hinaus in überregionalen Gremien (Landeselternvertretung) beteiligt.

• *Schulautonomie und Schulentwicklung.* Neueste Tendenz ist die Veränderung der Schulgesetze in Richtung Autonomie der Einzelschule: Die Schule soll z.B. über ihre Sachmittel selbständig entscheiden und diese verwalten, sie soll und kann sich ein eigenes unterrichtsorganisatorisches und pädagogisches Profil geben (wobei die Schulaufsicht nur noch einen groben Rahmen überwacht), sie kann neue finanzielle Ressourcen (im Stadtteil) erschließen, bis hin zur radikalen Neuregelung der Lehrerarbeitszeit. Mit der Tendenz zur Schulautonomie ist als aktuelles Problemfeld die sog. »Schulentwicklung« verbunden: Schulen werden von den Bildungsministerien zunehmend aufgefordert, ihrer Schule ein pädagogisches Profil zu geben, indem sie ein Schulprogramm entwickeln. Über die Fülle der damit verbundenen Aufgaben und Probleme informiert die inzwischen stark angeschwollene Literatur zur Schulentwicklung. (Einführend: Bastian 1998, Altrichter/Schley/Schratz 1998, Philipp/Rolff 1999, Klippert 2000, Korinek 2000)

10.1.4 Bildungsreform

Wiederaufbauphase

Nach dem Ende des Zweiten Weltkrieges ging es vor allem um Wiederaufbau – auch im Bildungswesen. Im Gegensatz zu den Vorstellungen der Alliierten (z.B. der 1947 erlassenen Direktive 54, die ein integriertes Stufenmodell für das Schulwesen vorsah!) wurde dabei aber die »Chance einer qualitativen Neuordnung des Bildungssystems in Deutschland versäumt« (Tenorth 1988, 263). Die Zeichen standen insgesamt eher auf Restauration traditioneller Strukturen, d. h. konkret der Dreigliedrigkeit, denn auf Strukturreform (Überblick bei Friedeburg 1989, Führ/Furck 1997).

Allerdings wiesen schon bald die Arbeiten des (politikberatenden) Deutschen Ausschusses für das Erziehungs- und Bildungswesen (ab 1954) auf dringende Reformbedürfnisse hin (so z.B. zur Einrichtung der Förderstufe). Aber seine Anregungen (Rahmenplan 1959) waren im Wesentlichen doch der traditionellen akademisch-bildungsbürgerlichen Deutung verpflichtet.

Nach Wiederaufbau und Konsolidierungsphase stellte sich die *Lage in den 60er Jahren* folgendermaßen dar (Arbeitsgruppe ... 1994): Schwach entwickelte vorschulische Förderung, fast keine Ganztagsschulen, eine von Schulreform noch kaum berührte Grundschule, scharfe Abgrenzung der drei Sekundarschulformen untereinander, sehr geringe Durchlässigkeit, Trennung von berufsbildenden und allgemein bildenden Schulen, große soziale und geschlechtsspezifische Disparitäten.

(Z.B. nur 11% Arbeiterkinder auf dem Gymnasium, dagegen 53% Beamtenkinder, krasse Unterrepräsentation von Mädchen), quantitative Verteilung nach dem Eliteprinzip (die Mehrheit auf der Hauptschule, d. h. 1960 immerhin 70% der 13 jährigen, nur 11% auf der Realschule, nur 15% auf dem Gymnasium – Tenorth 1988, 274).

Expansionsphase

Die wirtschaftliche Rezessionsphase in den 60er Jahren führte auch in Deutschland zum Ruf nach Mobilisierung der Begabungsreserven und zur Analyse der »deutschen Bildungskatastrophe« (Picht 1964). Die Bildungsmotivation nahm in den 60er Jahren erheblich zu, ablesbar am *steigenden Besuch weiterführender Bildungsgänge* und längerer Schulzeit. Erwarben 1950 nur 3% eines Altersjahrganges die Hochschulreife, so waren es 1980 immerhin 30%!

Schließlich hatte die *Bevölkerungsentwicklung* zu einem rasanten Anstieg der Schülerzahlen geführt: Gab es 1960 gut 6,5 Millionen Schüler im allgemein bildenden Schulwesen, so waren es 1975 über 10 Millionen; unterrichteten hier 1960 gut 210 000 Lehrer, so waren es 1975 gut 425 000 (Arbeitsgruppe ... 1994). Überblickt man diese Expansionsphase mit ihren enormen demographischen

Schüben, der explosionsartig gestiegenen Bildungsbeteiligung und den veränderten Schülerströmen und nicht zuletzt einer umfassenden Demokratisierungsdebatte auf der politischen Ebene (Studentenbewegung, erste sozial-liberale Regierung) noch mal insgesamt, so wird die Dringlichkeit umfassender Reformen Ende der 60er/Anfang der 70er Jahre unmittelbar einsichtig. Allerdings: »*Die*« Bildungsreform hat es nie gegeben ...

Reformphase

Im Mittelpunkt standen folgende *fünf Hauptziele:*

1. Abbau von Ungleichheit im Bildungswesen,
2. Demokratisierung im Sinne der Mitwirkung aller am Bildungswesen Beteiligten,
3. Wissenschaftsorientierung des Curriculums aller Schularten,
4. Humanisierung des pädagogischen Umgangs und
5. Reform der Schulstrukturen im Sinne der Integration unterschiedlicher Bildungsgänge (Klemm/Rolff/Tillmann 1985, 19f.)

Das implizierte die Mobilisierung der Begabungsreserven, Chancengleichheit, Abbau der frühzeitigen Selektion, Differenzierung und Individualisierung nach Interessen und Leistungsfähigkeit, soziales Lernen statt bloßer Fachorientierung, kritisches Verantwortungsbewusstsein und Emanzipation aus unterdrückenden Verhältnissen und schließlich den Ausgleich mitgebrachter Einschränkungen (kompensatorische Erziehung) und die Förderung der Freude am lebenslangen Lernen.

Bilanz der Reform

Misst man mit der Elle des »*Soll-Ist-Vergleiches*«, dann bleibt nicht sehr viel übrig von den o.a. grundlegenden Reformvorstellungen: Enttäuschung und Resignation ehemals reformengagierter Lehrer und Lehrerinnen, aber auch der Bildungspolitiker und Wissenschaftler sind die Folge (v.Hentig 1990). Denkt man aber historisch im Sinne eines »*War-Ist-Vergleiches*«, dann fällt die Bilanz anders aus. Unbestritten sind zahlreiche Veränderungen. Als *Reformschwerpunkte* sind zu nennen:

- Ausbau der Elementarstufe und Neugestaltung der Grundschule (z.B. Abschaffung von Notenzeugnissen in den ersten Schuljahren, Integration von Einwandererkindern und Behinderten in den Regelunterricht),
- Veränderung des Überganges in die Sekundarstufe I durch die Orientierungsstufe,
- soziale Öffnung der weiterführenden Bildung in der Sekundarschule (wenn auch begrenzt),
- Angleichung der Curricula in den unterschiedlichen Schulen der Sekundarstufe I (einschließlich Veränderung der Hauptschule und Einführung von Gesamtschulen),

- zahlreiche Veränderungen im Übergangsbereich zur Sekundarstufe II (z.B. 10. Hauptschuljahr, Anerkennung von Abschlüssen),
- Reform der gymnasialen Oberstufe, Erprobung der Integration allgemeiner und beruflicher Bildung (Kollegschulen, berufsbezogene Gymnasien, aber auch Ausbau des »Zweiten« Bildungswegs über berufliche Vollzeitschulen),
- Modernisierung der Lehrpläne, Schulbücher, neue Medien (statt »volkstümlicher Bildung« wissenschaftsorientiertes Lernen für alle),
- wissenschaftliche Ausbildung für alle Lehrämter.

Verglichen mit den oben angeführten Hauptzielen der Bildungsreform ist allerdings festzustellen, dass die *Gesamtstrukturreform ausgeblieben* ist (Helsper/Krüger/Wenzel 1996).

Die Bildungsreform ist in den 80er und 90er Jahren stecken geblieben; die Formel vom »Diktat der leeren Kassen« wurde geprägt. Das hatte gravierende Folgen für die *Bildungsökonomie*, die Grundlage staatlicher Bildungsplanung ist (G. Ortner 1991).

Als wissenschaftliche Disziplin waren vor allem in den 70er Jahren große Hoffnungen in die Bildungsökonomie gesetzt worden. Sie hat die Grundlagen für staatliche Bildungsinvestitionen zu untersuchen, also z.B. welche Mengen welcher Qualität von Schulbildung, Ausbildung, Hochschulbildung etc. wann und wem angeboten werden müssen, um die wirtschaftliche Leistungskraft des Staates zu erhalten und um damit auch der sozialen Verpflichtung des Staates nachzukommen (ebd., 308). Das versuchte der klassische »Manpower-Approach« (Ableitung des Qualifikationsbedarfs aus den Anforderungen des Beschäftigungssystems), während der »Social-Demand-Approach« umgekehrt von der Nachfrage nach Bildungsgängen durch die Menschen ausging. Heute dominiert der »Integrationsansatz«, der die individuelle Komponente (»was gewünscht wird«), die institutionelle (»was gebraucht wird«) und die politische (»was gefordert wird«) zusammenführt. (Näheres im Themenschwerpunkt Bildungsfinanzierung, H. 1/2000 Z. f. Päd.)

Die Bildungspolitik im neuen Jahrtausend steht vor schwierigen Problemen: kaum kalkulierbare demographische Schwankungen, Veränderung des Schulklientels aller Schulen durch Umschichtung der Schülerströme, Steigerung der kustodialen Funktion der Schule (Aufbewahren und Beschützen bei erfolgloser Ausbildungsplatzsuche), zurückgehende Betriebsgrößen der Schulen mit Einschnitten in das Unterrichtsangebot, Bestandsgefährdung einzelner Schulen (besonders kleinerer), dadurch vermehrte Konkurrenz zwischen einzelnen weiterführenden Schulen, Ausbau oder rigorose Begrenzung des Hochschulwesens u.v.a.

Einen Überblick zur aktuellen Schulreform legen Melzer/Sandfuchs (1996), eine Streitschrift zu aktuellen Entwicklungen Aurin/Wollenweber (1997), einen Zukunftsentwurf die »Bildungskommission NRW« (1995) vor.

10.2 Die allgemein bildenden Schulen

10.2.1 Die Grundschule – Musterkind der Schulreform?

Mit Recht ist die Grundschule als »Musterkind« unter den Schulformen bezeichnet worden (Hänsel 1988, 46), denn intendierte und verwirklichte Schulreform stimmen in hohem Maß überein. (Überblick bei: Gesing 1997, Lompscher u.a. 1997, Glumpler/Luchtenberg 1997, Brügelmann u.a. 1998, Drews/Wallrabenstein 2000.) Dennoch muss die Grundschule mit *gravierenden Widersprüchen* ihres Selbstverständnisses und ihrer gesellschaftlichen Funktion fertig werden: Sie steht nämlich in dem Konflikt, einerseits »allen Kindern Lebens- und Erfahrungsraum zu sein« und andererseits »zugleich besondere Kinder für das Gymnasium auszulesen und auf dessen besondere Anforderungen vorzubereiten« (Hänsel 1988, 43). Angesichts der dargestellten enormen Steigerung der Elternwünsche auf Bildungsbeteiligung (56% wünschen das Gymnasium) kann man sich leicht vorstellen, dass diese Entwicklung Rückwirkungen auf die inhaltliche Arbeit der Grundschule hat (z.B. Überbetonung von Rechtschreibung, Grammatik, Allgemeinwissen). Auch die Auswirkungen auf die Leistungsforderungen liegen auf der Hand: Zensuren, kognitive Fähigkeiten, gymnasiale Ansprüche werden betont.

Gleichzeitig geben immer mehr Eltern (sei es bedingt durch Berufstätigkeit, Alleinerziehung, Scheidung, Überforderung u.a.m.) *Erziehungsfunktionen an die Grundschule* ab. Sie muss also grundlegende Erziehungsarbeit leisten, hat es zugleich mit einem starken Wandel der Kindheit zu tun und soll obendrein noch »gymnasialreif« machen ... Wie soll die Grundschule mit diesen Widersprüchen fertig werden? Eine aktuelle Konsequenz am Ende der 90er Jahre ist daher die Einführung der »vollen Halbtagsschule« in einigen Bundesländern: Grundschule als Lebens- und Lernstätte für den gesamten Vormittag. (Ein breit angelegtes Sammelreferat neuerer Arbeiten zur Problemfülle der Grundschule liefert v. Saldern 1998.)

Schulreife und Einschulung

Alle Kinder, die bis zum 30. Juni eines Jahres sechs Jahre alt geworden sind, werden *schulpflichtig* und müssen zunächst der zuständigen Grundschule vorgestellt werden. Kinder, die erst in der zweiten Hälfte des Jahres sechs werden, *können* eingeschult werden, wenn bestimmte Bedingungen gegeben sind. – Nicht für schulreif befundene, aber schulpflichtige Kinder (etwa 8 bis 10%) kommen in der Regel in einen Schulkindergarten oder eine Vorklasse, um sie pädagogisch auf die Schule vorzubereiten (»Brückenaspekt«) und um Defizite auszugleichen (»Ausgleichsaspekt«) (Horn 1991, zur Schuleingangsdiagnostik: Kammermeyer 2000).

Schulreife heißt: Das Kind soll für die Schule reif sein/reif gemacht werden, nicht umgekehrt: Die Schule macht sich so »reif«, dass sie sich auf die unterschiedlichen mitgebrachten Entwicklungsbedingungen der Kinder einstellt und produktiv auf sie reagiert. Heute wird betont, dass Schulreifeuntersuchungen nicht mehr ein Selektionsinstrument zum Aussortieren schulunreifer Kinder sein dürfen, sondern »dem Lehrer fortlaufende angemessene Entscheidungshilfen für den Einsatz differenzierter Unterrichtsmaßnahmen im Sinne einer Förderungsdiagnostik zu liefern« haben (Nickel 1991, 95).

Theoretischer Hintergrund für dieses neue Verständnis ist eine *ökologisch-systemische Sicht* der Einschulung (ebd., 93f.; vgl. Kapitel 5: Kindheit): Es handelt sich um einen potentiell krisenhaften Übergang in eine neue ökologische Zone bzw. eine Systemebene, wobei das Kind in Wechselbeziehung zwischen allen ökologischen Teilsystemen (Familie, Schulklasse, Vorschulgruppe) steht. Seine körperlichen, geistigen und sozial-motivationalen Voraussetzungen werden damit nicht mehr isoliert als einzig relevanter Faktor in dieser Übergangsproblematik gesehen.

Die Grundschule hat mit dem sog. *Erstunterricht* ein Konzept entwickelt, diesen Übergang ins erste Schuljahr zu unterstützen. Die *Wochenstundenzahl* beträgt dann für die 1. Klasse durchschnittlich 19, sie steigt bis zum 4. Schuljahr auf durchschnittlich 26 Wochenstunden an (schwankend je nach Bundesland). Die Grundschule dauert vier Jahre (Ausnahme Berlin und Brandenburg: sechs Jahre). Der *Unterricht* in der Grundschule wird sowohl als Fachunterricht als auch in Lernbereichen erteilt. An vielen Grundschulen gibt es Förderunterricht (z.B. für lese- und rechtschreibschwache Kinder) oder auch Kleingruppen für Problemkinder. Die Lehrpläne der verschiedenen Bundesländer haben unterschiedliche Spielräume und Verpflichtungen (Hemmer 1985). Betrug die Sitzenbleiberquote 1987 noch durchschnittlich 1,5% (wiederum mit starken Schwankungen in den Ländern), so setzt sich die sog. Regelversetzung doch mehr und mehr durch: Alle Kinder rücken mit ihrer Gruppe jahrgangsweise auf, wobei Lerndefizite durch spezielle Fördermaßnahmen wettgemacht werden sollen.

Wandlungsprozesse

Die Grundschule hat einen erheblichen *Entwicklungs- und Wandlungsprozess* hinter sich (grundlegend Einsiedler u.a. 2001). Noch bis in die 50er und 60er Jahre hinein galt das Verständnis eines »*Unterbaus*« *für weiterführende Schulen*, allerdings mit eigenständigem pädagogischem Auftrag und Profil. In den 60er Jahren hieß dies konkret, für eine »ruhig reifende Kindheit« zu sorgen, Kinder in der bestehenden Ordnung zu »binden und zu bergen«, diese als naturgegeben nicht zu hinterfragen (Hänsel 1988, 44). Dazu passt, dass noch 1970 viele Grundschulen Konfessionsschulen waren (in Nordrhein-Westfalen 54%), dass Nadelarbeit und Sport als Fächer getrennt für Jungen und Mädchen unterrichtet wurden, dass behinderte Kinder vom Grundschulbesuch ausgeschlossen blieben. Gleichzeitig gab es überfüllte Klassen, materielle Not, Angst der Kinder, die die Aufnahmeprüfung zum Gymnasium bestehen mussten. Kein Wunder also, dass sich

Ende der 60er/Anfang der 70er Jahre ein radikaler Wandel ankündigte. Die schon bekannte Forderung nach Herstellung von Chancengleichheit (die Grundschule soll Benachteiligungen ausgleichen), Anstöße aus der Lern- und Begabungsforschung sowie die Aktivitäten des »Arbeitskreises Grundschule« (Erwin Schwartz) ab 1969 führten zu einer erheblichen Umgestaltung der Grundschule. Inzwischen ist die Grundschulpädagogik auch eine etablierte universitäre Disziplin (Themenschwerpunkt H. 4/2000 der Z. f. Päd.).

Dabei blieben allerdings *Fehlentwicklungen* nicht aus: Von außen gesetzte Lern- und Leistungsforderungen sollten dem Kind wichtige Lernanreize und -erfahrungen vermitteln, eine falsch verstandene Wissenschaftorientierung (bis hin zur Forderung einer Wissenschaftspropädeutik der Schulfächer), präzise Lernzielformulierung und lehrergelenkte Curricula, Vorverlegung des späteren Fachunterrichtes in die Grundschule, stoffliche Überfrachtung der Lehrpläne – also insgesamt ein Verständnis von Schule als Ort geleiteter und geplanter Lernprozesse mit größtmöglicher Effektivität –, all dies sollte das Prinzip einer vermeintlich überholten »Kindgemäßheit« überwinden helfen.

Doch auch an diesen problematischen Veränderungen ist vieles richtig gewesen. Statt der ideologisch geprägten »Heimatkunde« führte nun Sachunterricht in die Wirklichkeit dieser Welt ein, Wissenschaftsorientierung hinterfragte falsche Kindertümelei, auch GrundschullehrerInnen sollten (wenigstens) ein wissenschaftliches Fach studieren, Piagets Psychologie kann eine handlungsorientierte Grundschuldidaktik begründen. (Überblick der Forschungen zu Lehr- und Lernkonzepten bei Roßbach/Nölle/Czerwenka 2000 u.a.m.)
Die *80er Jahre* brachten wiederum einschneidende Veränderungen, die die Grundschule vor neue Aufgaben stellen. Nur einige zentrale Beispiele:

- Die *Lebenswelt von Kindern* wandelt sich gravierend, ablesbar an der ständig kleiner werdenden Familie (jedes dritte Kind wächst als Einzelkind auf), Wandel der Familienformen (eine Million Kinder haben nach der Scheidung einen neuen Stiefelternteil), Müttererwerbstätigkeit (allein erziehende Mütter sind zu 70% berufstätig), neue Medien im Leben der Kinder (d.h. viele »Sekundärerfahrungen« aus zweiter Hand, abnehmende Eigenaktivität), veränderte Erziehungsnormen (»vom Befehlen und Gehorchen zum Verhandeln«) u. v. a.
- Die zunehmenden *Migrationsbewegungen* bedeuten eine enorme Herausforderung im Sinne einer interkulturellen Erziehung. (Vgl. Kapitel 12: Aktuelle Herausforderungen …)
- *Verhaltens- und Lernschwierigkeiten*, seelische Probleme und Störungen nehmen bei Grundschulkindern zu. Geklagt wird über Konzentrationsschwächen, Wahrnehmungsstörungen, aggressives Verhalten, aber auch Ängste und Depressionen; der Einsatz von Psychopharmaka im Grundschulalter ist erschreckend hoch.

Grundschule als Lern- und Erfahrungsraum für Kinder
Im Mittelpunkt der *Grundschulreform der 80er Jahre* steht daher die Schule als »Hilfestellung für Kinder« (Wittenbruch 1984, 179). Die Grundschule soll »nicht allein Unterrichtsstätte, sondern muss zugleich Lebens-, Lern- und Erfahrungsraum sein« (Richtlinien NW 1985, 19). Sie will schulisches Lernen und außerschulische Erfahrung der Kinder verknüpfen, selbstbestimmtes und selbstverantwortetes Lernen, Handlungsorientierung, sinnliches Lernen (z.B. durch das Schreibenlernen mit der Druckerei nach Freinet) realisieren. Kindliche Weltneugier und Fragebedürfnis sollen Grundlage von Lernprozessen sein. Der Grundschulunterricht ist vor allem gekennzeichnet von einer Öffnungsbewegung auf breiter Front (Wallrabenstein 1993): Der Klassenunterricht öffnet sich im Hinblick auf den Umgang mit Zeit, auf innere Differenzierung (quantitativ und qualitativ in der Aufgabenstellung) und auf zahlreiche neue Elemente (von Meditation bis Materialien).

Diese Öffnung bringt vor allem auf Selbständigkeit und Eigentätigkeit zielende *Arbeits- und Lernformen* hervor: Freie Arbeit, Wochenplanunterricht, Projekte in der Grundschule (vgl. Kapitel 9: Didaktik, Haarmann 1997). Entsprechend sind meist die Klassenräume mit Lern- und Materialecken, Arbeitsergebnissen der Kinder bis zu Kuschelecken eingerichtet (was nicht darüber hinwegtäuschen darf, dass der größte Teil des Grundschulunterrichts in der gesamten Bundesrepublik nach wie vor vom Lehrer oder von der Lehrerin bestimmt wird).

Konsequent erscheint auch für eine solche am Kind orientierte Schule die Abschaffung der *Notenzeugnisse*, zumindest in den ersten beiden Schuljahren. Dabei muss das Problem bewältigt werden, in den verbalen Formulierungen nicht doch letztlich die Ziffernnoten zu umschreiben, sondern die Aspekte Diagnose und Ermutigung miteinander zu verknüpfen. (Näheres bei Preuß/Itze/Ulonska 1999.)
Vor allem aber die *Integration behinderter Kinder* (Eberwein 1997, Hinz u.a. 1998, Heimlich 1999) ist Ausdruck dieser Intention, Lebens- und Erfahrungsraum für alle Kinder zu sein. Die oft als erste gestellte Frage danach, bis zu welcher Grenze denn eine solche Unterrichtung behinderter und nichtbehinderter Kinder stattfinden könne, wird nach einer mehr als 15 jährigen Erfahrungsphase inzwischen so beantwortet, dass die Grenzen des gemeinsamen Unterrichts nicht von der Behinderung des einzelnen Kindes allein abhängig sind, sondern in ganz wesentlichem Maße von den pädagogischen Bedingungen in der konkreten Grundschule bestimmt werden.

Theoretische Grundlage einer solchen Aussage ist – wie schon beim Thema Schulreife aufgezeigt – ein ökosystemisches Denken, das zu einer Kind-Umfeld-Diagnose führt und nicht mehr allein Art und Grad der Behinderung zum Maßstab nimmt.

Schließlich soll nur kurz erwähnt werden, dass die jahrelange »*Vergreisung*« der

Kollegien durch eine veränderte Einstellungspolitik inzwischen aufzuweichen beginnt. Das ändert freilich nichts daran, dass der Grundschullehrerberuf immer noch weitgehend als »typisch weiblich« gilt.
Am Ende der Grundschulzeit steht dann für die Kinder das *Grundschulgutachten* zur Empfehlung für eine der weiterführenden Schulen. Doch der prognostische Wert aller Ausleseverfahren ist sehr fraglich. Rösner (1989, 62) hält sie für »amtlich verordnetes Hellsehen«.
Dieses Problem der frühen – und punktuellen – Übergangsentscheidung ist einer der Gründe zur Einrichtung der Orientierungsstufe gewesen.

10.2.2 Die Orientierungsstufe – Fördern oder Auslesen?

Ursprünglich war die Neuorganisation des 5. und 6. Jahrgangs (z.B. nach den Vorschlägen des Deutschen Bildungsrates in den 70er Jahren) keineswegs nur als Hinausschiebung der Übergangsentscheidung zu den verschiedenen Bildungsgängen gedacht, die auch die Prognosesicherheit erhöhen sollte. (Grundlegend zur Orientierungsstufe Ziegenspeck 2000.) Vielmehr sollte die einheitliche Stufe 5/6 für alle Kinder der Einstieg in eine grundlegende Strukturreform des allgemein bildenden Schulwesens sein. Doch dazu kam es nicht, so dass wir heute vor einer paradoxen Situation stehen:

> Der Begriff der »Orientierungsstufe« (bzw. Förderstufe, Beobachtungsstufe, Erprobungsstufe) und einige ihrer zentralen Zielsetzungen haben sich in den meisten Bundesländern durchgesetzt (Jürgens 1989, Rösner 1999, 25ff.); sie wurde aber lediglich zu einer »*Gelenkstelle*« im gegliederten Schulsystem. Dadurch dass sie auch schulformabhängig, d.h. als 5. und 6. Schuljahr einer Hauptschule, Realschule oder eines Gymnasiums, eingerichtet werden konnte, wurde sie zum Kompromiss zwischen a) Vorentscheidung für eine weiterführende Schule und b) Offenhalten bzw. langsame Orientierung, was denn wohl das Richtige für ein Kind sei.

Ziele und Funktionen der Orientierungsstufe
Man kann diese in vier Punkten zusammenfassen (Jürgens 1991, Ziegenspeck 2000):
1. *Orientierung:* Der einzelne Schüler soll sich orientieren und erproben können in seinen eigenen Fähigkeiten, Interessen und Lernmöglichkeiten. Er soll sich aber auch orientieren über die spezifischen Anforderungen der Sekundarschulen, d. h. in der Praxis heute allerdings auch, die für den gewünschten Übergang erforderlichen Notendurchschnitte zu erreichen.
2. *Förderung:* Die Lernbereitschaft und Lernfähigkeit des Schülers soll entwickelt und gefördert werden (man sieht leicht, dass sich hier ein dynamischer Begabungsbegriff auswirkte: Begabung vor allem als Prozess des Begabens). Hier wird die Leistungsdifferenzierung wichtig, die in den Ländern sehr un-

terschiedlich gehandhabt wird (in der Regel in einigen Kernfächern, gegen Ende stärker als am Anfang). Das für die individuelle Förderung erforderliche breite Bildungsangebot ist allerdings in den Ländern wiederum sehr unterschiedlich entwickelt.

3. *Beobachtung und Beratung:* Durch begleitende Beobachtung seitens der Lehrer und entsprechende Beratung soll eine solidere Grundlage für die Übergangsentscheidung getroffen werden. Es ist also keine Frage, dass hierin auch eine Lenkungsfunktion liegt (Jürgens 1991, 367). Die Frage ist lediglich, wie diese verlässlich, zutreffend und sicher gemacht werden kann. Es sollen aber nicht die Lehrer entscheiden, sondern es geht um eine »Bewährungsauslese«, deren Prozess möglichst lange offen gehalten wird.
4. *Verbesserung der Chancengerechtigkeit:* Z.B. durch soziale Herkunft mitgebrachte oder geschlechtsspezifisch bedingte Benachteiligungen sollen durch besondere Maßnahmen ausgeglichen und beseitigt werden.

Damit ist der *strukturelle Widerspruch* der Orientierungsstufe deutlich, wie er auch die Gesamtschule bestimmt: Einerseits hat die Schule den Auftrag, Gleichheit und Gemeinsamkeit der Schüler zur Geltung zu bringen (»Integration« von Unterschieden), andererseits soll sie die unterschiedlichen Interessen, Fähigkeiten und Ziele der Schüler fördern (»Differenzierung« angesichts von Unterschieden). Dieser Konflikt stellt sich besonders in der schulformunabhängigen Orientierungsstufe.

In den Bundesländern überwiegt jedoch bei weitem zahlenmäßig die Organisation der Orientierungsstufe an einer der herkömmlichen Schulformen. (Übersicht bei Rösner 1999, 31)

Kritik wird an der Orientierungsstufe (vor allem der schulform*un*abhängigen Form) einerseits dahingehend geübt, dass sie die Zeit für einen geschlossenen und kontinuierlichen Bildungsgang der weiterführenden Schulen unnötig verkürze, vor allem für Kinder, deren Befähigung doch feststehe. Andererseits wird kritisiert: Eine eigene Orientierungsstufe sei von ihrer ursprünglichen Funktion her nur sinnvoll, wenn sich eine integrierte, sich langsam nach Interessen und Leistungsfähigkeit differenzierende Schulstufe bis Kl. 10 anschließe. Und eine Orientierung auf die Hauptschule hin, das Sorgenkind unter den Schulformen, sei ohnehin antiquiert.

10.2.3 Die Hauptschule – Weiterentwicklung oder Abschied?

Von der Volksschuloberstufe zur Hauptschule

Nach dem schon mehrfach erwähnten »Hamburger Abkommen« (1964) und der KMK-Vereinbarung von 1969 sollte die herkömmliche Volksschuloberstufe durch eine neue Schule mit neuer Konzeption abgelöst werden: Die »Hauptschule« war geboren. (Umfassende Einführung bei Rekus/Hintz/Ladenthin 1998)

Dieses neue Konzept legte als Grundzüge der Reform fest:

- Sie soll Schule für die Mehrheit der Bevölkerung sein, als weiterführende Schule zwar nicht gleichartig, aber gleichwertig.
- Ein 10. Schuljahr soll ermöglicht werden, sie soll mehrzügig angelegt sein, eine der Realschule und dem Gymnasium angeglichene Stundentafel erhalten, flexible Übergangsmöglichkeiten zu Realschule und Gymnasium eröffnen.
- Ein qualifizierter wissenschaftsorientierter Unterricht soll die alte »volkstümliche Bildung« ablösen, vor allem mit erhöhten Anforderungen in den Naturwissenschaften und Mathematik, mit Fachunterricht, Leistungsdifferenzierung und einem ausgebauten Wahlbereich sowie einem Angebot an Neigungsgruppen.
- Englisch soll Pflicht für alle sein.
- Das neue Fach Arbeitslehre soll als Schwerpunkt der Hauptschule die Hinführung zur Arbeits- und Wirtschaftswelt übernehmen.
- Jugendgemäße Bildungsarbeit soll auf die speziellen Lernbedingungen dieser Population und Altersphase eingehen.
- Schließlich sollen ausgebildete Fachlehrer den alten »Allround-Lehrer« ablösen. Eine angemessene Lehrmittelausstattung gehört ebenso dazu wie die Zusammenlegung (zu) kleiner Dorfschulen zu Mittelpunktschulen.

Ein Programm, das sich sehen lassen konnte, das auch in großen Teilen realisiert wurde. Doch die Abstimmung über die Annahme dieser reformierten Schule geschah mit den Füßen: Vom Programmjahr 1964 bis zum Jahre 1990 halbierte sich der Prozentanteil der Schüler im 7. Jahrgang, die noch zur Hauptschule gingen (im Folgenden handelt es sich aus Gründen der Vergleichbarkeit immer um den Anteil der Siebtklässler, alle Daten nach Rolff u.a. 1992, 61, und Rösner 1999, 51).

Die Hauptschule schrumpft – Abstimmung mit den Füßen

An der quantitativen Entwicklung der Hauptschule sind drei Punkte wichtig:

1. Der Trend zur Schrumpfung der Hauptschule setzt bereits in den 50er Jahren ein (1952/53: satte 79,3%; zehn Jahre später nur noch 68,4%; zur Zeit des KMK-Programms 1969 nur noch gut 50%).
2. Der Schrumpfungsprozess der Hauptschule ist *keineswegs zum Stillstand gekommen* (wie ich noch 1988 vermutete: Gudjons 1988, 42). 1995/96 beträgt der Anteil nur noch 28,7% (alte Länder). Selbst in Bayern (40,2%) oder Baden-Württemberg (36,7%) ist die »Haupt«-Schule nicht mehr die Schule der Mehrheit. Es ist abzusehen, dass der Schüleranteil in den nächsten Jahren un-

ter dem Anteil des Gymnasiums liegen wird. – Parallel zu dieser Entwicklung haben sich die Anteile der Realschule vervierfacht, die des Gymnasiums verdreifacht. Dieser Prozess ist in den Bundesländern bei großen regionalen Unterschieden tendenziell doch einheitlich (Rolff u.a. 1988, 76; Arbeitsgruppe ... 1994).
3. Die eigentliche Dramatik dieses Vorgangs zeigt sich in den *Großstädten und Ballungszentren* (Rösner 1999, 51): Bereits im Schuljahr 1995/96 waren es in Bremen nur noch 18,4%, Hamburg 12,5%, Berlin 8,2% (in manchen Städten noch weniger). Die Bezeichnung »Restschule« diskriminiert damit keineswegs die Schüler und Lehrer der Hauptschule, sie markiert aber exakt den quantitativen Status der Hauptschule.
4. Auch bei den Eltern in *Ostdeutschland* findet die Hauptschule keine sonderliche Resonanz: In Mecklenburg-Vorpommern befanden sich 1992/93 nur 12 bis 15% der Siebtklässler in der Hauptschule; in Sachsen-Anhalt (trotz Verbindung von Haupt- und Realschulen) 13–14%; in Sachsen 10% und in Ost-Berlin 1991/92 nur 1% (Rösner 1999, 54).

Fazit: Die Hauptschule steht in einem beängstigenden *Legitimierungsvakuum.* Einerseits hatte sie ein anspruchsvolles Programm, das andererseits mit einem immer leistungsschwächeren Schülerstamm realisiert werden soll. Sie fordert sozusagen immer größere Anstrengungen für einen Abschluss, der gesellschaftlich immer weniger wert wurde. Der zahlenmäßige Rückgang führte bereits in den 80er Jahren zu einem erheblichen Druck in Richtung Reform der Hauptschule, um sie überhaupt zu erhalten; gleichzeitig wurde die Chance für eine solche Stabilisierung immer geringer, weil die Schüler abwanderten.

Rettungsversuche

Offenbar hatte die Hauptschule von Anfang an einige »Geburtsfehler«: So wurde z.B. übersehen, dass der Besuch der Hauptschule kaum durch freie Entscheidung für ein hauptschulspezifisches Bildungskonzept zustande kommt, sondern weitgehend Folge eines *negativen Ausleseprozesses* ist. Die Proklamation einer »gleichwertigen« weiterführenden Schule war eine Illusion.

Auch wurde die geforderte *Wissenschaftsorientierung* als Intellektualisierung und Abstraktion missverstanden. Schließlich erwies sich auch die geplante *Leistungsdifferenzierung* als sehr problematisch.

So hat es eine Reihe von Versuchen gegeben, der Hauptschule ein ihrer Schülerschaft angemessenen *eigenes Profil* zu geben: mehr Raum für praxis- und anwendungsbezogene Inhalte, Betonung der Grundkenntnisse in Deutsch und Mathematik, Herabstufung des fremdsprachlichen Unterrichts (in Baden-Württemberg nahm ein Viertel der Hauptschüler bereits 1984/85 in den Abschlussklassen nicht mehr am Englischunterricht teil – Arbeitsgruppe ... 1994, 418ff.). Gleichzeitig wurden Praktika, Projektunterricht, »Erweitertes Bildungsangebot« (Baden-Württemberg), Öffnung der Schule gegenüber der Gemeinde, sozialpädagogische Hilfen u.a.m. realisiert. Wegen der Notwendigkeit intensiver Beziehungen als Grundlage des Lernens wurde das Prinzip des Klassenlehrers gestärkt.

Diese Versuche haben ohne Frage vielerorts die Qualität des Hauptschulunterrichtes gesteigert, aber sie haben nicht das Problem gelöst, dass die Hauptschule eine ausgesprochen schichtspezifische Schule zu werden droht, die sich von den »weiterführenden« Schulen noch mehr abkoppelt. Wer z.B. kein Englisch mehr hat, wie soll der den Anschluss an eine der andern Schulen halten können?

Damit ist die eigentliche *Kernfrage* der gesamten Hauptschulproblematik angesprochen, sozusagen die »Gretchenfrage« der Hauptschule: Soll sie ein eigenes Profil mit Rücksicht auf ihre Schülerschaft entwickeln, oder soll sie den Anschluss an die anderen weiterführenden Schulen halten?

»Weiterentwicklung« oder »Abschied«?

Von diesem eben beschriebenen prinzipiellen Dilemma her müssen alle Versuche beurteilt werden, die Hauptschule zu retten oder zu verändern. Die bildungspolitischen Fronten sind auch hier eindeutig: Während die einen für »*Weiterentwicklung der Hauptschulen*« plädieren (so z.B. Solzbacher/Wollersheim 1989, Mack 1995, Hiller 1994) und neue Bildungsgänge für die Hauptschule entwickeln (Bronder/Ipfling/Zenke 1998 und 2000), sind andere eindeutig für den »Abschied von der Hauptschule« (Rösner 1989 und 1999).

Abgesehen von bildungspolitisch und rechtlich problematischen Tendenzen, die Hauptschulpopulation durch schärfere Zugangsbedingungen der Realschule und des Gymnasiums zu erhalten, liegt eine der Erfolg versprechenden Entwicklungen in Versuchen, die *Hauptschule und die Realschule zu integrieren*. Nicht nur in Hamburg (Bastian/Furck 1991), sondern auch in andern (den neuen!) Bundesländern gibt es diese Tendenz. Sie verhindert die Stigmatisierung der Hauptschüler als »Rest« und eröffnet ihnen die Chance auf höhere Qualifikation. In H/R gemischten Klassen werden die Schüler von einem kleinen Lehrerteam unterrichtet, in Mathematik und Englisch werden klassenübergreifende Lerngruppen nach Leistungsfähigkeit eingerichtet, ab Kl. 8 werden Wahlpflichtkurse klassenübergreifend angeboten.

Aber es bleibt eine unbeantwortete Frage übrig: Wie kann die Schule jenem äußerst *leistungsschwachen Schüleranteil* gerecht werden, der auch in einem solchen integrierten System nicht (auch nicht in der Gesamtschule) angemessen gefördert werden kann? Immerhin ging Ende der 80er Jahre – trotz sinkender Tendenz – noch ein Zehntel der Schüler ohne regulären Abschluss ab. Sie gehören zu den weitgehend Chancenlosen auf dem Arbeitsmarkt und sind die von Arbeitslosigkeit am stärksten betroffene Gruppe.

10.2.4 Die Realschule – Minigymnasium oder Eigenprofil?

Expansion

Überblickt man die Entwicklung der Realschule in den letzten Jahrzehnten, dann hat man den Eindruck einer »*Enklave*« der Ruhe und Solidität, ohne Identitätskrise, ohne Schülermangel und mit wenig Kritik bedacht (Daten nach Rolff u.a. 1992 und Rösner 1999, 66). Dies wird – zunächst – durch ihren *quantitativen Erfolg* bestätigt: Ihr Anteil an den Siebtklässlern ist von 6,1% im Jahre 1952/53 auf 27,4% im Jahre 1995/96 (alte Länder) angestiegen. Über zehn Jahre (von 1980 bis 1990) blieb er fast konstant bei gut 26%. In den neuen Bundesländern finden sich weit über dem Bundesdurchschnitt liegende Realschulanteile (z.B. 1996/97 in Mecklenburg-Vorpommern 48,9%, in Sachsen-Anhalt 47,6% der Siebtklässler, Rösner 1999, 67). (Grundlegend zur Realschule: Arbeitsgruppe ...1994, 456, Rekus 1999, Rösner 1999, 58ff., Wollenweber 1997.)

Die Realschule hat damit eine »soziale Schleppfunktion« (Wollenweber 1980, 118) für neue soziale Schichten in das weiterführende Bildungswesen. Anders formuliert: Sie fördert den sozialen Aufstieg bestimmter Unterschichtsgruppen und den Erhalt des sozialen Status bei Gruppen der unteren Mittelschicht (Arbeitsgruppe ... 1994, 471; Rösner 1999, 69f.). Diesen sozialen Kräften hat sie ihre überproportionale Expansion zu verdanken, die vor allem auch Mädchen zugute kam (Wollenweber 1980, 118).

Klagen gibt es allenfalls über den »Leistungsverfall« der Realschule (jedenfalls nach dem Urteil ihrer Lehrer: Arbeitsgruppe ... 1994, 479) oder über die mangelnde Gestaltung des Schullebens. Realschulen haben den Ruf, sehr leistungsorientiert (im Sinne der Betonung fachlicher und kognitiver Ziele) zu sein, weshalb Widerstand gegen eine Integration mit der Hauptschule nicht selten von Realschullehrern kommt. Dabei ist zu bedenken, dass die Realschule im Zuge der Bildungsexpansion ihre alte Klientel verloren hat: Sie musste »gewissermaßen den Teil, den sie an das expansive Gymnasium ›abgibt‹, auf Kosten der schrumpfenden Hauptschule« rekrutieren (Arbeitsgruppe ...1994, 480).

Konzept

Als *Organisationsform* gibt es die Realschule sechsjährig (also Klassen 5–10) und vierjährig (mit Klasse 7 beginnend, so in Hamburg). In einigen Bundesländern muss nach Klasse 10 eine besondere Prüfung abgelegt werden, um den Realschulabschluss zu erhalten. Eine durchgehende Aufgabe der Realschule liegt in der Integration von Rückläufern aus dem Gymnasium, die sich aber oft als »Zugpferde« entpuppen, wollen sie doch einen weiteren Abstieg auf die Hauptschule vermeiden oder nach der Realschule erneut den Sprung aufs Gymnasium versuchen.

Eine *bildungstheoretische Begründung* der Realschule ist immer wieder versucht worden, u.a. als »besondere Wirklichkeitsbeziehung des Bildungsauftrages der Realschule« (Wollenweber 1980, 134). Aber kein Versuch hat sich als »ausreichend tragfähig erwiesen«, denn ihr Bildungskonzept »hat sich aus den gesellschaftlichen Entwicklungen heraus ergeben und ist pragmatisch ausgerichtet« (Aurin 1978, 98). Neben dem normalen Pflichtunterricht in den grundlegenden Fächern macht die Realschule insbesondere eine Fremdsprache zur Pflicht (eine zweite wird angeboten und ist vor allem für potentielle Gymnasialaspiranten eine günstige Bedingung). Ferner betont die Realschule eine breite mathematisch-naturwissenschaftliche Grundbildung (Arbeitsgruppe ... 1994).

Kennzeichnend ist für die Realschule vor allem ein breiter *Wahlpflichtbereich*, der je nach Bundesland außerordentlich unterschiedlich angelegt ist und in vier bis fünf Schwerpunkten etwa 12 bis 20% des Stundenanteils umfasst (Aurin 1978, 99; Wollenweber 1980, 124, Arbeitsgruppe ... 1994, 477ff.). Der Unterricht an der Realschule wird grundsätzlich von *Fachlehrern* erteilt, die die entsprechenden Fächer studiert haben und sich in der Regel auch darauf beschränken.

Das *didaktische Konzept* der Realschule ist geprägt von einer Spannung: a) Vermittlung einer gehobenen berufsvorbereitenden Bildung, die eher auf den Berufseintritt zielt. b) Anspruchsvolle allgemeine Bildung, die eher auf den Besuch von weiterführenden Vollzeitschulen gerichtet ist. Folgt die Realschule dem Konzept einer soliden umfassenden Grundbildung mit Berufsbezug, nähert sie sich der Hauptschule an. Folgt sie dem Anspruch erhöhter Bildungsanforderungen, kann sie zur Kurzform einer »höheren Lehranstalt« werden.

Perspektive

Ein *Paradox* allerdings könnte sich am Ende als Gefahr für die bestehende Form der Realschule erweisen: Inzwischen hat fast die Hälfte einer Altersgruppe den Realschulabschluss oder ein Äquivalent – aber keineswegs alle haben diesen auf der Realschule erworben. Zahlreiche andere Schulen (z.T. statusniedrigere!) verleihen inzwischen auch den mittleren Bildungsabschluss oder gleichberechtigte Äquivalente. Das ist »gemein«: War der Abschluss an der Realschule endlich inoffizielle Norm schulischer Grundqualifikation geworden, so ist er inzwischen kein Spezifikum der Realschule mehr. Wenn sie sich auch nicht um ihre Existenz sorgen muss, so bangt sie jetzt um ihre Monopolstellung in der Verleihung dieses Abschlusses. Insgesamt wird sich die Realschule einer verstärkten Konkurrenz zu anderen Sekundarschulen stellen müssen.

10.2.5 Das Gymnasium – Kontinuität oder Wandel?

Formen

Seit dem Düsseldorfer Abkommen 1955 heißen alle höheren Schulen, die zur Hochschulreife führen, einheitlich Gymnasium. Das Gymnasium ist längst von einer Elitebildungsanstalt zu einer Schule mit anspruchsvoller Grundbildung für einen großen Teil der Sekundarstufenschüler geworden. Es gilt als »Hauptgewinner« der Bildungsexpansion; mit Beginn des Schuljahres 90/91 überholte es erstmalig die Hauptschule. (Grundlegend zum Gymnasium: Kraul 1984, Schmidt 1991, Arbeitsgruppe ... 1994, Liebau/Mack/Scheilke 1997, Liedtke 1998, Moegling 2000). Folgende Hauptformen lassen sich unterscheiden:

- Die *neunstufige Normalform* umfasst Klasse 5–13, in den neuen Ländern (mit Ausnahme von Brandenburg) bis 12 (die Diskussion um die Dauer auch in den alten Bundesländern ist z. Zt. in vollem Gange. Klassen 5 und 6 sind meist eine eigene Stufe, gefolgt von der Mittelstufe Kl. 7–10 und der Oberstufe, die in Kl. 11 eine Vorstufe und in Kl. 12–13 die Studienstufe enthält. Dabei gibt es – früher als Bezeichnung einer Schule, heute (wenn überhaupt noch) nur schulintern – eine gewisse *Differenzierung nach »Zweigen«*: altsprachlich, neusprachlich, mathematisch-naturwissenschaftlich usw. Wichtige Kriterien für solche Akzentsetzungen sind die Reihenfolge, Anzahl und Art der Fremdsprachen. In einigen Bundesländern soll durch solche Schwerpunktbildung bewusst die Kurswahl in der Oberstufe vorstrukturiert werden. In der Oberstufe selbst gibt es angesichts der vielen Wahlmöglichkeiten aber eigentlich keine Gymnasialzweige mehr. Als *Abschlüsse* sind möglich: Hauptschulabschluss (= Versetzungszeugnis in die Kl. 10), Realschulabschluss (= Versetzungszeugnis in die Kl. 11), Fachhochschulreife (= erfolgreiches Abschließen des 12. Jahrgangs), Abitur (am Ende der Studienstufe).
- *Das siebenstufige Gymnasium* beginnt mit Kl. 7 (nimmt also Schüler der an andern Schulen laufenden Orientierungs-/Beobachtungsstufe auf), teils als eigene Schule, teils der Normalform angegliedert. In den meisten Ländern wurden *Aufbaugymnasien* eingerichtet, die Haupt- und Realschüler nach der 7. und Realschüler auch noch nach der 10. Jahrgangsstufe aufnehmen, für diese spezielle Übergangsklassen eingerichtet haben und meist unter »Verlust« eines Schuljahres (2. Fremdsprache als Problem) zur allgemeinen Hochschulreife führen.
- *Fachgymnasien* (u.a. technische, wirtschaftswissenschaftliche) – überwiegend in dreijähriger Aufbauform – vermitteln die (z.T. fachgebundene) Hochschulreife. Sie setzen i. d. R. nur eine Pflichtfremdsprache voraus und sehen eine stärkere Spezialisierung der beruflichen Ausrichtung vor. Immerhin setzen 23% der Realschüler ihre Ausbildung dort (oder an einer Fachoberschule) fort (Arbeitsgruppe ... 1994).
- Der sog. *Zweite Bildungsweg* bietet Berufstätigen über das Abendgymnasium oder vollzeitliche Kollegs die Möglichkeit zum Erwerb der Hochschulreife.

Die Oberstufenreform

Die 1972 bundesweit eingeführte und 1988 nach harten Kämpfen veränderte Reform der gymnasialen Oberstufe (Schindler 1980, Schmidt 1991) ist der tiefste Eingriff, den das Gymnasium bisher erlebt hat. Im Kern geht es um den Ersatz der bis dahin zum Abitur führenden Jahrgangsklasse durch *variable Kombinationen von Grund- und Leistungskursen*, damit verbunden die Einführung von

Semestern und eines differenzierten Punktesystems zur Leistungsbewertung (das in die Abiturprüfung einfließt). Weiterhin wurden die Fächer neu gegliedert und in ihrer Anzahl erweitert. Die Fächer sind drei bzw. fünf *Aufgabenfeldern* zugeordnet:

- sprachlich-literarisch-künstlerisches Aufgabenfeld
- gesellschaftswissenschaftliches Aufgabenfeld
- mathematisch-naturwissenschaftlich-technisches Aufgabenfeld
- Religionslehre
- Sport.

Die *1988* erfolgte *Revision* vergrößerte die Zahl der obligatorischen Kurse (unverzichtbare Kernfächer bis zum Abitur), gewichtete die Grundkurse stärker, um das allgemeine Grundlagenwissen zu sichern und einer zu hohen Spezialisierung vorzubeugen. Auch die doppelqualifizierenden Bildungsgänge wurden bundesweit anerkannt, technische und wirtschaftswissenschaftliche Fächer aufgewertet. Im Übrigen erhielten die Länder gewisse Spielräume.
Seit 1993 diskutierten die Kultusminister und -ministerinnen wieder über eine Reform der gymnasialen Oberstufe. In dieser erneuten Diskussion ging es vor allem um Qualifikationen, die die Schüler und Schülerinnen in der gymnasialen Oberstufe erwerben sollen. Inzwischen haben sie entschieden (in Hamburg 1996 und in Dresden 1997): 1. Die Belegpflicht für die sog. allgemein bildenden Fächer Deutsch, Mathematik und eine Fremdsprache wird bis zum Abitur verbindlich gemacht. 2. Diese Auflage kann teilweise aber auch erfüllt werden in sog. Kompetenzkursen (wenn z.B. ein Leistungskurs in Geographie in englischer Sprache erteilt wird). 3. Schüler und Schülerinnen können »besondere Lernleistungen« (z.B. eine Facharbeit) in die Zulassung zum Abitur einbringen. 4. Fächerübergreifender Unterricht soll verstärkt werden. Das eröffnet Perspektiven zur pädagogischen und didaktischen Neugestaltung der Oberstufe (Schnack 1996, H. 4/1996 Z. f. Päd., Thema: Reform der Gymnasialen Oberstufe, Messner/Wicke/Bosse 1998).

> Oberstufe und Hochschulreife
> Es gibt einen prinzipiellen *Konflikt* um das Bildungsverständnis und die Bedingungen der Hochschulreife: Die individuelle *Profilbildung* durch Wählen und Abwählen von Fächern steht der Forderung einer breiten *allgemeinen Grundbildung* (als Voraussetzung der Studierfähigkeit) gegenüber – kurz gesagt: Spezialisierung versus Allgemeinbildung.

Die *Kritik und Problematik* der Oberstufe bezieht sich auf folgende Punkte: Die Einheit von genereller Wissenschaftspropädeutik und Allgemeinbildung (verbunden mit der Vorstellung homogener Studienvoraussetzungen) würde aufgelöst. Die traditionelle (geschichtlich und kulturell bedingte) Hierarchie der Fächer wäre durch ein Sammelsurium beliebiger, z.T. exotischer Einzelfächer ersetzt, womit der Kanon einer allgemeinen Grundbildung zerstört sei. Der Numerus clausus an den Hochschulen führe zu interessenfremden Wahlen, um einen möglichst hohen Punktedurchschnitt zu erhalten. Die obligatorischen Grundkurse versammelten demotivierte Schüler (Pflicht statt Wahl), sie hätten daher z.T. niedrigeres Niveau als der alte Klassenunterricht. Opportunitätsüberlegungen bestimmten das Wahlverhalten, eine Minimierungsstrategie die schulische Lernbereitschaft u.a.m. – Wie Roeder (1989 und Roeder/Gruehn 1997) in einem Sammelreferat über empirische Forschungen zur Neugestalteteten Gymnasialen Oberstufe (NGO) nachgewiesen haben, haben diese Kritikpunkte de facto bei weitem nicht die negative Rolle gespielt, wie es die Kritiker befürchteten (z.B. belegen die Wahlen durchaus die Stabilität des traditionellen Gymnasialkanons).

Bildungsverständnis

Die bildungstheoretische Grundlagendiskussion des Gymnasiums hat eine lange Tradition (Schmidt 1991, 101ff.). Zusammengefasst »betont das Gymnasium in seinem Bildungsprogramm den strukturellen Unterschied zwischen dem Lernen im Nachvollzug praktischer Tätigkeit und dem schulischen Lernen mittels stellvertretender Erfahrungen, die nach bestimmten Kriterien ausgewählt und präpariert werden. Der *fachliche* Zugang zu den Gegenständen der Natur, Wirtschaft, Gesellschaft und Kultur und die reflexive Distanz sind Grundzüge gymnasialer Bildung …« (Arbeitsgruppe … 1994, 483ff.). Daher spielt das Fachunterrichtssystem eine entscheidende Rolle, mit dem Vorrang des Kognitiven, der Betonung differenzierter Urteilsfähigkeit und oft strengen Leistungsmaßstäben. Schließlich ist ein ungelöstes Problem, wie sich *berufsbezogene Inhalte und Bildungsgänge* in das Gymnasium *integrieren* lassen – bzw. dann: eine veränderte Sekundarstufe II. Damit hängt wiederum zusammen, dass das Bildungsverständnis des Gymnasiums kaum Rücksicht nimmt auf den nicht unbeträchtlichen Teil der Schüler, die in den Beruf und nicht ins Studium gehen: Kann Allgemeinbildung auch über berufsspezifisch ausgerichtete Inhalte vermittelt werden, so wie es die Bildungstheorie z.B. der Kollegschulen annimmt?

Von der Expansion zur Identitätskrise?

Wir haben die quantitative Ausweitung des Gymnasiums bereits als ein entscheidendes Ergebnis der Veränderungen im Bildungswesen der letzten 30 Jahre kennen gelernt. Inzwischen besucht rund ein Drittel der Siebtklässler das Gymnasium, und rund ein Viertel der 18 bis 21-Jährigen (in Großstädten z.T. bis 50%) macht das Abitur (Rösner 1999, 92). Diffamierende Schlagwörter wie »Edel-Hauptschule« oder »Gesamt-Gymnasium« signalisieren eine *erhebliche Veränderung der Schülerschaft:* Sie ist heterogener als früher, bringt aber auch andere soziale, psychische und pädagogische Probleme und bedeutet eine Herausforderung des traditionellen Rollenverständnisses der Lehrkräfte. Sozialpädagogische Qualifikationen der Lehrerinnen und Lehrer werden heute für *alle* Schularten nötig. Das Gymnasium verlor seinen Charakter als Elitebildungsanstalt. Kontrovers stehen sich die Forderungen gegenüber: Zurückgewinn verlorener Exklusivität versus Anpassung an die neuen Systembedingungen.

In jedem Fall wird das Gymnasium auch mit einer *Veränderung seines Unterrichts* reagieren müssen: Diskutiert werden Differenzierungsmaßnahmen, spezielle Förderkurse für partielle Leistungsschwächen, eine Ausweitung des Wahlpflichtbereiches (bereits in der Mittelstufe), schülerorientierte Unterrichtsformen, stärkerer Bezug zur Lebenspraxis (ohne Preisgabe seines oben skizzierten grundlegenden Bildungsverständnisses), möglicherweise auch Auffangklassen für Rückläufer, ein flexibler Leistungsbegriff bis hin zu einer veränderten Elternarbeit (angesichts eines hohen Teils von Eltern, die ihren Kindern nicht die traditionelle »Bildungsunterstützung« geben können). Neue Impulse für eine Gymnasialdidaktik vermittelt dabei M. Meyer (2000).

Wenn das Gymnasium seinen Elitecharakter verloren hat, drohen dann Niveauverlust und Billigabitur? Das Gymnasium steckt damit sicher in einer Krise seines traditionellen Selbstverständnisses: Es muss auf die veränderte Schülerschaft ebenso reagieren wie auf die Anforderungen seiner unverzichtbaren, aber neu zu definierenden Reflexionskultur.

10.2.6 Die Gesamtschule – Alternative oder Ergänzung?

Begründung
Die historischen Begründungen des Gesamtschulgedankens reichen vom Argument der Gleichheit vor Gott bis zur einheitlichen Nationalerziehung. Inzwischen wurden auch 25 Jahre Gesamtschulentwicklung in der BRD bilanziert (Gudjons/Köpke 1996). Die gegenwärtige Diskussion enthält im Wesentlichen *vier Argumentationsstränge* (Baumert 1983, Leschinsky 1990, Arbeitsgruppe … 1994 – alle mit weiterführender Literatur):

1. Unter *pädagogisch-psychologischem Aspekt* soll die frühe Übergangsauslese ersetzt werden durch das Offenhalten der Bildungswege (mindestens bis zum Ende der Sekundarstufe I), durch individuelle Profilbildung nach Leistung und Neigung sowie durch gezielte Hilfen bei Leistungsschwächen.
2. Unter *bildungsökonomischem Gesichtspunkt* soll die im traditionellen dreigliedrigen System nicht befriedigende Ausschöpfung von Begabungs- und Qualifikationsreserven verbessert werden.
3. Unter *bildungstheoretischer Perspektive* soll das Ziel einer wissenschaftsorientierten Schule für alle verwirklicht werden; zwar differenziert, aber ohne Selektion bietet die Gesamtschule eine gemeinsame Grundbildung ohne Trennung der Bildungsgänge an.
4. Als *bildungspolitisches Ziel* ist der Ausgleich von (sozial, regional oder geschlechtsspezifisch bedingten) Bildungsbenachteiligungen und die Gewährleistung von Chancengleichheit wichtig. Das schließt auch die Forderung ein, in einer Demokratie der nachwachsenden Generation die Erfahrung einer gemeinsamen Schulkultur zu vermitteln. Das bedeutet zugleich den Anspruch auf Ersetzung des gegliederten Schulsystems.

Konzept
Zu unterscheiden ist zwischen Kooperativer Gesamtschule (KGS) und Integrierter Gesamtschule (IGS).

Die KGS enthält in der Regel eine für alle Schüler gemeinsame Orientierungsstufe und gabelt sich dann in die herkömmlichen Schulformen, zwischen denen aber eine enge Kooperation besteht.

Die IGS hingegen lässt sich durch *folgende Merkmale* charakterisieren:

- Sie ersetzt die herkömmlichen drei Schulformen durch ein *Kern-Kurssystem*, das eine flexible Gestaltung der Schullaufbahn ermöglicht. Es gibt gemeinsamen (Kern-)Unterricht in der Jahrgangsklasse, leistungsdifferenzierte Kurse in einzelnen Fächern und einen Wahlpflichtbereich, der die Neigungen der Schüler berücksichtigt.
- *Das Sitzenbleiben* erübrigt sich durch die Möglichkeit des Kurswechsels bei Leistungsabfall, wobei Lift- und Stützkurse einen einseitigen Kurswechsel nach unten verhindern. Die Entscheidung über den *Abschluss* soll möglichst lange offen gehalten werden. Vom Konzept her umfasst die IGS die Jahrgänge 5–13, de facto reichen die meisten von Klasse 5 bis 10.
- *Curricular* sind vor allem *zwei Neuerungen* wichtig: die Einführung des Faches Arbeitslehre im Sinne eines anspruchsvollen Wirtschafts- und Technikunterrichts für alle und die Integration der Fächer Geschichte, Geographie, Sozialkunde u.a. in einem Fach, was sich aber nur teilweise hat realisieren lassen. Zu den Merkmalen gehören weiterhin die Betonung von Projektunterricht und die Entwicklung eigener Unterrichtskonzeptionen und -materialien im Sinne einer »Curriculumwerkstatt«. Damit soll die äußere (Struktur-)Reform mit der inneren (Unterrichts-)Reform verbunden werden.
- Schließlich ist zentrales Merkmal das *Soziale Lernen*, sowohl als Lernen demokratischer Lebensformen im Umgang verschiedener sozialer Schichten miteinander als auch durch Betonung kommunikativer und kooperativer Arbeits-, Lern- und Lebensweisen.

Die 1982 von der KMK beschlossene bundesweite *Anerkennung der Gesamtschulabschlüsse* hat einerseits die rechtliche Stellung der Gesamtschule gestärkt, andererseits aber zur Angleichung der Stundentafel und der Lehrpläne an die allgemeinen Sekundarstufennormen geführt und damit ihren innovativen Charakter teilweise beschnitten. Insofern ist sie (nicht nur rechtlich) vom Experiment zur Regelschule geworden.

> Nach einer Phase bildungspolitischer Glaubenskriege um die Einführung von Gesamtschulen hat sich der *Elternwille* mehr und mehr als Beweggrund zur Einrichtung neuer Gesamtschulen entwickelt – die Nachfrage steuert die Gesamtschulentwicklung. Dies führte dazu, dass die Gesamtschule das gegliederte Schulwesen nicht ersetzt hat, sondern selbst Teil dieses Systems geworden ist. Bundesweit hatte die integrierte Gesamtschule im Jahr 1996 einen Schüleranteil von 8,5% (in den alten Ländern) bzw. 11,6% (in den neuen Ländern) an den Achtklässlern (Rösner 1999, 125).

Es sind in der Gesamtschullandschaft unterschiedliche Typen zu unterscheiden: Die »*Solitärschule*« (es gibt nur eine Gesamtschule in der ganzen Stadt), die »*aufhebende Gesamtschule*« (flächendeckende Einführung der Gesamtschule z.B. in einem Kreis) und das »*Marktmodell*« (Konkurrenz zu andern Schulen einer Stadt).

Strukturprobleme

Neben einer Fülle von praktischen Unterrichtsproblemen (die viele andere Schulen auch haben) hat die Gesamtschule einige grundlegende strukturelle Dilemmata zu lösen.

a) Soweit die Gesamtschule mit den andern Schulformen konkurriert, kommt es zu einem »*Creaming-Effekt*«: Die leistungfähigen Schüler (der »Rahm«) gehen von vornherein auf das Gymnasium. Diese Leistungsspitze gehört aber vom Konzept her zur Gesamtschule hinzu, sonst ist ihr Anspruch hinfällig, die gesamte Leistungsbreite eines Jahrgangs durch Differenzierung angemessen zu fördern. Daher gilt die Gesamtschule vielfach als verkappte Haupt- und Realschule – mit entsprechend niedrigem Prestige gegenüber dem Gymnasium. Von einem für gute Schulen typischen »Talentmix« (Rutter 1980) kann keine Rede sein, eher von einer schiefen Verteilung (besonders im »Marktmodell«).

b) Das *Fachleistungssystem* birgt eine Fülle von Tücken in sich. Welche Fächer sollen nach Leistung differenziert werden, nur Englisch, Mathematik, Deutsch, Naturwissenschaften (die Spannbreite beläuft sich auf zwei bis neun Fächer – BLK 1982, 270ff.) oder auch Sozialkunde und Arbeitslehre, auf wie vielen Niveaus? In der Anfangszeit der Gesamtschulen waren vier Niveaus Praxis, später drei, heute im Allgemeinen zwei; die Schwierigkeit liegt nicht nur in der Definition dessen, was Fundamentum für alle und was Zusatzanforderungen auf verschiedenen höheren Niveaus sein soll, sondern vor allem in der sozialen Problematik einer äußeren (d.h. längerfristig nach Leistungsfähigkeit eingerichteten) Differenzierung: Durch die Hintertür schleicht sich die alte Dreigliederung wieder ein, vor allem wenn sich in den unteren Kursen die potentiellen Hauptschüler sammeln. Das wäre ein völliger Widerspruch zum sozialen Lernen. Und es stellt sich das Problem, wann – im Bild gesprochen – ein Umsteigen aus den sehr unterschiedlich schnell fahrenden Zügen möglich ist, d. h. insbesondere ein Kurswechsel nach oben.

Die Gesamtschuldidaktik hat auf diese Probleme mit verschiedenen Formen *flexibler Differenzierung* reagiert.

- Die unterschiedliche Leistungsfähigkeit von Schülern in verschiedenen Fächern kann durch *Binnendifferenzierung* (individualisierender Unterricht in der Klasse) beachtet werden, was enorme Ansprüche an die Lehrkraft stellt, aber Ausgrenzungsprozesse verhindert.
- Eine andere Möglichkeit ist die *temporäre Differenzierung*, bei der Phasen von Klassenunterricht mit leistungsdifferenzierten Phasen in klassenübergreifenden Gruppen kombiniert werden, so dass kein Schüler längerfristig auf eine Leistungsgruppe von vornherein festgelegt wird.
- Schließlich ist das *Team-Kleingruppen-Modell* zu nennen, bei dem ein festes Lehrerteam eine Großgruppe von 60–90 Schülern einer Jahrgangsstufe betreut. Diese Schüler sind in verschiedene Klassen (»Stammgruppen«) aufgeteilt und hierin wiederum in konstante Tischgruppen, die die eigentliche Grundeinheit für differenzierten Unterricht bilden. In diesem Modell wird ebenso wie im Jahrgangsteam-Modell (alle Lehrer eines Jahrgangs bilden im Kollegium ein eigenes Team nur für ihren Jahrgang und stimmen den gesamten Unterricht aufeinander ab) zu einem Teil fachfremd

unterrichtet. Dafür wird der soziale Zusammenhalt der Schüler untereinander und zu den Lehrern erheblich verbessert.

Insbesondere in den letzten beiden Modellen liegen auch Antworten auf den Einwand gegen die Gesamtschule, sie würde aufgrund ihrer Größe (»*Massenschule*«) und des nach oben immer geringer werdenden gemeinsamen Unterrichts im Klassenverband soziale Vereinzelung und Bindungslosigkeit der Schüler fördern. Inzwischen sind solche Mammutschulen die Ausnahme, wenngleich Drei- bis Vierzügigkeit wegen der gewünschten Breite des (Wahlpflicht-)Fächerangebotes als notwendig gilt.
c) Ein generelles Problem liegt im *Wahlpflichtbereich:* Soll er vor allem Alternativen zu den herkömmlichen Fächern bieten (z.B. Darstellendes Spiel oder Informatik)? Das bedeutet eine Schwächung des für den Abschluss laut KMK-Vereinbarung nötigen Fachunterrichts (und außerdem gefährdet es das Bildungsverständnis des Abendlandes ...). Oder soll dieser Bereich eher den übrigen fachlichen Unterricht verstärken? Das bedeutet ein weiteres Stück Preisgabe von Bildungsinnovation. Auch fällt mit der Wahl der zweiten Fremdsprache bereits eine (vorläufige!) Entscheidung für den Besuch der Oberstufe.
d) Die oben erwähnte KMK-Vereinbarung schreibt die bestehenden *Schulabschlüsse* fest. Die Gesamtschule muss auf sie vorbereiten – und nimmt damit weitere Einschränkungen ihres Konzeptes in Kauf, indem die Abschlüsse nach hinten wirken: Sortierung der Schüler, differenzierte Leistungsbedingungen, Mindestzahl von Stunden für die herkömmlichen Fächer, Notenzeugnisse u.a.m.

> Die *Kernproblematik* der Gesamtschule lässt sich zusammenfassen in der *Spannung zwischen Freiheit und Gleichheit* in der Bildungsorganisation. Räumt man dem Prinzip der individuellen Freiheit den Vorrang ein, laufen die Besten schnell davon und die Schwächeren bleiben unter sich. Gibt man der Gleichheit den Vorrang, behindert man die Entwicklung der Leistungsfähigeren und gerät in die Gefahr der »Gleichmacherei«. Diese jedes demokratische Denken durchziehende Spannung kann auch in der Gesamtschule nur als pragmatischer Kompromiss gelöst werden.

Forschungsergebnisse

Die Gesamtschule ist inzwischen wohl zur besterforschten Schule überhaupt geworden. Vieles von ursprünglich gesamtschulspezifischen Neuerungen ist inzwischen übrigens auch in die anderen Sekundarschulen eingeflossen. Die – sehr uneinheitlichen bis widersprüchlichen, auch methodologisch problematischen – Forschungsergebnisse lassen sich in vier Punkten zusammenfassen (Fend 1982, BLK 1982, Arbeitsgruppe ... 1994, Gudjons/Köpke 1996):

1. Die Gesamtschule ermöglicht tendenziell mehr bessere *Abschlüsse*, d.h.: mehr mittlere Abschlüsse als im dreigliedrigen System, mehr Übergänge in die gymnasiale Oberstufe, Senkung der Quote von Abgängern ohne Hauptschulabschluss. Mehr (schwache) Kinder werden also besser geför-

dert. – Der Einwand lautet an dieser Stelle: Sicher richtig – aber auf niedrigerem Niveau.

2. Der Zusammenhang zwischen sozialer *Herkunft und Schullaufbahn* wird deutlich abgeschwächt. Regionale Benachteiligungen (z.B. in ländlichen Gebieten) werden abgebaut. Mädchen werden im Hinblick auf Schulabschlüsse nicht mehr benachteiligt. (Diese Aussage wäre für Mädchen als Einwandererkinder noch zu überprüfen.) – Der Einwand: Diese Abschwächung von Disparitäten gilt inzwischen auch für andere Schulformen.
3. Uneinheitlich sind die Untersuchungen zum *Leistungsvergleich* von Gesamtschulen und Schulen des gegliederten Systems. Die Varianz der Leistungen zwischen den Einzelschulen einer Schulart (also z.B. zwischen mehreren Gymnasien) ist größer als die zwischen den Schulformen. In einigen Bundesländern wurde bei Gesamtschülern mit günstigen Leistungsvoraussetzungen ein gewisser Leistungsabfall beobachtet. Wichtiger als die Elternentscheidung für eines der beiden »Systeme« ist offensichtlich die Wahl der einzelnen Schule. – Der Einwand: Man kann Äpfel nicht mit Birnen vergleichen, d.h. Gesamtschulen ohne Leistungsspitze (s. o.) nicht mit Gymnasien.
4. Gesamtschüler haben weniger *Schulangst*, gehen lieber zur Schule, empfinden weniger Leistungsdruck, berichten von partnerschaftlichen Umgangsformen zwischen Lehrenden und Lernenden. Und schließlich sind *Eltern* mit der Gesamtschule als Schule ihrer Kinder überwiegend zufrieden. – Diese Ergebnisse werden neuerdings durch Köller relativiert (Köller 1996, kritisch zu diesen Forschungsergebnissen: Rösner 1999).

Von der Idee der Gesamtschule als Schule für alle hätte eigentlich auch die Integration behinderter Kinder nahe gelegen. Dennoch spielen Sonderschulen eine wichtige Rolle.

10.2.7 Die Sonderschule – Separieren oder Integrieren?

Entwicklung und Kritik

Sonderschulen sind Institutionen der Sonderpädagogik (auch Heil- oder Behindertenpädagogik genannt) mit dem Zweck, behinderte Kinder, Jugendliche und Erwachsene zu fördern (Bach u.a. 1977ff., Bleidick 1983 und 1998, 1999, Preuß-Lausitz 1988, Sander 2000 mit weiterführender Literatur).

Die *historischen Wurzeln* des Sonderschulsystems liegen einmal in den Blinden-, Taubstummen- und Krüppelanstalten des vorigen Jahrhunderts, zum andern in den Hilfsklassen und Hilfsschulen um die Jahrhundertwende. Nach einer Expansion in den 20er Jahren verbanden die Nationalsozialisten 1935 die Hilfs- und Sonderschuleinweisung mit dem Sterilisationsüberprüfungsverfahren: Etwa die Hälfte der Hilfsschüler wurde zwangssterilisiert, viele junge Anstaltsbewohner umgebracht.

Nach einer Phase zunehmender Differenzierung des Sonderschulwesens in den 60er und 70er Jahren setzte Anfang der 70er Jahre eine starke *Kritik* ein, die sich auf Ort (»Sonder«schule) und Wirkungen bezog und sich folgendermaßen *zusammenfassen* lässt: Sonderschulen sind die Schulen nicht nur Behinderter, sondern vor allem sozial Schwacher; Ausländerkinder und Jungen sind überrepräsentiert; es gibt regional große Unterschiede; die Überweisungsverfahren (Tests) täuschen nur Objektivität vor; mangelnde Lerneffektivität (auch gegenüber der

Regelschule) und geringe berufliche Chancen machen die Pädagogik zur Sisyphusarbeit; die Sonderschule verstärkt die (familiären) Prozesse sozialer Isolation.

Das im Wesentlichen von Jacob Muth (Bochum) verfasste Gutachten des Deutschen Bildungsrates von 1973 bezeichnete dann erstmalig die *gemeinsame Erziehung* behinderter und nichtbehinderter Kinder als anstrebenswert und wertete diese als unschädlich für beide Gruppen, was eine Reihe von praktischen Versuchen anregte.

Formen

Die Sonderschulen sind Teil des allgemein bildenden Schulwesens und in ihrer didaktischen und methodischen Arbeitsweise von der behinderungsspezifischen Differenzierung abhängig. Es lassen sich unterscheiden (Sander 2000, 240ff.):

- Die *Schule für Lernbehinderte*, die den am stärksten besuchten Sonderschulzweig repräsentiert (besucht von über 200 000 Kindern und Jugendlichen). Neben einer an den Lernschwächen ausgerichteten »Präzisionsmethodik« (Bleidick 1983, 275) geht es vor allem darum, diesen Kindern die fundamentalen Erfahrungen zu bieten, die ihnen ihre soziale Umwelt nicht ausreichend geboten hat: Zuwendung, Anerkennung, Vertrauen – als Voraussetzungen einer stabilen Persönlichkeitsentwicklung einschließlich der sprachlichen und kognitiven Fähigkeiten.
- Die *Schule für Geistigbehinderte* (etwa 60 000 Kinder und Jugendliche), die gegenüber traditionellen Bildungsvorstellungen eher die lebenspraktische und motorische Bildbarkeit betont.
- Die *Schule für Verhaltensgestörte* – früher »Schwererziehbare« genannt – (mehr als 20 000 Kinder und Jugendliche) umfasst ein breites Bündel heterogener Verhaltensauffälligkeiten, deren Ursachen kaum eindeutig diagnostizierbar sind. Wegen der Messlatte des Normal-Verhaltens in der Regelschule ist die Aussonderung dieser Schüler besonders umstritten.
- Die *Schulen für körperlich oder sinnesbehinderte Kinder* und Jugendliche. Ihr Spektrum umfasst – wiederum in den Ländern unterschiedlich – die *Sprachbehindertenschule* (über 30 000 Kinder und Jugendliche), die als Durchlaufschule konzipiert ist und Therapie der Sprachstörungen mit Unterricht verbinden muss; die *Körperbehindertenschule* (rund 20 000 Schüler/innen), die einer äußerst heterogenen Gruppe physisch beeinträchtigter Kinder zunächst den bisher wenig erfahrenen Anschauungsraum zu vermitteln und den Lehrstoff unter den erschwerenden Bedingungen stark individualisiert nahe zu bringen hat; die *Gehörlosenschule* (ca. 4000), die für die Kinder eine »künstliche« Sprache aufbauen muss – oft verbunden mit der *Schwerhörigenschule* (über 6000), die u.a. auf die tiefe seelische Verunsicherung von Schwerhörigen eingehen muss; die *Blindenschule* (knapp 2000), deren Aufgabe der Aufbau einer adäquaten Wahrnehmungs- und Vorstellungswelt durch Inanspruchnahme der verbliebenen Sinne ist, deren Unterricht sich aber durchaus in großen Teilen am Kanon der Regelschule ausrichtet (in einigen Städten können Blinde das Abitur machen) – oft kombiniert mit der *Sehbehindertenschule* (etwa 2500 Kinder und Jugendliche). Schließlich ist hinzuweisen auf die *Schule für Kranke*, eine Durchgangsschule im Krankenhaus oder zu Hause.

Eine solche an der medizinischen Systematik orientierte Festlegung auf eine idealtypische Klassifikation erschwert natürlich eine bedarfsgerechte schulische Platzierung (Bleidick 1983, 280): *Mehrfachbehinderungen* sind für eine solche starre schulische Organisation nicht zu bewältigende Überschneidungsfälle.

Integration behinderter Kinder

Die Krise des Sonderschulwesens ist vor allem eine zwischen *Separierung* (bessere Förderung in speziellen Sonderschulen) und *Integration* möglichst vieler Behinderter in die Regelschule (Auflösung der Sonderschulen oder ihre Umgestaltung zu speziellen Beratungs- und Förderzentren). Einigkeit besteht unter Sonderpädagogen über das Ziel einer größtmöglichen gesellschaftlichen Integration. Aber über die Mittel, Wege und den Prozess gibt es erhebliche Kontroversen.

Die *Bedenken* lauten u.a.: Mangelnde Finanzierungsmöglichkeiten zur entsprechenden Ausstattung der Regelschulen, Schwerstbehinderte seien nicht integrierbar und in Sonderschulen besser zu fördern, Eltern wünschten teilweise ausdrücklich die Sonderschule, ambulante Betreuung von Sonderschülern in Regelschulen durch Sonderschullehrer sei geeigneter als die Einbindung in ein Regelschulkollegium.

Inzwischen gibt es zahlreiche *Versuche* mit der Integration behinderter Kinder in die Regelschule (grundlegend: Eberwein 1999), d. h. vor allem Grundschule (Krawitz 1995, Hinz 1998, Heimlich 1999). Eine Weiterführung in der Sekundarstufe ist zwar möglich, aber wegen des hier betonten Fachleistungsprinzips schwierig. Dennoch gibt es ermutigende empirische Untersuchungen gerade zur Sekundarstufe (Köbberling/Schley 2000). In der Regel haben bei den bisherigen Versuchen Sonderpädagogen mit den Lehrern einer Klasse ein gemeinsames Team gebildet und eine Klasse mit nichtbehinderten und einigen behinderten Kindern betreut und unterrichtet. Ihre *Erfahrungen:*

- »Je ›ganzheitlicher‹ und ›integrierter‹ die Förderung lernschwacher bzw. behinderter Kinder erfolgt, desto größere Erfolge zeigen sich.« (Preuss-Lausitz 1988, 35, auch zum Folgenden)
- Die Kooperation fordert von beiden Lehrergruppen kommunikative und didaktische Anstrengungen, die durch Fortbildung unterstützt werden müssen.
- Als unbegründet hat sich die Sorge erwiesen, dass behinderte Kinder unter Diskriminierungen oder Versagenserfahrungen leiden würden.
- Die Schulleistungen sinken nicht, sind sogar bei den nichtbehinderten Kindern teilweise besser als in nichtintegrierten Klassen.
- Vor allem haben sich die sozialen Kontakte auch auf außerschulische Beziehungen ausgeweitet.
- Eltern beider Kindergruppen sind mit der gemeinsamen Erziehung zufrieden.
- Die größten Schwierigkeiten gab es bei verhaltensauffälligen Kindern (wie sonst auch).
- Schließlich lässt sich die Integrationsfähigkeit von Kindern nicht am Kind festmachen, sondern vor allem an der Schaffung eines angemessenen Lernumfeldes.

Hinter dem Integrationsgedanken steht die generelle Frage nach dem *Gesellschaftsbild* der Pädagogik: eine Konkurrenz-Gesellschaft, der es vor allem um das individuelle Vorwärtskommen geht, oder eine solidarische Gesellschaft, in der Menschen genauso selbstverständlich ihren Platz haben, die den Anforderungen nicht voll entsprechen.

Weitere Schulen
Abschließend noch einige kurze Hinweise auf die Fülle von Schulen, die hier nicht mehr beschrieben werden können.
Als Folge gewandelter gesellschaftlicher Verhältnisse wird z.B. die *Ganztagsschule* wieder diskutiert (Arbeitsgruppe ... 1994, 235ff., Ludwig 1993, Holtappels 1994, 1995), obwohl sie sicher aus Kostengründen nur vereinzelt eingerichtet werden kann. Den Vorteilen, eine breitere und differenziertere Unterrichtung und Betreuung der Schüler, Entlastung berufstätiger Eltern, Integration von Hausaufgaben in den Schulunterricht, mehr Raum für Kunst, Sport und Spiel u.a.m., stehen als Bedenken die Verschulung der Kindheit, die Entfremdung von der Familie, das Image einer Schule für sozial Schwache und natürlich die Kosten entgegen. – Zwischenlösungen sind z.B. der pädagogische Mittagstisch oder die Schule-Hort-Kombination. Einige Bundesländer haben inzwischen die »volle Halbtagsgrundschule« eingeführt.
Schließlich hat in den letzten Jahrzehnten die Zahl der *Freien und Alternativschulen* erheblich zugenommen, die sich mit der »Staatsschulpädagogik« kritisch auseinander setzen (Arbeitsgemeinschaft Freier Schulen 1993, Borchert/Maas 1998) .

10.3 Berufliche Schulen

Die Berufsschule
In Deutschland besteht für Jugendliche nach Abschluss der Vollzeitschulpflicht (9 bzw. 10 Jahre) noch eine dreijährige *Teilzeitschulpflicht* – auch für arbeitslose Jugendliche und solche, die ein Arbeitsverhältnis ohne Berufsausbildung eingegangen sind. (Nähere Informationen zu den beruflichen Schulen: Arbeitsgruppe ... 1994, 573 ff., Arnold/Lipsmeier 1995, 203 ff., Arnold/Müller 2000, 63 ff.)
Für Auszubildende soll die Berufsschule die betriebliche Ausbildung durch allgemeine und fachliche Lerninhalte in gewerblich-technischen, kaufmännischen, hauswirtschaftlichen und landwirtschaftlichen Schulen ergänzen. Das *Curriculum* der Berufsschule umfasst im Wesentlichen drei Bereiche:
- den berufspraktischen Unterricht (z.B. praktische Fachkunde, Laborübungen)
- den berufstheoretischen Unterricht (z.B. technisches Zeichnen, Rechnungswesen)
- den allgemein bildenden Unterricht (z.B. Deutsch, Politik).

Der Unterricht wird überwiegend in Teilzeitform (an einem oder zwei Wochentagen), aber auch in Blockform (z.B. zweimal 6 Wochen pro Jahr in Vollzeitform mit zusammenhängenden Unterrichtsabschnitten) erteilt. Der erfolgreiche Abschluss der Berufsschule entspricht in seinen Berechtigungen dem Hauptschulabschluss (unter bestimmten Bedingungen auch dem Realschulabschluss).

Ein immer noch ungelöstes Problem dabei ist die schwierige Abstimmung zwischen Schule und Betrieb. Sonderformen sind Klassen für Jugendliche ohne Ausbildungsvertrag (z.B. Berufsvorbereitungsklassen, auch für Behinderte, Migranten u.a.) und Einrichtungen des Berufsgrundbildungsjahres (als 11. Schuljahr) in einem Berufsfeld (z.B. Metall).

Berufsfachschulen
Einen Beruf kann man auch in Vollzeitschulen lernen – den Berufsfachschulen. Sie vermitteln einen anerkannten *beruflichen Abschluss* (z.B. Uhrmacher, Maschinen- oder Bauzeichner, chemisch-technische Assistenz) und dauern in der Regel drei Jahre. Einige Berufe sind nur über Berufsfachschulen erreichbar (z.B. Kinderpflege, Logopädie, Masseur), sie füllen sozusagen Nischen aus, die das duale System (vgl. Kapitel 11.4: Berufliche Bildung) lässt. Zu den Berufsfachschulen gehören auch Schulen, deren Besuch auf die folgende Berufsausbildung angerechnet werden kann oder die neben der Vermittlung von Grundzügen einer beruflichen Fachbildung auch einen *höheren Abschluss* verleihen (z.B. die zweijährigen Handelsschulen mit Realschulabschluss). In der Regel ist der Hauptschulabschluss Mindestqualifikation zum Besuch einer Berufsfachschule. Teilweise werden Berufsfachschulen auch von privaten Trägern angeboten.

Fachschulen
Anders als Berufsfachschulen zielen Fachschulen auf eine fachlich orientierte *Berufsfortbildung*. Sie fördern die berufliche Spezialisierung mit einer stärkeren Durchdringung des beruflichen Fachwissens und setzen einen Berufsabschluss in einem anerkannten Ausbildungsberuf sowie ein- bis zweijährige Berufserfahrung voraus. Genau genommen sind sie damit Einrichtungen der beruflichen Weiterbildung. Immerhin bedeutet der anerkannte Abschluss nach ein bis zwei Teil- oder Vollzeitschuljahren eine erheblich höhere Qualifikation (z.B. als Meister, staatlich geprüfter Techniker oder Betriebswirt). Als Sonderform gibt es aber auch die Fachschule für Sozialpädagogik (z.B. in Hamburg), in der Erzieherinnen – früher »Kindergärtnerinnen« – ausgebildet werden.

Berufsaufbauschulen
Wie der Name sagt, bauen diese Schulen auf den Beruf (bereits während der Ausbildung oder auch danach) auf. Ihr Attraktivität liegt darin, dass sie – gerade Hauptschüler – zur sog. Fachschulreife führen, d.h. den Besuch der Fachoberschule oder des beruflichen Gymnasiums ermöglichen. Ihre Inhalte sind stärker allgemein bildend als berufsbildend, obwohl sie für bestimmte Fachrichtungen eingerichtet worden sind (Technik, Wirtschaft, Hauswirtschaft- und Sozialwesen und Landwirtschaft). Sie haben aber wegen des Rückganges der Hauptschüler inzwischen an Bedeutung etwas verloren.

Fachoberschule

In der Regel setzt der Besuch der Fachoberschule den Realschulabschluss (oder den Abschluss der Berufsaufbauschule, s.o.) voraus, in manchen Bundesländern wird auch eine berufliche Qualifikation gefordert. Die Bedeutung der Fachoberschule liegt darin, dass sie eine wichtiges *Tor zum Hochschulstudium* ist, man kann mit dem Fachhochschulabschluss zunächst an einer Fachhochschule studieren und an einer Universität (allerdings mit NC) das Studium fortsetzen. Angeboten werden (je nach mitgebrachter Qualifikation) ein- und zweijährige Dauer, Teilzeit- oder Vollzeitunterricht. Neben der Vertiefung der Allgemeinbildung stehen fachpraktische und fachtheoretische Inhalte auf dem Plan, je nach Themenschwerpunkt der Fachoberschule (z.B. Agrarwirtschaft, Ernährung, Gestaltung, Metalltechnik, Wirtschaft).

Berufliche Gymnasien schließlich führen als gymnasiale Oberstufen mit berufsbezogenen Schwerpunkten (z.B. Wirtschaft, Technik, Pädagogik) zur allgemeinen Hochschulreife, da ihre Unterrichtsstruktur – abgesehen von einem »profilbildenden Fach« als erstem Leistungsfach und schriftlichem Abiturprüfungsfach – im Wesentlichen den andern gymnasialen Oberstufen entspricht.

10.4 Schultheorien

10.4.1 Schultheorie – wozu?

Wieso gehen eigentlich Millionen Schüler und Schülerinnen regelmäßig zur Schule? Warum gibt es überhaupt Schule? Warum wissenschaftlich ausgebildete Lehrkräfte, warum unterschiedliche Schulen, warum Hierarchien, warum Dreigliedrigkeit? Welche Funktion hat eigentlich die Schule in der Gesellschaft? Solche und andere Fragen mögen zunächst ähnlich sonderlich erscheinen wie die Frage an den Bankangestellten, warum denn das Sparkonto Zinsen bringt.

Sie merken: Theorie der Schule hinterfragt scheinbare Selbstverständlichkeiten, das uns (allzu sehr) Vertraute und Gewohnte. Wer den Charakter der Schule als gesellschaftlicher Institution verstehen will, die bestimmte Funktionen im Gesamtsystem zu erfüllen hat, wird über sein subjektives pädagogisches »Meinen« hinausgehen und sich mit Theorien zur Schule beschäftigen. Erst dann klärt sich die Frage, was unsere pädagogischen Bemühungen »hinterrücks« eigentlich bestimmt ... (Tillmann 1987).

Nachdem in den 70er Jahren die Schultheorie für tot erklärt wurde (Adl-Amini 1976, 17), hat es in den 80er und 90er Jahren unter dem Aspekt Schule und Gesellschaftssystem eine doch recht breite Wiederbelebung gegeben (Kemper 1997). Die Spannweite reicht von Kramps Verdacht auf »pseudotheoretische Rechtfertigungslehren« (1973, 49) über Fends (1980) soziologischen Theorieentwurf (s.u.), Derbolavs (1981) Suche nach einer mehrdimensionalen

Schultheorie, Ballauffs (1984) Analyse von 31 Funktionen der Schule, E. E. Geißlers (1984) Werk über »die Schule«, Apels (1995) historische und systematische Studien, Reflexionen zur Institutionalisierung von Lehren und Lernen in der Z. f. Päd. (34. Beiheft 1996) bis zu zwei neuen Arbeiten: Rainer Winkels (1997) Konzept einer Schule als Haus des Lebens und Lernens sowie J. Diederichs und H.-E. Tenorths (1997) sehr gut als Einführung in klassische und aktuelle Grundfragen der Schultheorie geeignetes Buch. Eine Textsammlung zu »klassischen« Positionen findet sich bei Baumgart/Lange (1999). Und auch dies ist nur eine Auswahl.

Von Schultheorien im weitesten Sinne zu unterscheiden sind Arbeiten, die sich – theoriegestützt – eher aktuellen schulpädagogischen Fragen widmen. Die neueste und umfassendste »Schulpädagogik« legt H. Meyer (1997) vor: Band 1 behandelt die wesentlichen Grundfragen der Schule heute, Band 2 ein Konzept von Schulentwicklung.

10.4.2 Organisationssoziologische Theorie

In dieser Sichtweise geht es um die Frage, wieweit sich die allgemeinen Ergebnisse der Organisationssoziologie auf die Schule übertragen lassen (Peter 1973, T. Schulze 1980, Niederberger 1984). Organisationen haben grundsätzlich folgen-

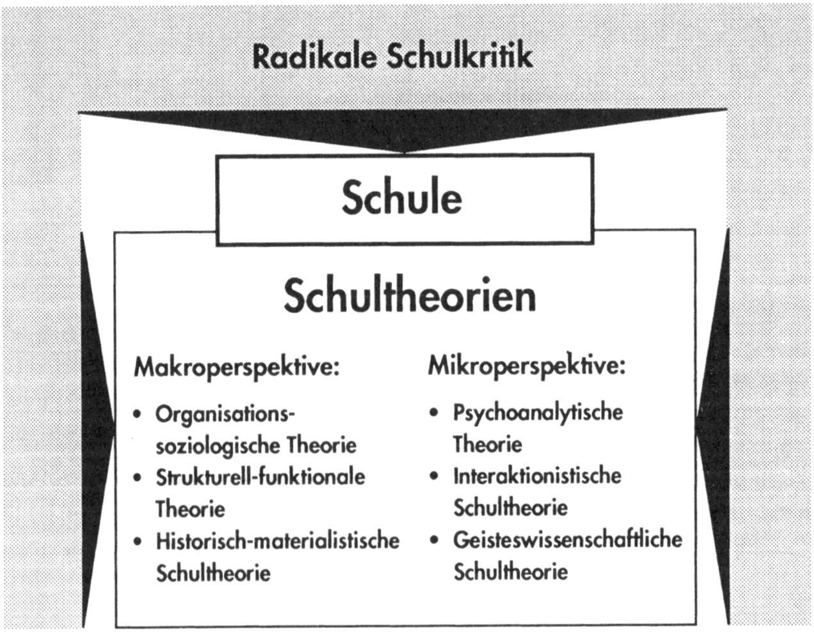

Abb. 30: Einteilung von Schultheorien

de Merkmale: Sie haben spezifische Ziele und Zwecke, sind rational gestaltet, sind ein gegliedertes Ganzes mit angebbarem Mitgliederkreis, Rollendifferenzierung, Arbeitsteilung und Machtverteilung, die Mitgliedschaft ist durch Eintritts- und Austrittsbedingungen geregelt, die Organisation überdauert die Mitgliedschaft bestimmter Personen, schließlich ist sie gegenüber der Umwelt teilweise offen und wandelt sich.

Nun sind diese Merkmale auf die Schule aber nur bedingt zu übertragen: Der *pädagogische* Umgang steht im Widerspruch zu einer völlig rationalen Gestaltung, die Nichttrennbarkeit von »persönlichem« und »dienstlichem« Verhalten der LehrerInnen lässt eine klare Rollenunterscheidung nicht zu, die Mitgliedschaft ist z.T. durch Zwang (Schulpflicht) geregelt usw. Luhmann hat für diese Widersprüchlichkeiten die schöne Formel gebraucht: »Ohne Organisation geht es nicht. Mit Organisation geht es auch nicht« (zit. nach T. Schulze 1980, 69).

Dennoch haben wir es bei der Schule mit einer Hochform der Institutionalisierung von Erziehung zu tun, deren Merkmale sich (nach Tillmann 1988, 30ff.) auf drei Organisationsebenen konkretisieren, welche das Hauptziel der Schule (nämlich Unterricht zu veranstalten) bestimmen:

1. Bevor der Unterricht konkret stattfindet, sind jene grundlegenden Bedingungen schon vorgeplant und organisiert, die den Lernprozess beeinflussen (Lehrplan, Stundentafel, Jahrgangsklassen, Facheinteilung, Anzahl der Klassenarbeiten u.a.m.) – *die Lernorganisation ist weitgehend formalisiert.*
2. Den pädagogischen Ideen sind deutliche Grenzen gesetzt, es gibt z.B. Raumzuteilungen, Mittelverwaltung, Dienstvorschriften, Arbeitszeitbestimmungen (kein Lehrer kann z.B. individuell Ferien machen) – *die Schule wird bestimmt durch Verwaltungsorganisation.*
3. Lehrer und Lehrerinnen haben nur für bestimmte Schulen eine Lehrbefugnis, es gibt die Aufgliederung in Schulformen und Bildungsgänge, Abschlussberechtigungen, Übergangsmöglichkeiten – *die einzelne Schule ist eingebunden in die Makroorganisation des Bildungswesens.*

Man sieht leicht, wie stark externe – »unpädagogische« – Vorgaben über pädagogische Prinzipien bestimmen.

> Die Schule muss einen prinzipiellen Konflikt bewältigen: Einerseits muss sie die bürokratischen Kontrollmechanismen durchsetzen (Einheitlichkeit, Überschaubarkeit, Kontrollierbarkeit), andererseits muss sie diese immer wieder relativieren, um sich pädagogische Handlungsspielräume zu schaffen. Darum ist der Schulleiter eben kein Verwaltungsjurist, sondern Lehrer.

Der Eindruck, dass das Organisationskorsett der Schule ihre Arbeit völlig determiniert, wäre also einseitig. Der pädagogische Alltag geht – glücklicherweise – darin nicht auf. Es gibt Handlungsspielräume der Beteiligten quer zur Organisationsstruktur und Regelhaftigkeit der Handlungsvollzüge – ein Feld pädagogischer Chancen wie zahlreicher Konflikte. Schule ist immer auch »Schonraum« gegenüber gesellschaftlichen Zugriffen mit einer »relativen Autonomie«.

10.4.3 Die gesellschaftlichen Funktionen der Schule: struktur-funktionale Theorie

Die Schule der modernen Gesellschaft hat im Übergangsbereich von der Familie zur Gesellschaft drei zentrale Funktionen (Fend 1980, Fingerle 1987):

1. Die *Qualifikationsfunktion:* Die Schule hat die Aufgabe, dem Nachwuchs Kenntnisse und Fertigkeiten zu vermitteln, damit dieser später im Beschäftigungssystem »brauchbar« ist und am gesellschaftlichen Leben teilhaben kann. Das umgreift fachliche Qualifikationen, von den Kulturtechniken bis zu naturwissenschaftlichen Kenntnissen (auch die »funktionalen Qualifikationen« genannt), aber auch die Arbeitstugenden wie Leistungsbereitschaft, Fleiß, Pünktlichkeit, Ausdauer usw. (auch »extrafunktionale Qualifikationen« genannt).
2. Die *Selektions- und Allokationsfunktion:* Bekanntlich sind moderne Gesellschaften hochgradig arbeits- und funktionsteilig organisiert, wobei in der Hierarchie der Positionen die begehrten knapp und gut dotiert, die weniger begehrten (mit weniger Prestige, Macht und Einkommen) zahlreicher und leichter zu haben sind. Die Schule hat nun die Funktion, durch unterschiedlich hohe Qualifikationen (dokumentiert durch die verschiedenen Schulabschlüsse) die Schüler für diesen Verteilungsprozess auszusortieren (Selektion) und die unterschiedlich qualifizierten Absolventen den jeweiligen Ebenen des Beschäftigungssystems zuzuführen (Allokation). Damit wird jedem ein sozialer Status zugewiesen. Soziale Auslese und Leistungsauslese sind untrennbar verbunden. – Die Forderung nach Chancengleichheit betont dabei den Erfolg durch Leistung (nicht nach sozialer Herkunft, deren Defizite durch besondere Förderung ausgeglichen werden sollten), ändert aber am Prinzip der Selektion und Allokation nichts.
3. Die *Integrations- und Legitimationsfunktion:* Im Hinblick auf das politische System hat die Schule dafür zu sorgen, dass der Nachwuchs in die Normen und Werte dieser Gesellschaft integriert wird. Dies umschließt die Verfassungsnormen (von den Menschenrechten bis zur Rechtsstaatlichkeit) ebenso wie die Grundprinzipien des Wohlstandspostulates für alle, Leistung als Bedingung von Lohn oder die Ausübung (und demokratische Kontrolle?) von Macht und Herrschaft. Weiterhin hat die Schule diese Prinzipien zu legitimieren (oder etwa auch bei ihrem Missbrauch entsprechend zu kritisieren?), d.h. ihre Gültigkeit und Verbindlichkeit zu begründen. Sie tut dies durch Unterricht in bestimmten Fächern (wie Politik, Geschichte und auch Deutsch), wo entsprechende Themen behandelt werden. Sie tut dies aber auch durch ihren »heimlichen Lehrplan«, durch den auf der »Hinterbühne« sozial relevante Einstellungen (z.B. das Konkurrenzprinzip oder die Gewöhnung an Fremd-

bestimmung) vermittelt werden.

4. Eine vierte Funktion hat W. Klafki hinzugefügt: die Funktion der *Kulturüberlieferung*. Sie ist mit den bisher genannten nicht hinreichend erfasst (Klafki 1989). Schulische Kulturüberlieferung ist dabei keineswegs nur »rückwärts« gewandt, sondern ermöglicht dem Fortschritt erst die Richtung, indem sie durch eine kulturelle Kohärenz der Generationen eine kulturelle Identität stiften und weiterentwickeln hilft.

Eine Weiterführung des gesamten strukturell-funktionalen Ansatzes liegt in der modernen Systemtheorie, wie sie für die Pädagogik u.a. von Luhmann/Schorr (1979), Huschke-Rhein (1989) und v. Saldern (1991) skizziert wurde.

Abb. 31: Einteilung von Schultheorien

10.4.4 Historisch-materialistische Schultheorie

Es gibt zumindest drei Richtungen, die auch theoretisch anspruchsvolle Denkanstöße vermittelt haben (Auernheimer 1987):

1. Analysen der »Politischen Ökonomie des Ausbildungssektors« haben den Zusammenhang von ökonomischen *Krisenzyklen und Bildungsinvestitionen* herausgearbeitet und den Widerspruch zwischen dem Slogan »Bildung ist Bürgerrecht« und der normativen Kraft des Arbeitsmarktes aufgedeckt. Die oben beschriebene »Qualifikation« dient danach nicht der allseitigen Entfaltung aller menschlichen Kräfte, sondern ist auf Verwertbarkeit für die kapitalistische Entwicklung ausgerichtet.
2. Eine generelle *Schulkritik* untersuchte das »Lernen in der Klassenschule« und suchte nachzuweisen, dass die Schule wie die Gesellschaft Klassencharakter habe, dass sie nicht viel mehr sei als Spiegel der Produktionsverhältnisse (mit all den damit verbundenen Widersprüchen).
3. Mit der politischen Ökonomie des Ausbildungssektors zusammenhängend und zum Teil auch im Widerspruch zu der hier postulierten *direkten* Abhängigkeit des Bildungswesens von der ökonomischen Basis wurde die *ideologische Funktion* der Schule betont. Man suchte aufzuweisen, dass gesellschaftliche Herrschaft durch Transport von Ideologien im schulischen Unterricht gestützt würde. Subjektivität stelle sich her im Aufbau ideologischer Kompetenz, also sozusagen indirekt und »heimlich«.

10.4.5 Psychoanalytische Schultheorie

Nach den wichtigen Arbeiten Bernfelds (Sisyphos oder die Grenzen der Erziehung, 1925) setzte die psychoanalytische Diskussion der Schule als Institution wieder ein mit dem grundlegenden Beitrag Fürstenaus »Zur Psychoanalyse der Schule als Institution« (1964). Im Mittelpunkt stand die Aufdeckung der Abwehr unbewusster Triebe und Affekte durch die Schule mit ihrer zweckrationalen Organisation. Wenig später untersuchte Wellendorf (1973) die schulischen *Rituale* (z.B. sehr eindrücklich die Einschulung mit der symbolischen Trennung der Kinder von den Eltern durch den Gang in das zukünftige Klassenzimmer) und fand heraus, wie insgesamt in der ritualisierten schulischen Szene Triebregungen bei Schülern und Lehrern abgewehrt werden – »und eben doch unbewusst wiederkehren« (Muck, M. u. G. 1987, 74). Da aber keine sprachliche Verständigung über den Sinn der Rituale erfolge, komme es zu infantilisierenden Formen der Konfliktbewältigung, die die Integration neuer Erfahrungen in die Identität der Schüler erschweren.

Insbesondere das *Leistungsprinzip* wurde kritisch unter die psychoanalytische

Lupe genommen: Es ist gekoppelt an Rivalität und Konkurrenz und erzeugt daher Hass, Intoleranz und Ausbeutung. Damit diese destruktiven Regungen die Schule aber nicht sprengen, werden vehement in der Schule die gegenteiligen Werte betont: Duldsamkeit, Nächstenliebe, Achtung – die sich damit als »Reaktionsbildungen« erweisen, also als ein unbewusster psychischer Mechanismus der Abwehr nicht zugelassener Impulse (Muck 1980). Die Inhumanität schulischer Praktiken wurde auch von Singer (1981) mit seinem Plädoyer für eine humane Schule recht praxisnah entfaltet. Der Zwangscharakter der Schule ist eine Analogie zur – gesellschaftlich benötigten – zwanghaften Persönlichkeit. Eine weitere bedeutende Richtung der Psychoanalyse ist die gezielte Untersuchung der konkreten *Beziehungsebene* in der Schule. H. Brück (1978) hat die verdrängte Kindlichkeit im Lehrer nachgewiesen, die das Beziehungsgeflecht zu Kindern maßgeblich beeinflusst. (Was in mir unbewusst und tabuisiert ist, kreide ich dir besonders heftig an ...) – T. Ziehe (1975) ist einem narzisstischen Schülerverhalten (oft kolportiert als »Neuer Sozialisationstyp«) nachgegangen. Schließlich hat Hirblinger (1999) die Dynamik unbewusster Prozesse im unterrichtlichen Beziehungsfeld analysiert und Möglichkeiten einer nicht allein »zweckrationalen« Erfahrungsbildung für Lehrer wie für Schüler aufgezeigt. Weitere führende psychoanalytische Pädagogen wie Bittner, Scarbath, Fatke, Trescher, Leber, Winterhager-Schmidt u.a. haben die Schule immer wieder in den Blick genommen – ohne dass man allerdings von einer »psychoanalytischen Schultheorie« sprechen könnte.

Insgesamt weist psychoanalytisch inspiriertes Denken und Sehen in der Pädagogik folgende grundlegende Charakteristika auf (Scarbath 1992):

1. *Verständnis für die unbewussten Anteile des Erlebens und Verhaltens*, für die psychodynamischen Prozesse wie Gefühlsübertragung, Verdrängung etc., für das, was uns selber rätselhaft ist, nicht durchschaubar, angstmachend, für das, was uns entgegen guter Absichten immer wieder »passiert« ...
2. Ein Gespür für die Ambivalenzen, Gefühls-Mehrdeutigkeiten und Widersprüche in unseren Strebungen und Affekten: Kinder zugleich zu lieben und zu hassen, sie zu mögen und zugleich nicht ausstehen zu können – also eine Aufmerksamkeit für die jeweils gegensätzlichen Anteile in unserm Verhalten.
3. Die Betonung lebensgeschichtlicher Zusammenhänge aktueller Verhaltensweisen, das Verstehen von Konflikten bei Lehrern, Kindern und Eltern auch (nicht nur) aus der Lebensgeschichte heraus. In der neueren Psychoanalyse gilt nicht mehr einfach: Die Kindheit ist das Schicksal.
4. Die pädagogisch Handelnden sind immer mit in die Szene oder den »Fall« verwickelt. Oft signalisiert erst die Überreaktion, dass ein wunder Punkt bei uns selbst getroffen wurde.
5. Psychoanalyse beschäftigt sich mit Konflikten. Sie ist darum prinzipiell gesellschafts- und herrschaftskritisch, an Aufklärung und Mündigkeit interessiert. Damit wird von vornherein einer Psychologisierung oder gar Therapeutisierung schulischen Handelns entgegengewirkt.
6. Methodologisch hat die Psychoanalyse als Wissenschaft ohne Frage eine empirische Basis, versteht sich aber weitgehend als Hermeneutik im Sinne einer auf die menschliche Lebenspraxis bezogenen Kunst der Auslegung, einer interpretativ verfahrenden Erfahrungswissenschaft.

Fazit: Das Unbewusste bleibt unbewusst – darum heißt es so ... Wer die »Mechanismen« des Unbewussten rational beweisen will (oder sie mit rationalen Gründen ablehnt), hat die Psychoanalyse nicht begriffen.

10.4.6 Interaktionistische Schultheorie

Wir hatten bereits in der Theorie des Symbolischen Interaktionismus im Anschluß an G. H. Mead (vgl. Kapitel 6: Sozialisation) gesehen, dass Menschen in der Interaktion wechselseitig das Verhalten des andern vorweg deuten, um angemessen handeln zu können. Während in der nicht organisierten Interaktion (z.B. zweier Fremder an der Bushaltestelle) dies sozusagen frei ausgehandelt werden kann, ist in einer Institution wie der Schule die Bedeutung einer Situation den

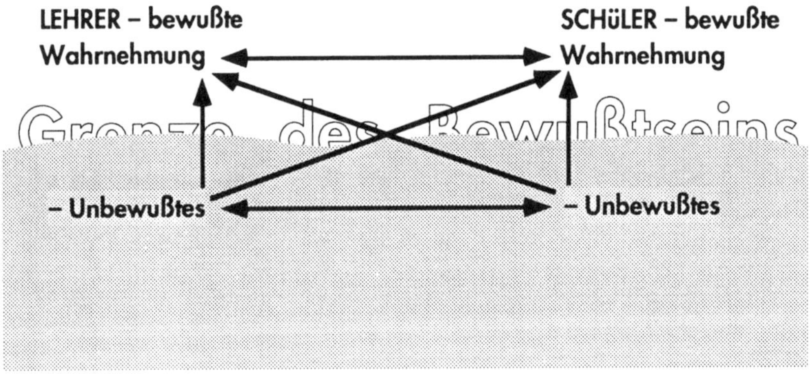

Abb. 32: Das Unbewusste in der Interaktion

Aushandlungsprozessen der Handelnden weitgehend entzogen (man kann nicht wie an der Bushaltestelle durch ein Gespräch über das Wetter Kontakt miteinander aufnehmen, sondern hat sich zu melden und Lehrerfragen zu beantworten). Die Institution überwacht die Einhaltung der Erwartungen durch positive und negative Sanktionen. Sie übt soziale Kontrolle über die Einhaltung vorweg definierter Situationen aus (»Wenn du dich nicht anstrengst, fliegst du«). Das ist keine besonders perfide Überwachung, sondern Ausdruck der wechselseitig anerkannten Situationsdefinition in dieser Institution.
Nun zeigt sich aber, dass *die Macht zur Definition der Situationen* sehr ungleich verteilt ist, die Institution (und damit die Lehrer und Lehrerinnen) haben höhere

Interpretationschancen als die SchülerInnen (z.B. wenn die Versetzung auf dem Spiel steht). Wenn es um wichtige »soziale Güter« (wie Zeugnisse, Berechtigungen) geht, hört die wechselseitige Vorweginterpretation weitgehend auf. Die Institution behindert massiv die Möglichkeit, Identität zu entwickeln im Sinne der Fähigkeit, sich eigenen spontanen Antrieben (das »I« in der Interaktionstheorie) und den Erwartungen anderer gegenüber (das »Me«) so zu verhalten, dass ich bestimmen kann, wer ich sein will, für mich und andere (»Identität«). Die Institution Schule fördert einen solchen offenen, reflektierenden Prozess wenig. Dafür widmet sie sich aber besonders den Abweichlern, sie etikettiert und stigmatisiert abweichendes Verhalten.
Auf diesem Gebiet ist die interaktionistische Schultheorie nun sehr praktisch geworden und hat durch Forschungen zu *Stigmatisierung und Etikettierung* von abweichendem Verhalten zu einer Revolution des traditionellen Verständnisses geführt (Brumlik/Holtappels 1987, 94).
Die Institution definiert (per Macht), was abweichendes Verhalten ist, was ein

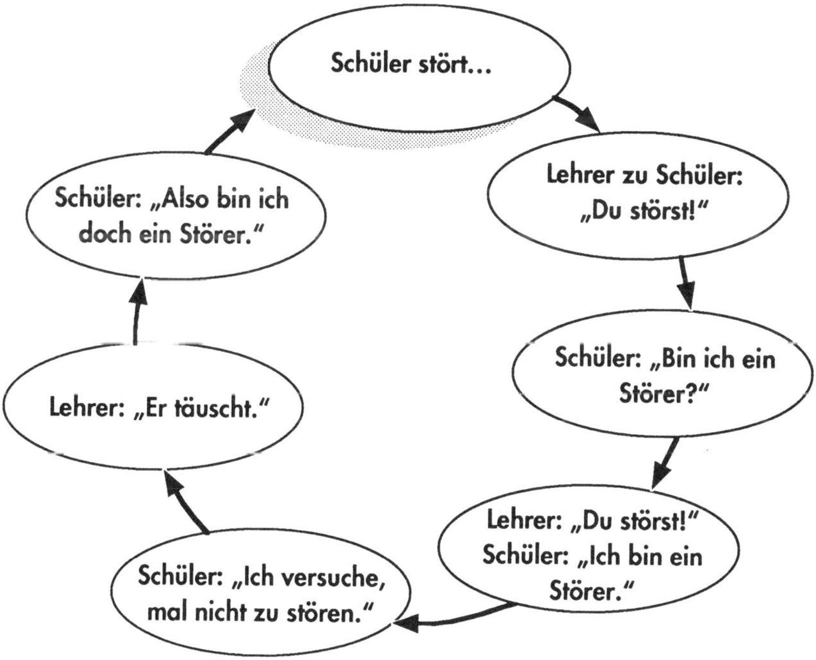

Abb. 33: Der Teufelskreis der Stigmatisierung

guter Schüler ist etc. – Kein Schüler genügt natürlich allen Anforderungen, aber die Schule trägt ihre Definition von Abweichung an die Schüler heran, sie definiert ein »Stigma« (Goffman). (Vgl. dazu die oben stehende Abbildung Nr. 33.) Diese an den Betroffenen herangetragene Definition (»Du störst andauernd den Unterricht«) wird von ihm selbst mit der Zeit übernommen und internalisiert *(labeling approach)*, er beginnt sich so zu verhalten, wie es der Lehrer definiert hat: Die Fremddefinition geht in eine Selbstdefinition über! (Und stört er mal nicht, na ja, dann täuscht eben er kurzfristig.) Das Etikett bewirkt (abweichend vom eigentlichen Selbstbild) das entsprechende Verhalten und die Wahrnehmung durch andere – ein Teufelskreis von Zuschreibung und Reaktion. Es ist nichts anderes als die berüchtigte Self-fulfilling prophecy ... Man spricht deshalb auch von »sekundärer« Devianz.

Und trotzdem: Auch SchülerInnen interpretieren und definieren Handlungssituationen ihrerseits. Sie erfinden »Taktiken« (Heinze 1980), mit denen sie die identitäts- und statusbedrohende Etikettierungen abweisen. Sie unterlaufen vorweg definierte Regelungen und ihre Anwendung und entgehen so den Sanktionen: Dösen mit konzentriertem Blick, Ablenkung von Normverstößen (dem Lehrer schmeicheln), Ausnutzung kontrollarmer Bereiche (Rauchen auf dem Klo), Sabotage des Konkurrenzprinzips durch Mogeln u.a.m. – Ein solches »Doppelleben« ist Ausdruck der Notwendigkeit, auch unter restriktiven Bedingungen auf minimale Weise Distanz zu Vorwegdefinitionen von Handlungssituationen zu erreichen und auf diese Weise Identität zu gewinnen und zu erhalten.

10.4.7 Geisteswissenschaftliche Schultheorie

Im Zuge des Theorieverständnisses der geisteswissenschaftlichen Pädagogik (vgl. Kapitel 2: Richtungen der EW), die von der Praxis her für die Praxis denkt, lassen sich folgende »Grundaussagen und Grenzen« (Klafki 1987, 21ff.; 2000, 43ff.) formulieren:

1. Schule wird in ihrer Bedingtheit, aber auch als mitwirkendes Moment in den umfassenden historischen, kulturellen, ökonomisch-sozialen und politischen Zusammenhängen gesehen.
2. Historisch wird jener neuzeitliche Vorgang (siehe Kapitel 4: Geschichte der Pädagogik) positiv gedeutet, in dem der Staat zum dominierenden Träger des Schulwesens wird und dessen relative Eigenständigkeit zu sichern hat. Der Staat begrenzt damit selbst seine Verfügungsmacht und schafft der Schule Raum für pädagogisch verantwortliche Arbeit.
3. Schule wird zwar grundsätzlich als Funktion der Gesellschaft gesehen, aber der Charakter des Staates und der Gesellschaft wird wenig kritisch betrachtet, ebenso wie die tatsächlichen Funktionen der Schule (Auslese, Integration etc., s. o.) nicht deutlich herausgearbeitet werden.
4. Die Bedeutung des *Schulsystems* (z.B. seine Dreigliedrigkeit, die Trennung von allgemein bildendem und beruflichem Schulwesen) wird allenfalls in Ansätzen erfasst.
5. Die geisteswissenschaftlichen Arbeiten zur Schultheorie haben das generelle Wechselverhältnis von »äußerer« (d.h. auf Organisation bezogener) und »innerer« (d.h. auf Unterricht und Schulleben bezogener) Schulreform erkannt. Sie haben aber diese Polarität dadurch entschärft, dass sie der inneren eindeutig die größere Bedeutung zusprachen.
6. Die Analyse der Schule als Institution hat einen geringen Stellenwert.

7. Als weiteren wichtigen Punkt würde ich hinzufügen, dass der methodisch geordnete, systematisch aufgebaute Unterricht (in der Hochform als Lehrgang) als das »Rückgrat« von Schule herausgearbeitet wurde, der die Schule in der Moderne überhaupt erst als Institution begründbar macht.

Insgesamt kann Schule aber nicht allein vom Unterricht her definiert werden, denn sie hat in der modernen Gesellschaft auch eindeutig weitere Funktionen, z.B. die edukative (im Sinne der Entwicklung der Persönlichkeit), die kompensatorische (im Sinne des Ausgleichs auch sozialer Verhaltensdefizite: die Sozialpädagogik wird heute immer dringender in der Schule!) und die präventive (im Sinne einer [Auf-]Bewahrung z.B. von Jugendlichen ohne Ausbildungsvertrag vor der »Straße«, wie dies neuerdings die verstärkte Einrichtung von Berufsvorbereitungsklassen etc. als »Warteschleifen« zeigt).

10.4.8 Radikale Schulkritik als Schultheorie?

Neben (nord)amerikanischen Kritikern der Schule wie P. Goodman, J. Herndon, G. Dennison u.a. sind es vor allem die der Dritten Welt verpflichteten Denker, die eine radikale Kritik der Schule in den Industrienationen entwickelt haben und damit zugleich auch auf theoretische Grundprobleme der Schule in modernen Gesellschaften eingegangen sind. Ich mache dies exemplarisch deutlich an Ivan Illich (1973) und Paolo Freire (1973), die auch die schulkritische Diskussion in Deutschland maßgeblich beeinflusst haben. Diese weltweit beachtete Kritik lässt sich in fünf Punkten zusammenfassen (Dauber 1987, 108f., Klemm/Treml 1989).

1. Unterricht in der Schule ist heute sozial kontrolliertes, fremdbestimmtes Lernen und Leben. Wachsende Apathie und Aggression sind die Folgen. Dennoch heißt besseres Lernen traditionell vor allem: mehr lernen.
2. Personale Beziehungen zwischen Lehrenden und Lernenden werden durch institutionelle Verantwortlichkeiten ersetzt. Schulen werden wie Fabriken organisiert: groß, um rationell zu sein, differenziert, um spezialisiert zu unterrichten, wobei aktives, selbstdiszipliniertes (!) Lernen auf der Strecke bleibt. Braucht das Lernen wirklich die professionalisierte Anleitung staatlich angestellter Lehrer?
3. Schulen dienen vor allem den Reichen, den Privilegierten. Bildungsinvestitionen fließen vor allem in entsprechende Bildungsgänge, die nicht der Mehrheit zugute kommen.
4. Die Irrelevanz des in der Schule Gelernten steigt in dem Maß, wie es von den realen gesellschaftlichen Problemen abgeschnitten ist. Schule ist nicht Erfahrungs- und Handlungsraum, sondern wird zu einem Raum, in dem schulische Wahrheiten eingetrichtert – und »abgelegt« werden.
5. Aus der radikalen Schulkritik folgen grundlegende Reformvorschläge (soweit Schule nicht generell abschaffbar und durch freie Lernangebote ersetzbar ist): Schule muss sich in die vielfältigen Aktivitäten der sie umgebenden sozialen und natürlichen Umwelt hineinverlagern; Experten aus den Lebensbereichen können als »Lehrer« herangezogen werden; die Beziehungen in der Schule werden bestimmt von gemeinsamer Suche nach Lösungsmöglichkeiten realer gesellschaftlicher Probleme; Kinder und Erwachsene lernen gemeinsam; Schulen sollen hochgeschätztes Wissen allen zugänglich machen, nicht nur einer Minderheit; heterogene Lerngruppen und flexible Zeit-

pläne lösen die starren Organisationsstrukturen ab, Lernen wird selbst-bestimmt; Schulen sollen keine Berechtigungen verleihen, sondern frei zugängliche Lernmöglichkeiten ohne jede Vorbildung anbieten.

Zusammenfassung: Keine Theorie kann »die« Schule erschöpfend erklären. Aber ein Überblick über unterschiedliche Zugänge kann helfen, genauer zu unterscheiden, welche Probleme und Konflikte in einer konkreten Schulsituation eher »hausgemacht« und welche eher strukturell-gesellschaftlich bedingt sind. Die Außenperspektive gesellschaftlicher Normierung von Schule und die Binnenperspektive der individuellen Umsetzung und »Brechung« treten in der schulischen Wirklichkeit stets gleichzeitig auf. Darin liegt der Handlungs- und Veränderungsspielraum in der Schule.

Doch – wie sagte noch ein schulpolitischer Glaubenskrieger? »Ich habe meine Vorurteile, verwirren Sie mich nicht durch Tatsachen!«

Lese- und Arbeitsvorschläge

Einen umfassenden, auch auf die (historische) Entwicklung der Ost-Länder eingehenden Überblick vermittelt das Buch der Arbeitsgruppe Bildungsbericht am Max-Planck-Institut für Bildungsforschung: Das Bildungswesen in der Bundesrepublik Deutschland. Reinbek 1994. Die Entwicklung in den Bundesländern schreitet zwar unterschiedlich voran, aber es gibt einen orientierenden Länderüberblick bei J. Petersen/G.-B. Reinert (Hg.): Bildung in Deutschland. Donauwörth 1995. Kritisch verfolgt werden die Entwicklungen im Sekundarbereich bei E. Rösner: Das Schulsystem in Deutschland. Hamburg 1999. – Allerdings reicht eine bloße Institutionenkunde für ein wissenschaftliches Studium nicht aus. Die Auseinandersetzung mit Schultheorien öffnet den Blick für Hintergrundprobleme, die das Alltagshandeln bestimmen. Kompakt führt in die wichtigsten Schultheorien ein: K.-J. Tillmann (Hg.): Schultheorien. Hamburg 1993. Wer sich nicht so stark an Theorie referierenden Darstellungen, sondern mehr an gegenstandsbezogenen Theoretisierungen orientieren möchte, kann dies tun mit dem Buch von J. Diederich/H.-E. Tenorth: Theorie der Schule. Berlin 1997.

Als *Arbeitsvorschlag* folgende Aufgaben: 1. Nehmen Sie Papier und Stift und entwickeln Sie eine Aufbauskizze des Bildungswesens, die Ihren eigenen Vorstellungen von einem modernen Bildungswesen entspricht. Sie können sich dazu kritisch von der in diesem Kapitel abgedruckten Aufbauskizze absetzen. 2. Ein Student hat anhand der in diesem Kapitel abgedruckten Aufbauskizze »als Scherz«

nachgewiesen, dass ein Sonderschüler Hochschulprofessor werden kann. Wie könnte eine solche Bildungskarriere aussehen (d. h. über welche Institutionen und Abschlüsse)?

Literatur

Adl-Amini, B.: Schultheorie – Geschichte, Gegenstand und Grenzen. Weinheim und Basel 1976

Adl-Amini, B.: Grundriß einer pädagogischen Schultheorie. In: W. Twellmann (Hg.): Handbuch Schule und Unterricht, Bd. 7, S. 63–94. Düsseldorf 1985

Altrichter, H./Schley, W./Schratz, M. (Hg.): Handbuch zur Schulentwicklung. Innsbruck 1998

Anweiler, O. u.a.: Bildungssysteme in Europa. Weinheim 1995, 4. Aufl.

Apel, H.J.: Theorie der Schule. Donauwörth 1995

Appel, S.: Handbuch Ganztagsschule. Schwalbach 1998

Arbeitsgemeinschaft Freier Schulen (Hg.): Handbuch Freie Schulen. Reinbek 1993

* *Arbeitsgruppe Bildungsbericht am Max-Planck-Institut für Bildungsforschung: Das Bildungswesen in der Bundesrepublik Deutschland. Reinbek 1990, vollst. überarb. und erw. Neuausgabe 1994*

Arnold, R./Lipsmeier, A. (Hg.): Handbuch der Berufsbildung. Opladen 1995

Arnold, R./Müller, H.-J.: Berufsbildung: Betriebliche Berufsausbildung, berufliche Schulen, Weiterbildung. In: Krüger, H.-H./Rauschenbach, T. (Hg.) 2000, a.a.O., S. 63–91

Auernheimer, G.: Bis auf Marx zurück – historisch-materialistische Schultheorien. In: K.-J. Tillmann (Hg.), 1987, a.a.O., S. 61–70

Aurin, K.: Sekundarschulwesen. Stuttgart 1978

Aurin, K./Wollenweber, H. (Hg.), Schulpolitik im Widerstreit. Bad Heilbrunn 1997

Bach, H., u.a.: Handbuch der Sonderpädagogik. 11 Bde. Berlin 1977 ff.

Ballauf, T.: Funktionen der Schule. Frankfurt/M. 1984

Bastian, J. (Hg.): Pädagogische Schulentwicklung. Schulprogramm und Evaluation. Hamburg 1998

Bastian, J./Furck, C. L.: Die Zukunft der Hauptschule in Hamburg. [Manuskript] Hamburg 1991

Baumert, J. (in Zusammenarbeit mit J. Raschert): Gesamtschule. In: D. Lenzen (Hg.), Enzyklopädie Erziehungswissenschaft, Bd. 8, S. 228–269. Stuttgart 1983

Baumgart, F./Lange, U. (Hg.): Theorien der Schule. Bad Heilbrunn 1999

Beruf und Berufsbildung. 40. Beiheft (1999) der Z. f. Päd.

Bildungsfinanzierung. Themenschwerpunkt der Z. f. Päd. H. 1/2000

Bildungskommission NRW: Zukunft der Schule – Schule der Zukunft. Neuwied 1995

Bleidick, U.: Sonderschule, In: D. Lenzen (Hg.), Enzyklopädie Erziehungswissenschaft, Bd. 8, S. 270–287. Stuttgart 1983

Bleidick, U. u.a.: Einführung in die Behindertenpädagogik, Bd. 1–3, Stuttgart 1998, 1999

Böttcher, W./Klemm, K. (Hg.): Bildung in Zahlen. Weinheim 1995

Borchert, M./Maas, M. (Hg.): Freie Alternativschulen. Bad Heilbrunn 1998

Bronder, D.J./Ipfling, H.-J./Zenke, K.G. (Hg.): Handbuch Hauptschulbildungsgang. Bd. 1: Grundlagen. Bad Heilbrunn 1998; Band 2: Praxisberichte. Bad Heilbrunn 2000

Brügelmann, H./Fölling-Albers, M./Richter, S.: Jahrbuch Grundschule. Seelze 1998

Brück, H.: Die Angst des Lehrers vor seinem Schüler. Reinbek 1978

Brumlik, M./Holtappels, H.G.: Mead und die Handlungsperspektive schulischer Akteure interaktionistische Beiträge zur Schultheorie. In: K.-J. Tillmann (Hg.) 1987, a.a.O., S. 89–103

Bund-Länder-Kommission für Bildungsplanung und Forschungsförderung (BLK): Modellversuche mit Gesamtschulen. Bühl 1982
Dauber, H.: Radikale Schulkritik als Schultheorie? In: K.-J. Tillmann (Hg.) 1987, a.a.O., S. 105 bis 115
Derbolav, J.: Auf der Suche nach einer mehrdimensionalen Schultheorie. In: W. Twellmann (Hg.): Handbuch Schule und Unterricht, Bd. 1, S. 27–44. Düsseldorf 1981
Deutscher Bildungsrat: Zur pädagogischen Förderung behinderter und von Behinderung bedrohter Kinder und Jugendlicher. Bonn 1973
Deutscher Bildungsrat: Strukturplan für das Bildungswesen. Bonn 1970
Diederich, J./Tenorth, H.-E.: Theorie der Schule. Berlin 1997
Dietrich, T.: Zeit- und Grundfragen der Pädagogik. Bad Heilbrunn 1992, 7. Aufl.
Drews, U./Wallrabenstein, W. (Hg.): Einführung in die Grundschulpädagogik, Weinheim 2000
Eberwein, H. (Hg.): Integrationspädagogik. Weinheim 1999, 5. Aufl.
Einsiedler, W. u.a. (Hg.): Handbuch Grundschulpädagogik und Grundschuldidaktik. Bad Heilbrunn 2001 (im Druck)
Fatke, R.: Psychoanalytische Beiträge zur Schultheorie. In: Die Deutsche Schule H.1/1986, S. 4–15
Fend, H.: Sozialisierung und Erziehung. Weinheim 1969
Fend, H.: Gesamtschule im Vergleich. Weinheim und Basel 1982
Fend, H.: Theorie der Schule. München – Wien – Baltimore 1980
Fingerle, K.-H.: Von Parsons bis Freud – strukturell-funktionale Schultheorien. In: Tillmann, K.-J. (Hg.) 1987, a.a.O., S. 47–59
Flösser, G./Otto, H.-U./Tillmann, K.-J. (Hg.): Schule und Jugendhilfe. Neuorientierung im deutsch-deutschen Übergang. Opladen 1996
Fölling-Albers, M.: Veränderte Kindheit – Neue Aufgaben für die Grundschule. In: D. Haarmann (Hg.): 1991, a.a.O., S. 52–64
Freire, P.: Pädagogik der Unterdrückten. Reinbek 1973
Friedeburg, L. von: Bildungsreform in Deutschland. Frankfurt/M. 1989
Führ, C./Furck, C.-L. (Hg.): Handbuch der deutschen Bildungsgeschichte, Bd. VI: 1945 bis zur Gegenwart. 1. + 2. Teilband. München 1997 und 1998
Fürstenau, P.: Zur Psychoanalyse der Schule als Institution. In: Theorie der Schule (hg. vom Pädagogischen Zentrum), Weinheim 1969, S. 9–25 (1. Aufl. 1964)
Furck, C.-L.: Widersprüche in der Bildungspolitik. In: Z. f. Päd. H. 3/1992, S. 457–471 (a)
Furck, C.-L.: Schulpädagogik in Bewegung? In: PÄDAGOGIK H. 9/1992, S. 54–57 (b)
Geissler, E.E.: Die Schule. Theorien, Modelle, Kritik. Stuttgart 1984
Gesing (Hg.): Pädagogik und Didaktik der Grundschule. Neuwied 1997
Giesecke, H.: Pädagogische Illusionen. Stuttgart 1998
Glumpler, E./Luchtenberg, S. (Hg.): Jahrbuch Grundschulforschung. Weinheim 1997
Gudjons, H.: Die Hauptschule – Schulform ohne Zukunft? In: PÄDAGOGIK H. 6/1988, S. 41–45
Gudjons, H./Köpke, A. (Hg.): 25 Jahre Gesamtschule in Deutschland. Bad Heilbrunn 1996
Grunder, H.-U./Schweitzer, F. (Hg.): Texte zur Theorie der Schule. Weinheim/München 1999
Grundschulpädagogik. Themenschwerpunkt der Z. f. Päd. H. 4/2000
Haarmann, D. (Hg.): Handbuch Grundschule, Bd. 1. Weinheim und Basel 1991, 1997, 3. Aufl.
Hänsel, D.: Die Grundschule: Zwischen pädagogischem Anspruch und gymnasialem Erwartungsdruck. In: PÄDAGOGIK H. 3/1988, S. 43–48
Haenisch, H./Lukesch, H.: Ist die Gesamtschule besser? München 1980
Heckel, H./Avenarius, H.: Schulrechtskunde. Neuwied 1986, 6. Aufl.
Heimlich, U. (Hg.): Sonderpädagogische Fördersysteme. Auf dem Weg zur Integration. Stuttgart 1999

Heinze, T.: Schülertaktiken. München 1980

Helsper, W./Krüger, H.-H./Wenzel, H. (Hg.): Schule und Gesellschaft im Umbruch. Bd. 1 und 2. Weinheim 1996

Hentig, H. von: Bilanz der Bildungsreform. In: PÄDAGOGIK H. 6/1990, S. 49–51

Hiller, G.G. (Hg.): Jugendtauglich. Konzept für eine Sekundarschule. Langenau-Ulm 1994

Hinz, A. u.a.: Die integrative Grundschule im sozialen Brennpunkt. Hamburg 1998

Hirblinger, H.: Erfahrungsbildung im Unterricht. Weinheim/München 1999

Holtappels, H.G.: Ganztagsschule und Schulöffnung. Weinheim und München 1994

Holtappels, H.G. (Hg.): Ganztagserziehung in der Schule. Opladen 1995

Horn, H.A.: Brücken zur Einschulung – Kindergarten, Eingangsstufe, Vorklassen. In: D. Haarmann (Hg.) 1991, a.a.O., S. 76–87

Illich, I.: Entschulung der Gesellschaft. Reinbek 1973

Ipfling, H.-J./Lorenz, U. (Hg.): Die Hauptschule. Bad Heilbrunn 1991

Jürgens, E.: Die Orientierungsstufe im Urteil von Eltern und Lehrern – unter besonderer Berücksichtigung der Problematik von Schullaufbahnempfehlung und Elternentscheidung. Frankfurt/M. 1989

Jürgens, E.: Die Orientierungsstufe. In: L. Roth (Hg.) 1991, a.a.O., S. 359–372

Kammermeyer, G.: Schulfähigkeit. Bad Heilbrunn 2000

Kemper, H.: Theorie pädagogischer Institutionen. In: L. Roth (Hg.) 1991, a.a.O., S. 293–303

Kemper, H.: Schule und Schultheorie. In: 36. Beiheft der Z. f. Päd. 1997, S. 77–106

Klafki, W.: Von Dilthey bis Weniger: Ansätze zu einer Schultheorie in der Geisteswissenschaftlichen Pädagogik. In: K.-J. Tillmann (Hg.) 1987, a.a.O., S. 21–45

Klafki, W.: Gesellschaftliche Funktionen und pädagogischer Auftrag der Schule in einer demokratischen Gesellschaft. In: K-H. Braun u.a. (Hg.): Subjekt – Vernunft – Demokratie, S. 4 bis 33.Weinheim 1989

Klafki, W.: Schule. Regelschulen, Reformschulen, Privatschulen. In: Krüger, H.-H./Rauschenbach, T. (Hg.) 2000, a.a.O., S. 31–62

Klemm, K./Böttcher, W./Weegen, M.: Bildungsplanung in den neuen Bundesländern. Weinheim 1992

Klemm, K./Rolff, H.-G.: Innere Schulreform im zweigliedrigen Schulsystem? In: PÄDAGOGIK H. 7/8 1988, S. 87–90

Klippert, H.: Pädagogische Schulentwicklung. Weinheim 2000, 2. Aufl.

Köbberling, A./Schley, W.: Sozialisation und Entwicklung in Integrationsklassen. Weinheim/München 2000

Köller, O.: Bildungsverläufe und psychosoziale Entwicklung im Jugendalter. Berlin (Max-Planck-Institut) 1996

Korinek, W.: Schulprofil im Wandel. Bad Heilbrunn 2000

Kramp, W.: Theorie der Schule. München 1973

Kraul, M.: Das deutsche Gymnasium 1780–1980. Frankfurt/M. 1984

Krawitz, R. (Hg.): Die Integration behinderter Kinder in die Schule. Bad Heilbrunn 1995

Krüger, H.-H./Rauschenbach, T. (Hg.): Einführung in die Arbeitsfelder des Bildungs- und Sozialwesens. Opladen 2000, 3. Aufl.

Leschinsky, A.: Dezentralisierung im Schulsystem der Bundesrepublik Deutschland. In: Arbeitsgruppe Entwicklung des Bildungswesens der deutschen Gesellschaft für Erziehungswissenschaft: Strukturprobleme, Disparitäten, Grundbildung in der Sekundarstufe I, Hg. P. Zedler, S. 21 bis 40.Weinheim 1992

Leschinsky, A.: Freie Schulwahl und staatliche Steuerung. In: Z. f. Päd. H. 6/1994,S. 963–981

Liebau, E./Mack,, W./Scheilke, C. (Hg.): Das Gymnasium. Weinheim 1997

Liedtke, M. (Hg.): Gymnasium. Neue Formen des Unterrichts und der Erziehung. Bad Heilbrunn 1998
Lompscher, J./Schulz, G./Ries, G./Nickel, H. (Hg.): Leben, Lernen und Lehren in der Grundschule. Neuwied 1997
Ludwig, H.: Entstehung und Entwicklung der modernen Ganztagsschule in Deutschland. 2 Bde. Köln und Weimar 1993
Mack, W. (Hg.): Hauptschule als Jugendschule. Ludwigsburg 1995
Messner, R./Wicke, E./Bosse, D. (Hg.): Die Zukunft der gymnasialen Oberstufe. Weinheim 1998
Meyer, H.: Schulpädagogik. Bd. 1 + 2. Berlin 1997
Meyer, M.A.: Didaktik für das Gymnasium. Berlin 2000
Moegling, K. (Hg.): Gymnasium aktuell. Bad Heilbrunn 2000
Muck, M.: Psychoanalyse und Schule. Stuttgart 1980
Muck, M. u. G.: Bis auf Freud zurück – die Psychoanalyse der Schule als Institution. In: K.-J. Tillmann (Hg.) 1987, a.a.O., S. 73–86
Muth, J.: Zum Stand der Entwicklung der Integration Behinderter in den Bundesländern. In: 29. Beiheft der Z. f. Päd. 1992, S. 295–297
Nickel, H.: Grundsatzdiskussion II: Die Einschulung als pädagogisch-psychologische Herausforderung – »Schulreife« aus öko-systemischer Sicht. In: D. Haarmann (Hg.) 1991, a.a.O., S. 88–100
Niederberger, J.M.: Organisationssoziologie der Schule. Stuttgart 1984
Nuhn, H.E.: Gesamtschule: Schule Europas. Auch Schule der BRD? In: PÄDAGOGIK H. 6/1990, S. 44–48
Ortner, G.E.: Bildungsökonomie und Bildungsmanagement. In: L. Roth (Hg.) 1991, a.a.O., S. 304–321
Peter, H.-U.: Die Schule als soziale Organisation. Weinheim 1973
Petersen, J./Reinert, G.-B. (Hg.): Bildung in Deutschland, das Bildungswesen in den Ländern. Donauwörth 1995
Philipp, E./Rolff, H.-G.: Schulprogramme und Leitbilder entwickeln. Weinheim 1999
Picht, G.: Die deutsche Bildungskatastrophe. Olten 1964
Preuß, E./Itze, U./Ulonska, H. (Hg.): Lernen und Leisten in der Grundschule. Bad Heilbrunn 1999
Preuss-Lausitz, U.: Die Sonderschule und die Zukunft sonderpädagogischer Arbeit. In: PÄDAGOGIK H. 2/1988, S. 33–37
Reform der Gymnasialen Oberstufe. Themenschwerpunkt der Z. f. Päd. H. 4/1996
Rekus, J. (Hg.): Die Realschule. Weinheim/München 1999
Rekus, J./Hintz,D./Ladenthin, V.: Die Hauptschule. Weinheim/München 1998
Reuter, L.-R.: Schulrecht und Bildungspolitik. In: J. Petersen/G.-B. Reinert (Hg.): Pädagogische Positionen, S. 9–24. Donauwörth 1990
Roeder, P.M.: Bildungsreform und Bildungsforschung. Das Beispiel der gymnasialen Oberstufe. In: Empirische Pädagogik, H. 2/1989, S. 119–142
Roeder, P.M.: Gymnasiale Oberstufe und Hochschulzugang. In: PÄDAGOGIK H. 12/1990, S. 48 bis 53
Roeder, P.M.: Gelingende Integration? In: Z. f. Päd. H. 6/1999, S. 942–946
Roeder, P.M./Gruehn, S.: Kurswahlen in der gymnasialen Oberstufe. In: Z. f. Päd. H. 4/1996, S. 497–518
Rösner, E.: Abschied von der Hauptschule. Frankfurt/M. 1989
Rösner, E.: Gesamtschule. In: PÄDAGOGIK H. 4/1998, S. 46–51
*Rösner, E.: Das Schulsystem in Deutschland. Hamburg 1999
Rolff, H.-G. u.a. (Hg.): Jahrbuch der Schulentwicklung, Bd. 5, Weinheim und München 1988

Rolff, H.-G. u.a. (Hg.): Jahrbuch der Schulentwicklung. Band 6. Weinheim und München 1990
Rolff, H.-G. u.a. (Hg.): Jahrbuch der Schulentwicklung. Band 7. Weinheim und München 1992
Roßbach, H.-G./Nölle, K./Czerwenka, K. (Hg.): Forschungen zu Lehr- und Lernkonzepten für die Grundschule (Jahrbuch Grundschulforschung 4). Opladen 2000
Roth, L. (Hg.): Pädagogik. München 1991
Rutter, M. u.a.: 15 000 Stunden. Weinheim und Basel 1980
Saldern, M. v.: Die Aufgabenfülle der Grundschule und ihrer Pädagogik. In: Z. f. Päd. H. 6/1998, S. 907–924
Sander, A.: Hilfen für behinderte Menschen: Sonderschulen, Rehabilitation, Prävention, integrative Einrichtungen. In: Krüger, H.-H./Rauschenbach, I. (Hg.) 2000, a.a.O., S. 235–250
Scarbath, H.: Träume vom guten Lehrer. Donauwörth 1992
Schäfers, C./Koch, S.: Neue Veröffentlichungen zur Lehrerforschung. In: H. 4/2000 Z. f. Päd., S. 601–623
Schaub, H./Zenke, K.G.: Wörterbuch Pädagogik. München 2000, 4. Aufl.
Schindler, I.: Die gymnasiale Oberstufe – Wandel einer Reform. In: Z. f. Päd. H. 2/1980, S. 161 bis 191
Schlömerkemper, J.: Gesamtschule – Reformmodell im Widerspruch. In: PÄDAGOGIK H. 5/1988, S. 33–37
Schmidt, A.: Das Gymnasium im Aufwind. Aachen-Hahn 1991
Schnack, J. (Hg.): Gymnasiale Oberstufe gestalten. Hamburg 1996
Schulische Integration. Themenschwerpunkt der Z. f. Päd. H. 2/1991
Schulze, T.: Schule im Widerspruch. München 1980
Singer, K.: Maßstäbe für eine humane Schule. Frankfurt/M. 1981
Staupe, J.: Schulrecht von A–Z. München 1996, 6. Aufl.
Solzbacher, C./Wollersheim. H.-W.: Hauptschule '89 – auf den Trümmern der Reform. Probleme und Perspektiven, Bad Heilbrunn 1989
Tenorth, H.E.: Geschichte der Erziehung. Weinheim und München 1988
Tillmann, K.-J.: Zwischen Euphorie und Stagnation. Erfahrungen mit der Bildungsreform. Hamburg 1887
Tillmann, K.J. (Hg.): Schultheorien. Hamburg 1987, 1993, 2. Aufl.
Tillmann, K.J./Dichanz, H./Eubel, K.-D./Oehlschlager, H.-J.: Theorie der Schule. (Studienbrief der Fernuniversität Hagen). Hagen (o.J.) [1988]
Wallrabenstein, W.: Offene Schule – offener Unterricht. Reinbek 1993, 3. Aufl.
Weinert, A.B.: Lehrbuch der Organisationspsychologie. München 1987
Weishaupt, H./Zedler, P.: Aspekte der aktuellen Schulentwicklung in den neuen Ländern. In: Rolff, H.-G., u.a. (Hg.): Jahrbuch der Schulentwicklung, S. 395–429
Wellendorf, F.: Schulische Sozialisation und Identität. Weinheim und Basel 1973
Winkel, R.: Theorie und Praxis der Schule. Baltmannsweiler 1997
Wittenbruch, W.: Das pädagogische Profil der Grundschule. Heinsberg 1984
Wollenweber, H.: Realschule. In: Ders. (Hg.), Das gegliederte Schulwesen in der Bundesrepublik Deutschland, S. 85–145, Paderborn u.ö. 1980
Wollenweber, H.: Die Realschule in Geschichte und Gegenwart. Köln 1997
Z. f. Päd.: Die Institutionalisierung von Lehren und Lernen. Beiträge zu einer Theorie der Schule. 34. Beiheft, hg. von A. Leschinsky. Weinheim 1996
Ziegenspeck, J. W.: Handbuch Orientierungsstufe. Bad Heilbrunn 2000
Ziehe, T.: Pubertät und Narzißmus. Frankfurt/M. 1975

Kapitel 11: Außerschulische pädagogische Arbeitsfelder

Worum es geht ...
Die Pädagogik – in Wissenschaft und Praxis – reicht immer weiter in gesellschaftliche Lebensbereiche hinein. Diese Tatsache ist auch eine Chance für pädagogische Berufe, von LehrerInnen, DiplompädagogInnen bis Magistern. Dass unsere Gesellschaft zunehmend pädagogisiert wird, ist aber nicht nur negativ zu sehen. Wichtige exemplarische Felder werden vorgestellt: Erwachsenenbildung in der Lerngesellschaft, Sozialpädagogik in der Problemgesellschaft, Freizeitpädagogik in der Konsumgesellschaft, berufliche Bildung in der Arbeitsgesellschaft sowie viele weitere Bereiche in einer auf pädagogische Arbeit angewiesenen Gesellschaft. Zahlreiche kleinere Hinweise können dabei bedeutsame pädagogische Berufsperspektiven eröffnen.

11.1 Erwachsenenbildung/Weiterbildung

Bereits wenige Zahlen belegen die gegenwärtig steigende Bedeutung der Erwachsenenbildung: Etwa 24,1 Mio. Menschen im Alter von 19 bis 64 Jahren haben in Deutschland im Jahr 1997 an Weiterbildung teilgenommen, das ist rund ein Viertel der Gesamtbevölkerung! Die Aufwendungen werden auf über 100 Milliarden DM geschätzt. Die Zahl der in der Erwachsenbildung hauptberuflich Tätigen (außerhalb der Betriebe) dürfte bei etwa 80 000 bis 100 000 liegen, wobei noch etwa zehnmal so viele Nebenberufliche und Ehrenamtliche hinzukommen (Angaben nach Faulstich/Zeuner 1999, 13). In der modernen Gesellschaft hat der Mensch nie ausgelernt, bezeichnenderweise werden daher Erwachsenenbildung und Weiterbildung synonym gebraucht (Tippelt 1994, 9). Wir leben inzwischen in einer »Weiterbildungsgesellschaft« (Arbeitsgruppe ... 1994). Einen Gesamtüberblick über die Erwachsenenbildung finden Sie u.a. bei Kade/Nittel/Seitter (1999), Faulstich/Zeuner (1999), Tippelt (2000), Tietgens (2000). Lernen wird immer wichtiger – aber ein schulisches Lernverständnis lässt sich nicht einfach auf die Erwachsenenbildung übertragen.

Was bedeutet Lernen in der Erwachsenenbildung?

Der häufig auch verwendete Begriff » Andragogik« (eine Verbindung der griechischen Wörter Aner/Andros = Mann/Erwachsener und -agogik = Führung/Erziehung/Begleitung) soll das Besondere des Lehrens und Lernens in der Erwachsenenbildung in Absetzung von der Pädagogik für Kinder und Jugendliche deutlich machen: »Es geht nicht um Erziehung, sondern um die gemeinsame Auseinandersetzung mit Lernaufgaben.« (Faulstich/Zeuner 1999, 19) Es ist nach diesem Konzept Hauptaufgabe der Erwachsenenbildung, »Lernen zu vermitteln«, d.h., Grundlage des Lernens ist die Selbständigkeit der Erwachsenen. Die Interaktionspartner sind gleichberechtigte Individuen, deren Handeln sich am Handeln anderer orientiert. Die in der Erwachsenenbildung Tätigen sind nicht Erzieher, sondern Vermittler für das Lernen – bezogen auf Inhalte. Das schließt folgende Haupttätigkeiten ein:

- *Lehren* (z.B. Unterrichten, Moderieren, curriculares Konzipieren, Arrangieren und Begleiten von Lehr-/Lernprozessen)
- *Planen/Leiten* (z.B. Bedarfsfeststellung und Bedarfsentwicklung, Programmentwicklung, Sicherstellung von Rahmenbedingungen, neuerdings auch Qualitätssicherung, Controlling und Evaluation) und
- *Beraten* (z.B. von Institutionen, von Interessenten, Öffentlichkeitsarbeit, Aufbau von Datenbanken zur Bildungsberatung).

Unter dem Stichwort »*Professionalisierung*« der Erwachsenenbildung wird für diese Tätigkeiten die Tendenz diskutiert, eine zunehmende Qualifizierung des Personals, eine angemessene Rekrutierung, ein berufstypisches Selbstverständnis und Ethos sowie die Schaffung entsprechender Berufsorganisationen anzustreben. Bis die Erwachsenenbildung aber den Professionalisierungsstandard anderer Berufsgruppen (z.B. Ärzte, Juristen u.a.m.) erreicht hat, scheint es noch ein weiter Weg (Kade 1994).

Für das Lernen in der Erwachsenenbildung sind Forschungen zu Lernfähigkeit und Lernverhalten Erwachsener grundlegend (Faltermaier u.a. 1992, Weinert 1997). Bei diesem Lernen geht es – auch wenn es wie von außen erzwungen und wie das Urteil » lebenslänglich« erscheint – grundlegend um die Entfaltungs- und Beteiligungsmöglichkeiten der Person, um Bildung, nicht nur um Qualifizierung für bestimmte Verwertungszusammenhänge. Der Begriff des »Lebenslangen Lernens« knüpft hier an. Entgegen zahlreichen Mythen von der mangelnden Lernfähigkeit Erwachsener (»Man kann einem alten Hund keine neuen Kunststücke beibringen«) hat die moderne Entwicklungspsychologie des Erwachsenenalters eine erstaunliche Plastizität der Lernfähigkeit bis ins hohe Alter herausgearbeitet. Dabei sind Lernwiderstände und Lernmüdigkeit eher als Resultate bisheriger Lernerfahrungen zu sehen, nicht aber als altersbedingte Grenzen der Lernfähigkeit angesichts immer wieder neuer Lernnotwendigkeiten im Erwachsenenalter (Friedan 1997) .

Denn: Lernen ist immer auch gebunden an *Zeit*, daran, den gesamten eigenen Lebensverlauf im Spannungsfeld von Bestimmtheit und Gestaltbarkeit, von Vergangenheit und Zukunft zu begreifen. Dazu wiederum ist Zeit nötig – z.B. in der Form von Bildungsurlaub (den immer noch 99% der

Anspruchberechtigten verfallen lassen – Faulstich/Zeuner 1999, 173), aber auch eine andere Verteilung von Lernzeiten über die Lebenszeit und ein anderes Verhältnis zu Erwerbszeiten. Biographisches Lernen als Aneignung der eigenen Biographie im Kontext historischer, persönlicher, sozialer und kultureller Bedingungen (Gudjons/Pieper/Wagener 1992), aber auch Geschichts- oder Zukunftswerkstätten sind Ansätze, dem Zeitprinzip im Lernen Erwachsener Rechnung zu tragen. Ein solches zeitorientiertes, selbstbestimmtes Lernen setzt eine andere Didaktik voraus, als sie in schulischen Zusammenhängen entwickelt wurde.

Mit welcher Didaktik wird gearbeitet?

Grundlage einer Didaktik der Erwachsenenbildung ist das Postulat, dass *partizipatives und kooperatives Lernen* ermöglicht werden soll. Konzeptionelle Schlagwörter wie »Ermöglichungsdidaktik« (Arnold 1995, gegenüber einer »Herstellung« von Wissen) oder »selbstorganisiertes Lernen« oder »lebensweltlich geprägte subjektive Aneignung« (Kade 1994, 487), neuerdings auch »konstruktivistische Erwachsenenbildung« (Arnold/Siebert 1997) signalisieren, dass es nicht um das Eintrichtern feststehender Inhalte, sondern um Interessen und Probleme aus den Lebenszusammenhängen der Teilnehmenden geht. Die in der Erwachsenenbildung häufig verwendeten Begriffe »Adressatenbezug«, »Zielgruppenbezug«, »Teilnehmerorientierung« und »Lernerorientierung« verweisen darauf, dass wirksames Lernen an die sehr unterschiedlichen Sozialisationsbedingungen, Milieus der Herkunft, die bisherigen Lernerfahrungen, die Biographie usw. der Teilnehmenden anknüpfen muss.

Diese Bedingungen sind auch für Bildungsbeteiligung und Bildungsverhalten der Teilnehmenden maßgeblich und haben zu elaborierten didaktischen Konzepten (Tietgens 1992, Siebert 1996) und zielgruppenspezifischen Angeboten geführt (Faulstich/Zeuner 1999, 111ff.), z.B. für die Arbeiterbildung, Frauenbildung, Bildungsarbeit mit Älteren, mit Ausländerinnen und Ausländern, mit Erwerbslosen und von Arbeitslosigkeit bedrohten Personen. Überzeugend ist dabei die Einsicht, dass sich Teilnehmende unterschiedlicher Schichten, Milieus usw. hinsichtlich ihrer Wissensstrukturen, kognitiven Stile, Bildungsmotive etc. unterscheiden und dass eine gewisse Homogenität der Lerngruppe die Effektivität von Programmen und Kursen steigern kann. Problematisch an solcher Zielgruppenorientierung ist die ungelöste Frage, ob und wie sich ein Konglomerat unterschiedlicher Menschen zu einer »Gruppe« konstituiert, denn die Bedingungen innerhalb einer Zielgruppe können ja wiederum außerordentlich heterogen sein.
Wenn der Kern einer Didaktik in der Erwachsenenbildung also das »Lernvermitteln« ist, muss sie wesentlich mehr sein als traditioneller Unterricht (Sie-

bert 1996, Faulstich/Zeuner 1999, 47 ff.). Dazu gehört vor allem die in der Erwachsenenbildung eingebürgerte Unterscheidung von *Mikrodidaktik*, die sich auf die Vorbereitung von Veranstaltungen und konkreter Lehr-/Lernvorgänge bezieht, und *Makrodidaktik*, die – anders als die schulische Didaktik – wesentlich stärker die Planung auch der Rahmenbedingungen umfasst. Obwohl es kein didaktisches Modell gibt, das sich in der Erwachsenenbildung allgemein durchgesetzt hat, sind doch einige Essentials didaktischen Denkens auszumachen.

• Weil es nicht nur um die unmittelbare Interaktion zwischen Lehrenden und Lernenden geht, sondern um den Gesamtkontext gesellschaftlicher Zusammenhänge bis zur Politik, sind *mehrere Ebenen didaktischen Handelns* zu unterscheiden: Gesellschaftliche Zusammenhänge und Politik (soll die Bildungsmaßnahme einer kritischen Bewusstseinsbildung dienen oder zielt sie auf berufliche Verwertbarkeit oder private Hobbypflege), Institutionen (welches Bildungsverständnis hat der Anbieter und welche Hintergrundinteressen sind maßgeblich), Lernbereiche (gibt es ein Gesamtcurriculum oder handelt es sich um ein Einzelangebot), Veranstaltungen (wird eine Kurs oder ein Vortrag geplant), Lehr-/Lernvorgänge (wie wird die Kommunikation geregelt, wie werden die Interessen der Teilnehmenden einbezogen, mit welchen Lernformen, welchen Darbietungsweisen wird gearbeitet, wie wird der Lernerfolg überprüft).

• Wenn die Lernenden Ausgangspunkt der Didaktik sein sollen, geht es bei der Vermittlung von Lerngegenständen darum, die Lernenden in ihren Aneignungsprozessen zu unterstützen. Eine solche auf die Interessen der Lernenden bezogene *Vermittlungsdidaktik* ist nach Faulstich/Zeuner (1999, 52f.) durch folgende Aspekte gekennzeichnet:

• *Handlungsorientierung:* Nicht Wissen über Gegenstände und Themen soll vermittelt werden, sondern den Teilnehmenden ist zu ermöglichen, selber zu handeln;

• *Teilnehmerorientierung:* Vor allem für die kursinterne Gestaltung ist dies ein in der modernen Erwachsenenbildung allgemein anerkanntes und grundlegendes Prinzip. Planung und Abläufe, inhaltliche und methodische Gestaltung werden unter Einbeziehung der konkreten Lernmotivationen und Bildungsinteressen der Teilnehmenden partizipativ vorgenommen.

Das klingt gut. Jeder gute Schuldidaktiker verfährt so, aber die Erfahrungen zeigen, dass Teilnehmende aufgrund ihrer früheren Lernerfahrungen einer Beteiligung an Planungsprozessen eher skeptisch gegenüberstehen (Faulstich/Zeuner 1999, 110). So gibt es zu dem sehr sinnvollen Individualisierungstheorem einen Kontrapunkt: Durch gemeinsame Lagen in den Milieus bedingte sozialstrukturelle Typenbildung. Das heißt: Auch die Erwachsenenbildung spricht eben nur je besondere Gruppen von Adressaten an, und die sind nicht immer vom Typus derer, die sich an der demokratischen Gestaltung von Lernprozessen ausrichten (können oder wollen) und über entsprechende Planungskompetenzen schon verfügen, wenn sie den Anmeldezettel zur Veranstaltung unterschreiben.

• *Interessenbezug:* Lernziele müssen ausgehandelt werden – zwischen den Erwartungen der Adressaten und den Intentionen der Anbieter sowie aus den Anforderungen der gesellschaftlichen Anwendungsbezüge;
• *Problembezug:* Die Lerninhalte sind nicht fertige Wissensbestände, sondern sind verbunden mit den konkreten Handlungsmöglichkeiten und -anforderungen der Teilnehmenden;
• *Methodenoffenheit:* Für Lernziele und Gegenstände müssen angemessene Kombinationen unterschiedlicher methodischer Elemente als gezieltes Arrangement von Lernmöglichkeiten gefunden werden (unterschiedliche Sozialformen, Aktions- und Artikulationsformen, Medien), die komplexeren Methodenstrategien zugeordnet werden wie *Unterrichten* (Vortrag, Diskussionen, Lehrgespräch u.a.m.), *Gestalten* (Reportagen, Ausstellungen, Dokumentationen, Flugblätter u.a.m.), *simulatives Handeln* (Rollenspiele, Tribunale, Zukunftswerkstätten u.a.m.) und *reales Handeln* (Erkundungen, Projekte, Stadtteilarbeit u.a.m.), neuerdings mit deutlichem Akzent auf der Einbeziehung der *informationstechnischen Medien* (vom Internet bis zu Video-Konferenzen);
• *Selbsttätigkeit:* Es ist lerntheoretisch gut belegt, dass vor allem das angeeignet wird, was in eigener Tätigkeit erarbeitet wurde;
• *Gruppenbezug:* Für die Anwendung und Übertragung in die Realität des Handelns ist es nötig, nicht nur die Probleme Einzelner, sondern die gemeinsamen Probleme einzubeziehen.

Man ist versucht, angesichts einer solchen Didaktik jedem Lehrer an Schulen und der gesamten wissenschaftlichen Schuldidaktik zu einer gründlichen Revision und zum Abbau ihrer Scheuklappen zu raten ...

Welche Lernfelder und Themen sind wichtig?

Eine solche teilnehmerorientierte Didaktik verwirklicht sich in unterschiedlichen *Lernfeldern* der Erwachsenenbildung: Zunächst in der (sehr alten!) Tradition des *selbstorganisierten Lernens* (man denke z.B. an die Lesegesellschaften des 18. Jahrhunderts), heute allerdings eher mit Begriffen wie Deinstitutionalisierung und Deregulierung debattiert (Auswanderung aus den Institutionen und Rückzug des Staates aus der Steuerung gesellschaftlicher Prozesse). Lernen findet aber auch in den *Institutionen* der Erwachsenenbildung statt (wobei selbstorganisiertes und institutionalisiertes Lernen kein Gegensatz sein muss!). Ferner: im Lernen mit *Medien* (die allerdings die personale Interaktion nicht überflüssig machen dürften), im *Betrieb und am Arbeitsplatz* (durchaus ambivalent, denn die lernförderliche Nähe zur realen Arbeitssituation steht bisweilen im Konflikt mit dem Erwerb selbständiger, kritischer Handlungskompetenz – man kann die arbeitsplatznahe Weiterbildung auch zur schnellen Vermittlung von Handlanger-

qualifikationen benutzen). Schließlich geschieht *Lernen im Lebenszusammenhang* (hier verbindet sich die gegenwärtig zu beobachtende »Entgrenzung« der Erwachsenenbildung mit der Lebenswelt, z.B. in der Stadtteilarbeit, in Nachbarschaftseinrichtungen, lokalen Bürgerinitiativen, Kulturarbeit im Gemeinwesen, Ausländerinitiativen u.a.m., dies alles mit dem schwierigen Problem der »Verstetigung«, denn oft lösen sich Initiativen mit dem Wechsel der Aktivisten auf).
Angesichts dieser Breite reicht das *Themenspektrum* der allgemeinen Weiterbildung denn auch von Sprachkenntnissen, Gesundheitsfragen, Freizeitgestaltung über Kunst, Literatur, Sport, Renten- und Steuerfragen, Umweltschutz, Naturwissenschaft/Technik bis zu Erziehungsfragen, Politik, multikulturellen und esoterischen Problembereichen (Übersicht bei Kuwan u.a. 1996, 265). In der beruflichen Weiterbildung umfasst das Spektrum psychologische, pädagogische, kaufmännische Themen, EDV-Anwendung, gewerblich-technische Weiterbildung, Medizin, Gesundheit u.a.m. (ebd., 280). Bei allen diesen Themen geht es nicht nur um Qualifikationserwerb, sondern um Bildung. Bildungstheoretisch hat sich zur Begründung eines Bildungsbegriffes in der Erwachsenenbildung dabei Klafkis Konzept der »Schlüsselprobleme« (Bevölkerungsentwicklung, Umweltfragen, technische Probleme, Arbeit, Zeitstrukturen, Wertewandel, Partizipation u.a.m., vgl. Kapitel 7: Erziehung und Bildung) als hochgradig anschlussfähig erwiesen (Faulstich/Zeuner 1999, 58ff.).

Welche Institutionen gibt es?

Erste Antwort: unendlich viele; denn: Gleichzeitig mit dem Bedeutungszuwachs der Erwachsenenbildung wird ihr Umfang ständig größer, das Institutionensystem differenziert und instabilisiert, »entgrenzt« sich. Neue Träger stehen neben den etablierten Institutionen wie Volkshochschulen, die betriebliche Weiterbildung überschneidet sich zunehmend mit anderen Erwachsenenbildungsträgern, die Angebotsbreite wächst mit neuen ökonomischen Interessen und gleichzeitigen Sparmaßnahmen. Nimmt man Esoterik- und Gesundheitsmessen, Vorträge, Bürgerinitiativen, Kletterkurse für gestresste Manager usw. hinzu, so kann man durchaus von »weicheren Formen« der Erwachsenenbildung sprechen: Dann nimmt fast jeder zweite Bundesbürger Angebote der Erwachsenenbildung wahr (Kade 1994, 490). Abgesehen davon, dass die Angebote historisch gewachsen sind, stellt sich aktuell die Frage: Soll das System eher zentralistisch (analog zum Modell des Schulsystems) entwickelt werden oder eher universalistisch und organisatorisch hoch differenziert sein (gemäß dem Charakter einer pluralistischen Bildungsgesellschaft)?

Viel diskutiert wurde daher der Vorschlag Peter Faulstichs, die gegenwärtige Entwicklungsstufe der Erwachsenenbildung als »*mittlere Systematisierung*« zu kennzeichnen. Damit ist gemeint, dass sich langfristige Tendenzen wie Professionalisierung, Curricularisierung und Institutionalisierung mit Tendenzen zu interner Differenzierung und Strukturierung in spezifischen Institutionen verbinden, also eine Art Ordnung auf mittlerer Ebene, die Zentralisierung in Großinstitutionen ebenso ablehnt wie die Zersplitterung in Tausende von Angeboten.
Zweite Antwort: Es ist wegen der unübersichtlichen Vielfalt sinnvoll, bei den Institutionen vier Hauptgruppen im Schnittfeld von Staat, Interessenorganisationen und privaten Unternehmen zu unterscheiden (nach Faulstich/Zeuner 1999, 180):

1. Träger und Einrichtungen, die sich überwiegend an einem *öffentlichen Auftrag* orientieren (z.B. Volkshochschulen, diese werden meist von Kommunen getragen, arbeiten i. d. R. mit wenigen hauptamtlichen Mitarbeitern und zahlreichen Honorarkräften, Zusammenschluss im VHS-Verband; Fachschulen, die im Anschluss an eine Berufsausbildung weiterführende Bildungsgänge anbieten, i. d. R. mit staatlicher Prüfung und Anerkennung, inzwischen von der KMK geregelt),

2. solche, die *partikulare Funktionen* für gesellschaftliche Großgruppen wahrnehmen (z.B. Einrichtungen von Parteien/Stiftungen, Konfessionen, Wirtschaftsverbänden, Gewerkschaften, Interessengruppen, Vereine, wobei man das hohe akademische Niveau vieler Bildungshäuser und Akademien nicht unterschätzen sollte),

3. *kommerzielle Unternehmen*, die Weiterbildung »verkaufen« (z.B. Sprachschulen, Gesundheitsparks, EDV-Ausbildungsinstitute, die z.T. über hoch qualifizierte Mitarbeiter, oft arbeitslose Akademiker verfügen, z. T. aber auch unter einer fragwürdigen Gemeinnützigkeit firmieren),

4. *betriebliche Weiterbildung* der Unternehmen selbst (mit sehr unterschiedlichen Teilnahmequoten, Zielen und Themen).

Alle diese Institutionentypen überschneiden sich und sind z. T. untereinander verflochten und voneinander abhängig. Auch stellt sich über diese Institutionstypen hinaus die Frage, welche Anbieter angesichts der unüberschaubaren Vielfalt zur Erwachsenenbildung gerechnet werden können und welche nicht. Ein Blick auf die Zahlenanteile der Institutionen zeigt vor allem die große Bedeutung öffentlicher Institutionen (differenzierte Angaben bei Faulstich/Zeuner 1999, 182 ff.): Danach hätten sich im öffentlichen Bereich am deutlichsten die Fachschulen und Hochschulen der Erwachsenenbildung angenommen (so besuchten 1996 immerhin 102 000 Teilnehmende Fachschulen in Vollzeitform, 49 000 in Teilzeitform; die 1000 verschiedenen Volkshochschulen weisen fast 6,5 Mio. Belegungen in einer halben Million Kursen mit 15 Mio. Unterrichtsstunden auf). Die gewerkschaftliche Bildungsarbeit habe sich dagegen zunehmend – sieht man von der Kooperation mit »Arbeit und Leben« einmal ab – auf Funktionäre, Mitglieder und organisationspolitische Themen beschränkt (ebd. 183), tendenziell gelte dies auch für die »Freien Träger«, z.B. die Kirchen, Parteien und einer Viel-

zahl von Vereinen und Verbänden. Ein gewichtiger Bereich sei auch die betriebliche Weiterbildung (ihr Anteil an der Weiterbildung beträgt 24 %!), sie wird mit einem jährlichen Kostenaufwand von über 20 Milliarden DM (es gibt unterschiedliche Berechnungen) betrieben, wobei die Beteiligung der Betriebe branchenspezifisch stark streut: von 99% bei Kreditinstituten bis 25 % im Gaststättengewerbe (ebd. 203). Rückläufig hingegen sei der Anteil der traditionellen politischen Bildung.
Angesichts des immer stärker wachsenden Umfanges und der steigenden Bedeutung der Erwachsenenbildung stellt sich allerdings auch die Frage, ob das System nicht in eine generelle Funktionsüberlastung hineingerät: Nicht alle gesellschaftlichen Probleme können durch Weiterbildung gelöst werden. Diese Grenze pädagogischer Bemühungen gilt auch für das folgende Arbeitsfeld, die Sozialpädagogik.

11.2 Sozialpädagogik

Wer arbeitet in der Sozialpädagogik?

Anders als die Erwachsenenbildung – inzwischen nahezu klassisches Berufsfeld der DiplompädagogInnen – ist die Sozialarbeit-/pädagogik weitgehend Domäne von Sozialarbeitern und Sozialpädagogen, die an Fachhochschulen studierten. (Eine Einführung in die moderne Sozialpädagogik finden Sie bei Mollenhauer 1994, Rauschenbach 1994, Niemeyer 1999, Böhnisch 1999.) Nur wenige Universitäten bieten für DiplompädagogInnen den Abschluss in Sozialpädagogik an. Das sozialpädagogische Arbeitsfeld zeigt eine rasante Entwicklung: Waren 1925 gerade mal ca. 30 000 Personen in sozialen Berufen tätig, so waren es 1992 bereits 550 000 (Rauschenbach 1994).

Eine genaue Abgrenzung der Tätigkeiten von Sozialarbeitern und Sozialpädagogen ist kaum möglich: Der Studiengang der Sozial*pädagogen* fühlt sich stärker der pädagogischen Tradition verpflichtet und bereitet vorwiegend auf die Arbeit mit Kindern und Jugendlichen vor, also auf Felder wie Jugendarbeit, Heimerziehung, Schulen oder Kindertagesstätten. Vertreter der Sozial*arbeit* hingegen betonen ihre disziplinäre Unabhängigkeit, heben die Verknüpfung aus Recht, Volkswirtschaft, Psychologie, Soziologie und Pädagogik hervor. Ihre Tätigkeitsfelder sind stark orientiert an den sozioökonomischen Bedingungen der aktuellen Lebenslage erwachsener Menschen; die Adressatengruppe sind benachteiligte oder in Not geratene Erwachsene, also z.B. Obdachlose, Straffällige, Familien in sozialen Brennpunkten, Sozialhilfeempfänger (Rauschenbach 1994, 256) .

Die *Tätigkeiten* der SozialpädagogInnen überschneiden sich vielfach mit denen anderer pädagogischer Berufe, aber auch von Ärzten, Psychologen oder Polizisten. Unterscheidbar sind im Wesentlichen *drei Handlungsfelder:*

1. »*Handwerkliche*« *Tätigkeit* in der Praxis von Heimen, Kindergärten, Häusern der Jugend etc. Neben den pädagogisch unterstützenden Tätigkeiten sind oft auch unangenehme, kontrollierende und disziplinierende Arbeiten zu leisten (z.B. Einbrüche anzeigen, Ermittlungen unterstützen, dealende Jugendliche aus dem Heim weisen).
2. Eine zweite Art beruflicher Aufgaben wird von einer kleineren Gruppe wahrgenommen: Als Leiter einer Institution, Referenten, Abteilungsleiter, Geschäftsführer etc. ist es ihre Aufgabe, institutionelle Formen sozialer/sozialpädagogischer Arbeit zu *koordinieren, zu planen, anzuleiten, zu managen.*
3. Als Multiplikatoren sozialpädagogischen Wissens arbeiten Sozialpädagogen auch in der Vermittlung und *Weitergabe fachlicher Kenntnisse* in der Aus-, Fort- und Weiterbildung. Ein kleiner Teil wechselt auch in die Wissenschaft und Forschung.

Ein Blick in die reale gesellschaftliche Entwicklung und die Praxis der sozialpädagogischen Aufgaben zeigt, dass die Grenze zwischen »problematischen« und »normalen« Lebenslagen zunehmend unscharf wird (Lüders/Winkler 1992, 363). Dies zeigt sich bereits an wenigen Beispielen.

Scheidungskinder sind inzwischen angesichts von 30–50 % Ehescheidungen »normal«, jedes Jahr sind davon über 100 000 Kinder betroffen. – Es gibt in Deutschland knapp eine Million *Alleinerziehender* mit rund 1,3 Mio. Kindern. – *Gewalt* herrscht nicht nur in Schulen, sondern auch in Familien. – *Drogenkonsum* ist inzwischen längst ein Problem aller Schichten: Über den Konsum von harten Drogen hinaus gibt es neue Abhängigkeiten wie Spielsucht, Alkohol, Arbeitssucht, Esssucht, Bulimie u.a.m. Die Diskussion bewegt sich zwischen einer Erziehung zum legalen und vernunftorientierten Gebrauch und schädlichem Abusus. – *Kindesmisshandlung* sowie die erst langsam ans Tageslicht kommenden Probleme des sexuellen *Missbrauchs* (übrigens nicht nur bei Mädchen, sondern mit erheblicher Dunkelziffer auch bei Jungen), – *Selbsttötungen* von Jugendlichen, zunehmende *psychosomatische Erkrankungen* von Neurodermitis über Asthma bis zum Bettnässen – die sozialen Probleme betreffen jedes Sozialisationsfeld.

Angesichts dieser Problemfülle erhebt sich die Frage:

Was ist das Selbstverständnis der Sozialpädagogik?

Die moderne Sozialpädagogik wird von fundamentalen Widersprüchen gekennzeichnet, die auch schon in ihrer langen Tradition (Niemeyer 1999) sichtbar waren:
- Soll die Sozialpädagogik vorwiegend eine Art »Feuerwehrfunktion« haben, die die gesellschaftlich bedingten Probleme lediglich mildert? Das wäre nicht zu unterschätzen, obwohl sie sich dabei dem Vorwurf aussetzt, Schmiermittel in einem gesellschaftlichen Getriebe zu sein, das die Benachteiligten, Versager und Verlierer erst produziert.

– Oder soll sie in pädagogischer Reflexion der gesellschaftlichen Verhältnisse kritisch aufzeigen, wo politisch-gesellschaftlich einzugreifen ist, um an die Ursachen heranzukommen? Damit würde sie sich den Vorwurf einer unangemessenen Politisierung einhandeln. Anders gefragt: Sind Sozialpädagogen engagierte »Weltverbesserer«, die etwas bewegen und verändern wollen, oder sind sie insgeheim nicht doch »sanfte Kontrolleure«, die eine verdeckte Disziplinierung abweichender Karrieren besorgen (wie sie z.B. von bestimmten Angehörigen ihres Klientels wahrgenommen werden)?

Diese Spannungen und Widersprüche der Sozialpädagogik durchziehen die gesamte Breite der beruflichen Aufgaben. Ihre Vielfalt lässt sich in zwei Hauptfunktionen zusammenfassen (zum Folgenden Mollenhauer 1994):
a) Die sozialpädagogischen Einrichtungen reagieren auf gesellschaftliche Notlagen als Folgen des gesellschaftlichen Wandels (Armut, Arbeitslosigkeit, Industrialisierung, Kriminalität usw.), ihre Aufgabe ist daher vor allem die Eingliederung der Betroffenen Kinder und Jugendlichen in die Gesellschaft, notfalls eben auch als soziale Kontrolle. Diese Funktion wird *gesellschaftliche Integration und Kontrolle* genannt.
b) Den einzelnen Betroffenen sollen individuelle Hilfen gegeben werden in ihren konkreten Gefährdungen beim Hineinwachsen in die Gesellschaft und in ihren schwierigen Lebenslagen. Unterstützung beim Prozess des Subjektwerdens ist die *pädagogische Funktion der persönlichen Lebensbewältigung.*

Abgesehen davon, dass beide Funktionen sich im Schnittfeld unterschiedlicher gesellschaftlicher Interessen (Staat, Kapital/Wirtschaft, Kirchen, Recht u.a.m.) bewegen, liegt in ihnen zugleich der *zentrale Grundkonflikt sozialpädagogischen Denkens:* Der pädagogische Grundsatz der Förderung und Unterstützung in entwicklungsschwierigen Lebenslagen ist nur schwer zu vermitteln mit der Funktion des Eingreifens, der Kontrolle und Disziplinierung im Hinblick auf den Normalitätsentwurf, den die Gesellschaft bevorzugt, (– wobei dieser Normalitätsentwurf gegenwärtig auch noch stark bröselt). Pädagogisches Denken und staatliches Ordnungsdenken stehen sich dabei bisweilen diametral gegenüber.
Dies macht nicht zuletzt die ganze Schwierigkeit auch der *sozialpädagogischen Theoriebildung* aus (Mollenhauer 1996, Dewe/Otto 1996, Rauschenbach/Thole 1998). Pädagogen wollen keine Lebenswelten von Menschen kolonialisieren, das staatliche Interesse aber ist immer auch allgemeines und öffentliches Interesse, das »gemeinschaftsschädigende« Tendenzen unterbindet – zum Wohle aller. Was aber, wenn die Ablehnung des gesellschaftliches Normalitätsentwurfes zugleich eine fundamentale Kritik und Rückfrage an die normativen Geltungsansprüche unserer kulturellen, gesellschaftlichen und politischen Lebensformen bedeutet?

Wo liegt der Geltungsgrund strafrechtlicher Verfolgung von Eigentumsdelikten Jugendlicher angesichts einer vielfältigen Wirtschaftskriminalität und millionenfacher Steuerhinterziehung der normalen Bürger? Wo die Legitimation des Rauswurfes eines dealenden Jugendlichen aus einem Heim angesichts millionenschwerer Staatseinnahmen aus Tabak- und Alkoholsteuer? So wird eine sozialpädagogische Theoriebildung schwierig, die sich einerseits mit der Schattenseite des gesellschaftlichen Normalitätsentwurfes und der Einfädelungsschwierigkeiten der Heranwachsenden zu beschäftigen hat, sich aber gleichzeitig mit der Frage auseinander setzen muss, ob und wieweit der kulturell-allgemeine Normalitätsentwurf überhaupt weiterhin Geltung beanspruchen darf.
Diese schwierigen Grundkonflikte wirken sich bis in den Alltag der sozialpädagogischen Einrichtungen der Gegenwart aus.

In welchen sozialpädagogischen Einrichtungen wird gearbeitet?

Seit 1991 gilt das Kinder- und Jugendhilfe-Gesetz (KJHG), das die alten Gesetze der Fürsorgeerziehung usw. abgelöst hat. Aber auch nach dieser bundesweiten Vereinheitlichung der rechtlichen Grundlagen der Kinder- und Jugendhilfe ist die Wirklichkeit der sozialpädagogischen Einrichtungen enorm vielfältig (Mollenhauer 1994). Ich fasse sie in fünf Bereichen kurz zusammen:

1. Familienergänzende Einrichtungen
Für die Versorgung und Erziehung der (kleineren) Kinder bei Berufstätigkeit beider Eltern oder nach Scheidung usw. gibt es unterschiedliche Tageseinrichtungen für Kinder (KJHG §§ 22–26). Sie sind angelegt nach dem Subsidiaritätsprinzip (der Staat delegiert Aufgaben seiner Zuständigkeit an private und öffentliche Träger) und umfassen die wenig institutionalisierten Formen wie Tagesmütter, Spielkreise, Eltern-Kind-Gruppen u.Ä. (mit altersgemischten Gruppen), dann aber auch Kinderkrippen (für ½- bis 3-Jährige), Kinderhorte oder Kindertagesheime (für Schulkinder von 6 – 12 Jahren), Kindergärten unterschiedlichster Konzeption (Waldorf, Montessori, konfessionelle u.a.m.). Neuerdings gibt es in den Bundesländern die Tendenz, für alle Grundschulkinder eine gesicherte Betreuung am ganzen Vormittag in der Schule zu gewährleisten.

Die pädagogische Problematik der frühkindlichen und vorschulischen Einrichtungen liegt in der Frage, ob sie angesichts der hohen Bedeutung der Familie in diesen Lebensphasen für Kinder nicht eher schädlich seien (je früher, desto stärker) oder ob sie im Gegenteil gerade einen Entwicklungsgewinn für die Kinder bedeuten, wenn diese sich in leichter Distanzierung von der Familie stärker Gleichaltrigen zuwenden und selbständiger werden. Am wenigsten strittig ist dabei die Einrichtung des Kindergartens.

2. Einrichtungen der außerschulischen Jugendbildung

Das Spektrum der Maßnahmen und Einrichtungen umfasst Jugendgruppen unterschiedlichster Träger, von Sportvereinen über Kirchen, Parteien, Wohlfahrtsverbände bis zu freien Verbänden und Jugendbünden. Sie haben ihre Interessenvertretung in regionalen Jugendringen bis zum Bundesjugendring und werden z.T. mit öffentlichen Mitteln gefördert. Ferner gibt es Einrichtungen, die sich an Jugendliche wenden, unabhängig davon, ob diese organisiert sind oder nicht: Treffpunkte, Jugendcafés, Haus der offenen Tür, Jugendzentrum usw. Schließlich sind die Jugendbildungsstätten zu nennen, die mit unterschiedlichen Konzepten Jugendbildungsveranstaltungen anbieten. – Mollenhauer weist allerdings darauf hin, dass nur jeder fünfte Jugendliche von allen diesen Einrichtungen Gebrauch macht (ebd., 460). Das Diskussionsspektrum ihrer Pädagogik bewegt sich zwischen der Forderung weitgehender Selbstverwaltung durch die Jugendlichen einerseits und Verbandsinteressen, allgemeinen Bildungsintentionen gesellschaftlicher Gruppen und spezialisierten oder auch kommerzialisierten Erholungs- und Freizeitaktivitäten usw. andererseits.

3. Heimerziehung

Die traditionellen Strukturmerkmale von Heimen für Kinder und Jugendliche sind in den letzten Jahren stark in die Kritik geraten (Thiersch u.a. 1998). Neuere Tendenzen sind Dezentralisierung und Regionalisierung (man versucht, die betroffenen Kinder nicht mehr in wenigen großen Institutionen eines Gebietes unterzubringen, sondern möglichst in die Region integriert, in der man z.B. zur Schule geht, kleinere Gruppen mit mehr Selbständigkeit zu bilden u.a.m.), Entinstitutionalisierung (z.B. treten sozialpädagogisch betreute Jugendwohngruppen oder Pflegefamilien an die Stelle der Institution Heim) und Entspezialisierung (heiminterne Differenzierungen in den Erziehungs- und Therapiewegen, nicht zu enge und einseitige Spezialisierung in der Zusammensetzung, Integration der Kinder in Regelschulen u.a.m.). Damit sind wichtige pädagogische Probleme genannt, sie umfassen aber auch die Begründung und Indikation für eine Heimeinweisung, den Widerspruch zwischen professioneller Tätigkeit des Personals (Schichtdienst!) und der Sehnsucht der Kinder und Jugendlichen nach stabilen Beziehungen, die Sozialisationswirkungen des Heimes, die Wiedereingliederung in das »normale« Leben u.v.a.

4. Jugendstrafvollzug

Der oben genannte Konflikt zwischen förderlicher Hilfe bzw. Unterstützung einerseits und öffentlicher Kontrolle/Eingriffe andererseits wird hier am schärfsten. Je nach Konzept steht eine Seite des Grundkonfliktes im Vordergrund: Zum einen gibt es den juristischen Aspekt der Bestrafung und Sühne für getanes Unrecht (Kontrolle) und zum andern das pädagogische Anliegen der Wiedereingliederung und der Erziehung zum prosozialen Verhalten (Hilfe). Bisweilen eskaliert die Diskussion (z.B. in Zeitungsüberschriften »Segeltörn statt Knast«) und stellt sozialpädagogisches Handeln und Strafvollzug als Gegensatz dar. Die Frage ist ungelöst, ob man durch Einsperren für viele Monate oder Jahre, Isolierung vom wirklichen Leben, durch Künstlichkeit des Lebensalltags, der kaum noch Ähnlichkeit mit dem normalen Leben hat, straffällig gewordene Jugendliche überhaupt erziehen oder resozialisieren kann. Wiedereingliederung durch Absonderung, das scheint absurd. So verwundert die hohe Rate von Rückfälligen ($^2/_3$) nicht.

Zahlreiche Versuche wurden daher entwickelt, um diesen Konflikt zu lösen: von dem Erlernen eines Berufes über erlebnispädagogische Maßnahmen bis hin zum partiellen Leben und Arbeiten außerhalb der Vollzugsanstalt, Wiedergutmachungsprinzip, Opfer-Täter-Gespräche, soziale Trainingskurse, Therapien u.a.m. Generell wird heute fast niemand unter 16 Jahren zur Jugendstrafe verurteilt (obwohl dies nach dem Gesetz möglich wäre: Strafmündigkeit liegt bei 14 Jahren), nur knapp 10% der Jugendgerichtsverfahren enden mit einer Haftstrafe (Mollenhauer 1994, 469). Auf der andern Seite erheben sich schwierige Fragen, ob z.B. die Ermordung eines Afrikaners durch rechtsradikale Jugendliche nicht doch durch Haftstrafe gesühnt werden muss. Können Pädagogen den Sühnebegriff einfach durch den Erziehungsbegriff ersetzen? Widersprechen sich nicht Erziehungs- und Strafzweck grundlegend? Wie kann eine Gesellschaft/eine Kultur das Bewusstsein einer Differenz von Recht und Unrecht aufrechterhalten und verstärken statt abzubauen? Hilft dabei die neuerdings wieder lautstark vorgebrachte Forderung nach geschlossener Unterbringung jugendlicher Straftäter? Oder sollte den meist hoffnungslosen, entbehrungsreichen Biographien mehr Berücksichtigung eingeräumt werden? Sollte man nicht generell die Strafmündigkeit auf 18 Jahre heraufsetzen und bis dahin nur mit erzieherischen Maßnahmen arbeiten? Aber schreckt das potentielle Straftäter genügend ab? U.a.m.

5. Beratungseinrichtungen

Gab es vor 50 Jahren nur wenige Beratungsstellen, i.d.R. für Familien mit erziehungs- und lernschwierigen Kindern, so verfügen heute viele Städte über 100 000 Einwohner über ein Netz unterschiedlichster Beratungsstellen: Erziehungs-, Lebens-, Ehe- und Partnerschaftsberatung, Krisenberatung, Drogenberatung, Jugendberatung, Frauenberatung, Kindersorgentelefon, Beratungsstellen für spezielle Probleme wie sexueller Missbrauch, Gewalt, aber auch Überschuldung, soziale Probleme, Bildungsmöglichkeiten u.v.a. Ebenso vielfältig sind die Träger (von den staatlichen Jugendämtern über Kirchen, soziale Verbände bis zu gemeinnützigen Einrichtungen) und die hier beschäftigten Berufe (Ärzte, Sozialarbeiter, Sozialpädagogen, Diplompädagogen, Diplompsychologen, nebenberufliche Kräfte).

Unterscheidbar in der enorm expandierenden Entwicklung sind ein *Beratungskernbereich*, der relativ strukturkonstant und rechtlich weitgehend fixiert ist, und ein sich ausweitendes *offenes Beratungsfeld*, das oft institutionenkritisch, weitgehend selbstorganisiert und flexibel auf aktuelle Problemlagen reagieren will. Innerhalb der unterschiedlichen Beratungsangebote sind die Arbeitskonzepte außerordentlich vielfältig (systemisch, psychoanalytisch, humanistisch, gestalttherapeutisch, verhaltenstherapeutisch u.a.m.). Neuere integrative Beratungskonzepte verstehen sich als ein die vorhandenen Lösungskapazitäten der Ratsuchenden ergänzendes Unterstützungsangebot jenseits perfekter Lösungen. Sie sind im Sinne einer sozialökologischen Perspektive angelegt auf Unterstützung vorhandener Ressourcen und verstehen sich als eine – durch soziale Netzwerke mitgetragene – Hilfe im alltäglichen sozial-räumlichen Kontext. (Näheres bei Engel/Nestmann 2000.)

Ein schwieriges Problem (z.B. im Zusammenhang mit der Forderung »Therapie statt Strafe«) liegt darin, dass Beratung von ihrem Selbstverständnis her auf Freiwilligkeit baut, während die Motivation zur Beratung oder Therapie bei Pflichtauflagen durch Gerichte erst mühsam aufgebaut werden muss (wenn es denn überhaupt klappt). Eine weitere Schwierigkeit liegt darin, dass Beratung ihre Grenze meist schnell in kaum veränderbaren sozialen, ökonomischen oder andern ungünstigen Lebensbedingungen findet, aber auch in der Orientierung an der Mittelschicht und an einem medizinischen Krankheitsmodell. Auch ist die politische Richtzahl von mindestens einer Erziehungs-, Familien- und Lebensberatungsstelle pro 50 000 Einwohner noch lange nicht erreicht.

Mit welchen Methoden und Prinzipien arbeitet die Sozialpädagogik?

Lange Zeit galten die einschlägigen Methoden der Sozialarbeit und Sozialpädagogik – wie das »methodische Dreigestirn« *Einzelfallhilfe*, soziale *Gruppenarbeit* und *Gemeinwesenarbeit* – als das zentrale Erkennungszeichen. Doch haben sich Einzelfallhilfe und soziale Gruppenarbeit inzwischen in unzählige Variationen psychologisch-therapeutischer Verfahren aufgelöst. Auch die Gemeinwesenarbeit verlor ihre Kontur als typische Methode, weil sie mit vielen Formen gemeindenaher, milieuorientierter, vernetzter Stadtteilarbeit verschmolzen ist. Man kann daher heute nicht mehr von exklusiven Arbeitsmethoden sprechen, die der Sozialpädagogik und Sozialarbeit ein von anderen pädagogischen Arbeitsfeldern eindeutig unterscheidbares Profil geben könnten (Rauschenbach/Ortmann/Karsten 1993, 7).

So ist die Rede heute eher von Arbeitsprinzipien als von exklusiven Methoden. Abgesehen von zahlreichen einzelnen »Techniken« werden als wichtigste Prinzipien genannt, die generell erzieherische Hilfe zur Lebensbewältigung, zur Normalisierung und Erweiterung der sozialen und biographischen Handlungsfähigkeit leisten (Böhnisch 1992):

- *Selbstwertprinzip* – die Hilfen sollen so gestaltet werden, dass sie zum Aufbau eines positiven Selbstkonzeptes und Selbstwertgefühls beitragen;
- *Gruppenprinzip* – Gleichaltrigengruppen, Gruppen- und Szeneelemente sind nötig bei der Entwicklung einer soziokulturellen Eigenständigkeit;

- *sozialräumliches Prinzip* – es müssen entgegen dem gesellschaftlichen Trend zur Funktionalisierung öffentlicher Räume stärker soziale Räume der Selbstdarstellung für Jugendliche geschaffen werden;
- *Zeitprinzip* – da jugendliches Leben stark gegenwartsgeprägt ist, müssen die Angebote das Gegenwartsverhalten der Jugendlichen respektieren, aber auch qualifizieren, die Jugendlichen aber nicht einfach auf die Bedeutung des »Später« vertrösten;
- *Biographieprinzip* – angesichts der Entstrukturalisierung jugendlicher Lebensentwürfe soll die individuelle Lebensgestaltung gefördert werden, die oft nicht mehr mit den Ablaufstrukturen von schulischen und beruflichen Bildungswegen übereinstimmt;
- *soziokulturelles Prinzip* – Schaffung neuer soziokultureller Stile z.B. durch Projekte gegen das »Herumhängen« oder Satanskulte, soziokulturelle Arbeit ist Teil der sozialpädagogischen Arbeit geworden;
- *Milieuprinzip* – Milieus sind Gegenseitigkeitsstrukturen sozialer Beziehungen, die normiert und tradiert sind, auf gemeinsam geteilten Werten aufbauen, verlässlich und verbindlich sind; solche gilt es für die Jugendlichen zu schaffen.

Fazit: Was früher familiär, privat und informell geregelt wurde, wird durch die moderne Sozialpädagogik und Sozialarbeit in zunehmendem Maß öffentlich und beruflich-institutionell organisiert. Einerseits entlastet diese Tendenz die Kräfte und Ressourcen der Selbsthilfe und bewahrt sie vor Überforderung. Andererseits wird dadurch die Abhängigkeit von Expertensystemen gefördert und durch ihre Expansion die Entmündigung verstärkt. Werden diese Expertensysteme mit ihren Dienstleitungen dann aber durch Verknappung der Finanzmittel mehr und mehr marktgerecht und profitabel (in passgerechten »Modulen« angeboten), droht eine Reduzierung und Schrumpfung der Sozialpadagogik auf eine Verwaltung der Mängel, die die Gesellschaft selbst produziert hat.

11.3 Freizeitpädagogik

»Arbeit macht das Leben süß, Faulheit stärkt die Glieder.« Wenn dies geflügelte Wort stimmt, müsste Freizeitpädagogik suspekt erscheinen, will sie doch nach ihrem neueren Selbstverständnis freie Zeit, Lernzeit, Arbeitszeit, Bildungszeit, Lebenszeit u.a.m. verbinden. Traditionell wurden Arbeit und Freizeit als gegensätzlich verstanden, wobei die Arbeit (= Berufsarbeit) ethisch wertvoller erschien als die »Zeitverschwendung« in der Freizeit. Und dann auch noch eine Erziehung zur Freizeit? Wenn Freizeit als Faulheit gilt, lernt man die doch auch ohne Pädagogen ...

Ein solches traditionelles Denken verkennt völlig die enorm gewachsene Bedeutung der Freizeit im Gefolge des tief greifenden Strukturwandels der modernen Industriegesellschaft: Verkürzung der Arbeitszeit, Massentourismus, Wertewandel, aber auch die Notwendigkeit einer »lernenden Gesellschaft«, Freisetzung von Ressourcen für Kultur, Medien, Sport, Gesundheit u.v.a. machen eine intensive Erforschung dieser gewandelten Lebensbedingungen nötig. Sie haben Konsequenzen für den mitmenschlichen Umgang, für das Gemeinwesen, für unser Menschenbild, für ökologisches Verhalten (z.B. beim Reisen) für die Sozialisation des Nachwuchses, unser Weltbild usw. Die Entwicklung von Konzepten zur Umwandlung von Freizeit in eine eigene Lebenszeit und Lebensqualität ist eine aktuelle pädagogische Aufgabe, für Kinder und Jugendliche wie für Erwachsene. Dabei ist eine Pädagogik erforderlich, in der sich Spiel, Spaß, Geselligkeit und Erholung anregend, genussvoll und produktiv mit Wissenserwerb, sozialem Engagement, kultureller Entfaltung, kritischer Reflexion und entwicklungsfördernder Selbsterfahrung verbinden (Opaschowski 1996, 14). Hier liegt der Ansatzpunkt der neueren wissenschaftlichen Freizeitpädagogik. (Zur Einführung: Nahrstedt 1990, Opaschowski 1996, 1999)

Was ist Freizeit?

Grundlage freizeitpädagogischer Theorie und Praxis ist ein gewandeltes Verständnis von Freizeit, das sich nicht mehr lediglich auf erwerbsarbeitsfreie Zeiträume bezieht, die als reine Privatsache ohne soziale und politische Bedeutung zu verstehen wären. Immerhin haben 70% des Bevölkerung ein positives Freizeitverständnis (statt »frei von ...« eher »frei für ..« – Opaschowski 1996, 85). Obwohl es unterschiedliche Freizeitbegriffe gibt (Nahrstedt 1990, 43 ff., Opaschowski 1996, 99 ff.), die verschiedene Freizeitverständnisse im sozialen Wandel markieren, lassen sich als wesentliche Charakteristika nennen (Opaschowski 1996, 23 ff.):

Was ist Freizeit?

- Freizeit ist *Muße- und Eigenzeit* (Zeit für sich selbst, zur Ruhe finden, Sichwohlfühlen). Pädagogisches Ziel wären hier die Überwindung eines Sinnvakuums, unbefriedigender Trägheit und Langeweile, dauerhaft hilfloser Konsumorientierung, passiver Monotonie usw. durch Fähigkeiten zur aktiven, bewussten Gestaltung der freien Lebenszeit.
- Freizeit ist auch *Kontakt- und Sozialzeit:* Vor allem in der Phase nach dem Erwerbsprozess oder bei Verlust der Erwerbsarbeit (aber nicht nur dann) ist

es wichtig, den Sinnzusammenhang mit arbeitsähnlichen Tätigkeiten herzustellen, Zeit zu haben für Zusammensein und gemeinsame Unternehmungen, spontane Kontakte und längerfristige soziale Engagements. Leider wird die Mitarbeit in einer sozialen Organisation von 32 % der West-Bundesbürger (und 40 % Ost) »in keinem Fall als Freizeit« gewertet (ebd., 121). Pädagogisches Ziel wäre hier, einen sinnvollen Rhythmus von Aktivität und Entspannung, eine Verbindung von freier und notwendiger Tätigkeit, eine Neubewertung von nichtbezahlter Arbeit, von sozialem Engagement, von Kontaktinitiativen auch ohne Institutionalisierung zu erreichen.

- Freizeit ist *Arbeitszeit.* Dies verwundert zunächst, denn Arbeit und Freizeit erscheinen immer noch als gegensätzlich. Aber diese starre Trennung löst sich auf, weil wir z.B. einen immer größeren Teil unserer Freizeit drauf verwenden, Güter und Dienstleistungen für den Eigenbedarf zu produzieren. Es ist darum ein notwendiges pädagogisches Ziel, persönliche Betätigungs- und Bestätigungsmöglichkeiten in der Freizeit zu schaffen, die Spaß machen und Sinn haben, aber auch den eigenen Lebensstandard erhalten. Sie reichen von Haus- und Heimarbeit, Do it yourself, Nachbarschaftshilfe, bis zu Nebentätigkeit und Zweitberuf (nicht gemeint ist Schwarzarbeit).
- Freie Zeit hat auch eine besondere Qualität als *Lern- und Bildungszeit:* Bildung für sich selbst, Persönlichkeitsbildung, Bildung als Lebensqualität, frei von materiellen Erwägungen und Verwertungsabsichten. Dabei käme es auf ein neues Gleichgewicht von Berufs-, Freizeit- und Persönlichkeitsbildung an. Weiterbildung muss nicht nur dem Beruf dienen: Denn in der Aus- und Fortbildung *muss* man lernen, in der Freizeit *kann* man dies tun, man kann es aber auch lassen. Die fünf Hauptmerkmale des freizeitkulturellen Lebensstiles wären hier auch pädagogisches Ziel: Selbst-aktiv-Sein, Spontaneität, Sozialkontakt, Sich-Entspannen, Spaß. »Wer die Menschen zum freiwilligen Weiterlernen motivieren will, kann dies in Zukunft nur mit der Freizeit (nicht gegen sie) tun.« (Ebd. 19)

Aus diesem Freizeitverständnis ergibt sich der Zusammenhang von Freizeitwissenschaft und Freizeitpädagogik. Freizeitpädagogik kann daher heute als eine umfassend begründete Teildisziplin der Erziehungswissenschaft im Sinne einer zielorientierten Handlungswissenschaft angesehen werden.

Konzepte der Freizeitpädagogik

In engen Zusammenhang mit dem Wandel erziehungswissenschaftlichen Denkens (vgl. Kapitel 2: Wissenschaftstheoretische Richtungen) haben sich auch die

Konzepte der Freizeitpädagogik verändert – von der Freizeitpädagogik als Erholung, Muße und Konsum (1945–1966) über eine emanzipatorische Freizeitpädagogik (1967–1979) bis zu einer innovatorischen (ab 1980, mit den Themen Ökologie, Neue Technologie, Zukunft) und einer demokratischen Konzeption in den 90er Jahren (Nahrstedt 1990, 108 ff.). Im Sinne einer zielorientierten Pädagogik der freien Lebenszeit integriert die Freizeitpädagogik heute eine Erziehung zu kommunikativem, zu sozialem und zu kulturellem Handeln. Sie gewinnt ihre Legitimation nicht lediglich aus der Vermehrung von Freizeit in einer (angeblichen) »Freizeitgesellschaft«, sondern aus dem qualitativen Strukturwandel der Gesamtgesellschaft.

Die Freizeitpädagogik hat ein eigenes *methodisches Repertoire* entwickelt. Dazu gehören u.a. eine informative Beratung, kommunikative Animation (im Sinne aktiver Lebensteilnahme, gemeinsamen Erlebens, anregender Aktivierung, schöpferischer Lebensgestaltung) sowie partizipative Planung. Ferner gibt es inzwischen praxisnahe *Leitprinzipien* einer Freizeitdidaktik (praktische Erreichbarkeit der Teilnehmenden durch Angebote, Offenheit in Planung und Durchführung, Aufforderungscharakter von Umwelten, Einrichtungen, Angeboten, Medien usw., freie Zeiteinteilung von Aktivitäten, Prinzip der Freiwilligkeit, Zwanglosigkeit, Wahlmöglichkeit, Entscheidungsmöglichkeit, Initiativmöglichkeit sowie ganz praktische Maximen, z.B. Schwellenangst überwinden helfen, Kontaktchancen erleichtern, soziale Geborgenheit ermöglichen, spielerisches Vermitteln u.a.m.). Man sieht leicht, wie weit eine solche Freizeitpädagogik von der traditionellen Schulpädagogik entfernt ist. Gleichwohl gehört eine Freizeiterziehung heute zu den wesentlichen Aufgaben der Schule, von der Klassenreise (»reisen lernen«) über freiere Formen von Sport, Kunst, Spiel bis zu einem fächerübergreifenden Lernbereich Freizeit (kein Schulfach) (Opaschowski 1996, 223 ff.).

Was tun Freizeitpädagogen?

Freizeitpädagogik bietet vor allem für DiplompädagogInnen ein breites Betätigungsfeld mit verschiedensten Ausprägungen, sowohl bei staatlichen als auch bei privatwirtschaftlichen Auftraggebern oder Non-Profit-Organisationen. Die Professionalisierung schreitet auch in diesem Bereich voran (zum Folgenden Opaschowski 1996, 271 ff.).

Freizeitberufe gibt es in der Tourismus- und Reisepädagogik, der Freizeitsportpädagogik und Bewegungsanimation, der schulischen Freizeitbetreuung, der außerschulischen und außerbetrieblichen Kultur- und Bildungsarbeit, der freizeitkulturellen Sozialarbeit und soziokulturellen Gemeinwesenarbeit, in der Kurpädagogik und der Gesundheitsvorsorge und -beratung. Aktuelle Arbeitsfelder bieten eine Fülle von beruflichen Tätigkeiten: Animateur (vom Sport über Ferienclubs bis zum Stadtteil), Freizeitberater (z.B. in Kliniken, Kurorten oder Großbetrieben), Freizeitmanager (z.B. in

Sport- und Fitnesszentren oder Freizeitparks), Fremdenführer (z.B. Stadtrundfahrtleiter, Arbeit bei kommunalen Verkehrsämtern), Fremdenverkehrsfachwirt oder Reiseverkehrskaufmann (im Reisebüro, in Fremdenverkehrsstellen), Gästebetreuer (in Hotels und Urlaubsorten), Reiseleiter (z.B. für Studienreisen, wissenschaftliche Reiseleitung), Touristikassistent (z.B. in Verkehrsämtern, im Kur- und Bäderbereich).

Angesichts einer solchen Expansion und Breite freizeitpädagogischer Berufe liegt auch hier – wie wir bereits in der Sozialpädagogik sahen – das Problem nahe, dass mit der Pädagogisierung ursprünglich nichtpädagogisierter Freiräume eine Entmündigung von Menschen verbunden sein kann.
Gleichwohl erfordern die freizeitpädagogischen Berufe hohe Kompetenzen, kein Freizeitberuf kommt darüber hinaus ohne pädagogische Qualifikationen aus. Diese umfassen die Fähigkeit, Kommunikation zu fördern, Kreativität freizusetzen, Gruppenbildung zu ermöglichen, die Teilnahme und Mitwirkung am kulturellen Leben zu erleichtern, aber auch persönliche Eigenschaften wie Erfahrungen in der Praxis, Kontaktstärke, Aufgeschlossenheit, Einfallsreichtum, Sensibilität, Ausdauer u.a.m. Basiskompetenzen in der Form grundlegenden theoretischen Wissens müssen sich mit Fachkompetenz (Methoden, Kenntnisse, Moderation, handwerkliche Fähigkeiten usw.) ebenso verbinden wie mit Organisationsfähigkeit, ständiger Fortbildung und kreativer Inspiration.
Weitere Märkte werden sich erschließen in einer Gesellschaft, in der künftig die Mehrzahl der Berufe im Dienstleistungssektor liegen wird. Ob die Freizeitentwicklung zu einer tatsächlichen Verbesserung der Lebensqualität in der postmaterialistischen westlichen Lebenswelt führen wird, hängt vermutlich zu einem großen Teil von einer qualifizierten Freizeiterziehung und -bildung ab, denn der Mensch lebt nicht vom Brot allein ...

11.4 Berufliche Bildung

Die Bedeutung der beruflichen Bildung ist enorm gestiegen. Außerhalb der Berufsschule ist die betriebliche Bildungsarbeit und die berufsbezogene Weiterbildung auch für Pädagogen – DiplompädagogInnen wie LehrerInnen, die nicht in die Schule wollen – ein zunehmend wichtiges Arbeitsfeld. Zugleich haben sich hier strukturelle Wandlungsprozesse ergeben, die die gesamte Berufspädagogik vor neue Aufgaben stellen. Zu verweisen ist hier vor allem auf das bundeseigene Bundesinstitut für Berufsbildung, das die Entwicklung der gesamten beruflichen Bildung maßgeblich fördert, z.B. durch Vorbereitung des jährlichen Berufsbildungsberichtes der Bundesregierung. (Zur Einführung in die berufliche Bildung: Arnold 1994, Arnold/Lipsmeier 1995, Dedering 1996, Arnold/Müller 2000)

Im folgenden Abschnitt geht es um die berufliche Bildung allgemein, nicht um die beruflichen *Schulen* (vgl. dazu Kapitel 10: Das Bildungswesen).

Abb. 34: Außerschulische Arbeitsfelder

Das duale System der Berufsausbildung als Exportschlager?

Für die Berufsausbildung (als Erstausbildung) wirken zwei grundverschiedene Bildungsträger zusammen, die auch rechtlich getrennte Zuständigkeiten haben: die *privaten Betriebe* einerseits und die *staatlichen Berufschulen* andererseits, d.h. Wirtschaft und Staat. Beide Träger sollen an unterschiedlichen Lernorten kooperieren: betrieblich-berufliche Ernstsituation im Betrieb (auf der Basis eines zivilrechtlichen Ausbildungsvertrages) und der »Schonraum« Berufsschule (auf der Basis einer öffentlich-rechtlichen Normierung). Hinzu kommen *überbetriebliche Ausbildungsstätten* (z.T. in Schulform). Dass es zwischen diesen grundverschiedenen Institutionen und Lernorten Abstimmungsprobleme gibt, ist kein Wunder, denn wirtschaftliche Interessen decken sich keineswegs bruchlos mit pädagogisch-didaktischen oder auch bildungspolitischen Intentionen.

Diese Form der in Deutschland geltenden Berufsausbildung wird *duales System* genannt und galt lange Zeit als Vorbild für andere Länder – als eine Art Exportschlager. Trotz mancher Vorteile und unbestreitbarer Leistungen ist es seit einiger Zeit in eine Krise geraten (zum Folgenden Greinert 1994):

– Die Zahl der *Studierenden gegenüber den Berufstätigen* derselben Altersgruppe *steigt* stark an (1985 studierten nur 19,5%, aber 80,5% waren berufstätig oder in einer Berufsausbildung; 1990 sehen die Zahlen ganz anders aus: 33,5% studieren gegenüber 66,5% Berufstätigen). Hinzu kommt eine wachsende Zahl derer, die nach einer Berufsausbildung ein Studium aufnehmen und dem Arbeitsmarkt längere Zeit nicht zur Verfügung stehen.
– Immer noch herrscht ein *Ausbildungsplatzmangel*, branchenspezifisch sehr unterschiedlich: Im Jahr 1997 standen den 490 000 Lehrstellen 673 000 Bewerber gegenüber. Viele suchen sich daher Nischen und können in das duale System nicht integriert werden.
– Die *»drop-out-Quote«* im dualen System ist hoch, vor allem Hauptschüler, Sonderschüler, Ausländerkinder und Jugendliche ohne Schulabschluss (wenn sie denn überhaupt eine Lehrstelle finden) zählen zu den Abbrechern.
– Die berufliche Erstausbildung im dualen System ist für manche auch nur eine auf Abruf eingegangene Übergangslösung auf dem Weg zu einem Studienplatz oder zu anderen weiterführenden Bildungseinrichtungen, d.h. die berufliche *Erstausbildung degeneriert zur Warteschleife*, die Betriebe schrumpfen die entsprechenden Ausbildungskapazitäten.
– Immer mehr Jugendliche erstreben *Abitur und Studium*, der Anteil wird für die nächsten Jahre auf 40% eines Geburtsjahrganges geschätzt.
– Zahlreiche Jugendliche sind den *erhöhten Anforderungen nicht gewachsen*, die sich aus der Kombination breiter theoretischer Grundbildung und hoher Spezialisierung, von rasch wechselnden fachlichen Qualifikationsanforderungen und erhöhter Bedeutung genereller Schlüsselqualifikationen (insbesondere Selbständigkeit, Teamfähigkeit, Verantwortungsbereitschaft etc.) ergeben.

Verschiebungen in der Berufsausbildung

Hintergrund für diese Krisensymptome des dualen Systems sind strukturelle Verschiebungen in der gesamten Berufsbildung (Arnold/Müller 2000). Zunächst ist ein Bedeutungsverlust der Erstausbildung festzustellen. Die hohe Umschlagsgeschwindigkeit und die immer kürzeren Innovationszyklen technologischen Wissens und Könnens (z.B. durch die neuen Informationsmedien) führen vielfach zum Verfall der einmal erworbenen Qualifikationen. Das in der Erstausbildung erworbene Fachwissen ist nicht mehr zentrale Grundlage des Berufes. (Die Kenntnisse eines Elektroingenieurs z.B. veralten innerhalb von vier Jahren – Arnold 1994, 504). Die Folge: Der früher selbstverständliche Berufsbezug als zentrales didaktisches Prinzip der herkömmlichen Berufsausbildung wird zusehends brüchiger, die Erosion der Planungsgrundlage Beruf für die berufliche Jugendbildung ist unübersehbar. Eine Ausbildung »auf Vorrat« wird immer mehr obsolet.

An die Stelle unmittelbarer Brauchbarkeit und Nützlichkeit treten neue, allgemeinere Qualifikationen. Technisch-arbeitsorganisatorische Veränderungen der Arbeitswelt machen die zu lösenden Aufgaben im Beruf immer offener, unstrukturierter und kooperationsbedürftiger. Dies wiederum führt zu höheren Anforderungen an die Selbständigkeit, Verantwortungsfähigkeit, Zusammenarbeitsfähigkeit, aber auch an die Fähigkeit, mit Unbestimmtheiten und Unsicherheiten umzugehen. Wenn also die bekannten beruflichen Qualifikationen nicht mehr zur Bewältigung zukünftiger Anforderungen ausreichen (und die künftig benötigten noch nicht genau eingeschätzt werden können), bleibt für die Berufsausbildung nur der Ausweg einer Art »sozialisierender Grundbildung« (Arnold 1994, 504). Ziel wären eine integrierte Entwicklung breit verwertbarer technologischer und sozialer Qualifikationen, die Vermittlung fächerübergreifender und außerfachlicher Qualifikationen. Das Prinzip der Konkretion wird abgelöst durch das Prinzip der Generalisation im Sinne des bekannten Konzeptes der »Schlüsselqualifikationen«. Planerische, dispositorische, programmgestaltende Vorbereitungsaktivitäten, Kommunikationsfähigkeit, Flexibilität, Abstraktionsfähigkeit, Selbstorganisationsfähigkeit und Verantwortungsbereitschaft, autonome Nutzung von Handlungsspielräumen, Belastbarkeit u.a.m. sind heute nicht nur in modernen Industriebetrieben unabdingbar.

Berufliche Weiterbildung ist Bildung

Diese strukturellen Wandlungen führen zu einer enorm gestiegenen Bedeutung der beruflichen (und auch betrieblichen) Weiterbildung gegenüber der Erstausbildung. Nicht mehr der Schulabschluss und der erlernte Beruf allein entscheiden über die späteren beruflichen und sozialen Positionen. Die Allokation und die Sicherung des Sozialstatus sind zunehmend abhängig von *Weiterbildungsprozessen.* Damit büßt die Berufsausbildung auch einen großen Teil ihrer den Lebenslauf orientierenden *Identitätskonstituierung* ein. Berufliche Identität wandelt sich lebenslang, Identitätslernen wird zur Lebensaufgabe. Die betriebliche Weiterbildung – obwohl weitgehend ohne öffentliche Kontrolle – hat sich denn auch in den letzten Jahren zum quantitativ bedeutsamsten Bereich des gesellschaftlichen Erwachsenenlernens entwickelt. (Vgl. Abschnitt 11.1: Erwachsenenbildung.)

Damit wird der *Betrieb* zu einem wichtigen *Lernort* weit über die Erstausbildung hinaus. Die moderne Betriebspädagogik geht zwar davon aus, dass ein Betrieb keine primär pädagogische Einrichtung ist (schließlich soll dort in erster Linie Geld verdient werden), aber Arbeitsorganisation und Personalentwicklung, die Unternehmensentwicklung und die Qualifizierung der Menschen sind eng verzahnt. Individuelle Lernprozesse der Mitarbeiter und Mitarbeiterinnen werden in modernen betrieblichen Weiterbildungskonzepten nicht mehr losgelöst von den »systemischen Bezügen« (Lebenswelt, Arbeitsplatz, Abteilung usw.) gesehen, vielmehr ist der moderne Betrieb *eine learning company:* »Nicht der Einzelne muss lernen, sondern das arbeitende und kooperierende System.« (Arnold 1994, 506) Das Schlagwort von der »Unternehmenskultur« signalisiert ein solches Verständnis einer sich selbstorganisiert entwickelnden Organisation, die gleichsam in die Zuständigkeit von allen fällt. Ohne Persönlichkeitsentwicklung funktioniert der ganze Betrieb nicht. Man könnte auch sagen, dass es hier eine pädagogische Dimension betrieblicher Entwicklung gibt.

Bildungstheoretisch ist in diesem Zusammenhang wichtig, dass nicht mehr ein von der Pädagogik formuliertes Bildungsideal notwendig ist, um die Selbstorganisationsfähigkeit der Menschen im Betrieb zu begründen, sondern dass die Entwicklung der Arbeitsanforderungen selbst dies verlangt. Mehr noch: Die betriebliche Bildungsarbeit steht vor einer der neuhumanistischen Bildungsidee sehr verwandten Aufgabe, wenn sie den Einzelnen nicht nur fachlich-inhaltlich, sondern formal im Sinne eines freien, autonomen, »ich-haften« Individuums bilden will. Damit hebt sich der alte *Gegensatz zwischen Berufsbildung und Allgemeinbildung* tendenziell auf.

Wichtiger Arbeitsmarkt für Diplompädagogen

Mit dieser gewachsenen Bedeutung der beruflichen Weiterbildung eröffnet sich auch für Pädagogen ein weiterer Arbeitsmarkt – über die traditionellen Institutionen der Erwachsenenbildung hinaus. Denn Personalentwicklung umfasst weit mehr als die Steigerung fachlicher Qualifikationen, sie meint – insbesondere bei Führungskräften – vermehrt sozusagen »urpädagogische« Fähigkeiten wie Umgang mit Gruppen, Motivation von Mitarbeitern, Arrangement von Dialogsituationen, Initiation von Problemlösungsprozessen, Visualisierung und Dokumentation von Lern- und Entscheidungsprozessen, Moderation von Besprechungen, Evaluation von innovativen Maßnahmen u.a.m. Pädagogische Mitarbeiter können als Angehörige eines Betriebes solche Beratungs-, Trainings- und Coachingaufgaben, Organisationsberatung, Mitarbeiterschulung und allgemeine Weiterbildungsaufgaben übernehmen. Sie können aber auch als externe Bildungsmanager, als Seminarleiter, Trainer und periphere Anbieter (selbständig oder angestellt bei entsprechenden Firmen) solche Aufgaben übernehmen.

Günstig ist für Pädagogikstudenten und Studentinnen die Aussicht, dass solche pädagogischen Innovationen heute nicht mehr *gegen* die Betriebsleitung und *gegen* die Sachgesetze der Produktion oder Dienstleistung mühsam durchgesetzt werden müssen, sondern von diesen vielmehr zunehmend selbst eingefordert werden. Immer mehr Betriebe stellen pädagogisch und sozialwissenschaftlich qualifiziertes Personal als Fachkräfte der betrieblichen Weiterbildung ein.

11.5 Weitere aktuelle Arbeitsfelder

Die folgenden Abschnitte zeigen besonders deutlich, wie stark sich pädagogische Arbeitsfelder in die gesamte Gesellschaft hinein erweitert haben. Viele der folgenden Arbeitsfelder enthalten ein Gemisch von pädagogischen, sozialen, therapeutischen u.a. Tätigkeiten. Auch arbeiten hier PädagogInnen mit sehr unterschiedlicher Ausbildung: ErzieherInnen ebenso wie an Fachhochschulen ausgebildete Dipl.-SozialpädagogInnen, dann Diplom-PädagogInnen und Magister mit Studienabschluss in Erziehungswissenschaft sowie Lehrer und Lehrerinnen. Als Folge dieser »Gemengelage« ergibt sich eine erhebliche Differenzierung und Ausdehnung erziehungswissenschaftlicher Problemstellungen, Forschungfragen und auch Studiengänge. Anschaulich wird damit ein unanschaulicher Sachverhalt: Pädagogik »entgrenzt« sich immer stärker. Die Überschneidungen mit anderen, nicht genuin pädagogischen Tätigkeitsbereichen werden größer. Andererseits könnte man auch sagen, dass die Pädagogisierung der Gesellschaft immer weiter voranschreitet. Dazu in den folgenden Abschnitten ein orientierender Überblick. (Weiterführende Informationen bei Lenzen 1994 und 1999, Krüger/Rauschenbach 2000)

11.5.1 Familienbildung

Anders als das vorindustrielle »Ganze Haus« hat die Familie heute vor allem die Funktion der Erhaltung von »Humanvermögen«: Sicherung des Nachwuchses, Kindererziehung, Sozialisation, Stabilisierung des Generationenverhältnisses (Generationenvertrag), Zuständigkeit für Emotionalität und Intimität gegenüber den »kalten« und funktionalen Beziehungsstrukturen der Gesellschaft. (Zur Familienproblematik heute: Nave-Herz 1994, zur Familienbildung: Böllert/Karsten/Otto 2000) Hinzu kommt die Fülle von modernen Familienformen (von Alleinerziehenden über Wiederheirat mit Kindern aus beiden vorherigen Beziehungen bis zu freien Lebensgemeinschaften), die für Eltern wie für Kinder oft zu einem schwer durchschaubaren »Beziehungsdickicht« führen, das ebenso Lernchancen wie Verwirrung und Desorientierung mit sich bringen kann (Böllert/Otto 1993).

Die Ausgestaltung jener Erziehungs- und Bildungsprozesse, die in Familien die Persönlichkeitsentwicklung von Heranwachsenden fördern (bzw. der Abbau hinderlicher Faktoren), ist u. a. Aufgabe der Familienbildung.

Das bereits genannte Kinder- und Jugendhilfegesetz (KJHG) regelt die *familienunterstützenden und -ergänzenden Hilfen und Maßnahmen.* Dabei soll Familienbildung auf die jeweiligen Familiensituationen eingehen, die Eltern beraten und junge Menschen auf Partnerschaft und Zusammenleben mit Kindern vorbereiten, einschließlich der Fragen von Trennung, Scheidung, Pflegschaft, Vormundschaft und Adoption. Zu differenzieren ist dabei zwischen einem mehr institutionellen Charakter (Maßnahmen von Verbänden, Volkshochschulen, Familienbildungsstätten), den funktionellen Leistungen der Kinderbetreuung (z.B. in Kinderkrippen, Tagesheimen und Kindergärten), dem medialen Angebot z.B. von Zeitschriften (»Eltern« etc.) und informellem Erfahrungsaustausch von Eltern in freien Gruppen.

Aber zu den Problemfeldern der Familienbildung und -hilfe gehört noch mehr. Vier Bereiche lassen sich unterscheiden. *Erstens:* Sorge für die Rahmenbedingungen und Voraussetzungen der Familie, z.B. Steuer-, Wohnungs- und Sozialpolitik. *Zweitens:* Entlastung von Familien, vor allem von Frauen bei der Wahrnehmung der Erziehungsfunktion (hoffentlich auch bald der Männer). *Drittens:* allgemeine Beratung und Fortbildung von Eltern im Hinblick auf das heute komplizierter gewordene innerfamiliale affektive und kommunikative Balancesystem. *Viertens:* Hilfen für »Problemfamilien«, die den an sie gestellten Anforderungen nicht mehr gerecht werden können. Hier ergibt sich ein starker Überschneidungsbereich mit der Sozialpädagogik.

Die *Inhalte* der Familienbildung sind so zahlreich wie ihre *Träger*. Örtliche Sozialämter, Gesundheitsämter und Jugendämter bieten familienbezogene Dienstleistungen (z.B. Mütter-, Sucht- und Drogenberatung). Freie Träger (wie Wohlfahrtsverbände, Kirchen, Kinderschutzbund, Pro Familia, selbstorganisierte Zusammenschlüsse und Selbsthilfegruppen u.a.m.) offerieren eine Fülle von unterschiedlichsten Themen zur Familienbildung: Geburtsvorbereitung, Säuglingspflege, Spielen mit Kindern, Kinderkrankheiten, Beziehungsgestaltung, Krisen in der Familie, Erziehungsschwierigkeiten, Pubertät, Gewalt, Missbrauch bis zum Musizieren und zur Urlaubsgestaltung u.a.m.

Die *Mitarbeiter und Mitarbeiterinnen* zeigen einerseits eine immer höhere Professionalisierung (Diplompädagogen, Psychologen, Ärzte etc.) und eine »Verfachlichung« (immer mehr haben eine wissenschaftliche Spezialausbildung, auch Magister in Erziehungswissenschaft), andererseits lebt die Familienbildung immer noch stark von Honorarkräften (das spart Kosten und hält das Angebot flexibel ...). Abgesehen von einem großen Nachholbedarf in den neuen Ländern (die sich erst langsam von der staatlich organisierten Allseitsfürsorge erholen müssen) steht die Familienbildung aber auch vor dem Problem, alle Schichten zu erreichen (die gut situierten bürgerlichen Frauen lassen sich abends ohnehin von ihren Männern für Fortbildungen »vertreten«). Auch erhebt sich die Frage, wieweit die Familienbildung (immer noch, jedenfalls soweit es die staatliche Förderung betrifft) einer traditionellen Familienideologie anhängt, die außerdem Elternschaft als Privatsache ansieht und sozialpolitische Förderung immer noch zu klein schreibt.

11.5.2 Kinder- und Jugendarbeit

Kinder- und Jugendarbeit wird zu den klassischen Gebieten der Sozialpädagogik gerechnet. (Nähere Informationen bei Richter 1998, Nagel 2000 und Thole 2000) Gleichzeitig haben sich die Handlungsfelder der Kinder- und Jugendarbeit stark differenziert und zeigen heute eine über die Sozialpädagogik im engeren Sinne (»Hilfe bei Gefährdungen des Aufwachsens«) weit hinausreichende Vielfältigkeit.

Dies gilt auch für die pädagogischen Berufsmöglichkeiten jenseits der sozialpädagogischen Profession. Den (geschätzten) ca. 600 000 ehrenamtlichen Mitarbeitern standen nach den letzten vorliegenden Daten 33 637 Erwerbstätige gegenüber, von denen 53,6 % bei freien und 46,4 % bei öffentlichen Trägern beschäftigt sind (Thole 2000, 122). Der Personalzuwachs in den letzten 30 Jahren weist zwar auf eine Verberuflichung in der Kinder- und Jugendarbeit hin (die gleichzeitig an einen Prozess der Pädagogisierung gekoppelt zu sein scheint – ebd. 121), andererseits ist die Anzahl der Einrichtungen seit 1974 (immerhin stattliche 27 686 in den alten Ländern) kontinuierlich zurückgegangen; im Bereich der Jugendzentren und Jugendheime hat sie sich mehr als halbiert. 1994 wurden in den alten und neuen Bundesländern 12 257 Einrichtungen statistisch erhoben. Allerdings steht der rückläufigen Tendenz in den alten Bundesländern eine Vervierfachung in den neuen Ländern gegenüber.
Diese Zahlen verweisen auf eine sehr problematische Entwicklungstendenz: Auf der einen Seite steht die unbestritten gewachsene Bedeutung außerfamiliärer pädagogischer Institutionen angesichts der zunehmenden Sozialisationsprobleme der Familie, darauf deuten die personelle Ausweitung und Verfachlichung sowie die breite Angebotspalette hin. Auf der andern Seite zeigt der Bereich der Kinder- und Jugendarbeit (zusammen mit Hilfen zur Erziehung, also der früheren Fürsorgeerziehung) seit 1965 die geringste Entwicklungsquote aller Jugendhilfebereiche – finanziell wie durch die ausgedünnte Einrichtungszahl.

Gegenstandsbereiche der Kinder- und Jugendarbeit sind zunächst nicht-kommerzielle Jugendzentren und -freizeitheime (1994 waren dies 6114), Jugendheime und kleinere Jugendclubs (4018), Kinder- und Jugendferienstätten (565), Jugendbildungs- und Tagungsstätten (479), pädagogisch betreute Spielplätze und Jugendzeltplätze (411). Aber auch Einrichtungen der Jugendverbandsarbeit (z.B. Pfadfinder), eine Fülle von kleineren Initiativen zur sozialen, politischen, naturkundlichen, gesundheitsorientierten und kulturellen Bildungsarbeit (z.B. Jugendwandern oder Theaterprojekte zur Drogenarbeit) u.a.m. gehören dazu, ebenso wie Freizeiten, internationaler Jugendaustausch (z.B. »Student für Europa«), aber auch Fanclubarbeit, niedrigschwellige, aufsuchende Straßen- und Sozialarbeit, Abenteuerspielplätze sowie Kinder- und Jugendschutzaktivitäten, Mädchen- und Jungenarbeit, Erlebnispädagogik (z.B. Klettern in den Bergen, Segeln auf dem Meer) u.a.m. Wichtig ist aber, dass alle Angebote freiwillig sind. Es ist auch nicht zu belegen, dass diese Angebote angesichts der kommerziellen Freizeitindustrie für Kinder und Jugendliche etwa unattraktiver geworden seien (Thole 2000).
Die wichtigsten Verbände und Projekte der Kinder- und Jugendarbeit sind im *Bundesjugendring* zusammengeschlossen, wobei Landesjugendpläne eine Vielzahl von länderspezifischen und regionalen Besonderheiten enthalten. Wichtigste Forschungsinstitution ist das Deutsche Jugendinstitut in München. Träger der Kinder- und Jugendarbeit sind kommunale Jugendämter und andere öffentliche Institutionen (34,5%) und vor allem freie Träger (65,5% – vom Diakonischen Werk über das Deutsche Rote Kreuz, Arbeiterwohlfahrt, Deutschem Paritätischem Wohlfahrtsverband, Caritas bis zu einer Fülle von freien, manchmal gemeinnützigen Initiativen).

Konzeptionell werden unterschiedliche Entwürfe diskutiert: 1. Das Konzept einer Förderung jugendlicher Ansätze zur Mit- und Selbstorganisation (statt Konsumieren von fertigen Angeboten); 2. Animation zu kulturellen, politischen und jugendlichen Initiativen, vor allem Hilfe für die Kinder und Jugendlichen, sich Räume zur Aktivierung zu erobern, wobei das labile Gleichgewicht zwischen unverbindlichen Kurzzeitveranstaltungen (z.B. Jugenddisco) und längerfristigen verbindlichen Gruppen (z.B. Umweltgruppen, Theaterwerkstätten etc.) bewältigt werden muss; 3. statt klassischer »pädagogischer« Arbeit eher adressatennahe Projekte, mobile, niedrigschwellige Angebote; 4. Vernetzung aller bestehenden Angebote zu einem Dienstleistungsangebot für Kinder und Jugendliche; 5. Prävention als Hauptziel der Kinder- und Jugendarbeit; 6. Jugendarbeit als integraler Bestandteil einer kommunalen Infrastruktur. Mit solchen Konzepten ist der lange bestehende Gegensatz zwischen »Offener Jugendarbeit« und einer eher geschlossenen, verregelten Jugendarbeit obsolet geworden.

Die *pädagogische Hintergrundproblematik* der Kinder- und Jugenarbeit liegt darin, dass einerseits behauptet wird, Kindern und Jugendlichen könnten auf dem pädagogischen Wege heute keine Orientierungen mehr vermittelt werden. Dazu seien die gewandelten Bedingungen des Kindes- und Jugendalters mit ihren Pluralisierungs- und Individualisierungsprozessen zu gravierend. Andererseits wird die Auffassung vertreten, dass gerade wegen dieser gesellschaftlichen Veränderungen das pädagogische Handeln unverzichtbar und außerschulische Kinder- und Jugendarbeit ein wichtiges Bildungsforum sei (ebd., 127). Die zweite Intention wird z.B. sichtbar in den Jugendbildungsstätten, die sich in sehr qualifizierter Weise (wie z.B. der Jugendhof Dörnberg bei Kassel) um eine gesellschaftskritische, interkulturelle, geschlechts- und schichtspezifische Bildungsarbeit bemühen.

11.5.3 Kulturpädagogik

Noch kaum in der erziehungswissenschaftlichen Theorie konsolidiert und in der Praxis kaum institutionalisiert, bietet kulturpädagogische Arbeit doch zunehmend auch z.B. für DiplompädagogInnen berufliche Möglichkeiten. Stark ausgeweitet haben sich u. a. *medienpädagogische Praxisfelder* (vgl. Kapitel 12.2.3: Neue Medien und Medienpädagogik*)*. Sie reichen von der Mitarbeit bei Sendern (z.B. in den um Zuschauer-/Zuhörer-Partizipation bemühten »Offenen Kanälen«) über Medienwerkstätten, Kinder- und Jugendkino-Projekte, Computer-work-shops bis zu überregionalen Bildungsmedien-Anbietern (Nähere Informationen bei Wensierski 2000).

Das Feld der *Kulturarbeit und -pädagogik* ist heterogen und in starkem Wandel begriffen. Es reicht gegenwärtig von Jugendkunstschulen (immerhin 254 an der Zahl), Musikschulen (778 an der Zahl), Kulturhäusern und Schreib- und Literaturwerkstätten über Museumspädagogik, Theaterinitiativen und -pädagogik an Bühnen bis zu Stadtteilprojekten, Kinderzirkus, mobilen Spielotheken und zum Angebot der Jugendfreizeistätten, Volkshochschulen und freien Träger. Es geht in der Praxis, aber auch in der erziehungswissenschaftlichen Theoriebildung um die Vermittlung von Kultur im Sinne ästhetischer Wahrnehmungen und Erfahrungen. Dabei sollen selbstreflexive Prozesse angestoßen werden, deren Bildungsgehalt in der Erweiterung der kommunikativen und ästhetischen Wahrnehmungs- und Darstellungsmöglichkeiten im Kontext konkreter lebensweltlicher Bezüge liegt (ebd., 203). Kulturpädagogik bemüht sich ebenso um »kulturfremde Nutzergruppen« und die Verminderung sozialer Ungleichheit der Teilnahme am kulturellen Leben wie auch um die Anerkennung der Eigenständigkeit und Kreativität jugendkultureller Stile und Praxen.

Ohne diese Lebenswelten zu pädagogisieren und zu kolonialisieren, ist Kulturpädagogik doch eine unmittelbare Antwort auf den Modernisierungs-, Individualisierungs- und Entstrukturierungsprozess dieser jugendlichen Lebenswelten mit seinen einschneidenden Folgen für das Selbstbild und die biographische Orientierung von Jugendlichen. Die Aufgabe der Kulturpädagogik liegt aber nicht nur in der Animation zur Eigentätigkeit und Eigenproduktion sowie in der Orientierung an den jugendlichen Lebenswelten, sondern gerade auch der Ermöglichung von Differenzerfahrungen zu eingeschliffenen, alltäglichen und biographisch bedingten Wahrnehmungsformen des Ungewohnten, Neuen und Fremden.

Inzwischen hat in den letzten Jahren eine Reihe von Hochschulen und Universitäten grundständige kulturpädagogische und kulturwissenschaftliche *Studiengänge* eingerichtet. Auch wenn diese in einer gewissen Spannung zu einem sicher noch begrenzten Arbeitsmarkt stehen, ist dies doch ein deutliches Signal für die gewachsene Bedeutung von Kultur- und Medienpädagogik im Konflikt zwischen Bedeutung von Kultur im Modernisierungsprozess einerseits und Funktionalisierung von Kultur für die Markt- und Konsuminteressen der expandierenden Medien- und Kulturindustrie andererseits. Nicht umsonst haben Musicalveranstalter Aktiengesellschaften gegründet ...

11.5.4 Gesundheitsbildung

Angesichts der hohen Bedeutung der Adoleszenz für die Ausbildung spezifischer Formen des Gesundheitsverhaltens (z.B. Umgang mit Krankheit, Essgewohnheiten, Hygieneverhalten, Rauchen) und der gleichzeitig dringlichen gesundheitlichen Problemlagen der 10- bis 20-Jährigen (Unfälle, Gewalttaten, Drogen- und

Alkoholmissbrauch, Essstörungen, Bewegungsmangel, ungeschütztes Sexualverhalten, Allergien, psychische Störungen u.a.m.) reicht das Anliegen einer Gesundheitsförderung weit über die Schule hinaus (Umfassende Informationen bei Hurrelmann/Laaser 1998).

Ausgehend von einem umfassenden *Gesundheitsbegriff* der WHO (»Zustand eines uneingeschränkten körperlichen, seelischen und sozialen Wohlbefindens«) schließt Gesundheitsbildung die informelle Ebene der Familie und die der Peergroups ebenso ein wie die professionelle Ebene, also die öffentlichen Einrichtungen, Krankenkassen, Krankenhäuser, Rehabilitationseinrichtungen, Berufsverbände und Initiativen freier Träger. Nicht mehr die akuten Krankheiten, sondern die psychosomatischen, psychischen und chronischen Erkrankungen und gesundheitsabträgliche Verhaltensweisen zählen heute zu den bedeutenden Gesundheitsproblemen von Kindern und Jugendlichen (Hurrelmann/Palentien 2000).

Unter *pädagogischem Aspekt* sind daher vor allem gesundheitsrelevante Einstellungen und Verhaltensweisen zu beeinflussen. Ziel ist die Förderung von Verhaltens- und Handlungskompetenzen, die den Vollzug autonomen und zielorientierten Handelns ermöglichen. Erfolgreich kann dies aber nur gelingen, wenn Kindern und Jugendlichen nicht das offizielle Erwachsenenverhalten einfach aufgezwungen wird, sondern wenn an ihre Erfahrungen und Erlebnisse angeknüpft wird. Ohne die Beachtung alltäglicher sozialer und kultureller Einflüsse, des Lebensstils der Jugendlichen, der Dauerbelastung von Heranwachsenden heute, aber auch normativer und sozialstruktureller Rahmenbedingungen, vor allem ohne eine selbstkritische Einstellung der Erwachsenen gegenüber dem eigenen Gesundheitsverhalten sind Selbstentfaltung und Selbstfindung als Anknüpfungspunkte der Gesundheitsbildung bei Heranwachsenden nicht zu nutzen.

Institutionen und Angebote der Gesundheitsförderung umfassen mehr und mehr auch nicht-ärztliche Berufsgruppen. Sie reichen von GesundheitsberaterInnen der Krankenkassen, beraterischen MitarbeiterInnen in Krankenhäusern, sozialen Tätigkeiten in Rehabilitationseinrichtungen (z. Zt. 1387 Kliniken) über TherapeutInnen im psychosozialen Bereich bis zu häuslicher Kranken-, Familien- und Altenpflege und psychiatrischer Begleitung und Nachsorge (Mitte der 90er Jahre gab es über 600 niedergelassene Jugendlichenpsychotherapeuten). Vor allem im psychosozialen Bereich wurden neue Kooperationsformen von Medizinern, Psychologen, Sozialarbeitern und Pädagogen entwickelt.

Die Mitarbeit von *DiplompädagogInnen* zeichnet sich vor allem dadurch aus, »die gesamte Lebenssituation der jungen Patientinnen und Patienten in die Behandlung und Betreuung einbeziehen zu können« (Palentien/Hurrelmann 2000, 229). Der besondere Stellenwert von DiplompädagogInnen liegt darin, dass sie neben der Erkrankung auch die psychosozialen Probleme (z.B. Verlust von Kontakten durch lange Klinikaufenthalte) sowie die sozioökonomischen Schwierigkeiten (z.B. Ausbildungsabbruch, Verlust des Arbeitsplatzes etc.) aufgrund ihrer Ausbildung mitreflektieren können. »Originär erziehungswissenschaftliche Qualifikationen stehen im Vordergrund aller Tätigkeiten im komplementär-rehabilitativen Bereich.« (Ebd., 230)

11.5.5 Behinderten- und Altenarbeit

Die schulische Bildung behinderter Kinder und Jugendlicher ist primäre Aufgabe von Sonderschullehrern und -lehrerinnen (vgl. Kapitel 10.2.7: Die Sonderschule). Darüber hinaus gibt es aber in der Arbeit mit behinderten Menschen zahlreiche außerschulische Tätigkeitsfelder, die einen komplexen interdisziplinären Bereich mit multiprofessioneller Kooperation bilden. (Zum Folgenden Sander 2000) Weil Behinderung kein einheitliches Erscheinungsbild darstellt, sind auch die Arbeitsfelder außerordentlich heterogen.

Außerschulische Behindertenarbeit

Von zunehmender Wichtigkeit ist die *Frühförderung* von der Geburt bis zum Schulbeginn (Näheres bei Brack 1999). Mit dem Ziel einer Prävention sollen Möglichkeiten des Auftretens von Behinderungen verhindert (oder verringert) werden, die Zunahme in der individuellen Entwicklung eingeschränkt und das Übergreifen auf andere Entwicklungsbereiche des Kindes unterbunden werden. Dabei wird vor allem die frühestmögliche Integration behinderter Kinder angestrebt, eine Tendenz, die sich gegenüber den separierenden Institutionen (ohne diese überflüssig zu machen) immer stärker durchsetzt. Die therapeutische und pädagogische Frühförderung findet in der Regel in der Familie statt, teilweise aber auch in zentralen Institutionen (bis zu sozialpädiatrischen Kliniken). Wahrnehmungstraining der Sinne, sensumotorische und psychomotorische Übungen, Sprachanbahnung, grundlegende soziale Fähigkeiten u.a.m. lassen sich aber auch in Kindergärten oder Kindertagesstätten durchführen, wobei die soziale Integration in eine Gruppe nicht-behinderter Kinder angestrebt wird und ein zentrales Lernfeld bedeutet. Daneben gibt es aber auch – je nach Behinderungsgrad und -art – noch viele Sonderkindergärten.
Aber auch während der Schulzeit sind *außerschulische Hilfen* und Initiativen nötig, von der therapeutischen Schülerhilfe über Schülerhorte bis zu Nachmittags- und Freizeitangeboten. Inzwischen nehmen auch viele Jugendverbände und -gruppen, Sportvereine und Jugendzentren behinderte Menschen auf und gestalten das Gruppenleben integrativ.
Ein besonderes Problem liegt in der *Berufsvorbereitung und beruflichen Integration.* Als Ziel gilt zwar die Berufsausübung an einem festen Arbeitsplatz, aber der Mensch darf nicht auf die Rolle der Arbeitskraft reduziert werden, sondern Reha-

bilitation (dieser übliche Fachausdruck bedeutet ja eigentlich »Wiederherstellung« aller Kräfte) muss dem Behinderten ein individuell befriedigendes Leben in der Gesellschaft ermöglichen. Gleichwohl sind behinderungsspezifische Berufsschulzentren, spezielle Berufsvorbereitungsklassen, Berufsausbildung in einer überbetrieblichen Einrichtung, Förderung durch ein Berufsbildungswerk (berufliche Erstausbildung) oder ein Berufsförderungswerk (Fortbildung und Umschulung behinderter Erwachsener) sinnvoll und notwendig. Da aber die Gesellschaft nach den kapitalistischen Marktprinzipien funktioniert (die durch Gesetze zur Förderung Behinderter nur geringfügig aufgebrochen werden können), bleibt vielen Behinderten nur die Beschäftigung in einer Werkstatt für Behinderte (in Deutschland gibt es 600 davon mit 150 000 Beschäftigten, die zur Zeit etwa 250 DM monatlich verdienen – Sander 2000, 248). Die Bemühungen um Integrationsbetriebe stehen noch ganz am Anfang.
Das *Erwachsenenleben* behinderter Menschen bedarf je nach Fall ebenfalls spezifischer Unterstützung, sollen die Gestaltungsbereiche wie Wohnen, Partnerschaft, Sexualität, Familiengründung, Freizeit u.a.m. optimale Entwicklungsmöglichkeiten enthalten. Im Bereich Wohnen zeigt sich als neuere Tendenz die Bewegung »Autonomes Leben«, die das selbstbestimmte Leben und Wohnen, unterstützt, aber nicht dirigiert durch professionelle Helfer, z.B. in gemischten Wohngemeinschaften oder Außenwohngruppen von Heimen, ermöglicht.

Wer als Pädagoge im außerschulischen Behindertenbereich arbeiten will, wird in Zukunft immer seltener in Sonderkindergärten, Behindertenwohnheimen etc. tätig sein und immer häufiger als behindertenpädagogische Fachkraft in allgemeinpädagogischen Einrichtungen kooperativ mitwirken. Mittel- und langfristig steigt der Bedarf an solchen Fachkräften, denn der Anteil behinderter Menschen in der Gesellschaft nimmt zu (ebd., 249).

Altenarbeit

Im Unterschied zur Behindertenarbeit wird im Bereich *Altenarbeit* die pädagogische Dimension erst langsam entdeckt. (Zum Folgenden Becker 1999, Belardi/Fisch 1999, Schweppe 2000) Zunächst scheint es ja auch ein Widerspruch zu sein, pädagogische Intentionen ausgerechnet auf alte Menschen auszudehnen. Aber das Verständnis dieses Lebensabschnittes hat sich grundlegend gewandelt (spätestens nach Betty Friedans Entlarvung des »Mythos Alter« – dt. 1993). Die Auffassungen vom Alter reichten vom *Defizitmodell* (Altern ist der unaufhaltsame Prozess des geistigen, körperlichen und seelischen Verfalls) über das *Aktivitätsmodell* (diesen Abbautendenzen ist durch Anforderungen und Aktivitäten entgegenzuwirken) bis zur modernen Vorstellung einer eigenverantwortlich, individuell sinnvollen und biographisch reflektierten *Gestaltungsaufgabe* des Altwerdens.

Die Entwicklungspsychologie hat herausgearbeitet, dass der Glaube an sich selbst und die eigene Gestaltungskraft (Prinzip der »Selbstwirksamkeit« in der Psychologie) eine Kern- und Schlüsselbedingung der Entwicklung von der Kindheit bis ins hohe Alter hinein ist. Fasst man Lebensbewältigung im Sinne der Herstellung bzw. Aufrechterhaltung biographischer Handlungsfähigkeit als grundlegende pädagogische Kategorie auf, eröffnen sich auch für die Altenarbeit erziehungswissenschaftliche Zugänge und Fragestellungen. In diesem Sinn ist dieser Lebensabschnitt als pädagogische Aufgabe zu begreifen. Genauso wie das Kindes- und Jugendalter steht dabei auch das Alter im Spannungsverhältnis abnehmender Verbindlichkeiten von kollektiven Lebensmustern und Detraditionalisierung einerseits und einer Erweiterung und Verfügbarkeit von Entscheidungs-, Orientierungs- und Handlungsalternativen andererseits. Alte Leute sind nicht gleich alte Leute. Alter ist eine gestaltbare und gestaltungsnotwendig gewordene Lebensphase mit der Folge einer enormen Pluralisierung der Altenpopulation. Zugleich haben aber auch rechtliche und soziale Regulierungsprozesse zugenommen.

Zu den wichtigsten Feldern der Altenarbeit gehört der *stationäre und teilstationäre Bereich* (gegenwärtig 8335 Einrichtungen mit 661 000 Wohn- und Pflegeplätzen). Zwar hat die Pflegeversicherung seit den 90er Jahren die sozialen Bedingungen erheblich sicherer gemacht, aber die Altenheime werden häufig als »totale Institutionen« kritisiert, in denen das medizinische Paradigma, ein Mangel an Selbstbestimmungsrechten und eine umfassende Bevormundung vorherrsche (ebd. 153). Aber neue Konzepte setzen sich gegen einen solchen reduzierten Pflegebegriff durch: Öffnung der Heime, Mitbestimmung, erweiterte Handlungsspielräume usw. werden angestrebt. Dabei bildet im ambulanten Bereich (häusliche Versorgung) die Zusammenarbeit von professionellen Pflegekräften und Familienangehörigen oft ein konflikthaftes Feld.

Die Angebote in der sog. *Offenen Altenarbeit* zeigen in jüngster Zeit einen erheblichen Reformschub, der pädagogisch außerordentlich relevant ist. Gemäß dem Leitbild eines »zu gestaltenden Lebens im Alter« wurden auf Bundes- und Landesebene Modellversuche eingerichtet, die folgende *Kernelemente einer modernen Altenarbeit* zeigen: 1. Verzicht auf vorab definierte Lebensentwürfe und normative Zielsetzungen, dafür offen gehaltene Programmatik mit lebensweltlich-biographischem Bezug; 2. Verbindung der vorhandenen Wissensbestände und der mitgebrachten Fähigkeiten alter Menschen mit der Erprobung neuer Tätigkeiten und Sinnbezüge; 3. Möglichkeiten der sozialen Zugehörigkeit und zwischenmenschlicher Beziehungen; 4. Rückwirkung auf die Umwelt und öffentliche Artikulation; 5. Prozessorientierung der Programme, um auf sich verändernde Bedürfnisse eingehen zu können.

In diesem Zusammenhang schließlich spielt die *Altenbildung* eine wichtige Rolle. Ende der 70er Jahre wurden z.B. Universitäten für ältere Menschen geöffnet, 1980 richtete Dortmund ein Studiengang für Senioren ein; inzwischen gibt es vielfach Ringvorlesungen, Studienprogramme (mit Zertifikat – Wuppertal),

Fortbildungsmöglichkeiten usw., wobei für den Hochschulzugang auf das Abitur verzichtet wurde. Aber auch andere Bildungsinstitutionen wie Volkshochschulen, Einrichtungen der Kirchen u.a.m. machen Bildungsangebote, die an den Problemen des Alltags und biographisch ausgebildeten Lebenssituationen anknüpfen und damit einen funktionalistisch verengten Lernbegriff hinter sich lassen. Die Palette reicht von Anregungen zur geistigen, körperlichen und psychischen Beweglichkeit über neue Sprachen bis zu Gedächtnistraining und sozialen Initiativen. Die Erfahrungen von Diskontinuität in der Biographie durch das Alter sollen dabei überwunden werden durch Reinterpretation der eigenen Lebensgeschichte: Lebensweltlich-biographische Konzepte zielen damit nicht vorwiegend auf Wissenserweiterung, sondern betonen die Aufgabe der alten Menschen, selbst Bildungssinn zu finden, selbst zu definieren, was und wozu sie lernen wollen – unterstützt und begleitet durch PädagogInnen.

Zwar sind an einigen Hochschulen in der letzten Zeit neue pflegewissenschaftliche Studiengänge entstanden, aber für PädagogInnen wichtiger sind *Zusatzqualifikationen* (wie drei- bis viersemestrige Aufbaustudiengänge an den Universitäten Kassel, Heidelberg, Vechta) oder berufsbegleitende Weiterbildungsmöglichkeiten (Universitäten Dortmund, Hamburg) oder der Studienschwerpunkt für DiplompädagogInnen »Soziale Gerontologie/Altenhilfe« an der Universität Münster. Weil die Altenarbeit ein überproportional wachsendes Feld ist, ist eine verstärkte Anschlussfähigkeit des erziehungswissenschaftlichen Studiums dringend geboten.

Doch – wäre dies nicht auch ein Leitmotiv außerschulischer Pädagogik: »Veranlassungen, wodurch ein schädlicher Müßiggang, besonders in den unteren Volksklassen, genährt, und der Trieb zur Arbeitsamkeit geschwächt wird, sollen im Staate nicht geduldet werden.« (Allgemeines Landrecht für die preußischen Staaten 1794)

Lese- und Arbeitsvorschläge

Neben den im Text genannten einschlägigen (aber meist sehr umfangreichen) Handbüchern zu den einzelnen Problemfeldern vermittelt einen wesentlich knapperen Überblick H.-H. Krüger/T. Rauschenbach (Hg.): Einführung in die Arbeitsfelder des Bildungs- und Sozialwesens. Opladen 2000. Stärker auf die pädagogischen Probleme, die mit den einzelnen Handlungsfeldern verbunden sind, gehen die jeweiligen thematischen Artikel der Bücher von D. Lenzen (Hg.): Erziehungswissenschaft. Reinbek 1994, sowie D. Lenzen (Hg.): Pädagogische Grundbegriffe. Bd. 1 und 2. Reinbek 1989, ein. Die einzelnen Institutionen haben sich zwar stark entwickelt, aber die Theorieaspekte besonders des zweiten Buches sind auch über das Erscheinungsjahr 1989 hinaus aktuell.

Als *Arbeitsvorschlag* empfehle ich, in Gruppen einzelne Rollenspiele zu Konflikten innerhalb verschiedener Institutionen zu planen, durchzuführen und vor dem Hintergrund der Lektüre dieses Kapitels oder der o.a. Artikel gründlich auszuwerten.

Literatur

Arbeitsgruppe Bildungsbericht am Max-Planck-Institut für Bildungsforschung: Das Bildungswesen in der Bundesrepublik Deutschland. Reinbek 1990, vollständig überarbeitete und erweiterte Neuausgabe 1994

Arnold, R.: Betrieb. In: Lenzen, D. (Hg.): 1994, a.a.O., S. 496–517

Arnold, R.: Erwachsenenbildung. Baltmannsweiler 1996, 3. Aufl.

Arnold, R./Lipsmeier, A. (Hg.): Handbuch der Berufsbildung. Opladen 1995

Arnold, R./Siebert, H.: Konstruktivistische Erwachsenenbildung. Baltmannsweiler 1997, 2. Aufl.

Arnold, R./Müller, H.-J.: Berufsbildung: Betriebliche Berufsbildung, berufliche Schule, Weiterbildung. In: Krüger, H.-H./Rauschenbach, T. (Hg.) 2000, a.a.O. S. 63–69

Becker, S. (Hg.): Handbuch Altenbildung. Opladen 1999

Belardi, N./Fisch, M. (Hg.): Altenhilfe. Weinheim 1999

Böhnisch, L.: Sozialpädagogik der Lebensalter. Eine Einführung. Weinheim/München 1997. 2. Aufl. 1999

Böhnisch, L./Münchmeier, R.: Wozu Jugendarbeit? Weinheim u.ö. 1999, 4. Aufl.

Böllert, K./Karsten, M.-E./Otto, H.-U.: Familie: Elternhaus, Familienhilfen, Familienbildung. In: Krüger, H.-H./Rauschenbach, T. (Hg.) 2000, a.a.O., S. 17–29

Brack, U.B. (Hg.): Frühdiagnostik und Frühtherapie. Weinheim 1999

Braun, K.-H./Witzel, K.: Sozialpädagogisches Handeln in der Schule. Neuwied 1999

Colbert-Schrader, H./Krug, M.: Arbeitsfeld Kindergarten. München u.ö. 1999

Dedering, H. (Hg.): Handbuch zur arbeitsorientierten Bildung. München 1996

Dewe, B./Otto, H.-U.: Zugänge zur Sozialpädagogik. Weinheim/München 1996

Engel, F./Nestmann, F.: Beratung: Lebenswelt, Netzwerk, Institutionen. In: Krüger, H.-H./ Rauschenbach, T. (Hg.) 2000, a.a.O. S. 209–220

Erziehung und sozialer Wandel. 39. Beiheft (1999) der Z. f. Päd.

Faltermaier, T./Mayring, P./Saup, W./Stehmel, P.: Entwicklungspsychologie des Erwachsenenalters. Stuttgart u.ö. 1992

Faulstich, P./Zeuner, C.: Erwachsenenbildung. Weinheim/München 1999

Friedan, B.: Mythos Alter. Reinbek 1997

Galuske, M.: Methoden der Sozialen Arbeit. Weinheim/München 1999, 2. Aufl.

Greinert, W.D.: Berufsausbildung und sozioökonomischer Wandel. Ursachen der »Krise des dualen Systems« der Berufsausbildung. In: Z. f. Päd. H. 3/1994, S. 357–372

Gonon, P.: Berufsbildung. In: Forschungs- und Handlungsfelder der Pädagogik. 36. Beiheft (1997) der Z. f. Päd., S. 151–184

Gudjons, H./Pieper, M./Wagner, B.: Auf meinen Spuren. Hamburg 1992, 2. Aufl.

Hurrelmann, K./Laaser, U.: Handbuch Gesundheitswissenschaften. Neuausgabe. Weinheim 1998

Kade, J.: Einrichtungen der Erwachsenenbildung. In: Lenzen, D. (Hg.) 1994 a.a.O., S. 477–495

Kade, J./Nittel, D./Seitter, W.: Einführung in die Erwachsenenbildung/Weiterbildung. Stuttgart 1999

Krüger, H.-H./Rauschenbach, T. (Hg.): Einführung in die Arbeitsfelder des Bildungs- und Sozialwesens. Opladen 2000, 3. Aufl.
Kuwan, H.u.a.: Berichtssystem Weiterbildung VI. Bonn 1996
Lenzen, D. (Hg.): Erziehungswissenschaft. Reinbek 1994
Lenzen, D.: Orientierung Erziehungswissenschaft. Reinbek 1999
Kempert, W.: Berufliche Sozialisation oder was Berufe aus Menschen machen: Eine Einführung. Baltmannsweiler 1998
Lüders, C./Winkler, M.: Sozialpädagogik – auf dem Weg zu ihrer Normalität. In: Z. f. Päd. H. 3/1992, S. 359–370
Mollenhauer, K.: Sozialpädagogische Einrichtungen. In: Lenzen, D. (Hg.) 1994 a.a.O. S. 447–476
Mollenhauer, K.: Kinder- und Jugendhilfe. Theorie der Sozialpädagogik – ein thematisch-kritischer Grundriß. In: Z. f. Päd. H. 6/1996, S. 869–886
Nagel, E.: Was leistet Jugendgruppenarbeit für Jugendliche? Weinheim/München 2000
Nahrstedt, W.: Leben in freier Zeit. Darmstadt 1990
Nave-Herz, R.: Familie heute. Darmstadt 1994
Niemeyer, C.: Klassiker der Sozialpädagogik. Weinheim/München 1998
Niemeyer, C.: Theorie und Praxis der Sozialpädagogik. Münster 1999
Opaschowski, H.W.: Pädagogik der freien Lebenszeit. Opladen 1996, 3. Aufl.
Opaschowski, H.W.: Einführung in die Freizeitwissenschaft. Opladen 1997, 3. Aufl.
Opaschowski, H.W.: Umwelt, Freizeit, Mobilität. Konflikte und Konzepte. Opladen 1999
Palentien, C./Hurrelmann, K.: Gesundheitsförderung: Gesundheitserziehung, Gesundheitsberatung, Gesundheitsdienste. In: Krüger, H.-H./Rauschenbach, T. (Hg.) 2000, a.a.O., S. 221–234
Rauschenbach, T.: Der Sozialpädagoge. In: Lenzen, D. (Hg.) 1994 a.a.O. S. 253–281
Rauschenbach, T./Ortmann, F./Karsten, M.-E. (Hg.): Der sozialpädagogische Blick. Weinheim/München 1993
Rauschenbach, T./Thole, W. (Hg.): Sozialpädagogische Forschung. Weinheim/München 1998.
Richter, H.: Sozialpädagogik – Pädagogik des Sozialen. Grundlegungen, Institutionen, Perspektiven der Jugendbildung. Frankfurt/M. 1998
Schweppe, C.: Altenarbeit: Altenhilfe, Altenpflege, Altenbildung. In: Krüger, H.-H./Rauschenbach, T. (Hg.) 2000 a.a.O. S. 149–172
Siebert, H.: Didaktisches Handeln in der Erwachsenenbildung. Neuwied 1996
Thiersch, H. u.a.: Leistungen und Grenzen von Heimerziehung. Stuttgart 1998
Thole, W.: Kinder- und Jugendarbeit: Freizeitzentren, Jugendbildungsstätten, Aktions- und Erholungsräume. In: Krüger H.-H./Rauschenbach, T. (Hg.) 2000 a.a.O. S. 111–131
Tietgens, H.: Reflexionen der Erwachsenenbildung. Bad Heilbrunn 1992
Tietgens, H.: Erwachsenenbildung: Volkshochschulen, Verbände, Initiationen, Bildungsstätten. In: Krüger, H.-H./Rauschenbach, T. (Hg.) 2000 a.a.O. S. 133–148
Tietze, W. (Hg.): Wie gut sind unsere Kindergärten? Neuwied u.ö. 1998
Tippelt, R. (Hg.): Handbuch Erwachsenenbildung/Weiterbildung. Leverkusen 2000
Weinert, F. u.a. (Hg.): Psychologie der Erwachsenenbildung. Göttingen 1997
Wensierski, H.-J. v.: Medien- und Kulturpädagogik: Medienerziehung, Kulturarbeit, jugendkulturelle Bildung. In: Krüger, H.-H./Rauschenbach, T. (Hg.) 2000, a.a.O., S. 191–208

Kapitel 12: Immer neue Probleme – Aktuelle Herausforderungen der Pädagogik

Worum es geht ...
Die Pädagogik muss sich rasch ändernden gesellschaftlichen Problemlagen stellen. Die Anforderungen sind ebenso praktisch bedrängend wie theoretisch anspruchsvoll. Reicht unser bisheriger, von der Aufklärung geprägter Vernunftbegriff nicht mehr, wie es die Postmoderne nahe legt? Was ist überhaupt Postmoderne? Nur ein Luxusbauchschmerz der Intellektuellen? Was antwortet die Erziehungswissenschaft? Sind PädagogInnen dann nur noch hilflose Helfer? Einige ausgewählte aktuelle Problembereiche illustrieren die Herausforderungen der Gegenwart: interkulturelle Bildung, neue Medien, das Geschlechterverhältnis, Sexualpädagogik im Angesicht von AIDS, Friedenserziehung, Dritte (oder Eine) Welt, Umweltbildung und Zukunftsfragen.

12.1 Die Irritation durch die Postmoderne

12.1.1 Was ist Postmoderne?

Mit dem Begriff Postmoderne – übrigens einem völlig diffusen Modewort – werden ein tief greifender Wandlungsprozess und eine Kritik an der »Moderne« verbunden. Mit Moderne ist die Epoche von der Aufklärung bis zur Gegenwart gemeint. Grundlegend für die Geisteshaltung der Moderne war die Idee einer fortschreitend aufgeklärten Ordnung der Welt kraft Vernunft. Im Mittelpunkt einer Auffassung der Geschichte als sich stets höher entwickelnd stand der Mensch, der sich durch den Gebrauch seiner Vernunft, verbunden mit Moralität zum Subjekt bilden und entwickeln kann. *J.-F. Lyotard* (1987) hat diese sinnstiftenden Deutungssysteme die »Großen Erzählungen« genannt, die die Moderne hervorgebracht habe und die nun zu Ende seien. Das Präfix »Post« (= nach) im Begriff Postmoderne signalisiert das »Ende« dieser Epoche und dieses Denkens und zielt damit auf einen dramatischen Wandel der jüngsten Gegenwart, also eine Art Epochenschwelle in Kunst, Literatur, Philosophie, gesellschaftlichem Alltag, Politik usw. (Einführung und Überblick zur Postmoderne bei Welsch 1987/1993) »Das Unbehagen an der großen Theorie, an den Meta-Erzählungen, wie LYOTARD sie nannte, eine Ernüchterung über die Implikationen des sogenannten Fortschritts von Tschernobyl bis zum Archipel Gulag, ein diffuses Lebensgefühl, die Unerträglichkeit des uniformen rechten Winkels in der Architektur, diese und andere Irritationen in unserer Kultur hatten einen Namen gefunden, der als eine Art Passepartout-Begriff fungierte« – eben die Postmoderne (Lenzen 1992, 75).

12.1.2 Die Selbstdestruktion der Moderne und die Provokation der Postmoderne

Dass es sich bei der postmodernen Krisenbeschreibung nicht um einen »Luxusbauchschmerz einer kleinen Clique von Intellektuellen« (ebd., 75) handelt, zeigt ein Blick auf die tatsächlich radikal veränderten Lebenslagen von Heranwachsenden heute: Enttraditionalisierung, Entstrukturierung, Orientierungskrise etc. sind Schlagworte, die auf einen unübersichtlich gewordenen Pluralismus von Stilformen, Lebensentwürfen und eine grenzenlos scheinende Permissivität hindeuten. Gleichzeitig korrespondiert der Zerfall der »Meta-Erzählungen« als traditionelle Deutungssysteme mit dem Verlust der Sehnsucht nach der verlorenen Einheit. Unklar ist dabei allerdings, wie die Menschen mit dieser Verunsicherung als einem zugleich Freiheit stiftenden Risiko umgehen können.
Noch deutlicher wird die postmoderne Situation an den *Folgen der Moderne*. Wir sehen inzwischen, »daß die Folgewirkungen der Moderne als einer gesellschaftlichen Entwicklung, die sich in ihrer Dynamik ständig selbst überholt, auf sie selbst zurückschlagen und sie gefährden« (Peukert 1992, 113). Was mit menschlicher (instrumenteller) Vernunft zu Lebenssicherung, Lebensqualität, Fortschritt und Höherentwicklung gedacht war, schlägt gegenwärtig um in Bedrohung der Lebenssicherung der Menschen. Die Moderne wird selbstdestruktiv. Die instrumentelle Vernunft konnte die Ausbreitung von Inhumanität nicht verhindern. Es scheint, dass das »Projekt der Moderne« in Auschwitz endgültig liquidiert und zerstört worden ist (Lyotard 1987).
Die *Provokation* der Postmoderne liegt aber nicht nur in ihrer kritischen Kulturanalyse, sondern auch in den erhofften positiven Konsequenzen aus dem Verlust des Glaubens an die Legitimität und Machbarkeit des Unternehmens Moderne (es gibt keine sinnstiftende Einheit mehr, keinen versichernden Grund, keinen »Gott«). Postmodernes Denken ist dann durchaus das »Bekenntnis zur Pluralität der Lebensstile, die Suche nach Individualität statt Identität, die Selbstinszenierung, Bereitschaft, verschiedene Identitäten in einer Person zu realisieren, die Forderung nach Konfliktfähigkeit und Toleranz gegenüber den Individualitäten der andern« (Lenzen 1992, 75). Ebenso, wie man sich heftig gegen die Einseitigkeit und Dominanz der rationalistischen Vernunft des aufklärerischen Subjektbegriffes wehrt, sieht man positive Konsequenzen: Im Zulassen von Imagination, von Versenkung, von künstlerisch-literarisch-musisch-gestalterischen

Ausdrucksformen kann man eine neue Subjektivität kultivieren. Keine Form soll dabei ausgeschlossen, als defizitär erklärt oder in eine etablierte Hierarchie von Denk-, Erkenntnis- und Lebensformen eingeordnet werden – das berührt den bekannten Slogan »Anything goes« (Paul Feyerabend).

Drei philosophische Linien lassen sich in der Postmoderne-Debatte ausmachen (Krüger 1990, 9 ff.):

1. Hatte noch *Habermas* (1985) gegenüber der Postmoderne daran festgehalten, dass diese wachsende Differenzierung prinzipiell im Diskurs konsensuell verhandelbar und überprüfbar sei, so steht *Lyotard* in seinem Werk »Der Widerstreit« (1987) gegen diese Habermas'sche (am Konsens orientierte) Diskursethik und hält statt Diskurs nur noch Paralogien (= vernunftwidriges, widersprüchliches Reden) für möglich: Die Regeln, nach denen Wissen erzeugt wird, seien selbst als veränderbar anzusetzen – Ergebnis könnten nur Paralogien oder »Widerstreit«, d.h. immer neue Sichtweisen sein.
2. Noch konsequenter, fast düster liest sich *Baudrillard* (1982): Die Wirklichkeit werde immer mehr durch Zeichen ersetzt, mit diesem Zerreißen des Bandes zwischen Sprache und Wirklichkeit sei ein Sinnverlust verbunden, das Subjekt werde zunehmend entmächtigt. Doch Welsch in seinem grundlegenden Werk zur Postmoderne (1987/1993) sieht das Ganze lockerer: Danach ist die Postmoderne nicht eine Epoche, sondern eine Geisteshaltung, eine Praxis von Pluralität, die eben nicht mehr vereinigungsversessen, sondern kollisions- und irritationsbereit ist.
3. Ein dritter Theorietypus wird als *»reflexive Modernisierung«* bezeichnet (Krüger 1990, 11): Natürlich habe ein Bruch in der Moderne stattgefunden, das sei nicht zu leugnen. Aber entscheidend sei es, die schwierige Balance zu halten zwischen Kontinuität und Zäsur (Beck 1986). Freisetzung des Menschen und gleichzeitige Belastung sind nur dialektisch zu interpretieren. Insofern geht es nicht um das »Ende der Aufklärung« (d.h. der Moderne), sondern um vernünftige Selbstreflexion und Selbstkorrektur der Aufklärung, d.h. die Einlösung ihrer Postulate in der Industriegesellschaft.

12.1.3 Postmoderne und Erziehungswissenschaft

Bedeutet die beschriebene Destruktion der Erkenntnisformen das Ende der systematisch betriebenen Erziehungswissenschaft? Muss sie von ihrem durch die Moderne geprägten Bildungsbegriff endgültig Abschied nehmen? Wie sieht die Rezeption der Postmoderne Debatte in der Erziehungswissenschaft aus? (Zum Folgenden Krüger 1990, Lenzen 1992, Forneck 1992, Marotzki/Sünker 1992, C. Beck 1993, Weber 1995, PÄDAGOGIK H. 7/8 1996, Fromme 1997)

Ausgehend von der bildungstheoretischen Dimension hat *Tabea Merz* (1997) eine zwar hilfreiche, aber stark etikettierende Einteilung unterschiedlicher Rezeptionen der Postmoderne vorgelegt. Danach lassen sich drei Richtungen unterscheiden. 1. In einem *traditionell-kompensativen* Bildungsverständnis werde unbeirrt an der Idee einer allgemeinen Menschenbildung und an einer möglichen Einheit der Vernunft – und damit am klassischen Subjektbegriff – festgehalten. Folglich werde die Postmoderne in ihren Kernaussagen abgelehnt. (Genannt werden hier z.B. Mollenhauer, v. Hentig, Hansmann, Klafki, Benner.) 2. Anders *reformative* Bildungstheorien: Sie sähen in der Postmoderne-Diskussion nicht das Ende der Bildungstheorie heraufziehen, sondern schätzten die Postmoderne-Debatte als nützliche Provokation ein. Daher sei eine Fundierung der Bildungstheorie durch das Bewusstsein des autonomen Subjektes abzulehnen. Eine gültige Sinnkonstitution gäbe es ohnehin nicht mehr. Kurz: In reformativen Ansätzen würden (seit der Aufklärung) übersehene Möglichkeiten zur Neubestimmung des Subjektbegriffes entwickelt. (Genannt werden Meyer-Drawe, Forneck.) 3. *Progressive* Bildungstheorien schließlich nähmen die Postmoderne in ihr Programm auf und verabschiedeten sich vom klassischen Humanismus und vom Subjektbegriff. (Es liegt nahe, hier vor allem Luhmann zu nennen, der in seiner Systemtheorie das Subjekt durch das System ersetzt, oder Ballauff, allerdings von Heideggers Kritik des Subjektbegriffes her kommend.) Insgesamt sei aber die Diskussion der Postmoderne in der Erziehungswissenschaft völlig unbefriedigend, »ausgearbeitete Positionen gibt es so gut wie gar nicht« (ebd., 159).

Die Konsequenzen der Postmoderne für die Systematische Pädagogik wurden vor allem von Lenzen (1987, 1992, 1996) in den Blick genommen. Der Berliner Erziehungswissenschaftler *Dieter Lenzen* plädiert (vor allem im Anschluss an Baudrillard) dabei für eine »reflexive Erziehungswissenschaft«, deren Gegenstand sich verflüssigt habe, weil es in der postmodernen Philosophie keine sinnvolle Beziehung der »Zeichen« zur »Wirklichkeit« mehr gebe. Man könne der pädagogischen Theorie nicht ihre Referenz (d. h. diesen Bezug von Zeichen und Realität) durch eine Neudefinition des Theorie-Praxis-Verhältnisses einfach zurückgeben. Die Erziehungswissenschaft sei keine Handlungswissenschaft mehr (die Auskunft gibt, was zu tun ist), so wie Pädagogik überhaupt kein herstellendes Machen mehr sei, vielmehr müssten unter dieser Perspektive »sämtliche theoretischen, systematischen und disziplinspezifischen Implikationen des modernen Konzepts von Erziehung, Bildung und Erziehungswissenschaft auf notwendige Transformationen hin durchdacht werden« (Lenzen 1996, 15f.). Damit rücke pädagogische Theorie eher in die Nähe der Kunst, nötig sei eine Subversion des rationalen Wissens durch den Typus des narrativen, mythologischen Wissens.
Im Unterschied zur radikal-positiven Rezeption Lenzens formuliert *C. Beck* (1993) ein etwas vorsichtigeres, sehr differenziertes Konzept eines »veritablen Postmodernismus«: Eine Chance liege durchaus in der positiven Vision einer radikalen Pluralität, der Anerkennung des hochgradig Differenten, einer anti-totalitären Option – Postmoderne also als Radikalisierung der Moderne (ebd., 269). Dieses Verständnis laufe auf eine »Ästhetisierung« des gesamten Denkens hinaus, also einer stärkeren Berücksichtigung sinnenhafter und imaginativer Potenziale des Menschen, was aber nicht zu einem völligen Bruch mit der bisherigen Pädagogik führen und eine Kongruenz von Wissenschaft und Kunst nicht einfach zulassen dürfe (ebd., 274 ff.).
Unter Verarbeitung der bis 1995 relevanten Rezeptionsversuche plädiert *Weber* (1995, 155 ff.) zwar für die Anerkennung der Grundposition C. Becks (im Sinne eines »veritablen Postmodernismus«), lehnt aber das Theorem vom Verschwinden der Realität (auch der Erziehung) und vom Verlust der erfahrbaren Wirklichkeit (zugunsten einer hyperrealen Zeichenwelt) entschieden ab, nicht zuletzt, weil mit einem solchen »suizidalen Programm« (Oelkers) die Absage an ein modernes Bildungsverständnis und an eine rationale, wertgebundene Erziehung ver-

bunden sei und die Weiterentwicklung eines komplexen erziehungswissenschaftlichen Forschungsansatzes (etwa im Sinne von Klafkis kritisch-konstruktiver Erziehungswissenschaft – vgl. Kapitel 2: Wissenschaftstheoretische Richtungen) blockiert werde (ebd. 191 ff.).

Schließlich akzeptiert auch der Hamburger Erziehungswissenschaftler *Helmut Peukert* (1992) grundsätzlich die Anziehungskraft postmodernen Denkens. Aber er fragt, ob solches Denken nicht zur Flucht vor den globalen Problemen in Partikularismus führe und zur Fiktionalisierung und Fragmentierung von Wirklichkeit (nicht zuletzt durch eine von den Medien bestimmte Kulturindustrie) (Peukert 1992, 118). Und er betont, dass sich das pädagogische Denken der Moderne immer auch zugleich kritisch gegen sich selbst gerichtet habe: Es habe über das Vorantreiben der gesellschaftlichen Entwicklung sich zugleich als Protest gegen ihre destruktiven Tendenzen verstanden und habe immer auch nach neuen Lebensformen gesucht, die aus der Entfremdung herausführen. Insofern seien die klassischen Bildungstheorien keineswegs »erledigt«. Herausforderungen für die Erziehungswissenschaft seien heute verstärkt die Analyse der normativen Implikationen pädagogischer Interaktion sowie eine darauf aufbauende Theorie der Erziehung und Bildung, einschließlich der pädagogischen und gesellschaftlichen Institutionen. Kritisch sei gegen postmodernen Eskapismus (=Tendenz, sich aus dem Staube zu machen) vielmehr zu fragen, ob es uns gelingt, »demokratische Institutionen einer moralisch reflektierten Selbststeuerung und Selbstveränderung zu schaffen, die selbstdestruktive Tendenzen überwinden können und dabei Freiheit nicht aufheben, sondern sichern« (ebd., 124).

Ganz anders als diese sehr grundsätzlich und teilweise in abstrakter Diktion geführte Debatte um die Postmoderne bedrängt uns heute eine Fülle ungelöster pädagogischer Handlungsprobleme.

12.2 Aktuelle Herausforderungen der pädagogischen Praxis und Theorie

12.2.1 Pädagogen – hilflose Helfer?

Die Erziehungswissenschaft steht in den nächsten 30–40 Jahren (für die die heute Studierenden qualifiziert werden sollen) vor völlig neuartigen Herausforderungen. Radikale Veränderungen – global wie individuell – machen tief greifende Lernprozesse erforderlich. Dazu ist unterschiedliches Wissen erforderlich: *Erklärungswissen* (das z.B. hilft, die Entstehungsursachen von Aggression oder Gewalt zu begreifen) oder *Orientierungswissen* (das z.B. ein Bewusstsein für die vielen Entscheidungen bei der Lehr-/Lernplanung schafft) oder *Handlungswissen* (das zur Bewältigung praktischer Probleme dient). Das Studium der Erziehungswissenschaft wird mehr und mehr eingebettet sein in eine viel *umfassendere*

Reflexions- und Urteilskompetenz im Hinblick auf diese neuen Herausforderungen. Diese neue Kompetenz wird von ganz anderer Qualität sein, als es der vordergründige Streit um das Theorie/Praxis-Verhältnis im Studium glauben machen will. Es geht um die pädagogischen Konsequenzen der Menschheitsprobleme, z.B. der Friedenssicherung zwischen lokaler Kriegsintervention und globaler Abschreckung, es geht um weltweite ökologische Gefährdungen, steigende Armut, Unterdrückung und soziale Probleme, Ökonomisierung aller Lebensbereiche, Globalisierung vermeintlich lokaler Phänomene, Nationalismus und Fundamentalismus, Migrationsströme, Gentechnologie mit ungelösten ethischen Fragen – die Probleme sind bekannt, die Liste ließe sich lange fortsetzen. Offenbar haben die wissenschaftlich-technische Entwicklung und das Rationalitätsprinzip der Moderne diese Probleme nicht lösen können. Oder haben sie die Probleme sogar mit verursacht? Jedenfalls scheint die Kritik an den grundlegenden Prinzipien der Moderne berechtigt, haben sie uns doch neben dem Fortschritt an den Rand des Unterganges der Menschheit gebracht. Für die Erziehungswissenschaft stellt sich daher die dringende Frage, ob wir das traditionelle wissenschaftliche Vernunftprinzip der Moderne aufgeben müssen. Sollen wir es nicht lieber erweitern oder ersetzen durch neue transpersonale oder holistische Denkrichtungen, die – wie ihr geistiger Protagonist Ken Wilber (1996) meint – die Bewusstseinsevolution zu höheren Stufen erkennbar machen? Ich meine hier keine modische Esoterik, sondern eine gründliche wissenschaftliche Auseinandersetzung mit ernsthaften alternativen Denkern unserer Zeit, von Ken Wilbers spiritueller Evolutions- und Wissenschaftsdeutung über Rupert Sheldrakes Theorie nicht-materieller morphogenetischer Felder oder Friedjof Kapras integriertem Wissenschaftskonzept bis zur Verbindung von Naturwissenschaft und Philosophie bei dem Atomphysiker Hans-Peter Duerr u.a.m. Die Erziehungswissenschaft hat sich bisher wenig mit diesen Denkrichtungen beschäftigt.

> In jedem Fall ist Professionalität von pädagogisch Handelnden nicht mehr denkbar ohne eine umfassende sozialwissenschaftliche, humanwissenschaftliche und ethisch-philosophische Reflexionskompetenz. Gerade in Handlungssituationen, die uns zu überfordern drohen, ist solche distanzierende Reflexion nötig, damit wir uns alternative Betrachtungsweisen und neue Handlungsmöglichkeiten erschließen können.

Die folgenden Abschnitte skizzieren exemplarisch einige aktuelle Herausforderungen der Erziehungswissenschaft der Gegenwart.

12.2.2 Interkulturelle Bildung

Seit den 50er Jahren ist der Anteil »ausländischer Kinder« stetig gewachsen, allein im allgemein bildenden Schulwesen der Bundesrepublik von 1986 bis 1995 um 41%, im berufsbildenden um 84% (das ist ein Zuwachs von 800 000 auf 1,1 Millionen – Gogolin/Neumann/Reuter 1998, 664). Es gibt dabei erhebliche Unterschiede zwischen Ost- und Westländern, zwischen Ballungsgebieten und ländlichen Regionen. Hinzu kommt, dass der Anteil von Angehörigen unterschiedlicher Nationalität oder Kultur in Deutschland inzwischen äußerst heterogen geworden ist: Die Migrationsmotive sind vielfältig; die Kulturen und Nationalitäten sind schwer zu definieren (z.B. nach dem Zerfall Jugoslawiens).

Sprach man zunächst von »Gastarbeitern«, dann von Ausländern, später von Migranten, auch von unterschiedlichen Ethnien, von Zuwanderern und Minderheiten u.a.m., so werden die betroffenen Kinder heute vorsichtig, aber m.E. eher mit bürokratischer Kälte, als »Kinder nichtdeutscher Herkunftssprache« bezeichnet.

Von der »Zwangsgermanisierung« zur kulturellen Vielfalt

Dieses anzuerkennende Bemühen um eine nichtdiskriminierende Sprache zeigt zugleich die *Fülle der Probleme*, vor der eine interkulturelle Erziehung/Bildung steht (Auernheimer 1995): Welches ist das *Kriterium der Zuteilung?* (Sprache? Staatsbürgerschaft? Kulturraum?) Wie kann die alte *Defizithypothese* (Ausländerkinder sind gehandicapt) abgelöst werden durch eine *Differenzhypothese* (kulturelle Unterschiede sind wertfrei anzuerkennen und sogar eine Bereicherung)? Wie kann man pädagogisch angemessen auf kulturelle Differenz und kulturelle Vielfalt, auf *migrationsbedingte Pluralität* reagieren? Die frühere Ausländerpädagogik intendierte eine einseitige Anpassung der Ausländer an die deutsche Kultur; Integration sollte erreicht werden durch Vermittlung der deutschen Sprache und Kultur. Polemisch wurde dies auch »Zwangsgermanisierung« genannt.

Gegenwärtig werden zwei Konzepte diskutiert.
1. Vorherrschend ist ein Konzept der *Begegnung der Kulturen* mit dem Ziel des Verstehens kultureller Andersartigkeit und der friedlichen Verständigung zwischen Angehörigen verschiedener Kulturkreise. Dabei soll die Herkunftskultur ebenso gepflegt werden, wie die im Aufnahmeland entwickelte Migrantenkultur einbezogen wird.
2. Im Gegensatz dazu steht eine *Konfliktpädagogik*, welche die soziale, ökonomische, rechtliche und politische Benachteiligung von Minderheiten nicht verschweigt, sondern die daraus entstehenden Konflikte thematisiert – also für politische Probleme auch politische Lösungen anstrebt. Sie wirft einer Pädagogik der friedlichen Interaktion zwischen kulturell oder ethnisch definierten Gruppen

vor, sie vertusche jene Machtdimension und die Dominanzverhältnisse, die mit interkulturellen Beziehungen in der gesellschaftlichen Realität verwoben seien. Wenn nämlich die Migrationsproblematik allein unter der Chiffre multikulturell oder interkulturell verhandelt werde und damit bestimmte Machtverhältnisse schlicht und einfach mit der Verschiedenheit von Kulturen erklärt würden, dann – so der Verdacht – »zeigt sich ein ... mehr oder weniger verschleierter Rassismus« (Lischke 1996, 69).

Der zentrale Vorwurf der sog. *antirassistischen Pädagogik* gegenüber der interkulturellen Bildung lautet also, diese ersetze schlicht den obsolet gewordenen Begriff der Rasse durch den der Kultur (vgl. auch Cohen 1994). – Gegen diesen Vorwurf wird aber eingewendet, dass »Minderheitsangehörige selbst ... die eigene kulturelle und ethnische Zugehörigkeit betonen und weiterpflegen« und dass die »selbst gewählten Identitätsmerkmale trotz aller Affinitäten zwischen Migranten/-innen und Einheimischen in derselben sozioökonomischen Lage nicht heruntergespielt werden« können (Allemann-Ghionda 1997, 136).

Kritik der monolingualen Bildung

Zunehmend wird kritisiert, dass unser *Bildungswesen* letztlich immer noch – gemäß seiner historischen Tradition – *nationalstaatlich* ausgerichtet ist: Bildung ist zwar Bürgerrecht, aber nur ausnahmsweise wird dem Bürger eines anderen Staates *sein* Bildungsanspruch gewährt; Regelfall ist, dass »das Recht auf Bildung auf dem Territorium des Staates realisiert wird, dessen Bürger man ist« (Gogolin/Neumann/Reuter 1998, 666). Die Folge: ein eindimensionales Grundverständnis interkultureller Bildung auf der Grundlage eines »monolingualen Habitus« (Gogolin 1994). Die Integration der Migrationssprachen in das Bildungssystem ist nämlich Indikator und Prüfstein für eine wirkliche kulturelle Pluralisierung der Bildung: Ist Unterricht in den Sprachen der Herkunftsländer mehr oder weniger Zusatzangebot innerhalb einer monolingualen Regelschule – oder geht es um bilinguale Bildung bzw. mehrsprachigen Unterricht als Bildungsangebot (das allerdings eine ausgeprägte Strukturreform der monolingualen Schule voraussetzt)? Monokulturelle und nationale Konzepte von Schule und Erziehung haben sich im europäischen und internationalen Rahmen überlebt.

Hier zeigt sich, dass es gegenwärtig um eine grundlegende *bildungstheoretische Neufassung* der interkulturellen Bildung geht. Nach dem unfruchtbaren Streit darüber, ob die Wahrnehmung kultureller Unterschiedlichkeiten per se bereits diskriminierend sei (Allemann-Ghionda 1997, 134ff.), was zum stolzen Kommentar mancher Pädagogen geführt hat, sie wüssten gar nicht mehr, wer in ihrer Gruppe oder Klasse nun eigentlich Ausländer sei und wer nicht (»colour-blind-approach«), wird die Anerkennung kultureller Differenz heute als unabdingbar begriffen. Allerdings: Anerkennung der Differenz bei Zuerkennung gleicher Rechte (Auernheimer 1995). Mehr noch: Gerade in der bildenden Verarbeitung kultureller Differenz stecken Potenziale für die Erziehung und Bildung *aller* Kinder und Jugendlichen, eben nicht nur für die Ausländer. Moderne allgemeine Bildung, die diesen Namen verdient, ist immer interkulturell. Insofern deutet sich langsam ein Wandel grundlegender Parameter an, der zeigt, dass »vormalig unhinterfragte Grundüberzeugungen durchaus fragwürdig geworden sind« (Gogolin/Neumann/Reuter 1998, 676).

Schwerpunkte der aktuellen Diskussion

In der aktuellen Diskussion um interkulturelle Bildung zeichnen sich deshalb verschiedene Schwerpunktsetzungen ab (Auernheimer 1995): 1. Betonung des allgemeinen *sozialen Lernens*, es geht um Qualifikationen wie Empathie, Toleranz, Konfliktfähigkeit, Solidarität, Kooperationsfähigkeit, Überwindung von Vorurteilen u.a.m. 2. *Umgang mit kultureller Differenz*, Befähigung zum Umgang mit Fremdheit. Dabei muss das Befremden, die Beunruhigung, ja das Gefühl der Bedrohung eingestanden werden (weil es sich sonst der Rassismus zunutze macht). Es ist gefährlicher, Unterschiede zu ignorieren, als sie zu benennen. Das geht nur in einem gestuften interkulturellen Lernen, das vom *Verständnis* (Anerkennung, Achtung der Andersheit) über das *Verstehen* (Einsicht in das fremde Bedeutungssystem) zur *Verständigung* (Dialog, in dem die eigenen und fremden Wert- und Normvorstellungen zur Disposition gestellt werden) gelangt. 3. *Multiperspektivische Bildung*, vor allem im Hinblick auf das Schulcurriculum. Hierher gehört der in einigen Ländern eingeführte Lernbereich »Begegnung mit Sprachen«, in dem Kinder lernen, dass man dieselben Kommunikationszwecke mit sehr verschiedenen sprachlichen Mitteln verfolgen kann (z.B. dass es sehr unterschiedliche Muster für Höflichkeit gibt). 4. Um dem Vorwurf des Kulturalismus (einseitige Bevorzugung des Kulturellen) zu entgehen, muss interkulturelle Bildung immer auch *politische Bildung* sein (vgl. oben den Vorwurf der antirassistischen Pädagogik). Sie muss auf die politische und ökonomische Seite der Problematik ebenso eingehen, wie sie die Grenzen pädagogischer Einflussmöglichkeiten zugunsten politischen Handelns markiert.

Kulturelle Vielfalt als pädagogische Grunderfahrung

Als Konsequenzen für die Schule ergibt sich eine Revision der traditionellen Maßnahmen zur Bildung Zugewanderter (z.B. Vorbereitungsklassen zur Erleichterung des Übergangs in den »regulären« Unterricht; muttersprachlicher Ergänzungsunterricht in der Amtssprache des Herkunftslandes; Wahl der Mutterspra-

che anstelle einer Pflichtfremdsprache). Nicht mehr das staatsbürgerrechtliche Kriterium allein kann das Bildungsangebot bestimmen (wenn z.B. Kurden nicht einfach in »Türkisch« unterrichtet werden sollen). »Vom zweisprachigen Unterricht für Minderheiten zur allgemeinen Förderung der Mehrsprachigkeit« (Allemann-Ghionda 1997, 139) signalisiert die Tendenz einer strategischen (metasprachlichen) Kompetenz, die über die einsprachige Norm hinausgeht und Grundbedingung zur produktiven Verarbeitung von Differenz ist.
Das bedeutet eine Veränderung des gesamten Regelunterrichtes in deutschen Schulen, diese umfasst Curricula ebenso wie didaktische und methodische Konzepte (z.B. in Richtung eines lebensweltlich und handlungsorientiert ausgerichteten Unterrichts) und keineswegs nur die besonderen Maßnahmen für ausländische Schüler/-innen (Neumann 1991, 433ff.). Das Anliegen der interkulturellen Bildung richtet sich damit an die Schülerschaft insgesamt; interkulturelle Kompetenz ist eine Schlüsselqualifikation für *alle* Kinder und Jugendlichen. Die Kultusministerkonferenz hat neuerdings betont, dass es im Schulwesen künftig verstärkt um die »Wahrnehmung und Akzeptanz von Differenz« geht, interkulturelle Bildung wird darum als »Querschnittsaufgabe der Schule« aufgefasst (Gogolin/Neumann/Reuter 1998, 676). Tendenz ist also: »Von der interkulturellen Bildung der Migration zur Pädagogik der kulturellen Vielfalt als Grunderfahrung« (Allemann-Ghionda 1997, 138).

12.2.3 Neue Medien und Medienpädagogik

Die Vielzahl der modernen Medien (vom Fernsehen über das Handy bis zum Computer und zum Internet) bildet nicht nur einen Wirtschaftsfaktor kaum vorstellbarer Größe und Macht, sondern trägt auch zur explosionsartigen Verbreitung von Informationen und damit zur Herstellung einer neuen Art von Öffentlichkeit bei. Das Bild der Welt und unsere Wahrnehmung der Wirklichkeit werden wesentlich durch die Medien »gemacht«. Sie haben damit – z.B. als Massenmedien – neben ihrer Unterhaltungs- vor allem eine Orientierungsfunktion (Baacke 1994). Wie stark vor allem Kinder und Jugendliche von diesen Entwicklungen betroffen sind, zeigt die Formulierung des 16. Kongressthemas der Deutschen Gesellschaft für Erziehungswissenschaft im Jahr 1998: Es geht um die *»Medien-Generation«.* (Zum Folgenden Gogolin/Lenzen 1999, Lohmann/Gogolin 2000, Marotzki/Meister/Sander 2000, jeweils mit speziellen Beiträgen und weiterführender Literatur)

Neue Kommunikationskultur

Eine besondere Brisanz liegt in der aktuellen pädagogischen Problematik der sog. digitalen Medien (gemeint sind jene Medien, »die Multimedialität – also die Integration unterschiedlicher Medien in einer computergestützten Präsentation – Hypertextstruktur – also einem nicht-linearen Text – sowie Interaktion und Simulation ermöglichen« – Aufenanger 1999, 62). Einfacher gesagt: Man kann Verschiedenes parallel abbilden und dabei viele Bezüge gleichzeitig herstellen, anders als in der »linearen« Komposition von Informationen (etwa in diesem Buch). Es geht um den Computereinsatz und damit verbunden vor allem das Internet (als Synonym für vernetzte Informationssysteme). Die Positionen reichen von engagierter Befürwortung bis zu eher kulturkritischer Problematisierung. Auf jeden Fall aber steht ein tief greifender Strukturwandel der bislang durch Bücher und Texte dominierten Art, wie Menschen ihr Wissen, ihre Gedanken und Botschaften festhalten und bewerten, ins Haus. Unsere Wissens- und Informationsorganisation und unsere Kommunikationskultur verändern sich grundlegend, weil die sog. neuen Medien die Konstanz und Dignität von Texten und Textwissen durch Dynamik und Aktualität von Informationen ersetzen (Marotzki/Meister/Sander 2000, 13). Damit stellt sich die Frage, ob die neuen Medien eine neue Variation von Bildung stiften können oder ob sie das Ende des klassischen Bildungsdenkens einläuten (oder ob das Buch ausstirbt und Bibliotheken künftig die Friedhöfe vergangener Bildungsinhalte sein werden).

Medienpädagogik kann sich heute nicht mehr darin erschöpfen, Heranwachsende für den Umgang mit modernen Medien »fit« zu machen, sondern ist Teil der Allgemeinen Pädagogik, die auch die bildungstheoretische Dimension des gegenwärtigen Wandels der Medienlandschaft zu durchdenken hat.

Unser Wissen und Weltbild wandeln sich

Dazu gehört zunächst, die *Veränderungen von Wissen und Weltbild* durch die neuen Technologien zu erforschen: Welche Konsequenzen hat es, dass der Computer nicht nur Resultat unseres Denkens ist, sondern seinerseits unser Denken, Wissen und Verhalten grundlegend verändert? Angesichts einer rasanten Entwicklung in Richtung Hypertextstruktur stehen wir vor dem Problem, dass »das heutige Individuum über keine Wahrnehmungs- und Erkenntnisapparate verfügt, um diese neuen Hyper-Räume aufnehmen zu können« (Krysmanski 1999, 29). Vernetzte Computer sind nicht einfach herkömmliche Maschinen zur Produktion von Zeichen, im Bild gesprochen: Schiffe, die auf dem Ozean der Virtualität schwimmen. Sie erzeugen vielmehr ihren Ozean selbst, d.h., sie stellen nicht – wie noch z.B. die Druckmaschine – die Bedeutungszeichen lediglich her, sondern sind selbst »Elemente eines neuen symbolischen Systems, einer universellen, abstrakten Maschinerie, die ... selbst von Grund auf aus Zeichen besteht« (ebd. 30) (übrigens mit deutlicher Tendenz zur kommerzialisierten Info-Müllhalde). Diese »virtuelle Wirklichkeit« hat sich heute durch die Symbolmaschinerie vernetzter Computer in einem Autonomisierungsprozess zum Hyperraum verselbständigt, der in die (Welt-)Gesellschaft zurückwirkt.

Man kann sich diese Emergenz (= nicht geplanter qualitativer Sprung) klarmachen an folgendem Beispiel: Eigentum in Gestalt von Aktienbesitz als virtuellem Eigentum (gebucht und gehandelt über das Internet) verändert in dieser Eigenständigkeit in noch nie da gewesener Weise die ökonomischen Prozesse und wirkt auf sie zurück, verändert sie auch für hartgesottene Börsianer bis zur Unkenntlichkeit mit schwer kalkulierbaren Folgen für die ökonomische Entwicklung.

Auch Wissen ist nicht mehr reine Kognition, internes psychisches Phänomen, sondern ist als soziale Realität zu verstehen (Fichtner 1999, 14). Wissen wird allgemeiner, formaler, verbreiteter, ausgedehnter und differenzierter. Wieder im Bild: »Wissen gleicht immer weniger einem Ort, der Sicherheit und Beständigkeit garantiert, als einer Tür, durch die man geht, ohne genau zu wissen, wohin sie führt« (ebd. 15). Damit werden neue Fähigkeiten erforderlich, z.B. (über die sinnliche Wahrnehmung hinaus) ein Sehen als modellierende Vorstellung (so wie man beim Schachspielen eine gute Situation »sehen« muss). Damit steht die Erforschung epistemologischer (= erkennender, verstehender) Prozesse auf dem Programm, ohne die eine Mediendidaktik nicht auskommt, wenn sie nicht nur pragmatische User produzieren will.

Neue Bildung durch Hypertext?

In der gegenwärtigen Diskussion um einen möglichen *Bildungswert* werden aber auch besondere Qualitäten vernetzter, hypertextualer Wissenszugänge diskutiert: Sie können das selbstorganisierte Lernen fördern, ermöglichen den Schritt vom Lehren zum Lernen, machen aus Lehrenden Lernbegleiter, steigern die Motivation zum Lernen, sie schaffen neue Kompetenzen, sie erlauben z.B. durch Links eine Fülle von Kombinatoriken verschiedenster Informationen usw. Als *Chancen* der neuen Digitalmedien werden genannt (Aufenanger 1999, 62 f.): Sie können *Werkzeuge* sein, mit denen traditionelle Aufgaben (z.B. Textverarbeitung) in routinierter Form bearbeitet werden. Sie können aber auch als *Tutor zum Lernen* eingesetzt werden, indem multimedial aufbereitetes Wissen angeboten wird (z.B. in Schule und Hochschule). Ferner bieten sie völlig neuartige Möglichkeiten der *Kommunikation* durch weltweite Vernetzung, wobei man einerseits über das Internet Informationen beziehen, andererseits solche auch selbst Interessenten zur Verfügung stellen und sich austauschen kann. Vor allem aber die Möglichkeit der

Simulation von Wirklichkeit, komplexer Zusammenhänge, künstlicher, konstruierter Welten, die sonst nicht so erfahrbar wären, ist eine in die Zukunft weisende Chance. Unter anthropologischen Aspekten, aber auch vom historischen Stand der Menschheitsentwicklung her geht es um die (Wieder-)Gewinnung des *Mittelcharakters* der neuen digitalen Medien und damit gleichzeitig um unsere Rolle als *Subjekte* unserer Tätigkeit.

Konsequenzen für die Medienpädagogik

Die verschiedenen Konzepte moderner *Medienpädagogik* (Moser 2000) bemühen sich denn auch darum, diesen Subjektcharakter zu stärken, gerade angesichts der zahlreichen Warnungen vor den Gefahren z.B. des Computers und des Internets, die von prominenten Pädagogen oder Computerfachleuten inzwischen vorgetragen werden. So sieht Hartmut von Hentig (1999, 33 ff.) u.a. die Gefahr, dass die elektronisch »hergestellte Wirklichkeit« für die Wirklichkeit (als erfahrbare, von uns unabhängige) gehalten wird und damit einen möglichen Mangel an Lebenssinn nicht zum Bewusstsein kommen lässt. Oder der Pionier der Computertechnik Joseph Weizenbaum (2000, 15) warnt davor, dass wir mit Computern unsere Kinder zu fantasielosen Befehlsempfängern erziehen würden, die geistlos und blind den Befehlen der Maschine zu folgen lernen, bevor wir ihre sprachlichen Fähigkeiten ausreichend geschult, ihre geschichtlichen und sozialen Kenntnisse hinreichend gefördert hätten usw. – Erfahrungsverlust, Gleichschaltung des Denkens, soziale Defizite, psychische Isolation usw. lauten die immer wieder zu hörenden Bedenken.

Aber ältere medienpädagogische Konzepte einer »Bewahrpädagogik« greifen heute ebenso wenig wie die behavioristischen Konzepte mit ihrer kleinschrittigen Informationsvermittlung (was didaktische Prozesse betraf). Auch die Theorie des Lernens am Modell, mit der man Nachahmungsprobleme z.B. von Gewaltvideos untersuchte, erwies sich als nicht ausreichend. An die Stelle dieser Ansätze ist inzwischen eine stark durch Handlungsorientierung bestimmte Konzeption getreten, in der sich als Leitbild die Idee vom aktiven Produzenten findet, der die Rolle des passiven Konsumenten verlässt (Baacke 1994, Tulodziecki u.a. 1995, Kommer 2000), oder eine personbezogene und erlebnisaktivierende Medienpädagogik, die für Jungen und Mädchen unterschiedlich konzipiert wird (Luca 1998). Auch für einen handlungsorientierten Unterricht bietet der Computer heute völlig neue Möglichkeiten (Ritter 1995).

Dies alles ist gebunden an den Aufbau einer umfassenden *Medienkompetenz* (Schell u.a. 1999). Sie schließt ein: Fragen der Medienethik (Datenschutz, Urheberrecht etc.), Fähigkeit zur Medienkritik, ein sachlich fundiertes Wissen im Sinne einer Medienkunde, Mediennutzung sowohl zur

Informationsgewinnung und zum Wissenserwerb als zur Unterhaltung, Mediengestaltung (von der Ästhetik der Homepage bis zur Sprengung etablierter Logiken des Systems durch kreative Neuschöpfungen) und schließlich eine reflektierte Urteilskompetenz, die die politische Dimension der Globalisierung ebenso erkennen wie sie Internetschrott aller Art kritisieren kann. Medienkompetenz hilft damit, sich in dieser Welt zurechtzufinden und zu handeln. Sie bereitet aber angesichts der rasanten Entwicklung eher auf die Gegenwart vor als auf eine Zukunft, deren technologischen Stand wir heute noch nicht kennen können.

Medienkompetenz bezieht sich daher auf folgende Dimensionen (Aufenanger 1999, 70 ff.):
* kognitive Dimension (Wissen, Verstehen und Analysieren im Zusammenhang mit Medien),
* moralische Dimension (z.B. der Inhalte, Produktionsweisen),
* soziale Dimension (Auswirkungen von Medien, eigene Rechte um Medien),
* affektive Dimension (angemessene Unterhaltung und Genuss),
* ästhetische Dimension und Handlungsdimension (eigene Gestaltung von Medien).

... und Mediendidaktik

Für eine moderne *Mediendidaktik* ist darüber hinaus wichtig, dass der Einzug der neuen Medien mit einer grundlegenden Revision lernpsychologischer Annahmen einhergeht. Schon die »klassische« Kognitionspsychologie (auch noch gar nicht so alt!) baute darauf, dass Vorwissen und bevorzugte Lernformen von Lernenden jetzt in die vom Computer gesteuerte Unterweisung viel besser einbezogen werden könnten, dass mit Hilfe von Lernsoftware (egal ob Vokabel- oder Mathetrainer, Biologie- oder Englischkurs) die Instruktion individualisiert werden könne, dass Bausteine von Wissen präsentiert, dann der Lernerfolg sofort überprüft und entsprechend erst weiteres Wissen angeboten werden könne, was zu einer riesigen Produktion von Lernsoftware für Inhalte und SchülerInnen aller Art geführt hat. Allerdings ließ sich ein Lernvorteil allein aufgrund multimedialer Darstellung bisher empirisch nicht nachweisen (Mandl/Reinmann-Rothmeier 2000, 14).
Zu einem erneuten Paradigmenwechsel seit Mitte der 90er Jahre hat dann der *konstruktivistische Ansatz* auch in der Mediendidaktik geführt: Unter Abwendung von der traditionellen instruktionspsychologischen Auffassung der Wissensvermittlung (Modell »Nürnberger Trichter« ...) wird Lernen jetzt anders verstanden. Als Rahmenkonzept auch des Lernens mit den neuen Medien wird der eigenverantwortlichen und sozialen Wissenskonstruktion der Lernenden Priorität eingeräumt. Genauso wichtig ist die Gebundenheit des Lernens an bestimmte Situationen und Kontexte – das alles, ohne die systematische Wissensvermittlung aus den Lehrmethoden gänzlich zu verbannen (vgl. Kapitel 9: Didaktik). Damit werden soziale Interaktion der SchülerInnen, Kommunikation untereinander mit »Gebrauch« des Computers als Werkzeug und die eigentätige Konstruktion von Wissen zum Mittelpunkt einer konstruktivistischen Mediendidaktik. Gleichzeitig wird das Spektrum einsetzbarer Software enorm erweitert und die Rolle des

Lehrers neu definiert: Er wird keineswegs durch den Computer ersetzt, sondern ist Anleiter, Moderator und Partner des eigenaktiven Wissenserwerbs der Schüler. Die Folgen für eine veränderte Didaktik beginnen sich erst langsam abzuzeichnen: Statt frontalunterrichtlicher Planung wird es eher um das Basteln von multimedialen Fahrplänen durch die nächste Mathe- oder Erdkundestunde gehen.

Im Jahr 1994 war Internet im Bildungsbereich noch weitgehend unbekannt, im Jahr 2000 hatten von den knapp 40 000 deutschen Schulen rund 16 000 Internet-Zugang. Die seit 1996 arbeitende Aktion »Schulen ans Netz« (Bundesministerium für Bildung und Forschung und die Telekom) will bis zum Jahresende 2001 alle 40 000 Schulen multimedial fit machen. Damit stellt sich eine »Kultivierung der Medien« (Lohmann/Gogolin 2000) als noch weitgehend unbearbeitete Zukunftsaufgabe.

12.2.4 Geschlechterverhältnis

Die erst in jüngerer Zeit aufgedeckte Diskriminierung und Unterdrückung von Mädchen und Frauen in einer scheinbar demokratischen Gesellschaft wurde mehr und mehr Gegenstand einer umfangreichen Debatte von allgemeinen Hintergründen und Ursachen. Sie firmiert heute unter dem Begriff Geschlechterverhältnis. (Zum Folgenden: Faulstich-Wieland 1995, Scarbath u.a. 2000, jeweils mit weiterführender Literatur)
Für die bürgerliche Gesellschaft war klar, was typisch männlich und typisch weiblich war – eine klare Rollenzuschreibung war für diese Gesellschaft strukturbildend. Inzwischen wurden die mit diesen Rollenzuschreibungen und einer entsprechenden geschlechtsspezifischen Sozialisation verbundenen Hierarchie-, Macht- und Unterdrückungsstrukturen aufgedeckt (Becker-Schmidt/Knapp 1995, Dausien 1999). Die eingeforderte Veränderung des Geschlechterverhältnisses hat auch zu einer strukturellen Wandlung des pädagogischen Handlungsfeldes geführt: Lange war eine geschlechtsneutrale Betrachtung in der Erziehung und Bildung dominierend (die allerdings mit ihrer »selbstverständlichen« Orientierung am Männlichen so neutral gar nicht war). Wandel des Geschlechterverhältnisses ist aber kaum möglich ohne Antwort auf die Frage, wie denn eigentlich geschlechtsspezifische Muster sozialisiert und gelernt werden und welche Konsequenzen daraus zu ziehen seien. Vier Diskussionslinien haben bisher – wenn ich es recht sehe – die sehr vielschichtige und keineswegs linear verlaufene Debatte bestimmt:

1. Von der geschlechtsneutralen Sicht des Aufwachsens zur Entdeckung des Geschlechtes als sozialer Kategorie
Mitte der 80er/Anfang der 90er Jahre setzte diese Tendenz deutlich wahrnehmbar auch in der etablierten Erziehungswissenschaft ein. Das Heft 6/1992 der Zeitschrift für Pädagogik mit dem Themenschwerpunkt »Frauenforschung« will pro-

grammatisch zeigen, »wie sich die Erkenntnismöglichkeiten unserer Disziplin dadurch verändert haben, dass die Kategorie Geschlecht in der Forschung genutzt wird und in Analysen zur Darstellung kommt« (Kraul/Tenorth 1992, 835f.). Es geht damit nicht mehr allein um Kinder, Jugendliche und Erwachsene als Adressaten pädagogischer Bemühungen, sondern um Mädchen und Jungen, Frauen und Männer. So wählt z.B. K.-J. Tillmann (1989) als Leitperspektive seiner Einführung in Sozialisationstheorien die Kategorie »Sozialisation und Geschlecht«. In der Diskussion sollte der Begriff »gender« die über das biologische Geschlecht (»sex«) hinausweisende soziale Konstruktion von Geschlechtlichkeit fassbar machen (Landweer 1993, Pasero/Braun 1995).

2. *Von der Mädchen- und Frauenforschung zur Anerkennung der Differenz der Geschlechter*

Angesichts der (heimlich dominierenden) Männlichkeitsperspektive der traditionellen Forschung ist es plausibel, dass geschlechtsspezifische Sozialisationsforschung zunächst als Frauen- und Mädchenforschung identifiziert und vorwiegend von Frauen als Aufgabe gesehen wurde. Dabei wurde aber übersehen, dass »die Wirklichkeit des Aufwachsens von Jungen als Geschlechtswesen in ihren vielfältigen Facetten ebenso verschwand wie die Lebenswirklichkeit von Mädchen« (Waldmann/Steinmann/Grell 2000, 101f.). Vorwiegend erschienen Mädchen und Frauen als »Defizitwesen ..., die weniger als Männer hatten, konnten, taten« (Faulstich-Wieland 1995, 28). Daher war der folgende Schritt naheliegend: Abkehr von der simplen Gleichheitsforderung und stattdessen Betonung spezifisch weiblicher Stärken und der Differenzen zwischen Frauen und Männern. An die Stelle normativer Defizitdiagnosen traten also Differenzvorstellungen. Problematisch wurde aber auch diese neue Begrifflichkeit der »Geschlechterdifferenz«, weil sie erstens bald zu Bewertungen führte (vor allem Höherwertigkeit der weiblichen Seite bis zur Idealisierung von Weiblichkeit, ebd. 3, 43) und weil zweitens die Realisierung gleichberechtigter Wahlmöglichkeiten von Frauen in ihrem Lebensentwurf gebunden ist an die Überwindung der geschlechtsspezifischen Arbeitsteilung als gesellschaftlicher Struktur. »Für die Frauenforschung folgt daraus, Differenzen nicht zu negieren, sondern ihre historische und kulturelle Konstruktion aufzuzeigen, ohne sie zu ontologisieren.« (ebd. 73) Das bedeutet: Historisch gewordene und kulturell erklärbare Differenzen gehören nicht zum unterschiedlichen »Wesen« von Mann und Frau; es muss vielmehr untersucht werden, wie diese Differenzen begründet wurden, wie sie reproduziert werden und welcher Anteil am Erhalt oder Abbau von Macht in ihrer Konstruktion liegt.

3. Von der Untersuchung der Konstruktionsprozesse der Vergeschlechtlichung zur Entwicklung von Chancen für beide Geschlechter

»Es geht darum, die Relevanz von Geschlecht sichtbar zu machen und mit diesem Wissen eine Veränderung bestehender Geschlechterverhältnisse – vor allem den Abbau von Geschlechterhierarchien – zu erwirken«, schreibt 1995 Hannelore Faulstich-Wieland (ebd., 4). Damit kommt über die Erforschung der sozialen Konstruktionsprozesse von Geschlecht und der geschlechtsspezifischen Sozialisation hinaus nun auch die Frage nach bildungstheoretischen und erziehungspraktischen Konsequenzen ins Spiel (Hoffmann 1994, 1997): *Mädchenarbeit* (Brückner 1996) hat ebenso wie *Jungenarbeit* (Sielert 1989, Kaiser 1997) Konjunktur. Eine Debatte um die *Koedukation* führt zu umfangreichen Forschungen (Faulstich-Wieland 1991, Kraul/Horstkemper 1999 mit zahlreicher Literatur), wobei unter der Chiffre »reflexive Koedukation« der »Abbau von Hierarchie zwischen den Geschlechtern, Entfaltung aller Entwicklungspotenziale und Aufhebung und Überwindung von Benachteiligung und Defiziten beider Geschlechter« im Vordergrund stehen (Kraul/Horstkemper 1999, 302). Das bedeutet umfassendes pädagogisch sensibles und reflektiertes Handeln, das auf ein neues Selbstbewusstsein nicht zuletzt bei Mädchen zielt, ein »Selbstbewusstsein, das nicht in der asexuellen Anpassung der Geschlechter durch die Entwicklung androgyner Eigenschaften besteht, sondern das eine weibliche Identität über die Neudefinition der Position von Frauen im Spiel der Geschlechter miteinander entwickelt« (Faulstich-Wieland 2000, 62). Und auch auf der Seite der Jungen- und Männerforschung wird inzwischen festgestellt: »Das männliche Geschlecht ist erziehungs- und sozialwissenschaftlicher Gegenstand, empirisch wie theoretisch.« (Hoffmann 1997, 916; zur Jungen- und Männerforschung als Überblick: Böhnisch/Winter 1993, Bründel/Hurrelmann 1999) Dabei geht es nach dem Zerbrechen der traditionellen männlichen Geschlechtsrollenklischees und Identitätsentwürfe um pädagogische Unterstützung von Heranwachsenden – Jungen wie Mädchen – »zwischen geschlechterstereotyper Einengung und geschlechterbezogener Identität«, wie Faulstich-Wieland (2000, 47) es für weibliche Sozialisation formuliert, wie es aber wohl mit der gleichen Formulierung für Jungen gültig ist.

4. Geschlechterverhältnis zwischen Abschaffung der Bipolarität und Erkenntnissen der Soziobiologie

Eigentlich könnte man mit den eben genannten, m.E. sehr vernünftigen Zielformulierungen der Gestaltung des Geschlechterverhältnisses ganz zufrieden sein. Doch so einfach ist das nicht, wie die neueste Diskussionslinie zeigt: Auf der einen Seite steht die Vision für die Zukunft, dass das Geschlecht überhaupt nicht mehr als »zentrale Kategorie hierarchisierender sozialer Regulierungs- und Zuweisungsprozesse fungiert, sondern eine variantenreiche Vielfalt der Interpretation des leiblichen Geschlechts in differenten und gleichberechtigten Lebensformen lebbar wird«, wie Scarbath u.a. (2000, 9) meinen. Immerhin steht hinter einer Kapitelüberschrift des von drei HerausgeberInnen verfassten Schlussbeitrags »Auf dem Weg zur Vielgeschlechtlichkeit?!« dann aber doch noch vor dem Ausrufezeichen ein Fragezeichen. So einsehbar die These ist, dass die sozialen Differenzen zwischen den Geschlechtern größer seien als die biologischen, so fragwürdig scheint in der Tat die Vision einer Abschaffung der bipolaren Geschlechtlichkeit.

Skepsis gegenüber dieser Vision, das Ende einer »Förderung und Unterstützung weiblicher und männlicher Identitätsbildung« sei gekommen, sowie gegenüber dem Ende der »scheinbare(n) Gewissheit ... , dass es das Weibliche und das Männliche doch irgendwie gibt« (ebd. 114), wird auch von ganz anderer Seite neuerdings vorgetragen. Betonte die »gender«-Forschung ausdrücklich die soziale Zuschreibung der Geschlechterrolle, so legt die Soziobiologie den Akzent gerade wieder auf die Erklärung sozialer Unterschiede zwischen den Geschlechtern aufgrund biologisch-genetischer Ausstattungen. Danach legt die Menschheitsentwicklung die Frage nach den *evolutionsbiologischen Gründen* für die Herausbildung von Geschlechtsunterschieden nahe, »und sie fragt, warum es überhaupt Geschlechter gibt und warum gerade zwei« (Scheunpflug 2000, 42). Hier wird die oben genannte Vision nun geradezu auf den Kopf gestellt: »Da die Geschlechter genetisch voneinander unterschieden sind, haben sie zwangsläufig unterschiedliche Interessen und somit auch unterschiedliche Verhaltensneigungen ...« (Chasiotis/Voland 1998, 567) Die evolutionär erworbenen unterschiedlichen Reproduktionsstrategien von Männern (sie achten eher auf quantitativ-reproduktive Erfolgsmerkmale: möglichst viele eigene Nachkommen) und Frauen (sie ziehen soziale Erfolgskriterien vor: qualitativ gute Lebenschancen für ihren Nachwuchs) korrelieren mit unterschiedlichen Sozialisationspraktiken für Jungen und für Mädchen. Aber auch dies zeigt sich je nach ökologischer Situation sehr unterschiedlich. Darum ist geschlechtsspezifisches Verhalten keineswegs einfach biologisch determiniert. Es ist immer kulturell überformt, aber es wird hochgradig von den biologischen Informationen, die uns über die Gene mitgegeben sind, geprägt: Kultur und Natur sind nicht zu trennen.

Vielleicht wird sich die künftige Diskussion des Geschlechterverhältnisses ja auch als »Das ganz normale Chaos der Liebe« (Beck/Beck-Gernsheim 1990) erweisen ...

12.2.5 Sexualpädagogik und AIDS

In engem Zusammenhang mit der Diskussion um das Geschlechterverhältnis steht der Wandel der Sexualpädagogik. Dabei bildet die sich immer noch ausbreitende AIDS-Erkrankung (die Zahl der infizierten Menschen allein in Afrika wird auf über 50 Millionen geschätzt) in Deutschland zur Zeit nicht den Mittelpunkt der Sexualpädagogik; Jugendliche geben für ihr verändertes Sexualverhalten nicht vorwiegend die Angst vor Ansteckung an, sondern das gewandelte Geschlechterverhältnis (vgl. Kapitel 5: Kindheit und Jugend, Abschnitt Sexualität).

Die Sexualpädagogik der Gegenwart hat eine abenteuerliche Geschichte hinter sich, deren Reste auch moderne Konzepte noch beeinflussen (Glück 1998, Koch 2000). Nach der ersten Thematisierung von Sexualität im Zeitalter der Aufklärung vor 250 Jahren herrschte lange eine »*negative Sexualerziehung*« vor: Sie war insofern repressiv oder unterdrückend, als sich ihre Methoden vor allem auf Fernhalten, Ablenken und Vertagen, bisweilen auch auf das Warnen richteten. Überwachung und Kontrolle standen im Mittelpunkt, Sexualität wurde eindimensional als Reproduktion verstanden.

Die erst gegen Ende des 20. Jahrhunderts (vor allem nach 1968) einsetzende Entwicklung brachte dann ein Konzept hervor, das zwar über die körperlichen Unterschiede der Geschlechter und entsprechende Sachverhalte informieren und auch Ängste abbauen wollte, das sich aber auf Verbalisierungsfähigkeit, Kenntnis biologischer Zusammenhänge beschränkte und die Normierung auf Ehe und Familie betonte – die sog. »*scheinaffirmative Sexualerziehung*« (auch scheinliberale, pseudodemokratische oder scheinbar bejahende genannt).

Eine deutliche Gegenposition dazu nimmt die neuere »*emanzipatorische Sexualerziehung*« (oder auch nicht-repressive, dialogische, positive oder humanistische) ein. Sexualität wird hier im Zusammenhang unterdrückender gesellschaftlicher Verhältnisse und Prägungen verstanden, sie schließt genitale und reproduktive Aspekte ein, ist aber nicht auf sie als alleinige Funktionen fixiert. Ausgehend von einem weit gefassten Sexualitätsbegriff, für den Sigmund Freud die Grundlagen schuf, wird Sexualität als Lust- und Zärtlichkeitserleben verstanden, das das gesamte menschliche Leben durchzieht. Zu ihren Erziehungsprinzipien gehören die stufenweise Einführung und Erweiterung der Informationen und zugleich die Unterstützung der Bedürfnisse nach Emotionalität und Zärtlichkeit. Sexualität ist Kommunikation, Körpererfahrung und Körpersprache, die gelernt wird (Koch 2000, 184). Daher nimmt sie eine kritische Haltung gegenüber Zwängen und Ansprüchen ein, die Sexualität einem Leistungs- und Konsumprinzip unterordnen wollen.

Sexualpädagogik ist eingebettet in eine Gesamterziehung, die eine humane, selbstbestimmte und -verantwortete und zugleich solidarische Lebensführung fördert. Emanzipation zielt auf Befreiung von Vorurteilen und ist auf Toleranz und Menschenliebe gerichtet. Sie wehrt sich daher gegen eine – oft schon in der Kindheit entstehende – Fixierung auf traditionelle Rollen von Mann und Frau.

12.2.6 Friedenserziehung – »Dritte Welt/Eine Welt« – Umweltbildung

Als abschließendes Beispiel zentraler pädagogischer Herausforderungen der Gegenwart soll der Zusammenhang von Friedenserziehung, Dritter Welt/Einer Welt und ökologischen Fragen genannt werden. Nachdem im Anschluss an die »68er« Bewegung, Vietnamkrieg und Nachrüstungsbeschluss der Nato eine heftige Diskussion um Antimilitarismus und Erziehung zum Frieden entbrannt war, wird heute *Friedenserziehung* als Teil einer übergreifenden Erziehung gesehen, die sich u.a. mit der interkulturellen Thematik, dem Gewaltproblem, einer allgemeinen politischen Bildung und der generellen Wertedebatte auseinander setzt. (Zur Friedenserziehung umfassend Wintersteiner 1999.) Ziele einer derart umfassenderen Friedenserziehung sind es, Krieg, Gewalt, Unterdrückung als Gefährdungen menschlichen Zusammenlebens zu bearbeiten (Wulf 1989, Heck/Schurig 1991). Friedenserziehung zielt damit weit über die bloße Information zur Frage »Wehrdienst: ja oder nein«, Verteidigung mit oder ohne Waffen usw. auf den Abbau von Feindbildern, gewaltlose Konfliktlösungen, die Verminderung von Fremdenangst die Verhinderung von Fremdenfeindlichkeit sowie den Abbau von Nationalismus. Als potenzielle Kriegsgefahr ist dabei auch die wirtschaftliche Ausbeutung »armer« Länder durch die reichen Industrienationen anzusehen.
Angesichts historischer Entwicklungen sind nationalistische Tendenzen nicht geeignet, diese wechselseitige Abhängigkeit der Industrieländer von der Ausbeutung der sog. Entwicklungsländer deutlich zu machen. Insbesondere die Projektpädagogik hat inzwischen zahlreiche Beispiele entwickelt, wie im erfahrungs- und handlungsorientierten Lernen (Woher kommt das Gummi in unseren Turnschuhen?) die Thematik der »*Einen Welt*« bearbeitet werden kann (PÄDAGOGIK H. 9/1993, Roth/Ulmi 1995).

Ähnliche Methoden prägen heute auch die *Umweltbildung*. Dennoch ist es ihr auch in zwanzigjähriger Entwicklung nicht gelungen, ein allgemein akzeptiertes Gesamtkonzept zu entwickeln. In der Literatur finden sich drei Hauptrichtungen (Winkel 1995, Krüger 1997):

1. Die *Umwelterziehung* setzt auf Verantwortung des Einzelnen und bessere Technik, ohne das Wirtschafts- und Gesellschaftssystem verändern zu wollen.
2. Das *ökologische Lernen* fordert gerade dies durch selbst bestimmte Entwicklung alternativer Lebensstile.
3. Die *Ökopädagogik*, die einerseits Formen der wissenschaftlichen Naturbearbeitung kritisiert, andererseits aber keine gesellschaftspolitischen Gegenentwürfe formuliert, setzt vor allem auf (teilweise sehr unterschiedliche) Konzepte mit erlebnisorientiertem und persönlich-fürsorgendem Charakter.

Einigkeit besteht jedoch über folgende *Bildungsstandards:* Lernen aus lokaler Erfahrung, handelndes, ganzheitliches und antizipatorisches Lernen sowie Berücksichtigung des gesellschaftlichen Kontextes. Konsens gibt es auch darüber, dass bloße Vermittlung von Wissen nicht reicht, sondern dass Umweltbildung auf Verhaltensänderungen zielen muss – aber welche das sind, ist wieder umstritten. Seit der internationalen Umweltkonferenz von Rio 1992 bemüht man sich, das Konzept der Nachhaltigkeit (sustainable development) als neues Leitbild der Umweltbildung zu entwickeln Die zur Umweltbildung erschienenen Unterrichtsmaterialien decken die genannten unterschiedlichen Konzepte ab (z.B. de Haan 1993, Bolscho/Seybold 1996).

12.2.7 Und die Zukunft?

Bekannt ist inzwischen, dass sich die Zukunftsforschung allzu oft geirrt hat. Trotzdem gibt es für Bildung und Erziehung interessante Perspektiven, was die Entwicklung der Zukunft angeht. Manches ist bereits genannt worden. Vor allem aber gilt es zu unterscheiden, was gesellschaftliche und politische Probleme sind, die allzu gerne auf das Bildungssystem abgewälzt werden, und was in die Pädagogik gehört. Denn: Die Pädagogik kann nicht alle Zukunftsfragen lösen, von der Arbeit über Ökologie bis zur Bioethik. (Dazu Krull 2000)
Der bekannte schwedische Bildungsforscher Torsten Husen (1991) hat eine *Gesamtprognose für den Bildungsbereich* gewagt. Die vorhergesagten Trends sind – wie nicht anders zu erwarten – widersprüchlich: 1. Weiterbildung wird für die Menschen in der Zukunft Existenzbedingung. 2. Die steigende Urbanisierung wird die Menschen weiter voneinander entfremden. Unterschiedliche Wertvorstellungen, aber auch Erlösungsideologien und fundamentalistisches Gedankengut werden als Ersatzlösungen immer weiter verbreitet, Konflikte im Bildungsbereich sind vorprogrammiert. 3. Dagegen hilft das wachsende Bildungs- und Schulangebot wenig, denn es wird in der Massengesellschaft zunehmend bürokratisiert. 4. Wichtiger als alles Gelernte ist das Lernen des Lernens, weil die Inhalte schnell veralten. 5. Das gesamte Bildungswesen steht vor einem noch nie da gewesenen Wachstum: Wenigstens 80% werden überwiegend vollzeitliche Bildungsangebote bis zum Alter von 18–20 Jahren nutzen. 6. Die Lernformen werden sich gründlich ändern: Lehrende werden nur noch Lernberater sein, die Lernformen werden außerordentlich vielfältig sein, aber immer eine hochgradige Flexibilität zeigen. 7. Bildungsinstitutionen werden mehr und mehr Erfahrungsraum, z.T. als Ersatz für die Familie. (Dazu passt übrigens ganz aktuell, dass die Zahl der in Sozial- und Erziehungsberufen Tätigen von 482 000 im Jahr 1961 auf über 1,3 Mio. im Jahr 1987 gestiegen ist – Rauschenbach 1992.) Die Zukunft wird mehr und mehr professionelle Pädagogen hervorbringen. Erziehung

und Bildung werden nicht länger das Geschäft von Laien sein.

Fazit: Gesellschaftlicher Wandel macht für die Zukunft Erziehung und Bildung zu einer Frage der Lebensqualität und des Überlebens. Insofern ist ein Buch über »Pädagogisches Grundwissen« auch ein Beitrag zur humanen Zukunftsgestaltung.

Doch – auch nach der Lektüre dieses Buches sollten Sie den Graffiti-Spruch im Fahrstuhl einer Universität bedenken: »Menschen, die ihr Wissen nur aus Büchern haben, kann man getrost ins Regal stellen ...«

Lese- und Arbeitsvorschläge

Für dieses Kapitel gibt es leider kein kompaktes Standardwerk, das auf alle vorgestellten Probleme eingeht. In die Thematik Postmoderne führt solide, kompetent und gut lesbar ein W. Welsch: Unsere postmoderne Moderne. Berlin 1993. Wie dargestellt, ist inzwischen auch die Erziehungswissenschaft stark von der Diskussion um die Postmoderne beeinflusst worden. Anspruchsvoll zu lesen, aber breit angelegt in der (kritischen) Vorstellung amerikanischer, deutscher und französischer Aspekte ist C. Beck: Ästhetisierung des Denkens. Bad Heilbrunn 1993. – Zu den weiteren Problembereichen sind im Text des Kapitels jeweils Hinweise auf einführende Literatur oder Arbeiten zum Überblick enthalten, so dass ich hier auf eine Wiederholung verzichten kann.

Als *Arbeitsvorschlag* haben wir in vielen Seminaren (insbesondere zur Vorbereitung auf Abschlussprüfungen) Folgendes erprobt. Entscheiden Sie sich für einen der vorgestellten Problembereiche und entwickeln Sie dazu auf einer halben bis dreiviertel Seite eine Gliederung (keine Stoffsammlung, kein Thesenpapier!), die als »roter Faden« für ein Prüfungsgespräch dienen kann. Diskutieren Sie diesen Entwurf mit anderen Studierenden oder mit Ihrem Prüfer. – Über diesen stark instrumentalisierenden Vorschlag hinaus lassen sich aber auf der Grundlage der einzelnen Textabschnitte durchaus auch kontroverse, lebendige Diskussionen führen.

Literatur

Allemann-Ghionda, C.: Interkulturelle Bildung. In: Z. f. Päd., 36. Beiheft 1997, S. 107–149
Auernheimer, G.: Einführung in die interkulturelle Erziehung. Darmstadt 1995, 2. Aufl.

Aufenanger, S.: Lernen mit den neuen Medien – Perspektiven für Erziehung und Unterricht. In: Gogolin, I./Lenzen, D. (Hg.) 1999, a.a.O., S. 61–76
Baacke, D.: Die Medien. In: Lenzen, D. (Hg.) 1994, a.a.O., S. 314–339
Baudrillard, J.: Der symbolische Tausch und der Tod. München 1982
Beck, C.: Ästhetisierung des Denkens. Zur Postmoderne-Rezeption der Pädagogik. Amerikanische, deutsche, französische Aspekte. Bad Heilbrunn 1993
Beck, U.: Risikogesellschaft. Frankfurt/M. 1986
Beck, U./Beck-Gernsheim, E.: Das ganz normale Chaos der Liebe. Frankfurt/M. 1990
Becker-Schmidt, R./Knapp, G.-A. (Hg.): Das Geschlechterverhältnis als Gegenstand der Sozialwissenschaften. Frankfurt/M. u.ö. 1995
Böhnisch, L./Winter, R.: Männliche Sozialisation. Weinheim/München 1993
Bolscho, D./Seybold, H.: Umweltbildung und ökologisches Lernen: ein Studien- und Praxisbuch. Berlin 1996
Brückner, M.: Frauen- und Mädchenprojekte. Opladen 1996
Bründel, H./Hurrelmann, K.: Konkurrenz, Karriere, Kollaps. Männlichkeitsforschung und der Abschied vom Mythos Mann. Stuttgart 1999
Chasiotis, A./Voland, E.: Geschlechtliche Selektion und Individualentwicklung. In: Keller, H. (Hg.): Lehrbuch der Entwicklungspsychologie, S. 563–595. Bern 1998
Cohen, P.: »Verbotene Spiele«. Theorie und Praxis antirassistischer Pädagogik. Hamburg 1994
Conell, R.W.: Der gemachte Mann. Opladen 2000, 2. Aufl.
Dausien, B. (Hg.): Erkenntnisprojekt Geschlecht. Opladen 1999
Faulstich-Wieland, H.: Koedukation – Enttäuschte Hoffnungen? Darmstadt 1991
Faulstich-Wieland, H.: Geschlecht und Erziehung. Darmstadt 1995
Faulstich-Wieland, H.: Weibliche Sozialisation zwischen geschlechterstereotyper Einengung und geschlechterbezogener Identität. In: Scarbath, H. u.a. 2000, a.a.O., S. 47–62
Fichtner, B.: Wem gehört der Computer – oder die Veränderung von Wissen und Weltbild durch die neuen Technologien. In: Lohmann, I./Gogolin, I. (Hg.) 2000, S. 11–26
Forneck, H.J.: Moderne und Bildung. Weinheim 1992
Fromme, J.: Pädagogik als Sprachspiel. Neuwied 1997
Geschlecht als Kategorie in der Erziehungswissenschaft. Themenschwerpunkt des Heftes 6/1997 der Z. f. Päd.
Glück, G.: Sexualpädagogische Konzepte. (Reihe Forschung + Paxis der Sexualaufklärung und Familienplanung, Bd. 9, hg. v. d. Bundeszentrale f. gesundheitl. Aufklärung), Köln 1998
Gogolin, I.: Der monolinguale Habitus der multilingualen Schule. Münster/New York 1994
Gogolin, I./Neumann, U./Reuter, L.: Schulbildung für Minderheiten. Eine Bestandsaufnahme. In: Z. f. Päd., Heft 5/1998, S. 663–678
Gogolin, I./Lenzen, D. (Hg.): Medien-Generation. Beiträge zum 16. Kongreß der DGfE. Opladen 1999
Gugel, G./Jaeger, U.: Global handeln für Frieden und Entwicklung: Voraussetzungen, Ansätze, Beispiele. Tübingen 1999
Haan, G. de: Ökologie-Handbuch Sekundarstufe I. Weinheim/Basel 1993
Habermas, J.: Der philosophische Diskurs der Moderne. Frankfurt/M. 1985
Heck, G./Schurig, M. (Hg.): Friedenspädagogik. Darmstadt 1991
Hentig, H.v.: Jugend im Medienzeitalter. In: Gogolin, I./Lenzen, D. (Hg.) 2000, a.a.O., S. 17–42
Hofmann, B.: Geschlechterpädagogik. Plädoyer für eine neue Jungen- und Mädchenarbeit. Münster 1994
Hoffmann, B.: Das sozialisierte Geschlecht. Zur Theorie der Geschlechtersozialisation. Opladen 1997

Hoffmann, B.: Fehlt Jungen- und Männerforschung? Zur Theorie moderner Geschlechtersozialisation. In: Z. f. Päd. H. 6/1997, S. 915–928
Husèn, T.: Schulmodelle von morgen. In: Meyer, E./Winkel, R. (Hg.). Unser Ziel: Humane Schule, S. 115–130. Hohengehren 1991
Kaiser, A. (Hg.): Koedukation und Jungen. Jungenförderung in der Schule. Weinheim 1997
Kerres, M.: Multimediale und telemediale Lernumgebungen. München/Wien 1998
Kerres, M.: Internet und Schule. In: Z. f. Päd., H. 1/2000, S. 113–130
Koch, F.: Sexualität, Erziehung und Gesellschaft. Frankfurt/M. u.ö., 2000
Kommer, S.: Mediendidaktik oder Medienpädagogik? In: PÄDAGOGIK, H. 9/2000, S. 32–35
Kraul, M./Tenorth, H.-E.: Frauenforschung: Perspektivenwechsel in der Erziehungswissenschaft? Zur Einleitung in den Themenschwerpunkt. In: Z. f. Päd. H. 6/1992, S. 833–837
Kraul, M./Horstkemper, M.: Reflexive Koedukation in der Schule. Main 1999
Krüger, H.-H. (Hg.): Abschied von der Aufklärung? Opladen 1990
Krüger, H.-H. (Hg.): Einführung in Theorien und Methoden der Erziehungswissenschaft. Opladen 1997
Krull, W. (Hg.): Zukunftsstreit. Weilerswist 2000
Krysmanski, H.-J.: Die Transformation der Massenmedien durch die Welt der vernetzten Computer – und was Wissen damit zu tun hat. In: Lohmann, I./Gogolin, I. (Hg.) 2000, a.a.O., S. 27–52
Landweer, H.: Kritik und Verteidigung der Kategorie Geschlecht. Wahrnehmungs- und symboltheoretische Überlegungen zur sex/gender-Unterscheidung. In: Feministische Studien, 11. Jg., H. 2/1993, S. 34–43
Lenzen, D.: Mythos, Metapher und Simulation. Zu den Aussichten systematischer Pädagogik in der Postmoderne. In: Z. f. Päd., H. 1/1987, S. 41–60
Lenzen, D.: Reflexive Erziehungswissenschaft am Ausgang des postmodernen Jahrzehnts. In: 29. Beiheft der Z. f. Päd. 1992, S. 75–91
Lenzen, D. (Hg.): Erziehungswissenschaft. Reinbek 1994
Lenzen, D.: Handlung und Reflexion. Weinheim 1996
Lischke, U.: Rassismus macht Schule trotz Interkulturalität. – Zur Beziehung von Multikulturalität, Interkulturalität und Rassismus. In: Jahrbuch für Pädagogik 1996 (Pädagogik in multikulturellen Gesellschaften), S. 65–78. Frankfurt u.ö. 1996
Lohmann, I./Gogolin, I. (Hg.): Die Kultivierung der Medien. Opladen 2000
Luca, R.: Medien und weibliche Identitätsbildung. Frankfurt/M. 1998
Lyotard, J.-F.: Der Widerstreit. München 1987
Mandl, H./Reinmann-Rothmeier, G.: Soll Internet Schulfach werden? Pro: Computer fördern soziales Lernen über regionale und kulturelle Grenzen hinweg. In: Zeitpunkte, H. 1/2000, S. 14
Marotzki, W./Sünker, H. (Hg.): Kritische Erziehungswissenschaft – Moderne – Postmoderne, Bd. 1. Weinheim 1992
Marotzki, W./Meister, D.M./Sander, U. (Hg.): Zum Bildungswerk des Internet. Opladen 2000.
Merz, T.: Krisis der Bildung. Zur Postmoderne-Rezeption in der bildungstheoretischen Diskussion. Essen 1997
Moser, H.: Einführung in die Medienpädagogik. Opladen 2000, 3. Aufl.
Neumann, U.: Ausländische Kinder in deutschen Schulen. In: L. Roth (Hg.): Pädagogik, S. 432 bis 444. München 1991
PÄDAGOGIK. H. 9/1993
PÄDAGOGIK. H. 7/8, 1996
Pasero, U./Braun, F. (Hg.): Konstruktion von Geschlecht. Pfaffenweiler 1995
Peukert, H.: Die Erziehungswissenschaft der Moderne und die Herausforderungen der Gegenwart. In: 29. Beiheft der Z. f. Päd. 1992, S. 113–127

Rauschenbach, T.: Sind nur Lehrer Pädagogen? In: Z. f. Päd., H. 3/1992, S. 385–417
Ritter, Markus: Computer und handlungsorientierter Unterricht. Donauwörth 1995
Roth, K./Ulmi, M. (Hg.): Neue Wege in der Umweltbildung. Göttingen 1995
Scarbath, H./Schlottau, H./Straub, V./Waldmann, K. (Hg.): Geschlechter. Zur Kritik und Neubestimung geschlechterbezogener Sozialisation und Bildung. Opladen 1999
Schell, F./Stolzenberg, E./Theunert, H. (Hg.): Medienkompetenz. München 1999
Scheunpflug, A.: Frauen- und Männer – gleich, aber dennoch anders. In: PÄDAGOGIK, H. 4/2000, S. 42–46
Sielert, U.: Jungenarbeit. Praxishandbuch für die Jugendarbeit. Weinheim und München 1989.
Tillmann, K.J.: Sozialisationstheorien. Reinbek 1989
Tulodziecki, G.: Medien in der Erziehung und Bildung. Bad Heilbrunn 1997, 3. Aufl.
Waldmann, K./Steinmann, B./Grell, P.: »... und wo bleiben die Visionen? Anmerkungen und Ideen zur weiteren Debatte im Anschluß an eine Vortragsreihe. In: Scarbath, H./Schlottau, H./Straub, V./Waldmann, K. (Hg.) 1996, a.a.O., S. 101–116
Weber, E.: Pädagogik. Grundfragen und Grundbegriffe. Bd. 1, Teil 1: Pädagogische Anthropologie. Donauwörth 1995
Weizenbaum, J.: Soll Internet Schulfach werden? Contra: Mit Computern erziehen wir Kinder zu fantasielosen Befehlsempfängern. In: Zeitpunkte, H. 1/2000, S. 15
Welsch, W.: Unsere postmoderne Moderne. Weinheim 1987, Berlin 1993, 4. Aufl.
Wilber, K.: Eros, Kosmos, Logos. Frankfurt/M. 1996
Winkel, G.: Umwelt und Bildung. Seebze 1995
Wintersteiner, W.: Pädagogik des Anderen: Bausteine für eine Friedenspädagogik in der Postmoderne. Münster 2000
Wulf, C.: Friedenserziehung. In: Lenzen, D.: Pädagogische Grundbegriffe, Bd. 1, S. 675–680. Reinbek 1989

Namenverzeichnis

(Dieses Verzeichnis enthält nur die im laufenden Text genannten Namen, nicht aber die in Klammern angeführten Autoren von Literatur. Deren Literaturangaben befinden sich am Ende der jeweiligen Kapitel.)

Sachwortverzeichnis

(Die wichtigsten Begriffe finden sich bereits im Inhaltsverzeichnis!)